江泽慧　等著

中國现代林业

MODERN FORESTRY OF CHINA

(第二版)

中国林业出版社

图书在版编目(CIP)数据

中国现代林业（第二版）/ 江泽慧 等著. —北京：中国林业出版社，2008.7
ISBN 978-7-5038-5321-0

Ⅰ. 中… Ⅱ. 江… Ⅲ. 林业经济－经济发展－研究－中国 Ⅳ. F326.23

中国版本图书馆CIP数据核字（2008）第144842号

中国林业出版社·环境景观与园林园艺图书出版中心
责任编辑：吴金友 于界芬
电话：66176967 66189512 传真：66176967

出 版 中国林业出版社（100009 北京西城区德内大街刘海胡同7号）
E-mail cfphz@public.bta.net.cn 电话 66184477
网 址 www.cfph.com.cn
发 行 新华书店北京发行所
印 刷 北京中科印刷有限公司
版 次 2008年10月第2版
印 次 2008年10月第1次
开 本 889mm × 1194mm 1/16
印 张 31.75
字 数 806千字
印 数 1～4000册
定 价 180.00元

《中国现代林业（第二版）》编委会

主　编　江泽慧

编　委　（按姓氏笔画排序）

尹发权　尹刚强　王　成　王浩杰　卢　琦　刘世荣
江泽慧　张守攻　李智勇　肖文发　陆文明　陈幸良
胡章翠　费本华　储富祥　彭镇华　蒋剑春　蔡登谷

执　笔

江泽慧　蔡登谷　陈幸良　尹发权　李智勇　刘世荣
尹刚强　贾宝全　傅　峰　王　成　王学全　王晓军
王登举　刘军利　刘金龙　刘　勇　孙启祥　朱建华
吴水荣　张小全　张远东　张宜生　李　伟　杨校生
邱尔发　陆元昌　陈　勇　林　群　雷静品　樊宝敏
颜国强

统稿组

蔡登谷　陈幸良　尹发权　李智勇　刘世荣　尹刚强
王登举

序

“天苍苍，野茫茫，风吹草低见牛羊。”这首脍炙人口的敕勒歌，生动地描述了南北朝时代我的家乡——内蒙古大草原水草丰盛，牛羊成群的美好景象。

斗转星移，转眼间一千多年过去了。连年战乱，乱砍滥伐，毁林开荒、过度放牧，人口剧增，使得昔日阴山大森林与大草原饱受生态退化和荒漠化侵蚀，也使得原本山川秀美的中华大地，森林凋敝，生态环境日渐恶化。

以史为鉴，可以知兴衰。早在古代，先民们就十分重视保护森林，发展林业，并以此作为衡量国家昌盛、基业兴旺、百姓富足，社会进步的重要标志，以致秦始皇焚书坑儒也不敢焚“种树之书”。据《史记》载，黄帝轩辕引导人们“时播百谷草木”，他的孙子颛顼“养材以任地”，致力于培养树木。战国时期，《孟子》和《荀子》提出了山林川泽资源是可更新的，“斧斤以时入山林”，“不夭其生，不绝其长”的森林经营思想。中国古代“天人合一”的森林哲学观、“种树农桑”的森林价值观、“立虞修宪”的森林保护观、“任地养材”的森林培育观和“以时禁发”的森林利用观，其博大精深的内涵，对后世森林可持续经营有着深远的影响。

森林是人类文明的摇篮。原始文明时期，人类“树叶蔽身、摘果为食、钻木取火、构木为巢”，其主要活动是狩猎、采集或“刀耕火种”式的原始农耕。农业文明时期，随着工具制造与人口增长，人类利用资源和改造自然的能力增强，对自然生态与资源环境的影响逐渐加剧。特别是进入工业文明之后的数百年间，人类开始了大规模开发利用森林资源、矿产资源和化石能源，在大量积累财富的同时，造成了资源枯竭、森林锐减、气候变暖、环境污染等严重生态灾难。当前，发达国家已进入后工业化发展时期，以关注地球、关注生态、关注森林为显著特征，促进全球经济增长由注重开发自然资源转向开发知识资源，知识要素已逐步成为推动经济社会发展的最主要推动力。进入新世纪之后，人类社会正肩负起保护环境与促进发展的重大使命，保护、恢复和重建森林生态系统，共同呵护地球——这个人类赖以生存的美好家园。这是中国和世界各国政府、人民共同的责任和义务。

中华人民共和国诞生以来，党和国家几代领导集体都十分关心和高度重视植树造林和生态环境建设。毛泽东主席早在20世纪50年代就发出了“绿化祖国”的号召；邓小平同志在20世纪80年代初大力提倡“全民义务植树”，并身先士卒，带头植树；江泽民同志在1991年3月亲笔题词“全党动员，全民动手，植树造林，绿化祖国。”1997年8月，又作出了“再造一个山川秀美的西北地区”的重要批示。以胡锦涛同志为总书记的党中央一再强调“坚持生产发展、生活富裕、生态良好的文明发展道路”，并第一次把“建设生态文明”写入中国共产党第十七次全国代表大会的报告中，作为中国全面建设小康社会的四项重要目标之一。尤其值得一提的是，在党和国家领导人的亲切关怀下，我国先后实施了举世瞩目的天然林资源保护、退耕还林、三北防护林体系建设、京津地区防沙治沙、野生动植物保护和自然保护区建设、湿地保护、沿海防护林建设等一系列林业重大生态工程。自然生态保护、修复与重建取得明显成效；集体林区林权制度改革正全面推进；森林生态效益补偿制度日趋完善；全国主体功能区规划编制即将公布；大江大河源头森林生态功能得以恢复；江河湖海得以休养生息。我国生态环境建设已走向规范化、法制化轨道。中国作为发展中国家，正处在由工业文明向生态文明过渡的发展阶段。中央和各级人民政府正深入贯彻落实科学发展观，坚持以人为本，全面协调可持续发展，力图通过调整经济结构，转变经济发展方式、生产方式和消费模式，保护和改善生态环境，在全社会牢固树立生态忧患意识、责任意识和道德意识，构建资源节约型、环境友好型社会，努力促进人与自然和谐共存。

记得1999年10月，江泽慧等同志完成专著《中国现代林业》。出版之际，我欣然为之作序。时隔8年，随着国家经济发展、科技进步，社会文明和人民生活水平的不断提高，生态需求已逐步上升为人们生活中的第一需求。特别是《中国可持续发展林业战略研究》提出“确立以生态建设为主的林业发展战略；建立以森林植被为主体的国土生态安全体系；建设山川秀美的生态文明社会”的总体战略思想之后，中共中央、国务院颁发了《关于加快林业发展的决定》，进一步明确了今后50年林业发展指导思想、基本方针和主要任务。国家林业局提出了全面推进现代林业建设，构建完备的林业生态体系，发达的林业产业体系和繁荣的生态文化体系的发展目标。在这个大背景下，江泽慧等同志继续组织以中国林业科学研究院为主体的科研团队，潜心研究中国现代林业建设，撰成又一部精品力作——《中国现代林业（第二版）》。全书分上、中、下三篇，共25章，以全新的视角和观点，引经据典，博采群芳，在借鉴古今中外林业发展理论的基础上，对中国现代林业的内涵、特征、主要任务、指标体系、重点领域和政策保障等理论与实践问题进行了系统论述。细细读来，令人精神振奋，耳目一新。这本专著的问世，确实是中国林业的一大幸事。

当人类走出森林，涉过大河，在继原始文明、农业文明、工业文明之后，向生态文明阔步迈进的时候，人类社会发展的进程必将再度关注森林、贴近森林，向往自然、回归自然，进入“天人合一”的崇高境界，使人类赖以生存与发展的家园更加富庶美好，给我们的后代留下一片青山、绿水和蓝天！

在《中国现代林业（第二版）》即将付梓之际，是为序。

2008年1月26日

目　录

下篇　现代林业——保障篇

导　论

进入21世纪以来，中国林业改变了长达50年的生产方式，实现了由木材生产为主向以生态建设为主的重大历史性转变，确立了可持续林业的发展道路。从此，中国林业进入了一个崭新的发展阶段。这是深入贯彻落实科学发展观，加快实现社会主义现代化建设第三步战略目标——全面建设小康社会的必然选择，也是经济社会全面协调发展和人民生活水平不断提高对现代林业发展的新的需求。2007年10月，胡锦涛同志在中国共产党第十七次全国代表大会的报告中把“建设生态文明”作为实现全面建设小康社会奋斗目标的新要求之一。这不仅充分体现了生态文明对中华民族生存发展的重要意义，而且标志着中国特色社会主义正朝着生态文明的发展阶段迈进。全面推进现代林业发展进程，加快建设生态文明的重大使命，历史地摆在了我们的面前。

建设中国特色社会主义现代林业，是一个解放思想、实事求是、与时俱进、不断创新的过程，需要进行深入系统的研究，更需要几代人长期坚持不懈的努力实践。1992年联合国环境与发展大会后，不少专家学者对中国现代林业问题展开了有益的探讨。1995年，中国林业科学研究院组织专家和研究人员专题立项，开展研究，历时4年，于2000年1月出版专著《中国现代林业》。时隔8年，形势和任务发生了新的变化，党中央、国务院提出了“坚持生产发展、生活富裕、生态良好的文明发展道路，建设资源节约型、环境友好型社会”的发展要求，又一次充分显现了现代林业在建设生态文明中的主体地位，在维护国家生态安全、满足林产品供应、提供生态产品与服务中的基础作用。国家林业局顺应历史潮流，及时提出了建设完备的林业生态体系、发达的林业产业体系和繁荣的生态文化体系的现代林业发展目标。为了创新发展理论，破解发展难题，实现中国现代林业又好又快发展。进入新世纪，我们进一步从理论、实践上对现代林业进行了系统研究和试验示范，取得了丰硕成果。在此基础上，2007年1月，我们又一次组织中国林业科学研究院近百名专家学者和研究人员，历时一年多，从理论体系、重点领域、政策保障等几个方面，对中国现代林业的发展问题进行了深入系统的研究和凝炼，完成了本部著作的撰写，奉献给广大林业工作者和科研、教学人员。

一、中国现代林业的理论思考与探索

21世纪前20年，是我国经济社会发展的重要战略机遇期。中国现代林业面临着难得的发展机遇和严峻挑战。为此，我们必须广泛吸取和充分借鉴古今中外林业发展的历史经验，构建有中国特色的现代林业理论体系。

（一）林业发展理论的简要回顾

20世纪中期以来，随着森林资源的锐减、生态环境问题的日益突出，林业发展理论开始转向解决人类所面临的生态问题，研究采取何种经营管理方式以最大限度地发挥森林的生态、经济和社会效益。欧洲、北美一些国家在传承德国18世纪“法正林”等森林经营理论的基础上，发展和完善了近自然林业、生态系统经营、林业可持续发展等理论。与此同时，针对森林所具有的多种功能和多重效益，联合国统计署、联合国粮食与农业组织、欧盟统计局等国际组织和机构以及德国、挪威、芬兰等国家的研究机构对森林资源价值及纳入绿色国民经济核算问题开展了创新性的研究与探索。

在漫长的历史进程中，中国古代和近代积累了丰富的森林经营思想。如“天人合一”的森林哲学观、“种树农桑”的森林价值观、“立虞修宪”的森林保护观、“任地养材”的森林培育观、“以时禁发”的森林利用观等森林经营思想，以及近代林业发展思想，对于现代林业理论的影响，至今仍有重要的借鉴意义。

新中国成立近60年来，我国林业发展理论一直处于不断探索和创新之中。20世纪70年代以前，我国处于新中国成立初期的国民经济恢复和发展时期，满足经济建设对木材的需求成为当时林业的主要任务。这一时期我国森林经营方式主要受原苏联木材利用和森林经营理论的影响，总体上确立了以木材生产为主的森林永续利用理论。改革开放以来，经济社会的快速发展，开始重视发挥林业的多种功能和多重效益，以满足多种需求，林业不仅承担国民经济建设对木材的需求，同时也兼顾生态功能。这一时期提出了林业分工理论和生态林业理论，推动了林业分类经营的实践。

进入21世纪，我国生态环境问题日益突出，林业在维护国土生态安全，促进经济社会发展和改善人居环境中的作用越来越受到关注。2001年，在温家宝同志的倡导下，国家林业局适时启动了“中国可持续发展林业战略研究”项目，首次创新性地提出了新世纪上半叶中国林业发展的总体战略思想，其核心成果是：确立以生态建设为主的林业可持续发展道路；建立以森林植被为主体、乔灌草结合的国土生态安全体系；建设山川秀美的生态文明社会。核心是：生态建设、生态安全、生态文明（简称“三生态”）。这就为2003年中共中央、国务院《关于加快林业发展的决定》确立以生态建设为主的林业可持续发展战略提供了重要的理论支持。

（二）现代林业的内涵与特征

现代林业是一个具有时代特征的概念。随着经济社会的不断发展，现代林业的内涵也在不断地发生着变化。我们认为，现代林业就是可持续发展的林业。它是指充分发挥林业资源的多种功能和多重价值，不断满足社会多样化需求的林业发展状态和方向。

现代林业的基本内涵可以表述为，以建设生态文明为目标，以可持续发展理论为指导，用多目标经营做大林业，用现代科学技术提升林业，用现代物质条件装备林业，用现代信息手段管理林业，用重点工程带动林业，用现代市场机制发展林业，用现代法律制度保障林业，用扩大对外开放拓展林业，用高素质新型务林人推进林业，努力提高林业科学化、机械化和信息化水平，提高林地产出率、资源利用率和劳动生产率，提高林业发展的质量、素质和效益。

现代林业的基本特征至少包括：公益性、市场性、协调性、高效性和开放性。

（三）现代林业的目标和任务

到21世纪中叶，建立起与国民经济和社会可持续发展相适应的完善的林业生态体系、发达的林业产业体系和繁荣的生态文化体系。使全国森林覆盖率达到并稳定在26%以上，生态环境明显改善，基本实现中华大地的山川秀美；主要木材及林产品基本自给，供需平衡；森林生产率和林业综合实力达到世界林业中等发达国家的水平。

为实现上述目标，现代林业建设的主要任务是：全面推进林业生态、产业和文化“三大体系”建设。

建立以森林生态系统为主体的、完备的国土生态安全保障体系是现代林业建设的主要任务。重点实施好天然林资源保护、退耕还林、京津风沙源治理、三北及长江流域等防护林体系建设、野生动植物保护及自然保护区建设、湿地保护与恢复、沿海防护林体系建设、南方岩溶地区石漠化综合治理、重点水源区林业生态建设、城市林业、乡村林业与平原林业发展等林业生态工程。

建立以林业资源节约利用、高效利用、综合利用、循环利用为内容的、发达的产业体系是现代林业建设的重要任务。重点是加快发展以用材林资源培育为主的林业第一产业，全面提升以木材加工为主的林业第二产业，大力发展以生态旅游为主的林业第三产业，努力壮大以林业生物质能源、生物质材料为主的林业高新技术产业，切实推进经济林产业迈上新台阶，积极发展以种植养殖业、非木质采集业为主的林下产业。

建立以生态文明为主要价值取向的、繁荣的林业生态文化体系是现代林业建设的一项新任务。主要目标是使全社会不断增强人与自然和谐的生态价值观，增强公众的生态意识、生态责任和生态道德，逐步形成热爱自然、尊重自然、善待自然的良好风尚，明显提高生态文明素养。重点开展生态文化体系建设的理论研究，构建生态文化体系建设的物质载体，促进生态文化体系建设的产业发展，加大生态文化体系建设的传播普及，开展生态文化体系建设的基础教育，提高生态文化体系建设的保障能力。

（四）现代林业建设的总体布局

以国家主体功能区划和全国林业区划为指导，按照《林业发展“十一五”和中长期规划》的总体要求，遵循“功能齐全、突出重点，因地制宜、优势互补，均衡适度、结构稳定，布局合理、协调发展”的基本原则，对中国现代林业建设进行布局。

总体构想是以实施林业重点工程为框架，构建“点、线、面”结合的中国森林生态网络体系。随着我国城市化进程不断加快，现代林业发展布局应坚持以人为本，把发展城市林业列为现代林业建设的重要内容，并赋予城市林业以重要地位，实现林业服务城市、造福人民的战略转移。突出环京津生态圈，长江、黄河两大流域，东北、西北和南方三大片的林业重点工程建设。在长江和黄河两大流域以恢复和扩大森林植被为手段，以改善流域生态环境为目标，建立起多林种、多树种、乔灌草相结合，生态结构稳定和功能完备的防护林体系，大力发展林业第三产业。东北片和南方片是木材和林产品供给的主要基地和沿海、湿地生态环境保护与建设的重点地区。西北片是我国风沙危害、水土流失的主要区域和生态环境治理的重点。与此同时，结合各大区域的自然、历史、文化背景，构建与生态、产业布局相互融合、相互支撑的生态文化体系。

（五）现代林业的评价指标体系

以现代林业理论、可持续发展理论和经济发展理论为指导，建立现代林业指标体系，从构建自然－经济－社会复合系统的实际出发，力求全面涵盖现代林业的内涵、特征，充分体现我国林业特点，满足我国经济社会发展的要求，并适应各种生态区位和时空尺度。在指标体系的构建过程中，遵循了系统全面性、通用可比性、时空动态性、操作可行性、目标导向性的原则，确立了功能、指数和指标三个纵向层次，生态、经济、社会和保障4个横向截面，共37个可统计的核心指标。

二、中国现代林业建设的重点领域

针对我国经济社会发展对现代林业发展提出的新要求，我们在中国现代林业研究中，结合基本国情与林情，追踪国际前沿，开展了前瞻性、导向性的现代林业生态建设、产业发展、文化繁荣等诸多重点领域的研究。

（一）森林可持续经营

森林是陆地生态系统的主体。森林可持续经营是维持生态系统平衡，促进经济社会持续稳定发展和人与环境友好相处的重要基础和保障。目前，各国政府、相关地区和国际组织，已经开始在可持续发展理念指导下，围绕森林可持续经营标准指标体系，开展了以标准指标的判定、应用评价为目标的一系列活动，谋求本地区森林可持续经营，不断取得新的进展，试图从政策层面、技术层面和公众参与层面上，提高森林可持续经营水平，加快全球可持续发展的步伐。

森林可持续经营是一项涉及面广、内容复杂的系统工程，既涉及与森林经营相关的经济社会、法律法规、政策制度等领域，又与资源环境、科技创新等密切相关。2001年，我国制定了森林可持续经营标准与指标体系，并作为林业行业标准予以发布。在现代林业建设过程中，需要进一步开展试验示范，探索不同自然立地类型区森林可持续经营管理的技术、模式和指标，用以指导实践，提高我国森林可持续经营水平。

（二）气候变化与林业

林业是应对全球气候变化的关键环节和重要力量。联合国通过的《联合国气候变化框架公约》《京都议定书》《马拉喀什协定》《布宜诺斯艾利斯宣言》《巴厘路线图》等一系列公约和进程，确立了林业应对气候变化的重要地位和作用。

森林生态系统是陆地生态系统中最大的储碳库。森林通过碳吸收、增加碳贮存和碳替代，对于减缓气候变化起着重要的作用。2004年，国家林业局碳汇管理办公室在广西、内蒙古、云南、四川、山西、辽宁6省（自治区）启动了林业碳汇试点项目。由中国和世界银行合作开发的“中国广西珠江流域治理再造林项目”的成功注册，使之成为全球第一个林业碳汇项目。该项目方法学也是全球第一个获得联合国清洁发展机制执行理事会批准的林业碳汇项目方法学。

全球气候增暖和干暖化趋势，将对中国林业重点工程建设产生重要影响。采取有效措施，减少因气候变化而产生对植被种类选择、森林灾害控制、重要野生动植物和典型生态系统保护等方面将成为中国现代林业建设的重点和难点。

（三）生物多样性与湿地保护

生物多样性是人类赖以生存的基本条件，是社会经济能够持续发展的基础。由于人类活动干预频繁和长期忽视对生物多样性的保护，全球生物多样性危机日益加剧。当前地球上生物多样性损失的速度比历史上任何时期都快，鸟类和哺乳动物的灭绝速度是它们在未受干扰的自然界中的100倍乃至1000倍。

20世纪90年代以来，面对物种空前大绝灭的严峻形势，生物多样性与湿地保护逐渐成为科学研究的一大热点，吸引了多学科的广泛参与，引起了国际社会、各国政府乃至广大公众的普遍关注。中国政府组织实施了濒危物种等级评定、划定自然保护区、制定相关法律法规等生物多样性保护行动，开展了确定湿地分类标准、强化湿地生态治理和污染控制措施、实施湿地保护专项行动等一系列湿地保护和研究计划取得了可喜成绩，有力地推动了生物多样性与湿地保护。随着在生物多样性与湿地资源调查、评价和监测等领域科学研究的深入和保护措施的加强，未来生物多样性与湿地保护已成为中国现代林业关注的重要领域。

（四）荒漠化防治

荒漠化是全球性生态环境问题，影响着全球2/3的国家和地区、1/5人口的生存和发展。我国是世界上受荒漠化影响最为严重的发展中国家之一，现有荒漠化土地面积263.6万km^2，占国土面积的27.5%，分布在18个省（自治区、直辖市）。荒漠化已严重影响了我国经济社会可持续发展，全国约有4亿人口受到荒漠化影响，约1/2的贫困人口分布在沙化严重的西北地区。荒漠化不仅造成生态环境恶化，可利用土地资源锐减、土地质量下降，而且对交通运输、水利设施和工矿企业建设造成严重危害，带来巨大经济损失。

加快荒漠化防治步伐是维护国土生态安全，保障国民经济持续协调发展的迫切要求，必须按照全国主体功能区划和林业区划的要求，应用综合生态系统管理理念，积极开展综合防治。根据我国荒漠化地区不同生态系统类型和经济社会状况，优化荒漠化防治战略布局，安排重点工程项目，建立国家荒漠化数据库和沙尘暴灾害预警和灾害评估系统，完善国家沙化土地监测体系，建立省级、县级沙化土地监测网络，利用“3S”技术对治沙工程进行跟踪监测；力争到本世纪中叶，使适宜的荒漠化土地基本得到整治，“三化”(盐碱化、沙化、退化)草地生产力基本得到恢复，大部分荒漠化地区生态状况明显改善。

（五）城市林业

随着我国城市化进程的加快，城市面临着日益严峻的大气污染、水资源匮乏、热岛效应等生态环境问题。2007年我国城市化率已达到44.9%，预计到21世纪中叶将达到70%。为解决城市诸多生态环境问题，提高城市居民的生活质量，发展城市林业，建设城市森林，越来越受到各级政府和广大市民的热切关注。

我国城市森林建设起步较晚，基础薄弱，建设任务尤为艰巨而繁重。必须引起各级党委和政府的高度重视，建立各方联动、齐抓共管的工作机制，从实际出发，制定科学的城市森林建设规划，依法保护和建设城市森林、湿地、绿地和园林，使城市森林建设纳入法制化、规范化和制度化的轨道。积极引导全社会和全民广泛参与爱绿、播绿、护绿的公益性活动，依靠科技进步，提高城市森林建设的质量和效益，营造良好的城市人居环境。

（六）乡村林业

我国是一个多山的国家，山区面积约占全国总面积的2/3。广大山区不仅集中了丰富的资源和相对贫困的人口，同时也承受着人口增长、经济发展对资源环境带来的巨大压力。自1996年国家实施山区综合开发政策以来，乡村林业发展已取得了显著的成效，特别是社会主义新农村建设的不断推进，使我国区域发展战略中心正逐渐向欠发达地区转移，发展乡村林业，改善生态环境，解决“三农”问题已成为各级政府关注民生的重点。

参与式林业是乡村林业发展的重要模式。它在充分借鉴国内外乡村林业发展的经验基础上，通过尊重传统、转变观念，促进山区农户的生计转型，把农民从对森林资源的严重依赖和过度消耗中解放出来，通过特色开发、能力建设，发展农民合作组织，健全村民参与制度，促进山区转变生产方式，调整产业结构，拓宽致富门路，实现山区社会的和谐转型。

（七）林业生物质材料与生物质能源

当前，寻求能源多元化和发展可再生清洁能源已成为全球关注的热点。林业生物质能源是由森林生物质资源通过物理、化学、生物等技术手段转化产生的可再生能源。大力开发和利用基于森林资源的林业生物质能源，已成为保障能源安全、实现能源结构多元化、改善生态环境的重要途径。我国林业生物质能源开发利用应着重加强生物质资源的培育、储运和转化过程的关键技术研究与开发。重点研究开发：纤维类能源林、木本油料能源林和木本淀粉类能源林新品种选育和栽培技术，专用能源林资源培育技术创新研究；林业生物质通过热化学转化成生物油、合成气和固体碳转化技术；利用木质纤维素生产廉价的、能够用于燃料、化学制品和材料生产的糖稀技术；生物基材料和生物基化学品等林业生物质衍生产品的制备转化技术。

在林业生物质材料领域，目前的发展趋势是：以资源培育与加工利用关系研究为起点，针对未来全球市场、科技发展动向和中国可供资源的特点，拓展资源的高附加值产出，制造适应未来市场且极具成长性的、能够替代矿物材料的生物质材料。大力发展适应未来市场需求、应用前景广阔、能有效节约或替代不可再生矿物资源的生物质材料，不仅是节约资源、保护环境和实现经济社会可持续发展的需要，也是参加国际市场竞争的需要。

（八）林产品生产与贸易

现代林业同时也是外向型、开放式和国际性的林业。近10年来，随着中国经济持续快速发展和全球经济一体化进程加快，中国人造板（尤其是胶合板和纤维板）、家具、纸和纸板及木地板等林产品生产已跃居世界前列。仅1998～2005年这8年间，中国主要林产品进口量已由4826.3万m^3急剧上升到15 987.5万m^3，增幅高达231%。2006年林产品（含少量非木制品）进出口贸易总额为507.65亿美元，比2005年增长22.95%。其中：林产品出口263.77亿美元，比2005年增长28.21%。

近年来，我国林产品生产和贸易发展态势良好。尽管现阶段我国林产品生产和贸易面临资源、体制、市场、产品、技术、管理、政策、法律等方面的复杂问题，但随着我国投资能力不断增强，国际影响力不断扩大，林产品生产和贸易的发展空间也越来越扩大。根据现代林业产业发展的总体要求，需要做好林产品生产和贸易的总体规划，明确林产品生产和贸易的重点和优先发展领域。同时，国际市场对绿色产品的需求也使我国林业企业面临严峻挑战，开展林产品产销监管链认证将是我国企业在经济全球化背景下，参与国际竞争的必然选择。

（九）森林文化与生态文明

大力弘扬森林文化，倡导绿色生活，共建生态文明，已成为建设现代林业的一个全新课题。加强森林文化建设，既是落实科学发展观、构建和谐社会的重要举措，也是全面推进现代林业建设，提高全民生态文明素质的必然要求。森林文化体系是由诸多要素有机构成的具有特定功能的文化体系。纵向可分物质、行为、制度、精神四个层面，横向可分为植物文化、动物文化、森林旅游文化、城市森林与园林文化等多种类型。

繁荣森林文化，建设物质载体，开展理论研究，强化科普宣教，应成为现代林业与全社会共建生态文明的重要切入点和抓手。尤其要结合城乡人居林建设，重视森林公园、湿地公园、森林博物馆等设施建设，开展形式多样的森林文化普及教育活动。完善森林文化制度建设，尽快编制规划，完善政策法规，构建森林文化建设的制度体系，使之走上科学化、多样化、制度化轨道。以森林旅游产业、竹藤产业、花卉产业、茶产业等为龙头，推进森林文化产业发展，突出区域特色，创出市场品牌，实现生态与经济互补、产业与文化互动，人与自然和谐共处。

三、现代林业建设的政策与保障

围绕现代林业的发展目标，构建与新的体制相衔接，与重点建设任务相对应，与林业生产力发展水平相适应，与国际化进程相接轨的资金投入、设备装备条件、科技支撑、人力资源、法律法规与政策制度等保障体系，以精干高效的组织领导，规范有序的管理体制，灵活多样的经营机制，科学合理的资源配置，持续稳定的林业投入，全面推进以“三大体系”为主要内容的现代林业建设，实现国家经济社会全面协调可持续发展。

（一）多元投入

从国家发展全局和建设生态文明的战略高度，继续加大国家公共财政对林业的投入，使之成为国家投资重点倾斜的行业之一。同时，利用充盈的民间资本，为未来商品林业的发展提供重要的资金来源。从国家对林业的资金、物资等投入和经济调控政策的分析入手，建立国家公共财政长期稳定支持林业生态建设的投入机制，逐步形成生态公益林以政府投入为主，商品林以社会投入为主的资金投入机制。继续对林业实行轻税薄赋政策，建立结构合理的国家债务和信贷投入机制，积极探索多种形式的林业信贷担保机制、政策性保险机制和多渠道资本市场融资机制，逐步减少间接投资，增加直接融资。健全和完善林业生态补偿机制。按照社会公平正义的原则，在条件成熟的时候，通过国家征收“生态税”，逐步建立和实现受益者与贡献者、污染者与治理者、下游与上游、东部与中西部之间的利益均衡。

（二）设施与装备

进一步加强现代林业基础设施和技术装备建设，充分利用国际国内成熟技术和装备，广泛应用于林业生产和经营管理，特别是针对林业生产实践中所急需的种子采集和储存、工厂化育苗、营林造林、采运和加工、病虫害监控与防治、森林火灾预警与扑救等基础设施和技术装备，设备引进与消化吸收相结合，通用机械与专用机械相结合，技术集成与组装配套相结合，大幅度提高资源利用率和林业生产力发展水平。充分发挥政府政策支持，市场配置资源的作用，积极鼓励和引导大中型林业机械企业成为技术创新的主体，大力推进产学研结合，形成协作研发、互动多赢的机制，开展林业重大装备的技术攻关，实现林业生产过程的机械化、智能化和数字化。

（三）科技支撑

现代林业离不开现代科学技术提供全过程、全方位的有力支撑。建立林业科技研究开发体系，形成由国家林业科学中心、区域林业科学中心、林业科学试验基地和林业企业技术研发中心为框架的研发主体，覆盖基础研究、应用研究和开发研究的科学技术研究与开发体系，提高林业原始创新能力。建立成果转化体系，培育和发展工程技术中心、科技园区等一批成果孵化载体，促进科学技术迅速产业化，培育新兴产业。建立质量监督体系，健全以国家标准、行业标准为核心，地方标准和企业标准相互配套，强制性标准与推荐性标准互有侧重的林业标准体系。建立与国际接轨的林业检验检测体系，形成布局合理、规范有序、手段先进的林产品质量检验检测网络。建立高效的科技信息服务体系，形成数字化、网络化、虚拟化林业科技信息资源开发与共享平台。建立健全完备的森林可持续经营认证认可体系，实现现代林业发展的规范化、科学化、优质化，全面提高现代林业建设质量和效益。

（四）人力资源

以能力建设和作风建设为核心，不断提高林业公务员管理林业、服务社会的素质和能力。以培养选拔高层次拔尖人才为重点，努力造就一批具有国内和世界前沿水平的林业科学家和科技领军人才。以大力培养林业实用人才，开发农村人才资源，培养新型林农为重点，有效地整合各类教育资源，逐步建立和完善林农培训体系，提高林农培训效果。大力发展各级林业教育，关心和支持林区基础教育，强化共建机制，继续办好林业职业技术教育和高等教育，为现代林业建设提供源源不断的后备人才。

（五）法律制度

提高立法质量，加快立法进程，把基本的、急需的、条件成熟的林业法律法规作为立法的重点，特别是完成《森林法》《野生动物保护法》《森林防火条例》的修订和加快《湿地保护条例》的出台，在2010年基本形成比较完备的林业法律法规体系。加大执法力度，强化林业行政执法监督，严格林业行政执法主体资格管理，整体推进林业行政执法水平，认真实行林业行政执法责任制。深入开展林业法律法规普法宣传，特别是涉林法律和政策，坚持普法与法治实践相结合，大力推进依法治林工作，维护社会和谐稳定、促进社会公平正义。

（六）国际化进程

加快林业国际化进程，形成开放式、外向型的现代林业发展新格局。充分利用国内外两种资源、两个市场，积极开展森林认证，积极应对国际挑战，尤其要加强林业生态保护领域的国际交流与合作，全面提高中国林业的国际竞争力。密切关注国际森林问题，积极参加国际林业问题的对话与行动，主动参与国际林业规则的制定。认真履行《联合国防治荒漠化公约》《濒危野生动植物物种国际贸易公约》《关于特别是作为水禽栖息地的国际重要湿地公约》等与林业有关的国际公约、双边协定，切实维护国家权益和形象。

中国现代林业的研究是一个与时俱进、不断创新的过程，正如长江之水、黄河之浪，一往无前，奔腾不息。人们对中国现代林业的认知，永远不会停留在同一个水平上。我们坚信，中国现代林业将伴随着时代前进的步伐，在国家经济社会发展和生态文明建设中发挥越来越重要的作用。

著者

2008年8月

上　篇

现代林业

理论篇

第1章　林业发展理论的总体回顾

面向21世纪的中国现代林业，既是对我国千百年来传统林业的继承与发展，也是广泛吸收和借鉴国外林业发展经验与成果基础上的综合创新。

在漫长的历史进程中，中国古代、近代积累了丰富的森林经营思想。与农业文明阶段相适应，中国古代森林经营思想主要体现在："天人合一"的森林哲学观，"种树农桑"的森林价值观，"立虞修宪"的森林保护观，"任地养材"的森林培育观，"以时禁发"的森林利用观。这些思想具有生态保护和生态破坏两面性。近代林业思想主要有：晚清时期发展林业以兴实业的思想，民国时期大规模造林以济民生的思想。由于社会动乱、经济落后等原因，近代林业思想难以实现。新中国成立后，林业发展理论处在不断的探索和创新之中，从2003年至今，以生态建设为主的林业可持续发展理论逐渐成为指导现代林业发展的理论。

在世界范围内，许多国家在长期的林业生产实践中逐渐形成了各自有特色的林业发展理论。其中有代表性的有联合国林业可持续发展理论，德国近自然林业理论，美国生态系统经营理论，原苏联和俄罗斯调整森林利用理论，北欧一些国家私有林协作经营模式，以及新西兰、澳大利亚人工林可持续经营理论等。林业可持续发展理论，已成为世界各国指导林业发展的共识。

通过对中外林业发展理论的回顾，给我们的启示是：必须坚持以生态建设为主的林业可持续发展道路；调整林业生产关系以促进生产力发展；实行森林的多目标经营、多功能综合利用；加强对人工林的集约经营和灵活性管理，满足社会对林产品的需求；加强林业法制建设，提高依法治林水平。

第一节　中国古代和近代森林经营思想

在漫长的历史进程中，中国古代和近代积累了丰富的森林经营思想。这些思想虽然难以与科技发达的现代林业生态发展理念相提并论，但是今天回顾并分析古代、近代的森林和生态意识，不仅可以显示中华民族伟大的生态智慧，同时对于构建新时期的现代林业理论仍有一定的借鉴和启示意义。

一、古代森林经营思想

中国古代是一个很长的历史时期，这里主要指有文字记载以来至公元1840年鸦片战争的这段时期。在这段时期，社会经过了奴隶社会和封建社会。人口由夏代的100多万增至清代道光20年（1840年）的41 281万多人。森林资源也由远古时期的约64%的覆盖率下降到17%。生态环境也发生了深刻的变化。在长期的生产实践活动中，勤劳智慧的中国人民创造性地提出了内涵丰富而独具东方特色的关于人与自然的关系，以及森林资源保护与经营利用的思想和理论。人们一方面在这些思想和理论的支配和指导之下，从事实践活动，另一方面又在新的实践活动中不断地丰富和修正原有的理论。

1. “天人合一”的森林哲学观

在林业思想当中，最根本的是森林哲学思想，它涉及人们对森林的基本看法和态度，主要包括回答森林是什么、森林在自然界中的地位怎样、森林与人类是何关系等一系列基本问题。森林哲学观都包括在图腾崇拜、阴阳学说、五行学说和儒家、道家等学说之中。

（1）对森林本体的认识

一种观点认为，森林是神灵。远古时代，由于生产力和科学水平相对低下，人们对自然界的认识和改造能力都是比较有限的。面对五彩缤纷的大千世界，在人们的头脑中产生了对自然现象和超自然力量的崇拜，以及对征服自然的幻想，认为万物皆有神灵主宰。所以，一切自然现象都被人们奉为神灵，原始自然宗教十分盛行。森林资源是人们赖以生存的自然条件，作为森林资源的动植物也被奉为神灵，于是产生了对森林动植物的图腾崇拜。图腾崇拜是一种对自然和祖先相结合的原始宗教。中国有图腾崇拜的传统，除对火、云、水的崇拜外，更多的是对森林动物和森林植物的崇拜。据考证，伏羲、黄帝、共工、祝融、匈奴等部落均以龙为图腾。至今，中华民族仍然自称为龙的传人。对森林动植物的图腾崇拜，还表现于中国人的姓氏多有与动植物有关者，如牛、羊、马、龙、熊、林、梅、花、叶、李等，这多来源于远古各部落以动植物为图腾的事实。

一种观点认为，森林是自然，是道的体现。这种观点集中见于道家学说中。道家学说，又称黄老哲学、老庄哲学，集中见于《老子》《庄子》和《黄帝书》。道家的生态观，在我国传统的生态思想体系中占据重要的地位。老子认为：“道生一，一生二，二生三，三生万物。”（《老子·第四十二章》）森林属于万物的一种，是由“道”所生的，森林本身体现了“道”。“道”含有规律、道理、道术等多重意义，但最重要的是作为天地万物发生的根源和基础的本体意义。道家后来形成一种宗教，在全国各名山大川兴建道观，把周围林木看作风水龙脉，曾对森林保护起到一定积极作用。

（2）对森林在自然界中地位的认识

在中国传统思想中，自古就把天地万物看成是一个整体，而将人和万物都看作是天地的衍生。森林作为万物之一，在自然万物中占有重要位置，这主要体现在五行学说中。

五行学说是从整体上说明世界上各种物质相互制约、相互转化的关系。从夏代开始，人们已萌生“五行”观念。西周初年，五行思想有所发展。《尚书·洪范》：“五行：一曰水，二曰火，三曰木，四曰金，五曰土。水曰润下，火曰炎上，木曰曲直，金曰从革，土爰稼穑。润下作咸，炎上作苦，曲直作酸，从革作辛，稼穑作甘。”可见五行是与人们生活关系密切的五种自然物质，木属于五行之一。到西周末年，五行说在实际运用中得到进一步发展。《国语·郑语》记载，西周末年幽王的史官史伯对郑桓公说：“夫和实生物，同则不继。以他平他谓之和，故能丰长而物归之；若以同裨同，尽乃弃矣。故先王以土与金木水火杂，以成百物。”这是运用五行说来说明事物多样性和统一性的关系，也可以说是五行说的发展。这种理论与今天的生态系统理论有很多相近之处。五行（水、火、木、金、土），是生态系统结构中的五种组成要素，或者五大生态因子，这些要素只有有机地结合在一起（以他平他、和、杂），生态系统才能够具有一定的化育功能（生、继），不断地演进（丰长而物归之），才能够实现可持续发展。否则，生态系统将遭受破坏。史伯“和实生物”的思想是极其深刻的。五行说把世界看作一个复杂的相互联系的整体。战国时期的五行思想，不仅把“木”作为五行之一，而且将“木”列为五行之首。认为木主生，代表生命，与四时、五方联系起来时，木属东方，属春季。由于日出东方，故把东方作为五行之首，如同东岳属于五岳之首一样。因此，木在五行之中居于首要的地位。成熟的五行说，实际上是以木为核心的和谐宇宙生态系统。这就更加强调了森林生态资源的重要性。尽管用这种理论来说明整个世界不免有牵强附会之处，但总的说来，这在当时对于人们认识和改造世界是有积极作用的。

（3）对森林与人类关系的认识

世界万物之间的关系，不仅是一种五行关系，更是一种阴阳关系。人的作用是认识并维护好这种关系，使自然万物“和实生物”、“阴阳和谐”。

中国传统的阴阳学说，是一种关于宇宙万物发生和相互作用而构成系统整体的理论。《易·系辞》提出：“一阴一阳之谓道，继之者善也，成之者性也”。这种理论就是用阴阳两种对立的因素来说明世界的万千事物。《国语·周语》记载了西周末年幽王大夫伯阳父的一段话：“幽王二年，西周三川皆震。伯阳父曰：‘周将亡矣！夫天地之气，不失其序；若过其序，民乱之也，阳伏而不能出，阴迫而不能烝，于是有地震，今三川实震，是阳失其所而镇阴也。阳失而在阴，川源必塞，源塞，国必亡。夫水土演而民用也。水土无所演，民乏财用，不亡何待？’”这是运用阴阳学说来解释“地震”等自然现象，并将自然现象与人事联系起来，很耐人寻味。“天地之气，不失其序；若过其序，民乱之也。”所以如此，是因为由于地震而造成河道堵塞，下游干涸，进而造成“水土无所演，民乏财用”，故“民乱之”、“周将亡”，很有一定的道理。伯阳父阐明的一个很重要的观点，就是提醒当权者要努力维护“阴阳之序”，使“水土永演”，方能达于“民用丰足”、社会安定。这里已经涉及到了自然系统与社会系统的平衡和互动关系，提倡天人关系的有“序”，或者说协调与和谐。伯阳父“水土演财用”、“国必依山川”的思想，已经涉及到山川治理等关系国家生态安全的重要问题。“阴阳说”实际上包含了维持生态系统的平衡和森林资源的可持续利用的思想。

中国传统的“天人合一”思想，则直接阐明了人与自然界的关系，主张人与自然和谐发展。春秋战国时代，管子主张：“人与天调，然后天地之美生。”（《管子·五行》）老子认为天人同“道”，人应该师法自然。“人法地，地法天，天法道，道法自然。”（《老子·第二十五章》）在“道”的基础上，天地人成为统一的整体。孔子主张天人和谐，认为人“可以赞天地之化育，则可以与天地参矣。”（《礼记·中庸》）儒家强调中和之道，认为：“致中和，天地位焉，万物育焉。”（《礼记·中庸》）庄子也说：“天地与我并生，万物与我为一”（《庄子·齐物论》）。孟子主张天人相通，“尽其心者，知其性也；知其性则知天矣”（《孟子·尽心上》）。2000多年前，西汉哲学家董仲舒明确提出“天人之际，合而为一”（《春秋繁露·深察名号》）的命题。宋代著名哲学家张载，在历史上第一次提出了“天人合一”的命题。他在《正蒙·乾称篇》中说：“儒者则因明致诚，因诚致明，故天人合一，致学而可以成圣，得天而未始遗人，《易》所谓不遗、不流、不过者也”。“天人合一”是我国古代哲学思想的精华，反映了我国古代人民对自然界的根本认识。

基于这种认识，儒家提倡伦理道德中的孝道，不局限于人伦，进一步将自然生态保护也纳入其中。《礼记·祭义》记述：“曾子曰：‘树木以时伐焉，禽兽以时杀焉。’夫子曰：‘断一树，杀一兽，不以其时非孝也。’”把四时教令和伦理联系在一起。荀况受孔丘的生态伦理思想影响，提出“万物皆得其宜，六畜皆得其长，群生皆得其命”（《荀子·王制》）。这一思想在商初即有商汤王网开三面，德及禽兽的故事。儒家强调对山林资源的适时取用和用养适度。荀子说：“草木荣华滋硕之时，则斧斤不入山林，不夭其生，不绝其长也；……斩伐养长不失其时，故山林不童而百姓有余材也。”（《荀子·王制》）。此外，在《礼记·月令》中，有许多保护生态的思想，而且做出一系列制度性的规定。如，孟春之月“命祀山林、川泽，牺牲毋用牝。禁止伐木”；仲春之月“毋焚山林”；季夏之月“树木方盛，乃命虞人入山行木，毋有斩伐”。月令是指导人们行为的道德规范，对后世产生了重要影响。

2.“种树农桑”的森林价值观

我国自古以来，就主张农为邦本。农本思想对林业发展影响很大。一方面，发展农业要占用耕地，在人口增长的情况下，毁林开垦就成为天经地义之事；另一方面，林业当中含有涉农的成分，如桑、果、茶、柴、材等经济林就是属农的部分。所谓发展农业，就理应包含这种林业。故自古就是“农桑” 并称、“种树”齐举。当然，古人并非只认识到森林的物质生产（主要指木材、种实、动物等林产品）功能，而且对森林的生态功能（如保持水土、涵养水源）、社会文化（保健、美学）功能也有认识。

（1）对森林经济效益的认识

森林和经济林木能持续不断地生产和提供木材、桑蚕、薪柴、果实、野生动物等多种林产品。古代对森林效益的认识主要集中在经济效益方面，有比较多的论述。管仲认为：“山林、菹泽、草莱者，薪蒸之所出，牺牲之所起也。”“万乘之国，千乘之国，不能无薪而炊”。这里可以看出管子把山林看作是物质财富的来源，它能提供建筑宫室和制作器械的木材、生活中不可缺少的薪炭材以及供祭祀用的野生动物。孟轲说：“斧斤以时入山林，材木不可胜用也。”还说：“五亩之宅，树之以桑，五十者可以衣帛矣”。这是指种桑的经济效益。《战国策》指出：“北有枣栗之利，民不由田作，枣栗之实，足实于民”。这说明枣、栗等果实很早就被人们作为补助粮食不足的食物。这里强调了因地制宜地经营林业，不仅能得到足够的木材，还可以获取丰富的生活资料，可以解救贫困。清雍正皇帝曾谕令：“舍旁田畔，以及荒山旷野，量度土宜，种植树木。桑柘可以饲蚕，枣栗可以佐食，柏桐可以资用，即榛楛杂木，亦可以供炊爨……”。乾隆7年（1742年），乾隆皇帝谕：“周礼太宰以九职任万民，一曰三农生九谷，二曰园圃毓草木，三曰虞衡作山泽之材，四曰薮牧养蕃鸟兽。其为天下万世筹赡足之计者，不独以农事为先务，而兼修园圃虞衡薮牧之政。故因地之利，任圃以树事，任牧以畜事，任衡以山事，任虞以泽事。使山林川泽丘陵之民，得享山林川泽丘陵之利。”乾隆9年（1744年）又提出三农、园圃、虞衡、薮牧四职皆为“资生养赡之术”，故应重视“田里树畜”之事。农学家杨屾（1699～1794年）在《豳风广义》中说得更明确：“农非一端，耕、桑、树、畜，四者备而农道全矣；若缺其一，终属不足。”这些论述很类似于现代“大农业”的思想，把林业看作大农业的一方面。

农本思想是我国以农立国、长期处于小农经济社会的必然产物。它对生态环境的影响有两面性：一方面也是主要方面，重农轻林，对生态有破坏作用。在农本思想的指导下，各朝政府在人口增长的压力下不得不组织大规模的毁林开荒，实行所谓“屯田”政策，以解决粮食问题，这在当时有其必然和合理因素。然而山区的刀耕火种，会造成严重的水土流失，致使各地生态失调、水旱灾害频频发生。另一次要方面，林在农中占一席之地，时常从经济的角度想到发展林业。

(2) 对森林生态效益的认识

春秋战国时期出现的《管子》一书，已认识到森林的保持水土作用。为了对水旱灾害做到有备无患，春秋时期管子建议桓公设“都匠水工”，兴修水利工程，“令之行水道、城郭、堤川、沟池”。而且，他提出在堤防上“树以荆棘，以固其地，杂之以柏杨，以备决水。”（《管子·度地》）指出树木的根系可以固定土壤，防止被水冲蚀。这是将植树造林与巩固堤防、水土保持联系起来的较早论述。

到了汉代，人们已经认识到森林具有防水旱灾害的功能，知道了破坏森林会导致自然灾害。贡禹认为“斩伐林木亡有时禁，水旱之灾未必不繇此也”（《汉书·贡禹传》）。到了明代，甚至连百姓都已认识到森林涵养水源的作用，并自觉保护水源林。明清之际的学者顾炎武在其著作中写道：“流溪地方（今广东从化流溪河），深山绵亘，林木翳茂，居民以为润水山场，二百年斧斤不入。”屈大均在《广东新语》中说：“西宁（今广东郁南）稻田所以美，以其多水，多水由于多林木也。凡水生于木，有木之所，其水为木所引，则溪涧长流，故易曰，木上有水井。”还说：“川竭由于山童，林木畅茂，斯可以言水利。”这是对森林水源涵养效益的深刻认识。

古人对森林防护农田功能的也有认识。清代中期人口大量增加，因大批“棚民”毁林开荒而引起的水土流失现象非常严重。梅曾亮总结群众的实践经验，论述了滥垦山地的弊端。“未开之山，土坚石固，草树茂密，腐叶积数年，可二三寸，每下雨从树至叶，从叶至土石，历石罅，滴沥成泉，其下水也缓，又水下而土不随其下，水缓，故低田受之不为灾。而半月不雨，高田犹受其浸溉。今以斤斧童其山，而以锄犁疏其土二雨未毕，而砂石随下，奔流注壑，涧中皆填圩不可贮水，毕至畦田中乃止。及洼田竭，而山田之水无继者。”（《柏枧山房文集·卷10》）梅曾亮对森林水源涵养、保持水土、防护农田的作用已看得很清楚。同时，鲁仕骥也呼吁：“必也使民樵采以时，而广蓄巨木郁为茂林，则上承雨露，下滋泉脉，雨潦时降，甘泉奔注而田以肥美矣”。这段话不仅明确地指出了造成水土流失的原因，而且还提出了治理措施。赵仁基 (1834年)已经正确地认识到长江“水溢”与山林被开垦的密切关系：“水溢由于沙积，沙积由于山垦。”

关于森林增加生物多样性的功能，古人也很了解。《荀子·劝学》：“草木畴生，禽兽群焉”。《荀子·致士》：“川渊深而鱼鳖归之，山林茂而禽兽归之”。而且认识到森林有利于动物资源的持续利用。《吕氏春秋·义赏》：“竭泽而渔，岂不获得？而明年无鱼；焚薮而田，岂不获得？而明年无兽。”古代虽然没有“生态”一词，但确实已经对森林所具有的多种生态功能有了深刻认识，这种认识是在长期的生产实践中形成的，为保护和培育森林资源提供了理论前提。

(3) 对森林社会效益的认识

古人明白，森林有益于人的身心健康。希望健康长寿是人之常情，道教为了寻找人的长寿之道，将寺庙建在林丰水美的“风水”之乡。在风水思想中，强调保护林木，认为“草木郁茂，生气相随”。在“草木繁茂，流泉甘洌”的龙脉保护之下，人们就可以平安长寿，多子多福。《相宅经纂》提出在住宅周围种植花果树木，“东种桃柳，西种栀榆，南种梅枣，北种柰杏。”《阳宅会心集》云：“村乡之有树木，犹人之有衣服，稀薄则怯寒，过厚则苦热，此中道理，阴阳务要冲和。”都指出适度的森林有益于人类生活。

中国森林旅游文化传统悠久。春秋时代孔子周游列国，喜欢旅游，认为“仁者乐山，智者乐水。”泰山有孔子登临处的遗迹。庄子则说：“山林与！皋壤与！使我欣欣然而乐与！”（《庄子·知北游》）。古代涉及森林旅游的诗辞歌赋游记等文学作品很多，大多抒发了作者对自然山水、森林风光的赞美和人回归自然欣然为乐的情怀。

古人对森林美学功能的认识很深刻。孔子曰：“岁寒，然后知松柏之后凋也。”唐代诗人杜牧有诗赞美森林：“远上寒山石径斜，白云生处有人家。停车坐爱枫林晚，霜叶红于二月花。”因为有了森林的季相变化和物候交替，才使得山色四季不同，呈现出生命变化之美。北宋画家郭熙《山水训》：“春山淡冶而如笑，夏山苍翠而如滴，秋山明净而如妆，冬山惨淡而如睡。”

森林的社会效益还包括，森林树木可以发挥道路标志、田地分界、衬托建筑、表达礼仪、寄托感情见证历史等社会文化功能和作用。如“列树以表道”。再如黄帝陵，及各朝帝王的陵园，名胜古迹的古树名木。此外，人们在长期与森林树木相依共生的实践中，逐渐形成丰富多彩的具有民族特色的园林文化。

3.“立虞修宪”的森林保护观

我国历代王朝都很重视山林的保护，不仅设置了相应的机构，配置了专职的官员负责森林的管理，而且还制定了很多法律法规。

早在4000年前的尧舜时期，我国就出现了最早的林业管理机构——虞。虞的出现对历代政府机构设置产生了深远的影响，直至清朝末年仍被沿用。周代成王时期周公（姬旦）实行官制并制定了各项典章制度，林业管理机构趋于完备。春秋时期管子主张建立山林川泽的管理机构，设置官员，提出“泽立三虞，山立三衡”。秦代在少府下设“林苑”，汉代在少府下设“上林苑”。隋朝在工部之下设虞部，掌管山林川泽的政令。宋朝也是在工部下设虞部，虞部官员为郎中、员外郎等。金元时期未设虞部，山林川泽由工部直接管理。明清时期恢复了虞衡官制，在工部下设虞衡清吏司，并分为水课、陆课。

中国的林业法制思想由来久远。管子是法家的代表人物，也是最早主张依法治林的学者之一。鉴于历史上“烧山林，破增薮，焚沛泽”等滥用火的惨痛教训，他说：“山林不救于火，草木不殖成，国之贫也”（《管子·立政》）。因此，他主张“修火宪，儆敬山泽林薮积草”。“修火宪”即加强山林防火的立法，实行警戒。管子是我国古代森林法制思想的奠基人，他的依法治林思想对后世影响很大。秦代《田律》中记载：“春二月，毋敢伐林木山林及壅堤水。不夏月，毋敢夜草为灰，取生荔”。规定了春天二月，不准到山林中砍伐木材，不准堵塞水道；不到夏季，不准烧草作为肥料，不准采取刚发芽的植物等。唐朝的《唐律》规定：“诸占固山野陂湖之利者杖六十，诸盗园陵内草木者，徒二年半。若盗他人墓茔内树者，杖一百”。可见唐朝对破坏森林的定罪是非常细的。现存陕西黄帝陵的宋嘉年间的护林碑，刻有“砍伐柏树，许诸人捉拿到官，痛刑断罪”。这些政令反映了宋代对滥伐森林的重视。明代在一些特定的地区也实行森林保护政策。清代林业法制对森林的保护，除帝王陵寝外，就是东北长白山林区，因系满清发祥之地，诏令实行大规模的封禁政策，这对保护东北原始林起到积极作用。

中国具有森林防火的传统。对火的禁令为古之明训。春秋时期，人们认识到火灾是山林的大敌，将山林田野的禁火作为国策。北宋关于防止森林火灾的政令较多，《宋刑统·卷二十七》规定："诸于山陵兆域内失火者徒二年，延烧林木者，流二千里。在其外失火而延烧者，各减一等"。明代嘉靖29年规定"凤阳皇陵、泗州祖陵、南京孝陵、天寿山圣寝陵、承天府显陵，山前山后禁限内，放火烧山者，俱照前拟断"。可见，历代王朝都很重视森林防火，并制定了相应法令予以防范。

古代强调野生动植物保护。从统治者到平民百姓，对野生动植物的态度不是敌视的，应该说在相当程度上是合作共存的。从夏代开始，我们的祖先就重视对山林川泽的保护及生物资源的合理开发利用，并相应地制定了一些政令和禁令。夏代就有"春三月，山林不登斧斤，以成草木之长；夏三月，川泽不入网略，以成鱼鳖之长"的规定。宋代有一系列保护野生动物资源的政令。据《宋大诏令集》记载，宋建隆二年诏令："其禁民无得采捕虫鱼，弹射飞鸟。仍永为定式，每岁有司其申明之"。元代的狩猎管理比前代有进步，不仅规定了禁猎时间，并划定了一些禁猎地区。明清时期在一些特定的地区也实行禁猎政策。可见，保护野生动植物资源是历代王朝自然保护政策的重要内容。

4."任地养材"的森林培育观

我国人工植树造林的传统由来久远，《史记·五帝本纪》载：黄帝"时播百谷草木"，帝颛顼则"养材以任地"。我国人民在长期的生产实践中积累了大量的树木分类和植树造林的知识，逐步形成了比较完整的森林培育技术体系。

首先是树木的基础理论得到较大发展。中国第一部诗歌集《诗经》，汇集了西周初期到春秋末期的许多诗篇，其中提到的树木名称有50余种。表明当时已能识别很多种树木，并分类命名。西汉问世的《尔雅》是中国最早的词典，其中有《释草》篇和《释木》篇，明确地把植物分为木本和草本两大类。明代的《本草纲目》收录果类104种，木类138种，禽类76种，兽类78种。清代《康熙字典》收录果树43种，树木394种，竹子210种，兽类236种，鸟类439种。两书所收树木和野生动物种类比以前任何书籍更为齐全，几乎包括了中国树木和鸟兽的全部重要种类。

其次是林木栽培技术得到较大提高。相传黄帝轩辕曾"时播百谷草木"，说明当时已经知道了树木可以通过播种的方法繁殖，而且还知道播种要适时。周文王强调"润湿不谷，树之竹苇莞蒲，砾石不可谷，树之葛木，以为絺绤，以为材用。"就是一种植树造林以保护森林的思想。此外，他主张"土不失其宜，万物不失其性，天下不失其时"，即是主张因时因地制宜，以保证山林资源的有效利用，以及农、工、商经济的协调发展。战国时期的《周礼》强调在生产中贯彻"土宜之法"。这就相当于今天的"适地适树"，采用乡土树种造林。战国时期的《尹文子·四符》记载："木之为物，可接异木而生之为一木"。这是中国最早的关于树木嫁接的记载。南北朝时北魏末年的《齐民要术》是我国最早的农业百科全书，其中关于林业的篇幅占全书1/4，可谓中国第一部"造林学"。所记的造林方法有直播法、植苗法、埋条法、插条法、分蘖法等，并首次提出了农林间作法。宋代《东坡杂记》和元代《农桑辑要》《王祯农书》中所记松柏苗的播种、扦插、灌溉、遮荫、防寒等技术细致而完善，几乎与今日的育苗措施并无二致。明清农书对针、阔叶树栽培的理论和技术都做了总结性的论述。《群芳谱》《农政全书》《三农纪》等所记杉、柏、油桐、乌桕等栽培法细致而科学，一直流传至今。

古代的人工林经营内容非常广泛，既有公益林建设，又有用材林经营；既有经济林栽培，又有农林牧复合经营，几乎涉及现代人工林经营的全部范围。

古代重视公益林的建设。河堤造林是古代公益林的重要形式之一。较早的记述不仅见之于载《周礼·夏官》："掌固，掌修城郭沟池树渠之固"，也见之于《管子·度地》："树以荆棘，以固其地，杂之以柏杨，以备决水"。明代治理黄河专家刘天和所著《问水集》总结了卧柳、低柳、编柳、深柳、漫柳、高柳6种栽植方法。"列树表道"为中国古代的传统之一，行道树是我国古代公益林的又一重要形式。周代种植行道树已成为国家制度，《国语·周语》称："周制有之曰：'列树以表道，立鄙食以守路'"。清代总督左宗棠在修筑通往新疆大道的同时，东起潼关，西迄乌鲁木齐，沿途种植柳树，成为史传佳话。在我国历史上，以保护环境为目的而进行大规模植树造林的例子也很多。在长城沿线，过去有两条非常可观的榆树林带，即"榆溪塞"。

人工用材林经营和利用的历史悠久，很早就开始了有目的地定向培育和利用森林。南方1000年前的杉木人工栽培就是典型的例证。在长期的林业实践中，我国古代形成了丰富的森林利用思想，而且这些思想得到了广泛的应用，逐渐被具体化为径级择伐法和森林轮伐法。据《庄子》记载：树木不能"中道之夭于斧斤"，应该"终其天年"。《礼记·王制》载："木不中伐，不鬻于市"。这一规定可以理解为：不达工艺成熟龄的树木不许砍伐，伐下了也不许出售。贾思勰在《齐民要术》中，首次提出了轮伐法，即"周而复始，永世无穷"。

关于经济林栽培，在新石器时代，中国出现了原始农业，与此同时也开始了果树等经济林木的栽培。可以说，古代最早的植树造林，就是营造经济林。《诗经》记载，先秦时代在黄河中下游一带栽培的树木就有枣、桃、李、梅、梨、栗、榛、桑等果木，而且栽植得相当普遍。在宋代，经济林的栽培技术有了很大进步。有陈翥的《桐谱》、蔡襄的《荔枝谱》、韩彦直的《橘录》等专著问世，各种经济林的栽培技术已达纯熟程度。不仅繁育了大量果树品种，而且桑树和果树的嫁接技术也得到推广和发展。

古代具有农林牧复合经营的传统。中国在很早以前就形成了农、林、牧、渔有机结合，使自然资源充分利用的大农业观，这也是较早的生态农业思想。如贾思勰的《齐民要术·种谷篇》中有"瓜—豆"模式，明代邝璠的《便民图纂》中记载了"草—芝麻—谷"模式等等。明代著名科学家徐光启所撰《农政全书》记述"若于园中开池，以便养鱼灌园"，描绘出一幅生机勃勃的农、林、牧、副、渔全面发展的生态农业景象。

5."以时禁发"的森林利用观

我国人民很早就对自然有了深刻的认识，提倡顺应自然规律，保护自然资源，实现人与自然的和谐。透过上述阴阳、五行、天人关系学说，以及图腾崇拜、生态伦理等自然保护思想，就足以看得出来。而认识自然、保护自然的根本目的就在于合理利用自然资源，为子孙后代造福。

关于森林资源的合理利用，历代学者都有论述。其中周文王"山林非时不升斤斧"和"春三月，山林不登斧，以成草木之长"的著名论断，可谓森林利用思想的经典。"以时禁发"森林的思想，最早是由管仲提出来的。他提出："山泽林薮积草，天财之所出，以时禁发焉"（《管子·立政》）。所谓"以时禁发"，是就四季而言的，主张冬季伐木，其他季节则以封育为主。认为："山林虽近，草木虽美，宫室必有度，禁发必有时"（《管子·八观》）。管子主张管制山林，并不是一味追求封禁，而是按照规定的时令开放，让老百姓利用；同时他还以经济手段来保障"以时禁发"政策的推行。

关于自然资源利用的思想，南宋哲学家朱熹将这些思想归纳为"取之有时，用之有节”。所谓“取之有时”就是开发和利用自然资源必须符合时令，尊重动植物生长的客观规律。为此，我国在很早以前就注意到了物候现象，并据此提出了农时律令。《礼记·祭义》记载：“树木以时伐焉，禽兽以时杀焉”。说的也是按照时令合理利用自然资源。孟子认为：“不违农时，谷不可胜食也；数罟不入池，鱼不可胜食也；斧斤以时入山林，材木不可胜用也”（《孟子·梁惠王上》）。这就是说，只要利用得当，自然资源就会取之不尽，用之不竭。这些论述中都强调了“时”的概念，充分体现了“取之有时”的原则，司马迁将其概括为“四时教令”。

所谓“用之有节”是指开发和利用自然资源必须要有节制，不能采取掠夺式的行为。管子主张对于木材的利用要厉行节约，认为只有这样国家才能富裕。他在《八观》《立政》《禁藏》中指出：“台榭相望者，其上下相怨也”；“宫室有度，舟车陈器有禁”；“节宫室、适车舆、以实藏，则国必富”。《吕氏春秋·义赏》记载：“竭泽而渔，岂不获得？而明年无鱼；焚薮而田，岂不获得？而明年无兽。诈伪之道，今虽偷可，后将无复，非常术也”。这种资源利用思想，对后世产生了深远的影响，“竭泽而渔”已成为脍炙人口的谚语。

中国古代注重对森林资源的综合利用。除了用木材制作家具和器皿、建造房屋和宫廷楼阁、打车造船、建筑桥梁，以及从果树上收获果品外，还有许多用途，如木炭、造纸、油漆、松脂、樟脑、油料、药物、燃料、香料、蚕丝、竹材、茶叶等，不仅历史悠久，其加工水平也达到了相当发达的程度。我国烧制木炭的历史，最早可以追溯到距今4000多年前的新石器时代。长沙的马王堆汉墓、北京的大葆台汉墓中则填充了大量木炭，表明当时不仅大量烧制木炭，并且已认识到木炭的吸水防潮作用。造纸术是我国古代四大发明之一。造纸术的发明，不仅为人类文明做出了巨大贡献，同时也开辟了森林利用的新途径。随着农业、手工业和文化的发展，人们对森林的认识日益深化，除木材外，又认识到漆、松脂等许多其他森林产物的作用，并且逐步摸索出了比较完善的加工、利用方法。

二、近代森林经营思想

中国近代，包括晚清和民国两个阶段（1840～1949年）。鸦片战争以后，中国社会一步步沦落为半殖民地半封建社会，中国历史走向近代。全国人口从1840年的41 281万人缓慢增至1949年的54 167万人。与以往相比，由于增加了帝国主义掠夺和近代的战争毁林两个新因素，致使森林资源破坏达到有史以来的最高峰，覆盖率大约由17%下降为12.5%。生态环境继续恶化。鸦片战争后，西方的林业思想逐渐渗透到我国，并与传统的林业思想相结合，对我国林业发展日益发挥重要作用。最能代表晚清林业思想的人物，在初期是林则徐、龚自珍、魏源等人，此后是洋务运动的首领张之洞，再就是维新派领袖康有为。民国时期，作为政治家的孙中山先生，在他的三民主义理论中包含着极其深刻的林业思想。此外，不少回国的林科留学生，如梁希、凌道扬、姚传法、陈嵘、郝景盛等林学家也都提出了自己的林业思想。

1. 魏源“师夷长技”的林业思想

魏源（1794～1857年），字默深，湖南省邵阳县人。在晚清国内严重危机的形势下，提出了“师夷长技以制夷”的口号，提倡“实学”、“实业”（即农工商业）。在林业方面，他注重研究和介绍国外的森林资源和林业发展情况，开创了学习外国林业的先河。例如，关于美国林业的情况，他写道：“（弥利坚）其始地旷人稀，树木丛茂，人只取木而不取煤，今则烟火日繁，树木不减于前，而煤炭愈旺于昔。……树木约有百三十余种。高者约三丈余，而至高者则莫如橡木，间有八九丈者，以之作船作柱甚美，其木则有四十四样。次则核桃，亦有十样。次则枫树高茂，其汁甘可煎糖，每年约糖数千石。美苏里部内有一株最大，身围四丈六尺。次则桦树，尤壮观瞻，其皮可代瓦盖屋，作舫渡河。土人用作小舟，轻捷异常，出入背负，渡水既迅，携带又便。亦有蚕桑，以为绸缎。其余飞潜动植，他国所有者，新国皆有之。”魏源主张学习外国先进林业技术；发展我国的用材林、经济林、花卉业，开展野生动物资源的保护和利用；燃料上的以煤代木；加强林产品加工利用，提高林业经济水平。

2. 张之洞“劝学导政”的林业思想

张之洞（1837～1909年），字孝达，直隶（今河北省）南皮人，清末重臣，洋务派首领。光绪27年（1901年），张之洞和刘坤一连续上三道奏折，第三折为《遵旨筹议变法谨拟采用西法十一条折》，其中含“修农政”内容，提出发展农林业的一系列主张，包括：修农学；译农书；设农官；办农校、农林试验场；选派学农留学生；劝谕各地官绅采用新法发展农林业；推广良种和新器具；垦荒缓赋税；开垦东三省荒地等。此外，张之洞还于1903年，拟定“癸卯学制”，主张废除科举，兴办各类学堂，包括农林学堂。在《奏定学堂章程》中提出了发展林科教育以培养林业人才的方案。

3. 康有为“公有统筹”的林业思想

康有为（1858～1927年），广东南海人，近代维新派领袖，后为保皇会首领。其政治主张集中于《大同书》中，也含有一些关于林业的思想。他的林业主张集中体现于林地的公有制、管理的统筹计划性方面。如他在《大同书·公农》中说：“今欲致大同，必去人之私产而后可；凡农工商之业，必归之公。举天下之田地皆为公有，人无得私有而私买卖之。政府立农部而总天下之农田，各度界小政府皆立农曹而分掌之，数十里皆立农局，数里立农分局，皆置吏以司之。其学校之学农学者皆学于农局之中；学之考验有成，则农局吏授之田而与之耕，其耕田之多寡，与时新之机器相推迁。”他把林业视为农业的一个组成部分，主张全地球的政府设农部，下设农曹、农局、农分局，设置官吏掌管。农分局下设农场，直接从事农林牧渔生产，有计划地科学经营。各地农曹调查山陵、原隰等处的气候、土壤条件，参考历年的记录，确定开发利用和种植数额，报农部核定，然后按下达的计划执行。他强调因地制宜选用优良品种发展生产。他主张发展农林教育，未取得农校考验证书而年逾20岁的人不能担任农林官吏和技术员。他强调合理利用山林资源，发展林业，改造沙漠。康有为看到森林对国计民生的利益，建议设置机构掌管山林事业。虽然他所设想的“大同世界”带有很大的空想性，但关于发展林业和改造沙漠的主张却有积极意义。

4. 孙中山的“森林防灾”思想

民国时期，作为政治家的孙中山（1866～1925年）先生，在他的三民主义理论中包含着极其深刻的林业思想。1918年，孙中山写成《实业计划》。他基于对森林重要作用的认识，将发展林业列入他的“实业计划”，主张大规模造林。他分析中国森林的分布情况，发现北部和中部最缺少森林，水旱灾害严重，提出“于中国北部及中部建造森林”。

1924年8月，孙中山在广州作关于民生主义的演讲，全面而深刻地论述森林的重要性，认为大规模造林是防止水灾和旱灾的根本方法。他指出：“解决民生问题，首先要解决吃饭问题，为此，要先解决农业生产的方法很多，最关紧要和最难解决的问题是防灾问题。”他说：“近来的水灾，为什么是一年多过一年呢？古时代有很多森林，现在人民采伐木料过多，采伐之后又不行补种，所以森林便很少，许多山岭都是童山，一遇了大雨，山上没有森林来吸收雨水和阻止雨水，山上的水便马上流到河里去，河水便马上泛涨起来，即成水灾。所以要防水灾，种植森林，便很有关系的。多种森林便是防水灾的根本方法。有了森林，遇到大雨的时候，林木的枝叶可以吸收空中的水，林木的根株可以吸收地下的水。如果有极隆密的森林，便可吸收很大量的水。这些大水，都是由森林蓄积起来然后慢慢流到河中，不是马上直接流到河中，便不至于成灾。所以，防水灾的治本方法，还是森林。所以对于吃饭问题，要能够防水灾，便先要造森林。有了森林便可以免去全国的水灾。……水灾之外，还有旱灾，旱灾问题是用什么方法解决呢？这种旱灾从前以为是天数，不能挽救。现在科学昌明，无论是什么天灾都有方法可以救。不过这种防旱的方法，要用全国大力量通盘计划来防止。这种方法是什么呢？治本方法也是种植森林；有了森林，天气中的水量便可以调和，便可以常常下雨，旱灾便可以减少……所以我们研究到防止水灾与旱灾的根本方法，都是要造森林，要造全国大规模的森林。"

孙中山主张发展林业应该进行科学的规划。在《实业计划》中提出："农地测量，为政府应尽之第一义务……测量工事既毕，各省荒废未耕之地，或宜种植，或宜放牧，或宜造林，或宜开矿，由是可估得其价值。"孙中山不主张将所有"荒废未耕之地"都垦为农田，而是主张合理利用土地资源，农林牧矿全面发展。关于林业的经营方式，孙中山主张林业主要依靠国家经营。他说："我们讲到要种植全国的森林的问题，归到结果，还是要靠国家经营。"同时，须兼顾地方利益。他说："山林川泽之息，矿产水利之利，皆为地方政府之所有，而用以经营地方人民之事业。"他强调在林区发展交通、修筑铁路，以便于开发利用原有森林，解决木材等林产品的运输问题。在《实业计划》中，孙中山描绘了开发我国东北、西南、西北林区的蓝图。孙中山主张有计划地发展木材工业和造纸业。为了节约木材，主张解决能源问题。"柴薪问题为国民最大之耗费。今当使乡村中以煤炭代木草，城市用煤气或电力。"孙中山对林业建设还提出其他具体设想。

5. 凌道扬"振兴林政"的思想

凌道扬（1887～？），广东省宝安县（今深圳市）人，林学家、林业教育家。早年留学美国，获耶鲁大学林学硕士学位。1917～1927年任中华森林会理事长，1929～1940年长期任中华林学会理事长。1916年，凌道扬论述了"森林与国家之关系"。他认为，林政对于一个国家非常重要，对增加财政、提供工业原料、利用土地、改善生计、获得间接利益等方面有重要关系，振兴林政是中国的当务之急。他不仅是放眼世界林业的第一人，也是呼吁政府增加林业投入的第一人；也是近代较早提出森林间接效益（即生态效益）并重视林业教育的学者。他说："吾国为东亚膏腴大陆，环球各国，啧啧称誉。独是荒山之多，触目皆是。此固有心人所难忍于言也。"所以如此，用英国皇家植物会会员溥唐氏的话说，是因为"中国不知林政。已有之处，任意斩伐……；无林之地，不知种造。"中国的林政人员、经费都远不如德、俄、日、美等国。所以，他主张振兴我国林政必须扩增林政人员、增加林政经费、加强林政管理、发展林业教育。他认为，中国林政"振兴既在今日，乌可须臾缓耶。"这是因为：①振兴林政可以减少木料进口，节约银币，且为发展工业提供原材料；②振兴林政，可以充分利用荒废的土地资源，增加国家财政；③振兴林政，可以扩大就业，解决国民的生计问题；④振兴林政，不仅有上述之直接利益，而且"森林间接之利益，其关系亦复甚巨。"1917年凌道扬撰文"论近日各省水灾之剧烈缺乏森林实为一大原因"。他从"森林有保护泥土之能力”、“森林有节制河流之能力”、“森林减免水灾之确验”三方面加以论述。呼吁同胞以此次水灾“为促进我国急办森林之当头棒喝”，能“急起厉行”。

6.陈嵘“造林为要”的林业思想

陈嵘（1888～1971年），字宗一，浙江省安吉县人。我国著名的林学家、教育家，是我国现代林学的开拓者之一。陈嵘认为，中国发展林业的主要任务就是造林。林业与造林几成同义语。他（1935年）认为：“我国荒山遍地，极应兼重林业，以利用荒地造林，增加生产，而为复兴农村之一大助力焉。爰述其理由：一、造林可以化荒山为生产地。我国有荒山面积15 253 991亩*。此荒山，不宜于开垦农田，只有造林一途。二、林业发达可使土地更为经济的利用。荒山造林，柴草丰富可使农民无缺柴草之虞。三、兼重林业，可以增加农村工作，挽回颓风。重视林业，可变农闲为造林大好季节。使农民从事采种、伐木、修枝、烧炭、植树、播种等工作。四、植树造林可以救荒。古今中外实例说明，一旦紧急之际，或逢年岁凶歉，即可利用森林以图自救。五、森林确有减少水旱之功能。内枝叶遮天，枯物蔽地，地下更有蔓根盘绕，可以防止水害，又可防旱。六、森林为农民卫生之保障。森林能调和气候，澄清空气，辟除烟尘，养化有毒害之霉菌等。”因此，“提倡造林为当前要政，……造林应以县为单位，连络各乡，使全民参加。”为此，他编写了多部造林学著作，并创设多处林场大力开展造林实践。而为了搞好造林，必须讲究因地制宜、适地适树。所以他投入极大精力研究树木学和森林地理学，撰写出版了《中国树木分类学》（1937年）、《中国森林植物地理学》（1961年）。在造林树种选择上，根据中国的国情，陈嵘（1940年）主张优先选用经济生态效益兼备的树种。

7.姚传法的“以法治林”思想

姚传法（1893～1959年），浙江省鄞县人，林业教育家，国民党政府林业官员。早年留学美国耶鲁大学林学院，回国后曾任中华林学会理事长（1928年，1941～1945年），国民政府立法委员，曾参与1932年《森林法》的起草制订。他强调必须严格以法治林，而且是最早提出长江、珠江将变成黄河的睿智学者，主张发展森林保持水土，振兴林业教育。1944年，姚传法在《林学》杂志上撰文“《森林法》之重要性”，论述“以法治林”问题。他认为“惟有实施《森林法》方可挽救中国之林业”。这是因为森林关系国本，“林业问题关系法治问题”。事实证明，只靠一般性的造林宣传和运动不能解决林业问题，与此相反，“造林之宣传，应为《森林法》实施之宣传；植树之运动，应为《森林法》实施之运动”。《森林法》得不到很好地施行，是因为：“现行《森林法》是否有缺点，此为一问题；施行《森林法》之机构与人才是否适当，此又为一问题。”他认为：“《森林法》是国家大法之一，在目前森林破坏影响国本之时，其重要性应与《民法》《刑法》《土地法》相比拟。”“《森林法》应具特种刑法之性质，侧重于强制执行造林、保林之各项办法。”为了更好地实施《森林法》，他认为在当时情形之下，“《森林法》应力求简单，务必使每条条文，家喻户晓，发生最大之效力。森林既是确切关系国本，则《森林法》自应为国家大法之一，与《民法》《刑法》《土地法》相提并论。多年来不但一般人民不知有《森林法》，即办理农林事业机关之人员，亦未尝加以注意也。尤可痛惜者，大学农学院、法学院、以及农林专科学

注：*1公顷＝15亩

校，亦未将《森林法》列入必修之课程，甚至选修课程亦不采列，诚不知何以见不及此！吾盼教育当局勿再河汉斯言！”他还提出，《森林法》经妥善修改后，务使有效实施。

8.郝景盛的“森林万能论”

郝景盛（1903～1955年），河北省正定县人，林学家。郝景盛对森林的生态效益有深刻的认识。1944年，郝景盛在《林学》杂志上撰文论述“森林与水旱天灾之关系”。认为，“森林较多的地方，雨量亦多。”“森林可以调节水源。”“凡是森林较多的地方，其附近空气中亦含有较多之水分，空气上升，温度下降，气中湿度自然分出，先凝雾而后成雨。”“森林可以防止水患，可以阻止旱灾，国父（指孙中山）在其遗著三民主义之民生主义中已详言之，美国近几年来，对于森林与水利，森林与洪水，森林与保土工作，以及洪水的防治、水道的利用、农田的灌溉等问题，由政府拨助大量专款，聘请森林专家、水利专家、水土保持专家，精细研究，结果与国父之名言相同，欲解水旱天灾，只有造林之一法。”他在观察了嘉陵江水高泥沙含量之后，断言：“如果长江各支流，都变成了嘉陵江，我敢预言，并且坚决的武断，今日的长江，会变成来日的黄河。”他主张治理长江、黄河的办法是在上游各支流区域内大规模造林。

郝景盛在1947年著《森林万能论》，论述森林与木材对国家的重要性。他用“万能”一词，喻森林的多种效益，目的是为了唤起人们对森林的重视，起到振聋发聩的作用，应该说并不过分。郝景盛的“森林万能论”，在20世纪80年代初引发了一场“森林作用”问题的学术大讨论。随着生态科学的发展，人们对森林的多种效益越来越形成共识。可见，郝景盛的林业思想，就其基本精神而言，高屋建瓴、深刻而正确，应予以充分肯定。

第二节　新中国林业发展理论

根据林业主要任务的变化，可将新中国成立以来的林业大致划分为三个阶段。第一阶段，从1949年新中国成立到1978年三北防护林工程启动，是以木材生产为主的林业发展时期。第二阶段，从1978年到2003年中共中央、国务院《关于加快林业发展的决定》将以生态建设为主确立为林业发展战略，为木材生产与生态建设并重的林业发展时期。第三阶段，从2003年至今，是以生态建设为主的林业发展时期。从林业发展理论的角度，以改革开放为界线，可分为前后两个时期。

一、改革开放前林业发展理论

在新中国成立后的一段时期，国民经济恢复和发展是重要任务，国家对木材的需求量很大，加之在一定程度上受原苏联林业经营理论的影响，所以在改革开放以前的近30年中，林业发展理论一直是以木材永续利用理论为主导。

在此时期，毛泽东等国家领导同志非常重视林业工作，对林业建设提出了明确要求。在1958年11月6日郑州会议上，毛泽东说：“要发展林业，林业是个很了不起的事业。同志们，你们不要看不起林业。”因为，其一，“树木经济价值很大，木材是化学原料，可以多种些。”“林业、森林、草、各种化学产品都可以出。”其二，林业与农业、牧业有关系。

"苏联那个土壤学家讲，农林牧要结合。""苏联伟大土壤学家和农学家威廉斯强调地说，农、林、牧三者互相依赖，缺一不可，要把三者放在同等地位。这是完全正确的。""农业、畜牧业的经营，还一定和各地大、中、小片各种类型的（用材林、薪炭林、其他各种经济林、防风防沙防潮林和风景林）林业经营相结合。总之农、林、牧三业要结合。"其三，林业有美化作用。"要使我们祖国的河山全部绿化起来，要达到园林化，到处都很美丽，自然面貌要改变过来。""一切能够植树造林的地方都要努力植树造林，逐步绿化我们的国家，美化我国人民劳动、工作、学习和生活的环境。"毛泽东认为，林业是农业的一部分。"所谓农者，指的是农林牧副渔五业综合平衡。蔬菜是农，猪牛羊鸡鸭鹅兔等是牧，水产是渔，畜类禽类要吃饱，才能长起来，于是需要生产大量精粗两类饲料，这又是农业，牧放牲口需要林地、草地，又要注重林业、草业。由此观之，为了副食品，农林牧副渔五大业都牵动了，互相联系，缺一不可。""要努力发展粮、棉、油、麻、丝、茶、糖、菜、烟、果、药、杂等12项生产，要实行农、林、牧、副、渔五业并举的方针。"毛泽东对林业的发展提出要有规划、有计划，向西方林业发达国家学习，发动群众搞植树运动，因地制宜搞全年种树，增加投入等具体要求。

周恩来总理长期抓林业工作，形成了丰富的林业思想。1962年11月，周总理提出"越采越多，越采越好，青山常在，永续利用"的林业建设方针。他认为，"林业工作为百年工作，我们要一点一点去增加森林，……森林不增加，就不能很好地保持水土，森林对农业有很大的影响。""林业对供应建设事业所需木材和防止水旱风沙灾害都有重要意义。"对损害森林的地方，必须很好整顿，"从林政、林业观点来看，保林、育林、伐林如没有统一计划、统一管理，只从地方经营和收入着眼，其害与水利之不统一相等，而时间性更过之。"中国林业"基础太小，林政不修，森林采伐不按科学的方法，这都需要大力整顿。……不科学地采伐，没有护林和育林，森林地带也会变成像西北那样的荒山秃岭。我们需要林业专家从事这方面的工作。"要"严防森林起火"，"森林起火是每年的大事"。关于林权，"发展群众性的造林，这就要交给地方去做，林业部只管大的，对其他的，只需指导即可。在贸易上，是改正过去完全管制的政策，让它自由一些。小的树林，要分给他们，分给他们，他们自然会管；大的宜于分的，也还是分了好，不宜分的，可变为国有林。"在国家投资方面，"林业要增加投资"。到60年代，关于木材利用，认为当时"木材节约第一，增产第二。要采取措施把废材都拿出来，注意节约代用。"由于"木材是最大的短线"，发展林业"必须育林、护林和增产节约并进。"对于砍伐森林的后果，他认识到"砍伐森林更易造成水土流失"。"治理黄河要水土治理结合。"1965年，他主张森林立法。由于后来的"文化大革命"这种设想并未实现。1966年2月，他总结说："我当总理16年了，有两件事交不了账，一是黄河，一是林业。看来，林业是抓晚了些。……在一定时间内，在这方面，是要有所改革的。"他强调抓好西北黄土高原地区的造林。他说："西北黄土高原搞了多少年造林啦？劳大功小，要很好总结经验。……面对黄河流域28万平方千米水土流失区，只要有雄心壮志，有愚公移山的精神，就能战胜它。"这些论述对当前和今后我国林业发展仍具很高的指导价值。

刘少奇同志十分重视林业工作，在许多方面给林业以具体指导。1959年3月，他主张林业部门要"把森林既要采伐又要保留的道理宣传出去，这条方针一定要贯彻下去。基本建设投资可以增加一点。从木材利润中拿出一部分来搞基本建设。人工造林要坚持下去。"1960

年5月，他认为："木材问题一定要注意到一边砍伐，一边栽种。过去我们的祖宗砍得多，栽得少，以后我们要注意。应该栽得多砍得少才好，不然再过几十年我们的儿孙又会骂我们的。"1961年1月，他认为："我国现有耕地面积很少……解决我国粮食问题的办法……应当在不能耕种粮食的荒山上发展木本粮食，从这方面找出路。"1961年夏，他到东北、内蒙古国有林区进行视察调研，题词："充分利用森林资源，尽可能满足国家和人民群众各方面的需要。"提出"林业问题要解决得好，也要多从生产关系方面想些主意。……过去林场的山价都是连同企业利润一并上缴林业局。今后可否上缴一部分，留下一定款额由林场自己掌握，用于造林育林。"根据刘少奇指示，1961年12月林业部、财政部发布联合通知，在国有林区建立育林基金。

新中国成立初期，梁希任林垦部（后为林业部）部长。在此之前，作为林学家的梁希（1946年）提出，中国林人的奋斗目标是："黄河流碧水，赤地变青山。"为此他主张发挥森林的多种效益，强调按照施业案合理经营森林，护林造林育林并举；永续利用森林，造林与伐木保持平衡。此外，他还强调发挥优势，发展特种林木；节约木材，合理利用木材。1951年，他为新中国的林业规划了任务、道路和远景："四大任务：护林，造林，森林经理，森林利用。一条光明的大道：群众路线。一个美丽的远景：无山不绿，有水皆青，四时花香，万壑鸟鸣，替河山装成绵绣，把国土绘成丹青"。他领导制定了全国林业建设的总方针。即："普遍护林，重点造林，合理采伐与利用。"

罗玉川等林业部门领导提出了"采育兼顾"的林业思想。在林业工作中，适应当时国家对木材需要的形势，罗玉川一开始主张采伐为森林更新积极创造条件。他认为："正确地在国有林区贯彻社会主义的营林方针，使采伐为森林更新积极创造条件，并尽可能地扩大木材资源利用，这就是党的总路线、总方针在林业事业中的具体实现。"在西北、华北地区，主要任务是"广泛动员和组织全国青年带头开展大规模的造林育林护林运动"。在大兴安岭林区，应以木材生产为主。1960年他在《关于大兴安岭林区几个问题的报告》中说："今后必须坚决贯彻以木材生产为主，适当发展综合利用、多种经营的方针，不能几条战线齐头并进，不能因为搞综合利用多种经营而削弱木材生产战线。"后来，他讲："开发大兴安岭林区，不但要把铁路修好，把木材采运出来，还要把育林工作搞好。林木的更新是一个重要问题，要吸取过去的经验教训，采伐方式，应以渐伐为主。"他积极提倡"实行采育兼顾伐"，认为其好处很多。

同时，郑万钧、吴中伦、范济洲等林业专家也分别从适地适树选择造林树种、森林地理学、森林永续经营管理的角度等，提出了各自的林业发展观点和理论。这些理论，虽然也注意到了森林的多种效益，但在总体上大都是围绕木材生产而提出的。

关于这个时期林业发展的经验教训，有学者给予了理论总结，"在较长时期内重采伐、轻培育，森林采伐量越来越大，而没有把培育森林资源放到重要位置上，加上一个时期片面地强调'以粮为纲'和某些政策上的失误，导致毁林开荒和乱砍滥伐林木，使森林资源受到损失，生态平衡遭到破坏"。当然，这种失误明显地带有时代的印记。

二、改革开放后林业发展理论

改革开放之后，国家的形势发生很大变化。一方面，生态环境形势日益严峻，国家对林业的发展提出了新的要求。另一方面，在学术界，受国外生态学理论的影响，中国林业发展理论与时俱进，处于不断的变革和探索之中。

1. 国家领导人对林业的论述

在新形势下，国家领导人对林业提出了新的要求。邓小平同志认为林业是一件为子孙后代造福的大事。1983年3月12日，在北京十三陵水库参加义务植树时，他说："植树造林，绿化祖国，是建设社会主义、造福子孙后代的伟大事业，要坚持二十年，坚持一百年，坚持一千年，要一代一代地永远干下去。"在公共植树问题上，邓小平主张开展全民义务植树运动，并形成制度。1981年9月16日，邓小平在同国务院副总理万里的谈话中提出开展全民义务植树的倡议。他说："最近发生的洪灾（指1981年夏四川省的特大水灾）涉及林业问题，涉及森林的过量采伐。看来宁可进口一点木材，也要少砍一点树。报上对森林采伐的方式有争议。这些地方是否可以只搞间伐，不搞皆伐，特别是大面积的皆伐。中国林业要上去，不采取一些有力措施不行。是否可以规定每人每年都要种几棵树，比如种三棵或五棵树，要包种包活，多种者受奖，无故不履行此项义务者受罚。国家在苗木方面给予支持。可否提出个文件，由全国人民代表大会通过，或者由人大常委会通过，使它成为法律，及时施行。总之，要有进一步的办法。"在邓小平同志的倡导下，根据国务院的提案，1981年12月13日第五届全国人大第四次会议审议通过了《关于开展全民义务植树运动的决议》。邓小平重视我国西北和黄土高原地区的林业和生态环境建设。同时他认为，应该用林业知识教育全国的青少年，使他们养成保护环境、热爱树木的好习惯。1987年4月5日，在天坛公园参加义务植树时说："我这个小孙女和我一起种了六年树，要让娃娃们养成种树、爱树的好习惯。"全民义务植树是一个创举，对公共地区的造林绿化产生了积极作用。

江泽民同志十分重视发展林业，认为"植树造林，是造福今人和子孙后代的一件大事"。1991年3月11日，江泽民在湖南韶山参加义务植树时与湖南省委负责人谈话说："植树造林，绿化祖国，一可以防止水土流失，二可以保护生态环境，三可以改善人们的生活和工作环境。总之，这是一件造福子孙后代的大事。……希望全党动员，全民动手，锲而不舍，坚持下去，扎扎实实地搞好植树造林活动，把我们社会主义祖国建设得更加富强、美好。"江泽民重视长江、黄河中上游地区的生态环境建设，认为这关系着整个流域经济社会可持续发展。1997年11月8日，江泽民在长江三峡工程大江截流仪式上说："在三峡工程建设中，保护好流域的生态环境极为重要。库区两岸特别是长江上游地区，一定要大力植树造林，加强综合治理，不断改善生态环境，防止水土流失，这是确保库区和整个长江流域的长治久安和可持续发展的重要前提条件。是功在当代、利在千秋的大事，务必年复一年地抓紧抓好，任何时候都不能疏忽和懈怠。"1999年6月21日，江泽民在郑州主持召开黄河治理开发工作座谈会时，指出："生态环境建设，是关系到黄河流域经济和社会可持续发展的重大问题。几十年经验证明，必须把水土保持作为改善农业生产条件、生态环境和治理黄河的一项根本措施，持之以恒地抓紧抓好。"除了大江大河，林业建设还关系着沙漠化治理问题。1999年4月3日，江泽民在北京天坛公园参加义务植树时说："我们要大力开展植树造林，通过植树造林解决两大心腹之患。一是解决长江、黄河上游植被稀少，泥沙俱下，给我们国家带来的巨大水患。二是加大沙漠化的治理力度，实现人进沙退而不是沙进人退。"发展林业，关键要坚持全党动员、全民动手，加强教育和宣传。实施科教兴国战略和可持续发展战略，这是我们在发展中保护好生态环境的可靠保障。加强生态环境建设，是西部贫困地区实现脱贫的根本大计，也关系着中下游地区的可持续发展。在党的十五大前夕，江泽民提出“再造一个山川秀美的西北地区”的宏伟设想。1997年8月5日，江泽民在国务院副总理姜春云《关于陕北地区治理水土流失，建设生态农业的调查报告》上批示：“我国是一个有几千年历史的文明古国。包括甘肃、陕西在内的黄河流域，是我们中华民族的主要发祥地。……后来由于历经战乱的破坏，加上自然灾害和滥砍滥伐造成的损失，导致了陕、甘等西北地区的严重沙化、荒漠化，经济文化的发展也因此受到极大制约。历史遗留下来的这种恶劣的生态环境，要靠我们发挥社会主义制度的优越性，发扬艰苦创业的精神，齐心协力地抓植树造林、绿化荒漠，建设生态农业去加以根本的改观。经过一代一代人长期地、持续地奋斗，再造一个山川秀美的西北地区，应该是可以实现的。”为实现这一宏伟目标，江泽民强调全国各地制定切实可行的规划，搞好生态保护工程建设。1998年3月15日，江泽民在中央计划生育和环境保护工作座谈会上说：“要坚持不懈地搞好生态保护工程。十五大召开前夕，我对生态问题曾作过一段批语。国务院专门召开会议，作了研究部署，提出用十五年左右的时间，基本遏制生态环境恶化的趋势；在此基础上再用十五年左右的时间，使我国生态环境有一个明显改观；到下个世纪中叶，在全国建立起适应国民经济可持续发展的良性生态环境，大部分地区做到山川秀美、江河清澈。这是一个跨世纪的宏伟工程，也是中华民族的一个创举。各地要结合本地的实际情况制订切实可行的规划，年复一年地抓下去。经过几代人的艰苦奋战，这个宏伟的奋斗目标是一定能够实现的。”

胡锦涛同志高度重视林业工作。在以胡锦涛为总书记的党中央领导下，2003年6月中共中央、国务院颁布了《关于加快林业发展的决定》，确立了以生态建设为主的林业发展战略，对新时期的林业发展作了全面部署。2004年3月10日，胡锦涛同志在中央人口资源环境工作座谈会上的讲话中说：“可持续发展，就是要促进人与自然的和谐，实现经济发展和人口、资源、环境相协调，坚持走生产发展、生活富裕、生态良好的文明发展道路，保证一代接一代地永续发展。”“要牢固树立人与自然相和谐的观念。自然界是包括人类在内的一切生物的摇篮，是人类赖以生存和发展的基本条件。保护自然就是保护人类，建设自然就是造福人类。要备加爱护和保护自然，尊重自然规律。对自然界不能只讲索取不讲投入、只讲利用不讲建设。发展经济要充分考虑自然的承载能力和承受能力，坚决禁止过度性放牧、掠夺性采矿、毁灭性砍伐等掠夺自然、破坏自然的做法。要研究绿色国民经济核算方法，探索将发展过程中的资源消耗、环境损失和环境效益纳入经济发展水平的评价体系，建立和维护人与自然相对平衡的关系。”2006年4月1日，胡锦涛在北京奥林匹克森林公园参加首都义务植树活动时说：“全民义务植树活动开展25年来，植树造林事业取得了可喜的成绩，绿化美化环境已经成为全社会的广泛共识和自觉行动。各级党委、政府要从全面落实科学发展观的高度，持之以恒地抓好生态环境保护和建设工作，着力解决生态环境保护和建设方面存在的突出问题，切实为人民群众创造良好的生产生活环境。要通过全社会长期不懈的努力，使我们的祖国天更蓝、地更绿、水更清、空气更洁净，人与自然的关系更和谐。”在党的十七大报告中，胡锦涛同志第一次提出建设生态文明，将生态文明作为全面建设小康社会的奋斗目标之一，提出到2020年生态环境质量明显改善。

在此期间，党和国家其他领导人也给予林业许多重要指导。李鹏同志1983年12月指出，“要大力种树种草，恢复植被，努力增殖可更新资源。大搞植树造林，不仅仅是为了生产多少立方米木材，而且还为了保护环境，建立生态平衡的良性循环。”1997年3月，强调“保护环境、生态要加大工作力度。”朱镕基同志1999年7月指出：“必须十分重视长江、黄河上中游天然林保护，坚持停止采伐、退耕还林。要认真实施森工企业‘变砍林为造林’的方针。”同年8月提出：“治理水土流失，要采取‘退耕还林（草）、封山绿化、以粮代赈、个体承包’的措施。”李瑞环同志1999年6月针对我国绿化问题，提出改进方法：必须在人多上打主意；必须在物质利益原则上作文章；必须在研究管用的方法上下功夫。同时主张“大力发展经济林木，是推进我国绿化事业的一项重大举措。”温家宝同志2000年3月指出：“我们一定要增强紧迫感和责任感，迅速行动起来，广泛动员亿万群众，投身于祖国绿化事业，加快建设山川秀美的新河山。”2001年6月提出：“在可持续发展战略中，应该赋予林业重要的地位，在生态建设中，应该赋予林业首要的地位。”并给予“中国可持续发展林业战略研究”以具体指导。此外，吴邦国、田纪云、姜春云、贾庆林等同志关于林业工作也作过重要论述，为林业发展提供了宝贵理论指导。

2.专家学者的林业理论

在20世纪80年代初，学术界曾展开了一次关于森林作用的大讨论。针对有的学者夸大森林作用的议论，地理学家黄秉维在1981年《地理知识》杂志第1期发表题为“确切地估计森林的作用”的文章，于是掀起了学术界关于森林作用的大辩论。黄秉维这篇文章的主要观点，是反对“森林万能论”，强调要确切地估计而不是夸大森林的作用。他承认森林的某些作用，如防止土壤侵蚀、调节河流水量、提供木材和其他林产品的作用，而否认森林的另一些作用，如森林绝对有利于水文、对农业稳产高产起决定作用、森林对林外广大地区气候有很大影响、森林增加林区及毗邻地域的降水等。汪振儒、黄伯璇在1981年《地理知识》第8期上撰文，“确切地认识森林的作用——与黄秉维先生商榷”。集中论述了森林的间接作用，认为建立农田防护林是克服作物生长气候逆境的有效措施。森林对农业以至对整个国土起保障作用，自然与森林覆盖率有关系。对于中国，无论国土保安、供应木材靠别人都不成，具有中等水平的森林覆盖率（20%～33%）是必要的。关于森林与降水，他们更多地倾向于森林可增加降水，举了不少国内外研究成果作为佐证。还论述了森林的存在与维持大气二氧化碳平衡以及调节热平衡的关系。认为森林是吸进二氧化碳的“汇”，森林的消失将导致“温室效应”。森林的水文作用在于它能兴利除害，表现在改变天然降水的分配比例和调整天然降水流出林区的时间两个方面。特别是，森林在特大暴雨下能起抑制洪峰、削弱洪峰从而消除险情的作用。强调任何水库建设，工程措施都须与生物措施并举。森林的间接作用还有美化环境、卫生保健等。文章最后说：“我们对森林作用的认识仍在不断加深的过程之中。为了更好地发挥森林的多种作用，使其为建设为人民生活服务，很有必要加强森林公益效能方面的研究和宣传。在提高认识的基础上，树立爱林护林的社会新风尚，大力发展林业。”此后，关于森林作用的讨论更加广泛和深入。

董智勇（1990年）提出“生态林业”理论。他认为：“生态林业是以生态经济学原理为指导，遵循生态经济复合系统的规律，实施林业综合经营，以发挥森林的多种功能，使生态效益、经济效益、社会效益同步发展，提高林业生产力，达到生态经济总体效益最高，实现资源永续利用的林业。”自然保护区建设，是生态林业的一个重要方面。董智勇认为“自然保护区事业逐步被人重视，并迅速发展，是人类对大自然无情报复的觉醒。”“建设自然保护区不是对森林资源的消极保护，而是为了给人类提供研究生态系统的天然‘本底’，使我们的开发建立在科学的基础上。这种保护，是对开发的促进，是为了求得森林资源最大的多种效益。”建设生态林业，必须面对我国“森林资源萎缩、林业企业潦倒、灾患叠起、林业行政体制混乱、林业经济管理不顺”的现实；必须转变观念，“遵循生态经济原则，把森林生态效益同森林经济效益、社会效益统一起来，走多效益的林业生态经济发展的道路”；必须使经营科学化，“彻底改变传统林业的运行机制，把以生产木材为中心转移到以建设、经营、管理生态经济系统为中心的轨道上来。”

雍文涛（1992年）提出“林业分工论”。他在《林业分工论》一书的序言中写道：“在总结、把握中国林情的基础上，提出了以‘林业分工论’为核心的中国林业发展的经营思想和与之相应的发展战略，其要点就是‘通过深化改革，紧紧抓住解放和提高林业生产力这个中心环节，突出效益原则，强调结构效益，对林业进行分类指导，按照专业化分工的原则对林业经营格局进行大调整，集中力量重点突破，以重点部分林业的高效益带动林业全局的发展。”展开来说，他的这一理论是基于对林业生态效益与经济效益的关系，坚持生态与经济功能兼顾的原则，同时考虑到供给与需求的关系，以及均衡发展与效率的关系，通过周密的研究加以理论创新而提出的。这一思想可以概括为“局部上分而治之，整体上合而为一”。具体来说，就是拿出少量的林业用地，搞木材培育，承担起生产全国所需的大部分木材的任务，从而把其余大部分的森林，从沉重的木材生产负担中解脱出来，保持其稳定性，发挥其生态作用。由此，按森林的用途和生产目的，把林业划分为商品林业、公益林业和兼容性林业三大类。这一思想中核心问题是通过专业化分工协作提高林业经营的效率。它特别强调“木材培育论”和“林业产业结构合理化”。“木材培育论”的两大要点是经营手段的现代化和实行严格的定向培育；林业产业结构调整的中心，是建立大批量深加工、精加工的高效益的林业产业。为此必须进行林业的水平调整和立体调整。水平调整的内容是“产业型林业与事业型林业”的分离；立体调整的内容是林业工业化与林工一体化。“林业分工论”对林业的改革与发展产生了重要影响。

徐有芳（1995年）基于林业分工论，提出林业“两大体系”理论。两大体系是指建立比较完备的林业生态体系和比较发达的林业产业体系。他认为，“所谓比较完备的林业生态体系，就是要突破目前我国林业生态环境建设局部、分散、整体效益不高的状况，实现我国林业生态体系的系统化、配套化，做到覆盖普及，布局合理，结构稳定，功能齐全，整体效益最佳。”“所谓比较发达的林业产业体系，必须是产业门类和产品数量与森林资源的多样性和丰富程度相称的；既有数量、又有质量，数量和质量并重、产业规模和产业素质并重的；与市场紧密联结，对内、对外高度开放的，产业结构和产业的组织结构合理有效，能够体现多项目增收，多层次增值的；坚持多产业、多渠道、多形式、多成份开发，一二三产业全面发展的；以林产工业为龙头的，以科技为依托的，以效益为前提的；能够持续发展的，富有生命力和竞争力的林业产业体系。”

张建国和吴静和（1996年）提出“现代林业论”。他们认为，所谓现代林业，是在现代科学认识的基础上，用现代技术装备武装和用现代工艺方法生产以及用现代科学管理方法经营管理的并可持续发展的林业。现代林业是历史发展的必然。现代林业要实现森林生态经济生产力的持续稳定增长，以便获得森林产品和服务，满足人类对森林的物质的精神的需求。现代社会对森林的需求是全面需求，包括物质的、生态的和精神的等多种需求。森林生态经济学是现代林业的基本理论，实现世代的、全球的、生产与消费相统一的、森林生态经济系统协调发展，是现代林业的指导思想。现代林业就其战略目标和本质要求而言，必然是持续林业。生态林业是现代林业的基本经营模式；社会林业是现代林业的组织保证。生态林业是现代林业的基本经营模式，是根据“生态利用”原则而组织的森林经营利用制度，可划分为森林环境保护工程、森林生态环境服务、生态经济协调的生态林业生产3个大类。社会林业是现代林业的组织保证。它的基本思想是“林业为人民，林业依靠人民”，为消除农村贫困、促进乡村发展服务。凡是在社区、区域，以保护和改善人类的生存和生产环境为主要目的而种植树木和营造森林，发挥森林的社会性生态效益，在环境能量平衡中有利于减缓熵的增加者，都属于社会林业。

沈国舫（1998年）认为，进入后工业（知识经济）时代的林业发展道路应当是“现代高效持续林业”。他认为中国现代林业必须做到，①保护原有森林，扩建新的森林和全面提高森林生产力相结合。②护存林业、自然化林业和集约化培育林业相结合的发展路线。③多林种的合理配置和多功能的综合经营的结合。④高新科学技术与有效的传统科技相结合，把现代林业发展成知识密集型的产业和事业。他认为，在这4个方面全面运行的基础上，对于林业发展的各个具体领域，从防护林体系的建设到木材生产和加工利用产业的发展，从各类经济林的培育到自然保护区、风景游憩林的设置和科学经营，对各个领域合理发展的规模、布局、指标和进度等都要作出过细的斟酌和安排。但不管如何安排，指导思想必须明确，现代林业应该是多功能多效益的，应当是把环境效益放在首位从而有利于全社会可持续发展的。现代林业的本质就是可持续的，而在中国为了达到可持续就必须高效，这个高效是多功能综合的高效，是发达的现代科学技术支持下才能得到高效。在这样理解的基础上，为了便于表述，他用高效可持续作为中国现代林业的主要标志。现代高效持续林业，是中国林业发展道路的抉择。

周生贤（2001年）提出“中国林业跨越式发展”理论。他认为：“进入新世纪，我国经济实力显著增强，市场供求格局发生了根本性变化；经济结构实现重大调整，工业化进入中期发展阶段；改革开放取得突破性进展；人民生活水平实现历史性跨越。我国总体实现小康，并迈向全面建设小康社会的新阶段。适应这一变化，社会对林业的需求也发生着根本性的改变，即从以经济需求为主转变为以生态需求为主，并体现为数量增长和质量提高的双重要求。”然而，“实现全面建设小康社会的生态建设目标，任务极其艰巨。如果按照过去林业发展的模式和速度，到2020年要实现全面建设小康社会的生态建设目标需要35年，到2050年要实现再造秀美山川的战略目标最少需要100年。”为了缩短实现目标的时间，就必须尽可能争取林业走跨越式发展之路。所以，“为了实现林业跨越式发展，国家林业局党组首先对林业生产力布局进行了调整，把过去分散的17项林业工程项目系统整合重组为六大林业重点工程。”“与经济社会发展相适应，通过不断总结林业建设的新实践和不断深化对林业的再认识，林业果断结束了‘以木材生产为中心’的建设思想，积极推进由以木材生产为主向以生态建设为主的历史性转变。根据变化了的形势和任务，逐步创新完善了新时期林业发展的理论平台，形成了‘抓好六大工程，推进五大转变，实现跨越式发展’的总体思路。这就是：以可持续发展理论为指导，以满足全面建设小康社会对林业的新需求为目标，坚定不移地推进中国林业由以木材生产为主向以生态建设为主的历史性转变，以六大工程为重点，推动林业跨越式发展。”同时，他认为：“六大工程、五大转变犹如两个车轮，共同驱动着林业跨越式发展。实施这一战略是中国林业适应国家经济发展和社会需求，赶上世界林业发达国家水平的惟一选择。”

中国可持续发展林业战略研究项目组（2002年）提出“三生态”林业理论。“三生态”，即“生态建设、生态安全、生态文明”的简称，其理论的核心思想是，“确立以生态建设为主的林业可持续发展道路，建立以森林植被为主体、林草结合的国土生态安全体系，建设山川秀美的生态文明社会。”2003年6月，“三生态”林业理论作为我国林业发展战略，写进了《中共中央国务院关于加快林业发展的决定》，并给林业以新的战略定位，“在贯彻可持续发展战略中，要赋予林业以重要地位；在生态建设中，要赋予林业以首要地位；在西部大开发中，要赋予林业以基础地位。”“三生态”林业理论引领中国林业迈入了新的发展时期。

贾治邦（2007）提出构建三大体系为核心的“现代林业”理论。他认为，“当前，关键是要按照又好又快发展的要求，全面推进现代林业建设。”“现代林业，就是科学发展的林业，以人为本、全面协调可持续发展的林业，体现现代社会主要特征，具有较高生产力发展水平，能够最大限度拓展林业多种功能，满足社会多样化需求的林业。”“发展现代林业的总体要求是：用现代发展理念引领林业，用多目标经营做大林业，用现代科学技术提升林业，用现代物质条件装备林业，用现代信息手段管理林业，用现代市场机制发展林业，用现代法律制度保障林业，用扩大对外开放拓展林业，用培育新型务林人推进林业，努力提高林业科学化、机械化和信息化水平，提高林地产出率、资源利用率和劳动生产率，提高林业发展的质量、素质和效益。”现代林业建设的目标是构建三大体系，即完善的林业生态体系，发达的林业产业体系和繁荣的生态文化体系。他指出，要把握好五项原则：一要坚持把生态文明作为生态文明建设的战略目标。二要坚持把解放思想作为现代林业建设的重要前提。三要坚持把深化改革作为现代林业建设的根本动力。四要坚持把加强森林经营作为现代林业建设的永恒主题。五要坚持把兴林富民作为现代林业建设的根本宗旨。关于建设繁荣的生态文化体系，贾治邦认为，这主要是指“普及生态知识，宣传生态典型，增强生态意识，繁荣生态文化，树立生态道德，弘扬生态文明，倡导人与自然和谐的重要价值观，努力构建主题突出、内容丰富、贴近生活、富有感染力的生态文化体系。”2007年9月，他在全国林业宣传工作会议上作了《深化认识，统一思想，大力推进生态文化体系建设》报告，对建设繁荣的生态文化体系的重大意义、生态文化的核心思想、发挥生态文化的重要作用，以及建设的总体思路进行了全面阐述。

在这段时期，高德占、王志宝、李文华、王涛、蒋有绪、唐守正、尹伟伦、董乃钧等林业专家学者，也针对林业发展中的一些问题提出了各自的理论观点，如高德占“绿起来、活起来、富起来”的提法，王志宝“生态优先，分区突破”的构想等，都为丰富中国现代林业理论作出了重要贡献。限于篇幅，不再展开论述。

第三节　世界林业发展的主要理论

一、联合国：林业可持续发展理论

林业作为与自然资源、人类生存环境和森林生态系统密切相关的领域，联合国主要组织从全球的角度提出的可持续发展理论和森林可持续经营理论将是21世纪林业可持续发展的重要政策和理论技术支撑前提，成为世界各国林业发展战略的共同指导思想和原则。

第二次世界大战结束之后，人类的发展观经历了几次重大变革。从“经济增长理论”到“经济发展理论”，再到“社会经济协调发展理论”，人类的认识逐渐深化。1987年，联合国环境和发展委员会（UNEP）在《我们共同的未来》一书中正式提出了“可持续发展”的概念，即“指既满足现代人的需求又不危及后代人满足其需求的发展”，标志着可持续发展理论的产生。此后，在联合国全体成员国的共同努力下，1992年的联合国环境与发展大会以“可持续发展”为指导方针，最后制定并通过了《21世纪行动议程》和《里约宣言》等重要文件，正式提出了可持续发展战略。《中国21世纪议程》是1992年联合国环境与发展大会后出台的第一部完整的国家级的可持续发展战略。可持续发展是一种新的发展观和发展战略，实质上是一个涉及经济、社会、文化、技术及自然环境的综合概念。可持续发展包括三个方面的内涵：生态的可持续发展、经济的可持续发展和社会的可持续发展。它变过去人与自然的对立关系为和谐关系，以自然资源的可持续利用和良好的生态环境为基础，以经济可持续发展为前提，以谋求社会的全面发展为目标要求，在满足当代人需要的同时，不危及后代人满足其需要的能力。在可持续发展理论的指导下，联合国粮食与农业组织（FAO）进一步提出了可持续林业发展的理论。中国是在世界上第一个编制出本国21世纪议程行动方案的国家。这标志着中国开始实施可持续发展战略。

可持续林业是可持续发展理论在林业中的应用。林业可持续发展是经济持续发展的重要组成部分；森林是环境保护的主导，森林是各部门经济发展和维持所有生物必不可少的资源。可持续林业是在对人类有意义的时空尺度上，不产生空间和时间上的外部不经济性的林业；或者在特定区域内不危害或者削弱当代人和后代人满足对森林生态系统及其产品和服务需求的林业。” 林业的可持续性包括森林资源的可持续性、森林物产的可持续性、森林环境产出的可持续性和森林社会功能的可持续性。可持续发展的林业，在系统上具有开放性、整合性、可控性的属性；在产业上具有高分异性、高投入性、高保护性的属性；在实践上具有公平性、协同性、高效性的属性。

可持续林业与永续利用林业有3点不同：①将可持续发展思想引入林业并不是对永续利用的否定，而是针对森林生态系统在维护和维持人类生命支持系统中的地位和作用，以及当代人所面临的环境发展问题而提出的。林业的目的发生了变化，森林永续利用不再是林业的根本目的，它只是实践可持续发展的一种森林资源利用方式和实现森林永久持续利用的措施之一，当然也是森林可持续性的表征之一。②森林永续利用本质上是人类孤立封闭森林生态系统以使其满足人类的愿望；而可持续林业则是把森林生态系统作为一个开放的系统，放在区域乃至全球的自然生态系统之中，通过对森林生态系统的有效管理，使人与森林之间达到协同发展。③永续利用以木材生产为中心，把其他产品和环境服务放在从属的地位，而可持续林业则是从森林生态系统在生命支持系统中的整体作用出发，将森林生态系统的物质产品生产和环境服务放在统一的高度来认识。

森林可持续经营(Sustainable Forest Management)是林业可持续发展的核心，没有可持续经营的森林就不可能有可持续发展的林业。森林和林地应采用可持续方式进行经营管理，以满足当代和子孙后代对经济、社会、生态等产品和服务的需要。

对于森林可持续经营的概念，由于人们对森林的功能、作用的认识受到特定社会经济发展水平、森林价值观的影响，而有不同的解释。“赫尔辛基进程”的会议上提出了“森林可持续经营是指以一定的方式和速率管理并利用森林和林地，保护森林的生物多样性、维持森林的生产力，保持其更新能力、维持森林生态系统的健康和活力，确保在当地、国家和全球尺度上满足人类当代和未来世代对森林的生态、经济和社会功能的需要的潜力，并且不对森林生态系统造成任何损害”。联合国粮食与农业组织对森林可持续经营的定义是：森林可持续经营是一种包括行政、经济、法律、社会、技术以及科技等手段的行为，涉及天然林和人工林。它是有计划的各种人为干预措施，目的是保护和维护森林生态系统及其各种功能。1992年联合国环境与发展大会通过的《关于森林问题的原则声明》文件中，把森林可持续经营定义为：“可持续森林经营意味着对森林、林地进行经营和利用时，以某种方式，一定的速度，在现在和将来保持生物多样性、生产力、更新能力、活力，实现自我恢复的能力，在地区、国家和全球水平上保持森林的生态、经济和社会功能，同时又不损害其他生态系统”。这一定义实际上已经综合了许多研究者的观点，由此，也被认为是一个具有普遍指导意义的概念。

自从林业可持续发展提出以来，国际社会就3个方面开展了森林可持续经营的国际性活动：一是森林可持续经营的标准与指标体系研制；二是有关的试验活动；三是可持续木材生产的认证制度的研讨和建立。三者都有国际性的活动和国家性的活动两类。

二、德国：从法正林理论到近自然林业理论

德国是全球公认的现代林业的发祥地，因为完整的森林经理学产生于18世纪后半叶的德国，而目前德国森林的每公顷蓄积量平均为270m^3，是世界平均水平的2.4倍，是我国平均水平（87m^3/hm^2）的3倍以上。德国林业持续地保持了高蓄积量和高生长量的水平，同时又保持了与自然生态、社会环境多种要求的高度协调和谐，其经验是很值得我们注意和借鉴的。

1.林业发展理论的简要回顾

发祥于德国的传统森林经理学是研究和实现森林永续利用的理论和技术，是一门涉及到生物、技术、经济的综合性学科。1661年德国巴伐利亚州Reichenhall盆地以木材为燃料的制盐业扩大规模时，就已经提出：“上帝给盐泉创造森林，人们就应该保持其恒续－老林木衰退以前，更新林木已经生长起来，可继续供应烧柴”。这是最早的关于永续利用的自然定义。

从18世纪末到19世纪中叶，欧洲爆发了产业革命，对木材需求的刺激导致森林资源的大量破坏。资本家为不断追求高额利润，纷纷寻找采伐木材量入为出的方法，以保证均衡利用，由此产生了森林水续利用的想法，围绕森林资源的永续利用，许多学者从不同的角度提出森林经营思想。18世纪德国提出“木材培育论”，主张经营针叶单纯林，选择生长量高的树种营造。以获得更大的经济效益。19世纪初，洪德斯哈根（J. Christian Hurdeshagen，1783～1834年）通过其《森林调查》的早期林业经典专著，创立了著名的“法正林”学说。但是，这些理论都局限于木材生产上，其中心思想是追求纯经济利益。

从1898年慕尼黑大学森林培育学教授盖耶尔（K. Gayer，1822～1907年）在其所著《森林培育学》（K.Gayer 1882）的经典林业著作中提出了带有自然主义色彩的“恒续林”思想开始，兼顾经济和生态效益的近自然林业逐步在德国发展起来。例如自19世纪末期开始，在下萨克森州的Erdmann林业局就开始了以营造混交林为特征的实验，近自然林业也开始在这里出现，林区内出现了各种各样的混交林，这些森林现在被列为近自然森林（near-to-nature forest）的典范。

第二次世界大战后在德国成立“适应自然林业协会”，1989年在Slowenien有10个欧洲国家的林业代表集会并建立了全欧洲的森林近自然经营联合会ProSilva。目前，近自然林业的理论和实践在德国、奥地利、瑞士、法国等许多国家得到了广泛的接受和应用。

2. 多功能林业目标及实现途径

以多功能利用森林为目标、以近自然经营的理论和技术为手段的模式，是德国林业持久不懈探索的结果。德国是一个人口稠密、经济发展对生态支撑基础压力大、文化发展对自然环境要求高的国度，所以林业必须定位在多功能经营的目标上。德国定义的森林生态系统的多功能包括供给功能、调节功能、文化功能以及基础支持功能。

（1）供给功能：是指人类从森林生态系统中获得的各种产品，如食物、燃料、纤维、饮用水，以及生物遗传资源等的直接需求；

（2）调节功能：是指人类通过森林生态系统自然生长和调节作用中获得的效益，如维持空气质量、降雨调节、侵蚀控制、自然灾害缓冲、人类疾病控制、水源保持及净化等功能对社会经济发展的支持效益；

（3）文化功能：是指通过丰富人们的精神生活、发展认知、大脑思考、生态教育、消遣娱乐、美学欣赏以及景观美化等方式，而使人类从生态系统获得的非物质的服务效益；

（4）支持功能：是指森林生态系统生产和支撑其他服务功能的基础功能，如物质循环、能量吸收、制造氧气、初级物质生产、形成土壤等对生存环境的支持效益。

多功能林业的目标就是在相同的时间和空间上发挥森林的这些效用。从林业产业角度看，德国的森林是支撑数量在200万个以上的林业企业、林业公司和从业人员的自然资源和生产资料的角色，林业通过不断开发利用森林的供给功能而在国民经济中成为传统的财富产业。从国民经济角度看，德国是一个高度工业化的国家，在仅为我国1/28的国土面积上创造了相当于我国2倍以上的国民经济总量（GDP）发展，重要的前提条件之一就是近300年科学林业逐步创造出的“恒续林”较为均匀地分布于国土上，一直发挥着良好的森林生态系统的调节功能和支持功能。从文化服务角度看，德国在全球环境评估中总是名列前茅，森林文化深入人心，森林的文化服务功能是其作为一个旅游大国的重要基础。

在多功能森林经营理论和目标的指导下，近自然经营途径从20世纪90年代后成为国家林业发展的政策和实现途径。通过长期不懈的近自然经营技术研究和实用模式探索，使德国享有了林业强国的美誉，也使其森林和森林相关的自然资源成为国家发达和人民富裕的重要标志。

3. 近自然林业的理论和技术

近自然林业是在多功能森林经营目标指导下的一种顺应自然的计划和管理森林模式，其体系包括立足于生态学和伦理学的善待自然、善待森林的认识论基础和思想财富，对原始森林的基础研究及促成森林反应能力的“抚育性经营”技术核心等方面。

近自然林业的认识论观点认为，森林是一种生命相关的地貌因素，是地球上最重要的第一性能量吸收者和储存者、决定性的能量转换者和能量供应者。过去，在能生长树木和覆盖着森林的地方，和谐而稳定的原始景观比比皆是，大自然创造出这些，并非奢侈的修饰。如果森林消失，就意味着地貌中的能量供应源泉和平衡机制被摧毁了，地球生态系统中的能量和物质循环将向着不支持生命的方向演化。如干旱和洪水、高温和低温、土壤侵蚀和湖河淤积等等矛盾现象的出现，都是森林消失的直接或间接的后果。所以，森林生态系统起着“减缓熵”的良好作用，从生态上来看，地球上的其他生命形式都需要森林生态系统作为其生存的基本条件，地球应该始终处在“森林时代”中。

近自然林业的理论体系总体上包括了善待森林的认识论基础；从整体出发观察森林，视其为永续的、多种多样功能并存的、生气勃勃的生态系统的多功能经营思想；把生态与经济要求结合起来培育近自然森林的具体目标；尝试和促成森林反应能力的技术和抚育性森林经营利用的核心思想。

为实现多功能可持续林业目标，近自然林业提出的基本技术原则可简要归纳为：确保所有林地在生态和经济方面的效益和持续的木材产量同时发挥，实用技术知识和科学探索兼顾地经营森林，保持森林健康、稳定和混交的状态，适地适树的选择树种并保护所有本土植物、动物和其他遗传变异种，除小块的特殊地区外不做清林而要让林木自然枯死和再生，保持土壤肥力并避免各类有害物质在土壤中高富集的可能性，在森林作业设计中应用可能的技术来保护土地、固定样地和自然环境，维持森林产出与人口增长水平的适应关系。

瑞士苏黎世理工大学副校长、森林经理学家Peter Bachmann 教授总结了大量例子，对近自然经营法与同龄林人工林经营法的各项指标做了对比分析，结果表明，在保持森林生态系统结构和功能稳定的基础上，近自然森林经营具有投入成本低、抗灾害能力强的特征，其整体经营的总生产力和经济效果高于同龄林人工林经营的体系。

本节虽然以德国为论述主体，但是，近自然森林经营的理论和实践一直是德国、瑞士、法国、奥地利等中部欧洲国家共同探索的森林经营模式，目前在欧洲的更多国家内都得到了广泛的接受和应用。

三、美国：从新林业思想到生态系统经营理论

美国林业目前最大的讨论热点就是对国有林及私有林经营利用的一个新概念：生态系统经营 (Ecosystem Management)。由于其巨大的木材市场及国际化的经营方法和评价标准，美国林业的发展趋势对全球林业的发展有着不可低估的影响。

美国是个森林资源丰富的国度，早期的欧洲移民在这里为满足农业土地需求而大量开采森林，为城市建设提供了木材同时又将“荒野”转化为私有财产。到19世纪初才认识到自然资源的可持续利用问题，提出了至少应该保留一部分森林为公有资产的思想。1864年建立了第一个国家森林公园，1897年建立了第一个国有林区，1900在大学设立了第一个林学系及林业科研机构，但这些活动都具有显著的欧洲学术和技术的特征，并以木材开采和生产为主要目的。自1960年开始对国有林的经营有了细致的约束，相继提出了《综合利用永续作业法案》 (*Multiple-Use Sustainable Yield Act*)，《国有森林经营法》 (*National Forest Management Act*)。但由于基本研究的不足，这些法令在实践中执行困难。随着以后在林业实践中对科研成果需求的提高，促进了生态系统研究进程。20世纪最后的20年内公众社会开始对自然资源经营产生影响，美国林业界开始提出一个新的模式：“生态系统经营”。

生态系统经营模式的第一个标志是1989年由福兰克林提出的“新林业”(New Forestry)思想：“森林的生产、保护和游憩功能不会自然、均衡地出现，一方面，森林的木材生产以外的其他功能不会自然地满足社会的需求，另一方面，未经营的森林也不能自动地满足其他环

境保护的需求，所以需要转变为多目标经营的新林业”。这是美国在森林整体经营方向上走出的第一步。之后美国林务局在“新观念”(New perspectives) 的提法下开始实施生态系统经营，表现在公共参与机制及科研与实践结合两方面的进步，提出了注重观察、评价、研究和利用的“适应性经营 (adaptive management)”，在学术界的影响下，林务局最后采用了“生态系统经营”这个概念来表述新林业的发展模式。

生态系统经营是一种在景观水平上维持森林全部价值和功能的战略和思想。一般说来，生态需求是不易变的，而技术变化及公众期望的变化影响着经济需求的变化，社会需求也与经济需求的变化有关。所以生态系统经营是一个复杂的动态概念，难以用明确而简洁的定义描述，以至于以务实为特征的欧洲近自然森林经营，学术界在这个概念提出后的很长一段时期内对此未做出太多响应。但是美国林业界进行了持续的探索，在生态系统经营总概念的指导下，从不同的角度做出了不同的定义，这些定义的共同点是反映生态学原理、重视森林的全部价值，考虑人对生态系统的作用和意义。国内学者邓华锋对此有过总结，就不再赘述。

尽管经过了20多年，美国在生态系统经营概念指导下的大范围森林经营实例至今还是缺乏的。因此导致的一个主要的批评是，在对经营的结果和相关影响缺乏充分认识的情况下，要在大的范围内按生态系统经营的概念来设计和实施森林经营计划显然是不理智的。自然这是一个可以对任何新生事物提出的批评。所以，综合了研究和经营这两个重点的“适应性经营”显得非常重要，它使得在执行生态系统经营计划的过程中能及时地发现问题，并提出改进的相应方法。

生态系统经营的另一个存在问题是缺乏具体有效的林学技术措施来落实其美好的理想。与欧洲的近自然森林经理体系相比，生态系统经营体系在计划的逻辑程序、森林培育、木材生产和投入产出经济分析等方面的具体技术都还是缺乏的。进一步看，高额的实施经费也是生态系统经营面临的主要批评。特别是高额的管理经费是很多地区和国家目前还不能接受的。

总之，生态系统经营是一个复杂的、动态的森林经营体系，这个体系考虑到了公众的利益，具有长期的、交叉学科的、大范围的计划特征，把人类的经营活动与自然的结构和过程结合起来，但不是简单地模仿自然，强调集约经营与粗放经营之间的动态平衡。这个体系标志着美国林业离开了传统的欧洲林业思想的影响而对适应于自身特征的森林经营模式的探索。

四、原苏联和俄罗斯：调整森林利用理论和分类经营

俄罗斯号称世界第一森林资源大国。根据俄罗斯联邦林务局统计，全俄共有森林7.635亿hm^2，约占全世界森林总面积的22%，林木总蓄积量达807亿m^3，亦占全球总蓄积量的22%左右。俄罗斯的森林工业对于国民经济具有重要的经济意义和社会意义，森林工业产品的产值占国家工业生产总额的5%以上，森林工业部门具有很大的生产潜力。

作为森林资源丰富的国度，目前的俄罗斯林业经营模式还是采用了原苏联的模式，调整森林利用的理论。计划性特征的森林永续均衡利用的原则是森林利用的理论基础。这个理论最早在西欧国家产生，并获得高度的发展。

为了满足人民对木材产品和森林多效益日益增长的需要，原苏联把合理利用、保护和扩

大森林资源作为一项主要的国家任务。为此，最高苏维埃在1977年6月17日通过了《苏维埃和加盟共和国森林法》和《关于今后改善森林保护和合理利用森林资源的措施》的决议，对占全国2/3的国有森工企业在规划远景方案时计算森林利用量主要特征是如何正确调查森林的质量指标与经济指标。质量指标之一是年龄结构；经济指标是与利用资源的地理分布有关，与不同地区的人口密度和需材量成反比；对森林利用潜力的评价和对利用现状的分析，根据具体森林的自然条件和经济条件提出森林调整和利用的方法。

调整森林利用模式的技术特征可总结为：

(1) 研究和建立林分生产力的数学模型：经营数表的编制，包括地位级表、生长过程表、断面积和蓄积量表、最大密度林分收获量表等基本林学技术参数表。

(2) 对林分结构和天然林发育过程的研究：包括静态和动态的径级分布模型。

(3) 调整森林利用的组织系统：①调整森林利用对象的经营单位；②森林经营的类型；③组织技术种类（回归年、轮伐期、伐期龄等）；④确定的森林成熟期。

(4) 调整森林利用的方法：可概括为①面积调整法；②材积调整法（蓄积和生长量）；③综合调整法。

在原苏联林业模式基础上，目前俄罗斯的林业也划分为两大部分，即营林业和森林工业：营林业的主要活动是从事森林的经营管理和造林更新工作(包括抚育工作)；森林工业包括采运工业、制浆造纸工业、木材加工工业(含家具工业)和林产化学工业。实行这种营林和森林工业分治的主要目的在于实现互相监督和制约，以利于合理利用资源及防止破坏和浪费。

在经营方向和作用方面，俄罗斯把全部森林分为三大类，实行分类经营和管理。第一类森林主要为公益性生态林，包括水源涵养林、各种防护林、卫生保健林，以及具有环境保护、科学研究、历史、社会和文化价值的森林。此类森林约占全国森林资源的21.7%。第二类森林为多功能利用的集约经营森林，主要是分布在人口稠密地区的森林，同时具有防护功能，亦具有有限的利用价值；此外，森林资源短缺和必须严格控制采伐利用地区的森林，亦属此类。此类森林约占全国森林总面积的7.6%。第三类为多林地区的开发利用森林，此类森林具有开发利用价值，可在不损害其防护功能的前提下不断满足国民经济对木材的需求，这类森林面积最大，约占全俄罗斯森林资源的70.7%。

目前俄罗斯在计划性森林利用理论指导下的森林资源分类经营现状是，已纳入生产的三类林开发过度，大径资源基本枯竭； 二类林虽然定位为多功能目标林，但还是以开展主伐利用为主；而一类林在禁止经营的政策保护下聚集了过多的成、过熟林木，结果必然会破坏生态稳定性，降低资源的商业价值，导致卫生状况恶化，从而诱发森林病虫害。这些现象是值得我们关注和借鉴的。俄罗斯林业仍处在改革调整的动荡之中，国家的林业政策尚未明确。普京总统反对森林私有化，同时林业管理体制也不能回到原来的国营模式。俄罗斯林业何去何从，还有待进一步观望。

五、北欧国家：国家政策指导下的私有林协作经营模式

北欧林业国家主要有瑞典、芬兰和挪威。这些国家主体上是采取多功能目标导向的生态经营模式。

芬兰森林所有制基本上是3种形式，即国有林、公司林和私有林。其中国有林占29%，

私有林占58%。私有林主由4种组成，其比例为：农民42%，工薪阶层24%，企业主5%，退休人员29%。芬兰林业行政主管的最高机构是国家农林部，下设林业政策司。林业政策司的任务为编制预算，管理科研，执行法规。具体领导林业生产的机构为芬兰森林和公园局，负责国有林的管理以及森林游乐，是政企合一的管理机构。各大区设有林业局，主要职责是指导私有林的经营管理。各大区域成立芬兰族和瑞典族的林业中心，管理各自范围的私有林。上述机构的日常运作费用由政府负担。芬兰全国约有158个林业经营协会，其1000名协会会员向林主提供从林木培育到木材销售的各种服务。芬兰的林业法规主要是1886年9月3日颁布，1917年11月2日修定颁布的《森林法》，1927年颁布的《私有林法》，1967年颁布的《森林改造法》，1969年颁布的《农田休耕法》等。

瑞典森林面积为2710万hm^2，森林覆盖率66%。瑞典于1993年通过的新《森林法》确定了森林环境和林业生产两大目标，体现了瑞典在联合国环境与发展大会上做出的承诺，意味着不仅实行木材生产的永续利用，而且还包括不损害林地生产力和生物多样性的森林生态系统的平衡利用。森林和林地的私人所有是瑞典的基本产权结构，国家仅拥有5%的生产性林地。瑞典每10年进行一次森林资源清查，对每个林班都进行具体的规划设计，建立完整的森林资源档案。国有林业部门、林业公司和私有林主都必须按规划设计进行经营管理。为保持瑞典林业和林产品在全世界的商业地位，瑞典以高成本培育高质量的林木，林业企业尽可能地对生产过程进行优化，不断改进生产技术，使生产成本和木材价值保持在合理的水平上。

挪威的森林总面积1200万hm^2，针叶林占林地面积的40%，700万hm^2为生产性森林，森林覆盖率为29%；森林总蓄积量达到6亿m^3，人均占有森林面积是世界平均水平的2.8倍（2007年）。每年森林更新面积为6万hm^2，其中60%左右靠天然更新。林木蓄积年生长量2200万m^3，采伐量为1000万m^3。森林以私有林为主，占森林面积的80%，经营规模一般在40～50hm^2。挪威的林业法规主要是《森林法》和《森林保护法》，其目标是促进林业生产、森林保护和改造，对私有林的监督。挪威的林业管理机构为农业部下设的林务局和国有林总局。其中，林务局下设2个林管局及在各州设林业局。然而，挪威大部分森林由15.5万林主经营管理。在私有林经营管理中起协调服务作用的是民间的林业社会化服务组织，主要有林主协会、林业培训中心、林学会等。

北欧林业国家的私有林都占绝大多数比例，因此，私有林经营的好坏，对国家森林资源的培育、保护和发展是至关重要的。私有林的采伐自由度较高，林业主管部门对其没有限额和木材生产计划管理，而是实行采伐前的申报备案制度。但政府规定：采伐必须符合森林经营方案，并及时实现采伐迹地更新造林。为了保证私有林主能够自觉地科学、合法培育和保护森林资源，在经营森林的同时保护环境，各国都制定并实施了对私有林主的培训和指导计划，并做到专人负责，直接与林场主面对面地进行培训、指导、协调与沟通。北欧国家都没有严格的森林采伐限额制度，森林采伐量主要取决于10年一度编制的森林经营方案，森林经营方案的编制程序要求非常严格，力求方案科学、合理、可操作性强，例如方案中的培育目标以近自然经营技术中的森林发展类型模式加以表达等。编制森林经营方案所发生的费用，国家给予50%的补贴。私有林场主都很积极主动要求编制森林经营方案。这种由科学的森林经营方案规范和指导下的生态林业营经模式是值得我们深入研究和学习的。

六、新西兰：人工林可持续经营理论

根据新西兰农林部最新（2003年）统计，新西兰国土总面积为2710万hm^2，森林面积820万hm^2，森林覆盖率为31%，其中天然林面积为640万公顷，占森林面积的78%，人工林面积为180万hm^2，占的22%。森林总蓄积量近3亿m^3，年生长量3310万m^3。

新西兰的640万hm^2的天然林中约有500万hm^2用于国家公园、景观保护、森林公园和其他目的的保护区，私人所有的天然林保护区约70万hm^2。在天然林经营方面，新西兰政府于1993年提出相关法案，对天然林和环境双重价值及经营管理措施做出了明确规定，要求国有和私有天然林的经营管理要符合可持续经营的原则。同年修订的《森林法》允许少量的天然林资源在符合政府可持续经营和保护的条件下，进行有限量的采伐利用。

在保持天然林资源的生态公益服务功能基础上，新西兰通过人工林可持续经营模式集约经营占国土面积6.79%的人工林而使林业的经济功能得以发挥。2002年新西兰的林业出口是新西兰第二大出口产业，林业贸易占世界贸易的1.10%，占亚太地区的8.80%，而其林业资源仅占世界林业资源的0.05%，这得益于其高产和可持续经营的人工林。

新西兰人工林的经营模式得益于几个方面：①引进适宜的树种——辐射松（Pinus radiata）；②科学的人工林经营技术；③可持续的人工林经营模式；④林业发展的两个重要协定。第一个是1991年的《新西兰森林条约》。该《条约》是保护组织与主要人工林种植者和利用者达成的协定，主要内容有：规定不适于林业的地区；承认现有天然林应于维持；承认商业林是必要的；保证在可持续和附加值的基础上利用本地森林；保证新造人工林不对本地自然植物造成干扰。第二个是1995年的商业人工林经营原则。在人工林经营中环境优化是该原则的基本目标。

第2章　我国林业资源禀赋与功能

自然资源禀赋是指自然资源的条件和状况，也是对一个特定地区或国家所拥有的自然资源进行综合评价的结果，它是一个国家或地区经济发展的基本依据之一。现代林业资源是指广义的林业资源，它不仅包括森林资源、林地资源及其依附于森林和林地的资源，而且还包括可供发展林业的各种自然、社会和经济资源。林业资源禀赋主要包括林业资源的本底及其分布格局。探究我国林业资源与功能不仅能够明确林业资源在生态效益、经济效益和社会效益方面的数量、质量及其可利用性，还能为现代林业建设和地区发展提供基本依据。

我国森林资源总量不足、质量不高、分布不均，森林覆盖率只有世界平均水平（29.6%）的61%，人均占有森林面积和蓄积分别只有世界水平的20%和12%。我国是湿地大国，现有湿地面积3848万hm^2，约占世界湿地资源总量的10%，居世界第四位，亚洲第一位。同时，我国又是一个幅员辽阔、自然条件复杂多样的国家，拥有丰富的森林、野生动植物和湿地、沙漠资源。反映在资源禀赋的功能方面，林业资源具有调节、供给和文化三大服务功能。调节服务功能包括固碳释氧、调节小气候、保持水土、防风固沙、涵养水源和净化空气等方面；供给服务功能包括提供木材与非木质林产品；文化服务功能包括改善人居环境、生态旅游、美学与文学艺术、游憩与保健疗养、科普与教育、宗教与民俗等方面。

第一节　现代林业的资源禀赋

一、林业资源禀赋的概念与内涵

1. 林业资源禀赋的概念

自然资源禀赋是指自然资源的素质和状况，也就是对一个特定地区或国家所拥有的自然资源的综合评价，自然资源禀赋状况是一个国家或地区经济发展的基本依据之一。

现代林业资源是指广义的林业资源，它不仅包括森林资源、林地资源及其依附于森林和林地的资源，而且还包括可供发展林业的各种自然和社会经济资源，如退化地、沙区、湿地、降水、太阳辐射、大气等自然与人力、市场、社会、环境、资金、科技以及相应的国际资源等社会经济资源。

2. 林业资源禀赋的内涵

林业资源禀赋主要包括林业资源的本底及其分布格局。林业资源的核心是森林资源。林业的环境效益、经济效益和社会效益均来自于森林资源的数量、质量及其可利用性。森林是指土地面积大于等于0.067hm^2，郁闭度大于等于0.2，生长高度达到2m以上（含2m）的以树木为主体的生物群落，包括天然与人工幼林，符合这一标准的竹林，以及特别规定的灌木林，行数在2行以上（含两行）且行距小于等于4m或冠幅投影宽度在10m以上的林带。

森林资源的特点包括：①可更新性，森林资源是可更新资源，在合理经营的前提下是可再生的；②多功能性，森林资源具有生态、产品、文化和社会功能；③开发利用的瞬时性和培育的长期性，森林资源的开发利用是一次性的，但其培育和生长则需要几年、十几年，甚至上百年的时间；④森林资源培育的制约因素多，风险性大，如土壤、气候和生物引种以及自然灾害等的影响；⑤较高的复杂性和多样性；⑥具有广阔的地域性，森林资源分布的空间范围广、地域大；⑦社会共享性，森林资源的生态、环境及产品等多种效益具有广泛的社会共享性。

二、中国林业资源状况

1. 森林资源

我国现有林业用地2.87亿hm^2，森林面积1.75亿hm^2，活立木蓄积量136.2亿m^3，森林蓄积124.56亿m^3，森林覆盖率为18.21%。我国森林资源总量不足、质量不高、分布不均，森林覆盖率只有世界平均水平（29.6%）的61%，人均占有森林面积和蓄积分别只有世界水平的20%和12%。然而目前我国林业用地的利用率只有59.77%，具有很大的发展潜力。

全国第六次森林资源清查数据显示，全国幼龄林面积4723.79万hm^2，蓄积128 496.60万m^3；中龄林面积4964.37万hm^2，蓄积342 572.18万m^3；近熟林面积1998.73万hm^2，蓄积224 550.99万m^3；成熟林面积1714.79万hm^2，蓄积301 660.98万m^3；过熟林面积876.99万hm^2，蓄积212 482.93万m^3。幼中龄林面积所占比重较大，幼龄林、中龄林面积占林分面积的67.85%，蓄积占林分蓄积的38.94%(图2-1)。

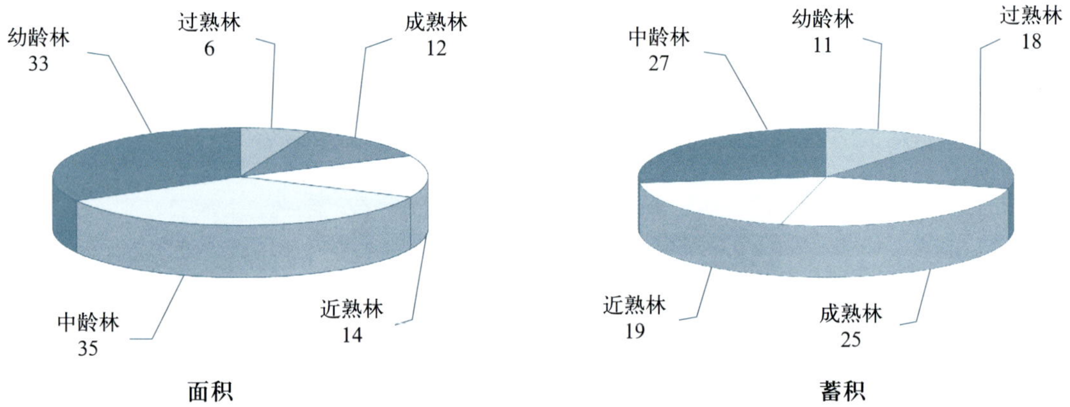

图2-1 中国森林各龄级的面积和蓄积比例 (%)

全国第六次森林资源清查数据显示，林分按林种分为防护林、用材林、薪炭林、特用林。防护林面积5474.63万hm^2，蓄积550 084.48万m^3；特用林面积638.02万hm^2，蓄积102 810.26万m^3，两者合计分别占林分面积、蓄积的42.81%和53.97%；用材林面积7862.58万hm^2，蓄积551 241.94万m^3；薪炭林面积303.44万hm^2，蓄积5627.00万m^3(图2-2)。

2. 湿地资源

我国是湿地大国，现有湿地面积3848万hm^2，约占世界湿地资源总量的10%，居世界第

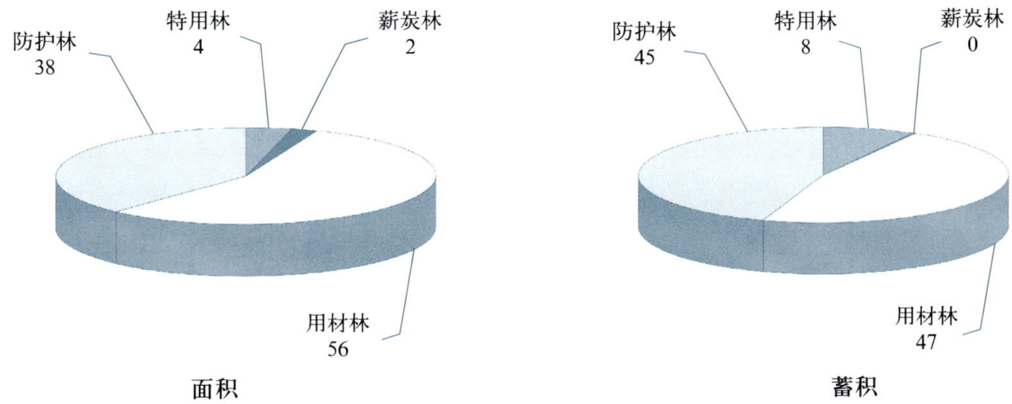

图2-2 中国森林各材种的面积和蓄积比例(%)

四位，亚洲第一位。其中，天然湿地和库塘湿地面积分别为3620万hm^2、228万hm^2，分别占全国湿地总面积的94%和6%。在天然湿地中，沼泽湿地、湖泊湿地、河流湿地、沿海湿地面积分别为1370万hm^2、835万hm^2、820万hm^2、594万hm^2。我国湿地的生物多样性十分丰富，仅水禽就达271种之多，是世界珍稀濒危水禽保护的重点地区。

3. 野生动植物资源

我国作为一个幅员辽阔、自然条件复杂多样的国家，拥有丰富的野生动植物资源。据统计，全国约有高等植物3.28万种，占世界高等植物种类的10%以上，被子植物约2.5万种，占世界被子植物20万种的12.5%，在世界各国中居第三位。脊椎动物达4400多种，约占世界总数的10%以上。植物中约有200种属于中国所特有。动物中的大熊猫、金丝猴、华南虎、台湾猴、扬子鳄、中华鲟等都为中国所特有。然而，由于人口的迅速增加，对自然环境的开发强度的加大，改变和破坏了物种的生存环境，使得许多物种处于濒危状态，甚至灭绝。

4. 可利用荒漠化资源

我国第三次荒漠化和沙化监测（1999～2004年）结果表明，2004年全国荒漠化土地总面积为263.62万平方千米，占国土总面积的27.46%。我国荒漠化土地分布于北京、天津、河北、山西、内蒙古、辽宁、吉林、山东、河南、海南、四川、云南、西藏、陕西、甘肃、青海、宁夏、新疆18个省（自治区、直辖市）的498个县（旗、市）。其中新疆、内蒙古、西藏、甘肃、青海、陕西、宁夏、河北8个省（自治区）的荒漠化面积为259.53万平方千米，占全国荒漠化总面积的98.45%，其他10个省（自治区、直辖市）的荒漠化面积仅占全国荒漠化总面积的1.55%。荒漠化地区具有丰富多样的旅游资源、野生动植物资源等，其土地资源丰富，光、热条件好，是未来有待进一步开发利用的重要区域。

三、林业资源分布

（一）森林资源

林业资源的核心是森林资源，根据《中国森林资源状况》，在行政区划的基础上，依据自然条件、历史条件和发展水平，把全国划分为：东北地区、华北地区、西北地区、西南地区、华南地区、华东地区和华中地区，进行森林资源的格局特征分析。

1. 东北地区

东北林区是中国重要的重工业和农林牧生产基地，包括辽宁、吉林和黑龙江省，跨越寒温带、中温带、暖温带，属大陆性季风气候。除长白山部分地段外，地势平缓，分布落叶松、红松林及云杉、冷杉和针阔混交林，是中国森林资源最集中分布区之一，森林覆盖率37.99%。全区林业用地面积3466.46万hm^2，占土地面积的43.92%，其中有林地面积2981.08万hm^2，占该区林业用地的86.00%。活立木总蓄积量254 058.59万m^3，占全国活立木总蓄积量的18.66%，其中森林蓄积236 624.39万m^3，占该区活立木总蓄积量的93.14%。该区是我国最主要的天然林区，天然林面积2392.63万hm^2，占该区有林地面积的80.26%；天然林蓄积211 801.21万m^3，占该区森林蓄积的89.51%。东北地区是中国重要的商品材和多种林产品基地。

2. 华北地区

华北地区包括北京、天津、河北、山西和内蒙古。该区自然条件差异较大，跨越温带、暖温带，以及湿润、半湿润、干旱和半干旱区，属大陆性季风气候。分布有松柏林、松栎林、云杉林、落叶阔叶林，以及内蒙古东部兴安落叶松林等多种森林类型，除内蒙古东部的大兴安岭为森林资源集中分布的林区外，其他地区均为少林区。全区森林覆盖率17.22%，现有林地面积5829.83万hm^2，占土地面积的38.10%；其中有林地面积2181.38万hm^2，占该区林业用地的37.42%。活立木总蓄积量146 184.56万m^3，占全国活立木总蓄积量的10.73%，其中森林蓄积123 844.05万m^3，占该区活立木总蓄积量的84.72%。该区天然林资源比重较大，天然林面积1625.35万hm^2，占该区有林地面积的74.51%；天然林蓄积112 548.60万m^3，占该区森林蓄积的90.88%，天然林资源对于改善本地区生态环境发挥了重要作用。由于华北地区独特的地理位置，保护和发展森林资源，实施防沙治沙工程，改善生态状况，已成为该区林业和生态建设的重要任务。

3. 西北地区

西北地区包括陕西、甘肃、宁夏、青海和新疆。该区自然条件差，生态环境脆弱，境内大部分为大陆性气候，寒暑变化剧烈，除陕西和甘肃东南部降水丰富外，其他地区降水量稀少，为全国最干旱的地区，森林资源稀少，森林覆盖率仅为5.86%。森林主要分布在秦岭、大巴山、小陇山、洮河和白龙江流域、黄河上游、贺兰山、祁连山、天山、阿尔泰山等处，以暖温带落叶阔叶林、北亚热带常绿落叶阔叶混交林以及山地针叶林为主。全区现有林业用地面积3097.41万hm^2，占全区土地面积的10.0%；其中有林地面积1087.07万hm^2，占该区林业用地的35.10%。活立木总蓄积88 964.42万m^3，占全国活立木总蓄积量的6.71%，其中森林蓄积80 305.25万m^3，占该区活立木总蓄积量的90.27%。该区天然林面积790.47万hm^2，占该区有林地面积的72.72%；天然林蓄积74 015.55万m^3，占该区森林蓄积的92.17%，天然林资源对于维护该区生态环境发挥了重要作用。该区是西部大开发和全国生态建设的战略重点区域之一。

4. 华中地区

华中地区包括安徽、江西、河南、湖北和湖南。该区南北温差大，夏季炎热，冬季比较寒冷，降水量丰富，常年降水量比较稳定，水热条件优越。森林主要分布在神农架、沅江流域、资江流域、湘江流域、赣江流域等处，主要为常绿阔叶林，并混生落叶阔叶林，马尾松、杉木、竹类分布面积也非常广，森林覆盖率33.26%。全区现有林业用地面积3850.84万hm^2，占全区土地面积的44.28%；其中有林地面积2890.30万hm^2，占该区林业用地的

75.06%。活立木总蓄积111 202.91万m^3，占全国活立木总蓄积量的8.39%，其中森林蓄积为93 222.84万m^3，占该区活立木总蓄积量的83.83%。该区是中国人工林资源比较丰富的区域之一，人工林面积1158.16万hm^2，占该区有林地面积的40.07%；人工林蓄积33 810.19万m^3，占该区森林蓄积的36.27%，其人工林面积、蓄积分别占全国的21.75%和22.47%。该区是中国集体林主要分布区之一，也是速生丰产林基地建设的重点地区。

5. 华南地区

华南地区包括广东、广西、海南和福建。该区气候炎热多雨，无真正的冬季，跨越南亚热带和热带气候区，分布有南亚热带常绿阔叶林、热带雨林和季雨林，森林覆盖率为48.02%。全区现有林业用地面积3516.90万hm^2，占全区土地面积的61.58%；其中有林地面积2740.03万hm^2，占该区林业用地的77.91%。活立木总蓄积127 525.40万m^3，占全国活立木总蓄积量的9.62%，其中森林蓄积116 395.41万m^3，占该区活立木总蓄积量的91.27%。该区人工林面积大，人工林面积1356.53万hm^2，占该区有林地面积的49.51%；人工林蓄积42 283.67万m^3，占该区森林蓄积的36.33%。该区植被茂盛，树种，动植物种类最为丰富。

6. 华东地区

华东地区包括上海、江苏、浙江和山东。该区临近海岸地带，其大部分地区因受台风影响获得降水，降水量丰富，而且四季分配比较均匀，森林类型多样，树种丰富，低山丘陵以常绿阔叶林为主，森林覆盖率为23.11%。全区现有林业用地面积1041.56万hm^2，占全区土地面积的28.73%；其中有林地面积837.86万hm^2，占该区林业用地的80.44%。活立木总蓄积23 972.98万m^3，占全国活立木总蓄积量的1.81%，其中森林蓄积17 056.01万m^3，占该区活立木总蓄积量的71.15%。该区人工林资源比重较大，人工林面积526.09万hm^2，占该区有林地面积的62.79%；人工林蓄积8868.87万m^3，占该区森林蓄积的52.00%。该区人工林发展对推进林业生态建设，建立农业生态屏障，促进区域经济发展发挥了积极的作用。

7. 西南地区

西南地区包括重庆、四川、云南、贵州和西藏。该区垂直高差大，气温差异显著，形成明显的垂直气候带与相应的森林植被带，森林类型多样，树种丰富，森林覆盖率仅为21.32%。森林主要分布在岷江上游流域、青衣江流域、大渡河流域、雅砻江流域、金沙江流域、澜沧江和怒江流域、滇南山区、大围山、渠江流域、峨眉山等处，全区现有林业用地面积7477.34万hm^2，占全区土地面积的31.77%；其中有林地面积4184.21万hm^2，占该区林业用地的55.96%。活立木总蓄积574 026.74万m^3，占全国活立木总蓄积量的43.29%，其中森林蓄积542 315.72万m^3，占该区活立木总蓄积量的94.48%。全区天然林面积3340.34万hm^2，占该区有林地面积的79.83%；天然林蓄积519 234.23万m^3，占该区森林蓄积的95.74%。该区天然林面积约占全国天然林面积的30%，天然林蓄积约占全国天然林蓄积的50%，是中国天然林主要分布区之一，生物多样性十分丰富。

（二）湿地资源

从1995年至2003年国家林业局组织开展了新中国成立以来首次大规模的全国湿地资源调查。根据国家林业局2003年《全国湿地资源调查简报》，中国湿地分布较为广泛，几乎各地都有，受自然条件的影响，湿地类型的地理分布有明显的区域差异。

1. 沼泽分布

我国沼泽以东北三江平原、大兴安岭、小兴安岭、长白山地、四川若尔盖和青藏高原为多，各地河漫滩、湖滨、海滨一带也有沼泽发育，山区多木本沼泽，平原则草本沼泽居多。

2. 湖泊湿地分布

我国的湖泊湿地主要分布于长江及淮河中下游、黄河及海河下游和大运河沿岸的东部平原地区湖泊、蒙新高原地区湖泊、云贵高原地区湖泊、青藏高原地区湖泊、东北平原地区与山区湖泊。

3. 河流湿地分布

因受地形、气候影响，河流在地域上的分布很不均匀，绝大多数河流分布在东部气候湿润多雨的季风区；西北内陆气候干旱少雨，河流较少，并有大面积的无流区。

4. 近海与海岸湿地

我国近海与海岸湿地主要分布于沿海省份，以杭州湾为界，杭州湾以北除山东半岛、辽东半岛的部分地区为岩石性海滩外，多为沙质和淤泥质海滩，由环渤海滨海和江苏滨海湿地组成；杭州湾以南以岩石性海滩为主，主要有钱塘江—杭州湾湿地、晋江口—泉州湾湿地、珠江口河口湾和北部湾湿地等。

5. 库塘湿地

属于人工湿地，主要分布于我国水利资源比较丰富的东北地区、长江中上游地区、黄河中上游地区以及广东等。

第二节　林业资源的主要功能

根据联合国《千年生态系统评估报告》，生态系统服务功能包括生态系统对人类可以产生直接影响的调节功能、供给功能和文化功能，以及对维持生态系统的其他功能具有重要作用的支持功能（如土壤形成、养分循环和初级生产等）。生态系统服务功能的变化通过影响人类的安全、维持高质量生活的基本物质需求、健康，以及社会文化关系等而对人类福利产生深远的影响。林业资源作为自然资源的组成部分，同样具有调节、供给和文化三大服务功能。调节服务功能包括固碳释氧、调节小气候、保持水土、防风固沙、涵养水源和净化空气等方面；供给服务功能包括提供木材与非木质林产品；文化服务功能包括美学与文学艺术、游憩与保健疗养、科普与教育、宗教与民俗等方面。

一、调节服务

（一）固碳释氧

森林作为陆地生态系统的主体，在稳定和减缓全球气候变化方面起着至关重要的作用。森林植被通过光合作用可以吸收固定CO_2，成为陆地生态系统中CO_2最大的贮存库和吸收汇。而毁林开荒、土地退化、筑路和城市扩张导致毁林，也导致温室气体向大气排放。以森林保护、造林和减少毁林为主要措施的森林减排已经成为应对气候变化的重要途径。

2005年全球森林面积39.52亿hm^2，占陆地面积（不含内陆水域）的30.3%，人均森林面积0.62hm^2，单位面积蓄积110m^3/hm^2（FAO，2005）。全球森林地上部分生物量达422Gt，森林植物中的碳含量约占生物量干重的50%，而且森林土壤中贮存的碳要比森林生物量中贮存的碳还要多得多。据IPCC估计，全球陆地生态系统碳贮量约2480Gt，其中植被碳贮量约占

20%，土壤碳约占80%。占全球土地面积27.6%的森林，其森林植被的碳贮量约占全球植被的77%，森林土壤的碳贮量约占全球土壤的39%。单位面积森林生态系统碳贮量是农地的1.9倍～5倍，土壤和植被碳库的比率在北方森林为5，但在热带林仅为1。可见，森林生态系统是陆地生态系统中最大的碳库，其增加或减少都将对大气CO_2产生重要影响。

人类使用化石燃料、进行工业生产以及毁林开荒等活动导致大量的CO_2向大气排放，使大气CO_2浓度显著增加。陆地生态系统和海洋吸收其中的一部分排放，但全球排放量与吸收量之间仍存在（1.6～2.0）PgC（$PgC=10^9tC$）的不平衡。这就是被科学界常常提到的CO_2失汇（missing sink）现象。最近的研究表明，北半球陆地生态系统是一个巨大的碳汇，吸收了大部分这些去向不明的工业源CO_2。

最近几十年来城市化程度不断加快，人口数量不断增长，工业生产逐渐密集，呼吸和燃烧消耗了大量O_2、排放了大量CO_2。迄今为止，任何发达的生产技术都不能代替植物的光合作用。地球大气中大约有$1.2\times10^{25}t\ O_2$，这是绿色植物经历大约32亿年漫长岁月，通过光合作用逐渐积累起来的，现在地球上的植被每年可新增$7.0\times10^{10}t\ O_2$。据测定，一株100年生的山毛榉树（具有叶片表面积$1600m^2$）每小时可吸收CO_2 2.35kg，释放O_2 1.71kg。$1hm^2$森林通过光合作用，每天能生产735kgO_2，吸收1005kg CO_2。

（二）调节小气候

1. 调节温度作用

林带改变气流结构和降低风速作用的结果必然会改变林带附近的热量收支，从而引起温度的变化。但是，这种过程十分复杂，影响防护农田内气温因素不仅包括林带结构、下垫面性状，而且还涉及风速、湍流交换强弱、昼夜时相、季节、天气类型、地域气候背景等。

在实际蒸散和潜在蒸散接近的湿润地区，防护区内影响温度的主要因素为风速，在风速降低区内，气温会有所增加；在实际蒸散小于潜在蒸散的半湿润地区，由于叶面气孔的调节作用开始产生影响，一部分能量没有被用于土壤蒸发和植物蒸腾而使气温降低，因此，这一地区的防护林对农田气温的影响具有正负两种可能性。在半湿润易干旱或比较干旱地区，由于植物蒸腾作用而引起的降温作用比因风速降低而引起的增温作用程度相对显著，因此，这一地区防护林具有降低农田气温的作用。我国华北平原属于干旱半干旱季风气候区，该地区的农田防护林对温度影响的总体趋势是夏秋季节和白天具有降温作用，在春冬季节和夜间气温具有升温及气温变幅减少作用。据河南省林业科学研究院测定：豫北平原地区农田林网内夏季日平均气温比空旷地低0.5～2.6℃，在冬季比空旷地高0.5～0.7℃；在严重干旱的地区，防护林对农田实际蒸散的影响较小，这时风速的降低成为影响气温决定因素，防护林可导致农田气温升高。

2. 调节林内湿度作用

在防护林带作用范围内，风速和乱流交换的减弱，使得植物蒸腾和土壤蒸发的水分在近地层大气中逗留的时间要相对延长，因此，近地面的空气湿度常常高于旷野。宋兆明等研究证实：黄淮海平原黑龙港流域农田林网内活动面上相对湿度大于旷野，其变化值在1%～7%；王学雷研究表明：江汉平原湖区农田林网内相对湿度比空旷地提高了3%～5%。据在甘肃河西走廊的研究，林木初叶期，林网内空气相对湿度可提高3%～14%，全叶期提高9%～24%，在生长季节中，一般可使网内空气湿度提高7%左右；李增嘉对山东平原县3m×15m的桃麦、梨麦、苹麦间作系统的小气候效应观测研究表明小麦乳熟期间，麦桃、麦梨间作系统空气相对湿度比单作麦田分别提高9.5%、3%和13.1%。据研究株行距4m×25m

的桐粮间作系统、3m×20m的杨粮系统在小麦灌浆期期间，对比单作麦田，相对湿度分别提高7%～10%和6%～11%，可有效地减轻干热风对小麦的危害；宫伟光等对东北松嫩平原5m×30m 樟子松间作式草牧场防护林小气候效应研究表明：幼龄期春季防护林网内空气湿度比旷野高6.89%。

3. 调节风速

防护林最显著的小气候效应是防风效应或风速减弱效应。人类营造防护林最原始的目的就是借助于防护林减弱风力，减少风害。故防护林素有“防风林”之称。防护林减弱风力的主要原因有：①林带对风起一种阻挡作用，改变风的流动方向，使林带背风面的风力减弱；②林带对风的阻力，从而夺取风的动量，使其在地面逸散，风因失去动量而减弱；③减弱后的风在下风方向不要经过很久即可逐渐恢复风速，这是因为通过湍流作用，有动量从风力较强部分被扩散的缘故。从力学角度而言，防护林防风原理在于气流通过林带时，削弱了气流动能而减弱了风速。动能削弱的原因来自3个方面：其一，气流穿过林带内部时，由于与树干及枝叶的摩擦，使部分动能转化为热能部分，与此同时由于气流受林木类似筛网或栅栏的作用，将气流中的大旋涡分割成若干小旋涡而消耗了动能，这些小旋涡又互相碰撞和摩擦，进一步削弱了气流的大量能量；其二，气流翻越林带时，在林带的抬升和摩擦下，与上空气流汇合，损失部分动能；其三，穿过林带的气流和翻越林带的气流，在背风面一定距离内汇合时，又造成动能损失，致使防护林背风区风速减弱最为明显。

（三）保持水土

1. 森林对降水再分配作用

降水经过森林冠层后发生再分配过程，再分配过程包括3个不同的部分，即穿透降水（through-fall）、茎流水（stem-flow）和截留降水（interception）。穿透降水是指从植被冠层上滴落下来的或从林冠空隙处直接降落下来的那部分降水；茎流水是指沿着树干流至土壤的那部分水分；截留降水系指雨水以水珠或薄膜形式被保持在植物体表面、树皮裂隙中以及叶片与树枝的角隅等处，截留降水很少达到地面，而通过物理蒸发返回到大气中。

森林冠层对降水的截留受到众多因素的影响，主要有降水量、降水强度和降水的持续时间以及当地的气候状况，并与森林组成、结构、郁闭度等因素密切相关。根据观测研究，我国主要森林生态系统类型的林冠年截留量平均值为134.0～626.7mm，变动系数14.27%～40.53%。热带山地雨林的截留量最大，为626.7mm，寒温带、温带山地常绿针叶林的截留量最小，只有134.0mm，两者相差4.68倍。我国主要森林生态系统林冠的截留率的平均值为11.40%～34.34%，变动系数6.86%～55.05%。亚热带、热带西南部高山常绿针叶林的截留损失率最大，为34.34%；亚热带山地常绿落叶阔叶混交林截留损失率最小，为11.4%。

研究表明，林分郁闭度对林冠截留的影响远大于树种间的影响。森林的覆盖度越高，层次结构越复杂，降水截留的层面越多，截留量也越大。例如，川西高山云杉、冷杉林，郁闭度为0.7时，林冠截留率为24%，郁闭度降为0.3时截留率降至12%；华山松林分郁闭度从0.9降为0.7，林冠截留率降低6.08%。

2. 森林对地表径流的作用

（1）森林对地表径流的分流阻滞作用

当降雨量超过森林调蓄能力时，通常产生地表径流，但是降水量小于森林调蓄水量时也可能会产生地表径流。分布在不同气候地带的森林都具有减少地表径流的作用。在热带地区，对热带季雨林与农地（刀耕火种地）的观测表明，林地的地表径流系数在1%以下，最大值不到10%；而农地则多为10%～50%，最大值超过50%，径流次数也比林地多约20%，径流强度随降雨量和降雨时间增加而增大的速度和深度也比林地突出。

（2）森林延缓地表径流历时的作用

森林不但能够有效地削减地表径流量，而且还能延缓地表径流历时。一般情况下，降水持续时间越长，产流过程越长；降水初始与终止时的强度越大，产流前土壤越湿润，产流开始的时间就越快，而结束径流的时间就越迟。这是地表径流与降水过程的一般规律。从森林生态系统的结构和功能分析，森林群落的层次结构越复杂，枯枝落叶层越厚，土壤孔隙越发育，产流开始的时间就越迟，结束径流的时间相对较晚，森林削减和延缓地表径流的效果越明显。例如在相同的降水条件下，不同森林类型的产流与终止时间分别比降水开始时间推迟7～50min，而结束径流的时间又比降水终止时间推后40～500min。结构复杂的森林削减和延缓径流的作用远比结构简单的草坡地强。在多次出现降水的情况下，森林植被出现的洪峰均比草坡地的低；而在降水结束，径流逐渐减少时，森林的径流量普遍比草坡地大，明显的显示出森林削减洪峰、延缓地表径流的作用。但是，发育不良的森林，例如只有乔木层，无灌木、草本层和枯枝落叶层，森林调节径流量和延缓径流过程的作用会大大削弱，甚至也可能产生比草坡地更高的径流流量。

3. 森林对土壤水蚀的控制作用

森林地上和地下部分的防止土壤侵蚀功能，主要有几个方面：①林冠可以拦截相当数量的降水量，减弱暴雨强度和延长其降落时间；②可以保护土壤免受破坏性雨滴的机械破坏作用；③可以提高土壤的入渗力，抑制地表径流的形成；④可以调节融雪水，使吹雪的程度降到最低；⑤可以减弱土壤冻结深度，延缓融雪，增加地下水贮量；⑥根系和树干可以对土壤起到机械固持作用；⑦林分的生物小循环对土壤的理化性质、抗水蚀、风蚀能力起到改良作用。

（四）防风固沙

1. 土壤风蚀与荒漠化的成因

（1）人为活动因素

人口增长对土地的压力，是土地荒漠化的直接原因。干旱土地的过度放牧、粗放经营、盲目垦荒、水资源的不合理利用、乱樵采，过度砍伐森林、不合理开矿等是人类活动加速荒漠化扩展的主要表现。以人口密度与草地退化为例，宁夏、陕西、山西省（自治区）的干旱、半干旱地区由于人口密度较高，草地退化比例高达90%～97%；新疆、内蒙古、青海3省（自治区）的干旱、半干旱及亚湿润干旱区的人口密度较低，草地退化比例为80%～87%；而人口密度最低的西藏，平均退化比例仅为23%～77%。特别在我国北方现代沙漠化土地中94.5%为人为因素所致。可见，人为不合理活动已成为现代荒漠化发生发展的主导因素。

（2）自然因素

中国干旱、半干旱及亚湿润干旱地区深居大陆腹地，远离海洋，加上纵横交错的山脉，特别是青藏高原的隆起对水汽的阻隔，使得这一地区成为全球同纬度地区降水量最少、蒸发量最大、最为干旱脆弱的环境地带。加之全区处在西伯利亚、蒙古高压反气旋的中心，从西到东、从北到南大范围频繁的强风，为风蚀提供了充分的动力条件；而局部地区的起伏地形，深厚、疏松的沙质土壤和短历时高强度的降水特征，助长了水蚀的发生与加剧，使黄土高原北部与鄂尔多斯高原的过渡地带及黄土高原中西部成为水蚀荒漠化最为集中、程度最为严重的地区；大范围极度干燥及局部地段低洼、排水不畅，降水稀少与强烈的蒸发，在不合理的灌溉措施下又加剧了土地盐渍化。

据有关资料，近40年来中国干旱、半干旱地区及亚湿润干旱区的部分地区降水呈减少的趋势，另一些地区气温则有增高的趋势，导致蒸发力的增大，这些都在一定程度上加剧了风蚀荒漠化的扩展。近年来频繁发生于中国西北、华北（北部）地区的沙尘暴，就加剧了这些地区的荒漠化过程，导致了极为严重的后果。

2. 森林固沙与改土作用

（1）固沙作用

森林以其茂密的枝叶和聚积枯落物庇护表层沙粒，避免风的直接作用；同时植被作为沙地上一种具有可塑性结构的障碍物，使地面粗糙度增大，大大降低近地层风速；植被可加速土壤形成过程，提高粘结力，根系也起到固结沙粒作用；植被还能促进地表形成“结皮”，从而提高临界风速值，增强了抗风蚀能力，起到固沙作用，其中植被降低风速作用最为明显也最为重要。植被降低近地层风速作用大小与覆盖度有关，覆盖度越大，风速降低值越大。内蒙古农业大学林学院通过对各种灌木测定，当植被覆盖度大于30%时，一般都可降低风速40%以上。

（2）阻沙作用

由于风沙流是一种贴近地表的运动现象，因此，不同植被固沙和阻沙能力的大小，主要取决于近地层枝叶分布状况。近地层枝叶浓密，控制范围较大的植物，其固沙和阻沙能力也较强。在乔、灌、草3类植物中，灌木多在近地表处丛状分枝，固沙和阻沙能力较强。乔木只有单一主干，固沙和阻沙能力较小，有些乔木甚至树冠已郁闭，表层沙仍然继续流动。多年生草本植物基部丛生亦具固沙和阻沙能力，但比之灌木植株低矮，固沙范围和积沙数量均较低，加之入冬后地上部分干枯，所积沙堆因重新裸露而遭吹蚀，因此不稳定。这也是在治沙工作中选择植物种时首选灌木的原因之一。而不同灌木，其近地层枝叶分布情况和数量亦不同，固沙和阻沙能力也有差异，因而选择时应进一步分析。

（3）对风沙土的改良作用

植被固定流沙以后，大大加速了风沙土的成土过程。植被对风沙土的改良作用，主要表现在以下几个方面：①机械组成发生变化，粉粒、黏粒含量增加。②物理性质发生变化，比重、容重减少，孔隙度增加。③水分性质发生变化，田间持水量增加，透水性减慢。④有机质含量增加。⑤氮、磷、钾三要素含量增加。⑥碳酸钙含量增加，pH值提高。⑦土壤微生物数量增加。据中国科学院兰州沙漠研究所陈祝春等人测定，沙坡头植物固沙区（25年），表面1cm 厚土层微生物总数243.8万个/g干土，流沙仅为7.4万个/g干土，约比流沙增加30多倍。⑧沙层含水率减少，据陈世雄在沙坡头观测，幼年植株耗水量少，对沙层水分影响不大，随着林龄的增加，对沙层水分产生显著影响。在降水较多年份，如1979年4～6月所消耗的水分，能在雨季得到一定补偿，沙层内水分含量可恢复到2%左右；而降水较少年份，如1974年，降雨仅154mm，补给量少，0～150cm深的沙层内含水率下降至1.0%以下，严重影响着植物的生长发育。

（五）涵养水源

1. 水源涵养作用

（1）森林土壤层的贮水能力

森林土壤是多孔性的保水透水基质，土壤的孔隙指标常以毛管孔隙度、非毛管孔隙度和总孔隙度来衡量。森林土壤的孔隙结构往往优于草地，例如热带亚热带常绿落叶阔叶混交林的非毛管孔隙度、毛管孔隙度和总孔隙度分别比草坡地高出3.7倍、1.7倍和2.0倍；在寒温带、温带地区，森林土壤的孔隙结构仍然好于草地。

土壤蓄水量取决于土壤的质地、孔隙结构和土层厚度。土壤毛管持水量（毛管水）是土壤借其颗粒间排列而形成的微孔隙（直径0.1mm以下的毛细管孔隙）所吸收和保持的水分。非毛管持水量是指饱和土壤中暂时贮存在土壤大孔隙中（直径1～10mm）的重力自由水。土壤中的重力水可以借助于重力作用和一定的压力梯度在土壤中流动，并以壤中流或地下径流形式流入河道。由于非毛管孔隙中滞留贮存的重力水在调蓄水分方面具有更为重要的作用，因此森林土壤的蓄水能力主要依赖非毛管持水量。土壤非毛管孔隙越发育，调蓄水分的能力越强。

森林土壤层的蓄水量是巨大的。据我国各类森林土壤0～60cm土层的蓄水量测算结果，非毛管孔隙蓄水量变动于36.42～142.17mm，平均为89.57mm，变动系数31.06%；最大蓄水量相应为286.32～486.6mm、383.22mm和17.19%。对不同区域森林土壤的蓄水量进行比较，土壤蓄水量以热带亚热带地区的阔叶林较高，其非毛管孔隙蓄水量均在100mm以上，而寒温带、温带以及亚热带山地针叶林下的土壤非毛管孔隙蓄水量较小，在100mm以下。说明热带亚热带的阔叶林生态系统，土壤孔隙比较发育，林地土壤蓄水能力较强。

（2）森林土壤的渗透性能

土壤的渗透性是指在单位面积单位时间内进入到土层中的下渗水量。土壤的渗透性主要受非毛管孔隙发育状况的影响，孔隙多、团粒结构好的土壤，渗透性较强。由于森林可以改善土壤结构，促使团粒结构的形成，因而可提高土壤水分的渗透性。对亚热带25个林分的土壤渗透性测定表明，各种森林土壤的平均初渗率为14.41mm/min，平均稳渗率为9.20mm/min，不同林分的土壤渗透性能差别很大，其初渗率和稳渗率的变异系数高达123.37%和137.31%。热带山地雨林土壤表现出很强的土壤水分渗透性，当降水量为10～30mm，进入林地70cm厚土层的降水量几乎全部为土壤吸持；当每次降水量在50～100mm，70cm土层深有36.5%～56.3%的降水渗透；当每次降水量在102.0～132.0mm，70cm土深的渗透水量的降水加权平均为54.6mm。这表明在大雨、暴雨时，森林土壤具有较强地滞留贮存水分性能，延长了水分渗透到下层的时间，起到调蓄径流的作用。

（3）湿地的调蓄水量功能

湿地的热容量大，导热性差，气温变幅小；湿地集水面积大，增加了大气湿度，调节降水；湿地含有大量持水性良好的泥炭土、植物及质地黏重的不透水层使其具有巨大的蓄水能力，它能在短时间内蓄积洪水，然后用较长的时间将水排出。

2. 净化水质作用

森林对污水净化能力也极强。据测定，从空旷的山坡上流下的水中，污染物的含量为169g/m^2，而从林中流下来的水中污染物的含量只有64g/m^2。污水通过30～40m的林带后，水中所含的细菌数量比不经过林带的减少50%。一些耐水性强的树种对水中有害物质有很强的吸收作用，如柳树对水溶液中的氰化物去除率达94%～97.8%。湿地生态系统则可以通过沉淀、吸附、离子交换、络合反应、硝化、反硝化、营养元素的生物转化和微生物分解过程处理污水。

3. 削减洪峰

森林通过乔、灌、草及枯落物层的截持含蓄、大量蒸腾、土壤渗透、延缓融雪等过程，使地表径流减少，甚至为零，从而起到削减洪水的作用。这一作用的大小，又受到森林类型、林分结构、林地土壤结构和降水特性等的影响。通常，复层异龄的针阔混交林要比单层同龄纯林的作用大；对短时间降水过程的作用明显，随降水时间的延长，森林的削洪作用也逐渐减弱，甚至到零。因此，森林的削洪作用有一定限度，但不论作用程度如何，各地域的测定分析结果证实，森林的削洪作用是肯定的。

（六）净化空气

1. 滞尘作用

大气中的尘埃是造成城市能见度低和对人体健康产生严重危害的主要污染物之一。据统计，全国城市中有一半以上大气中的总悬浮颗粒物（TSP）年平均质量浓度超过310μg/m^3，百万人口以上的大城市的TSP浓度更大，一半以上超过410μg/m^3，超标的大城市占93%。人们在积极采取措施减少污染源的同时，更加重视增加城市植被覆盖，发挥森林在滞尘方面的重要作用。据测定：每公顷云杉林每年可固定尘土32吨，每公顷欧洲山毛榉每年可固定尘土68t。据天津市园林局统计，天津市区2002年有以树木为主的绿地3500hm^2，它们一年可以吸附或阻挡沙尘4.2万多吨。

2. 杀菌作用

植物的绿叶，能分泌出如酒精、有机酸和萜类等挥发性物质，可杀死细菌、真菌和原生动物。如香樟、松树等能够减少空气中的细菌数量，1公顷松、柏每日能分泌60kg杀菌素，可杀死白喉、肺结核、痢疾等病菌。另外，树木的枝叶可以附着大量的尘埃，因而减少了空气中作为有害菌载体的尘埃数量，也就减少了空气中的有害菌数量，净化了空气。绿地不仅能杀灭空气中的细菌，还能杀灭土壤里的细菌。有些树林能杀灭流过林地污水中的细菌，如1m^{3}污水通过30～40m宽的林带后，其含菌量比经过没有树林的地面减少一半；又如通过30年生的杨树、桦树混交林，细菌数量能减少90%。

杀菌能力强的树种有：夹竹桃、稠李、高山榕、樟树、桉树、紫荆、木麻黄、银杏、桂花、玉兰、千金榆、银桦、厚皮香、柠檬、合欢、圆柏、核桃、核桃楸、假槟榔、木菠萝、雪松、刺槐、垂柳、落叶松、柳杉、云杉、柑橘、侧柏等。

3. 增加空气中负离子及保健物质含量

森林能增加空气负离子含量。森林的树冠、枝叶的尖端放电以及光合作用过程的光电效应均会促使空气电解，产生大量的空气负离子。空气负离子能吸附、聚集和沉降空气中的污染物和悬浮颗粒，使空气得到净化。空气中正、负离子可与未带电荷的污染物相互作用接合，对工业上难以除去的飘尘有明显的沉降效果。空气负离子同时有抑菌、杀菌和抑制病毒的作用。空气负离子对人体具有保健作用，主要表现在调节神经系统和大脑皮层功能，加强新陈代谢，促进血液循环，改善心、肺、脑等器官的功能等。

植物的花叶、根芽等组织的油腺细胞不断地分泌出一种浓香的挥发性有机物，这种气体能杀死细菌和真菌，有利于净化空气、提高人们的健康水平，被称为植物精气。森林植物精气的主要成分是芳香性碳水化台物——萜烯，主要包含有香精油、酒精、有机酸、醚、酮、配糖体等。这些物质有利于人们的身体健康，除杀菌外，对人体有抗炎症、抗风湿、抗肿瘤、促进胆汁分泌等功效。

二、供给服务

（一）木材

国内生产的商品材，主要矛盾是优质大径材资源贫乏，供应严重不足，而且前景很不乐观。据国家林业局的统计，中、小径材占蓄积量的70%以上。对1984～1988年，1989～1993年两次森林资源清查比较，可采用材林中阔叶林面积和蓄积较针叶林增长缓慢。其中针叶林面积增加9.34%，蓄积增加12.97%；阔叶林面积仅增加2.45%，蓄积仅增加4.72%；特别是后续人工林资源，针叶林面积占人工林面积的68.39%，蓄积占71.2%，而阔叶林面积仅占31.6%，蓄积仅占27.7%。根据最新统计，2000年我国木材产量约为8000万m^3，而原木进口量已达1361.2万m^3，使用外汇16.56亿美元，分别比上年增长了34.32%和32.6%；2001年我国进口原木1686.3万m^3，使用外汇16.94亿美元，分别比上年又增长了23.9%和2.3%。

木材纤维原料是世界造纸工业的主流原料，约占95%的纸浆产自木材，可以说，木材原料的广泛使用才有造纸工业的高效率和现代化。新中国成立以来，我国造纸工业亦得到了迅速发展，在“八五”、“九五”期间发展尤为迅速，从1990年纸和纸板的总产量为1300万吨，到1998年产量达到2780万吨，1999年，纸和纸板的产量更达到2900万吨，是新中国成立初期年产10.8万吨的259倍，是1978年432.7万吨的6.6倍。改革开放20年中，全国纸和纸板年均增长121.1万吨，年均递增12.1%，比同期平均增长量高出6%～7%。纸和纸板的总产量自1992年来一直连续多年居于世界第三位，纸和纸板的消费量居于世界第二位，浆的产量居于世界第三位，取得了举世瞩目的巨大成就。

目前各种板材已经广泛应用于家具、建筑与装修及其他行业。从各板种在家具业的应用比例看，因不同地区的产业结构、市场流行趋势和经济发展水平不同而存在差异。经济增长较快地区，家具用材以中密度纤维板为主；经济增长中等地区的刨花板和中密度纤维板用量相当；而经济增长较慢地区以刨花板、胶合板为主。总体来说，家具材料以中密度纤维板、刨花板为主，中密度纤维板用量增幅较大，胶合板类用量减少，硬质纤维板用量甚微。

在建筑与装修方面，主要用于室内装修、门板、建筑模板、地板等方面，其中室内装修、门板、地板应用比例占人造板在建筑业用量的81.1%。装饰胶合板、水泥模板在建筑业中已形成一新的热点。目前水泥模板产量在50万m^3以上，其中竹胶合板模板现有生产线100多条，年生产能力达3500万m^2。在墙体材料、结构材料、室外用板材上，人造板应用影响甚微。

（二）非木质林产品

森林除生产木材外，还能生产丰富的非木质林产品，包括干鲜果品、木本油料、调香料、药材、工业原料、纤维、花卉、竹藤、林产化工产品、森林食品等。森林的非木质林产品是人们生产和生活用品的重要来源，是山区和林区经济发展的重要支柱，也是促进林业自我发展的重要动力。森林的非木质林产品生产具有持续性、再生性和环境友好性，是人类生存和发展不可或缺的资源。

1. 食品

在森林非木质林产品中，林果和森林蔬菜占有较大比例。2000年，我国的干鲜果品栽培面积达到893.2万hm^2，果品产量达到6225.1万吨，面积和产量分别占世界总量的18.5%和14.8%，均居世界首位，我国成为世界上名副其实的第一大林果生产国，并且栽培面积以每年12%的速度发展，产量以14%的速度上升。我国林果业产值已达到1300亿元，占林业总产值的40%，在一些条件较好的省区如河北、山东、广东、河南、陕西等，林果业的产值达到了林业总产值的70%～80%。果品类是进出口贸易额最大的非木质林产品，2000年贸易总额达到94亿元，比1999年增长20.7%，占非木质林产品进出口贸易总额的27.8%，比1999年提高了3.3个百分点。果品出口大于进口，贸易顺差扩大，其中出口73亿元，进口21亿元。

2. 燃料和生物能源

木质能源不仅是古老的再生能源，也是当今发展中国家农村生活用主要能源，虽然现代商品能源将会不断增加，但是在今后短时期内，薪炭材仍将是其他能源无法代替的农村生活用能源，在世界能源中占有重要地位。我国有9亿多农村人口。根据我国国情，农村生活用能源以薪材和秸秆为主的结构模式将继续存在下去，在一定时期内薪材在农村能源中的作用不会减弱。

木质能源又是一种可持续利用的生物能源，是现代无污染清洁能源的载体。与核电、水电和矿物质能源相比，木质能源具有得天独厚的优势，成本低、经济效益高、生态环境可得到保护和改善。能源林在生长过程中需要吸收大量的CO_2，从而增加了生物圈的含碳水平。虽然木质能源在燃烧时也产生CO_2，但可以与其生长中吸收的CO_2在数量上保持平衡，被称之为CO_2中性的燃料，所以它是一种无污染清洁能源的载体。利用森林能源不但会减少地球上CO_2净排放量，而且还有助于减缓温室效应。森林能源这种独特的环境效应是其他能源无法相比的。

3. 中药材

天然植物药的应用已有悠久的历史，20世纪后半叶由于化学合成药的发展，已大部分取代了植物药。但是仍有相当一部分，由于难以化学合成而仍采用天然化合物。近年来，国际上对植物药的兴趣有所增长，据统计，目前美国和欧共体的处方药中约有25%来源自植物制品。随着科学技术的进步，尤其是各种层析分离技术和波谱分析技术及药效筛选技术的发展，发达国家普遍重视从药用植物中筛选有效的成分，提取分离和制备新药和保健品，特别是对治疗癌症，艾滋病和心血管疾病的新药十分关注。

中药材生产是中国的优势产业，目前全国生产的药材品种已达1000余种，其中人工栽培的已超过400种，药材种植基地600多个，种植40多万hm^2。对广大山区而言，许多地方已经把发展中药材作为脱贫致富的支柱性产业，有规划地适当发展中药材，对于保持生态平衡和促进经济发展都具有主要意义。作为非木质森林产品，木本药材占有非常重要的位置。常见的木本药材树种有：山茱萸、木瓜、月季、玉兰、杜仲、连翘、吴茱萸、牡丹、忍冬、玫瑰、单叶蔓荆、枸杞、细梗胡枝子、栀子、黄皮树、厚朴银杏、雷公藤、酸枣等。目前我国从树木中提取并进一步分离精制的药用成分主要有紫杉醇、喜树碱、三尖杉碱、美登素、青蒿素、银杏叶提取物、刺五加甙、芦丁等，其中银杏叶提取物和芦丁已有较大的生产规模，年产银杏叶提取物100余吨，芦丁数十吨。近年来由红豆杉提取的抗癌药紫杉醇增长较快，估计年产精制品约50千克。

4. 化工产品原料

利用非木质森林资源生产化学品，是目前我国林产化学工业的主要产品，主要有松香、松节油、植物单宁、紫胶、天然精油和药用生物活性物质及其各种深加工产品等。

（1）松脂化学品利用由松树采割的松脂为原料生产各种松脂化学品是我国非木质林业原

料化学利用的重要方面，也是我国林产化学工业的一个主要产品。近20年来，我国年产松脂50余万吨，年产松香约40万吨，松节油6万吨，占世界松香总产量的1/3以上和世界脂松香总产量的2/3。松脂加工业年产值约25亿元。松香为我国大宗出口商品，年出口20余万吨，创汇近2亿美元。我国松香类产品出口到世界五大洲的三十多个国家和地区，为世界松香生产和出口第一大国，在国际市场上有举足轻重的地位。

（2）植物单宁又称植物多酚，是广泛存在于树皮及其他植物中的一类天然多酚化合物。植物单宁的主要用途为生产栲胶，我国目前年产栲胶约1万吨，原料主要为落叶松、毛杨梅、油柑等树皮，产品主要用于鞣革生产，部分用于生产胶粘剂和石油钻井用泥浆添加剂。

（3）天然精油（芳香油）是芳香植物的根、茎、枝、干、叶或花经水蒸汽蒸馏或有机溶剂萃取后所得的挥发性油状液体。有些精油香气好，可以直接用于调配香精。我国是世界上天然精油生产和出口大国，年产量15 000～20 000吨，约为世界产量的1/3。其中来自林区的木本天然精油约占一半，主要有：桉叶油，年产量约3000吨，占世界桉叶油产量的2/3；山苍子油，年产量约2000吨；肉桂油400～600吨/a；柏木油800～1000吨/a；樟油1000～1200吨/a；茴油年产1600余吨，出口500～800吨/a等。

5. 竹藤产品

竹林是重要的森林资源，它既提供用途广泛的竹材，又能提供深受群众欢迎的食用竹笋。竹林大部分分布在江河源头山地和两岸，其四季常青，地下具有发达的盘根错节的鞭根，具有良好的水源涵养、水土保持和调节气候作用。而且竹林由于经营周期短，投资见效快，产量和经济效益高，一次造林只要合理经营可以实现永续利用，因而竹林的发展倍受欢迎和重视，特别是在发展中国家，被誉为“绿色的金矿”。棕榈藤属棕榈科省藤亚科植物，是热带和南亚热带森林宝库中的多用途植物资源。棕榈藤藤茎（藤条）鞣韧，抗拉强度大，是编织和家具制作的优良材料；多种藤果和藤梢富含营养，为优质热带水果和森林蔬菜；黄藤属的果实可萃取“麒麟血竭“药品。棕榈藤具有很高的经济价值，在热带地区是仅次于木材和竹材的重要非木材林产品。棕榈藤是热带、亚热带森林多用途植物种群。原藤是仅次于木材和竹材的重要林产品。

6. 其他林副产品

我国土地辽阔，森林植被复杂，所以林副产品资源十分丰富。据各省食用菌协会不完全统计，1999年我国食用菌产量达到366.78万吨，其中香菇133.8万吨，蘑菇42.6万吨，草菇3.2万吨，平菇102万吨，金针菇18.9万吨，滑菇3.1万吨，银耳10万吨，黑木耳5.9万吨，毛木耳43.2万吨。此外，其他林副产品资源如竹笋和森林蔬菜等也极为丰富，只要科学合理地开发，则会在维持生态环境稳定的前提下做到永续利用。

三、文化服务

（一）美学与文学艺术

1. 美学

（1）森林美的内涵

森林的美随着地理位置、结构成分、时节、地质地貌、林龄、文化背景、衬托物等的不同而变化。森林美主要包括形式美、意境美等方面。

森林的形式美是指观察者通过感知获得的森林表象的美，通常它又可以分为两类，即和谐美和新奇美。对森林和谐美的认识是人类的本能，具有广泛的一致性；而新奇美则与个体的经验密切相关，部分人觉得新奇的景观在另一部分人看来可能觉得很平常。对形式美的感知实际上正是心理物理学理论中提出的刺激——反应的过程。

森林的意境美是指观察者在感知的基础上通过情感、想象、理解等审美活动获得的森林内在的美。对森林景观意境美的认识跟一个人的社会地位、文化素质、美学素养等密切相关。

（2）森林美学价值

森林之美在人类心灵中是一颗不灭的灿烂之星。只是由于各种条件的限制，古代的平民百姓们还不能尽情感受她的光辉和魅力，真正能游历和欣赏山川美景的仅仅局限于历代帝王、士大夫和一些文人墨客们。在我国数千年的历史中，涌现出了一大批寄情山水丛林的文人雅士，他们为丰富和发展我国森林文化起到了重要的作用。历代帝王和文人雅士们的这些活动为后世留下了许多遗迹和传说。这些遗迹和传说，散布在祖国大地山水丛林之间，为后人的游览平添了一番趣味，增加了许多怀古的幽思。

2. 文学

（1）森林是文学创作之源

在我国古代，有许多文人雅士把山水、森林看作是自己的朋友，甚至看作是生命的惟一伴侣。这其中有很大一部分人是看不惯官场黑暗，或怀才不遇、仕途失意，而对这些士大夫们来说，治国平天下是他们的最高理想，既然壮志难踌，又不能为五斗米折腰，他们宁愿遁入江湖，归隐田园。为了得到心灵的解脱和慰籍，他们选择了与统治者不合作的态度，与闲云野鹤为伴，这实在也是一种无奈的悲壮。

（2）人类文学发展与森林的关系

人类文学的创作是要有一定的对象，随着人类社会的进步和人类文明的发展，人们对于森林的认识与过去有了不同的内涵，现代文学对森林的赞美和理解比过去森林所给人们的内容要丰富得多。由于森林树种、生态系统及景观的多样性，为文学创作者提供了过去所不能想到的素材和理解内涵。由于全球变化、生物多样性减少等问题，带动人们对森林服务功能多样性的认识加深，从而也是文学创作中新的源泉。国内外许多文学作品都在人类对森林认识不断加深中同时进步和发展。

3. 艺术

（1）艺术的原创对象来自于森林

艺术起源于原始森林中人们的劳动。马克思、恩格斯在创立马克思主义过程中，一直努力探索社会发展的基础和动力，确定了劳动、生产、实践在社会历史发展中和社会生活中的动力和基础地位，而艺术不过是社会生产中的一种特殊形态。正如恩格斯所说："劳动创造了人本身。"劳动、生产、实践，其原初意义就是一种感性的物质活动，正是这种劳动，创造了人本身，创造了世界，也创造了艺术这种社会文化形式。

随着人类文明的进步，人类对森林的依赖已显得不那么强烈和直接。但事实上，森林对人类的影响一直是无所不在的。这种影响大到森林与全球气候的关系，小到人们的住房、家具、劳动工具甚至餐桌上的筷子和牙签等。在人类发展几百万年的漫长岁月中，由于人类这种生存、生活上的需要，在人们的心理、视觉、听觉等多个方面，森林已经被人类潜意识地当成了一种重要的审美对象或审美构成要素。这种潜意识就是森林艺术产生及发展的根本动力，而森林为艺术发展提供了广阔的空间。艺术家们用各种方式表达对森林的感受，从而形成了各种门类的森林艺术。这其中，森林对视觉艺术和听觉艺术的发展是最具影响力的。

（2）森林本身的艺术特点

森林本身由于其丰富的多样性，在叶、枝、干等形状上千姿百态，具有各种特殊的艺术效果和特点。各种森林景观及其所形成的地方自然气候与当地的地貌特点，都是森林景观的艺术效果所在。主要表现在有形、有色并富有动感，有近、有远并具有某些特殊效果的艺术特点。

（二）游憩与保健疗养

1. 游憩

回归自然是人类永恒的情结，是人类不灭的欲望，而社会经济的发展又必然使这种欲望转化为一股潮流。全球人口在迅速地膨胀。在公元前8000年，世界人口为500万，至1987年7月11日，人口达到了50亿，即在将近1万年的时间内人口增加了1000倍。伴随着人口的高速增长，城市人口的比例也在不断提高。特别是进入20世纪以后，城市人口的增长势头极其迅猛。据统计，1920年时城市人口占全球总人口的14%，到1980年这一比例达到了40%。1910年时90%的美国人生活在农村，而现在已有70%以上的美国人生活在城市里。城市化进程一方面发展了生产力，提高了人们的物质生活水平；另一方面也导致了人的生理、心理、生活环境等方面的负面影响。人们在享受富裕生活的同时，发觉自己与自然的距离越来越远了，于是那份与生俱来的与自然和森林不能分离的禀性，驱使城市居民冲出“围城”，去寻找那些只有在大自然中才能得到的满足感。

2. 保健疗养

（1）增加空气中的负离子

从电场角度说，人的机体是一种生物电场的运动，人在疲劳或得了疾病后，机体的代谢和传导系统就会产生障碍，这时需要补充负离子，以保持人体生物电场的平衡。空气中各种分了和原了在不断受到放射线、紫外线作用及气流、水流的撞击、树叶花草的摩擦下将失去外层电子而成为正离子，游离的电子附在另一个中性质子上成为负离子，负离子在运动中遇到空气中的灰尘、烟雾时，即被凝聚而失去活力。由于森林表面起伏大，加上枝、干、叶的摩擦使得空气中能产生较多的负离子，同时由于森林空气的清洁度较高，能够保存下较多的负离子。负离子具有杀菌、降尘、清洁空气的功效，被誉为“空气维生素和生长素”。它对部分呼吸系统、消化系统和五官科疾病具有很好的治疗效果。一般情况下，空气负离子含量达到700个/cm^3以上就能对人体健康产生积极的影响。据中南林学院森林旅游研究中心多年研究，一般城市市区空气的负离子含量为数10～100个/cm^3，而一般森林环境中的负离子含量通常为数千个/cm^3，特别在一些瀑布周围，负离子含量更是高达数万个/cm^3。

（2）调节人的视觉和嗅觉作用

森林除了能增加空气中的负粒子浓度外，森林的绿色视觉环境以及植物的一些特殊气味，也会对人的心理产生多种效应，带来许多积极的影响，使人产生满足感、安逸感、活力感和舒适感。“绿色视率”理论认为，在人的视野中，绿色达到25%时，就能消除研究和心理的疲劳，使人的精神和心理最舒适。同时日本和美国的研究人员发现，植物的芳香味对一个人的心情、精神和干劲有很大的影响，如桂花的香气沁人心脾，有助于消除疲劳；茉莉和丁香的香味可以觉得轻松文静。目前在国际上还流行一种园艺疗法，通过让那些工作压力大、精神紧张、易急躁的人从事修剪、除草等园林管护劳动而得到放松，提高人们的工作效率和生活学习质量。

(3) 降低噪音

绿色植物对声波具有吸收和散射作用。声波可以被树木的叶片、嫩枝所吸收。树叶的摆动能使通过的声波减弱并迅速消失。声音还可能由于粗大的枝条、茎干的反射和散射被削弱。粗糙的树干、茂密的枝叶能够阻挡声波的传送，起到良好的隔音或消音作用。人耳对高频声音比较敏感，而植被对高频声音的吸收性远强于对低频声音的吸收性，因此植被可选择性滤掉高频声音。由于城市森林可吸收、阻挡、分散声音能量，从而具有减噪的功能。另外，绿色植物也可以通过影响气候而间接地降低或减弱噪音，譬如，通过缩小温差，降低风速等。

（三）科普与教育

1. 森林所具有的知识内涵

有关森林的科普知识内容十分广泛，如动植物种类与进化史、动植物的生活与生长习性、动植物的分布规律、植物的季相特征、森林的演替规律等。这些知识对于很多人来说都很有吸引力，这些知识也是我们今后发展森林旅游事业中应该挖掘的宝贵财富。

2. 森林的科普、教育作用

森林是大自然的重要组成部分，蕴藏着大自然无穷的奥秘和诱人的魅力，不管是过去还是将来，森林都是科学家们进行自然科学研究的重要场所，同时也是人们接受自然与人文科普教育的理想课堂。通过森林，人们可以了解当地居民的民俗风情和各种乡土知识，可以了解主要的地貌类型及其动植物的种类及演变等。

（四）宗教与民俗

1. 宗教与森林的关系

作为一类文化现象的宗教信仰都是在特定的环境条件下产生的，是人们对特殊环境的适应与生存的一种策略。以傣族为代表的各民族，尽管他们的先民的生活环境是由“冷森林”迁徙到“热森林”，但都离不开森林，都是森林民族。这样，宗教信仰便成为他们与这里的森林以及其中的动、植物和谐相处，走向协调发展的一种重要部分。

2. 民族传统与森林的关系

我国的几大重点林区，如小兴安岭、长白山、大兴安岭、天山、横断山及中南林区等，是少数民族集中居住的地区；森林与少数民族结下了不解之缘。在长期的演变中，各少数民族形成了丰富多彩的民俗民风和宗教传统，这些都是我国灿烂民族文化的重要组成部分。

3. 森林资源保护对宗教与传统文化的影响

森林是我国宗教事业发展的一个重要载体，同时森林又是滋养我国多民族文化的一片沃土，森林在保存优秀民族文化，保持人类文明多样化方面起到了非常重要的作用，保护森林资源也就是等于保护了我国优秀的宗教与传统文化事业。

第三节　林业资源禀赋评价

一、优势与潜力

我国地域辽阔，地貌类型齐全，气候的地域地带分异极大，加之自然条件复杂多样，从而形成了我国森林类型多样、野生动植物种类繁多的特点。这些珍贵的野生动植物资源既是我国宝贵的自然财富，也是生存环境中不可或缺的重要组成部分。新中国成立后尤其是改革开放以来，我国林业建设取得了巨大成就，但从总体上看，林业蕴含的生产潜力和促进农民就业增收的潜能还远远没有发挥出来，未来林业发展具有巨大的发展前景。

1. 林地资源的潜力

土地是财富之母，是最重要的生产资料，充分利用广阔的林地，是农村生产发展的必然选择和潜力所在。全国共有2.87亿hm^2林地，加上8亿亩可治理的沙地和近6亿亩湿地，合计是我国耕地总面积的3倍多。但林地利用率和生产力都还很低，每公顷森林的蓄积量只有世界平均水平的60%～80%，人工林每公顷的蓄积量仅为世界平均水平的1/2。此外，平原农区也有着发展农田林网的巨大潜力。

2. 物种资源的潜力

我国有木本植物8000多种、陆生野生动物2400多种、野生植物30 000多种，还有1000多个经济价值较高的树种。任何一个物种得到有效开发，都有可能办成一个大产业。比如，从银杏叶中提取的治疗心脑血管疾病的黄酮，从红豆杉中提取的抗癌物质紫杉醇，其价值都超过了黄金，形成了两个大产业。据专家研究，我国生物多样性的显性价值达7万亿元，并且还有难以估量的潜在价值。一是森林中的基因资源丰富。包括已有的农作物、家禽野生近缘种（如原生稻等），以及能在将来创造出许多新生物品种的、各种性状的基因遗传材料。二是丰富的木本粮油物种资源。我国有木本粮油植物100多种，目前人工种植的只有枣、板栗、核桃、油茶等少数几种。如果把适宜栽植木本粮油树种的土地全部开发出来，每年可增加木本粮油产量250亿千克，而且不占耕地，为我们改善食物结构，促进民众健康，保障粮食安全展示了良好前景。

3. 市场需求的潜力

从国内市场看，社会对木材等林产品的需求量呈逐年攀升之势，供给缺口越来越大，价格也呈上升趋势。“十五”期间，全国年均消耗森林蓄积量5.5亿m^3，国内供给量为3.7亿m^3，缺口近2亿m^3。过去10年，我国年进口木材类产品折合原木从0.4亿m^3增加到1.4亿m^3。据预测，到“十一五”期末，我国年森林蓄积总消耗量将达到6.8亿～7亿m^3，国内最大供给量仅4亿m^3，缺口近3亿m^3。从国际市场看，木材等林产品已经成为世界性紧缺商品。国内外两个巨大的林产品市场，为林业发展展示了广阔前景。

4. 安置农村劳动力的潜力

林业是一个与农民关联度高、农村剩余劳动力容量大的行业。近年来，福建、江西通过集体林权制度改革，确立了农民经营林业的主体地位，吸引了大批农民从事林业生产经营。江西省近两年共吸引40多万外出打工人员返乡务林；福建省永安市因林业发展新增近6万个就业岗位，占全市新增就业岗位的55%。加上种苗花卉培植、野生动植物驯养繁育、林产品加工、流通贸易、森林旅游等，还可吸纳大量城乡劳动力。

二、问题与挑战

总体上看，我国以生态建设为主的林业发展战略已初见成效，林业发展后劲较大。但是，我国森林资源保护和发展仍面临一些不容忽视的问题，主要表现在：一是总量不足。我国森林覆盖率仅相当于世界平均水平的61.52%，居世界第130位；人均森林面积0.132hm^2，不到世界平均水平的1/4；人均森林蓄积9.421m^3，不到世界平均水平的1/6。二是分布不均。东部地区森林覆盖率为34.27%，中部地区为27.12%，西部地区只有12.54%，而占国土面积32.19%的西北5省（自治区）森林覆盖率只有5.86%。三是质量不高。全国林分平均每公顷蓄积量只有84.73m^3，相当于世界平均水平的84.86%。四是经营管理水平有待加强。人工林经营水平不高，树种单一，林地流失、林木过量采伐现象依然存在。五是森林退化严重，其整体功能还非常脆弱，与社会需求之间的矛盾仍相当尖锐，保护和发展森林资源任重道远。

同时，气候变化将加剧森林病虫害和森林火灾的危害，引起森林资源的进一步减少和退化。研究表明，温度变化制约着真菌和害虫的发生程度，而病原体、真菌、细菌的生长与水分条件有一定的关系，冬季的暖温能改变害虫的活动范围与地理分布区域。气候变暖，尤其是在暖冬条件下，无论是湿润区，还是较为干燥的地区，都有可能促使森林病虫害的加剧。气候变暖与森林火灾的发生关系很大。在年平均气温升高和年平均降水量下降的地区，森林火险将会升高。森林火灾的上升趋势与两个方面有关。一是土地利用方式转变的规模加大；二是气候变化。

第3章　现代林业的内涵与特征

发达的林业是国家文明、民族兴旺、社会进步的重要标志，全面推进现代林业建设已经成为促进经济社会可持续发展，建设生态文明的必然选择。正确理解和认识新时期现代林业的基本内涵和基本特征，对于指导现代林业建设的实践具有重要的意义。

现代林业就是可持续发展的林业。它是指充分发挥林业资源的多种功能和多重价值，不断满足社会多样化需求的林业发展状态和方向。衡量一个国家或地区是否达到了现代林业的要求，主要考察其发展理念、生产力水平、功能和效益是否达到了所处时代的领先水平。

建设中国特色的现代林业，就是以建设生态文明社会为目标，以可持续发展理论为指导，用多目标经营做大林业，用现代科学技术提升林业，用现代物质条件装备林业，用现代信息手段管理林业，用现代市场机制发展林业，用现代法律制度保障林业，用扩大对外开放拓展林业，用高素质新型务林人推进林业，努力提高林业科学化、机械化和信息化水平，提高林地产出率、资源利用率和劳动生产率，提高林业发展的质量、素质和效益，建设完善的林业生态体系、发达的林业产业体系和繁荣的生态文化体系。

现代林业具有公益性、市场性、协调性、高效性和开放性等基本特征。生态建设是林业工作的永恒主题，努力为人民提供更多更好的生态产品，是林业部门最重要、最基本的任务；发展现代林业产业，必须遵循市场原则，努力构建符合现代社会发展要求的林业生产关系；现代林业要求从系统的角度认识林业，以系统的标准衡量林业，追求结构的完整性、布局的合理性和功能的齐备性；现代林业反映着社会生产力发展水平，是高质量、集约化、高效益的林业；现代林业强调全社会的广泛参与和全方位的对外开放。

第一节　中国现代林业建设的背景

当前，我国经济社会已经进入了工业化、信息化、城镇化、市场化、国际化发展的新阶段，经济体制深刻变革，社会结构深刻变动，利益格局深刻调整，思想观念深刻变化，为中国现代林业建设提供了良好的经济基础和社会背景。进入21世纪以来，为实现经济社会又好又快发展，党中央做出了深入贯彻落实科学发展观、构建社会主义和谐社会、建设社会主义新农村、建设创新型国家、建设资源节约型和环境友好型社会等一系列重大战略决策。在新形势下，林业在经济发展和社会进步中的地位越来越重要，作用越来越突出，面临的任务也越来越繁重。我们必须把握时代的脉搏和潮流，适应国内外形势的深刻变化，顺应林业发展的自然规律和经济规律，拓展林业的生态功能、经济功能、社会功能和文化功能，构建完善的林业生态体系、发达的林业产业体系和繁荣的生态文化体系。

胡锦涛同志在党的十七大报告中指出：建设生态文明，基本形成节约能源资源和保护生态环境的产业结构、增长方式、消费模式。循环经济形成较大规模，可再生能源比重显著上升。主要污染物排放得到有效控制，生态环境质量明显改善。生态文明观念在全社会牢固树立。第一次把“建设生态文明”作为中国实现全面建设小康社会奋斗目标的新要求之一，并写进党的政治报告，充分体现了生态文明对中华民族生存发展的重要意义。标志着中国特色社会主义将向生态文明的发展阶段迈进。建设生态文明这一新的目标要求，赋予了现代林业以新的历史使命，进一步显示了林业在国家经济社会发展中的重要地位和作用。林业作为建设生态文明的主体，肩负着资源环境与科学发展重大的历史使命。

一、生态问题严重威胁着中华民族生存与发展的根基

人类文明进程与生态环境密切相关。生态环境状况不仅直接关系到人们的生存与发展条件，而且直接影响到人类文明的兴衰。恩格斯在《自然辩证法》（人民出版社，1984年版）中曾做过精辟的论述：“不要过分陶醉于我们人类对自然界的胜利。对于每一次这样的胜利，自然界都对我们进行报复……美索不达米亚、希腊、小亚细亚以及别的地方的居民，为了得到耕地，毁灭了森林，他们梦想不到，这些地方今天竟因此成为荒芜不毛之地……”生态环境的恶化导致了古巴比伦文明、古埃及文明、古玛雅文明的消亡。时至今日，全球森林减少、气候变暖、物种消失、土地沙化等生态性灾难，严重制约着世界各国尤其是发展中国家经济社会的发展。我国生态与环境问题依然十分突出，水土流失、荒漠化蔓延、水资源短缺、环境污染、灾害频发等问题依然严重，已经成为制约经济社会发展的主要瓶颈之一。生态产品已成为我国最短缺、最紧迫、最急需的产品，生态需求已经上升为现代人们生活中的第一需求。森林、湿地与海洋并列为全球三大生态系统，维系着包括人类在内的所有生命系统的繁衍生息，重新认识并高度重视其多种功能和多重效益，应当成为全球和国人的共识与责任。

我国水土流失总面积达356万平方千米，占国土面积的1/3。每年流失土壤的总量达到50多亿吨，对耕地安全、粮食安全和国土生态安全构成了严重的威胁。森林能够有效阻隔雨水对土地的直接冲刷。在降雨量为300～400mm的地方，有林地的土壤冲刷量约为60kg/hm^2，仅为裸露地的0.9%；森林还可以吸收大量降水，实现“细水长流”。1公顷结构完整、功能良好的森林，能够涵养2150吨水。

我国有沙漠化土地面积约40亿亩，严重沙漠化趋势的土地约5亿亩，两者合计占国土面积的30%以上，中华民族生存发展的空间越来越小。全球受到沙漠化影响的人口超过10亿人，我国就有近4亿人。自20世纪80年代起实施三北防护林体系建设工程以来，我国采取生态治理等综合防治措施，在防治荒漠化和沙化方面取得了显著的成就。目前，我国荒漠化和沙化状况总体上有了明显改善，5年间（1999～2004年），全国荒漠化土地面积减少37 924平方千米，年均减少7585平方千米；沙化土地面积净减少6416 平方千米，年均减少1283平方千米。荒漠化和沙化整体扩展的趋势得到初步遏制。就全国而言，防治荒漠化和土地沙化依然任重而道远。

二氧化碳排放量不断增长，造成全球气候变暖已成为不争的事实。据预测，随着气温和海平面的上升，许多滨海城市和沿海地区将变为一片汪洋，到2035年，将有2亿人沦为“气候难民”，15%～40%的物种面临灭绝，造成的经济损失相当于20世纪上半叶经济大萧条和

两次世界大战损失的总和。我国经济高速增长，二氧化碳排放量增长势头难以逆转。森林是陆地生态系统中最大的碳贮库，森林每生长1m^3的蓄积，约吸收1.8吨的二氧化碳，释放1.6吨氧气。如果能够实现到2020年森林覆盖率达到23%的林业发展战略目标，年新增固碳能力可达10亿吨以上，相当于同期碳排放新增量的2～3倍。加快发展林业，提高森林固碳功能，可以为履行《京都议定书》职责，建设低碳社会做出重要贡献。

我国人均只有淡水资源2100多m^3，不足世界人均水平的1/3。全国正常年份缺水400亿m^3，400余座城市供水不足，110座城市严重缺水，农田受旱面积近2700万hm^2，造成的经济损失高达数千亿元。森林具有很强的保持水土、涵养水源作用，其茂密的树冠、深厚的落叶层及发达的根系，可持续吸收降水量65～270mm，将大部分自然降水转化为有效水资源。据测算，我国现有的24亿多亩森林，可蓄水3400多亿吨，相当于我国现有水库总库容。湿地被誉为“地球之肾”。我国各种自然湿地面积为3600万hm^2，维持着全国96%的可利用淡水资源，并对污染的水体发挥着独特的净化作用。

加快林业发展，恢复和重建森林生态系统、湿地生态系统和荒漠生态系统，发挥林业巨大的生态功能，是治理生态和环境问题的根本措施。保护生态就是保护我们赖以生存的家园，就是保护中华民族发展的根基。

二、建设生态文明社会已经成为历史赋予林业的重大使命

建设生态文明是全面建设小康社会的新要求，也是发展现代林业的出发点和根本目标，其核心和本质就是实现人与自然的和谐。统筹人与自然和谐发展，是社会和谐的重要基础，也是社会发展赋予林业最重要、最根本的时代重任。和谐发展的关键是发展，是在发展中寻求和谐、建立和谐、完善和谐、升华和谐。必须以更大的决心和力度推进生态建设，构建人与自然在新的更高水平上的和谐共存。

人与自然的关系反映着人类文明与自然演化的相互作用及其结果。人类的生存与发展依赖于自然，而人类文明的进步也影响着自然的结构、功能及演化。人与自然的关系经历了由“和谐（原始的平衡）——破坏（生态失衡）——（遭受大自然的）惩罚——治理（人类对自身行为的反思）——和谐（新的更高层次的平衡）”的螺旋式上升过程。在农业文明时期，人与自然的关系在整体上保持和谐的同时，出现了阶段性、区域性的不和谐。随着人口的大量增加和生产力水平的逐步提高，人类开始不安于自然的庇护和统治，在利用自然的同时试图改造自然，而这种改造往往伴随着很大的盲目性、随意性和破坏性。工业文明的到来，使社会生产力有了质的飞跃，人类对自然由利用变为了征服，“人主宰自然”的思想占据统治地位，人类对自然的掠夺和破坏以及污染物的大量排放，最终造成自然资源迅速枯竭和生态环境日趋恶化，造成了一系列生态性灾难，严重威胁着人类的生存与发展，人类正面临着有史以来最严峻的挑战。

建设森林生态系统，恢复湿地生态系统，保护荒漠生态系统，促进人与自然和谐，已经成为历史赋予林业的重要使命。

三、经济社会发展对林业提出了新的更高的要求

林业是生产生态产品的主体部门，是重要的基础产业，是生态文化发展的源泉和阵地，

可以为人们提供多种物质、文化和生态产品。最大限度地拓展林业资源的多种功能，可以进一步提高林业生产力和林地综合产出水平，满足经济社会发展对林业的多样化需求，为社会创造更多的福祉，支持我国的经济建设、政治建设、文化建设、社会建设，是新时期林业的重要任务。

我国进入工业化中期阶段以后，经济社会发展对林业的要求也发生了根本性的变化。一是社会对林业的需求发生了重大变化。基于森林在维护生态平衡、保护自然生态、改善生态环境方面的巨大作用，治理、保护和改善生态环境已逐步取代木材生产而成为国民经济和社会发展对林业的第一位要求。二是经济增长方式的转变，对林业的要求也发生了根本改变。人们从惨痛的教训中领悟到，以牺牲资源和环境为代价换来的经济增长是短暂的，更是得不偿失的，追求可持续发展已成为世界经济发展的大趋势。三是科学技术的进步和思想观念的更新，使社会公众对林业作用的认识全面提高，对生态环境问题的关注达到了前所未有的程度。随着经济发展、社会进步和人民生活水平的提高，社会对加快林业发展、改善生态状况的要求越来越迫切，林业在经济社会发展中的地位和作用越来越突出。林业不仅要满足社会对木材等林产品的多样化需求，更要满足改善生态状况、保障国土生态安全的需要，生态需求已成为社会对林业的第一需求。

木材是支撑经济发展的四大重要原材料之一。随着我国经济的持续高速发展、人民生活水平的不断提高，社会对木材的需求量越来越大，而我国的木材供给能力却严重不足，特别是天然林资源保护工程实施以来，木材供需矛盾更加突出，因而国家不得不花费大量的外汇进口木材及木材产品。随着全球性森林资源短缺问题日渐突出，各国纷纷调整政策限制木材出口，从长远来看，依靠进口解决木材紧缺问题必将难以为继，立足国内才是根本出路。尽管我国在发展人工用材林方面得了举世瞩目的成就，但要实现木材基本自给的目标，仍需要付出巨大的努力。

农田、草原、海洋和森林是人类赖以生存的四大食品库。木本粮油是人类最初的食物来源，是粮食重要组成部分。在我国几千年的饥荒斗争史中，木本粮油始终发挥着十分重要的作用。即使是新中国成立后，木本粮油仍然是战胜饥荒、解决温饱、改善生活和脱贫致富的重要物质基础和途径。在全面建设小康社会的新时期，加快发展木本粮油，提供丰富的森林食品，不仅可以开辟保障我国粮食安全的新途径，还能加快山区开发，改善生态环境，增加林农收入，促进经济社会的可持续发展。

近年来，旅游休闲已经成为城市人的新时尚，双休日去市郊休闲，假日外出旅游，已经成为人们生活中的重要内容。特别是生态旅游越来越受到人们的青睐，到大自然中去休闲观光、锻炼身体、陶冶情操，放松心情的人逐年增加。我国丰富的国家森林公园、自然保护区、湿地公园、沙漠绿洲等历来是自然景观与人文景观的荟萃之地，是人们最理想的旅游度假休闲场所。

四、社会主义新农村建设要求林业做出更大的贡献

党的十六届五中全会，提出了建设社会主义新农村的重大任务，这是富民强国的伟大战略部署，具有重要的现实意义和深远的历史意义。努力实现五中全会提出的生产发展、生活宽裕、乡风文明、村容整洁、管理民主的发展目标，是林业义不容辞的责任。

我国是一个农业人口大国，解决农民就业，增加农民收入，缩小城乡差距，是构建社会主义和谐社会、全面实现小康社会目标的重点和难点，既是重大的经济问题，也是必须高度重视的社会问题。我国69%、18%的国土面积是山区和沙区，56%的人口、83%的贫困人口聚居在山区，山区的发展又是社会主义新农村建设的难点和关键。我国可利用的林业用地43亿亩，比耕地面积大3倍，但利用率仅有58%，单位产出仅为耕地的3.2%。在依靠耕地增加农民就业和收入的潜力已十分有限的情况下，把丰富的林地、物种、劳动力资源潜力和林产品市场潜力充分挖掘并有机结合起来，使其创造更多的物质财富和经济效益，不仅可以更好地满足经济社会发展对林产品的需求，也是促进亿万农民就业增收致富，实现生产发展、生活富裕的重要途径。

乡风文明、村容整洁是农村社会发展向现代化迈进的显著标志，林业是促进乡风文明、实现村容整洁的重要载体。发展林业，有助于提高农民的自身修养，形成良好的生态道德意识，从而改变传统的生活观念和生活方式，促进人与自然的和谐。通过构筑农田林网，加快村屯绿化，发展庭院林业，可以不断增加村庄和农户院落的林草覆盖，使农民的家居环境、村庄环境、自然环境更加优美，从而进一步改善农业生产环境和农村人居环境，提高农民生活水平和生活质量。

管理民主既是新农村建设的重要目标，也是新农村建设的重要保障。在我国目前正在推进的林权制度改革中，各地均坚持了公开、透明、公正、民主的原则，改革的内容、程序、方法、结果都要向群众公开，确保了广大群众的知情权、参与权、决策权和监督权，使每个村民享有平等权益，充分发挥农民在集体林权制度改革中的主体作用，由全体村民通过民主决策，自主选择集体林权制度改革方式，自主确定经营管理形式。这些做法不仅有效地调动了广大林农经营林业、参与现代林业建设的积极性，也进一步推进了农村民主管理进程。

五、履行我国作为大国的国际责任必须加快林业发展

环境问题的全球化是当今世界的一个重要特征。随着人类生产力水平的高度发展，人类对自然资源的索取也达到了无以复加的程度。在人类享受着物质文明带来的极大舒适的同时，气候变暖、臭氧层破坏、生物多样性锐减、酸雨蔓延、森林破坏、土地荒漠化、大气污染、水体污染、海洋污染、固体废弃物污染等全球性环境问题，犹如紧紧套在人类身上的枷锁，危及人类的生存与繁衍。人们越来越深刻地认识到，没有任何一个国家能够独善其身解决环境问题。这就要求各国政府不仅要制订国内环境政策，还要在国际环境外交领域通过磋商与合作，共同制订一个相应的国际环境政策，以统摄国际间的环境合作，共同保护人类的家园。

无论从人口、国土面积，还是经济总量上看，我国都是一个名副其实的大国，中国的生态状况，对于全球生态状况、木材等林产品消费，对于维护全球生态安全、确保木材供给安全都具有极其重要的影响。在过去30多年里，国际社会为保护全球环境签署了200多项与环境和资源有关的国际公约。我国先后缔结或参加了40多项与环境和资源保护有关的国际公约，其中与林业有直接关系的国际公约有《防治荒漠化公约》《生物多样性公约》《濒危野生动植物种国际贸易公约》《湿地公约》《气候变化框架公约》及其《京都议定书》《关于森林问题的原则声明》和《国际热带木材协定》等。这些公约从不同侧面对我国林业的发展

提出了新的要求，认真执行国际公约，对于树立我国良好的国际形象、履行作为大国的国际责任、提高国际地位和影响力、保护国家的正当利益都有着极其重要的意义。

在2007年召开的亚太经合组织第十五次领导人非正式会议上，胡锦涛同志从维护全球气候安全的战略高度，向世界庄严承诺，到2010年中国森林覆盖率将由现在的18.21%提高到20%，并提出了建立亚太森林恢复与可持续管理网络的重要倡议。这是中国为维护全球生态安全、促进世界文明发展迈出的重要一步，充分体现了我国作为一个发展中大国，积极履行国际责任的坚强决心。

六、建设有中国特色现代林业的思想理论基础和经济基础已经具备

1992年的联合国环境与发展大会以后，可持续发展理论得到了国际社会的广泛认同，成为指导各国社会经济发展的重要理论。可持续发展理论是在人类社会经济发展面临着严重的人口、资源与环境问题的背景下产生和发展起来的，其核心是实现“满足当前需要而又不削弱子孙后代满足其需要之能力的发展”。可持续发展理论也为世界林业发展带来了新的生机。从20世纪80年代起，国际社会就已经开始对传统林业经营思想和经营模式进行反思，不断探索现代林业的发展道路，相继提出了新林业理论、生态系统经营理论、近自然林业理论、生态林业理论等一系列的理论，而这些林业发展理论的核心都是追求林业的可持续发展。实现林业可持续发展，关键是森林可持续经营。森林可持续经营不仅考虑森林资源的多功能和多效益，而且强调森林资源在时空上的合理分配，主张森林资源的经营应采用可持续的方式，以满足当代和子孙后代在社会、经济、文化和精神方面的需要，其中不仅包括森林生态系统生产力的可持续发展，同时也包括物种、遗传多样性及再生能力的可持续发展。

我国于1994年率先制定了《中国21世纪议程》，将可持续发展作为国家战略，1995年又制定了《中国21世纪议程林业行动计划》。从20世纪80年代中期开始，我国就开始对林业发展道路进行了深入系统的研究和探索，提出了符合我国国情、林情的林业分工理论，这是我国现代林业研究的开创性工作。20世纪90年代初，提出了建设比较完备的林业生态体系和比较发达的林业产业体系的战略目标，1995年又提出了以实行分类经营改革为重点，建立新的林业经营管理体制和发展模式的新思路。

2003年6月，中共中央、国务院做出了《关于加快林业发展的决定》，对林业进行了新的科学定位：在贯彻可持续发展战略中，要赋予林业以重要地位；在生态建设中，要赋予林业以首要地位；在西部大开发中，要赋予林业以基础地位。同时，把“生态建设”、“生态安全”、“生态文明”确立为国家发展的重大战略，即“确立以生态建设为主的林业可持续发展道路，建立以森林植被为主体、林草结合的国土生态安全体系，建设山川秀美的生态文明社会”。我国林业从此进入了一个崭新的发展阶段。

党的十六届三中全会首次提出坚持以人为本，树立全面、协调、可持续的发展观，促进经济社会和人的全面发展的科学发展观，成为指导全国各行各业的理论纲领，也为林业的发展指明了方向。科学发展观是将可持续发展理论与中国国情相结合的产物，是对可持续发展理论的拓展与升华。党的十七大进一步将建设生态文明成为生态环境良好国家确定为全面建设小康社会的重要目标，描绘了新世纪中国生态建设的宏伟蓝图。全面落实科学发展观、统筹人与自然和谐发展、建设生态文明，是在深刻总结人类历史发展规律和世界各国发展规

律，科学判断我国发展阶段的基础上提出的重大战略思想，是建设现代林业的重要思想理论基础。

改革开放以来，我国经济在长达30年的时间内，保持了年均近10%高速增长，远远超过了同期世界经济平均增长水平。我国的经济总量从1978年的世界第11位跃至目前的世界第4位。经济的高速、持续、稳定发展，综合国力的不断增强，为林业发展提供了坚实的后盾。1949～1999年，中央对林业的投资累计为243亿元，平均每年约5亿元。进入21世纪以来，国家对林业的投入每年都上一个大台阶。“十五”期间，国家确立并实施了以生态建设为主的林业发展战略，国家用于林业建设的投资达2120亿元，“十一五”期间国家财政的林业投入仍然保持了增长的势头。同时，随着地方经济社会的发展，许多省、直辖市、自治区也确立了生态建设战略，地方政府对林业的投入不断增加。应该说，建设现代林业的经济基础已经具备。

综上所述，林业是经济社会发展和人民生活不可缺少的公共事业和基础产业。林业应当在维护国土生态安全、促进经济社会与资源环境协调发展中发挥重要作用，在实现人与自然和谐、构建社会主义和谐社会中发挥基础作用，在繁荣生态文化、推进生态文明建设中发挥主体作用。全面推进现代林业建设，已经成为我国林业的必然选择。发展现代林业已经具备了坚实的经济基础和思想理论基础。

第二节　现代林业的概念和内涵

现代林业是一个具有时代特征的概念，随着经济社会的不断发展，现代林业的内涵也在不断地发生着变化。正确理解和认识新时期现代林业的基本内涵，对于指导现代林业建设的实践具有重要的意义。

一、现代林业的概念

早在改革开放初期，我国就有人提出了建设现代林业。当时人们简单地将现代林业理解为林业机械化，后来又走入了只讲生态建设，不讲林业产业的朴素生态林业的误区。张建国在《现代林业论》（1995）一书中对现代林业的定义是：现代林业即在现代科学认识基础上，用现代技术装备武装和现代工艺方法生产以及用现代科学方法管理的，并可持续发展的林业。徐国祯提出，区别于传统林业，现代林业是在现代科学的思维方式指导下，以现代科学理论、技术与管理为指导，通过新的森林经营方式与新的林业经济增长方式，达到充分发挥森林的生态、经济、社会与文明功能，担负起优化环境，促进经济发展，提高社会文明，实现可持续发展的目标和任务。江泽慧在《中国现代林业》（2000）中提出：现代林业是充分利用现代科学技术和手段，全社会广泛参与保护和培育森林资源，高效发挥森林的多种功能和多重价值，以满足人类日益增长的生态、经济和社会需求的林业。

关于现代林业起步于何时，学术界有着不同的看法。有的学者认为，大多数发达国家的现代林业始于第二次世界大战之后，我国则始于1949年新中国成立。也有的学者认为，就整个世界而言，进入后工业化时期，即进入现代林业阶段，因为此时的森林经营目标已经从纯经济物质转向了环境服务兼顾物质利益。而我国在新中国成立后，以采伐森林提供木材为重点，同时大规模营造人工林，长期处于传统林业阶段，从20世纪70年代末开始，随着经济体制改革，才逐步向现代林业转轨。还有的学者通过对森林经营思想的演变以及经营利用水平、科技水平的高低等方面进行比较，认为1992年的联合国环境与发展大会标志着林业发展从此进入了林业生态、社会和经济效益全面协调、可持续发展的现代林业发展阶段。

以上专家学者提出的现代林业的概念，都反映了当时林业发展的方向和时代的特征。今天，林业发展的经济和社会环境、公众对林业的需求等都发生了很大的变化，如何界定现代林业这一概念，仍然是建设现代林业中首先应该明确的问题。

从字面上看，现代林业是一个偏正结构的词组，包括“现代”和“林业”两个部分，前者是对后者的修饰和限定。汉语辞典对“现代”一词有以下几种释义：一是指当今的时代，可以对应于从前的或过去的；二是新潮的、时髦的意思，可以对应于传统的或落后的；三是历史学中特定的时代划分，即鸦片战争前为古代、鸦片战争以后到新中国成立为近代、新中国成立以来即为现代。我们认为，现代林业并不是一个历史学概念，而是一个相对的和动态的概念，无需也无法界定其起点和终点。对于现代林业中的“现代”应该从前两个含义进行理解，也就是说现代林业应该是能够体现当今时代特征的、先进的、发达的林业。

随着时代的发展，林业本身的范围、目标和任务也在发生着变化。从林业资源所涵盖的范围来看，我国的林业资源不仅包括林地、林木等传统的森林资源，同时还包括湿地资源、荒漠资源，以及以森林、湿地、荒漠生态系统为依托而生存的野生动植物资源。从发展目标和任务看，已经从传统的以木材生产为核心的单目标经营，转向重视林业资源的多种功能、追求多种效益，我国林业不仅要承担木材及非木质林产品供给的任务，同时还要在维护国土生态安全、改善人居环境、发展林区经济、促进农民增收、弘扬生态文化、建设生态文明中发挥重要的作用。

综合以上两个方面的分析，我们认为，衡量一个国家或地区的林业是否达到了现代林业的要求，最重要的就是考察其发展理念、生产力水平、功能和效益是否达到了所处时代的领先水平。建设现代林业就是要遵循当今时代最先进的发展理念，以先进的科学技术、精良的物质装备和高素质的务林人为支撑，运用完善的经营机制和高效的管理手段，建设完善的林业生态体系、发达的林业产业体系和繁荣的生态文化体系，充分发挥林业资源的多种功能和多重价值，最大限度地满足社会的多样化需求。

按照论理学的理论，概念是对事物最一般、最本质属性的高度概括，是人类抽象的、普遍的思维产物。先进的发展理念、技术和装备、管理体制等都是建设现代林业过程中的必要手段，而最终体现出来的是林业发展的状态和方向。因此，**现代林业就是可持续发展的林业，它是指充分发挥林业资源的多种功能和多重价值，不断满足社会多样化需求的林业发展状态和方向。**

二、现代林业的基本内涵

内涵是对某一概念中所包含的各种本质属性的具体界定。虽然“现代林业”这一概念的表述方式可以是相对不变的，但是随着时代的变化，其现代的含义和林业的含义都是不断丰富和发展的。

对于现代林业的基本内涵，在不同时期，国内许多专家给予了不同的界定。有的学者认为，现代林业是由一个目标（发展经济、优化环境、富裕人民、贡献国家）、两个要点（森林和林业的新概念）、三个产业（林业第三产业、第二产业、第一产业）彼此联系在一起综合集成形成的一个高效益的林业持续发展系统。还有的学者认为，现代林业强调以生态环境建设为重点，以产业化发展为动力，全社会广泛参与和支持为前提，积极广泛地参与国际交流合作，从而实现林业资源、环境和产业协调发展，经济、环境和社会效益高度统一的林业。现代林业与传统林业相比，其优势在于综合效益高，利用范围很大，发展潜力很突出。

江泽慧（2000年）将现代林业的内涵概述为：以可持续发展理论为指导，以生态环境建设为重点，以产业化发展为动力，以全社会共同参与和支持为前提，广泛地参与国际交流与合作，实现林业资源、环境和产业协调发展，环境效益、经济效益和社会效益高度统一。

贾治邦（2006年）指出：现代林业，就是科学发展的林业，以人为本、全面协调可持续发展的林业，体现现代社会主要特征，具有较高生产力发展水平，能够最大限度拓展林业多种功能，满足社会多样化需求的林业。同时，从发展理念、经营目标、科学技术、物质装备、管理手段、市场机制、法律制度、对外开放、人员素质等9个方面论述了建设现代林业的基本要求，这一论述较为全面地概况了现代林业的基本内涵。

综上所述，中国现代林业的基本内涵可表述为：以建设生态文明社会为目标，以可持续发展理论为指导，用多目标经营做大林业，用现代科学技术提升林业，用现代物质条件装备林业，用现代信息手段管理林业，用现代市场机制发展林业，用现代法律制度保障林业，用扩大对外开放拓展林业，用高素质新型务林人推进林业，努力提高林业科学化、机械化和信息化水平，提高林地产出率、资源利用率和劳动生产率，提高林业发展的质量、素质和效益，建设完善的林业生态体系、发达的林业产业体系和繁荣的生态文化体系。

（一）现代发展理念

理念就是理性的观念，是人们对事物发展方向的根本思路。现代林业的发展理念，就是通过科学论证和理性思考而确立的未来林业发展的最高境界和根本观念，主要解决林业发展走什么道路、达到什么样的最终目标等根本方向问题。因此，现代林业的发展理念，必须是最科学的，既符合当今世界林业发展潮流，又符合中国的国情和林情。

中国现代林业的发展理念应该是：以可持续发展理论为指导，坚持以生态建设为主的林业发展战略，全面落实科学发展观，最终实现人与自然和谐的生态文明社会。这一发展理念的四个方面是一脉相承的，也是一个不可分割的整体。建设人与自然和谐的生态文明社会，是党的十七大报告提出的实现全面建设小康社会目标的新要求之一，是落实科学发展观的必然要求，也是“三生态”战略思想的重要组成部分，充分体现了可持续发展的基本理念，成为现代林业建设的最高目标。

可持续发展理论是在人类社会经济发展面临着严重的人口、资源与环境问题的背景下产生和发展起来的，联合国环境规划署把可持续发展定义为满足当前需要而又不削弱子孙后代满足其需要之能力的发展。可持续发展的核心是发展，重要标志是资源的永续利用和良好的生态环境。可持续发展要求既要考虑当前发展的需要，又要考虑未来发展的需要，不以牺牲后代人的利益为代价。在建设现代林业的过程中，要充分考虑发展的可持续性，既充分满足当代人对林业三大产品的需求，又不对后代人的发展产生影响。大力发展循环经济，建设资源节约型、生态良好和环境友好型社会，必须合理利用资源、大力保护自然生态和自然资源，恢复、治理、重建和发展自然生态和自然资源，是实现可持续发展的必然要求。可持续林业从健康、完整的生态系统、生物多样性、良好的环境及主要林产品持续生产等诸多方面，反映了现代林业的多重价值观。

（二）多目标经营

森林具有多种功能和多种价值，从单一的经济目标向生态、经济、社会多种效益并重的多目标经营转变，是当今世界林业发展的共同趋势。由于各国的国情、林情不同，其林业经营目标也各不相同。德国、瑞士、法国、奥地利等林业发达国家在总结几百年来林业发展经验和教训的基础上提出了近自然林业模式；美国提出了从人工林计划体系向生态系统经营的高层过渡；在日本则通过建设人工培育天然林、复层林、混交林等措施来确保其多目标的实现。20世纪80年代中期，我国对林业发展道路进行了深入系统的研究和探索，提出了符合我国国情林情的林业分工理论，按照林业的主导功能特点或要求划类，并按各类的特点和规律运行的林业经营体制和经营模式，通过森林功能性分类，充分发挥林业资源的多种功能和多种效益，不断增加林业生态产品、物质产品和文化产品的有效供给，持续不断地满足社会和广大民众对林业的多样化需求。

中国现代林业的最终目标是建设生态文明社会，具体目标是实现生态、经济、社会三大效益的最大化。

1. 生态目标

关注的是森林生态系统的完整和稳定。通过退化系统的重建与已有森林生态系统的合理经营，保障森林生态系统在维护全球、国家、区域等不同层次上所发挥的环境服务功能的持续性。其中关键是无退化地使用林地和保护生物多样性，保持森林生态系统的生产力和可再生产能力以及长期健康。现代林业的生态目标，不仅是保障林业自身社会经济可持续的基础，更重要的意义还在于持续发挥森林生态系统在维护全球生命支持系统中的重要性与不可替代性。可持续发展思想提出的主要背景是以水土流失、荒漠化、二氧化碳浓度增高、工业污染等为主的全球性环境问题，而森林生态系统的局部消失、退化是其中最关键的因素。因此，林业发展的生态目标，从全人类根本利益来看，应当处于最重要地位，这也是森林问题成为全社会关注焦点的本质原因。

2. 经济目标

主要关注林业生产者的长期利益。这里必须明确的是林业经济可持续性的主体是林业生产经营者。当前经济利益的实现方式考察，主要还是通过为社会提供物质产品的形式，实现自身的利益，其中起主导作用的是林产品产量的持续产出。而林产品的产出，除了取决于林业生产力水平外，同时还受到自然生态环境的制约，更受制于非林业部门的影响。林业经营者经营的森林生态系统所提供的环境产品，具有生态产品公益化、生态效益共享化、生态价值无量化、经济利益外溢化的特征，必然造成林业利益难以在市场条件下完全实现。因此，建设现代林业，必须要建立起森林生态产品投入产出的良性循环机制。现代林业经济目标的特殊意义，还在于为广大林区农民提供就业机会与生存条件，为脱贫致富提供经济来源。

3. 社会目标

强调满足人类基本需要和较高层次的社会文化要求，努力建设生态文明社会，这是现代林业的又一个主要目标，也是现代林业的根本任务。作为社会经济大系统的林业产业，担负着为社会发展提供生物质能源、生活资料与生产资料的任务。随着全球范围内不可再生资源的不断消耗，森林作为主要的可再生资源，其满足人类社会物质需求的作用是绝对不会消失的，人类对森林的社会、文化需求的不断扩大，是社会经济发展的总趋势。

（三）现代科学技术

现代科学技术是建设现代林业的坚强基石，是检验林业管理经营水平和生产力发展水平的重要标志。全面依靠科技进步是突破资源和市场对我国林业的双重制约的根本出路，它将伴随着林业科技自主创新和重大突破而产生质的飞跃。一是要致力于加快林业创新体系建设，通过加强国家林业科学中心、区域林业研究中心和林业创新基地建设，形成国家稳定支持的、配置优化、布局合理的林业创新队伍。二是要建设以企业为核心的林业实用技术研究开发体系，用现代科学技术指导森林经营全过程的林业。尤其要加强森林培育技术、森林保护技术、经营管理技术及开发利用技术等领域的研究开发，争取在以分子生物学和基因组学为依托的生物技术，以3S技术和IT产业为依托的信息技术，以生命科学和现代生物技术和生物化学为依托的林业生物质新材料、新能源技术等领域实现重大突破，大幅度提高科学技术对林业的贡献率和显示度。三是着力推进林业科技的推广应用，通过实施科技服务林改、科技下乡、科技进村入户等活动，使林业科技推广、成果转化、技术培训工作真正落实到林业重点工程建设区、落实到基层、落实到千家万户。进一步健全和完善科技服务基层的长效机制，充分发挥基层林业科技推广体系的骨干作用和科技能手、科技大户的示范带动作用。

（四）现代物质装备

现代林业以现代物质条件装备和技术装备为前提，并与国家工业化进程同步发展。当今世界，所有林业发达国家都是以工业化带动林业现代化，以机械动力替代人力、以智能控制替代人工操作，已成为林业新技术革命的重要标志之一。在现代林业建设中，必须进一步加强现代林业基础设施和技术装备建设，充分利用国际国内成熟技术和装备，广泛应用于林业生产和经营，大幅度提高林业劳动生产率、林地生产率和林业资源综合利用率，提升林业生产力和管理水平，有利于林业资源的节约利用、高效利用、综合利用和循环利用。特别是针对林业生产实践中所急需的种子采集和储存、工厂化育苗、营林造林、采运和加工、病虫害监控与防治、森林火灾预警与扑救等基础设施和技术装备，设备引进与消化吸收相结合，通用机械与专用机械相结合，技术集成与组装配套相结合，大幅度提高林业生产力发展水平。充分发挥政府政策支持，市场配置资源的作用，积极鼓励和引导大中型专业企业成为技术创新的主体，大力推进产学研结合，形成协作研究开发、互动多赢的机制，开展林业重大装备的技术攻关，实现林业生产过程的机械化、智能化。

（五）现代管理手段

科学高效的管理是现代林业发展的重要保障。管理的现代化不仅包括管理理念的现代化，同时也包括管理手段的现代化。当今世界，科技发展日新月异，3S、IT等技术的迅速发展，把经济社会的发展带入了数字化时代，也为现代林业管理提供了方便、快捷、准确的管理平台。世界林业发达国家已经在森林资源管理、生态状况动态监控、林业发展规划布局、野生动植物保护、森林自然灾害监控、植树造林成果评价、林业行政审批等，林业生产、经营与管理的全过程实现了数字化、网络化，成为科学管理、科学经营、科学决策的有效手段。在现代林业建设中，不仅要不断地推进林业管理体制改革，引入科学的管理理念，建立高效的管理机制，同时还要充分利用现代科学技术成果，在现代林业管理中引入先进的技术手段。

（六）现代市场机制

随着我国社会主义市场经济体制发育的日趋成熟，林业分类经营和产业化步伐明显加快，尤其是林权制度改革，极大地激发了国有林区企业职工和广大农户发展林业的积极性。在生态公益林由国家投入的前提下，按照市场运行机制，加快现代林业产业的发展，建设现代林业产业体系。建设现代林业的市场引导机制至少包括三层含义：其一，政策激励。政府制定和不断完善与林业分类经营发展模式相适应的各项扶持、激励政策，包括制定社会（包括团体、企业和林农等）投入发展人工商品林的权益保障政策法规、建立社会在国家统一规划指导下营造生态公益林的政府采购政策、完善生态公益林补偿制度以及鼓励扶持林业发展的政策等。其二，市场引导。按照市场机制的要求，积极鼓励、引导和依靠社会力量建设现代林业，形成多元化、多形式、全方位的林业投入机制和合作机制，支持林业企业和林业生产经营者大力发展以林业生物质材料、生物质能源为龙头的新技术产业以及各类商品林业、林产品加工业、森林食品、竹藤产业、花卉业、林药业、林果业及森林旅游业等林业产业。其三，完善服务。按照“政府制定政策、市场配置资源”的原则，建立健全和不断完善有利于现代林业发展的社会化服务体系，包括金融服务、技术服务、信息服务等，并把配套服务贯穿于林业生产的全过程。通过完善服务体系，促进林业骨干企业、科技、林农以及各类林业经济合作组织和专业协会之间架起一座宽阔而畅通的桥梁，结成经济联合体和技术同盟，联合起来闯市场，加快推进现代林业产业集约化、规模化、专业化进程。

（七）现代法律制度

现代林业是建立在完整的、适合国情、林情的林业政策、法律、法规和制度体系基础之上的林业。首先，要完善立法，强化执法，搞好普法，真正做到有法可依，执法必严，违法必究，全民懂法；其次，国家应建立并实行对培育、保护生态公益林以国家财政投入为主，全社会共同参与的投入机制和国家给予生态补偿机制；对发展商品林实行扶持政策，给予信贷、税收等方面的优惠措施；第三，全面推进林权制度改革，建立现代林业产权制度，落实相关的配套政策，充分调动广大林业生产者特别是广大林农投入和投身林业的积极性；第四，在完全市场经济条件下，开展国内、国际间林产品贸易，遵循统一的、与国际接轨的、公平公正的市场运行法则，建立和完善“统一、开放、规范、有序”的社会主义市场经济体系，开展森林论证、制定林产品标准和认证认可制度。

（八）扩大对外开放

现代林业是面向全球环境和经济一体化的开放型林业。首先是责任的国际性。地球好比是一个“生态村”，由于气候变暖、物种锐减、自然灾害频繁等许多全球性问题，都直接与林业资源的保护和利用、与全球资源环境和经济社会发展的紧密相关。扩大对外开放，加强国际合作，全面推进我国现代林业建设，能让全人类共同受益，体现了全球共同的发展理念和利益。21世纪的林业发展，必须积极面对经济全球化、贸易自由化以及我国加入WTO的机遇与挑战，充分利用“绿箱政策”，特别是有效利用结构调整支持、环境计划支持、地区援助支持等手段，加强林业可持续发展的能力建设，提高产业的国际竞争力；实施木材资源进口替代和木材加工产品出口导向相结合的开放战略，充分利用国际国内两个市场、两种资源，在国际贸易中加大林产品进口力度，在实施“走出去”战略中，加大在国外开发林业资源以满足国内需求的力度，充分利用国际资源，弥补国内需求缺口，发挥比较优势以形成多层次的对外开放格局。其次是广泛的参与性。我国作为一个负责任的发展中大国，要提高和维护我国在国际社会的地位，就要不断提升国际林业经济、技术和贸易合作与交流的层次，认真履行与林业有关的国际公约，积极参与国际森林政策对话和区域进程，参与制定相关的森林认证和林产品认证标准；加强林业领域的国际合作，加快与国际接轨步伐，大力发展外向型经济，扩大林业发展空间。特别是在防治全球变暖、生物多样性保护等领域发挥重要的作用。

（九）高素质的新型务林人

拥有一支具有较高的科学素质的务林人队伍，这也是现代林业的重要标志。从广义上讲，林业人力资源是所有从事林业生产活动的人所蕴含的劳动能力的总和。我国林业人力资源主要由林业公务员、林业专业技术人员、林业企业经营管理者、林业工人和林农组成。不断提高我国现代林业人力资源的数量和质量，建立和完善现代林业人力资源的流动机制和激励机制，有效配置我国现代林业人力资源，发挥我国现代林业人力资源的潜力，对于加快我国现代林业建设具有十分重要的战略意义。

培育高素质的新型务林人是一项夯实基础、立足当前、着眼长远的战略性任务。未来我国林业人力资源培育与开发，必须牢固树立“人才资源是第一资源”的思想，紧紧围绕未来林业发展和生态建设，全面进入依靠科技进步和提高劳动者素质的轨道这个目标，坚持以人为本的原则，以林业人力资源能力建设为重点，充分激发林业从业人员积极性和创造力。努力建设林业科技创新、科技推广和教育文化普及三支队伍，抓好岗位技能培训、职业技术教育和林业高等教育、科学普及三项工作。大力推进以用人制度和分配制度为核心的人力资源管理体制改革，不断提高林业从业人员的学习能力、实践能力和创新能力，积极培养林业拔尖人才和后备人才，全面实施林业人才战略，加大林业人力资源培育与开发力度，加快实施提高林业从业人员素质的培训计划，切实提升林业从业人员专业知识水平和教育程度，形成布局合理、总量充足、结构优化、有序流动、社会广泛参与的林业人力资源新格局。通过人力资源管理体制和运行机制的创新，营造一个吸引人才、留住人才、人尽其才、各类人才脱颖而出的良好环境，为实现林业发展的总体目标提供可持续的人力资源保障。

综合上述对现代林业内涵的理解，建设现代林业，就是坚持以科学发展观为指导，以建设生态文明为最高目标，不断调整林业生产关系和经营管理方式，大幅度提高林业集约化、机械化和信息化水平，提高林地产出率和林业劳动生产率，提高林业发展素质、质量、效益和竞争力，转变林业增长方式、不断推进林业可持续经营，充分发挥林业多种功能和多重价值的过程。

第三节 现代林业的基本特征

现代林业的特征，是现代林业内涵的最终表现。如果从“现代”这一关键词来分析，应该包括“现代的发展理念、现代的技术手段、现代的管理方法”；从生产力的基本要素分析，应该包括“丰富的林业资源、先进的科学技术、高素质的从业人员”；从发展方式分析，应该包括“完善的市场机制、健全的政策法规、开放的国际合作”；从发展目标上分析，应该包括“完备的功能、高效的产出、持续的发展”。综合上述各个方面，现代林业的基本特征至少包括五个方面：公益性、市场性、协调性、高效性和开放性。

一、公益性特征

现代林业的首要任务，就是建立以森林生态系统为主体的、完备的国土生态安全保障体系。森林具有涵养水源、保持水土、防风固沙、净化空气、吸收二氧化碳、放出氧气、保持生物多样性、美化环境等巨大的生态功能。我国生态与环境问题十分突出，推进现代林业建设，恢复和重建森林生态体系，发挥林业巨大的生态功能，是治理生态和环境问题的根本措施。生态建设是林业工作的永恒主题，是林业部门最重要、最基本的任务，全面推进现代林业建设，必须坚持以生态建设为主的林业发展战略不动摇，大力推进生态建设，努力为人民提供更多更好的生态产品。而生态产品本质上是一种公共产品，其消费具有非排他性、外部性和非市场性特点，这就决定了现代林业首先具有公益性特征。在现代林业的生态体系建设中，要按照公共事业的管理模式，建立以财政投入为主的、长期稳定资源配置体系。

二、市场性特征

现代林业的另一个显著特征，就是市场成为林业经济运行的载体。这是现代林业作为一个复杂系统的两个侧面。发展现代林业产业，必须遵循市场原则，按照我国经济体制转型的要求，在不断深化和完善林业分类经营管理体制改革的基础上，以全面抓好林业产权制度改革为重点，带动形成符合现代林业发展要求的新型体制机制、经营形式、市场主体、动力机制、行政方式、政策措施等，努力构建符合现代社会发展要求的林业生产关系。在现代林业的产业体系建设中，行政手段将逐步退出资源配置环节，充分发挥市场功能，面向市场组织生产，实现投入—产出—消费的良性循环，逐步形成第一、二、三产业紧密衔接、产加销融为一体的多功能、可持续发展的林业产业体系。这是林业经济由传统的计划经济形态走上现代的、商品市场形态的必由之路，也是传统林业向现代林业趋近的一个重要组成部分。

三、协调性特征

能否有效地实现上述各个方面的协调发展，是衡量现代林业的一个重要指标。现代林业强调从系统的角度认识林业，以系统的标准衡量林业建设成效，追求系统结构合理、功能稳定、效益最大化。不仅注重生态建设，同时也重视林业产业发展和生态文化建设，而不能顾此失彼，以点盖全。在生态方面，应该具有完善和高效的森林生态系统、湿地生态系统、荒漠生态系统，充分发挥林业维护国土生态安全、改善生产生活环境、维持生物多样性、增加碳汇、减缓全球气候变暖中的重要作用。在经济方面，应该具有门类齐全、品种丰富、规模可观、布局合理、优质高效、环境友好、竞争有序、充满活力的林业产业体系，为社会提供丰富的物质产品。在社会方面，应该具有主题突出、内容丰富、贴近生活、富有感染力的生态文化体系，充分发挥林业在普及生态知识、增强生态意识、繁荣生态文化、树立生态道德、弘扬生态文明、促进人与自然和谐等方面的重要作用。

林业的协调发展，主要体现在森林资源之间的协调、林业系统功能和结构之间的协调、区域之间的协调、林业与经济社会发展的协调。现代林业的布局必须是科学、合理的，既能够反映不同地区的特色，具有明确的建设重点和发展方向，整体上有能够构成一个功能齐全、突出重点，因地制宜、优势互补，均衡适度、结构稳定，布局合理、协调发展的格局，从而最大限度地满足国民经济发展和人民生活的需要，实现林业生态效益、经济效益和社会效益的统一。林业的协调发展，更要保持数量与质量、外延与内涵、总体推进与重点突破，以及区域之间和支撑保障体系各领域、各环节之间的相互协调发展；要正确认识和处理好林业与农业、牧业、水利等国民经济相关部门协调发展的关系，处理好资源保护与发展、培育与利用的关系；要用科学发展观统领林业发展全局，实现经济结构转型和增长方式转变，充分发挥林业作为生态建设主体，在解决城乡差距拉大、区域发展不平衡、经济社会发展不协调、资源环境压力加大等问题方面发挥重要作用。

四、高效性特征

现代林业既是生态、产业、文化等功能齐备的林业，更是集约、高效的林业。现代林业应该是充分体现现代社会生产力发展水平，拥有当今时代最先进的科学和技术水平，以现代信息技术管理的林业。建设现代林业的过程也是实现林业现代化的过程，一是实现传统技术向现代技术转变，通过品种良种化、施肥有机化、用药仿生化、手段信息化，实现良种壮苗普及、栽培技术实用、防火防虫高效、采伐全树利用、产品加工循环，使现代技术覆盖林业生产的全过程；二是实现传统装备向现代装备转变，现代林业必须彻底改变传统的生产方式，改变林业各生产环节劳动强度大、装备简陋、效率低下的状况，不断提高营林生产、采伐作业、产品加工的机械化和智能化水平，实现林业生产和经营的现代化。充满活力的、高效率、高效益的体制机制，是解放和发展社会生产力的必然要求，是发展现代林业的强大动力。全面推进现代林业建设的过程，实际上是一个不断深化林业改革，建立新型体制机制，理顺生产关系的过程。实现陈旧管理模式向现代管理模式转变，实现管理组织、管理方法现代化，是现代林业的重要标志。

五、开放性特征

现代林业的开放性主要体现在全社会的广泛参与和全方位的对外开放。现代林业建设是一项十分复杂的系统工程，需要全社会的共同努力。深入宣传林业在维护生态安全、实现兴林富民、弘扬生态文明中的重要作用，大力普及生态知识和林业知识，努力传播人与自然和谐相处的生产生活方式，进一步提高全社会的生态忧患意识，动员更多的社会力量参与生态建设，为实现林业又好又快发展营造良好的社会氛围，是现代林业建设的重要组成部分。

在环境问题的全球化、世界经济一体化、国际贸易自由化的时代，现代林业必须是全方位开放的。建设现代林业就要抓住机遇、迎接挑战、顺应潮流、扩大开放，以外促内、优化结构，趋利避害、稳步推进。要加强林业可持续能力建设，积极应对经济全球化和贸易自由化挑战；积极参与制定并遵循国际规则，转变政府职能，切实维护国家权益；认真履行国际公约，承担应有的责任和义务；充分利用国内国外两种资源、两个市场，全面提高国际竞争力；扩大国际合作与交流，在国际林业事务中发挥重要作用。

第4章　中国现代林业建设的主要任务

发展现代林业，建设生态文明是中国林业发展的方向、旗帜和主题。现代林业建设的主要任务是，按照生态良好、产业发达、文化繁荣、发展和谐的要求，着力构建完善的林业生态体系、发达的林业产业体系和繁荣的生态文化体系，充分发挥森林的多种功能和综合效益，不断满足人类对林业的多种需求。重点实施好天然林资源保护、退耕还林、湿地保护与恢复、城市林业等12项生态工程，建立以森林生态系统为主体的、完备的国土生态安全保障体系，是现代林业建设的基本任务。随着我国经济社会的快速发展，林业产业的外延在不断拓展，内涵在不断丰富。建立以林业资源节约利用、高效利用、综合利用、循环利用为内容的、发达的产业体系是现代林业建设的重要任务。林业产业体系建设重点应包括加快发展以森林资源培育为基础的林业第一产业，全面提升以木竹加工为主的林业第二产业，大力发展以生态服务为主的林业第三产业。建立以生态文明为主要价值取向的、繁荣的林业生态文化体系是现代林业建设的新任务。生态文化体系建设的重点是努力构建生态文化物质载体，促进生态文化产业发展，加大生态文化的传播普及，加强生态文化基础教育，提高生态文化体系建设的保障能力，开展生态文化体系建设的理论研究。

第一节　现代林业建设的目标和原则

现代林业理论的基础是森林。人类从森林中走来，生存于森林，依赖于森林，发展于森林，兴旺于森林。森林是人类生存的物质基础，人类利用它，并逐渐认识到保护它的重要性。当人类过度利用森林，威胁人类自身生存环境时，人类终于清醒，森林不是可以无限制利用的，而是需要保护和可持续利用。森林在赋予人类社会意义、经济意义的同时，其生态意义更为重要和伟大，事关人类和地球的可持续发展。产生于森林的林业，终于在森林的自然属性（生态属性）中被重新认知，现代林业便是这种认知的深刻思考和反省的结果。

一、现代林业建设的目标

到21世纪中叶，围绕建设生态文明的战略目标，建立起与国民经济和社会可持续发展相适应的完善的林业生态体系、发达的林业产业体系和繁荣的生态文化体系，使全国适宜治理的水土流失地区基本得到治理，水土流失和沙漠化所造成的生态环境问题基本得到解决；宜林地植树种草；天然林资源、国家重要湿地和国家重点保护动植物种群得到有效保护；森林覆盖率达到并稳定在26%以上，全国生态环境明显改善，基本实现中华大地的山川秀美；木材及主要林产品基本自给，供需平衡；森林生产率和林业综合实力达到世界中等发达林业国家的水平。

到21世纪中叶，我国林业可分为近期、中期和远期三个阶段，前10年基本上是林业大规模扩张阶段，主要在注重质量的前提下实现数量的发展，林地面积和森林覆盖率有较大规模的增长。2011～2030年基本上是调整提高阶段，主要实现质量效益的发展，即森林资源数量稳定增长、森林资源质量逐步提高、林业产业结构得到优化。再用20年时间不断完善和提高，实现结构需求拉动型的发展，通过优化林业结构，逐步进入林业可持续发展新阶段。各时期具体的奋斗目标是：

1. 近期目标

到2010年，森林覆盖率达到20%，森林蓄积量达到132亿m^3，全国生态环境恶化趋势基本遏制，西部地区生态治理取得突破性进展，大江大河流域的水土流失和主要风沙区的沙漠化大为缓解；林业产业总产值达到1.8万亿元，林业产业体系进一步壮大，产业结构趋于合理。

(1) 国家保护的重点公益林面积达到0.51亿hm^2，占国土面积的5.37%；国家工程保护的天然林面积0.57亿hm^2。

(2) 各级自然保护区面积达1.25亿hm^2，占国土面积的13%，其中，国家级自然保护区面积达0.8亿hm^2，占国土面积的8.3%，使90%的国家重点保护野生动植物种和50%的自然湿地及70%的重要湿地得到有效保护。

(3) 年均造林(含封育)面积达到400万hm^2以上。

(4) 新增沙化土地治理面积750万hm^2。

(5) 全国70%的城市林木覆盖率达到30%，人均公共绿地达到8m^2以上。

(6) 平均林地生产率达到93m^3/hm^2。

(7) 商品材年产量9980万m^3，人工林商品材供应率达到70%以上，木材综合利用率达到70%，基本实现由采伐天然林为主向采伐人工林为主的转变。

(8) 基地供种率达到70%，良种使用率达到50%。

(9) 病虫害和重要有害生物成灾率控制在0.45%以内，森林火灾受害率控制在0.1%以内。

(10) 科技进步贡献率达到45%。

(11) 初步建立“产权归属清晰、经营主体落实、责权划分明确、利益保障严格、流转顺畅规范、监管服务到位”的林业产权制度。

(12) 初步建立与社会主义市场经济体制和林业分类经营体制相适应的以资源行政管理为主体，以资源综合监测和资源监督检查为两翼的森林资源管理体系。

(13) 基本建立林业分类经营体制框架和与经济发展水平相适应的森林生态效益补偿制度；

(14) 基本建成完备的林业法律法规体系，规范的林业行政执法体系，高效林业行政执法监督体系，健全的林业普法教育体系。

2. 中期目标

到2020年，森林覆盖率达到23%以上，全国生态状况整体步入良性循环，西部重点地区的生态状况明显改善，东部地区生态问题基本解决；林业产业实力显著增强，达到国际林业中等发达国家水平。

3. 远期目标

到2050年，森林覆盖率达到并稳定在26%以上，基本实现山川秀美，林产品供需矛盾得到缓解，建成完备的林业生态体系、发达的林业产业体系和繁荣的生态文化体系。

二、现代林业建设的原则

实现上述目标，必须从我国国情出发，根据客观规律，有重点、按步骤、分阶段地向前推进。要坚持贯彻以下重要原则：

（一）坚持实施以生态建设为主的林业发展战略

在地球生态系统中，除海洋外，森林、湿地两大陆地生态系统以70%以上的程度参与和影响着生物地球化学循环和生物地球物理过程，在生物界和非生物界的物质交换和能量流动中扮演着关键角色，对保持陆地生态系统的整体功能、维护生态平衡发挥着中枢作用。以森林、湿地为主要经营对象的林业，就是通过这些复杂的循环和过程来间接地生产出生态产品的，包括：吸收二氧化碳、制造氧气、涵养水源、保持水土、净化水质、防风固沙、调节气候、清洁空气、减少噪音、吸附粉尘、保护生物多样性、减轻洪涝灾害等。科学家断言，假如这些生态系统从地球上消失，那么，全球90%的淡水将白白流入大海，陆地90%的生物将灭绝，生物固氮将减少90%，生物放氧将减少60%，从而引发一连串的生态灾难，人类生存就会失去根基。中国可持续发展林业战略研究课题组提出了“生态建设、生态安全、生态文明”的林业发展战略思想的核心，在中共中央、国务院《关于加快林业发展的决定》也确立了以生态建设为主的林业可持续发展道路。因此，全面推进现代林业建设，必须牢牢把握以生态建设为主的发展方向，这是现代林业建设的根本任务（专栏4-1）。

（二）坚持以深化改革为动力

全面推进现代林业建设的过程，实际上是一个不断深化林业改革，建立新型体制机制，理顺生产关系的过程；是一个改造和提升传统林业，转变增长方式，发挥多种功能，满足社会多样化需求，实现可持续经营的过程。因此，要按照我国经济体制转型的要求，在不断深化和完善林业分类经营管理体制改革的基础上，以全力抓好林业产权制度改革为重点，带动

专栏4-1

加强生态建设，维护生态安全，是二十一世纪人类面临的共同主题，也是我国经济社会可持续发展的重要基础。全面建设小康社会，加快推进社会主义现代化，必须走生产发展、生活富裕、生态良好的文明发展道路，实现经济发展与人口、资源、环境的协调，实现人与自然的和谐相处。森林是陆地生态系统的主体，林业是一项重要的公益事业和基础产业，承担着生态建设和林产品供给的重要任务，做好林业工作意义十分重大。

经济社会可持续发展迫切要求我国林业有一个大转变。随着经济发展、社会进步和人民生活水平的提高，社会对加快林业发展、改善生态状况的要求越来越迫切，林业在经济社会发展中的地位和作用越来越突出。林业不仅要满足社会对木材等林产品的多样化需求，更要满足改善生态状况、保障国土生态安全的需要，生态需求已成为社会对林业的第一需求。我国林业正处在一个重要的变革和转折时期，正经历着由以木材生产为主向以生态建设为主的历史性转变。

必须把林业建设放在更加突出的位置。在全面建设小康社会、加快推进社会主义现代化的进程中，必须高度重视和加强林业工作，努力使我国林业有一个大的发展。在贯彻可持续发展战略中，要赋予林业以重要地位；在生态建设中，要赋予林业以首要地位；在西部大开发中，要赋予林业以基础地位。

节选自2003年6月25日中共中央、国务院《关于加快林业发展的决定》(中发[2003]9号)

其他各项林业改革的不断深化，逐步形成符合现代林业发展要求的新型体制机制、产权制度、经营形式、市场主体、动力机制、行政方式、政策措施等。一方面，该由市场做的，让市场的作用发挥充分；该由政府做的，把政府的责任落实到位。另一方面，充分激发林业的内在活力，调动林业经营者的积极性，增强林业发展动力。要切实推进集体林区、重点国有林区和国有林场改革，要不失时机地积极推进集体林权制度改革，走出集体林业发展的新路子。重点国有林区和国营林场的改革，关键要寻找国有森林所有权和经营权分离的有效方式，理顺管理体制和机制，提高国有林经营效率，促进林区综合发展。

（三）坚持以科技进步为支撑

建设创新型国家，是在我国发展的关键时期在国家发展方向上做出的一个重大战略决策，对现代林业建设具有特别重要的意义。这是挖掘、调动内源性力量促进林业发展的又一个重大举措。要通过加强林业科技原始创新、集成创新、引进消化吸收再创新，重点发挥其在新兴领域、重要方向上的引领作用，在林业发展全过程、全方位中的支撑作用，在核心技术、重点难题上的突破作用，在产业结构调整、新兴产业培育中的带动作用，全面提高林业建设的质量，提高林地生产力，提高林业自然资源的利用效率，提高林业的综合效益和整体功能，做到地尽其力、物尽其效；同时，要积极推进林业科技成果转化，大力推广和普及先进成熟的科技成果和实用技术，努力将科技成果转化为现实生产力，提高林业发展的科技进步水平。

（四）坚持以产业发展为依托

森林有多方面的功能，社会有多样化的需求，两者最充分的结合才是现代林业发展的最佳状态。按照现代林业的理念，森林的生态和社会效益，远比经济效益大，必须正确处理森林三大效益的关系，将生态建设与产业发展割裂开来、对立起来的认识和做法，都是违背林业自身发展规律的。建立起完备的生态体系，满足了社会和人们的生态公益和精神文化需求，才能腾出更多的空间和更大的余地，发展林业产业；只有建立起发达的产业体系，既满足了社会和人们对林产品的需求，又积累了丰富的物质财富，才能更好地支持、保障公益林业的发展，巩固生态建设成果。要协同推进两大体系建设，在生态建设中不忘发挥产业功能，在产业发展中不忘兼顾生态要求，既突出重点，又不以偏概全，把生态建设和产业发展更好地结合起来、统一起来，实现共赢互补。

（五）坚持以依法治林为保障

坚持依法治林，积极推进现代林业法治进程，是现代林业发展的重要保障。随着《物权法》的颁布实施，《森林法》修订工作需要及时摆上议事日程，一系列原有的权利义务关系也需要进行相应调整。适应林业分类经营改革的政策和法律需要不断调整和完善。商品林与公益林的采伐管理问题，严重的林地逆转问题，种苗管理、物种引进与保护、资源利用、进出口贸易等问题都需要引起我们的高度重视，及时研究对策，加强监管，使林业经营活动都纳入法治轨道；同时，要积极履行国际公约，建立健全与国际惯例相适应的法律框架。

（六）坚持树立人与自然和谐的生态价值观

从某种意义上讲，人类文明的进步是与林业发展相伴相生的。森林孕育了人类，也孕育了人类文明，并成为人类文明发展的重要内容和标志。生态文明是继农业文明、工业文明之后迄今为止人类文明的最高形态，是现代社会高扬的精神旗帜，是现代人类共同的价值追求。发展林业是实现人与自然和谐的关键和纽带，是推进生态文化建设的载体和平台。在生态文明建设中，林业居于基础地位，处在前沿阵地，扮演关键角色，发挥先导作用，肩负着不可替代的历史使命。所以，我们不仅要担当起生态建设的重任，还要做发展生态文化的先锋，不仅要创造大量的生态成果和物质成果，还要尽可能多地创造出丰富的文化成果，努力推进重要价值观的树立和传播，做生态文明的倡导者、实践者和推动者，为现代文明发展做出自己独特的贡献。

第二节　建设完善的林业生态体系

2003年6月，中共中央、国务院颁布了《关于加快林业发展的决定》，把确立以生态建设为主的林业可持续发展道路、建立以森林植被为主体、林草结合的国土生态安全体系、建设山川秀美的生态文明社会作为林业发展的指导思想。这对建设完善的林业生态体系提出了新的要求，也创造了良好的条件。我国生态与环境问题十分突出，推进现代林业建设，恢复和重建林业生态体系，发挥林业巨大的生态功能，是治理生态和环境问题的根本措施。通过培育和发展森林资源，着力保护和建设好森林生态系统、荒漠化生态系统、湿地生态系统，充分发挥林业在农田生态系统、草原生态系统、城市生态系统循环发展中的基础作用，努力构建布局优化、结构合理、功能协调、效益显著的林业生态体系。使森林和湿地生态系统与其他生态系统共同营造和谐的生命支持系统，使林业生态体系在生物多样性保护、增加碳汇、减缓全球气候变暖中发挥重要作用，保证人与自然的和谐共存。林业生态体系建设要重点实施好12项生态工程。

一、天然林资源保护工程

天然林资源保护工程主要解决天然林的休养生息和恢复发展问题。这项工程1998年开展试点，2000年在全国17个省、自治区和直辖市全面启动。“十一五”期间，工程建设主要任务：继续全面停止长江上游、黄河上中游工程区天然林商品性采伐；根据东北内蒙古等重点国有林区资源承受能力，进一步调减木材产量，使全国重点地区天然林资源真正得到休养生息。对工程区内的9418万hm^2天然林和其他森林实行全面有效管护，加快宜林荒山荒地造林种草，计划造林579.3万hm^2，其中人工造林88.1万hm^2，封山育林390.9万hm^2，飞播造林100.3万hm^2。

该工程的中长期目标为，以天然林培育为主，加速其顺向演替的进程，到2030年，继续全面停止长江上游、黄河上中游工程区天然林商品性采伐；根据东北、内蒙古等重点国有林区资源承受能力，进一步调减木材产量，使全国重点地区天然林资源真正得到休养生息。

二、退耕还林工程

退耕还林工程主要解决重点地区的水土流失和土地沙化问题。1999年，按照“退耕还林，封山绿化，以粮代赈，个体承包”的政策，四川、陕西、甘肃3省率先试点，2002年在全国25个省、自治区、直辖市和新疆生产建设兵团全面启动。“十一五”期间，要在原有基础上，巩固已有成果，研究制定相关后续政策，按照“巩固成果，确保质量，完善政策，稳步推进”的总体要求，积极稳妥地推进工程建设，进一步突出长江上游、黄河上中游、京津风沙源区、南方重点石漠化地区和南水北调中线工程水源区、东北西部风沙区等重点区域，优先安排25°以上坡耕地和严重沙化耕地的退耕还林。

“十一五”期间，退耕还林总任务 1566.7 万 hm^2，其中，退耕地造林 233.3 万 hm^2（含京津风沙源治理工程退耕地还林任务），配套宜林荒山荒地人工造林 666.7 万 hm^2，封山育林 666.7 万 hm^2。到 2020 年，争取将 25°以上的坡耕地全部退耕，实现退耕区的宜林荒山荒地基本恢复森林植被，森林资源结构质量和规模效益进一步提高，工程治理区的生态环境明显改善，农村产业结构更加优化，为建设社会主义新农村打下良好的基础（专栏 4-2）。

专栏4-2

实施退耕还林是党中央、国务院为改善生态环境做出的重大决策，受到了广大农民的拥护和支持。自 1999 年开始试点以来，工程进展总体顺利，成效显著，加快了国土绿化进程，增加了林草植被，水土流失和风沙危害强度减轻；退耕还林（含草，下同）对农户的直补政策深得人心，粮食和生活费补助已成为退耕农户收入的重要组成部分，退耕农户生活得到改善。但是，由于解决退耕农户长远生计问题的长效机制尚未建立，随着退耕还林政策补助陆续到期，部分退耕农户生计将出现困难。为此，国务院决定完善退耕还林政策，继续对退耕农户给予适当补助，以巩固退耕还林成果、解决退耕农户生活困难和长远生计问题。

继续对退耕农户直接补助。现行退耕还林粮食和生活费补助期满后，中央财政安排资金，继续对退耕农户给予适当的现金补助，解决退耕农户当前生活困难。补助标准为：长江流域及南方地区每亩退耕地每年补助现金 105 元；黄河流域及北方地区每亩退耕地每年补助现金 70 元。原每亩退耕地每年 20 元生活补助费，继续直接补助给退耕农户，并与管护任务挂钩。补助期为：还生态林补助 8 年，还经济林补助 5 年，还草补助 2 年。根据验收结果，兑现补助资金。各地可结合本地实际，在国家规定的补助标准基础上，再适当提高补助标准。凡 2006 年底前退耕还林粮食和生活费补助政策已经期满的，要从 2007 年起发放补助；2007 年以后到期的，从次年起发放补助。

建立巩固退耕还林成果专项资金。为集中力量解决影响退耕农户长远生计的突出问题，中央财政安排一定规模资金，作为巩固退耕还林成果专项资金，主要用于西部地区、京津风沙源治理区和享受西部地区政策的中部地区退耕农户的基本口粮田建设、农村能源建设、生态移民以及补植补造，并向特殊困难地区倾斜。

节选自 2007 年 8 月 9 日《国务院关于完善退耕还林政策的通知》〔国发 [2007] 25 号〕

三、京津风沙源治理工程

京津风沙源治理工程是构筑京津生态屏障的骨干工程，也是中国履行《联合国防治荒漠化公约》、改善世界生态状况的重要举措。建设范围西起内蒙古的达茂旗，东至内蒙古的阿鲁科尔沁旗，南起山西的代县，北至内蒙古的东乌珠穆沁旗，涉及北京、天津、河北、山西、内蒙古5省（自治区、直辖市）的75个县（旗、市、区），总面积为45.8万平方千米。计划用10年时间，通过采取多种生物措施和工程措施，增加森林覆盖率，治理沙化土地，减少风沙和沙尘天气危害，最终使京津及周边地区生态有明显的改观，从总体上遏制土地沙化的扩展趋势。按工程计划，从2001年到2010年，将完成退耕还林3944万亩、营林造林7416万亩、草地治理15 942万亩，修建水利配套设施113 889处，小流域综合治理23 445平方千米，生态移民18万人。

“十一五”期间，要在京津风沙源治理工程中期评估报告的基础上，继续保持总体推进的同时，更加注重突出重点，强调治理成效，强化治理区域和植被恢复方式的针对性，使该地区的生态环境得到显著改善。“十一五”期间，工程建设的主要任务：退耕还林34.2万hm^2，配套宜林荒山荒沙造林28.73万hm^2；人工造林127.18万hm^2，飞播造林144.94万hm^2，封沙育林育草94.54万hm^2。草地治理290.8万hm^2。小流域治理177.5万hm^2，配套水利设施建设6.05万处，生态移民6.06万人（专栏4-3）。

专栏4.3

到2010年，治理沙化土地1300万公顷，封育保护372万公顷，划定一批沙化土地封禁保护区。土地沙化趋势得到有效遏制，沙区的生态状况得到一定改善。三北（西北、东北西部、华北北部）地区林草植被面积稳步增加，农牧民粮食及畜牧业生产能力得到提高，农村能源匮乏的情况得到较大改善。京津及周边地区土地沙化问题基本得到解决，生态状况全面改善，农村产业结构优化，农村经济快速发展，广大沙区初步实现生态、经济和社会的协调发展。遵循统筹规划，突出重点；预防为主，保护优先；因地制宜，综合治理；科学治沙，讲求实效；生态效益和经济效益相结合；国家、集体、个人一起上，充分发挥全社会积极性等六项基本原则。

重点治理工程。一是京津风沙源治理工程。建设范围包括北京、天津、河北、山西和内蒙古的75县（旗、市），工程区沙化土地面积10.2万平方千米。工程主要对沙化草原、浑善达克沙地、农牧交错地带沙化土地和燕山丘陵山地水源保护区沙地进行重点治理。规划期内，重点是加强植被建设和保育，完成工程建设任务1628万公顷，其中营造林（含退耕还林）498万公顷，草地治理934万公顷，小流域综合治理196万公顷。治理沙化土地774万公顷。同时，适度安排生态移民任务。二是“三北”防护林体系建设四期工程。建设范围包括北京、天津、河北、山西、内蒙古、辽宁、吉林、黑龙江、陕西、甘肃、宁夏、青海、新疆等13省（自治区、直辖市）的590多个县。工程区沙化土地面积130万平方千米。工程主要对沙化最为严重的半干旱农牧交错区、绿洲外围、水库周围和毛乌素、科尔沁和呼伦贝尔三大沙地沙化土地进行治理。规划期内，重点是植被建设和保育，完成营造林648.8万公顷，治理沙化土地365万公顷。三是退耕还林、退牧、还草工程。该工程覆盖所有沙化类型区。主要对由于人工樵采，过度开垦、过度放牧、陡坡耕种等原因造成的植被破坏、水土流失加剧和土地沙化、草原退化的地区实行退耕还林退牧还草。规划期内，完成沙化土地治理140万公顷，同时，通过退牧还草，恢复和增加草原植被，增强抵御风沙危害的能力。四是草原沙化防治工程。该工程覆盖所有类型区。工程主要通过围栏封育、划区轮牧等措施保护现有草地，通过人工种草、飞播牧草、草场改良等措施，以建促保。高寒地区，主要通过退牧育草、治虫灭鼠、人工种草等措施恢复和保护江河源头生态系统；光热水条件较好，实行草田轮作，加快高产优质人工草场建设。规划期内，重点治理工程完成沙化土地治理1279万公顷。

节选自《全国防沙治沙规划（2005～2010年）》

四、三北及长江流域等防护林体系建设工程

该工程包括三北地区、长江流域、珠江防护林体系建设工程和太行山以及平原绿化工程，主要通过因地制宜、因害设防地营造各种防护林，解决三北地区的土地沙化问题和其他地区各不相同的生态问题。

1.三北防护林体系建设工程

从1978年开始到2050年结束，分三个阶段、八期工程进行建设。建设任务是在保护好现有森林植被的基础上，采取人工造林、飞播造林、封山封沙育林育草等多种措施建设恢复森林植被。规划造林3508.3万hm^2（包括林带、林网折算面积），其中人工造林2637.1万hm^2，飞播造林111.4万hm^2，封山封沙育林759.8万hm^2。四旁植树52.4亿株。“十一五”期间，主要调整重点是：继续突出防沙治沙和水土流失治理，注重建设完善农田防护林体系，重点抓好一批区域性防护林体系和示范区建设。主要任务是：造林775万hm^2，其中，人工造林258万hm^2，封沙育林育草429万hm^2，飞播造林种草88万hm^2。

2.长江、珠江和太行山绿化等工程

为从根本上扭转我国长江、珠江、海河等大江大河及沿海地区生态环境恶化的状况，从1989年起，先后启动长江中上游防护林、平原绿化、太行山绿化、珠江流域防护林体系建设工程。“十一五”期间，根据不同区域治理的客观要求，长江防护林要加强“两湖两库”（鄱阳湖、洞庭湖、三峡水库、丹江口水库）的治理，搞好低效林改造，巩固建设成果；珠江防护林要突出重点石漠化地区治理，加大封山育林力度，建设高效的水源涵养林和水土保持林；太行山绿化要着眼于建设华北平原的生态屏障，搞好海河源区的水源涵养林保护和建设，因地制宜，发展特色经济林；平原绿化要重点建设华北中原、东北等平原农区高标准农田防护林体系，大力发展农村四旁植树，进一步改善农业生产条件和农村环境。主要任务是：营造林547.7万hm^2，其中，人工造林255.3万hm^2，封山（滩）育林（草）261万hm^2，飞播造林种草31.4万hm^2；同时，完成低效防护林改造482.6万hm^2。

五、沿海防护林体系建设工程

以增强抵御台风、风暴潮和海啸等自然灾害能力为核心，从建立沿海经济发达地区巩固完善的防灾减灾体系的要求出发，以海峡西岸、长三角、珠三角、环渤海湾、海南岛及北部湾等为重点区域，全面推进沿海防护林体系建设，努力构建结构稳定、功能完整的我国海疆绿色屏障。该工程建设的总体思路是：认真吸取印度洋海啸的教训，以增强沿海防护林维护国土生态安全，抵御台风、风暴潮和海啸等自然灾害能力为核心，以保护现有森林资源为基础，进一步拓宽和完善沿海基干林带建设，以沿海基干林带建设、红树林发展、湿地保护与恢复、农田林网建设和城乡绿化美化为重点，全面推进沿海防护林体系建设，努力构建结构稳定、功能完整的我国海疆绿色屏障。

2006～2015年的主要任务是：建设基干林带和防护林128.2万hm^2，保护和恢复红树林9.06万hm^2，保护和恢复湿地160.43万hm^2，建设各类示范区。“十一五”期间，建设基干林带和防护林103.1万hm^2，完成森林经营任务128.5万hm^2，保护和恢复红树林8.5万hm^2，保护和恢复湿地103.6万hm^2，建设各类示范区41个。到2010年，森林覆盖率达到38.5%，林木绿化率38.6%，基干林带达标率60.5%，红树林恢复率54.9%，湿地恢复率56.8%，农田林网控制率78%，城镇人均拥有绿地面积超过13.7m^2，城镇绿化率91.8%，村屯绿化率89.9%。

到2015年，沿海地区率先实现林业现代化，森林覆盖率达到38.5%，林木绿化率40.6%，基干林带达标率92.3%，红树林恢复率95.1%，湿地恢复率90.6%，农田林网控制率85%，城镇人均拥有绿地面积超过18.6m^2，城镇绿化率95.0%，村屯绿化率95.0%。

六、全国野生动植物保护及自然保护区建设工程

这是具有多项战略意义的生态和物种保护工程，主要解决物种保护、自然保护等问题。工程建设思路和任务是，重点建设和完善一批国家级自然保护区，建设一批示范保护区；突出建设好一批大熊猫、朱鹮等保护繁育基地；健全野生动植物进出口管理体系，有效控制并杜绝濒危野生动植物种的流失，促进野生动植物保护事业的健康发展。到2010年，各级自然保护区面积达1.25亿hm^2，占国土面积的13%，其中国家级自然保护区面积达0.8亿hm^2，占国土面积的8.3%，使90%的国家重点保护野生动植物种和90%的典型生态系统类型得到保护。

到2030年，各级自然保护区的数量达到2000个，面积达1.612亿hm^2，占国土面积的16.8%，使95%的国家重点保护野生动植物种和95%的典型生态系统类型以及90%的自然湿地得到有效保护，并使60%的国家重点保护物种资源得到恢复和增加。重点建设和完善一批国家级自然保护区，着力搞好三江源等重点自然保护区建设，建设一批示范保护区。继续实施大熊猫等一批极度濒危野生动植物种拯救工程。

七、湿地保护与恢复工程

湿地与森林、海洋并称为全球三大生态系统，被称为“地球之肾”。我国是世界上湿地类型齐全、数量丰富的国家之一。按照《湿地公约》对湿地类型的划分，31类天然湿地和9类人工湿地在我国均有分布。加强湿地保护工程建设，对我国生态建设具有重要意义。

根据国务院批复的《全国湿地保护工程实施规划（2005～2010年）》，“十一五”期间，要全面实施对湿地的抢救性保护，加强对自然湿地的保护监管，通过湿地及其生物多样性的保护与管理，使我国50%的自然湿地、70%的重要湿地得到有效保护，基本形成自然湿地保护网络体系，使我国湿地保护区达到523个，建设各级湿地保护区222个，其中建设国家级湿地保护区49个。通过对水资源的合理调配和管理、退耕（养、牧）还湿（泽、滩）、植被恢复、栖息地恢复等措施，有计划地恢复重要湿地，使自然湿地面积萎缩和功能退化的趋势得到遏制和初步扭转（专栏4-4）。

专栏4-4

安排4项重点建设工程：

一是湿地保护工程。重点对我国已建的国家级自然保护区、国家重要湿地范围及其周边敏感区域内已建的地方级保护区及少量新建保护区进行建设，计划从现有的473个湿地类型的自然保护区中，选择222个投资建设，包括国家级保护区、国家重要湿地范围内的地方级及少量新建保护区141个，另外建设13个野生稻保护小区，对4个人为干扰特别严重的国家级湿地自然保护区的核心区实施移民。

二是湿地恢复工程。重点对国家级自然保护区和国家重要湿地区域内的退化湿地进行恢复，计划恢复各类湿地58.8万公顷。在吉林向海、黑龙江扎龙、黑龙江洪河、山东黄河河口、黄河禹门口－潼关段河滩、河北白洋淀和衡水湖、新疆塔里木河下游、内蒙古黑河下游居延海、太湖、滇池、山东南四湖等急需补水的重要湿地实施生态补水示范工程。实施湿地污染控制工程，包括选择污染严重、生态价值大的江苏阳澄湖和溱湖、新疆环博斯腾湖、内蒙古

乌梁素海开展富营养化湖泊湿地生物控制示范，选择大庆、辽河和大港油田开展湿地保护示范工程。实施湿地生态恢复和综合整治工程，包括退耕（养）还泽（滩）示范工程11万公顷，湿地植被恢复工程31.6万公顷，栖息地恢复工程24.3万公顷，红树林恢复1.8万公顷。

三是建立不同类型湿地开发和合理利用成功模式的可持续利用示范工程。在典型地区建立国家级农牧渔业综合利用示范区、农（牧渔）业湿地管护区、南方人工湿地高效生态模式研究示范区。开展滨海湿地养殖优化和生态养殖工程示范建设。陆续建立红树林合理利用示范区、湿地公园示范区等。

四是实施加强与湿地资源调查监测、科技研究和宣传教育等有关机构的能力建设工程，完善我国湿地资源调查监测和宣教培训体系。

节选自《全国湿地保护工程实施规划（2005～2010年）》

2011～2020年，工程建设的思路和目标是，进一步加强我国湿地保护区网络建设、建立和完善湿地保护的法制法规体系、管理体系、科研监测体系建设，全面提高我国湿地保护、管理和合理利用能力，使我国60%以上天然湿地得到良好保护，天然湿地无净损失，湿地生态环境得到明显好转，建设湿地自然保护区120个，其中重点建设国家级保护区35个，建设国际重要湿地30个，恢复野生动物栖息地14万公顷；建立湿地可持续利用示范区18处；进行科研监测体系、宣传教育体系和保护管理体系建设。

八、南方岩溶地区石漠化综合治理工程

石漠化是指在亚热带湿润地区岩溶地貌极其发育的自然环境下，受人为活动的干扰和破坏，地表呈现类似荒漠化景观的土地退化现象，是岩溶地区土地劣化、生态恶化的顶级形态，石漠化严重制约了当地人民群众的生产生活和经济社会的可持续发展。贵州、云南、广西3个省（自治区）是我国石漠化危害的重点地区。

工程实施范围包括我国南方的贵州、云南、广西、湖南、湖北、四川、重庆、广东等8个省区市。工程建设思路，一是对南方石漠化土地通过封山育林（草）、退耕还林（草）、人工造林种草等措施进行综合治理，采取多项措施逐步恢复森林植被；二是加强石漠化地区基本农田建设和农村能源以及人畜饮水工程建设，并在石漠化危害极其严重地区有计划、有步骤地开展生态移民，改善石漠化地区的生产生活条件；三是根据岩溶地区自然资源条件特点，在不破坏生态的前提下，积极发展特色产业，促进区域经济社会协调发展。

主要建设内容，一是以退耕还林和封山育林为重点的植被恢复；二是配套建设小型水利工程、农村能源、基本农田建设并辅以必要的生态移民，力争促进石漠化地区资源、环境、人口、经济、社会的可持续发展。

到2010年，石漠化综合治理面积不低于1000万hm^2，占需治理面积的60%以上，新增有林地和灌木林地不低于100万hm^2，扭转石漠化面积占需治理面积的20%以上。

到2020年，石漠化状况得到全面控制，建立和完善以森林植被为主体的石漠化地区的国土生态安全体系，实行区域经济社会的可持续发展。

九、重点水源区林业生态建设

搞好三江源地区、三峡库区和丹江口库区等重要水源区林业生态建设，保护和改善生态环境，是保证三江源地区、三峡库区和丹江口库区等重要水源区发挥涵养水源、减少入库泥沙、保障水利工程长期发挥效能的重大措施。主要思路是：以水源涵养、水土保持为核心，以提供优质水源为目标，按照“保、退、治”的方针，保护和巩固已有建设成果，恢复和扩大森林植被，加快对水土流失严重和生态地位重要的陡坡耕地退耕还林步伐，加大生态脆弱区域的综合治理。

继续实施由国家发展改革委批准的《三江源自然保护区生态保护和建设总体规划》，基本扭转整个三江源地区生态环境恶性循环的趋势，保护和恢复林草植被，遏制草地植被退化、沙化等高原生态系统失衡的趋势，增加保持水土、涵养水源能力。主要建设内容和任务：一是生态保护与建设项目，包括退牧还草644万hm^2、退耕还林还草0.65万hm^2、生态恶化土地治理80万hm^2、森林草原防火、鼠害防治、水土保持、保护区管理设施与能力建设等；二是农牧民生产生活基础设施建设项目，包括生态移民1万多户、小城镇建设、草地保护配套、人畜饮水等；三是支撑项目，包括人工增雨、科技支撑与生态监测。

南水北调中线工程水源区林业生态建设工程，实施范围包括河南、湖北、陕西3省45个县（市、区）。初步规划：“十一五”期间，完成营造林任务109.37万hm^2，完成森林经营36万hm^2，新建自然保护区12处，保护并恢复湿地3.08万hm^2，建设各类示范区17个。

十、林业血防工程

全国林业血防工程是“十一五”期间我国启动的第一个林业重点工程，是新时期林业建设和发展的一个新亮点。这项工程体现了党中央提出的以人为本的科学发展观，对发挥林业行业功能、推进和谐社会建设作用十分巨大，同时有利于全国林业又好又快发展目标的实现。按照国家发展与改革委员会批复的《林业血防工程规划》，工程建设范围包括湖南、湖北、江西、安徽、江苏、四川和云南7个省的194个县（市），建设期10年。

《林业血防工程规划》提出的总体目标是：加强抑螺防病林、退耕还林、重点防护林工程和湿地保护以及监测体系、试验示范区和科技支撑项目建设。到2015年，在项目区完成林业血防工程造林1031万亩，工程以营造抑螺防病林为主体，配合卫生、水利、农业等血防措施的实施，对钉螺孳生环境进行综合治理，压缩钉螺分布面积与流行区范围，显著降低滩地钉螺密度与阳性感染螺密度，最大限度地减少人畜血吸虫病的感染几率，促进项目区生态、经济协调发展、农村产业结构调整及新农村建设。

工程分两阶段实施。第一阶段（2006～2008年）营造血防林496万亩，造林保存率达到85%以上，钉螺面积下降30%以上，钉螺密度降低50%以上，阳性螺密度降低50%以上，使疫区群众生活水平有明显提高；第二阶段（2009～2015年）营造血防林535万亩。

十一、森林公园建设

森林公园建设的思路和任务是：适应人民生活水平提高后对休闲、游憩等需求增长的要求，将林地范围内地质地貌独特、景观资源优美、自然美学价值和人文美学价值较高的地域划建为森林公园；以国家级森林公园为重点，研究制定国家森林风景资源保护的政策和措施，逐步建立对国有森林风景资源开发利用的国家特许制度和有偿使用制度，加强森林景观资源的保护和管理；加大风景林营造和景观改造等公益性设施的建设，进一步完善现有565个国家级森林公园的基础设施，建立和完善生态旅游对森林公园景观和环境等影响与变化的监管制度；进一步整合现有森林公园，努力形成布局合理、类型齐全、功能完备的森林公园保护和管理体系。

力争到“十一五”期末，使全国森林公园总数达到2800处，其中国家级森林公园达到650处，面积1500万hm^2。

十二、城市林业发展

城市森林是构建城市生态系统的基础，在改善城市生态环境质量，维护城市生态系统稳定，促进城市可持续发展中发挥着不可替代的作用。城市林业发展的思路和任务是：以我国加速推进城市化进程为机遇，以构建良好的人居环境为目标，按照改善城市生态环境、建设生态文明城市的总体要求和“城在林中、路在绿中、房在园中、人在景中”的布局要求，建设以林木为主体、总量适宜、植物多样、景观优美和以城区为重点、近远郊协调配置的，融城区公园及绿地、河流及道路林网等相结合的城市森林。

城市林业发展的区域重点：一是以珠江三角洲、长江三角洲和环渤海京津冀鲁等为重点的东部沿海经济发达地区；二是以省会城市为代表的大中型城市（群）。

要将城市森林建设和城市林业发展纳入到各级各类城市建设总体规划之中，实行同步规划，同步建设。到2010年，力争使全国70%的城市林木覆盖率达到30%，人均公共绿地达到8m^2以上。

第三节　建设发达的林业产业体系

森林有成千上万种的植物、动物资源，是一个巨大的物种库、资源库、能源库、基因库。随着经济社会的发展，越来越多的森林资源、野生动植物资源被开发利用，依赖于森林、野生动植物等为原料的航天、环保、医药和生活用品、能源替代品等越来越多，显现出巨大的经济功能。发展林业产业和生态建设紧密联系，互相促进，相得益彰。大力发展林业产业，不仅可以促进生态建设，满足维护生态安全的要求，也可以发挥林业的经济效益，满足农民增收致富的要求。因此，建设发达的林业产业体系是实施以生态建设为主的林业发展战略的内在要求，是建设资源节约型、环境友好型社会的客观需要，是实现兴林富民的必然途径，是全面建设小康社会的有效保障，对维护国家生态安全、促进经济社会可持续发展、建设社会主义新农村、提升人民的生活品质具有重要意义。

随着我国经济社会的快速发展，林业产业的外延在不断拓展，内涵在不断丰富。林业产业的发展方向是建设以森林资源为基础，以获取经济效益为目的，以技术和资金为手段，有效组织和提供各种物质和非物质产品的行业。林业产业横跨一、二、三产业，主要包括林木种植业、经济林培育业、花卉和林木种苗业、木竹加工业、人造板制造业、木浆造纸业、林产化工加工业、林机制造业、林业生物质产业、林源生物制剂产业、林业绿色化学品行业、野生动植物驯养和繁育业、林副产品采集加工业、生态旅游业、生态文化产业等。林业产业作为重要的基础产业，除具有一般产业的共同属性外，还有自身的四大特性，即资源的可再生性，产品的可降解性，三大效益的统一性，一、二、三产业的同体性。要遵循市场经济规律和林业发展规律，通过提高林业科学化、机械化和信息化水平，提高林地产出率、资源利用率和劳动生产率，努力构建品种丰富、规模可观、布局合理、优质高效、环境友好、竞争力强的林业产业体系。

一、加快发展以森林资源培育为基础的林业第一产业

培育丰富的森林资源，既是产业发展的重要任务，也是产业发展的重要基础。要以提高林地生产力为核心，以资源培育为基础，做大第一产业。要立足当前，加快发展短周期木竹工业原料林、速生丰产林，切实解决木竹材供需总量不足的问题；也要着眼长远，积极发展珍贵树种、大径级用材林，逐步缓解木材供需的结构性矛盾。要根据林业产业发展的需要，按照林板一体化、林纸一体化的要求，建设一批丰产优质高效的木竹工业原料林基地。同时，要努力壮大花卉和林木种苗产业，要积极发展以种植养殖业、非木质采集业为主的林下产业。

（一）大力发展木竹工业原料林

大力发展和加速培育短周期木竹工业原料林，为国民经济建设提供大量的森林资源，满足木竹产品加工企业对木竹材的大量需求，是林业建设的重要任务。

1.统筹规划、合理布局

在我国林业发展战略总体布局的前提下，南方林区发展工业原料林要根据区域的自然条件、资源的比较优势、市场需求及前景，从实际出发、突出重点，确定区域性林业产业的主导产业及建设工业原料林基地。具体规划上，在南方沿海地区，位于我国热带和南亚热带气候区，适宜的树种有桉树、相思、马尾松、湿地松和竹类等，可大力发展以纸浆、人造板为主的短周期短纤维浆、人造板纸原材料料林基地建设，适当发展柚木、桃花心木、紫檀等珍贵用材林树种。在长江中下游地区，位于我国亚热带气候区，包括安徽、江西、湖北、湖南等省，是南方重点集体林区，适宜树种有欧美杨、池杉、针叶松类和竹类等，适宜大力发展以速生丰产林为主的工业原料林基地建设，以及杉木、柳杉、楠木、樟木等大径级用材树种培育。在经营模式上，可采用“基地＋农户＋公司”、“企业＋基地”、“龙头企业＋基地”等多种模式，大力发展南方区工业原料林生产，通过工业原料林基地建设直接为林产加工企业提供生产原料，实现资源要素的优化配置。

2.建设主体多元化、生产经营规模化与集约化

在工业原料林基地建设主体上要实行社会办林业、主体多元化，坚持多渠道、多形式、多成分发展工业原料林。南方集体林区，逐步实行的商品林经营的林业产权制度改革，山地使用权到户占很大比重，针对于以往一家一户几亩几十亩林业生产经营而言，给基地的规模发展带来了一定的难度，从工业原料林基地建设目的和营林工作本身的特性来看，规模大才能取得好效果，带来高效益。因此通过一定的机制将农户、工业原料林基地和林产企业连接在一起，把分散的山地有效地组合成一个有机整体，以适应社会化大生产、大市场所必需的

规模。发展工业原料林要实行基地集约化经营，推行企业化经营，实行林工一体化，通过加大科技、资金、劳力、管理等生产要素的投入，提高单位林地面积的产出水平。工业原料林基地运用企业管理模式， 把传统的相对分散的生产及其产品规范化和标准化，大幅减少成本、降低消耗、提高效率、增加效益。

3.加大科技投入，建立健全科技推广体系

加大对工业原料林建设的科技投入，要充分应用现有的如无性系繁殖、选种育苗、ABT生根、栽植等成熟的营林造林的先进技术和科研成果；也要充分应用现代化的如3S技术和计算机信息管理对工业原料林的生长过程和生长环境进行监测和管理，对一定立地条件下的工业原料林进行优化管理，对在一定的市场条件和政策环境下不同的要素组合实行优化管理，最终实现工业原料林基地的最大经济效益。

4.加强政策支持和引导

发展工业原料林需营造良好的政策环境。要进一步完善林业资源管理政策，经济调节政策和社会支持政策，建立健全“三权”管理制度，完善山地流转和活立木转让制度， 调整资源林政管理制度， 在采伐限额、采伐周期的确定上要有所突破，要减轻林农和企业的税赋负担，取消不合理收费，切实落实国家、省、市有关优惠政策，公正、公平对待一切形式和经济成分的工业原料林基地。

（二）积极培育大径级珍贵树木

我国是一个林地有限的少林国家，近年来，造林绿化虽有很大发展，森林面积、蓄积量实现了双增长，但是，森林质量和林地生产力低的问题却日益凸显出来。在我国实施天然林资源保护工程后，对珍贵大径级树木的采伐得到了限制，我国市场急需的大径级珍贵树木多依赖于进口；同时，过去在以木材生产为中心的思想指导下营造起来的新林中，用材林、纯林、针叶林的比重过大，树种单调，致使许多林区森林生态系统质量下降、林木生长不良、病虫危害严重，珍贵林木资源锐减或枯竭，经济效益不高，生态效益较差。目前，我国南方以桉树、针叶松为主的短周期工业原料林发展迅速，在取得一定经济效益的同时，也带来了许多生态问题，而珍贵的大径级树木有着与速生工业原料林不可比拟的优点。南方地区自然地理环境优越，有优良的水热条件，树种丰富，有着培育大径级珍贵树木有利条件，为了满足我国生态建设和经济社会可持续发展的需要，使有限的林地发挥最佳的经济、生态和社会效益，应积极培育大径级珍贵树木，以弥补我国森林资源不足，结构不合理带来的不利影响。

1.培育以阔叶林为主的珍贵用材林，调整和优化林种树种结构

在南方各区域，选择部分立地条件好，水热条件好的优质林地，以发展用材林为主，重点培育经济价值高、市场前景好并能改善林木生境的大径级阔叶林用材林树木，如山茶科、樟科、木兰科等树种，用以更替和丰富林种树种，提高森林郁闭度和生长量，增强森林综合效益。以国有林场为主导，培育一批大径级珍贵树木资源示范基地，以示范基地的建设来影响和带动乡村珍贵、优质、高效森林的发展。

2.实行定向培育、集约经营，加强对培育大径级珍贵树木的管理

根据本地实际情况，因地制宜地确定发展大径级珍贵森林的树种、规模和目标。研究制定专门的技术规程和标准，坚持良种壮苗、科学栽培、精细管理，严格检查验收，确保成林成材，达到优质、丰产、高效的要求。要建立严格的管理制度，对项目建设实行全程指导、

检查、监督和管理。

3. 加大对大径级珍贵树木培育的政策支持

大径级珍贵树木的培育是一项成本高、周期长、投入大、见效慢的林业建设工程，在资金投入方面，完全依赖社会资金投入存在一定困难，国家应给予必要的经济扶持政策，加大对大径级珍贵树木培育的资金投入；同时，在政策制定方面，鼓励多种形式的资金投入。

（三）加大生物质能源林发展

能源是现代人类生存和发展所依赖的重要资源。随着我国国民经济的快速发展，资源短缺和生态环境问题已成为制约我国经济社会可持续发展的主要因素，开发利用新能源和发展可再生能源已成为我国调整能源结构、解决生态环境问题的国家战略。林业生物质能源是十分重要的可再生能源，林业生物质能源品种丰富，发展潜力巨大。随着开发利用步伐的加快，林业生物质能源在维护国家能源安全、改善生态环境中将会发挥越来越重要的作用，将成为应对我国能源发展战略转型、解决能源与生态环境突出问题的重要战略手段。我国发展林业生物质能源优势明显、潜力巨大，要充分利用我国现有的宜林荒山荒地和边际性土地（盐碱地、沙地以及矿山、油田复垦地等）的资源优势，加大生物质能源林发展，为生物质能源提供丰富的生物质资源量。

1. 因地制宜、分类指导，加快生物质能源林的发展

按照因地制宜、分类指导、分步实施的原则，对南方地区生物质能源林建设进行科学规划，选择适宜的林种、树种，营造速生、短轮伐期的生物质能源林，大力发展高效、多效生物质能源林，加快生物质能源林的发展。

2. 定向培育生物质能源林，加快生物质能源林基地建设

南方地区山地资源辽阔，有着适宜优越的气候条件，同时林农又具备培育速生丰产用材林基地建设、工业原料林基地建设经验，应合理布局、科学规划，依靠科技力量，实施集约经营，给予必要的优惠政策，选择速生、高产、热值高、适合当地的气候条件生长的树种，建设一批生物质能源林示范基地，建立能源示范工厂。并将经验推广应用，使生物质能源林发展，解决农村缺乏能源的矛盾，从而实现山区经济发展、农民脱贫致富，同时产生较好的经济、社会和生态效益。

3. 不断提高生物质能源林资源利用水平

改变低效利用生物质资源的方法，经济合理开发利用生物质能源林，对树种不同，选择科学的取薪方式，通过对不同区域采取各自的建设模式和对不同的林分采取不同的作业方式，提高生物质能源林资源整体利用水平。

4. 合理开发，多种经营，加大资金投入

改变原有的低效开发方式，调整森林资源结构和林种比例；增加生物质能源林在森林资源中的权重；迅速扩大生物质能源林面积，提高生物质能源林林地生产力和增加生物质能源林蓄积量。采取灵活多样的经营形式，权属方面可个人、集体和国家一齐上；规模方面可点、线、面三者结合；树种方面可乔、灌、草有机搭配；经营水平可集约粗放或二者结合；培育方面可人工、天然或二者结合，在资金投入方面，采取多种形式，加大对生物质能源林建设投入。

（四）切实推进经济林产业迈上新台阶

发展经济林，是维护国家粮食安全、改善人们膳食结构的一条战略途径。我国山区面积大，经济林树种丰富，许多木本粮油、干鲜果品为我国独有，市场前景十分广阔。要扶持名特优新经济林基地建设，以木本粮油、干果为重点，以调整鲜果品种结构和提高产品质量为主攻方向，推进经济林发展由数量型向质量效益型、品牌型、外向型转变。重视野生经济林（灌木）树种保护、改良及开发利用。鼓励科研机构、高校与企业参与野生经济林（灌木）树种的保护，并在保护的基础上进行品种选育、改良和开发利用。加强经济林品牌建设，提高市场竞争力；扶持龙头企业的发展和产品深加工，增强对产业发展的带动力。各地要根据自然条件和形成优势产业带的需要，建立具有区域特色的经济林产业基地，形成一个个集生产、加工、销售为一体的经济林产业集群。要打破部门、行业和所有制的界限，共同搭建生产、加工、流通、科研等平台，引导地方形成区域性规模生产，引导企业提高产品质量，引导科研和生产加工的有效联合，切实解决经济林发展中“小生产与大市场”不对称的问题。

（五）努力壮大花卉和林木种苗产业

花卉和林木种苗培育已发展成为一个产业，是种植业的重要组成部分。合理利用野生花卉、林木种质资源，通过加强育种、良种繁育、良种生产、科研示范、市场示范等基地的建设，在基地上运用高科技，集中力量进行协作攻关，提高花卉和林木种苗质量，提高生产和销售水平，以此来带动整个花卉和林木种苗产业发展。要通过产业化经营，把生产、加工、运输、销售组成有机整体，产加销一条龙，贸工农一体化，提高综合效益。进一步促进个体与企业联合，切实改变一家一户的生产方式，规模生产，降低生产和经营成本，共同开拓市场和抵抗市场风险。通过产业化经营，努力提高产品出口创汇能力。积极引导企业投资规模化、集约化和专业化的生产基地；企业承建和企业经营。要进一步强化政府职能，建立和健全有关花卉和林木种苗产业方面的政策法规。加强品种资源保护、新品种开发专利、投资税收、进出口贸易、产品价格等工作的研究，提出政策措施。

（六）积极发展以种植养殖业、非木质采集业为主的林下产业

林下产业是与老百姓利益密切相关的产业。要充分发挥林下土地资源和环境优势，大力发展林农、林草、林菌、林药、林禽、林畜等林地立体复合经营，积极推进林下种植养殖业资源共享、循环相生、协调发展，全面提高林地产出率。要积极推广适宜林间种植养殖的新品种、新技术，努力探索适合区域特点的林间种养模式，坚持林下经济因地制宜、突出特色。要积极培育生产大户、专业经济组织和龙头企业，发挥他们的示范和带动作用，推进规模化、基地化、标准化生产，不断提高林下产业的聚集效应，推进林下经济向大规模、深层次发展。要通过产品的精深加工，不断延长产业链，提高产品附加值，以加工业的大发展来带动林下经济的大发展。

（七）适当发展野生动植物驯养和繁育利用产业

在严格保护珍稀濒危野生动植物资源和严格执行有关法规、国际公约的前提下，鼓励野生动植物基因资源保护、种源繁育和基地建设，促进由利用野生资源为主向以利用人工资源为主转变。建立规范的驯养繁殖（培植）及利用管理制度和严格的市场管理制度，对经济利用度大的物种，推行资源论证、拍卖和限额制度。引导、扶持一批野生动植物繁育利用示范产业和产业群。

二、全面提升以木竹加工为主的林业第二产业

以木竹加工为主的第二产业是发达的林业产业体系的中心环节。要以提高科技含量和附加值为核心，以信息化、机械化、高科技为手段，改造提升第二产业；要运用现代科技、装备和工艺，大力培植一批原料有保障、规模适度、辐射面广、竞争力强的木竹加工龙头企业，充分发挥林业第二产业的牵引作用；要积极培育林业龙头企业，推进林业产业化经营。

（一）加快木竹加工业的升级改造

木竹加工业是指以木材及竹材为原料，通过制材、干燥、改性及重新组合等工艺，生产各种木竹材产品及木竹制品的一系列加工制造业的总称。木竹材产品及木竹制品具有任何人工合成材料无法模拟和替代的特性：是惟一可再生的生物资源，最容易达到可持续利用的目标；具有质量轻、强度高、吸音、绝缘、美观、易于加工、优质纤维含量高等优良特性；另外，木材作为纯天然产品，在其加工过程中能耗低、在使用过程中无污染、在处理过程中易于降解。因此，尽管在科技较为发达、新材料辈出的现在，木材作为建筑及家具用材还是无法完全被替代，并且伴随着全球森林的不断减少，世界各国对森林在国家安全中的作用有了更进一步地认识，对森林保护日益重视，木材尤其是珍贵木材及其产品的贸易，已成为全球环境政治、环境外交的核心内容之一，木材已成为越来越重要的战略物资。

要积极调整木材加工业的产品结构和企业布局，在林区及重点产材地区推进木材加工企业以提高出材率及产品质量为主要内容的技术改造，重点发展定制材和干燥刨光材生产，尽快实现原木就地加工增值；城市木竹加厂要提高产品档次，加强生产最终产品的技术改造，重点发展高档家具和与之相关的连接件生产。要强化木材保护，提高木材干燥和防腐的比重。不断完善人工木材的改性技术，提高木材的硬度、强度、密度、环保、耐腐、抗虫及阻燃等性能，替代优质木材。努力拓宽竹产品应用领域，缓解木材供需矛盾，满足社会需求。要大力发展各种竹质建筑模板、车厢板、竹地板以及竹工艺品等加工产品，提高竹材的科技含量和附加值。要大力发展以木材和竹藤为原材料的家具生产，在充分发挥现有的先进生产设备作用的基础上，开发木竹材家具生产设备的潜力，加强生产设备应用软件的开发和应用，提高木竹材家具生产的自动化水平，提高生产设备的利用率，不断采用新的加工设备，提高木竹材家具生产工业化水平。

（二）努力提升人造板制造业的水平

要大力发展人工速生材、小径材、“三剩物”为原料的人造板，适度发展大径材为原料的人造板，努力推进林板一体化。南方、东北的人造板产业集群，要以企业改制改造为重点，加快建立现代企业制度，扩大产品生产规模，提高产品质量。中东部地区的人造板产业集群，要针对小型民营企业居多的特点，引导和促进企业联合重组、技术改造和设备更新换代，提升人造板企业的素质和效益。

1. 制订好中长期发展规划，实现传统产品的升级改造

根据我国的实际情况和总体布局，制订好中长期发展规划，从宏观上制定相应的政策，优化人造板的产品结构；适度限制胶合板的发展、继续稳步发展非单板类人造板，积极开发结构用人造板，加速中小企业的重新整合，积极引进国外先进的造纸技术，着力提高当地人造板的平均生产能力和技术水平，使人造板工业从单纯的依靠量的扩张转移到依靠科技进步促使产品质量的提高，促使能源、材料消耗的下降，促进清洁、高效率的生产环境的形成。

2. 提高人造板的生产技术水平，实现资源的再利用

充分利用制造业和信息业的先进技术，提高人造板成套设备的制造水平，实现人造板生产过程的自动化和各工序半成品、成品质量的自动检测、自动显示和自动控制，做到产品质量优、原材料及能源消耗低，确保高效、安全、清洁生产。遵循循环经济的原则，开发废旧木材和废弃人造板资源的再利用技术，把人造板资源的再生同城市环境保护与垃圾处理有机的结合起来。

3. 拓宽人造板的应用途径，形成自己的品牌

坚持有所为有所不为的原则，大力开发有自主知识产权的创新技术和产品，形成中国人造板工业的优势与特色，当前应优先开发结构用人造板(如单板层积材、定向结构板等)；复合人造板(如木塑复合、竹木复合、草木复合等)；装饰类人造板(如人造薄木仿真技术、金属非金属材料贴面技术、科技木等)。结合南方地区资源特点，如南方生产的部分优质原材料树种，拓宽人造板的应用途径，吸收国外经验，着重开发在建筑和包装方面的应用，形成有特色和品牌的专用产品。

（三）积极推进木浆造纸业的发展

要以市场为导向，以产权、资本和利益为纽带，通过技术升级、管理升级、产品升级，培育和发展林纸一体化的大公司、大集团，形成集制浆造纸与原料林基地建设于一体的发展新格局。

1. 提高纸浆生产企业的生产技术水平，实现其产品功能多样化

造纸技术的集成化程度不断提高，是世界造纸工业发展的趋势。目前，世界先进国家造纸企业依靠科技创新，调整技术结构，优化科技资源配置，广泛使用信息网络、自动化控制等技术，提高了技术集成化程度，制浆、造纸设备已向大型化、自动化、高效率方向发展。同时，世界纸产品需求已由数量型向质量型转变，纸制品由单一功能向多功能方向发展，低档的书刊纸、包装纸及纸板市场逐渐萎缩，而高质量的胶印新闻纸、彩色书刊纸、高级文化用纸、高档生活用纸、牛皮纸和牛皮箱纸板、涂布纸等已成为需求主流。我国南方地区部分省（自治区）拥有良好的纸浆生产原材料生产林基地，如桉树等纤维长的树种，并结合其较为发达的工业体系和良好的市场经济基础，积极推进造纸企业的生产技术改造，提升其技术的集成化水平，实行产品功能多样化。

2. 扩大纸浆生产企业的经济规模，实行集约化经营

目前，国际造纸产业中企业的平均生产规模达到8万～10万吨，先进国家已超过20万吨，规模效益十分明显。2003年，世界前50家最大的造纸公司已占据了全球纸及纸板产量的一半以上。世界先进的造纸工业生产方式已经实现了由资源粗放型，向资源集约型的转变。世界纸业强国如美国、加拿大、芬兰等国，90%以上的企业实现了资源集约化，原料实现自给、生产消耗逐年下降。南方地区的造纸企业可以借助其较好的市场融资环境和地理优势吸纳资金，改变当前生产规模小、生产成本较高的粗放经营现状，扩大企业的生产规模，实行集约化经营。

3. 实现林纸一体化

林纸一体化是当今世界造纸工业普遍采用的发展模式。国际大型制浆造纸企业以多种形式建设速生丰产林基地，并将造林、营林、采伐、制浆、造纸与销售结合起来，形成了良性循环的产业链。世界先进国家造纸工业的木材原料已达90%，美国、瑞典等国达到95% 以

上。我国南方地区林业资源非常丰富，造纸企业可以充分依托当地的林业资源，形成良性循环产业链，实行林纸一体化工程。

（四）提高林化工业精深加工水平

要加快调整林化工业结构，提高林化产品的精深加工水平。先进的林化工业结构应是将原料资源合理的加以多方面利用，获取各类不同产品，做到物尽其用。传统的林化工业仅限于用树木产物，而忽略林下产物，如大量的香料植物、药用植物、食品植物等，并未得到充分重视。南方地区的林化工业必须全盘统筹，充分利用当地林业的资源优势，将资源最大限度的开发好，利用好，换取高的经济效益，使林化工业有实力成为南方地区林业经济发展的“造血机构”，促进当地林业产业的良性循环。积极开辟林化工业新资源（如特种经济树种、林化香料、林化药用和林化天然色素等），努力提高林化产品的使用价值和附加价值，延长产业链，提高资源的利用率，引进资金和先进技术，进行松脂、造纸胶、栲胶及活性炭等林化产品深加工生产工艺的改造和新产品的开发，实现由松脂初级加工向精深加工、由生产单一产品向生产系列产品的转变；充分利用本地区的资源丰富的优势，开发天然林化产品的精深加工产品，树立自己的品牌，把精深加工作为林化企业今后的发展方向，达到提高林化企业核心的竞争力的目的。

（五）积极发展林业生物质产业

生物质产业是新世纪的朝阳产业，是未来人类文明发展的重要支撑。林业以丰富的物种资源优势，将在这一产业发展中扮演极其重要的角色。要重点扶持林业生物质能源和生物质材料的发展。要充分利用山区、沙区等边际土地和宜林地，大力发展麻疯树、黄连木、油桐、文冠果、光皮树等乡土树种，建设一批林业生物柴油示范基地。要充分利用退耕还林、防沙治沙发展起来的灌木林资源，以及间伐材和主伐剩余物，加工成固体成型高效燃料，供直接燃烧或发电使用。必须加大对生物质能源利用技术的研究，特别是在生物质资源的培育、采伐、收获、运输、能源转化、供给系统等技术问题上开展大量的开发研究工作，尤其是生物质能源利用的汽化、液化技术的提高，实现生物质能源的现代化利用，提高生物质能源利用率。积极发展生物柴油、生物质致密成型燃料、生物质发电和供热、燃料乙醇等生物质能源产品的开发利用技术，引导、扶持一批林业生物质能源开发利用企业，提高生物质能源的产业化水平。逐步形成从原料培育、加工生产、市场销售、科技开发的“林能一体化”格局，以达到提高农村生活水平、改善生态环境、保障国家能源安全的目的。

（六）大力发展林源生物制剂产业

我国南方各省区由于气候条件、森林环境资源状况较好，对于形成生物农药、生物肥料及植物生长调节剂等产业具有独特的资源优势。与传统的生物制剂相比较，南方地区生产的林源生物制剂具有“高效、安全、经济”等优势。高效：生物活性高且可靠，选择性高，作用方式独特，内吸性强（即在植物中可均匀分布），持效期适度，作物耐受性好，抗性产生机率低。安全：对环境而言，对有益生物低毒，易于降解，土壤中移动性低，在食品和饲料中无或无明显残留；对使用者而言，施用剂量低，急性毒性低，积蓄毒性低，包装安全，制剂性能优良，使用方便，长期贮存稳定。经济：花费少，效益高，应用范围广，产品性能独一无二。而这些林源生物制剂恰恰是当前世界发展生态食品所需要的基本原料。因而，大力发展林源生物制剂等新兴产业对于进一步保持南方地区的良好的森林资源及生态系统有着十分重要的意义。要根据南北方人工造林和林分经营管理目标，开发专用生物肥料；重点开发松材线虫病、松毛虫、枯梢病和蛀干性害虫等广谱高效生物农药，加紧对高效高毒毒株的筛选，研究利用生物工程技术重组构建工程菌，提高杀虫生物农药的质量和产量；开发广谱和高效植物生长调节剂，逐步实现林业生产绿色、有机、无公害目标。

（七）进一步开拓林业绿色化学品行业

松香、松节油、专用治污活性炭、高性能环保胶粘剂、基于木质素及纤维素的精细化学品等，具有环保性能好，附加值高等特点。银杏、红豆杉、五倍子等特产资源都是我国重要药用资源，其中银杏，又名白果，是现存种子植物中最古老的孑遗植物，其食用和药用较高；红豆杉又称紫杉，也称赤柏松，是世界上公认的濒临灭绝的天然珍稀抗癌植物，素有“植物黄金”之称。五倍子是我国南方地区各省份的重要资源昆虫产物，近年来又开发了许多在物理等其他领域的新用途。对于这些药用价值高、经济效益好的林业绿色化学产品，南方地区可以充分利用其丰富的森林资源优势，并结合自身特点，积极引入资金，加强植物活性提取物及植物源新药的开发，促进紫杉醇、青蒿素、喜树碱、印楝素、石斛碱、银杏黄酮和银杏内酯等特色资源加工产品的规模化生产，以此进一步推动松香及其精深加工产品、专用治污活性炭、高性能环保剂、银杏、红豆杉及五倍子等新兴产业的发展。

（八）重视发展林机制造业

改善和加强现代林业产业体系的支撑条件，要特别重视发展林机制造业，为林业产业发展提供现代化装备。林机行业要通过技术引进、技术改造、科技攻关、改善制造工艺，提高林机技术水平；坚持“服务林业，面向社会，走向世界”的发展方向，扩大产品开发领域，提高产品质量，加速产品更新换代。重点做好中幼林抚育配套机械、木片生产成套设备、大型成套人造板生产设备，木材装载机系列产品、速生丰产林综合利用设备、竹材加工利用设备、木材精加工设备开发，做好引进设备的消化吸收和引进生产线零部件的国产化工作。特别是要加大林产品深加工及资源综合利用的设备制造的研发力度。鼓励原始和集成创新，高起点引进林产品深加工核心技术和关键设备，促进引进技术的消化吸收再创新，以提高生产能力、监控检测、自动化控制水平为重点，提高设备装备水平。

三、大力发展以生态服务为主的林业第三产业

要以保护森林、湿地和沙漠生态景观，提高生态文化品位为核心，以突出人性化、多样化、功能化的特色，拓展生态文明理念为目标，大力发展以生态服务为主的林业第三产业。

生态旅游是世界旅游业的新趋势，是极具发展潜力的新兴产业。据统计，近年来，全球生态旅游的年增长率高达30%，美国每年有20多亿人次到森林中旅游，是全国人口数量的7倍左右。我国现有自然保护区1700多处，森林公园2000多处，国有林场4000多个，是做大做强生态旅游的重要资源。要在不破坏生态功能的前提下，依法推进以森林公园、湿地公园和自然保护区、狩猎场为主的生态旅游产业发展。要加强风景林营造和更新改造，提升景观质量和生态文化内涵，打造特色生态旅游品牌。要加大对生态旅游的规划指导、合理布局和系统开发，打造许许多多各具特色并相互衔接、相互补充、相互带动的生态旅游精品线，形成大大小小的以生态景观为主体、以其他景观为辅助、以“森林人家”为补充的生态旅游圈，满足人们多层次、多样化的休闲娱乐需求。重点是：一要围绕西双版纳、九寨沟、张家界、

神农架、武夷山、五指山、长白山等优质森林景观，全面构建森林生态旅游区；二要围绕鄱阳湖、洞庭湖、太湖、千岛湖、三江源、白洋淀、黑龙江大沾河等优质湿地景观，大力打造湿地生态旅游区；三要围绕塔里木河两岸、腾格里沙漠边缘、甘肃酒泉、浑善达克沙地、河北坝上等优质沙漠景观，加快形成沙漠生态旅游区；四要大力拓展“林家乐”、“森林人家”等新型生态休闲服务的内容。“森林人家”是以良好的森林资源环境为背景，以有游憩价值的景观、景点为依托，以林农和大户为经营主体，充分利用林区动植物资源和乡土特色产品，融森林文化与民俗风情为一体的，为城市游客提供价廉物美的吃、住、游、娱、购等旅游要素服务的生态休闲旅游产品。

第四节　建设繁荣的生态文化体系

人民群众对林业发展的需求是多方面的，在现阶段生态需求成为社会对林业的第一需求，此外还包括生态旅游、休闲观光等精神文化需求，木材和非木质林产品等经济需求。坚持林业发展与促进人的全面发展相统一的原则，就要求林业发展必须从社会需求出发，发展生态林业、富民林业和人文林业等多效益林业，不仅建设乡村林业而且发展城市林业，不仅包括山区林业也包括平原林业，不仅发展物质林业，也需要发展生态文化，以不断满足社会和子孙后代对林业的多层次、多功能、全方位的需求。

构建繁荣的生态文化体系的指导思想是：以邓小平理论和“三个代表”重要思想为指导，全面落实科学发展观，紧紧围绕建设中国特色社会主义生态文明，把发扬民族优秀生态文化传统与吸收现代先进生态文明理念结合起来，全面加强生态文化理论研究，深入开展生态文化传播教育，不断丰富生态文化产品，积极发展生态文化产业，着力完善生态文化基础设施，大力倡导人与自然和谐的生态价值观、生产方式和生活方式，为加快现代林业建设，构建社会主义和谐社会提供强大的思想保证和精神动力。主要目标是：通过不懈努力，逐步建成相对完善的生态文化基础设施，专群结合的生态文化建设队伍，健全高效的生态文化工作机制，覆盖广泛的传播教育网络，比较发达的生态文化产业，推出一大批具有广泛影响力和示范作用的生态文化作品和生态文化建设示范基地，使全社会不断增强人与自然和谐的生态价值观，逐步形成热爱自然、尊重自然、善待自然的良好风尚，明显提高生态文明素养。

一、构建生态文化物质载体

生态文化的建设除了需要提高全民族的生态道德、科学和文化水平，即主体——人的生态文化素质之外，还需要加强客体——物质载体方面的建设。而物质载体不仅包括图书文献信息资料，也包括生态文化示范教育基地建设、生态旅游区建设等。因此，要广泛吸引社会投资，在有代表性的林区、森林公园、自然保护区、湿地、荒漠，建设一批规模适当、独具特色的生态文化博物馆、文化馆、科技馆、标本馆、科普教育和生态教育示范基地；以当地的森林资源为基础，将丰富的植物、动物配置在一起，创建花卉园、竹园、经济作物品种园、果树品种园、乡土植物园、中草药园、抗逆植物园、热带鱼类园、鸟园、动物园等；以当地自然生态系统的景观为基础，创建不同类型的人工景观生态园，如岩石园、热带风光园、沼泽园、水景园等。要对现有的生态文化基础设施进行改造、整合，完善功能，丰富内涵，使生态文化基础设施不断完善，发挥更大的作用。要充分利用现有的公共文化基础设施，积极融入生态文化内容，丰富和完善生态文化教育功能。要在全国授予一批生态文化教育示范基地，树立典型，规范引导，促进生态文化基础设施建设。

二、促进生态文化产业发展

生态文化产业是生态文化体系建设的重要支撑，是一项前途光明、市场广阔的朝阳产业。要充分利用各地的自然、人文、社会、经济等条件，积极拓展和努力壮大山水文化、树文化、竹文化、茶文化、花文化、药文化等森林休闲和森林文化产业。在做大做强以上这些物质文化产业的同时，也要努力发展生态文化影视、音乐、书画等精神文化产业，还要充分挖掘生态文化培训、咨询、论坛、传媒、网络等信息文化产业。要鼓励各种投资者投资生态文化产业，提高生态文化产品生产的规模化、专业化和市场化水平。

三、加大生态文化传播普及

传播是提高人们认识、改变人们行为的有效途径。要充分利用报纸、杂志、广播、电视等媒体和互联网、手机短信、博客等新兴媒体和方式，全面深入系统地传播生态文化的丰富内涵和科学知识，传播生态文化对人类进步和社会发展的积极作用，传播生态道德、生态伦理、生态哲学、生态美学、生态艺术的重要内容。要特别注重发挥网络传播教育的巨大作用，让先进的生态文化思想在网络传播阵地中占据重要位置。

四、加强生态文化基础教育

生态教育是生态文化体系建设的基础。要坚持把生态教育作为全民教育、全程教育、终身教育的重要内容，把增强全民生态意识上升到提高全民素质的战略高度，大力倡导生态伦理和生态道德，提倡先进的生态价值观和生态审美观，唤起全民的生态意识和生态正义，使广大公民自觉地承担更多的生态责任和生态义务，共建共享生态文明建设成果。要突出抓好未成年人的生态道德教育，做到生态道德教育进教材、进课堂、进校园文化、进户外实践，通过启发式、体验式等教育方法，培育青少年良好的生态道德品质和情操。

五、提高生态文化体系建设的保障能力

一是要切实加强组织领导，把生态文化体系建设摆上重要位置，与林业生态体系和林业产业体系统筹谋划、共同推进；二是建立稳定的经费保障渠道，形成政府、社会、个人多种资金齐投入、共受益的良好机制；三是制定科学规划，编制《全国生态文化体系建设规划》，明确方针原则、推进步骤、制度保障、工作机制等；四是抓好队伍建设，立足于生态文化体系建设的现实需要和长远发展，重点建设好生态文化团体、经营管理队伍、基层骨干队伍3支力量。

六、开展生态文化体系建设的理论研究

推进重大课题研究。这是解决生态建设重大现实问题，满足全社会对林业多种需求的必然要求。没有科学研究的创新，传播和教育就是无源之水，无本之木。要深化三个领域的研究，一是围绕国家安全需要，不断研究和宣传林业在生态安全、能源安全、淡水安全、粮食安全、木材安全、气候安全、森林安全、物种安全中的地位和作用；二是围绕经济社会发展，不断研究和宣传林业在构建社会主义和谐社会、建设社会主义新农村、推进城镇化进程、山区综合开发中的地位和作用；三是围绕人民群众身心健康，不断研究林业在提高人们生理健康、心理健康中的不可替代的作用，为提升林业的地位，加强生态建设和保护提供科学依据。

第5章 现代林业建设的总体布局

我国正处在现代林业建设的关键时期，科学合理的总体布局是林业建设的重要内容，直接关系到我国现代林业建设的成败。国家主体功能区划已经将全国国土空间统一划分为优化开发、重点开发、限制开发和禁止开发四大类主体功能区，为现代林业建设布局提供了重要的指导；《林业发展“十一五”和中长期规划》提出的“东扩、西治、南用、北休”的总体布局和16个林业发展重点区域，为现代林业建设的总体布局的制定提供了基本依据；林业区划又根据各地的自然条件和社会经济发展要求，从林业建设的角度把我国的国土划分为8个一级地区和50个二级林区，为现代林业的总体布局提供了基础。

在国家主体功能区划的指导下，我国现代林业建设的总体布局本着功能齐全、突出重点，因地制宜、优势互补，均衡适度、结构稳定，布局合理、协调发展的原则，满足国民经济发展和人民生活水平的需要，实现林业生态效益、经济效益和社会效益的统一。现代林业建设总体布局以林业重点工程为框架，构建“点、线、面”结合的全国森林生态网络体系，重点突出环京津生态圈，长江、黄河两大流域，东北、西北和南方三大片，其中环京津生态圈是首都地区重要的生态安全工程；长江和黄河两大流域以恢复和扩大森林植被为手段，以改善流域生态环境为目标，建立起多林种、多树种相结合，生态结构稳定和功能完备的防护林体系同时大力发展林业第三产业；东北片和南方片是木材和林产品供给的主要基地，也是生态环境建设的重点地区，西北片是我国风沙危害、水土流失的主要区域，是我国生态环境治理的重点。

第一节　依据和原则

一、依据

（一）国家主体功能区划

“全国主体功能区”是《国民经济和社会发展第十一个五年规划纲要》所确定的全国国土空间最新布局。根据这一布局，全国国土空间将被统一划分为优化开发、重点开发、限制开发和禁止开发四大类主体功能区。全国主体功能区规划是战略性、基础性、约束性的规划，也是现代林业建设总体布局的基本依据。

优化开发区域是指国土开发密度已经较高、资源环境承载能力开始减弱的区域。要改变依靠大量占用土地、大量消耗资源和大量排放污染实现经济较快增长的模式，把提高增长质量和效益放在首位，提升参与全球分工与竞争的层次，继续成为带动全国经济社会发展的龙头和我国参与经济全球化的主体区域。

重点开发区域是指资源环境承载能力较强、经济和人口集聚条件较好的区域。要充实基础设施，改善投资创业环境，促进产业集群发展，壮大经济规模，加快工业化和城镇化，承接优化开发区域的产业转移，承接限制开发区域和禁止开发区域的人口转移，逐步成为支撑全国经济发展和人口集聚的重要载体。

限制开发区域是指资源承载能力较弱、大规模集聚经济和人口条件不够好并关系到全国或较大区域范围生态安全的区域。要坚持保持优先、适度开发、点状发展，因地制宜发展资源环境可承载的特色产业，加强生态修复和环境保护，引导超载人口逐步有序转移，逐步成为全国或区域性的重要生态功能区。目前 东北的兴安岭、长白山林地、三江平原湿地等，西北的新疆阿尔泰，青海的三江源等地，内蒙古的部分沙漠化防治区，西南等地的一些干热河谷、喀斯特石漠化防治区，黄土高原水土流失防治区，大别山土壤侵蚀防治区等，都属于限制开发区域。

禁止开发区域是指依法设立的各类自然保护区域。要依据法律法规和相关的规划实行强制性保护，控制人为因素对自然生态的干扰，严禁不符合主体功能定位的开发活动。规划草案中明确，禁止开发区域共包括243个国家级自然保护区、31处世界文化自然遗产、187个国家重点风景名胜区、565个国家森林公园、138个国家地质公园。

全国主体功能区规划和涉及的相关政策，强化了林业的地位，有利于现代林业建设总体布局的制定和实施。从领域上看，林业在国家优化开发区、重点开发区、限制开发区和禁止开发区中都可以有强化保护和加快发展的空间；从涉及到的相关政策看，渗透到了现代林业布局、发展、改革的方方面面，为现代林业建设布局提供了有力的依据。

（二）林业发展“十一五”和中长期规划

根据不同地区对林业发展的要求和影响生产力发展的主导因素，《林业发展“十一五”和中长期规划》提出“东扩、西治、南用、北休”的总体布局和区域发展战略，实行分区指导，为现代林业建设的总体布局提供制定依据。

东扩：发展城乡林业，扩展林业产业链，主要指我国中东部地区和沿海地区。

西治：加速生态修复，实行综合治理，主要指我国西部的“三北”地区、西南峡谷和青藏高原地区，是林业生态建设的主战场，也是今后提高我国森林覆盖率的重点地区。

南用：发展产业基地，提高森林质量和水平，主要指我国南方的集体林区和沿海热带地区，是今后一个时期我国林业产业发展的重点区域。

北休：强化天然林保育，继续休养生息，主要指我国东北林区。

《林业发展“十一五”和中长期规划》根据当前我国生态建设现状和进程，进一步突出生态治理的重点，以重点地区的有效治理带动和促进我国生态状况的全面好转，提出以下林业发展重点区域：

1. 三江源地区

建设好三江源自然保护区，实施退耕还林、退牧还草，实行禁牧、减畜，加大对现有林地、草地植被的保护力度，采取围栏封育和人工辅助等措施，加快植被恢复步伐，加强湿地的保护和恢复，实行生态移民，减轻对三江源地区的生态压力。

2. 长江上游地区

加强原生植被的保护，采取封育、人工促进天然更新等多种治理措施，加快退化森林生态系统的恢复，加强野生动植物栖息地与湿地保护和荒漠化治理；控制过度开发，严禁毁林毁草开荒，继续对陡坡耕地实施退耕还林，有效降低长江的泥沙含量，建立涵蓄和保护长江水资源的绿色生态屏障。

3. 三峡库区

以保障三峡水库生态安全为目标，保护好现有森林资源，加强保护区和湿地建设，严禁陡坡垦殖，25°以上坡耕地全部退耕还林，封、育、造结合，营造水源涵养林和水土保持林，重点建设库区周边防护林体系。

4. 丹江口水库源区

保护好天然林，加大对流域范围内自然保护区建设和湿地的保护与恢复；加强现有森林的培育，增强涵养水源的功能；进一步加大退耕还林的力度，治理好坡耕地的水土流失，切实减少输入丹江口水库的泥沙。

5. 鄱阳湖和洞庭湖周边地区

实行流域综合治理，在流域的丘陵和山地地带，重点实施退耕还林和封山育林，增加林草植被，控制水土流失；在湖区周围，实施“退田还湖”，建立湿地保护区，加强湿地保护和恢复。

6. 南方重点石漠化地区

通过退耕还林、封山育林，大力植树种草，恢复和增加林（灌）草植被。同时，建造小型简易水利工程，加大基本农田建设和农村能源建设，实行综合治理，并辅之以必要的生态移民，促进石漠化地区资源、环境、人口、经济、社会的可持续发展。

7. 京津风沙源区

全面实施京津风沙源治理工程，采取农林水综合治理的措施，生物治理与工程治理相结合，以生物治理为主。大力封沙封山育林、植树造林，有计划有步骤地实行退耕还林，恢复沙区植被，建立乔灌草相结合的防风固沙体系；综合治理退化草原，实行禁牧舍饲，恢复草原生态及生产功能；搞好小流域综合治理，合理开发利用水资源，并实行生态移民。

8. 黄土高原区

以保护和恢复林（灌）草植被为核心，把大面积坡耕地退下来还林还草；乔灌草结合，工程措施、生物措施与农艺措施相结合，以小流域为单元，山、水、林、田、路综合治理，退耕、禁牧、封山和人工造林种草相结合，重点营造生态林，尽快形成功能完善的林草植被体系。

9. 阿拉善地区

把阿拉善地区作为一个单独综合治理区域，在国家实施黑河流域分水工程，合理调配和利用珍贵的水资源基础上，加强封禁保护区建设，采用封、飞、造等方式恢复灌草植被，因地制宜地建设防风固沙屏障，严格保护现有乔、灌、草资源，严禁超载放牧和滥樵、滥挖，有计划地实施生态移民，全面加大防沙治沙力度。

10. 科尔沁沙地

全面保护现有林草植被，通过实施人工造林种草、退耕还林还草、封山（沙）育林育草等措施，加强林草植被建设，建立以森林为主体、林草结合的防风固沙体系，遏制沙化扩展，减轻风沙危害；加强水源涵养林建设，保护好水源地；加大农田牧场防护林建设，保护沙地绿洲；加大自然保护区建设。

11. 毛乌素沙地

加强对现有林草植被的保护，全面实行封山（沙）禁牧，舍饲圈养，禁止滥垦、滥樵；通过人工造林种草、封沙育林育草、飞播造林（草）、退耕还林、退牧还草和小流域综合治理等措施，治理沙化土地，防止沙丘活化和沙化扩大，有效遏制风沙危害。积极发展沙产业，促进农牧民增收和地方经济发展。

12. 呼伦贝尔沙地

全面禁止滥垦、滥牧、滥樵，切实加强对现有林草植被的保护；积极采取封沙育林育草和退牧还草、休牧轮牧、舍饲圈养等措施，综合治理沙化土地，遏制土地沙化扩展趋势。

13. 石羊河流域

合理分配生产生活和生态用水；禁止过牧、开垦、采矿等人类活动，切实加强祁连山水源涵养林的保护，提高水源涵养能力，在中下游地区大力保护和恢复林草植被，加快防沙治沙步伐。

14. 准噶尔盆地南缘和艾比湖盆地周边地区

采取以封山（沙）育林育草为主，封、飞、造相结合的措施，建立乔、灌、草复合型防护体系，遏制风沙危害； 在准噶尔盆地南缘营造以乔木为主的基干防风固沙林带；加强林草植被建设，提高植被盖度，对艾比湖流域实施综合治理；在流动沙地采取以飞播造林种草为主的措施，恢复林草植被；将区位重要、沙化严重、植被盖度低于20%的沙地划定为沙化土地封禁保护区，实行严格的封禁保护。

15. 塔里木盆地周边地区

根据“根治上游、改造中游、确保下游”的流域治理方针，实施流域综合治理，在国家统筹分配上、中、下游水量的基础上，林业生态建设重点是加强天然林资源保护，对严重沙化耕地退耕还林还草，禁止毁林毁草开荒和过度放牧樵采。特别是在和田地区进一步加大造林种草、封沙育林育草力度，大力建设防风固沙防护林体系。

16. 西藏“一江三河”地区

在有效管护现有森林植被的基础上，以拉萨南北两山造林绿化和拉萨河、年楚河、雅砻河中下游及雅鲁藏布江中游宽谷的防沙治沙为重点，通过封山（沙）育林育草、人工直播、植苗造林等方式，扩大林草植被，加快沙化土地治理速度，

（三）林业区划

根据各地的自然条件和社会经济发展要求，从林业建设的角度把我国的国土划分为若干个各具特点的地理单位，研究每个地理单位林业建设方向及其合理布局，为现代林业的总体布局提供依据。我国林业区划共包括8个一级地区和50个二级林区。

1. 东北用材、防护林区

位于我国的东北部，地理范围北起黑龙江，南抵辽东半岛，总面积1.2亿hm^2，是我国现有森林资源最丰富的地区。本区的森林不仅发挥着为国计民生提供木材生产基地的作用，而且作为当地生态系统的主体， 对维护生态环境，如蓄水、保土、调节小气候等发挥着多种效益。 根据地区内自然条件与社会经济条件的差异，又在地区内划分7个二级区：大兴安岭北部用材林区；呼伦贝尔草原防护林区；松辽平原农田防护林区； 小兴安岭用材林区；三江平原农田防护林区；大兴安岭南部用材、防护林区； 长白山用材、水源林区。

2. 蒙新防护林区

位于我国西北部，东起大兴安岭山地西麓，西与俄罗斯、阿富汗、克什米尔相接，北界为蒙古人民共和国，南界东段为400mm降水线（长城内外），西段为昆仑山和阿尼玛卿山。总面积3.13亿多hm^2，自然条件严酷，地貌类型多样，内含11个二级区，均为防护林性质，即：阿尔泰山防护、用材林区；准噶尔盆地防护林区；天山水源林区；南疆盆地绿洲防护林区；河西走廊农田防护林区；祁连山水源林区；黄河上游水源林区；黄河河套农田防护林区；阴山防护林区；锡林郭勒草原护牧林区；鄂尔多斯防护林区。另外，还含一个未编号区的荒漠、半荒漠待补水区。

3. 黄土高原防护林区

位于黄河中游。西起青海日月山，东止山西太行山脉西麓，北界甘肃景泰、宁夏同心、陕西长城中段沿线和内蒙古呼和浩特至集宁一线，南至秦岭北麓和中条山北麓，总面积约0.37亿hm^2。含3个二级区，全属防护林性质，即：黄土丘陵水土保持林区；陇秦晋山地水源林区；汾渭平原农田防护林区。

4. 华北防护、用材林区

东临渤海、黄海，西接晋中盆地，南以淮河干流与苏北灌渠为界，北抵阴山南麓、燕山西北麓和辽河中游的铁岭、新民，总面积约0.69亿hm^2，包含燕山、太行山、鲁中南低山丘陵、辽南、鲁中丘陵和华北大平原。这一地区一直是全国政治、经济、文化的中心。发展林业的任务，山区以发挥森林蓄水保土的作用为主，平原则以防止各种风害为主，丘陵区以防护与经营经济林并重。本区包括4个二级区：燕山、太行山水源、用材林区；华北平原农田防护林区；鲁中南低山丘陵水源林区；辽南、鲁东防护、经济林区。

5. 青藏高原寒漠非宜林区

位于我国西南部，北以昆仑山与新疆塔里木盆地和青海柴达木盆地为界，西与克什米尔和印度接壤，南连冈底斯山脉，东南接横断山脉，东北接阿尼玛卿山，总面积约0.96亿hm^2。本区地势高，气温低，全年有霜冻，不具备生长林木所必需的连续积温量，因而属于非宜林地区。

6. 西南高山峡谷防护林区

位于我国西南部，座落在青藏高原以南，南面为国境，东北经甘肃省迭部、宕昌，然后转向南，沿四川省阿坝藏族自治州东界越二郎山经木里至云南省丽江、兰坪、泸水为本区东界，总面积约0.79亿hm^2。本区地貌复杂，地势变化大，气候多样，几乎包括了从寒温带针叶林到热带雨林的一切植被类型。含2个二级区：雅鲁藏布江上中游防护、薪炭林区；高山峡谷水源、用材林区，均属防护、用材兼顾类型。

7. 南方用材林、经济林、防护林区

位于秦岭和淮河干流以南，西接西南高山峡谷防护，东至海滨，总面积约2.17亿hm^2。本地区大体上处于北回归线与北纬34°之间，受海洋季风影响较大，水热条件好，林木生长快，林业用地比重大，是我国发展用材林和经济林潜力最大和最可能以较短时间建成大面积速生丰产用材林基地的地区。本区包括18个二级区：秦巴山地水源、用材林区；大别山、桐柏山水源、经济林区；四川盆周山地用材、经济林区；四川盆地水保、经济林区；川鄂黔湘水保林、经济林区；长江中下游滨湖农田防护林区；幕阜山用材林、水保林区；天目山水源、用材林区；云南高原用材、水保林区；黔中用材、水保林区；滇西南水保林、用材林、经济林；沅江南盘江用材、水源林区；西江水保林、用材、经济林区；赣闽粤水保、用材林区。

8. 华南热带林保护区

位于我国最南部，是我国惟一有热带林分布的地区，总面积约0.29亿hm^2。水热条件好，宜于发展热带珍贵用材、经济树种，是我国发展热带用材林和经济林不可多得的地方，是重要的生物基因库。由于热带林破坏较多，需要休养生息。因此，本地区的任务是以保护好现有热带林为主，贯彻保护、恢复和发展并重的方针，逐步扩大热带林资源。本区包括5个二级区：滇南热带林保护区；粤桂沿海丘陵、台地防护、用材林区；海南岛及南海诸岛热带林保护区；闽粤沿海防护、经济林区；台湾用材、经济林区。

二、原则

1. 功能齐全、突出重点

现代林业建设要求建立比较完备的森林生态体系，应能持续发挥涵养水源、保持水土、防风固沙、净化空气、调节气候、改善生态环境、维护生物多样性等生态防护功能；要不断地为社会提供一定的木材及其他林产品，为农村、特别是贫困地区提供薪材，满足人民群众的物质生活需要，发挥其经济效益；以森林生态系统为依托的自然保护区、森林公园等，要为社会提供森林旅游等景观效益，满足人民群众的文化需要；要以其丰富的物种群为人类提供宝贵的基因库，持续地发挥巨大的社会效益。

但是，我们也应该看到我国地域辽阔，各地自然环境与社会经济发展水平差异很大的实际情况，由此决定了现代林业的功能齐全也是一个相对概念，即总体上齐全而局部有所差异。这里所谓的差异指在当地森林资源基础和环境条件以及社会经济发展水平条件下，突出重点，即要在突出发挥森林生态体系主导功能的前提下，逐步实现功能齐全。

2. 因地制宜、优势互补

在进行现代林业建设的总体布局时，应将各个区域的自然条件和社会经济发展要求综合考虑。林业建设根据不同的自然条件和社会经济发展要求，做到因地制宜；另外应充分体现区域自然和经济的特点及优势，做到优势互补。例如，我国川西高山峡谷林区水热条件好，林木生长快，木材蓄积量大，成过熟林比重大，西南地区的生产建设和人民生活又急需木材。单从这些方面考虑，应将这个林区定为用材林基地，进一步进行大规模开发。但这个地区处在长江上游，坡度大，降水多，水土流失严重，新中国成立后，开发的结果引起了长江含沙量的增加。经过权衡利弊，从长江水利资源的开发和长江中下游人民的长远利益出发，将这个林区定为水源用材林区。

3. 均衡适度、结构稳定

完备的现代林业建设布局应该适应社会经济发展的程度。它应充分体现区域自然和经济的特点及优势，组成生态体系的各系统之间的结构，既要满足整体功能和效益比较完备的要求，又要适合各地自然环境条件和经济发展水平。尽管我国国民经济发展速度很快，综合国力不断增强，但是，我国国民经济建设的任务依然十分艰巨，无论财力、物力和人力，要长期支持大规模的林业生态体系建设确实存在不少困难。各地森林资源基础、环境状况和社会经济发展水平差距很大。在这样一个基础上建立起来的林业生态体系只能是一个动态完备的概念，即相对于社会经济发展水平和森林资源与生态环境的基础是均衡适度的，其建设目标应是分区域、分阶段的。

林业生态系统的结构决定其功能的发挥，稳定的系统结构以生物多样性为基础能保证最大限度地发挥系统的功能。组成比较完备的林业生态体系的各种类型的森林生态系统，必须具有较高的生物多样性和林地生产力以及系统恢复能力、较强的抗病虫害和预防火灾的能力，良好的森林景观和防护功能，以保证其持续发挥最优的生态、经济和社会效益。

4.布局合理、协调发展

现代林业建设的总体布局应该是以全部国土作为一个整体，从国家可持续发展的需要出发，分阶段、分目标设计建设的不同层次、不同水平和不同规模的最优的生态经济系统，其主导作用是发挥生态功能。比较完备的林业生态体系由合理布局的各种森林生态系统组成，除了合理保护的天然林、人工林、自然保护区和野生动植物保护区的森林生态系统外，还包括沿江河、区域的集水区、源头、风沙带沿线、海岸线建立的森林生态体系，以及沿各支流、农田周围、道路、村旁、库渠等地建设的防护林体系及城市森林生态系统，呈现网络分布，带、片、网、点相结合，重点突出、主次分明的林业生态体系，以保证从整体上发挥最佳的森林多种功能，满足社会经济发展与人民生活对森林功能多样化的需求。

现代林业建设总体布局必须是可持续发展的，既满足当代人需求又不对后代人的需求构成危害。林业生态体系的建设必须服从国家可持续发展的要求，不断地满足国民经济发展和人民生活水平提高对森林物质产品和生态服务日益增长的需要，并真正实现林业生态效益、经济效益和社会效益的统一。

第二节　现代林业建设的总体布局

21世纪上半叶中国林业发展总体战略构想是：

（1）确立以生态建设为主的林业可持续发展道路；

（2）建立以森林植被为主体的国土生态安全体系；

（3）建设山川秀美的生态文明社会。

林业发展总体战略构想的核心是“生态建设、生态安全、生态文明”。这三者之间相互关联、相辅相成。生态建设是生态安全的前提，生态安全是生态文明的基础和保障，生态文明是生态建设和生态安全所追求的最终目标。按照“三个代表”重要思想，“生态建设、生态安全、生态文明”既代表了先进生产力发展的必然要求和广大人民群众的根本利益，又顺应了世界发展的大趋势，展示了中华民族对自身发展的审慎选择、对生态建设的高度责任感和对全球森林问题的整体关怀，体现了可持续发展的理念。

现代林业建设总体布局要以天然林资源保护、退耕还林、三北及长江流域等重点防护林体系建设、京津风沙源治理、野生动植物保护及自然保护区建设、重点地区速生丰产用材林基地建设等林业六大重点工程为框架，构建“点、线、面”结合的全国森林生态网络体系，即以全国城镇绿化区、森林公园和周边自然保护区及典型生态区为“点”；以大江大河、主要山脉、海岸线、主干铁路公路为“线”；以东北内蒙古国有林区，西北、华北北部和东北西部干旱半干旱地区，华北及中原平原地区，南方集体林地区，东南沿海热带林地区，西南高山峡谷地区，青藏高原高寒地区等8大区为“面”。实现森林资源在空间布局上的均衡、合理配置。

东北内蒙古国有林区以天然林保护和培育为重点，华北中原地区以平原防护林建设和用材林基地建设为重点，西北、华北北部和东北西部地区以风沙治理和水土保持林建设为重点，长江上中游地区以生态和生物多样性保护为重点，南方集体林区以用材林和经济林生产为重点，东南沿海地区以热带林保护和沿海防护林建设为重点，青藏高原地区以野生动植物保护为重点。

1. 总体布局

（1）构建点、线、面相结合的森林生态网络

良好的生态环境，应该建立在总量保证、布局均衡、结构合理、运行通畅的植被系统基础上。森林生态网络是这一系统的主体。当前我国生态环境不良的根本原因是植被系统不健全，而要改变这种状况的根本措施就是建立一个合理的森林生态网络。

建立合理的森林生态网络应该充分考虑下述因素：一是森林资源总量要达到一定面积，即要有相应的森林覆盖率。按照科学测算，森林覆盖率至少要达到26%以上。二要做到合理布局。从生态建设需要和我国国情、林情出发，今后恢复和建设植被的重点区域应该是生态问题突出、有林业用地但又植被稀少的地区，如西部的无林少林地区、大江大河源头及流域、各种道路两侧及城市、平原等。三是提高森林植被的质量，做到林种、树种、林龄及森林与其他植被的结构搭配合理。四是有效保护好现有的天然森林植被，充分发挥森林天然群落特有的生态效能。从这些要求出发，以林为主，因地制宜，实行乔灌草立体开发，是从微观的角度解决环境发展的时间与空间、技术与经济、质量与效益结合的问题；而点、线、面协调配套，则是从宏观发展战略的角度，以整个国土生态环境为全局，提出森林生态网络工程总体结构与布局的问题。

“点”是指以人口相对密集的中心城市为主体，辐射周围若干城镇所形成的具有一定规模的森林生态网络点状分布区。它包括城市森林公园、城市园林、城市绿地、城郊结合部以及远郊大环境绿化区（森林风景区、自然保护区等）。

城市是一个特殊的生态系统，它是以人为主体并与周围的其他生物和非生物建立相互联系，受自然生命支持系统所供养的“社会－经济－自然复合生态系统”。随着经济的持续高速增长，我国城市化发展趋势加快，已经成为了世界上城市最多的国家之一，现有城市680多座，城市人口已约占总人口的50%，尤其是经济比较发达的珠江三角洲、长江三角洲、胶东半岛以及京、津、唐地区已经形成城市走廊（或称城市群）的雏形，虽然城市化极大地推动了我国社会进步和经济繁荣，但在没有强有力的控制的条件下，城市化不可避免地导致城市地区生态的退化，各种环境困扰和城市病愈演愈烈。因此，以绿色植物为主体的城市生态环境建设已成为我国森林生态网络系统工程建设不可缺少的一个重要组成部分，引起了全社会和有关部门的高度重视。根据国际上对城市森林的研究和我国有关专家的认识，现代城市的总体规划必须以相应规模的绿地比例为基础（国际上通常以城市居民人均绿地面积不少于10m^2作为最低的环境需求标准），同时，按照城市的自然、地理、经济和社会状况已用城市规划、城市性质等确定城市绿化指标体系，并制定城市“三废”（废气、废水、废渣）排放以及噪音、粉尘等综合治理措施和专项防护标准。城市森林建设是国家生态环境建设的重要组成部分，必须把城市森林建设作为国家生态环境建设的重要组成部分。城市森林建设是城

市有生命的基础设施建设，人们向往居住在空气清新、环境优美的城市环境里的愿望越来越迫切，这种需求已成为我国城市林业发展和城市森林建设的原动力。近年来，在国家有关部门提出的建设森林城市、生态城市及园林城市、文明卫生城市的评定标准中，均把绿化达标列为重要依据，表明我国城市建设正逐步进入法制化、标准化、规范化轨道。

“线”是指以我国主要公路、铁路交通干线两侧、主要大江与大河两岸、海岸线以及平原农田生态防护林带（林网）为主体，按不同地区的等级、层次标准以及防护目的和效益指标，在特定条件下，通过不同组合建成乔灌草立体防护林带。这些林带应达到一定规模，并发挥防风、防沙、防浪、护路、护岸、护堤、护田和抑螺防病等作用。

“面”是指以我国林业区划的东北区、西北区、华北区、南方区、西南区、热带区、青藏高原区等为主体，以大江、大河、流域或山脉为核心，根据不同自然状况所形成的森林生态网络系统的块状分布区。它包括西北森林草原生态区、各种类型的野生动植物自然保护区以及正在建设中的全国重点防护林体系工程建设区等，形成以涵养水源、水土保持、生物多样化、基因保护、防风固沙以及用材等为经营目的、集中连片的生态公益林网络体系。

我国森林生态网络体系工程点、线、面相结合，从总体布局上是一个相互依存、相互补充，共同发挥社会公益效益，维护国土生态安全的有机整体。

（2）实行分区指导

根据不同地区对林业发展的要求和影响生产力发展的主导因素，按照“东扩、西治、南用、北休”的总体布局和区域发展战略，实行分区指导。

东扩：发展城乡林业，扩展林业产业链，主要指我国中东部地区和沿海地区。

主攻方向：通过完善政策机制，拓展林业发展空间，延伸林业产业链，积极发展城乡林业，推动城乡绿化美化一体化，建设高效农田防护林体系，大力改善农业生产条件，兼顾木材加工业原料需求以及城乡绿化美化的种苗需求，把这一区域作为我国木材供应的战略支撑点之一，促进林业向农区、城区和下游产业延伸，扩展林业发展的领域和空间。

西治：加速生态修复，实行综合治理，主要指我国西部的“三北”地区、西南峡谷和青藏高原地区，是林业生态建设的主战场，也是今后提高我国森林覆盖率的重点地区。

主攻方向：在优先保护好现有森林植被的同时，通过加大西部生态治理工程的投入力度，加快对风沙源区、黄土高原区、大江大河源区和高寒地区的生态治理，尽快增加林草植被，有效地治理风沙危害，努力减轻水土流失，切实改善西部地区的生态状况，保障我国的生态安全。

南用：发展产业基地，提高森林质量和水平，主要指我国南方的集体林区和沿海热带地区，是今后一个时期我国林业产业发展的重点区域。

主攻方向：在积极保护生态的前提下，充分发挥地域和政策机制的优势，通过强化科技支撑，提高发展质量，加速推进用材林、工业原料林和经济林等商品林基地建设，大力发展林纸林板一体化、木材加工、林产化工等林业产业，满足经济建设和社会发展对林产品的多样化需求。

北休：强化天然林保育，继续休养生息，主要指我国东北林区。

主攻方向：通过深化改革和加快调整，进一步休养生息，加强森林经营，在保护生态前提下，建设我国用材林资源战略储备基地，把东北国有林区建设成为资源稳步增长、自然生态良好、经济持续发展、生活明显改善、社会全面进步的社会主义新林区。

（3）重点突出环京津生态圈，长江、黄河两大流域，东北、西北和南方三大片

环京津生态圈是首都乃至中国的"形象工程"。在这一生态圈建设中，防沙治沙和涵养水源是两大根本任务。它对降低这一区域的风沙危害、改善水源供给，同时，对优化首都生态环境、提升首都国际形象、举办绿色奥运等具有特殊的经济意义和政治意义。这一区域包括北京、天津、河北、内蒙古、山西5个省（直辖市、自治区）的相关地区。生态治理的主要目标是为首都阻沙源、为京津保水源并为当地经济发展和人民生活开拓财源。

生态圈建设的总体思路是加强现有植被保护，大力封沙育林育草、植树造林种草，加快退耕还林还草，恢复沙区植被，建设乔灌草相结合的防风固沙体系；综合治理退化草原，实行禁牧舍饲，恢复草原生态和产业功能；搞好水土流失综合治理，合理开发利用水资源，改善北京及周边地区的生态环境；缓解风沙危害，促进北京及周边地区经济和社会的可持续发展。主要任务是造林营林，包括退耕还林、人工造林、封沙育林、飞播造林、种苗基地建设等；治理草地，包括人工种草、飞播牧草、围栏封育、草种基地建设及相关的基础设施建设；建设水利设施，包括建立水源工程、节水灌溉、小流域综合治理等。基于这一区域多处在风沙区、经济欠发达和靠近京津、有一定融资优势的特点，生态建设应尽可能选择生态与经济结合型的治理模式，视条件发展林果业，培植沙产业，同时，注重发展非公有制林业。

长江和黄河两大流域。主要包括长江及淮河流域的青海、西藏、甘肃、四川、云南、贵州、重庆、陕西、湖北、湖南、江西、安徽、河南、江苏、浙江、山东、上海17个省（自治区、直辖市），建设思路是：以长江为主线，以流域水系为单元，以恢复和扩大森林植被为手段，以遏制水土流失、治理石漠化为重点，以改善流域生态环境为目标，建立起多林种、多树种相结合，生态结构稳定和功能完备的防护林体系。主要任务是：开展退耕还林、人工造林、封山（沙）育林、飞播造林及低效林改造等。同时，要注重发挥区域优势，发展适销对路和品种优良的经济林业，培植竹产业，大力发展森林旅游业等林业第三产业。

在黄河流域，重点生态治理区域是上中游地区，主要包括青海、甘肃、宁夏、内蒙古、陕西、山西、河南的大部分或部分地区。生态环境问题最严重的是黄土高原地区，总面积约为64万平方千米，是世界上面积最大的黄土覆盖地区，气候干旱，植被稀疏，水土流失十分严重，流失面积占黄土高原总面积的70%，是黄河泥沙的主要来源地。建设思路是：以小流域治理为单元，对坡耕地和风沙危害严重的沙化耕地实行退耕还林，实行乔灌草结合，恢复和增加植被；对黄河危害较大的地区要大力营造沙棘等水土保持林，减少粗沙流失危害；积极发展林果业、畜牧业和农副产品加工业，帮助农民脱贫致富。

东北片、西北片和南方片。东北片和南方片是我国的传统林区，既是木材和林产品供给的主要基地，也是生态环境建设的重点地区；西北片是我国风沙危害、水土流失的主要区域，是我国生态环境治理的重点和"瓶颈"地区。

东北片肩负商品林生产和生态环境保护的双重重任，总体发展战略是：通过合理划分林业用地结构，加强现有林和天然次生林保护，建设完善的防护体系，防止内蒙古东部沙地东移；通过加强三江平原、松辽平原农田林网建设，完善农田防护林体系，综合治理水土流失，减少坡面和耕地冲刷；加强森林抚育管理，提高森林质量，同时，合理区划和建设速生丰产林，实现由采伐天然林为主向采伐人工林为主的转变，提高木材及林产品供给能力；加强与俄罗斯东部区域的森林合作开发，强化林业产业、尤其是木材加工业的能力建设；合理利用区位优势和丘陵浅山区的森林景观，发展森林旅游业及林区其他第三产业。

西北片面积广大，地理条件复杂，有风沙区、草原区，还有丘陵、戈壁、高原冻融区等。这里主要的生态问题是水土流失、风沙危害及与此相关的旱涝、沙暴灾害等，治理重点是植树种草，改善生态环境。主要任务是：切实保护好现有的天然林生态系统，特别是长江、黄河源头及流域的天然林资源和自然保护区；实施退耕还林，扩大林草植被；大力开展沙区、特别是沙漠边缘区造林种草，控制荒漠化扩大趋势；有计划地建设农田和草原防护林网；有计划地发展薪炭林，逐步解决农村能源问题；因地制宜地发展经济林果业、沙产业、森林旅游业及林业多种经营业。

南方片自然条件相对优越，立地条件好，适宜森林生长。全区经济发展水平高，劳动力充足，交通等社会经济条件好；集体林多，森林资源总量多，分布较为均匀。林业产业特别是人工林培育业发达，森林单位面积的林业产值高，适生树种多，林地利用率高，林地生产率较高。总体上，这一地区具有很强的原料和市场指向，适宜大力发展森林资源培育业和培育、加工相结合的大型林业企业。主要任务是：有效提高森林资源质量，调整森林资源结构和林业产业结构，提高森林综合效益；建设高效、优质的定向原料林基地，将未来林业产业发展的基础建立在主要依靠人工工业原料林上，同时，大力发展竹产业和经济林产业；进行深加工和精加工，大力发展木材制浆造纸业，扶持发展以森林旅游业为重点的林业第三产业及建立在高新技术开发基础上的林业生物工程产业。

2. 区域布局

（1）东北林区以实施东北内蒙古重点国有林区天然林保护工程为契机，促进林区由采伐森林为主向管护森林为主转变，通过休养生息恢复森林植被。

这一地区主要具有原料的指向性（且可以来自俄罗斯东部森林），兼有部分市场指向（且可以出售国外），应重点发展人工用材林，大力发展非国境线上的山区林业和平原林业；应提高林产工业科技水平，减少初级产品产量，提高精深加工产品产量，从而用较少的资源消耗获得较大的经济产出。

（2）西北、华北北部和东北西部干旱半干旱地区实行以保护为前提、全面治理为主的发展策略在战略措施上应以实施防沙治沙工程和退耕还林工程为核心，并对现有森林植被实行严格保护。

一是在沙源和干旱区全面遏制沙化土地扩展的趋势，特别是对直接影响京津生态安全的两大沙尘暴多发地区，进行重点治理。在沙漠仍在推进的边缘地带，以种植耐旱灌木为主，建立起能遏制沙漠推进的生态屏障；对已经沙化的地区进行大规模的治理，扩大人类的生存空间；对沙漠中人们集居形成的绿洲，在巩固的基础上不断扩大绿洲范围。二是对水土流失严重的黄土高原和黄河中上游地区、林草交错带上的风沙地等实行大规模退耕还林还草，按照“退耕还林、封山绿化、以粮代赈、个体承包”的思路将退化耕地和风沙地的还林还草和防沙治沙、水土治理紧密结合起来，大力恢复林草植被，以灌草养地。为了考虑农民的长远生计和地区木材等林产品供应，在林灌草的防护作用下，适当种植用材林和特有经济树种，发展经济果品及其深加工产品。三是对仅存的少量天然林资源实行停伐保护，国有林场职工逐步分流。

（3）华北及中原平原地区在策略上适宜发展混农林业或种植林业。

一方面建立完善的农田防护林网，保护基本耕地；另一方面，由于农田防护林生长迅速，应引导农民科学合理地利用沟渠路旁、农田网带、滩涂植树造林，通过集约经营培育平原速生丰产林，从而不断地产出用材，满足木材加工企业的部分需求，实现生态效益和经济效益的双增长。同时，在靠近城市的地区，发展高投入、高产出的种苗花卉业，满足城市发展和人们生活水平逐渐提高的需要。

（4）南方集体林地区主要任务是有效提高森林资源质量，建设优质高效用材林基地；集约化生产经济林，大力发展水果产业，加大林业产业的经济回收力度，调整森林资源结构和林业产业结构，提高森林综合效益。

在策略上首先应搞好分类经营，明确生态公益林和商品林的建设区域。结合退耕还林工程加快对尚未造林的荒山荒地绿化、陡坡耕地还林和灌木林的改造，利用先进的营造林技术对难利用土地进行改造，尽量扩大林业规模，强化森林经营管理，缩短森林资源的培育周期，提高集体林质量和单位面积的木材产量。另外，通过发展集团型林企合成体，对森林资源初级产品深加工，提高精深加工产品的产出。

（5）东南沿海热带林地区的主要任务是在保护好热带雨林和沿海红树林资源的前提下，发展具有热带特色的商品林业。

在策略上主要实施天然林资源保护工程、沿海防护林工程和速生丰产用材林基地建设工程。在适宜的山区和丘陵地带大力发展集约化速生丰产用材林、热带地区珍稀树种大径材培育林、热带水果经济林、短伐期工业原料林，尤其是热带珍稀木材和果品，发展木材精深加工和林化产品。

（6）西南高山峡谷地区的主要任务是建设生态公益林，改善生态环境，确保大江大河生态安全。在发展策略上应以保护天然林、建设江河沿线防护林为重点，以实施天然林资源保护工程和退耕还林工程为契机，将天然林停伐保护同退耕还林、治理荒山荒地结合进行。在地势平缓、不会形成水土流失的适宜区域，可发展一些经济林和速生丰产用材林、工业原料林基地；在缺薪少柴地区，发展一些薪炭林，以缓解农村烧柴对植被破坏的压力。同时，大力调整林业产业结构，提高精深加工产品的产出，重点应发展人造板材。

（7）青藏高原高寒地区主要任务是保护高寒高原典型生态系统

应采取全面的严格保护措施，适当辅以治理措施，防止林、灌、草植被退化，增强高寒湿地涵养水源功能，确保大江大河中下游的生态安全。同时，要加强对野生动物的保护、管理和执法力度。

（8）城市化地区

加大城市森林建设力度，将城市林业发展要纳入城市总体发展规划，突出重点，强调游憩林建设和人居林生态林建设，从注重视觉效果为主向视觉与生态功能兼顾的转变；从注重绿化建设用地面积的增加向提高土地空间利用效率转变；从集中在建成区的内部绿化美化向建立城乡一体的城市森林生态系统转变。

在重视林业生态布局的同时也要重视林业产业布局。东部具有良好的经济社会条件，用政策机制调动积极性，将基干林带划定为国家重点公益林并积极探索其补偿新机制，出台适应平原林业、城市林业和沿海林业特点的木材采伐管理办法，延伸产业，形成一二三产业协调发展的新兴产业体系。持续发展，就是要全面提高林业的整体水平，实现少林地区的林业可持续发展。

西部山西、内蒙古中西部、河南西北部、广西西北部、重庆、四川、贵州、云南、西藏、陕西、甘肃、宁夏、青海、新疆等地为我国生态最脆弱、治理难度最大、任务最艰巨的区域，加快西部地区的生态治理步伐，为西部大开发战略的顺利实施提供生态基础支撑。

南部的安徽南部、湖北、湖南、江西及浙江、福建、广东、广西、海南等林业产业发展最具活力的地区，充分利用南方优越的水热条件和经济社会优势，全面提高林业的质量和效益；加大科技投入，强化科技支撑，以技术升级提升林业的整体水平，充分发挥区域自然条件优势，提高林地产出率，实现生态、经济与社会效益的紧密结合和最大化。

北部深入推进辽宁、吉林、黑龙江和内蒙古大兴安岭等重点国有林区天然林休养生息政策，加快改革就是大力改革东北林区森林资源管理体制、经营机制和管理方式，将产业结构由单一的木材采伐利用转变到第一、二、三产业并重上来。加速构筑东北地区以森林植被为主体的生态体系、以丰富森林资源为依托的产业体系、以加快森林发展为对象的服务体系，最终实现重振东北林业雄风的目标。

另外在进行区域布局时应加强生态文明建设，“文明不仅是人类特有的存在方式，而且是人类惟一的存在方式，也就是人类实践的存在方式。”“生态文明”是在生态良好，社会经济发达，物质生产丰厚的基础上所实现的人类文明的高级形态，是与社会法律规范和道德规范相协调，与传统美德相承接的良好的社会人文环境、思想理念与行为方式；是经济社会可持续发展的重要标志，和先进文化的重要象征，代表了最广大人民群众的根本利益。建立生态文明、经济繁荣的社会，就是要按照以人为本的发展观、不侵害后代人的生存发展权的道德观、人与自然和谐相处的价值观，指导林业建设，弘扬森林文化，改善生态环境，实现山川秀美，推进我国物质文明和精神文明建设，促使人们在思想观念、思维方式、科学教育、审美意识、人文关怀诸方面产生新的变化，逐步从生产方式、消费方式、生活方式等各方面构建生态文明的社会形态。

中国作为最大的发展中国家，正在致力于建设山川秀美、生态平衡、环境整洁的现代文明国家。在生态建设进程中，我们必须把增强国民生态文明意识列入国民素质教育的重要内容。通过多种形式，向国民特别是青少年展示丰富的森林文化，扩大生态文明宣传的深度和广度。增强国民生态忧患意识、参与意识和责任意识。

第6章 现代林业的评价指标体系

构建现代林业的评价指标体系，旨在全面考察分析现代林业发展各构成要素的关系及各要素对当地经济、社会、生态的影响，系统分析和评价现代林业发展水平，通过对比分析，找出我国林业发展存在的主要问题和制约因素，为现代林业建设以及经营、决策服务，并指导整体规划的建设与管理。

从现代林业和可持续发展意义上考察一个国家或地区的林业发展水平，不仅需要分析研究经济社会发展水平和根本需求，而且需要研究森林生态系统服务能力、支撑能力和变化趋势。因此，现代林业指标体系必须从基本国情、林情和构建自然-社会-经济复合系统的角度出发，力求全面涵盖现代林业的内涵、特征，充分体现我国林业特点，满足我国经济社会发展的基本要求，并适应各种时空尺度。根据现代林业评价指标体系的构建原则，即系统全面性、通用可比性、时空动态性、操作可行性、目标导向性，在现代林业指标体系总体框架的70个候选指标中，筛选出38个可统计的核心指标，分属12个指数和四个功能层，构成了现代林业评价指标体系。现代林业评价指标体系大致划分为三个层次，即第一层次分解为生态、经济、社会和保障四个截面，称“功能层”；第二层次是对第一层次生态、经济、社会和保障四个截面的进一步分解和描述，称“指数层”，共12个指数；第三层次是对第二层次所表述的指标进行的综合，称“指标层”，共38个核心指标。

第一节 指标体系构建理论与方法

一、现代林业的评价工具

现代林业不仅是一种理论，也是一个社会实践。在现代林业发展过程中，需要各种各样的与之相关的科学技术、分析工具和科学模型，如生态技术、工程技术、管理模型、决策模型等。这些分析工具，有些本身就代表了现代林业发展过程的某种特点或规律。

采用何种综合定量的方法能够准确而充分地反映现代林业的状况或水平，对于这一问题目前并没有一个肯定的答案，或没有得到根本的解决。但是在广大学者对现代林业的研究过程中，已经提出或建立了一些比较简单易行的定量方法。随着对现代林业研究的不断系统和深入，这一问题将会逐步得到解决。

目前国内外对现代林业定量测度的研究不多，主要侧重在某些现代林业特征方面的指标研究。1992年世界自然基金会提出了度量现代林业的4个方面指标，即森林本质特征、森林健康、环境效益、社会和经济价值，它偏重于森林的质量指标。1996年张建国教授提出了只用经济指标代表现代林业的标志，显然缺乏全面性。同年林业部经济发展研究中心对现代林业指标体系框架作了设计，提出了1个综合指标体系、4个卫星指标体系（经济指标体系、环境指标体系、科技指标体系和社会指标体系）（林业部经济发展研究中心，1996）。南京林业大学的吕柳和温作民教授在此基础上做了进一步的研究，提出了比较完整的现代林业指标体系应包括状态指标、持续指标与评价指标3个层次。中国林业科学研究院设计了由“两大板块、不同尺度”构成的浙江林业现代化评价指标体系，即评价体系由“核心指标”和“特色指标”两大板块组成，“核心指标”得分是评判林业现代化发展水平的依据，满分100分；“特色指标”得分作为参考分以评判林业现代化的区域特色，满分20分。同时对不同行政设置（省级、地级、县级）测评的内容基本相同，但部分指标测评尺度不同；针对不同区域（山区、平原、沿海），在“核心指标”中设计了一些符合其自身特点的选择指标，即“调节指标”；这样，既不违背“林业现代化”的统一标准要求，又兼顾了不同区域的差异。现代林业及相关研究已在定性与定量两方面开始展开，虽已形成大量研究成果，但对现代林业及其测度研究还十分薄弱。随着现代林业内涵的更新，现代林业应作深化研究，尤其应重点开展区域性现代林业标准与指标的专门研究工作。

从现代林业和可持续发展意义上考察一个国家或地区的林业发展水平，不仅需要分析当前林业社会和经济发展，而且需要研究支撑当地经济社会发展的森林生态系统服务能力的变化趋势。

站在现代林业发展的高度，用现代林业发展理论和可持续发展理论衡量现代林业发展水平，使现代林业的标准和指标体系统一于可持续发展的宏观框架内，从而适应社会、经济、自然协同发展的需要，就必须从观念、作用、评价标准等方面对现代林业进行全面的再认识。现代林业标准的价值准则是在始终保持森林自然生产能力的生态体系和大力促进森林生态环境质量提高的环境体系的基础上，推动资源节约型的林业产业发展体系，推进社会文化发展的社会体系，加强现代林业建设的保障体系，使包括社会效益和生态效益在内的广义的现代林业发展水平的不断提升。因此，现代林业应包括“生态资源建设”、“林业产业建设”、“社会文化建设”、“林业保障建设”四个方面的内容。

二、现代林业指标体系构建程序与方法

现代林业的系统评价结果的科学性有赖于评价指标体系的科学性。指标体系构建的基本程序与方法：

1. 指标设置

系统分析、频度统计法。系统分析即根据现代林业的内涵、特征，可以不受条件的限制，凡是能够描述该系统各层次状态的所有指标尽可能全面地一一列出，这样作的目的是全方位地考虑问题，防止重要指标的遗漏。采用频度统计法对目前的研究报告论文进行统计，选用使用频度较高的指标。

2. 指标选择

独立性分析和主成份分析。初设指标往往存在指标过多、指标间意义上有交叉重复的问题，需要对指标进行选择或重组。通过独立性分析，排除相关密切的指标，选用相互独立的指标，方能获得科学的评价结果。采用主成份分析，对指标进行重组，提取具有严格独立意义的几个主成份作为系统评价的功能指标。这两种方法在指标选择中既可同时并用，也可单

独使用。

3. 专家咨询

在上述方法的基础上，进一步征求专家意见，对指标进行调整，最终确立现代林业发展指标体系。

三、指导思想与基本原则

现代林业指标体系建立的指导思想是以现代林业理论、可持续发展理论和经济发展理论为依据，从自然-社会-经济复合系统的角度出发，按照系统论的观点和系统分析方法选择标准与指标并建立其体系，力求全面涵盖现代林业的内涵、特征，充分体现我国林业特点，满足我国经济社会发展要求，并适应各种时空尺度。

现代林业发展标准涉及到经济、社会、环境、文化、管理、政策等多方面，是一个巨大的复杂系统。所以在设计指标体系的过程中，总体上必须有一个明确的原则作为构建该体系的依据。

1. 系统全面性

现代林业是复杂的巨系统，依据关联性的程度将其分门别类，划分层次，以便于分析研究。层次越往上，指标越综合，层次越往下指标越具体。设置指标体系和选用指标应当通盘考虑，评价指标的选择必须能够反映现代林业的内涵、特征。

2. 通用可比性

通用可比性指的是不同时期以及不同对象间的比较，即纵向比较和横向比较。纵向比较指同一对象这个时期与另一个时期作比。横向比较是指不同对象之间的比较，找出共同点，按共同点设计评价指标体系。对于各种具体情况，采取调整权重的办法，综合评价各对象的状况再加以比较。

3. 时空动态性

时间上的持续性是资源可持续利用的主要特征之一，而资源的空间分布是自然、人类经济活动的综合结果，并且林业自然资源的数量、质量等都随着时间和空间发生动态变化，因此，在设置和选择指标体系时，必须选择相应的指标来标度系统的动态，将时间和空间显性或隐性地包含在体系之中，使评价模型具有"活性"。

4. 操作可行性

设计评价指标时应照顾到客观条件的可能性，指标体系应力求简明、便于测评，通过一定的途径、一定的方法可以得到。无论是定性指标还是定量指标都要标准化、规范化，使所设计的指标能够在实践中较为准确地进行评价。

5. 目标导向性

评价的目的不是单纯评出名次及优劣的程度，更重要的是引导和鼓励被评价对象向正确的方向和目标发展，也即是现代林业的发展方向和目标。

第二节 现代林业评价指标体系

现代林业建设包括林业自然资源的合理保护和永续利用、生态质量的改善、生态系统功能的恢复等。林业自然资源、生态环境和生态系统是相互关联的，其中生态安全质量和土地质量（包括林地利用、林地覆盖和典型生态系统）是非常重要的。现代林业的产业建设包括林业经济以及林业经济各领域的生态效率和生态结构的提高；现代林业的（社会）文化建设包括人居环境和社会生活的绿色化、森林文化的保护等，可以归纳为生态和谐的绿色家园、绿色生活的改善和森林文化的保护与发展；现代林业建设保障包括科技保障、管理水平和资金保障，这是现代林业建设的一个重要条件。创造一个内部和外部的适宜环境，使其能在规范的、有序的、合理的轨道上发展，是实现现代林业发展目标的前提。

一、指标体系总体框架

现代林业指标体系是由生态系统、经济系统、社会系统组成的复合开放系统，为了全面准确描述该系统特征，我们将现代林业指标体系划分为三个层次，第一层次分解为生态、经济、社会和保障四个截面，称“功能层”，它标志着现代林业的内部功能差异；第二层次是对第一层次生态、经济、社会三个截面的进一步分解和描述，称“指数层”，它针对现代林业四大服务功能，予以本质上的识别；第三层次是对第二层次的所表述的指标综合，称“指标层”，这是进行定标、量化、动态实时调控的单元和要素，也是度量现代林业建设发展最

表6-1　现代林业评价指标体系框架

一级（功能层）	二级（指数层）	三级（指标层）	
名称	名称	名称	定义
1．生态资源功能	（1）资源质量指数	森林覆盖率（%）	森林面积/国土面积×100%
		林地利用水平（%）	有林地面积/林业用地面积×100%
		森林郁闭度	林冠的投影面积/林地面积
		资源增长率（%）	新造林面积/森林面积×100%
		单位面积森林蓄积量（m^3/hm^2）	森林蓄积量/森林面积×100%
		单位面积森林生长量（m^3/hm^2）	森林年生长量/森林面积×100%
		林龄结构面积比	幼龄林面积：中龄林面积：成龄林面积
		林龄结构蓄积比	幼龄林蓄积：中龄林蓄积：成龄林蓄积
		天然林比例（%）	天然林面积/森林面积×100%
		混交林比例（%）	混交林面积/森林面积×100%
		森林碳密度（t/hm^2）	碳总储量/森林面积
	（2）国土质量指数	土地荒漠化率（%）	荒漠化面积/国土面积×100%
		水土流失率（%）	水土流失面积/国土面积×100%
		水土流失治理率（%）	每年水土流失治理面积/整个水土流失面积×100%
	（3）生态保护指数	生态公益林比例（%）	生态公益林面积/森林面积×100%
		自然保护区面积比例（%）	自然保护区面积/国土面积×100%

（续）

一级（功能层）	二级（指数层）	三级（指标层）	
名称	名称	名称	定义
1. 生态资源功能	（3）生态保护指数	森林公园面积比例（%）	森林公园面积/国土面积×100%
		生态公益林建成率（%）	已建成的生态公益林面积/整个生态公益林面积
		沿海防护林建成率（%）	已建成的沿海防护林面积/整个需要建设面积
		病虫害成灾率（%）	病虫害成灾面积/森林面积
		森林火灾成灾率（%）	森林火灾成灾面积/森林面积
		林道网密度（km/hm^2）	林道网总延长/森林面积
		平原农田林网率（%）	达到国家农田林网化标准的农田面积/农田总面积×100%
		野生动物种类保护率（%）	得到保护的野生动物种类/已知野生动物种类×100%
		野生动物数量保护率（%）	得到保护的野生动物数量/已知野生动物数量×100%
		野生植物种类保护率（%）	得到保护的野生植物种类/已知野生植物种类×100%
		野生植物数量保护率（%）	得到保护的野生植物数量/已知野生植物数量×100%
		生态建设投入对外依存度（%）	来源于外部的生态建设投入/生态建设总投入×100%
2. 产业发展功能	（4）产业效益指数	投入产出比	（总收益－科技投入－物化投入）/（科技投入+物化投入）
		林业产业贡献率（%）	林业总产值/GDP×100%
		林业创汇贡献率（%）	林业出口创汇额/各产业出口创汇总额×100%
		产业规模指数（%）	规模以上林业企业数/林业企业总数×100%
		林业产业劳动生产率（元/人）	林业产业增加值/林业职工总人数
		单位面积林业产出（元/hm^2）	林业总产值/森林面积
		单位面积森林拥有林业机械数量（台/hm^2）	林业机械数量/森林面积
	（5）产业结构指数	产业结构比	第一产业产值：第二产业产值：第三产业产值
		林业高技术产业率（%）	林业高科技产业产值/林业总产值×100%
		资源对外依存度（%）	输入木材量/木材消耗总量×100%
		林业产业社会投入比重（%）	林业产业社会投入/林业产业总投入×100%

（续）

一级（功能层）	二级（指数层）	三级（指标层）	
名称	名称	名称	定义
2．产业发展功能	（5）产业结构指数	林业产业投入对外依存度（%）	来源于外部的林业产业投入/林业产业总投入×100%
	（6）产业环保指数	单位产值资源消耗量（m^3/元）	森林资源消耗量/林业工业总产值
		单位产值废物排放量（t/万元）	三废总排放量/林业工业总产值
		单位产值能耗（t /万元）	总能耗/林业工业总产值
		森林认证率（%）	森林认证面积 / 森林经营面积×100%
3．社会文化功能	（7）社会效益指数	林业就业贡献率（%）	林业就业人数/各产业从业总人数×100%
		农民增收的贡献率（%）	农民人均林业纯收入/农民人均纯收入×100%
	（8）生态家园指数	城市绿化覆盖率（%）	城市绿地总面积/土地总面积×100%
		乡村绿化覆盖率（%）	乡村居住地绿地总面积/土地总面积×100%
		城镇人均公共绿地面积(m^2/人)	公共游憩绿地总面积/城镇常住人口
		城镇人均绿地面积(m^2/人)	绿地总面积/城镇常住人口
		绿色林产品市场占有率（%）	绿色商品（林产品）产值/林产品总产值×100%
	（9）森林文化指数	森林旅游人气指数（%）	森林旅游人数/游客总人数×100%
		古树名木保存率（%）	古树名木保存数量/记录建档总数量×100%
		义务植树尽责率（%）	实际参加义务植树的人数/有义务参加植树的总人数×100%
		森林为主题的博物馆数（个/万km^2）	森林为主题的博物馆总数/国土面积
4．建设保障功能	（10）资金保障指数	单位面积生态建设投入（元/hm^2）	生态建设总投入/（生态公益林面积+森林公园面积+自然保护区面积）×100%
		生态建设财政投入比重（%）	生态建设财政投入/同级财政支出×100%
	（11）管理水平指数	资源管理信息化程度（%）	遥感实时监控面积/森林面积×100%
		管理人员知识化水平（%）	管理人员教育水平=大专以上文化程度人员数/林业管理总人数×100%
	（12）科技保障指数	良种利用率（%）	良种种子使用量/种子消耗总量×100%
		科技成果推广利用率（%）	推广利用成果数/科技成果总数×100%
		科技人员人均专利数（项/人）	发明专利获得数/林业科技人员数
		科技人员人均成果数（项/人）	科研成果鉴定数/林业科技人员数
		科技人员人均论文数（篇/人）	科技论文发表数/林业科技人员数

（续）

一级（功能层）	二级（指数层）	三级（指标层）	
名称	名称	名称	定义
4. 建设保障功能	（12）科技保障指数	万人拥有科技人员数(人／万人)	林业科技人员数／（林业就业人数×10000）
		林业从业人员学历构成（%）	博士毕业人数/林业就业人数
			硕士毕业以上人数/林业就业人数
			本科毕业以上人数/林业就业人数
			专科毕业以上人数/林业就业人数
			高中毕业以上人数/林业就业人数
			初中毕业以上人数/林业就业人数
		林业科技人员人均经费(元／人)	林业科技投入/林业科技人员数
		林业科技投入比例（%）	林业科技投入/（林业生态投入＋林业产业投入）×100%
		万人均林业科普专职人员（人）	林业科普专职人员/社会人口
		万人均年度林业科普经费使用额（元）	林业科普总经费/社会人口

有效、最直接、最基层的元素。

由此，我们构建出了一个分层次的现代林业评价指标体系（表6-1）。现代林业指标体系总体框架由68个候选指标组成，分属12个指数和4个功能层。

二、核心评价指标

在现代林业指标体系总体框架的70个候选指标中，筛选出38个可统计的核心指标，分属12个指数，构成了现代林业评价指标体系，具体如下。

（一）现代林业的生态资源

1. 森林资源质量指数

（1）森林覆盖率

森林覆盖率指一个国家或地区森林面积占土地面积的百分比。

森林覆盖率（%）＝森林面积／土地总面积×100%

（2）林地利用水平

有林地面积占林业用地的比率来表示林地利用水平。有林地面积指由乔木树种构成，郁闭度0.2以上(含0.2)的林地或宽度在8m以上的林带面积；林业用地面积指生长乔木、竹类、灌木、沿海红树林等林木的土地面积，包括有林地、灌木林、疏林地、未成林造林地、无林地、苗圃地等。

林地利用水平＝有林地面积／林业用地面积×100%

（3）森林碳密度

碳汇是指森林吸收并贮存二氧化碳的多少或者说是森林吸收贮存二氧化碳的能力。

碳汇计算方法如下：

每年的二氧化碳气体的净贮存量：单位（t）

$\Delta N = N(t) - N(t-1)$

$N(t) = \Sigma((NA(t) + NB(t))_i \times A_i)$

$NA(t) = T(t) \times 0.5$

$T(t) = SV(t) \times BEF \times WD$

$NB(t) = T(t) \times R \times 0.5$

式中：ΔN——每年碳贮存量的变化；

$N(t)$——第t年碳贮存量；

$NA(t)$——每公顷土地面积上的第t年地上部的生物量（单位：t/hm^2）；

$NB(t)$——每公顷土地面积上的第t年地下部的生物量（单位：t/hm^2）；

A_i——第i层所占的面积（hm^2）；

$T(t)$——每公顷土地面积上第t年地上部的生物量（干材的重量：t/hm^2）；

0.5——系数（木材的干重转换成木材的碳贮存量）；

$SV(t)$——第t年每公顷面积上的木材贮积量（m^3/hm^2）；

WD——树干密度（吨/m^3）；

BEF——（从木材储积量转变到整株蓄积量）生物量转换因子（去皮）；

R——根的生物量/枝的生物量的比率。

森林碳密度是指单位森林面积中森林碳总储量。固碳是增加温室气体汇（吸收）、减缓气候变暖、保护人类生存环境的重要途径，对于我国的环境保护与履行国际公约将起到重要作用。

森林碳密度=碳总贮量／森林面积

（4）单位林分面积蓄积量

指单位森林林分面积的活立木蓄积量，反映林分质量，以及森林生物量的消长和密度，同时也表达了森林龄级结构情况，是表示森林资源的丰富程度、衡量森林生态环境优劣的重要依据。

单位林分面积蓄积量＝活立木蓄积量／林分总面积

2. 国土质量指数

（1）水土流失率

水土流失率指水土流失面积占整个国土面积的比例表示，用来衡量水土保持状况的环境性指标。水土流失的发生与植被有着密切的关系，森林退化无疑是加剧水土流失最重要的因素之一，因此作为最重要的陆地生态系统的森林，对水土保持起着不可代替的作用。

水土流失率=水土流失总面积／国土面积×100%

（2）水土流失治理率

水土流失治理率是每年水土流失治理面积占整个水土流失面积的比例。

水土流失治理率＝每年水土流失治理面积／整个水土流失面积×100%

（3）荒漠化比例

按照1994年10月在巴黎签署的《联合国防治荒漠化公约》中的定义，“荒漠化系指包括气候变异和人类活动在内的种种因素造成的干旱、半干旱和亚湿润干旱地区的土地退化”。

荒漠化率 = 荒漠化面积 / 国土面积的比例 × 100%

3. 生态保护指数

（1）生态公益林比例

生态公益林比例用森林发生灾害的程度来表示，是灾害（病虫害、火灾及其他灾害）发生面积在整个森林面积中发生的比率。

生态公益林比例（%）= 生态公益林面积/森林面积 × 100%

（2）森林灾害程度

指森林发生病虫害、火灾及其他灾害的程度。

森林灾害程度（%）= 灾害（病虫害、火灾、及其他灾害）发生面积 / 森林面积 × 100%

（3）自然保护区

自然保护区分广义和狭义两种，广义的自然保护区是指受国家法律特殊保护的各种自然区域的总称，不仅包括自然保护区本身，而且包括国家公园、风景名胜区、自然遗迹地等各种保护地区。狭义的自然保护区是指以保护特殊生态系统进行科学研究为主要目的而划定的自然保护区，即严格意义的自然保护区。通常说的自然保护区是指狭义的自然保护区。

自然保护区面积率 = 自然保护区面积/国土面积 × 100%

（4）平原农田林网率

平原农田林网率是反映平原地区农田生态保护的重要指标，指达到国家农田林网化标准的农田面积与农田总面积之比。

平原农田林网率（%）= 达到国家农田林网化标准的农田面积 / 农田总面积 × 100%

（二）现代林业的产业建设

1. 产业效率指数

（1）投入产出比率

投入产出比是指纯收益与科技投入和物化投入的比例。

投入产出率 =（总收益 − 科技投入 − 物化投入）/（科技投入+物化投入）

（2）劳动生产率

根据产品的价值量指标计算的平均每一个职工在单位时间内的产品生产量，是考核企业经济活动的重要指标，是企业生产技术水平、经营管理水平、职工技术熟练程度和劳动积极性的综合表现。目前我国的全员劳动生产率是将工业企业的工业增加值除以同一时期全部职工的平均人数来计算的。

全员劳动生产率 = 产业增加值 / 全部职工平均人数

（3）土地生产率

土地生产率是反映土地生产能力的一项指标，通常用生产周期内单位面积土地上的产品数量或产值来表示。某一地区某种土地生产率的高低，取决于土地本身的特点（如地形、土壤、土壤母质等）、土地所处的自然环境条件（如气候、温度、热量、降水、植被等）和社会经济条件（如人口素质、交通运输、经济发展状况、科学技术水平等）。在相同的自然条件下，土地的生产率主要取决物质的投入、科学技术和经营管理水平。

评价土地生产率的指标主要有：①以实物量表示的指标：a. 林产品亩产量=林产品总产量 / 森林经营面积（或收获面积）；b. 草地（牧场）亩均畜产品产量（载畜量）=畜产品总

产量（饲养牲畜总头数）/ 草地（牧场）面积；②以货币量表示的指标：a. 每亩林地面积种植业产值=种植业总产值（增加值）/ 林地面积；b. 每亩土地面积林牧业产值=林牧渔业总产值（增加值）/ 土地面积；c. 每亩土地面积林业社会总产值=林业社会总产值 / 土地面积。以货币量表示的土地生产率指标，除受生产结构和各部门产品的经济价值不同的影响外，还受不同时期林产品价格变动的影响。

2. 产业结构指数

（1）林业产业结构比

用林业二、三产业在林业行业中产值中的比重来反映林业产业结构的发展水平。指林业工业、森林旅游业、林业服务业等在林业行业总产值中的比重，反映林业产业结构发展水平。随着社会经济发展水平的提高，必然带来消费结构、市场需求的一系列变化，同时也包括产业结构的新一轮的“升级”及“转移”。林业产业结构的“升级”及“转移”是现代林业发展的重要特征之一。

二、三产业比重 = 二、三产业总产值 / 林业行业总产值 × 100%

（2）资源对外依存度

资源对外依存度，是外贸进出口总额占林业生产总值的比重，是反映外向型经济的强度指标，它体现经济的国际化水平和对外贸易在林业经济中的重要程度和对外依赖程度。

国外原料依存度 = 木材等原料进口总值 / 木材等原料总消耗值 × 100%

（3）林业高技术产业率

产业结构高度化是指产业结构从较低水平状态向较高水平状态发展的动态过程，即产业结构向高技术化、高知识化、高资本密集化、高附加值化发展。

林业高技术产业率（%）= 林业高科技产业产值 / 林业总产值 × 100%

3. 产业环保指数

（1）单位产值资源消耗量

单位产值资源消耗量是指林产品加工企业万元产值所消耗的木材、竹材等材料的消耗量，以衡量企业的精加工程度和资源利用效率。

单位产值资源消耗量（m^3/元）= 森林资源消耗量 / 林业工业总产值

（2）单位产值废物排放量

单位产值废物排放量是指加工企业每创造一万元产值所排放的废水、废气、费料等总量，以吨计。

单位产值废物排放量（t/万元）= 三废总排放量 / 林业工业总产值。

（3）单位产值能耗

单位产值能耗是指加工企业万元产值的能源消耗量，包括电力、煤炭、石油等能源，以吨标准煤计。

单位产值能耗（t /万元）= 总能耗 / 林业工业总产值

（4）森林认证

森林认证通常包括森林可持续经营的认证和林产品产销监管链的认证。森林可持续经营认证是按照公认的原则和标准，对申请认证的森林经营单位的经营管理活动进行评估，评估内容包括森林调查、经营规划、营林、采伐、森林基础设施、有关的法律、法规，以及环境、经济和社会等方面。林产品产销监管链认证是对林产品从原产地森林经营。到原木的采伐及其运输、加工、流通直至最终消费者的整个过程进行认证。由于林产品从原产地的森林到产品再到达最终消费者手中这个过程形成了一个链，所以森林产品的认证又称为产销监管链认证。

森林认证率＝森林认证面积／森林经营面积×100%

（三）现代林业的（社会）文化建设

1. 社会效益指数

（1）林业就业贡献率

林业就业贡献率是指林业行业对社会就业的贡献程度。

林业就业贡献率（%）＝林业就业人数／各产业从业总人数×100%

（2）农民增收的贡献率

农民增收的贡献率是指林业为林农提供的收入贡献。

农民增收的贡献率（%）＝农民人均林业纯收入／农民人均纯收入×100%

2. 生态家园指数（绿色生活）

（1）城市绿化覆盖率

城市绿化覆盖率体现城市绿化总量，包含绿地因子和非绿地因子的绿化量，是城市中各种绿地总面积占调查地区总面积的百分比。

城市绿地覆盖率（%）＝绿地总面积／土地总面积×100%

（2）乡村绿化覆盖率

乡村绿化覆盖率体现乡村绿化总量，包含绿地因子和非绿地因子的绿化量，是乡村中各种绿地总面积占调查地区总面积的百分比。

乡村绿地覆盖率（%）＝绿地总面积／土地总面积×100%

（3）城镇人均公共绿地面积

城镇人均公共绿地面积指城镇公共绿地面积的人均占有量，公共绿地包括公共人工绿地、天然绿地，以及机关、企事业单位绿地。城镇人均公共绿地面积体现城镇人均公共游憩绿地水平。

人均公共绿地面积（m^2／人）＝公共游憩绿地总面积／城镇常住人口

（4）绿色林产品市场占有率

绿色消费，包括的内容非常广泛，不仅包括绿色产品，还包括物资的回收利用，能源的有效使用，对生存环境，对物种的保护等，可以说涵盖生产行为、消费行为的方方面面。国际上一些环保专家把绿色消费概括成5R，即：节约资源，减少污染（Reduce）；绿色生活，环保选购（Reevaluate）；重复使用，多次利用（Reuse）；分类回收，循环再生（Recycle）；保护自然，万物共存（Rescue）等五个方面。结合林业生产和林产品消费市场的特点，绿色消费水平用绿色林产品在整个林产品生产中的比重表示。绿色商品是指符合环保要求省能源、低污染、可回收对生态环境无害使用不影响人体健康的产品。

绿色林产品市场占有率（%）＝绿色商品（林产品）产值／林产品总产值×100%

3. 森林文化指数

森林文化，在广义上是人类在社会实践中所创造的与森林有关的物质财富和精神财富的总和。在狭义上，指与森林有关的社会意识形态，以及与之相适应的制度和组织机构、风俗习惯和行为模式。在文化结构上，可分为物质、制度、行为、精神四个层次。

森林文化结构层次如下：

- 森林文化
  - 森林产品：木材、药材、果品；木制家具、建筑、园林、古树名木等
  - 森林文化理论
    - 基础理论：森林伦理、森林哲学、森林美学等
    - 应用理论：木文化、竹文化、森林宗教、森林旅游
  - 森林技术：林学理论、应用技术；森林生态理论、技术等
  - 森林组织、制度
    - 森林组织：生产机构、管理机构、学术机构、森林博物馆
    - 森林制度：技术规范、认证制度、森林法律法规等
  - 森林艺术：森林文学、森林绘画、森林音乐、森林公园、森林游乐场

森林文化的外延产品，即森林物质产品、森林技术等在产业标准和生态标准中得到了反映，森林文化主要通过对森林文化的保护和人民的意识的提高来表示，即用古树名木保存率、公民义务植树尽责率和以森林为主题的博物馆数来表示。

（1）古树名木保存率

古树名木一般系指在人类历史过程中保存下来的年代久远或具有重要科研、历史、文化价值的树木。古树指树龄在100年以上的树木；名木指在历史上或社会上有重大影响的中外历代名人、领袖人物所植或者具有极其重要的历史、文化价值、纪念意义的树木。古树名木保存率是指古树名木保存数量占记录建档的总数量的百分比。

古树名木保存率=古树名木保存数量／记录建档总数量×100%

（2）公民义务植树尽责率

《关于开展全民义务植树运动的实施办法》规定，凡是中华人民共和国公民，男11岁至60岁，女11岁至55岁，除丧失劳动能力者外，均应承担义务植树任务。

义务植树尽责率＝实际参加义务植树的人数／有义务参加植树的总人数

（3）以森林为主题的博物馆数

1974年6月，国际博物馆协会于哥本哈根召开第11届会议，将博物馆定义为“是一个不追求营利，为社会和社会发展服务的公开的永久机构。它把收集、保存、研究有关人类及其环境见证物当作自己的基本职责，以便向公众展示，为他们提供受教育和欣赏的机会。”

森林为主题的博物馆数=森林为主题的博物馆总数／国土面积（单位：个/万km^2）

（四）现代林业建设保障

1. 资金保障指数

（1）单位面积生态建设投入

单位面积生态投入水平：按单位生态林面积的资金投入表示。

单位面积生态建设投入（元/hm^2）＝生态建设总投入／（生态公益林面积＋森林公园面积

+自然保护区面积）×100%

（2）生态建设财政投入比重

林业生态投入占财政支出中的比重是按用于林业生态建设方面的资金占整个财政支出的比重。生态投入包括生态公益林的建设、自然保护区的建设、防护林的建设等用于保护森林生态环境和生物多样性等方面而对林业的投入水平。

生态建设财政投入比重（%）= 生态建设财政投入 / 同级财政支出 ×100%

2. 管理水平指数

（1）资源管理信息化程度

资源管理信息化程度指实行森林资源、林地等信息化管理、实时灾害监控的小班数占林区总小班数的百分比。规范、迅捷、高效的林业管理体系是现代林业发展的必要保证，也是体现现代林业的时代特征的重要内容。

资源管理信息化程度 = 森林资源、林地等信息化管理、实时灾害监控的小班数 / 林区总小班数 ×100%

（2）管理人员教育水平

管理人员教育水平用以大专以上文化程度人员占林业管理总人数的比例来表示。

管理人员教育水平 = 大专以上文化程度人员 / 林业管理总人数 ×100%

3. 科技保障指数

（1）科技成果推广利用率

科技成果推广利用率是指已推广利用成果数占总鉴定的成果数的百分比。

科技成果推广利用率（%）= 推广利用成果数 / 科技成果总数 ×100%

（2）万人拥有科技人员数

万人拥有科技人员数是指每万林业就业人数中林业科技人员所占的百分比。

万人拥有科技人员数（人 / 万人）= 林业科技人员数 / （林业就业人数 ×10000）

（3）林业科技投入比例

林业科技投入占林业总投入的比例反映的是林业科技投入的总水平，是林业创新的资金保障。

林业科技投入比例（%）= 林业科技投入 / （林业生态投入 + 林业产业投入）×100%

（4）万人均科普专职人员

指从事科普工作时间占其全部工作时间60%及以上的人员。包括各级国家机关和社会团体的林业科普管理工作者，科研院所和大中专院校中从事林业专业科普研究和创作的人员，专职科普作家，中小学专职科技辅导员，各类科普场馆的相关工作人员，科普类图书、期刊、报刊科技（普）专栏版的编辑，电台、电视台科普频道、栏目的编导，科普网站信息加工人员等。

万人均科普专职人员 = 林业科普专职人员/社会人口

三、指标运用与评价方法

（一）指标数据的标准化

数据标准化处理主要包括数据同趋化处理和无量纲化处理两个方面。数据同趋化处理主要解决不同性质数据问题，对不同性质指标直接加总不能正确反映不同作用力的综合结果，须先考虑改变逆指标数据性质，使所有指标对测评方案的作用力同趋化，再加总才能得出正确结果。数据无量纲化处理主要解决数据的可比性，在此我们采用指数化处理方法。

数据标准化方法有多种，归结起来主要有直线型方法、折线型方法和曲线型方法三大类。其中最常用的是直线型方法。直线型标准化方法是在将指标实际值转化为不受量纲影响的指标评价值时，假定二者之间呈线性关系，指标实际值的变化引起指标评价值一个相应的比例变化。直线型标准化方法主要有阈值法、Z-core法、比重法等。

设

$$X = (X_1\ X_2\ \cdots\ X_p) = \begin{pmatrix} x_{11} & x_{12} & \cdots & x_{1p} \\ x_{21} & x_{22} & \cdots & x_{2p} \\ \cdots & \cdots & \cdots & \cdots \\ x_{n1} & x_{n2} & \cdots & x_{np} \end{pmatrix}$$

样本的期望值，样本的均方差S_j

$$x_{ij} = \frac{x_{ij} - \bar{x}_j}{S_j}\ (i = 1, 2, \cdots, n;\ j = 1, 2, \cdots, p)$$

在现代林业发展水平评价过程中，各指标权重的确定是关键。现代林业发展水平的评价涉及到多截面、多指标，截面与指标之间、截面之间及指标之间的交互作用过程永远是一个灰色系统，是确定性和随机性的统一。这里采用层次分析方法（Analytical Hierarchy Process，简称AHP法）确定指标权重。AHP法是基于系统论中的“层次性原理”创建起来的，将众多复杂因素分解成若干相互联系的有序层次，使之条理化，针对某种事物，就不同因素的相对重要性，逐一进行两两对比判断，把人的主观判断用数量的形式表达和处理，定性分析、定量分析相结合确定不同因素的权重。目前AHP法已广泛用于处理多因子权重问题。

（二）指标合成方法与计算

建立了现代林业的标准和指标体系后，必须对这些指标进行综合量化，量化的方法是从基层到高层，直至最后复合成一个具体数值，其具体的数学模型为：

$$R = \sum_{i-1}^{3} a_i \cdot \left(\sum_{j-1}^{n} a_{ij} \cdot R_{ij}\right)$$

式中α_i（i=1，2，3）、α_{ij}（j=1，2，3，…，n）为不同层次指标团或指标的权重；R_{ij}为基层指标标准化化数值；R表示区域现代林业发展水平，可以此来表征不同区域现代林业发展水平差异，也可用来分析同一区域不同时段的现代林业发展水平的变化趋势。

中国幅员辽阔，地形多样，类型齐全，山地、高原、丘陵、盆地、平原、戈壁、沙漠、洞穴无不典型壮观。地形分布的规律是地势西高东低，呈三级阶梯，自西而东，逐级下降。中国平原少，山地多，陆地高差悬殊。山地、高原、丘陵等约占总面积的66%，平地约占34%。全国近70%的县区分布于山区。山地和高原多集中于西部地区。由于受不同地理区域的影响，依据地域差异性进行生态经济区划，森林资源发展受到包括经营目的和土地质量在内的制约。

另外，中国不同区域的地理规模、人口规模、经济规模、生态环境具有多样性。因此，对不同行政设置（省级、地级）的评价内容基本相同，但部分指标测评尺度不同；针对不同区域（山区、平原、沿海），在“核心指标”中可选择一些符合其自身特点的选择指标，即“调节指标”；这样，既不违背现代林业评价的统一标准要求，又兼顾了不同区域的差异。

第三节　典型案例—浙江林业现代化指标体系

考虑到林业现代化发展进程的动态性，采用相关分析、主成分分析及GM (1, N) 模型，在专家讨论确定的50个候选指标中，筛选出23个核心指标，分属13个指数。运用层次分析法、专家咨询法和客观赋权方法确定权重。此外，浙江林业现代化必须走具有浙江特色的发展之路，增加了特色指标，作为评价林业现代化的区域特色。

一、指标体系构建原则

林业现代化评价指标涉及到经济、社会、环境、管理等多方面，是一个巨大的复杂系统，在设计指标体系过程中，须有明确的原则作为构建该体系的依据。选择指标的一般原则：

（1）系统层次性。浙江省林业现代化是复杂的巨系统，依据关联性的程度将其分门别类，划分层次，以便于分析研究。层次越往上，指标越综合，层次越往下指标越具体。

（2）时空可比性。量化指标元素口径一致，提供相互可比的量化信息；不同地域的发展水平或者同一地域不同时间的发展进程之间的可比。

（3）可操作性。即指标的易得性和简明性相结合。可以获得连续的官方统计数据，避免随机波动，要求指标体系可操作、可测，便于把握，力求简洁易行。

（4）指标开放性。指标体系需反映浙江林业现代化的典型特征，同时，随着林业现代化的发展，新的特征会出现，对于新的变化，指标是可调节的。

（5）数量适度性。指标数量不宜过多或过少。指标过多，评价难度大。指标过少，评价不稳定。

二、指标体系构成

浙江林业现代化评价指标体系由“两大板块、不同尺度”构成：

（1）两大板块：评价体系由“核心指标”（表6-2）和“特色指标”（表6-3）两大板块组成（核心指标的含义见附录一）。“核心指标”得分是评判林业现代化发展水平的依据，满分100分；“特色指标”得分作为参考分以评判林业现代化的区域特色，满分20分。

（2）不同尺度：对不同行政设置（省级、地级、县级）测评的内容基本相同，但部分指标测评尺度不同；针对不同区域（山区、平原、沿海），在“核心指标”中设计了一些符合其自身特点的选择指标，即“调节指标”。这样，既不违背“林业现代化”的统一标准要求，又兼顾了不同区域的差异。

三、指标组成

表6-2 浙江林业现代化核心指标

指　　标	代码	权重	单位	尺　　度			
				省级和地级	山区县	平原县和嘉兴市	沿海、海岛县和舟山市
综合指数		1.0000					
1.林业资源优丰度	A	0.3510					
(1)资源丰富指数	A1	0.2755					
有林地与林业用地面积比例	A11	0.50	%	0～98	0～98	0～98	0～98
单位国土面积的绿量	A12	0.50	%	1～7	1～7	1～5	1～6
(2)资源优质指数	A2	0.3909					
森林碳密度	A21	0.6	吨/hm^2	0～300	0～300	0～350	0～250
单位森林面积蓄积量	A22	0.4	m^3/hm^2	0～120	0～120	0～120	0～80
(3)城市林业发展指数	A3	0.3333					
城镇人均公共绿地面积	A31	0.40	m^3/hm^2	15	15	15	15
城市绿地率	A32	0.30	%	42	42	42	42
城市绿化覆盖率	A33	0.30	%	48	48	48	48
2.生态安全度	B	0.2548					
(4)生态建设指数	B1	0.5212					
生态公益林建成率	B11	1.00	%	0～95	0～95	0～95	0～95
沿海防护林建成率	B12		%	0～95	0～95	0～95	0～95
(5)国土安全指数	B2	0.3689					
森林成灾率	B21	0.58	%	0.1～5	0.1～5	0.1～5	0.1～5
水土流失率	B22	0.42	%	5～30	5～30	2～10	5～30
(6)生态保护指数	B3	0.110					
保护区占国土面积比例	B31	0.50	%	8	8	8	8
公园（含湿地）占国土面积比例	B32	0.50	%	6	6	6	6
3.产业经济高效度	C	0.2304					
(7)集约经营指数	C1	0.4327					
单位商品林面积林产品产值	C11	1.00	元/hm^2	0～6000	0～6000	0～6000	0～6000
(8)产业结构指数	C2	0.3307					
三产业占林业总产值比重	C21	1.00	%	0～80	0～80	0～80	0～80

（续）

指　　标	代码	权重	单位	尺　　度			
				省级和地级	山区县	平原县和嘉兴市	沿海、海岛县和舟山市
(9)产业效率指数	C3	0.2366					
工业全员劳动生产率	C31	1.00	万元/人	0～16	0～16	0～16	0～16
4.社会保障力度	D	0.1638					
(10)科技保障指数	D1	0.3889					
林业科技贡献率	D11	1.00	%	0～80	0～80	0～80	0～80
(11)生态建设投入指数	D2	0.2741					
林业生态建设投入占财政支出中的比例	D21	0.55	%	0～1.0	0～1.0	0～1.0	0～1.0
单位面积生态建设水平投入	D22	0.45	元/ hm^2	0～900	0～900	0～900	0～900
(12)科学管理指数	D3	0.1838					
资源管理信息化程度	D31	0.60	%	100	100	100	100
管理人员知识化水平	D32	0.40	%	0～80	0～80	0～80	0～80
(13)社会公平指数	D4	0.1532					
林业职工收入与社会职工收入比率	D41	0.40	%	0～100	0～100	0～100	0～100
农民收入与城市居民的收入差距	D42	0.60	%	0～100	0～100	0～100	0～100

表6-3　浙江林业现代化特色指数指标构成

指　　标	代码	权重	单位	尺　　度		
				省级	地级	县级
1．特色产业比重	E1	0.2	%	0～50	0～60	0～70
2．林产品专业市场交易率	E2	0.2	%	0～30	0～40	0～50
3．林特产业合作社比重	E3	0.2	%	0～50	0～60	0～70
4．林源生物产业比重	E4	0.2	%	0～30	0～40	0～50
5．林业投入的非公资金比重	E5	0.2	%	0～50	0～60	0～70

四、浙江林业现代化综合发展水平分析

自从改革开放以来，浙江省林业现代化总体水平稳步上升，1979年得分仅为22.28，1999年上升至48.34，到2004年浙江林业现代化综合指数已经得到53.88分，但各主体指标发展水平是不均衡的（表6-4和图6-1）。浙江林业现代化建设就不同区域而言其发展是不平衡的，

表6-4 不同时期浙江林业现代化发展实现程度

单位：%

时 间	1979	1986	1989	1994	1999	2004
综合指数	22.28	25.18	28.98	32.52	43.67	53.88
1. 林业资源优丰度	31.01	33.07	35.74	41.31	48.34	56.92
2. 生态安全度	22.64	21.73	30.97	32.23	45.79	56.57
3. 产业经济高效度	10.78	16.44	16.17	20.82	39.89	50.61
4. 社会保障度	19.17	25.94	29.44	30.59	35.66	47.81

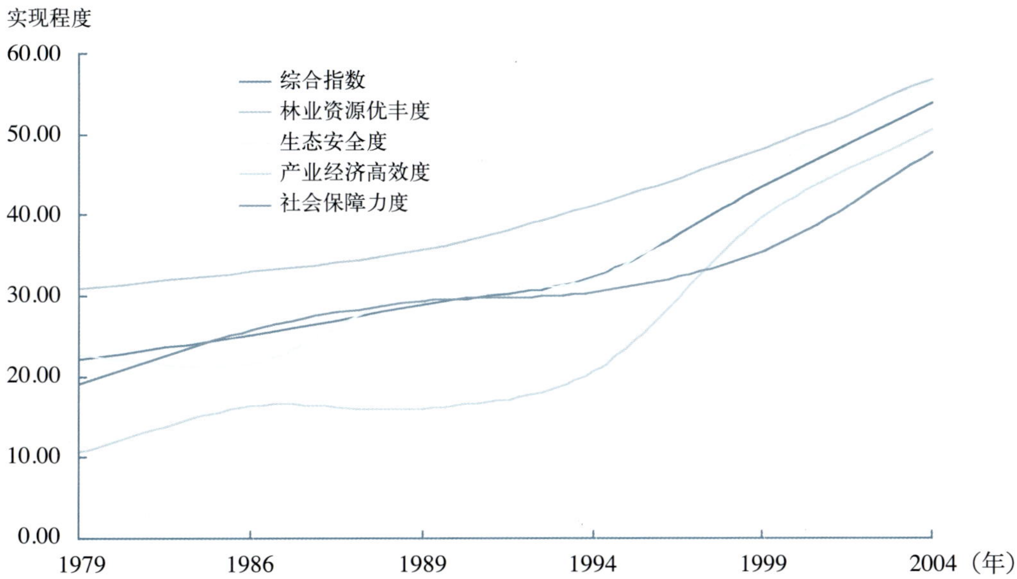

图6-1 浙江林业现代化发展进程（%）

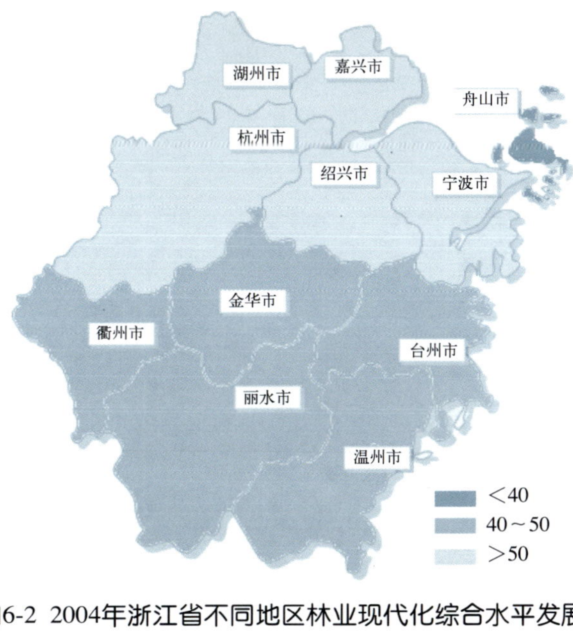

图6-2 2004年浙江省不同地区林业现代化综合水平发展示意图

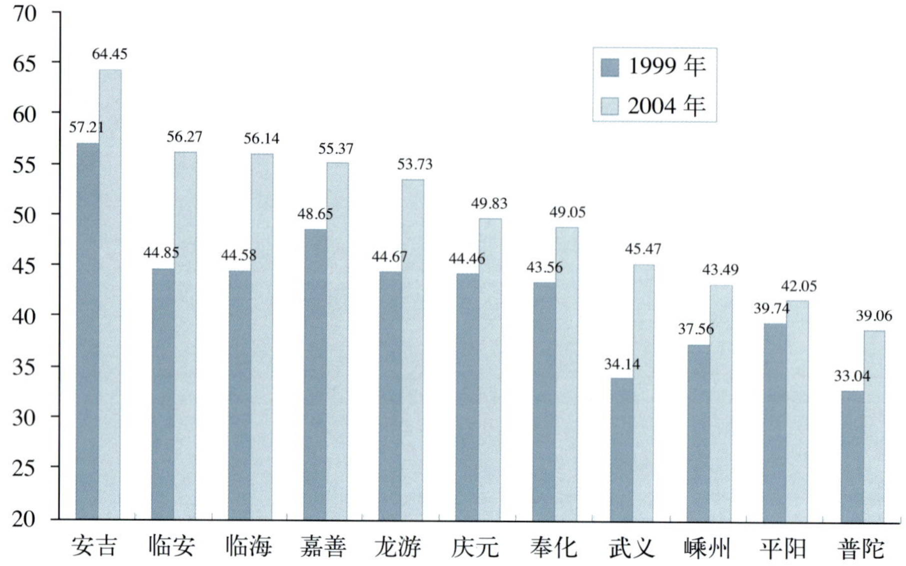

图6-3 1999年和2004年浙江省部分县林业现代化综合水平发展指数（%）

少数地区已开始或已经进入林业现代化初步实现阶段，大部分地区还处于起步阶段（图6-2、图6-3）。

通过浙江林业现代化的综合评价分析表明，2004年，浙江省林业现代化实现程度为53.88%，处于起步阶段，离初步实现林业现代化还有不少距离。经预测，保持目前的发展速度，部分指标近期可达到初步实现林业现代化甚至基本实现林业现代化的要求，如林业资源丰富指数、国土安全指数和林业产业结构指数实现程度均已超过60%。但林业资源优质指数、生态投入指数、科学管理指数等实现程度只有30%略强，离实现林业现代化的目标值还有相当大的距离。因此，林业生态投入水平、森林资源质量、林业管理手段等是当前主导浙江省实现林业现代化的关键问题。

综合上述分析，浙江林业现代化进程具有以下特点：林业现代化总体水平稳步上升，其发展进程和发展速度呈明显的阶段性；各主体指标发展水平不均衡性；浙江林业现代化建设就不同区域而言其发展不平衡性。

第7章 森林价值与绿色国民经济核算

在支撑当今经济社会可持续发展的物质、文化和生态等三大类产品中，生态产品已成为社会最短缺、最急需和大力发展的产品，提高生态产品的供给能力已成为林业部门极为重要、艰巨和迫切的任务。因此，必须及时开展森林价值及绿色国民经济核算研究，客观地评价林业为国民经济发展和人民生活提高所做出的贡献，准确地反映森林资源的变化和经济发展对森林资源的影响，反映森林资源对可持续发展的支撑力，为国家制定促进森林资源可持续发展的政策提供科学依据。

2004年4月，国家林业局、国家统计局联合启动并开展的“中国森林资源核算及纳入绿色GDP研究”项目，立足国内外已有最新研究成果并结合中国森林资源管理及国民经济核算的实践，形成了一套比较系统的中国森林核算方法，在理论上、方法上取得了较大突破，力求从森林存量到森林流量、从森林开发到森林保护、从森林经济功能到森林生态功能，构建科学、系统的核算体系，在全面衡量森林的存量和带来的产出的基础上，重点核算和确认了森林生态服务产出，为全面衡量森林与经济社会发展的关系和贡献提供了依据。为推进全国森林核算工作的规范化、实用化，在进行理论和方法研究的基础上，结合国内外相关森林核算研究的经验，提出了可指导全国、省（自治区、直辖市）、市（县）等不同核算层次开展森林核算的框架。该框架阐明了核算的基本思路、理论与方法，明确了核算范围、内容和技术规程及组织结构，制定了基本核算表式，规范了核算程序，为今后开展省级和区域森林核算提供了重要的技术规范和适用的操作手册。

第一节 核算理论与方法

基于森林的绿色国民经济核算，简称森林核算，是按照绿色国民经济核算原理针对森林对象所进行的核算，目的是对森林和林业活动进行全面计量，为实现森林可持续经营和林业可持续发展提供依据，为构建绿色国民经济核算体系提供支持。

森林核算是国际前沿研究领域，尚没有形成获得广泛认可的权威性核算理论和方法。本项目在吸收国际、国内最新研究成果的基础上，结合中国实际，构建了森林核算的框架和内容，确定了核算原则和具体核算的方法，体现了森林核算理论与方法方面的创新探索，为进行中国森林核算提供了理论与方法保证。

一、森林的功能与价值界定

1. 生态系统服务

生态系统功能是生态系统中生物与环境之间相互作用形成的，实现生态系统的生产、分解、交换及其自身的生长发育的复杂生态过程，主要包括了能量流动和物质循环过程。从生态学意义上理解，生态系统功能侧重于反映生态系统的自然属性。生态系统服务是指生态系统与其生态过程所形成及维持的人类赖以生存的自然环境条件与效用，它为人类提供直接的和间接的、有形的和无形的效益，其来源既包括自然生态系统，也包括人类改造的生态系统，反映了人类对生态系统功能的利用。

2. 森林生态系统服务

森林是地球上系统结构最复杂、物种最丰富、功能与效益最多样的陆地生态系统类型，是陆地生态系统的主体。森林生态系统通过与土壤、大气、水体在多界面、多层次、多尺度上进行物质与能量交换，对维系地球生命支持系统和经济社会的可持续发展起着至关重要的作用。

森林生态系统服务体现在森林对人类生产生活与生存发展产生的直接或间接的影响，包括生态、经济、社会等诸多方面（图7-1）：一是为人类提供食物、工农业原料、药品等可以商品化的功能；二是提供涵养水源、保育土壤、固碳释氧、改善气候、净化空气、森林防护、保护生物多样性、景观游憩等生态服务；三是提供健康、精神、宗教和科学等方面的文化服务。其中，森林在生态与社会等方面服务功能远比物质产品服务更重要。因此，森林生态与文化服务核算是森林资源核算及纳入国民经济核算体系不可或缺的部分，对正确处理经济社会发展与生态环境保护之间的关系具有至关重要的作用。

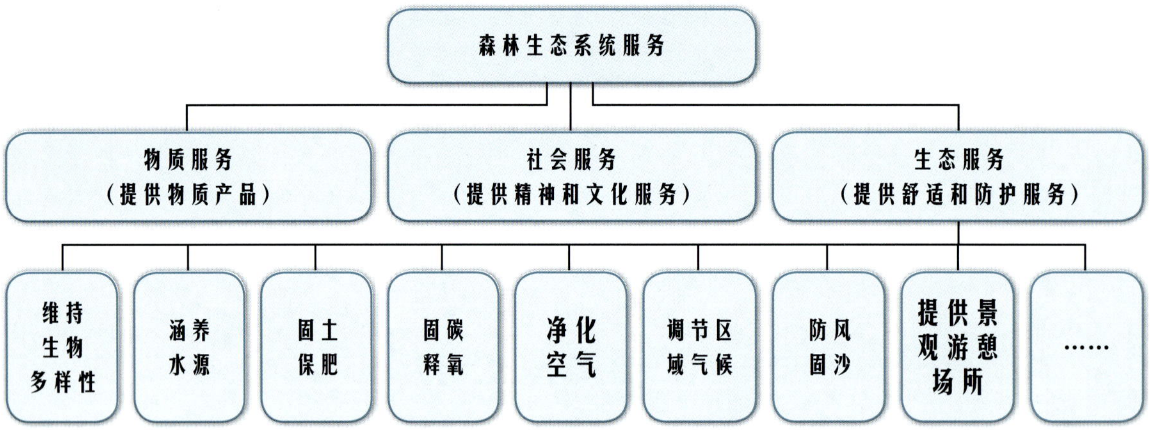

图7-1 森林生态系统服务分类图

3. 森林生态系统服务分类体系

迄今为止，全世界尚无统一的森林生态系统服务的分类和评价指标体系，各国使用的体系都有一定差异。综合国内外研究成果，森林生态系统服务主要体现在3个方面：①物质生产，指森林为人类所需的实物价值 (林地、木材及林副产品等)，即直接经济效益；②森林的多种生态服务(调节气候、涵养水源、保育土壤、固碳释氧、净化大气环境、保护生物多样性、防风固沙、景观游憩等)的价值；③森林的社会和文化服务（森林提供自然环境的美学、精神和文化等）的价值。

森林产品和服务的形成与实现有两条途径，第一是通过人类对森林资源的开发活动实现的，如采伐树木、采摘森林果实等；第二是通过森林的自然机能传递实现的，绝大部分森林服务都是通过这样的途径传递。在一个市场经济体系中，相当大一部分森林产品生产属于市场经济活动，通过市场实现产品供应与需求间的对接，但也存在大量不通过市场、属于自产自用的森林产品生产活动。森林服务，则是另一番景象：只有一小部分提供的服务实现了市场化，比如森林旅游中的森林游憩服务，而绝大多数森林服务都属于公共产品。

从核算角度看，传统经济核算主要着眼于森林产品，尤其是被市场化的那部分森林产品。要进行全面的森林核算，森林产出的核算范围无疑需要扩展，不仅包括森林产品，也要包括森林服务；不仅包括通过市场实现的部分，还应该尝试核算那些具有公共物品特性的非市场产出。但是，具体能够扩展到何种程度，很大程度上要取决于关于森林产品和服务认可的程度以及核算计量手段的具备程度。

二、国际国内森林核算研究动态

鉴于森林在资源环境生态功能方面的重要性及其对可持续发展的重要意义，国际上关于森林核算已经进行了多方面的探索实践，并已经形成了一些阶段性理论和方法指导文献。具有代表性的最新文献包括：联合国统计署等单位编写的《综合环境经济核算》（简称SEEA-2003）、欧盟统计局编写的《欧洲森林环境与经济核算框架》（简称IEEAF-2002）、联合国粮食与农业组织编写的《林业环境与经济核算指南》（简称FAO-2004指南）。这些文献为中国开展森林核算提供了基本理论和方法依据。其中，SEEA-2003是关于绿色国民经济核算理论与方法的指导文献，虽然不是专门针对森林核算的文本，但其所阐述的环境与经济核算原理为搭建一个森林核算框架奠定了基础；IEEAF-2002是针对森林核算提出的第一个版本，作为国民经济核算的森林卫星帐户，为森林核算构造了一个相对完整的框架；FAO-2004指南在一定程度上可视为欧盟版本的进一步修订，其理论方法的基本思路更加明确，并且特别强调将森林核算体系作为一个跨部门政策分析工具予以开发，为森林核算结果的应用提供了指导。

通过分析总结国际文献，可以看到有许多国家的研究机构对森林核算进行了不同程度的尝试。表7-1列出了在政府资助参与下进行森林核算的国家以及核算所包含内容的覆盖范围。总体来看，森林核算在发达国家要更加普遍，欧盟统计局自1995年起就开始在其成员国中开展森林核算项目，许多成员国所开展的核算内容已经比较广泛，不仅涉及到较多的森林核算内容，还在相当大程度上覆盖了与森林相关的其他内容的核算。另外，所有开展森林核算的国家都无一例外地包括了林木资产实物和价值核算，尽管所包括的林木范围可能有所不同，比如有些发展中国家可能仅限于人工林甚至其中的商品用材林的核算；林产品和服务价值也是得到普遍核算的内容。在关于非木材产品与服务的核算中，得到比较广泛认可的是固碳，尤其在发达国家，普遍进行了核算。

通过对各国森林核算实践的观察分析，我们可以得到这样的认识：目前各国实际开展的森林核算，在框架上有一定的趋同性，但在具体包括的内容和侧重上也存在很大差别。差别可能来自驱动进行森林核算的动机，也可能受制于核算所具备的资料基础。这些认识反过来给我们的基本启示是：一个国家要开展森林核算，首先应该遵循森林核算的基本框架和方法规范，但同时应该根据本国森林的特点和管理目标做具体设计，并要考虑基础数据资料的可得性。

伴随中国经济快速发展所带来的资源与环境压力，处理好经济发展与资源环境保护之间的关系，成为科学发展观中的重要内容。如何将资源环境因素纳入传统国民经济核算体系，

表7-1 部分国家森林核算的内容

	森林核算				与森林相关的核算			
	木材		非木材产品与服务		土地	能源	水	污染与环境退化
	资产核算	供应与使用表	固碳	其他产品与服务				
发展中国家								
巴西	X							
智利	X							
哥斯达黎加	X							
印度尼西亚	X		X					
墨西哥	X				X	X		X
菲律宾	X		X	X	X	X		X
泰国	X							
南非	X		X	X			X	
斯威士兰	X	X	X	X				
发达国家								
欧盟统计局试点项目								
奥地利	X	X	X	X	X	X		X
芬兰	X	X	X	X	X	X		X
丹麦	X	X	X	X	X	X	X	X
法国	X	X	X	X	X	X	X	X
挪威	X	X	X	X	X	X		X
瑞典	X	X	X	X	X	X	X	X
西班牙	X	X	X	X	X	X		X
德国	X	X	X	X	X	X	X	X
意大利	X	X	X	X	X	X		X
其他发达国家								
加拿大	X	X	X	X	X	X	X	X
澳大利亚	X	X	X	X	X	X	X	X
新西兰	X	X	X	X	X	X		X

资料来源：转引自FAO指南表2-1。

实现绿色国民经济核算，受到国内各界广泛关注。来自政府部门、专业研究机构的众多研究者积极投入该项研究工作中，翻译介绍国外文献，开展国际合作和跨部门合作，取得了有益的成果。在此过程中，国内森林核算研究开展较早，一方面是与环境污染、矿产资源、水资源等主题核算研究形成了互动；同时，将森林资源清查、林业统计和森林资源评估理论与方法有机地结合起来，为全国范围内的森林核算提供了重要经验。

三、森林核算的理论框架

进行森林核算的目标，是要将作为资源和环境资产的森林及相关活动纳入国民经济核算体系之中，建立全面的森林资源与环境经济核算体系。为实现此目标，本项目借鉴了国际、国内已有的研究成果，构建了中国森林核算的内容框架。通过其森林核算的框架内容可以看到，尽管森林核算只是绿色国民经济核算的一个专题，但相关核算内容会从森林的林地和林木出发，延伸到森林产品与服务、林业投入产出、森林保护与管理，并最终涉及到对传统经济总量的调整。因此，在总体上，森林核算的框架基本体现了绿色国民经济核算的内容。

将森林纳入国民经济核算体系，构造中国森林核算体系，需要体现以下不同方面的内容。

第一是从核算内容考虑，森林核算应该包括存量核算和流量核算两个方面。一方面要对森林存量及其变化进行核算，另一方面要关注森林与经济活动之间的流量：既包括经济过程对森林的利用，也包括经济过程对森林的维护。显然，森林存量变化取决于森林与经济之间的流量关系。

第二是从核算手段考虑，森林核算应该包括实物量核算和价值量核算两个层次。实物量核算是森林核算的第一步，可以充分利用现有森林统计数据，使其与经济核算数据相匹配，直观地显示森林与经济之间的关系；价值量核算则是在实物核算基础上通过估价进行的综合性核算，可以使森林和经济按照同一计量单位合为一体，获得相应的总量指标，对发展过程和结果做出综合性的评价。显然，实物量核算是价值量核算的基础。

第三，关于森林流量核算部分，需要考虑围绕森林发生的多种活动以及森林与经济之间的多层次联系。一是森林产品的供应使用，反映森林转化为产品后的物质流动过程；二是森林产业的投入产出，反映森林产业的生产状况；三是在必要情况下要考虑森林产业的废弃物排放情况；四是森林管理与保护活动，反映为保护资源而花费的支出；最后是关于资源耗减价值以及GDP总量调整的核算。

考虑上述各个方面，参照中国绿色国民经济核算体系和中国资源核算体系的基本构造，结合森林的特点以及中国森林管理的目标，中国森林核算的内容主要由以下5部分组成。

（1）森林资源存量核算。主要是对林地和林木总拥有量及其变化进行核算，首先是实物量核算，进而通过估价实现林地林木价值核算。

（2）森林产出核算。主要针对当期从森林获得的林产品、生态服务进行核算。其中，森林产品核算着眼于森林提供的实物产品，包括木质林产品、非木质林产品。首先是实物量核算，进而是价值核算。森林生态服务核算则主要着眼森林具有的生态服务功能，按照当期提供的服务流量进行核算，包括涵养水源、保护生物多样性、固碳释氧、固土保肥、防风固沙、净化空气和景观游憩等，反映其为人类和经济体系所提供的服务价值。

（3）森林资源经营管理与生态保护支出核算。主要针对经济体系为森林管理和生态保护所投入的经济资源进行核算，以反映为森林维护所付出的经济代价。具体包括森林资源管理支出核算和生态保护支出核算两个部分。

（4）林业投入产出核算。主要针对森林产品采集、森林培育和保护、林产品加工等生产过程中的投入与产出关系进行核算。其中，产出用各种产品表示，投入则区分为中间投入和增加值（最初投入）两个部分。

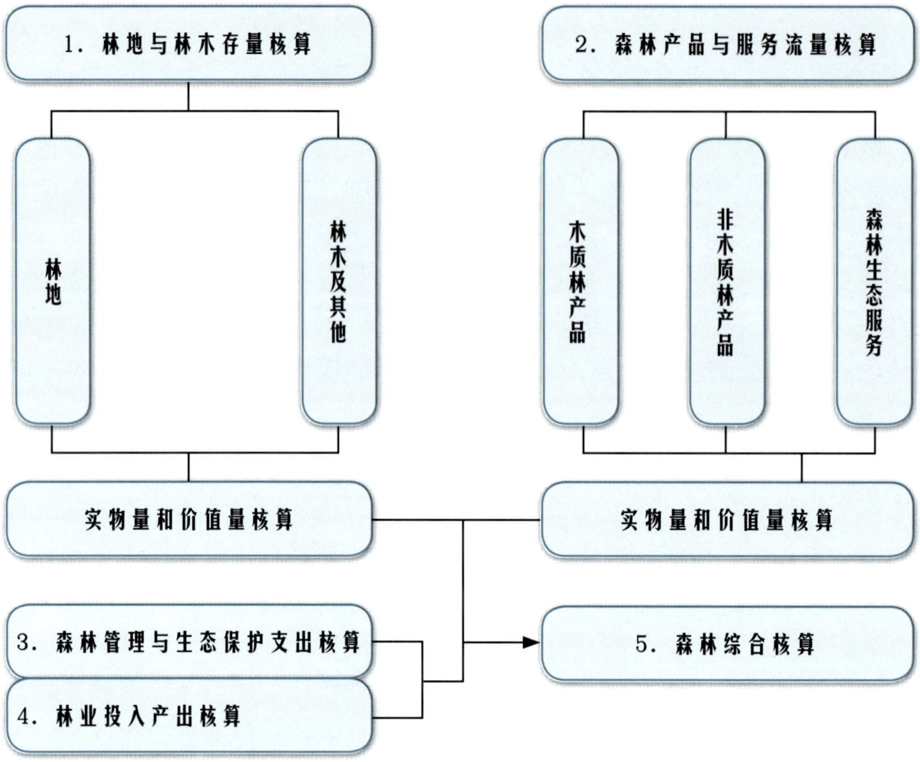

图7-2 中国森林核算体系总体框架

（5）森林资源综合核算。主要目的是要将上述核算结果与传统国民经济核算的相关总量指标联系起来，体现将森林资源纳入国民经济核算的总体结果。具体包括：林地林木存量及变动价值与国民财富的联系，森林产出价值与国内生产总值的联系。

具体内容及其关系可由图7-2表示，总体来看，林地林木存量核算和森林产品服务流量核算是森林核算的基础部分，进而延伸到森林管理与保护支出核算和林业投入产出核算，最终这些核算结果将导致对宏观经济总量指标的调整。需要说明的是，限于资料基础以及其他条件，目前中国森林核算暂时没有涵盖森林资源管理与生态保护支出核算和林业投入产出核算部分，在各个具体部分核算中，也有一些内容没有纳入核算范围，比如森林资源存量中的其他资产（如灌木）。整体来看，由于森林管理与生态保护支出核算和林业投入产出核算这两个部分具有相对独立性，并不属于森林核算的核心内容，因此，这两部分的暂时缺失并不影响我们实现森林核算的总体目标。接下来的几节中将对各具体核算部分进行具体介绍。

四、森林核算的资料基础与估价方法

1. 数据资料来源

森林核算涉及森林和国民经济两个领域，实施核算要依赖于多方面的基础数据。结合中国实际情况，核算资料来源包括：

（1）全国森林资源清查。提供林地林木的实物存量及变动数据，是森林存量核算的最基本资料来源；

（2）全国林业统计及相关专项调查。提供木质林产品、非木质林产品和服务方面的实物量数据，是进行森林产品核算的基本数据来源；

（3）森林生态监测。提供森林生态服务的物理量数据，是进行森林生态服务核算的基本资料来源；

（4）有关营造林和木材生产的技术经济指标，为森林资源估价提供了基础资料；

（5）国民经济核算和相关经济统计，提供国民经济总量数据以及有关林业经济活动的数据，用于各个部分的核算以及综合核算过程中的比较。

上述数据是实现森林核算的基础，但这并不意味着可以直接套用于森林核算。事实上，上述不同数据来源原本具有各自的目标，并不是专门为森林核算所设计；不同来源的数据其获取方法具有根本性差别；不同数据之间在空间分类、时间所属、范围和内容定义方面都不尽一致甚至有很大差别。比如，传统林业统计的对象主要集中在被市场化的木质林产品方面，强调年度统计，对于非木质和非市场化的林产品和服务，则需要通过专门调查、森林资源评估、森林监测等途径获得数据，其数据的搜集周期、完备性可能会低于木质林产品，可能更多地要依赖于从点到面的推算。又如森林清查、监测数据主要侧重于根据地区、林种等对森林进行分类，国民经济核算则要求考虑森林的形成起源——天然林或人工林，以便区分培育资产、非培育资产，以此与其资产分类对接起来。这就要求在森林核算过程中，要对来自不同方面的数据进行具体甄别研究，按照森林核算的范围、定义实现数据对接，最终形成系统的森林核算结果。

2. 估价方法

要实现森林价值核算离不开价格。鉴于森林的许多功能尚未在市场上实现，难以找到相应的市场价格，为此需要针对具体核算对象确定估价方法。

森林既具有资源功能又具有生态环境功能，而对这两种功能其估价方法是有差别的，一般来说，资源具有实物量基础，更加接近于市场，比生态环境功能更易于估价。森林价值核算既涉及存量估价又涉及流量估价，一般来说，林地林木价值核算属于存量核算，森林产品价值和森林资源耗减价值核算属于流量核算，二者之间具有一定的对应关系，在估价方法上也具有一定联系，但森林生态服务价值核算属于流量核算，却不存在对应的环境生态存量价值核算。以下区分林地林木存量、森林产品、森林生态服务3个类别，简述其估价方法的基本思路，实际核算中的具体估价方法选择将在后面相关部分予以详细介绍。

（1）林地林木存量价值与林木耗减价值、林木生长价值。具有比较明确的数量特征，比较接近于市场，因此，其估价的基本思路是要以市场交易价格为基础寻求估价方法，以估算森林资源的经济价值。在无法直接获得市场交易价格情况下，替代的思路是按照森林的未来收益确定其价值。对市场化的林地林木，其收益表现为当期的市场价格；对非市场化的林地林木，其收益则有不同的表现形式：或者隐含在所转化形成的森林产品之中，或者体现为必须花费的恢复或重置成本。由此形成了关于林地林木价值估算的立木价值法、消费价值法、净现值法。

（2）森林产品（林木生长量除外）价值，包括收获的各种木质林产品和非木质林产品，还可以将已经市场化的生态服务（比如森林旅游）包括在内。它们也都具有比较明确的数量特征，比较接近于市场，因此其估价主要以市场交易价格为基础，在无法直接获得产品市场交易价格情况下，可以采用同类产品市场价格、近似产品市场价格以及生产成本作为估价基础。

（3）森林生态服务价值和森林生态环境退化价值，二者体现了森林环境功能正反两个方面。与森林的资源功能不同，其环境功能一般无法与市场相关联，除非已经通过市场实现（比如森林旅游中的景观），因此无法直接采用市场交易价格进行估价，只能借助于其他各种替代市场价值估算方法。其中可能包括以下思路：如果存在针对森林生态功能的税费或许可证交易，即可以此作为这些森林生态服务的价格；如果这些森林生态功能可以与某些行为引起的商品或服务市场相联系，即可估算这些商品与服务的市场价值作为森林生态服务价值的估算基础，比如旅行费用法等，这属于一般所谓“显示偏好方法”；如果可以通过调查让被调查者选择接受某项森林生态功能的价值，即可以此出资水平作为该项生态功能的价值，比如条件价值法（又称或有估价法），这属于一般所谓“陈述偏好方法”。

表7-2归纳了目前国际上在森林核算中所采用的各种估价方法，中国森林核算中所采用的估价方法大体都来自这些基本方法。需要指出的是，关于森林估价方法的选择，目前仍然处于探索过程中，尤其是森林生态服务的估价，如何做出正确选择，森林资源价值评估和森林生态价值评估的许多研究成果值得借鉴。

表7-2 森林核算中的估价方法

类　别	估价方法及说明
林地、林木价值核算	属于资源性存量估价。建议采用的方法包括：立木价值法、消费价值法、净现值法
森林产品价值核算	属于资源性流量估价。建议采用的方法：市场价格法、当地同类产品市场价格法、相近替代产品价格法、生产成本法
森林生态服务价值核算	属于环境功能的流量估价。建议采用的方法：碳税法、碳排放许可交易价格法、旅行成本法、损失成本法、预防成本法、享乐价格法、条件价值评估法及联合分析法等

五、中国森林核算所取得的成果及面临的问题

1. 已取得的成果

森林核算是一个尚处于探索中的研究领域，中国森林核算项目基于国际国内研究与实践并结合中国森林资源管理实践，初步形成了一套比较系统的森林核算方法，在理论方法上取得了较大的突破。

（1）突破了森林资源价值评估的既定内容和思路。不是孤立地就森林价值而评估，而是力图与国民经济核算体系建立联系，形成一套从存量到流量、从森林利用到森林保护、从森林经济功能到森林生态功能的系统核算体系，为全面衡量森林与经济社会发展的关系和贡献提供依据。

（2）突破了国民经济核算及林业统计的传统思路。不是简单地按照一般经济活动进行林业产出核算，而是要突出森林产品和森林功能特点，全面衡量森林的存量和带来的产出，其中最大的突破就是确认了森林生态服务产出。

（3）丰富和完善了已有关于森林核算的内容和方法，比较系统地提出了森林核算体系框架和具体核算方法，为这一国际研究领域增添了来自中国的经验。

2. 面临的问题

同样由于森林核算研究探索性，目前所实现的中国森林核算还是一个初步的结果，要实现全面的、更加规范的森林核算还有赖于基础条件的不断改善。总结起来，中国森林核算所面临的问题包括以下方面。

（1）资料基础比较薄弱，相关统计和监测体系尚难以提供全面的数据支持。有些是没有对应的数据来源，有些虽然有数据但数据不完整，分类不详细，或者质量不甚可靠。

（2）关于森林生态功能的划分和界定还有待于进一步的科学论证。如何保证对森林生态功能核算的不重复、不遗漏，并与其他资源（比如水资源）功能具有兼容性，还需要相关学科给予科学论证。

第二节　林地林木存量核算

林地林木存量核算是森林核算的重要组成部分，是进行森林核算的起点。核算的目的就是通过国民经济核算的方法和手段，反映森林这种可再生资源资产在一个核算期内的存量和变动情况，对发生变动的原因进行量化分析。

一、核算范围及分类

1. 核算对象及范围

林地，包括郁闭度0.2以上的乔木林地以及竹林地、疏林地、灌木林地、采伐迹地、火烧迹地、未成林造林地、苗圃地和县级以上人民政府规划的宜林地。

林木，包括树木（木本植物的总称，包括乔木、灌木和木质藤本）和竹子。

根据目前已经掌握和可以调查获得的数据，中国森林核算项目核算的对象为除香港特别行政区、澳门特别行政区和台湾省外，中国主权领土范围内的所有林地及林木中的乔木（不包括灌木和木质藤本）和竹子。

2. 森林资源资产分类

现行森林资源统计和管理中，森林资源（包括林地和林木）按照起源、用途和林龄不同，进一步细分为以下类别：

按地上附着物的特征，分为：①有林地（林木），包括乔木林地和竹林地（含疏林地和苗圃地）；②其他林地（林木），包括未成林造林地、灌木林地和无林地，林木中包括散生木、四旁树和枯倒木。

按林木起源，分为天然林和人工林。

按林种，分为用材林、薪炭林、防护林、特用林和经济林。

按林龄，分为幼龄林、中龄林、近熟林、成熟林和过熟林。

在森林核算中，根据综合环境经济核算的定义，把森林分为资源资产和环境资产两个部分。森林资源资产是指以提供木材和林产品为主要功能的林地（包括用材林、薪炭林、竹林、经济林、苗圃地）和林木（包括用材林、薪炭林、竹林和经济林）；森林环境资产是指以提供生态服务为主要功能的林地和林木，包括防护林和特用林。

根据培育方式或起源，资源资产和环境资产进一步分为培育资产和非培育资产。培育资产是指人工培育为主的森林资产，即人工林；非培育资产是指非人工培育为主的森林资产，即天然林。

森林培育资产又进一步分为固定资产和存货。其中，固定资产是指以提供干鲜果品等林产品为培育目的的林木及所占林地，如人工经济林；存货是指以提供木材产品为培育目的的林木及所占林地，如人工用材林（图7-3）。

3. 存量变动因素分类

引起林地和林木实物量和价值量变动的因素有多种，本项目将主要变动因素分为三大类：经济因素、自然因素及其他因素。经济因素主要是指由于人类活动，如造林、采伐及改变林地用途等活动造成的林木蓄积和林地面积的变化；自然因素主要是指由自然原因，如林地的自然延伸、退化、火灾及病虫害等灾害造成的变化；其他因素为除经济因素和自然因素以外的，包括分类变化等因素造成的林地和林木的增减变化。在价值量存量核算中，还包括由于价格变动所产生的变化。

由于分类变化等其他因素引起的林地、林木的增减很难获得数据，因此，具体核算中仅包括自然和经济因素造成的变化，未包括其他因素影响。同时，价值量核算中均采用2004年

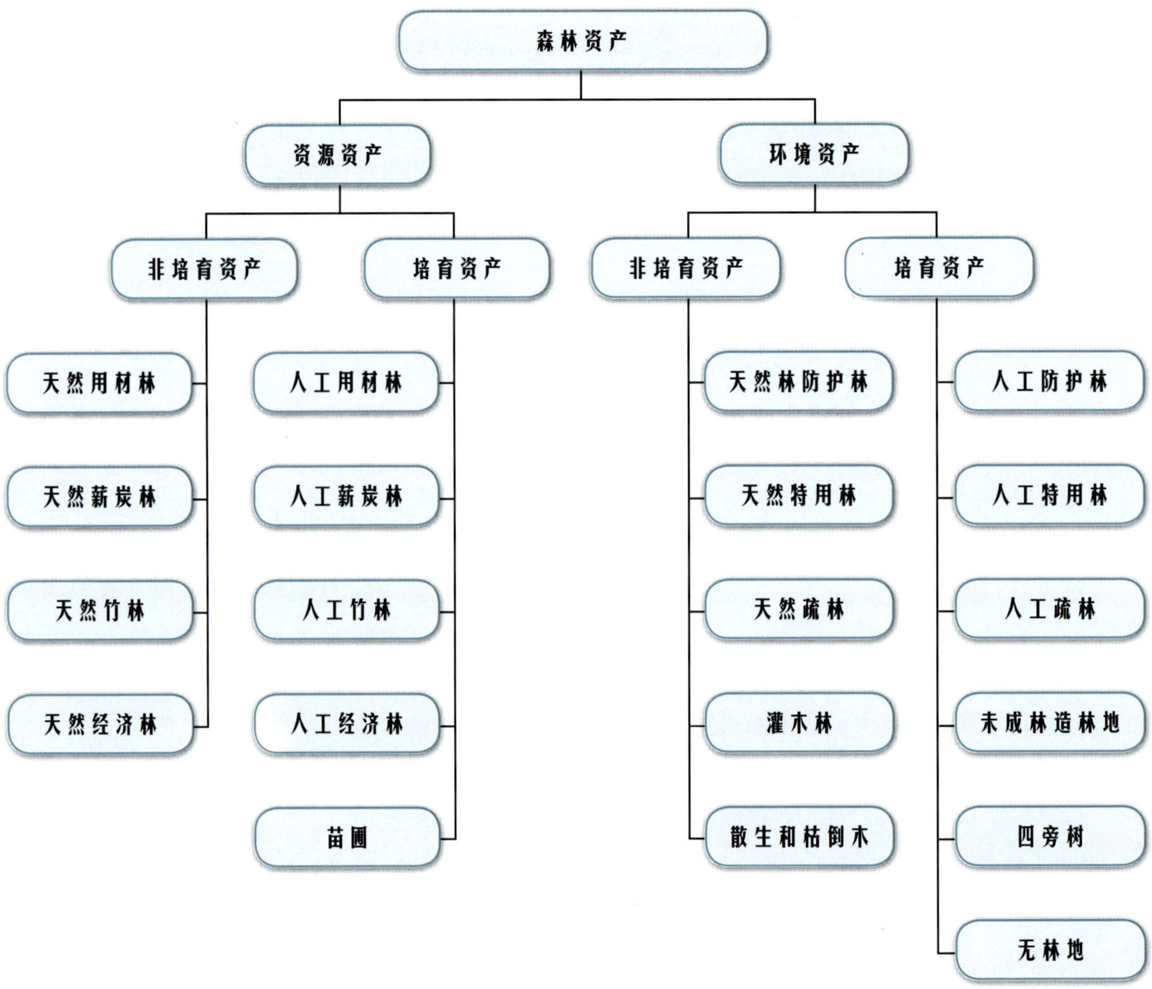

图7-3 森林资产分类框架图

价格，因此，未考虑价格变化带来的影响。

4. 核算内容

本项目主要对林地、林木存量及变化的实物量和价值量进行了核算。

首先按照既定的森林资源、资产分类及核算表式，分别核算了期初、期末林地和林木实物量及价值量，同时，核算了期间内由于经济、自然或其他因素造成的林地和林木存量变动情况。其中，实物量核算是对森林实体本身包括林地面积和林木蓄积存量及变动的核算；价值量核算是在实物量核算基础上，根据相应的价格，把不同单位的实物量转换成可相加的价值量。

二、实物量核算

从实物量看，林地存量表现为森林占地面积，林木表现为林木蓄积。所谓森林存量及变化的实物量核算，主要就是分别这两个部分编制林地面积、林木蓄积存量及其变化表（或称森林资产平衡表），其核算内容可以概括为两个方面：期初和期末时点的拥有量，从期初到期末两个时点间的变动量。通过核算，不仅可以从林地和林木两方面详细描述森林拥有量，还可以借以表示出森林的结构特征及其质量状况；通过对不同变化原因的区分和核算，可以系统显示森林的变动过程，揭示森林与经济过程的关系。

1. 林地林木实物存量核算表

表7-3是中国森林核算中应用的林地、林木实物存量核算表。表中项目兼顾了林地、林木两个方面的内容，实际核算时可以分开表示。

横行标题体现森林和林业管理中的分类，以林地为例，第一层分类是有林地、无林地、灌木用地等、其他非林用地的区分，显示与森林有关的不同利用方式的分组；第二层次是在有林地项下进一步区分为人工林和天然林，由此表现森林的原生程度；第三层分类则是分别人工林和天然林按照森林不同用途进行分类，体现森林的不同功能用途。

纵列标题体现从国民经济核算和绿色国民经济核算出发需要表现的森林类别，在第一层次上体现资源资产和环境资产的分类，资源资产可成为森林资源，是为经济生产过程提供物质资源的森林，环境资产是指主要发挥生态服务功能的森林；关于资源资产，进一步要区分培育性资产和非培育性资产，前者是人工生产、维护形成的森林，属于经济资产中的生产资产，后者则是以自然过程为主形成的森林，属于非生产资产。

通过这样的双向、多重分类，提供了关于林地、林木存量的最详细的数据资料。从核算上看，实现了从现有森林和林业统计向森林核算数据的转换，既可以充分利用现有森林和林业统计的数据资料，又可以按照绿色国民经济核算所定义的类别获取数据资料；从应用上看，这样双向表示的数据资料，既可以支持森林和林业管理角度的分析，又有助于将森林放到整个绿色国民经济核算框架中进行分析。

2. 林地林木存量变化核算表

表7-4以简化方式（没有区分不同的类别）列示了林地林木存量变化过程核算的内容。起点和终点是期初、期末两个时点的林地林木存量，核算目标则是要解释什么原因引起了存量变化以及不同原因的影响程度。无论是林地还是林木，其变化都可以归纳为增加和减少两个方面，此外还应该包括分类和重新评估所引起的变化。由于林地与林木各自的不同特征（一

表7-3　林地林木实物存量核算表

单位：百hm²、百m³

项　目	森林资源合计		资源资产								环境资产	
			培育资产						非培育资产			
	林地	林木	小计		固定资产		在产品		林地	林木	林地	林木
	面积	蓄积	面积	蓄积	面积	蓄积	面积	蓄积	面积	蓄积	面积	蓄积
资源总计												
一、林业用地及林木资源												
（一）有林地及林木资源												
1．天然林												
(1) 林分												
用材林												
防护林												
薪炭林												
特用林												
(2) 经济林												
(3) 竹林												
(4) 疏林地												
2．人工林												
(1) 林分												
用材林												
防护林												
薪炭林												
特用林												
(2) 经济林												
(3) 竹林												
(4) 未成林造林地												
(5) 疏林地												
（二）灌木林地												
（三）苗圃地												
（四）无林地												
（五）四旁树												
（六）散生木												
（七）统计误差												
二、枯倒木												
三、非林业用地												

表7-4 林地林木实物量变动核算表　　单位：百hm^2、百m^3

项目	合计		天然林		人工林	
	面积	蓄积	面积	蓄积	面积	蓄积
一、期初存量						
二、期间增加						
1．自然因素						
2．经济因素						
3．分类与结构变化						
4．其他						
三、期间减少						
1．自然因素						
2．经济因素						
3．分类与结构变化						
4．其他						
四、重新评估						
五、期间净增						
六、期末存量						

个是面积，另一个是蓄积量），其具体变化项目并不完全相同。

林地是一个特定的土地覆盖类型，林地的变化也就是被林木覆盖的土地面积的变化。按照增加或减少这两个变动方向，林地增加的因素主要是造林和林区自然延伸，减少因素主要是采伐和森林退化。土地分类变化也是引起林地变化的重要因素，当林地和其他土地类型之间发生转化时，林地的变化就发生了。按照与经济以及人类活动的关系，林地变化可以区分为：经济活动导致的变化，包括森林采伐、造林、恢复、退化，以及人类活动导致的其他变化；自然原因、复合原因及无法解释的原因所导致的变化，包括自然延伸、意外原因（如森林火灾和自然灾害导致的变化）、环境条件（如干旱、污染）以及各种无法解释的原因所导致的变化。

林木蓄积变化的前提是林木本身的存在与否，造成林木存量变化的原因可以归纳为以下类别：林木自然生长、林木砍伐、自然损失（包括灾害）、存量再评估。其中，可以归结为自然原因的主要是林木自然生长，归结为经济原因的主要项目是被采伐的林木，火灾和病虫害也可以引起林木蓄积减少，它们被包括在“其他”类别中。

无论是林地还是林木，以总增加与总减少相抵都可以得到一个净变化数。该净变化数具有重要意义，可以在总体上说明森林管理是否可持续以及可持续的程度。同时，采伐、造林引起的林地林木变化在整个变化核算中具有特殊的意义，二者作为经济活动引起的林地林木减少和增加，反映了森林可持续管理过程中最能动的行动的规模。

3. 林地林木存量与变化量之间的核算关系

从林地林木存量变化核算表的内容，可以提炼出以下三个变量：期初存量、当期变化量（包括增加量和减少量），期末存量。如何处理这三个变量之间的关系，从核算角度看是一个值得讨论的问题。

如果同时掌握这三类变量，相当于提供了进行林地林木存量及变化核算的全部数据，这自然是最理想的。但是，即使如此，必须考虑到，这三个变量的数据可能来自不同的渠道，采取了不同调查方式，尤其是存量数据与变化数据之间。为此，在核算过程中的一项重要工作，就是进行数据核查调整，以保证不同来源数据之间的衔接对应。

更多出现的情况可能是，掌握了任意三项中的两项，即可以推算出第三项，由此形成以下进行林地林木存量核算的两种思路。第一种思路是定期进行林地林木各时点存量的全面调查，保证掌握各重要时点的林地林木存量数据，然后依据相邻两个调查时点的存量数据相减，获得期间内的变化数；第二种思路则是掌握某期初时点存量数据以及期间内的变化数据，由此可以推算出期末时点存量数据。

按照前一种思路，可以进行比较详细的存量核算，但推算得到的期间变化数据只是一个净变化，难以分别增加、减少提供分项数据；按照第二种思路，通过“初期存量加期间变化”模式可以推算出期末存量数据，但一般来说，难以得到像森林清查那样详细的期末存量数据，因为期间变化数据常常是比较粗略的。

中国森林核算主要采取上述第一种思路进行林地林木存量及变化核算，其主要资料基础是每五年一次的森林清查。如上所述，依照这样的思路进行核算，需要进一步了解有关采伐、造林的具体变化数据，否则就只能给出一个净变化数，无法真正体现森林变化与经济活动的关系。

三、价值量核算

从实物量核算到价值量核算，中心问题是林地林木的估价。

理论上说，森林价值估算应该以森林生长周期内所产生的收益流为基础。因此，对森林资产价值进行估价，前提是要把它所提供的所有产品、服务功能价值都包括在内。但是，迄今为止，如何将非市场性林产品和生态服务纳入森林存量价值，仍然是一个尚未解决的问题，因此，森林资产价值一般只包括林地和林木两个要素。

国际经验表明，既可以对林地和林木分别估价，也可以将二者合起来就所谓“森林不动产”进行估价。但是，在中国土地属于国有，只有土地使用权的交易，没有土地本身的交易，因此，林地价值一般总是独立于林木价值，需要分别进行核算。

1. 林地估价方法

关于森林土地，概念上说其价值是指裸林地的市场价值。如果没有相应的市场交易价格数据支持，则可以以土地价值、土地税、土地租金或其他管理性估算数据为基础进行间接估价，也可以将土地价值作为森林不动产价值的一部分，设法确定林地的价值，比如可以采用享乐价格模型方法。中国森林核算项目中，关于林地价值核算采取的估价方法是年金资本化方法，即以土地年租金作为收益转化为土地价格。

主要根据各地林地年地租，同时，参考征占用林地补偿标准以及林地流转价格资料，采用年金资本化法估价。计算公式为：

$$V=\sum_{i=1}^{n}\frac{A_i}{P}$$

式中：V——林地地价；

i——林地类型的种类；

A_i——第i种林地类型的年平均租金；

P——投资收益率。投资收益率采用2.5%；林地年平均租金采用林地的年平均纯收入代替。

2. 林地估价方法

林木价值估算是森林存量估价中最具独立性的部分，其估价的基本思路是净现值方法，即，林木价值应该等于未来成熟林立木价格扣除林木成长期间的成本之后的贴现值。其中，立木价格是指采伐者支付给所有者的价格，在缺少市场交易价格的情况下，可以用公认的原木价格扣除采伐和运输成本的方法进行估算，即所谓市场价格倒算法；成长期间的成本主要是在间伐、其他森林管理中的费用支出（以及间伐收入）和林地租金支出，对非培育森林来说，管理费用常常很低并有可能为零。

将净现值法应用于森林估价，所涉及的方法比较复杂，对贴现率、未来成本和价格的假设十分敏感，对森林林龄结构和未来采伐时间结构的差异也比较敏感，且需要大量数据，因此，一般认为该方法应用于微观评估比较合适，却难以直接应用于国家层面的环境经济核算。为此，实践中立足净现值法的思路通过改变假设条件开发了比较简单的方法，即简化的净现值法、立木价值法、消费价值法。

简化的净现值法中，其简化主要体现在忽略了中间性间伐收益和管理成本，立木价值只以成熟林木所获得的收益为基础；在数据允许情况下，也可以估算一个平均的管理成本引入计算过程。立木价值法则是一种高度简化的净现值法，它假定贴现率等于森林的自然生长率，这样就无须对未来立木收益进行贴现，也无须考虑立木蓄积在未来的变化，立木价值就是当期立木蓄积量与立木价格的乘积，这种方法在现实中的应用形式就是所谓净价格法。消费价值法由立木价值法发展而来，其基本立意是，不仅针对不同树种分别确定立木价格，还要针对不同树龄和直径分别确定立木价格。比较立木价值法和消费价值法，二者的主要差异在于，立木价值法实际上是以伐倒林木的结构进行立木价格加权的，而消费价值法则以全部林木存量结构作为加权基础。

中国在林木价值量核算中根据不同核算对象分别采用了不同方法，其中包括重置成本法（中、幼龄林）、市场价格倒算法（近熟、成熟、过熟林）、收益现值法（经济林）和年金资本化法（竹林）。

中、幼龄林的林木价值，采用重置成本法估算，计算公式为：

$$V=K\sum_{i=1}^{n} C_i(1+P)^{n-i+1}$$

式中：V_n——第n年林龄的林木价值；

C_i——第i年的以现行工价及生产水平为标准的生产成本；

K——林分质量调整系数；

P——投资收益率，取4.5%。

近、成、过熟林的林木价值，采用市场价格倒算法估价，计算公式为：

$$V=W-C-F$$

式中：V——近熟林、成熟林和过熟林的评估价值；

W——木材销售总收入；

C——木材生产经营成本（包括采运成本、销售费用、管理费用、财务费用及有关税费）；

F——木材生产经营利润。

经济林林木价值，采用收益现值法评价（不包括木材残值），计算公式为：

$$E_n=\sum_{i=1}^{n} A_{ui}\frac{(1+P)^{u-n}-1}{P(1+P)^{u-n}}$$

式中：A_{ui}——第i种经济林经营类型第u种树种在盛产期内年净收益；

i——经济林树种；

u——经济寿命期；

n——经济林林木年龄；

P——投资收益率，采用6.0%。

竹林价值，采用年金资本化法评价（包括竹材和竹笋的收益），

公式为：

$$V=\sum_{i=1}^{n}\frac{A_i}{P}$$

式中：V——竹林林木价值评估值；

A_i——第i中竹林的年均净收益（竹材和竹笋的收益）；

P——投资收益率，取6.0%。

第三节　森林产品与森林服务流量核算

与森林有关的流量包括两个部分。一是上述森林存量核算中的变动量，这是真正意义上的森林流量；二是依托森林所发生的流量，即利用森林、保护森林而发生的森林产品流量以及森林本身提供的服务流量。森林存量的变化已经在上面森林存量核算中得到核算，因此，本节主要从森林利用角度对森林产品和服务进行流量核算。

一、森林产品与生态服务及其关系

森林产品和森林生态服务分别代表了森林为人类经济体系所提供的两类产出。所谓森林产品，是指森林提供的可用于生产加工和最终消费的产品；森林服务则是指森林作为生态系统所提供的各种服务。二者有一个明确的差别：森林产品是有实物形态的，可以计数（或重量、体积）表现其实物量核算，进一步通过估价可以进行价值量核算，而森林生态服务则常常没有独立的实物形态，它只是一种功能，不一定能够直接用实物量表现其“多少”，通常需要借助于科学计算测定其物理量，因此在核算上主要侧重于价值量核算。

实践中常常从市场实现角度对森林产品和服务进行区分。多数森林产品已经被市场化了，即使没有市场化，产品的生产者和使用者都是明确的，但森林服务则不然，常常作为公

共性服务出现，多数情况下难以在市场上实现，到现在为止，只有商业性森林旅游中的游憩价值等少数森林服务可以体现出其市场价值。目前，关于森林产品，已经有相对成熟的核算方法，而对于森林生态服务，其核算方法还有待于进一步探索。

二、森林产品核算

进行森林产品核算，包括实物量核算和价值量核算两个层次。在具体核算之前，首先要确定森林产品的范围和种类。

1. 森林产品的内容和核算范围

理论上说，森林产品应该是指由森林提供的、可用于其他经济活动的产品。照此，木材肯定属于森林产品，而且是最主要的森林产品。除此以外，森林产品还应该包括其他非林木产品，SEEA-2003曾经列示了各种非林木产品：食物（猎物、浆果、果品、蘑菇、坚果、棕榈油、蜂蜜等），药材，喂养牲畜的牧草/秸秆，产业开采品（栓木、橡胶、树脂、化学品），作为农产品的森林动物（野猪、驯鹿等）。

木质林产品属于森林产品，这没有任何争议，只是林木生长是否能够作为林产品，这种处理不同于以往的认识。对于各种非木质林产品，表中列示的内容要多于传统林产品统计，因为，在这样确定的产品类别中，有些是森林自然生长形成经过人工采摘拣拾得到的，还有一些则是利用森林通过人工培植获得的，其中许多培植性的产品常常作为其他产业比如种植业、畜牧业的产出而没有归结为林产品。毫无疑问，这些非林木产品理应包括在森林产品核算之内，但在实践中是否能够对其进行核算，常常受制于数据的可得性，因为，这些产品常常是零散的、非市场性的。

2. 森林产品实物量核算

森林产品实物量核算，是要按照对应的实物计量单位，核算在一段时期（一年）内各种森林产品产出实物量。

从形成过程看，森林产品属于林业经济活动的成果。进一步看，现代林业经济活动具有复合性质，森林产品对应着林业的不同职能和不同分支，因此，进行森林产品实物量核算，需要根据所对应的林业内部的不同产业，分组核算各个分支产业对森林产品的贡献。

从效用的实现方式看，大部分森林产品与市场相关联，是商品性产出，但同时还存在着以下两种情况：一是林木生长部分，属于在产品，无法包括在商品性产出中，二是各类森林产品尤其是非木质林产品存在着大量自产自用的情况。森林产品实物量核算有必要分类别提供数据，以反映不同类别林产品的商品化程度。

3. 森林产品价值量核算

在具备森林产品实物量基础上，森林产品价值量核算的关键就是估价问题。森林产品大部分是已经市场化的产出，因此基本估价方法是市场价格法。针对以在产品形式存在的林木生长量，无法得到实际价格，则可以借助于全国平均林木价格进行估价。

三、森林生态服务核算

森林所提供生态服务的重要性已经越来越受到关注，但是，如何衡量森林生态服务价值，在方法上却仍然是一个处于探索中的课题。所涉及到的问题依次可以表述为：森林生态服务的定义，森林生态服务的类别，森林生态服务价值的估算方法。

1. 森林生态服务的定义

森林具有提供生态功能，这是人所共知的事实。但是，在森林核算中讨论森林生态服务，不同于一般意义上讨论的森林作为生态系统所具有的功能，而是要立足森林与经济体系的关系来定义。这里要特别从以下两个方面予以澄清。

（1）所谓森林生态服务，是指森林作为一个自然要素载体，对森林之外的人类和经济体系所提供的功能价值。其中不着意考虑森林作为存在、遗产等所具有的功能，也不包括森林为其自身更新所具有的功能。经过这样的限定，可以避免漫无边际地认定森林生态服务，同时可以保证与经济核算有较好的衔接。比如，森林具有保土育肥的功能，但其中一大部分是针对森林林地所发生，这样保土育肥的功能是发生在森林内部，属于森林内部的“中间服务”，最终将转换为更快的林木生长、更多的林果收获、更好地提供净化空气或者固碳服务等形式表现出来，后者才是提供给人类和经济体系的服务。

（2）森林生态服务是一个流量概念，即森林在一个核算期（比如一年）内向人类和经济体系所提供的生态服务。明确这一点很重要，因为森林本身是一个存量概念，它所具有的生态服务功能有些是持续不断地以流量方式提供的，比如防风固沙，森林每年都在为此提供服务；有些则是以存量方式存在的，比如固碳，林木蓄积中包含了一直以来积蓄的碳。显然，照此定义，进行森林生态服务核算需要区分这两种情况分别对待：以流量方式提供的服务要全部核算，比如每年防风固沙服务价值；与存量方式有关的服务则要按照当期的增加量来计算，比如对应当期新增林木蓄积所产生的固碳服务。

2. 森林生态服务的类别

森林具有哪些方面的生态服务功能，各国认定的范围具有很大差别，归类方式也常常具有不同。IEEAF-2002将森林的生态功能归纳为：游憩服务和美学价值、环境保护服务功能、吸纳污染物质的服务功能、文化景观以及精神方面的价值，指出其中关于环境保护、吸纳污染物质服务比较复杂，会涉及土壤、水循环、地下水、小气候、噪音、生物多样性、固碳、各种污染物的吸收和沉淀等许多方面。FAO指南中使用了类似于生态服务的“森林为非林业部门提供的服务”概念，将其服务类别归纳为：农作物授粉、牲畜放牧（可视为非木质林产品）、森林旅游服务、水土保持服务、固碳、生物多样性保护（除旅游外）、其他服务（如防止海洋风暴、减低噪音、防雪崩、防风、文化美学价值等）。日本曾经对森林的功能进行过详细的分类，确定了包括生物多样性保护功能、地球环境保护功能、减少水土流失（防止泥石流灾害功能/土壤保护功能）、净化空气和减少噪音（营造舒适环境功能）、水源涵养功能、保健休闲功能、文化功能和物质生产等8项主要功能，进而将这8项功能进一步细划分为55项子功能，其中前7项功能即属于生态服务功能。

在一般功能认定基础上，还需要具体认定作为核算对象的森林生态服务类别。原因在于，第一，正如前面在生态服务定义中所说，可能存在不同功能之间的交叉或者相互提供服务的情况，我们的核算对象不是笼统的森林生态服务，而是森林最终向人类和经济体系提供的生态服务，不应该包括这些森林内部的中间性服务；第二，要从核算的可实现性着眼确定核算范围，许多森林生态服务尽管存在但现阶段难以核算其服务价值，或者在如何核算其服务价值上存在较大争议，因此难以纳入核算范围之中。以日本为例，尽管确定了7大类44项子功能，但真正纳入核算的生态服务功能则只包括了其中8个子功能，即吸收二氧化碳、代替化石燃料、防止土壤侵蚀、防止泥石流、缓和洪水、贮留水资源、净化水质和保健功能。

结合中国对森林生态功能的确认情况以及所具备的资料基础，中国森林核算确定了森林生态服务价值的核算范围：

（1）所覆盖的生态服务大类包括固土保肥、涵养水源、固碳制氧、防风固沙、净化空气、景观游憩和维持生物多样性等方面，其他诸如控制有害生物、为农作物授粉、防止雪崩、卫生保健等方面的作用则没有包括在核算范围之内。

（2）在各个服务类别之中，不是笼统地包括所有有关功能，而是按照核算可操作性、可实现性，确定具体的核算对象。

具体内容见下面表7-5所示。整体看，这是在谨慎稳妥原则下所确定的范围。

表7-5 森林生态服务的内容

生态服务类别	生态服务功能	核算覆盖的内容
固土保肥	森林地下根系与土壤紧密结合，起到固土作用；为林地周边土地输送营养物质，提高土地生产力	（1）固土价值 （2）保肥价值
涵养水源	通过森林乔木、灌草、地被物和根系对大气降水具有阻滞和调节作用，通过枯枝落叶和有机质的过滤，起到净化水质的作用	（1）调节水量 （2）净化水质
固碳制氧	通过光合作用从大气中吸收二氧化碳，并将大部分碳储存在植物体和土壤中	（1）固碳 （2）制氧
防风固沙	通过树干和林冠的作用，减低风速，调节林网内温度，起到防风、固沙、防病虫害、沿海防浪作用	（1）农田、牧场防护林和防风固沙林防护效益 （2）沿海防护林防护效益
净化空气	具有吸收污染物、阻滞粉尘、杀灭病菌和降低噪声等作用	（1）提供负离子的效益 （2）吸附污染物的效益 （3）滞尘效益
景观游憩	作为生态系统，具有观赏、娱乐等美学价值	森林游憩价值
维持生物多样性	为各类生物物种的生存和繁衍提供了适宜的场所，为生物进化及生物多样性的产生与形成提供了条件	森林物种资源保护价值

3. 森林生态服务估价方法

从外在形式上看，森林对人类和经济体系提供的生态服务有两种情况，一种是可以表现为实物量产出的服务，比如森林吸收二氧化碳过程中所固定的碳的重量以及所释放的氧气的数量；另一种形式则是无法用实物量产出表示的服务，比如森林所提供的景观服务。在后一种情况下，森林存量（林地面积或林木蓄积）可以间接地代表森林所提供生态实物量产出的作用，因此常常作为计算森林生态服务产出的基础。

进一步看（如上面所提到的），有些生态服务是基于森林存量发生的，是整个森林持续每年提供的服务，服务量的大小直接由森林存量多少所决定；有些服务则主要依赖于森林的增量发生，服务量的大小取决于森林增量的多少。因此，无论生态服务是否能够表现为独立的实物量，在核算过程中常常要以森林面积总量/面积变化量、林木蓄积总量/蓄积变化量为基础变量估算森林生态服务价值。

与这两种形式相对应，森林生态服务价值的核算也有两种情况，一种是按照森林生态服务数量计算的价值，此时，在价值计算过程中需要解决的是森林服务实物量的估价方法；另一种则是笼统地、依据森林存量或增量直接进行森林生态服务价值的估算。

无论面对哪一种情况，都需要解决价值估算的方法问题。而且，在森林生态服务功能已经得到广泛认可的前提下，可以说，整个森林生态服务核算问题实际上就要归结为价值估算方法的问题。由于多数森林生态服务仍然发生在市场之外，无法直接用市场价格予以体现，无法按照市场交易方法核算生态服务价值数额，因此需要考虑其他间接估价方法。

如何全面体现森林生态服务的价值，森林生态价值评估研究已经提供了不少经验性方法；同时SEEA-2003关于环境退化价值估算所归纳的种种方法也可以为我们进行森林生态服务价值估算提供重要借鉴，因为，环境退化价值与环境生态服务价值可以说正是一件事情的两面，结合森林主题看，前者可以说是森林丧失的生态服务，后者则是森林提供的生态服务。以下将首先简述SEEA-2003关于环境退化价值的估价方法，然后结合森林不同生态服务类别给出具体估价方法选择。

环境退化价值是无法直接计算的，但却可以依据一些假设按照替代模式进行间接估算。根据SEEA-2003，替代的思路有二，一是要考虑为防止环境退化需要花费多少价值的投入，借助于此投入价值即可作为环境功能退化的价值；二是考虑由于环境功能退化所带来多大的损失，同样，该损失价值即可作为环境退化价值。

如果把上述环境功能退化换成森林生态服务功能，可以反过来得到间接估算生态服务价值的两种思路：第一是为了获得森林生态服务需要花费的费用，或者是愿意支付的费用；第二是如果失去森林提供生态服务功能会带来的损失，即为了用一个人工场景替代森林生态服务所需要花费的费用。前者大体相当于直接估算森林生态服务价值的方法，比如所谓旅行费用法、支付意愿法等；后者则属于生态服务效应替代的方法，比如影子工程法、替代费用法等。在这样两种思路之下，可以针对不同对象做具体方法选择。

结合中国情况看，森林生态服务价值估算已经具备了一定基础。第一，定期进行的森林

表7-6 森林生态服务的估价方法

生态服务类别	核算内容	估价方法
固土保肥	（1）固土价值 （2）保肥价值	灾害损失与治理成本替代法化肥价格替代法
涵养水源	（1）调节水量 （2）净化水质	水库造价替代法 自来水价替代法
固碳释氧	（1）固碳 （2）制氧	碳交易价法 医用氧价格替代法
防风固沙	（1）农田牧场防护和防风固沙 （2）沿海防护林防护	农业减灾增产价值替代法
净化空气	（1）提供负离子 （2）吸附污染物 （3）滞尘	器械成本替代法 排污费替代法
景观游憩	森林景观游憩价值	综合旅游收入替代法
维持生物多样性	森林物种资源保护价值	Shannon−Weiner指数法

清查可以分不同类别提供有关森林林地、林木和各种生物量的存量数据，同时中国森林生态系统定位研究网络（CFERN）分布各林区的生态监测站点可以更经常、更详细地提供森林各种生物监测数据，这些构成了确定森林生态服务实物量的主要资料基础；第二，关于森林生态效益的各种评估方法研究开发已经有了一定基础，各种案例应用为进行森林生态服务估价积累了一定的技术与价格参数。

表7-6对森林生态服务价值估算过程中的估价方法做了总结，可以看到，一些项目采用了直接估价方法，但多数项目则采用了替代估价方法。

第四节　森林综合核算

以上是关于森林核算各个部分的具体情况，在此基础上，要将森林核算结果纳入国民经济核算，目的是在传统经济核算中对森林的处理方法加以扩展，对森林及其在经济社会发展中的贡献做更加全面的整体评价。

森林综合核算的内容包括两个部分，第一是要对森林自身的价值进行核算，要将其包含在国民财富之中，第二是要对森林所提供的产品与服务，即森林的产出进行综合核算，并尝试与国内生产总值衔接起来。

一、森林总价值与国民财富

森林是一个国家所拥有自然资源财富的重要组成部分，因此有必要核算森林的总价值即森林的存量价值，并将其纳入国民财富。

1. 森林总价值核算

原则上，森林总价值应该是森林所具有的全部功能的价值，包括提供物质产品的功能价值和提供生态服务的功能价值。但是，从目前核算所能够实现的程度看，森林存量价值主要是指林地和林木价值总和。

2. 森林总价值对国民财富总量的调整

现有国民经济核算中，国民财富的核算对象是各种所有权确定、可以为其所有者在目前以及一定时期内带来经济收益的经济资产，其中包括各时期生产活动产出成果被积累起来形成的生产资产，以及一部分符合经济资产定义的非生产资产；而且，核算中以市场价格作为财富的基本估价原则，核算的是各种资产的市场价值。就森林主题而言，上述基本原则会在两个方面导致无法在国民财富中体现森林的重要性。第一，从内容而言，一般来说，人工林属于生产资产，可以包括在国民财富核算范围内，但天然林却有可能因为不符合经济资产的定义而被排除在国民财富范畴之外，即使包括在其中，也会仅仅作为非生产资产，与作为生产资产的森林割裂开来；第二，从估价方法而言，侧重于经济价值的估价原则无法体现森林的生态功能价值。因此，要在国民财富核算中显示森林的重要性，需要在核算方法上做以下改进：第一，扩展核算范围，使之包括所有森林；第二，将属于生产资产的森林和属于非生产资产的森林合并在一起，创建完整的森林资产概念；第三，延伸经济价值，使之包括森林的生态功能价值。

二、森林产出与国内生产总值

森林功能的实现在于它为人类和经济体系提供了巨大的不可替代的产出，特别是森林生态系统服务。本项目研究创新性地提出并定义了森林产出概念，并尝试将其与反映国民经济最终产出的国内生产总值衔接起来。

1. 森林产出的定义

森林产出是指依托森林和林木形成的产出，主要包括两个组成部分，一是为国民经济提供的森林物质产品，二是为社会提供的森林生态服务。

森林产出没有全部包括在现行国民经济核算的范围之中。按照国民经济核算原理，产出代表经济生产活动成果，一般是指物质产品产出以及通过市场提供给他人使用的服务产出。据此，森林生态服务不能作为经济产出，除非这些生态服务通过市场实现了其服务价值，比如通过森林旅游业实现的森林景观价值；当期林木自然生长也因为无法独立计算其产出量及价值而排除在外，只是笼统地用育林和森林维护活动中的成本投入作为产出替代。

即使是已经包括在其中的部分，森林产出也没有作为林业产出加以核算。在现行的国民经济行业分类中，由于林业与其他部门之间的职能分工，相当一部分依托森林和林木形成的物质产品产出没有作为林业产出看待，而是被归纳到农业、畜牧业以及工业等部门产出统计之中了，比如各种干鲜林果、森林花卉、林间养殖等等。

可以说，森林产出是一个突破了现有经济活动产出计量的概念，相当于“大林业”（林业及其他相关产业）计算的初级林产品产出与森林生态服务产出的总计。

2. 将森林产出与国内生产总值衔接

国内生产总值（GDP）是衡量一个时期国民经济生产最终产出成果的指标，在经济管理中发挥着核心指标的作用。由于现行国民经济核算没有全面地反映经济与资源环境之间的关系，国内生产总值在反映现实经济活动成果方面具有很大局限性，绿色国民经济核算的目标之一就是要将资源环境因素纳入核算，实现国内生产总值的调整，得到所谓“绿色GDP”。

结合森林主题看，所谓GDP总量调整应该包括以下两个方面：

（1）将当期对森林资源的耗减价值作为经济活动成本从GDP中扣减，得到经济资源耗减价值调整的国内生产总值，这是对GDP做“减法”。一般地，作为扣减项的资源耗减价值是指净耗减，即林木资源采伐量与其自然生长量抵减后的净变化，如果该净变化非负，即可认为不存在森林资源耗减，森林发展是可持续的。

（2）将森林提供的、没有被国民经济核算所认可的生态服务产出作为与经济产出并列的组成部分，尝试作为“加项”纳入GDP。

这些都还是需要在理论方法上加以探讨的调整步骤，在现有核算基础上尚难以实现，比如森林产出中有些已经包括在国内生产总值之中，有些是按照投入价值包括在其中的，而且，森林产出还是一个总产出的概念，无法与国内生产总值作为最终产品的概念相衔接等。为此，在现阶段，考虑将国内生产总值作为一个参照指标，用森林生态服务产出与国内生产总值以及现行林业产出进行比较，用森林总产出与国内生产总值进行比较，以便更全面地显示森林以及林业的重要性。

中　　篇

现代林业

实践篇

第8章 森林可持续经营

森林可持续经营的国际框架主要是作为一个具有特殊内涵的概念，在全球范围内讨论的、具有普遍性的、与森林领域相关的国际化问题，也可以理解为与森林相关的问题国际化。国际森林问题是一个十分复杂的问题，它涉及政治、经济、文化、社会等许多领域。联合国森林论坛通过制定和完成多年工作方案，促进各类森林的管理、经营和可持续发展，并为此加强长期政治承诺。为推动森林可持续经营的国际进程，各地区根据自己的实际情况，为实现本地区森林的可持续经营，各个地区、国家和国际组织，开展了相关标准和指标的制定、应用评价为目标的活动，这些都在政策、技术和公众参与方面提高了森林的经营水平，促进了全球可持续发展的步伐。

我国在森林可持续经营方面积极参加有关的国际活动，并认真履行国际承诺。我国政府和科研机构始终跟踪有关国际森林问题的活动，积极参与国际进程，并于1999年正式成为蒙特利尔进程成员国。到目前为止我国参与了国际九大进程中三个进程的活动，包括蒙特利尔进程、ITTO进程和亚洲干旱进程。同时根据我国国情和林业发展情况，制定了中国森林可持续经营标准与指标体系，并作为林业行业标准于2001年发布。我国目前正在开展森林可持续经营试验示范活动，旨在探索不同地区森林可持续经营管理的技术、模式和指标。森林可持续经营是一项涉及面广、内容复杂的系统计划，既涉及与森林经营相关的经济社会、法律法规、政策制度等领域，又与资源环境、科技创新等密切相关。为此，我国及时制定了森林可持续经营指南，用于指导森林经营活动，为实现我国现代森林可持续经营奠定了基础。

第一节　森林可持续经营国际进展

从1992年巴西里约热内卢联合国环境与发展大会，到2002年南非约翰内斯堡联合国可持续发展世界首脑会议的召开，全球范围内逐步把减少森林破坏、防治荒漠化、保护生物多样性、改善大气和水资源状况、确保粮食安全、消除贫困、作为世界可持续发展的重要主题。鉴于森林问题在可持续发展进程中的特殊性，中国林业发展战略也相应作出了由木材生产为主向生态建设为主的历史性转变。中共中央、国务院《关于加快发展林业发展的决定》的发布，使得当今中国林业发展目标更加明确，在这样的背景下，中国森林可持续经营工作应当遵循什么样的经营理念、原则，确定什么样的经营目标、以及采取什么样的行动、建立什么样的管理体制、制定什么样的森林经营政策，成为中国林业可持续发展实践中的一个关键而又重大的问题。

森林可持续经营已经在生产实践中发挥着重要作用，对森林可持续经营的认识也随着实践的应用不断发展完善，尤其是森林可持续经营的概念，不同组织和机构有着不同的观点和认识，我们在这里将介绍森林可持续经营的概念，森林可持续经营与传统森林经营的联系和区别，森林可持续经营的标准与指标体系，森林可持续经营的国际行动框架，以及该领域国际的进展和实践。

一、森林可持续经营的概念

国际上对森林可持续经营的定义种类很多，不同机构和组织对森林可持续经营的概念和理解不尽相同，目前国际上比较流行的森林可持续经营的概念是：可持续森林经营意味着对森林、林地进行经营和利用时，以某种方式，一定的速度，在现在和将来保持生物多样性、生产力、更新能力、活力，实现自我恢复的能力，在地区、国家和全球水平上保持森林的生态、经济和社会功能，同时又不损害其他生态系统（《关于森林问题的原则声明》，1992年）。

国际热带木材组织（ITTO）的定义是：森林可持续经营是为达到一个或多个明确的特定目标的经营过程，这种经营应考虑到在不过度减少其内在价值及未来生产力，和对自然环境和社会环境不产生过度的负面影响的前提下，使期望的森林产品和服务得以持续的产出。

而1993年召开欧洲森林保护部长级会议上认为，森林可持续经营是指以一定的方式和速率管理并利用森林和林地，在保护森林的生物多样性、维持森林的生产力、保持其更新能力、维持森林生态系统健康和活力，确保在当地、国家和全球尺度上满足人类当代和未来时代对森林的生态、经济和社会功能的需要的潜力，并且不对森林生态系统造成任何损害。

联合国粮食与农业组织的观点认为，森林可持续经营是一种包括行政、经济、法律、社会、技术及科技等手段的行为，涉及天然林和人工林，它是有计划的各种人为干预措施，目的是保护和维护森林生态系统及其各种功能。

虽然不同组织对森林可持续经营的定义的描述不尽相同，但其涵义是相通的，都是持续的为人类提供产品和服务，满足人们现在和将来的各种需求的森林经营。

森林是陆地生态系统的主体，是维护人类生存环境，保持国家经济和整个生物圈良好状态的必要条件。森林生态系统具有多种经济效益和环境价值，而且外在效益要远远大于直接经济效益。森林经营决策过程中的广泛公众参与、全民的了解、认识和参与是推动森林可持续经营的动力。目前，社会正在努力谋求实现森林的可持续经营，并已经开始在一种共同的理念下不断取得进展。然而，森林价值的重要性将取决于森林的本质和社区的期望。森林可持续经营的目的在于保证森林连续有效地满足当代人们的物质生产、文化精神生活和无形的利益需求，而且有利于长期的经济与社会发展。由于自然条件、社会历史和经济发展水平的差异，各国承受能力必然不同。

二、森林可持续经营与传统森林经营

传统的森林经营研究森林永续利用及其在技术上的反映，用科学的、经济的和社会的原则管理森林产业，实现经济目的。其核心理论——法正林思想是古典经济学与林学相结合的产物，他把林地、森林当作资本，通过对林地、森林的集约经营，提高生长量，以增加社会财富，实现高地租收入。这是以木材为主产品的森林经营可持续思想，这一理论在过去近200年，支配着整个森林经营活动。但其缺点和弊端很明显：导致森林不稳定性、结构简单、生物多样性低、生态功能下降，多病虫灾害等问题。

1. 管理目标

传统的森林经营以木材和其他林产品的商品生产为中心，把森林生态系统的其他服务放在从属的位置，其目的是通过对森林资源的经营管理，不断地、均衡地向社会提供木材和其他林副产品，并获得经济效益；森林可持续经营是从森林生态系统的整体出发，以维持森林生态系统在自然、社会系统中的服务功能为中心，通过森林生态系统综合管理，维持整个生态系统的健康和活力，注重景观水平上的效果，将生态系统整体的稳定性和经济社会系统的稳定性结合起来，向社会提供可持续的产品和服务，而不仅仅是某种物质产品。

2. 核心理论

传统的森林经营的核心——法正林理论的基础是传统经济学理论，以获取最大的经济收益为目标，追求森林生长量与采伐量的长期平衡，从而保持稳定的蓄积量和采伐量，保持稳定的龄级结构；森林可持续经营则是生态学，并融合经济、社会、管理和系统理论，追求森林生态系统、生态进程、结构和功能的可持续性，用系统的理论、观点与方法探讨森林生态系统问题，注重人与人之间及人与森林生态系统间的和谐，寻求解决森林生态系统生态供给与经济需求之间的矛盾，维持森林生态系统理想的状态、产品和服务。

3. 经营对象

传统的森林经营对象是以乔木为主的植物群落，强调森林生态系统物质产品的生产，重视森林资源实物量的保持与增长和森林本身的变化；森林可持续经营的对象是森林生态系统，包括生物资源、非生物环境资源及其生态过程所组成的自然生态系统与社会系统和经济系统，重视决定森林生态系统内部再生能力的要素功能的整合和系统的完整性与健康的维持；重视从外部调控森林资源、生态系统健康的森林与社会经济系统之间的耦合关系。

4. 经营尺度

传统的森林经营是建立在林班和小班空间尺度上，以林场为经营单位的生产组织形式；森林可持续经营是建立在景观尺度基础上的区域化、社会化管理形式。森林可持续经营是对传统森林经营的继承和发展，它吸取了传统森林经营永续经营的科学成分，发展和完善了传统森林经营。

三、森林可持续经营的国际框架

森林可持续经营的国际框架主要指在：①联合国框架下的国际森林问题。它目前作为一个具有特殊内涵的概念，主要指联合国框架下自1972年以来，全球所讨论的具有普遍性的与森林相关的领域的问题，也可以理解为与森林相关的问题的国际化；②全球性非政府组织（NGO）所讨论的森林可持续经营和林业问题。

（一）国际森林问题

联合国国际森林问题是一个十分复杂的问题，它涉及政治、经济、文化、社会等许多领域。

联合国环境与发展委员会(UNCED)是联合国关于世界环境与发展问题(含可持续发展问题)由国家政府首脑参加的一个最高决策机构，下设的联合国可持续发展委员会(UNCSD)负责处理可持续发展问题，以推动全球的环境保护，监督执行《21世纪议程》的进展情况，发现存在的问题，包括所需要的资金来源、运行机制以及技术转让等问题。联合国可持续发展委员会秘书处设在纽约联合国总部的政策协调与可持续发展部（DPCSD），并在日内瓦设立办公室，在内罗毕设立联络处，每年召开一届委员会会议。目前该委员会有53个正式成员，中国也是该委员会的成员国之一。

可持续发展委员会组织领导下开展的有关森林可持续经营国际性活动主要有：

一是可持续森林经营(SFM)的标准指标体系研制；二是可持续森林经营的试验活动；三是可持续木材生产的认证制度的研建。三者都可以分为国际性的活动(由国际组织或政府集团或非法规约束的国家自愿结合来进行的)和国家性的活动。

根据联合国经济及社会理事会第2000/35号决议，基于政府间森林问题小组(IPF)/政府间森林问题论坛(IFF)的工作，为继续推动全球森林保护与可持续经营，联合国在其经济及社会理事会下专门成立了一个独立的常设机构“联合国森林论坛（UNFF，可简称‘森林论坛’）”。

1.联合国森林论坛的目标

森林论坛将在一个多边工作方案的基础上进行工作，即根据《关于环境与发展的里约宣言》中，关于各类森林的管理、养护和可持续发展的全球共识原则的不具法律约束力的权威性声明（森林原则）及《21 世纪议程》第 11 章及其行动建议，森林论坛将通过制定和完成多年工作方案,以促进各类森林的管理、养护和可持续发展,并为此加强长期政治承诺(表 8-1)。

表8-1 历次UNFF会议进展

UNFF	时间	地点	议题	主要成果
UNFF1	2001年6月	纽约	讨论UNFF多年工作计划	决定成立监测、评估和报告特别专家组、财政和技术转让特别专家组和法律框架要素特别专家组
UNFF2	2002年3月	纽约	森林养护、保护地区和环境服务	会议通过了〈部长级宣言〉和向世界可持续发展峰会的建议，形成了有关防止毁林、森林保护、低森林覆盖率国家森林恢复战略、退化土地恢复和森林更新、概念、术语、定义等决议
UNFF3	2003年5月	日内瓦	支助森林可持续经营方面的国际贸易和投资	通过了有关加强合作、政策与计划协调、森林健康与生产力、森林经济效益以及保持和提高森林覆盖率、设立联合国森林论坛信托基金等方面的决议
UNFF4	2004年5月	日内瓦	森林和人类需要	通过了有关森林社会与文化价值、相关科技知识、监测与评估、标准与指标、财政与技术转让以及森林国际安排有效性评估等决议
UNFF5	2005年5月	纽约	审议进展情况和未来需要采取的行动	原则同意了4个全球林业发展目标，并决定第六次会议继续讨论本次会议未通过的主席案文
UNFF6	2006年2月	纽约	未来法律框架、执行方式和自愿森林文书	讨论形成不具有法律约束力森林文书
UNFF7	2007年4月	纽约	未来法律框架、执行方式和自愿森林文书	通过了《不具有法律约束力的国际森林文书》

2. UNFF的主要功能

（1）协助和推动实施政府间森林问题小组/政府间森林问题论坛的行动；

（2）提供论坛，继续制定政策和开展对话，就可持续管理森林问题达成共识，处理森林问题和新出现的优先关注领域；

（3）加强有关国际和区域组织、机构和文书之间在森林问题上的合作以及政策与方案的协调；

（4）促进国际和跨部门合作；

（5）通过报告监测和评估进展情况；

（6）加强对于各类森林的管理，养护和可持续发展方面的政治承诺。

3. 联合国森林论坛的职责

森林论坛的主要职责包括：

（1）审议关于拟定一项所有类型森林问题的法律框架所包含的任务，以便向理事会并通过理事会向大会提出建议；

（2）分步骤制定适当的财务和技术转让资助方法；

（3）向森林问题合作伙伴关系（由联合国粮食与农业组织、世界银行和全球环境基金等9个国际组织支持成立的UNFF支持机构）提供指导；

（4）五年后审查森林问题国际安排的效用。

4. 不具有法律约束力的国际森林文书

文书的宗旨是：

（1）加强国家、区域和全球各级的政治承诺和行动，以有效地实施森林可持续经营，实现全球森林目标；

（2）使森林为实现包括千年发展目标在内的国际商定发展目标作出更大的贡献，尤其在消除贫困和环境可持续性方面；

（3）提供政策框架，以促进与森林有关的众多国际和区域协定、进程及组织之间更密切的合作和协调；

（4）为实现上述目标向国家行动和国际合作提供指导。

5. 在森林文书中明确在2015年前实现的全球目标

（1）全球目标1：通过森林可持续经营，包括保护、恢复、植树造林和更新造林，以及更加努力地防止森林退化，扭转世界各地森林覆盖率丧失的趋势；

（2）全球目标2：增进森林的经济、社会及环境效益，包括通过改善依靠森林为生的生计；

（3）全球目标3：大幅增加世界各地森林保护区和其他森林可持续经营的面积以及可持续经营的森林产品所占比例；

（4）全球目标4：扭转在可持续森林经营方面官方援助减少的趋势，从各种来源大幅增加新的和更多的金融资源，用于实现森林可持续经营。

6. 森林可持续经营的七个要点

森林可持续经营是一个规划和实施各种方案和做法的进程，目的是提供和维持森林的各种社会、经济和环境功能，以满足今后世代的需要。森林可持续经营的要点源自标准与指标所描述的标准，为森林可持续经营提供了一个协调的可用的参照框架，构成森林可持续经营的一套指示性全球标准。具体包括：①森林资源的范围；②森林生物多样性；③森林健康和活力；④森林资源的生产功能；⑤森林资源的保护功能；⑥森林资源的社会经济功能；⑦法律、政策和机构框架。

7.联合国粮食与农业组织（FAO）

FAO在森林可持续经营方面起着指导作用，它一直为林业行动的协调提供全球性论坛，它的林业委员会(COFO)，一共主持召开过十余次会议。其中，它曾与联合国开发计划署、世界银行、世界资源研究所发起提出热带林业行动计划(TEAP)。COFO于1995年3月13～15日在罗马召开了第12次会议，这次会议的规模很大，所有113个国家成员和17个观察员国家全部出席，另外还有4个联合国组织，18个政府和非政府组织参加了会议。此次会议全面回顾了国际行动的进展，强调了FAO在推动CSD政府间林业工作组工作中的作用，研究起草了关于世界林业的部长级声明。紧接着，在3月16日～17日召开了主管林业的部长级会议，发表了《罗马林业声明》，会议肯定了在制定国家林业计划、各种相关活动和国际性合作等方式在各个层次上取得的进展，号召进一步加强在国家能力建设和国际合作和协调方面努力。

（二）国际森林问题的非政府行动

国际森林问题的非政府行动由非政府组织自发组织进行。最典型的非政府组织(NGO)是“世界可持续发展委员会(WSDC)”，它的前身是1990年由瑞士企业家发起组织的“企业可持续发展委员会”，是国际上首次从企业界角度关注可持续发展问题的国际性组织。该组织认为环境问题包括林业问题的最终解决，需要与企业界全面合作，因为企业有技术，有管理能力和强烈的意识。WSDC提出的研究重点，一是贸易与环保关系；二是气候变迁与能源；三是生态与经济可持续发展；四是金融。金融问题在环境议题中越来越突显出其重要性，得到了比较广泛的社会关注。

国际非政府组织，特别是环境保护组织，如世界自然基金会、绿色和平组织和地球之友等，在认识到一些国家在改善森林经营中出现政策失误，国际政府间组织解决森林问题效果有限，以及林产品贸易不能证明其产品源自何种森林以后，力图通过对森林经营活动进行独立的评估，将“绿色消费者”与寻求提高森林经营水平和扩大市场分额，以求获得更高收益的生产商联系在一起，在世界范围内发起了“森林认证”运动，强调以市场为基础，并依靠贸易和国际市场的控制和调节作用来促进世界森林的保护。

此外，一些非政政府组织还在林业政策改善和发展方面起了一定的作用，如世界资源研究所帮助中美地区开展的区域林业协调活动，以及帮助协调印度社区林业经营等；促进加拿大不列颠哥伦比业省的资源与坏境会议的年度会议制；协调自然保护主义者与政府间的对话。亚马逊研究所帮助解决消耗资源的保护区问题；太平洋环境资源中心帮助研究俄罗斯的森林可持续经营问题，等等，在一定程度上促进了世界不同区域的林业发展。

四、森林可持续经营标准与指标

（一）标准与指标的定义

“标准”是森林可持续经营，即森林生态系统经营的基本成分，是用于评价森林可持续经营的条件或过程的类目，包括重要的森林功能，如生物多样性和森林健康状况、森林多种社会经济效益如木材价值和文化价值。

标准是由一系列定期监测以评价变化的相关指标所表示的特征。因此，许多情况下需要法律和机构组织为森林可持续经营提供保障。而指标其含义是揭示、指明、宣布或使人了解等，指标的定义为：指标是对更基本的数据的集成或者综合，但它所具有的含义已经超越了这些基本数据本身。指标是一种定量化的信息，可以帮助人们理解事物是如何随时间变化的。指标是对更基本的数据的集成或者综合，是一种定量化的信息。更准确地说，可以认为指标是一个参数，或者一个从参数取得的数值，它指出一种现象或状态，或者为之提供信息，或对此进行描述，并且对与参数值直接相关的含义进行了显著的扩展。指标不仅要提供事物变化的定量化信息，而且要能够反映政策问题。此外，指标还必须以比复杂的统计数据以及其他形式的社会经济和森林资源数据更简洁的方式来提供信息，这些指标本身实际上也就包含了把这些指标同更复杂的现象联系起来的模型和假设。

（二）标准与指标的分类

标准和指标体系有着不同的分类方法。例如，按照指标的基本功能，可以分为描述性指标和评价性指标；按照指标表述单位的不同，可以将指标分为实物指标和货币化指标；按照指标对信息的浓缩程度，可以将指标分为单个指标、专题指标和系统性指标等。描述性指标和评价性指标是按指标的功能来划分的。描述性指标的特征是具体反映某种现象的状况，某个描述性指标往往都有着不同的计量单位，因此不能简单地相加以综合反映某一层次或某一方面的情况。评价性指标的目的在于对可持续发展的各个方面、各个层次的指标进行综合、汇总，最终能形成一个总指数，藉以反映可持续发展各领域、各层次以及总体的趋势变化动态。

森林可持续经营的标准与指标是评价森林可持续经营的工具。提供了描述、监测和评价迈向森林可持续经营的基本框架，并将确定其理论和实践意义。制定和验证森林可持续经营标准与指标体系的目的就是用来评价各国森林状况和森林经营随着时间变化的趋势。

（三）标准与指标的最新进展

1. 蒙特利尔进程

蒙特利尔进程是1993年9月由加拿大发起的，旨在制定具有科学依据的、国际接受的欧洲以外温带和北方森林保护和可持续经营的标准与指标体系，以评价温带和北方森林的经营状况。蒙特利尔进程包括12个成员国：阿根廷、澳大利亚、加拿大、智利、中国、日本、韩国、墨西哥、新西兰、俄罗斯、美国和乌拉圭，占世界90%的温带和北方森林，60%的森林面积，45%的国际林产品贸易和35%的人口。我国是1999年通过外交途径正式成为蒙特利尔进程的成员国。随后在各国政府和专家的支持下，制定了蒙特利尔进程标准与指标体系，共包括7个标准67个指标，用来衡量和评价北方和温带森林可持续经营的进展，标准与指标体系对促进全球森林可持续经营水平，推动北方和温带森林的可持续经营，督促和指导成员国和其他区域进程的森林可持续经营标准与指标体系起到了积极作用。蒙特利尔进程工作组是一个区域性政府间的技术论坛，至今已经召开了14次工作组会议。目前的联络办公室已经由加拿大林务局转到日本林业厅。随着社会经济和资源状况的发展变化，原来的指标体系需要不断进行调整、补充和完善。自2004年起，该进程工作组决定对已经执行10年的标准与指标进行修订，以适应快速变化的全球经济、环境、林业，乃至社会。目前的主要进展是：①使标准与指标更加清晰；②简化了指标的题目；③指标进行了重新分类和排序；④指标的数量由原来的67个简化至47个。另外，还就森林可持续经营（SFM）的界定进行了讨论，如城市森林在全球范围内发挥着越来越重要的作用，而原有的指标对是否涵盖城市森林不清楚，因此在标准6中增加了有关城市森林的内容，同时增加了林业工业的碳排放，由于木材使用而减少的碳排放等指标，主要是考虑林业相对于其他行业在碳排放方面的贡献，但TAC认为技术咨询委员会以上方面是否超出了森林可持续经营定义的范围尚不明确。指标体系更加明确和具体地考虑到涉及森林可持续经营的权属、产权、法律政策框架、执法能力和效果、监测和报告体系的能力、以及技术进步因素等方方面面。2007年7月24～28日中国承办进程技术咨询委员会第10次会议，由来自进程成员国11个国家的共19位代表参加了此次会议，会议回顾了日本札幌会议以来进程的进展，重点对7个标准的原理、技术说明等进行了讨论和修订。2008年8月进程技术咨询委员会第11次会议将在新西兰罗托鲁阿举行，届时将对标准7做最后修订，2008年11月将在俄罗斯首都莫斯科举行的工作组会议上通过。

蒙特利尔进程发展至今，仍然是所有进程中覆盖面积最广、参加国家最多的进程之一。通过蒙特利尔进程的活动，促进了温带和北方森林国家森林可持续经营的进程，加强了成员国在标准与指标方面的沟通和交流，对温带和北方森林可持续经营做出了积极贡献。

2. 泛欧进程

“欧洲森林保护部长级会议”（MCPFE）是由40多个欧洲国家参加的高级别的政治会议，同时邀请欧洲之外的国家和国际组织作为观察员国列席会议。MCPEE最早发起于1990年，于1993年第二次部长会议上明确实现欧洲森林可持续经营的目标，随后欧洲国家开展了一系列关于森林可持续经营标准指标的活动，并于1994年明确欧洲森林可持续经营的6个标准共27个指标。

第三次欧洲森林保护部长会议在1998年里斯本召开，会议用欧洲森林标准与指标体系报告了欧洲森林的状况，与会部长们采纳并签署了适合于欧洲的森林可持续经营的6个标准和相关的指标，同时部长们承诺继续实施、推进和提高相关指标。

第三次部长会议之后，发出了有关欧洲森林可持续经营标准与指标体系进一步开展工作的意见征求问卷，问卷的结果被用来确定部长会议决议的具体后续行动的工作程序，工作程序在1999年专家会议上得到认可并被签署。

第四次泛欧进程有关森林可持续经营标准与指标的研讨会于2002年5月5～7日在意大利举行，会议通过技术咨询专家组的讨论，在以前标准与指标体系的基础上，对泛欧进程的标准与指标体系定量指标和描述性指标进行了完善和提高，而且对标准2，标准3和标准6中的指标给出了建议，划出重点，并对可能的量化指标进行了合并，对标准4和标准3中的指标进行了调整。并对每一个指标的原理、数据来源和测量单位给出了更详细的说明。

3. 其他几个主要进程的概况

非洲干旱进程——非洲干旱地区进程源于环境规划署/粮农组织可持续森林管理标准及指标专家会议，1995年在肯尼亚内罗毕召开。会上，28个与会国确认了7个国家级标准和47个指标。

非洲林业及野生动植物委员会以及3个分区域组织：萨赫勒国家间抗旱常设委员会(CILSS)、政府间发展组织(IGAD)和南部非洲发展共同体(SADC)的各秘书处认可了该进程的工作。

在该进程下召开了若干国家及区域性讨论会和专家会议，以审议有关国家标准及指标的适用性，讨论信息的提供及国家信息收集与分析能力，并制定实施行动计划。

召开了两次分区域国家协调人后续会议，SADC和CILSS成员国参会。根据前一次会议的建议，2000年出版了实用准则。

成员国有安哥拉、博茨瓦纳、布基纳法索、佛得角、乍得、吉布提、厄立特里亚、埃塞俄比亚、冈比亚、几内亚比绍、肯尼亚、莱索托、马拉维、毛里求斯、莫桑比克、纳米比亚、马里、毛里塔尼亚、尼日尔、塞内加尔、索马里、苏丹、南非、斯威士兰、坦桑尼亚、乌干达、赞比亚、津巴布韦。

近东进程——近东进程源于联合国粮食与农业组织／环境规划署1996年召开的可持续森林管理标准与指标专家会议。30个与会国确定了7个国家级标准和65个指标，主要集中于该区域干旱地区森林和林地的管理。近东林业委员会已认可并密切注视这项工作，召开了若干区域性讨论会和专家会议，以审议有关国家标准及指标的适用性，并探讨信息的提供及国家的信息收集与分析能力。现正制定评估及量度准则（2000年）。

成员国有阿富汗、阿尔及利亚、阿塞拜疆、巴林、塞浦路斯、吉布提、埃及、伊朗伊斯兰共和国、伊拉克、约旦、科威特、吉尔吉斯共和国、黎巴嫩、利比亚、马耳他、毛里塔尼亚、摩洛哥、阿曼、巴基斯坦、卡塔尔、沙特阿拉伯王国、索马里、苏丹、叙利亚、塔吉克斯坦、突尼斯、土耳其、土库曼斯坦、阿拉伯联合酋长国和也门。

国际热带木材组织（ITTO）进程——国际热带木材组织（ITTO）进程确定了热带成员国湿润热带森林适用于国家及森林管理单位两级的7个标准和66个指标。这些标准及指标于1992年3月通过，后经修订最终被编入1999年批准的国际热带森林组织文件，“热带天然森林可持续管理量度标准及指标”。国际热带木材组织还在热带国家就森林管理单位级标准及指标进行实地试验。

国际热带木材组织有57个成员国，31个木材生产国和26个木材消费国。国际热带木材组织进程的成员国均为生产国，即玻利维亚、巴西、柬埔寨、喀麦隆、中非共和国、哥伦比亚、刚果、科特迪瓦、刚果民主共和国、厄瓜多尔、斐济、加蓬、加纳、危地马拉、圭亚那、洪都拉斯、印度、印度尼西亚、利比里亚、马来西亚、缅甸、巴拿马、巴布亚新几内亚、秘鲁、菲律宾、苏里南、泰国、多哥、特立尼达和多巴哥、瓦努阿图和委内瑞拉。

国际热带木材组织的消费国是：澳大利亚、奥地利、比利时-卢森堡、加拿大、中国、丹麦、埃及、芬兰、法国、德国、希腊、爱尔兰、意大利、日本、尼泊尔、新西兰、挪威、葡萄牙、韩国、西班牙、瑞典、瑞士、荷兰、英国、美国和欧共体。

五、森林可持续经营国际实践

（一）国际林业研究中心（CIFOR）的实践

国际林业研究中心（CIFOR）是推动森林可持续经营最活跃最积极的组织之一，明确提出在森林生态系统管理(FEM) 的原理指导下开展工作。FEM的6个要素是：确定经营目标和全球伙伴；建立全球规范立地(bench site)；发展数据收集和分析的一般方法；调查规范立地和建立空间参照数据库；利用自然和社会经济资料，运用GIS建立森林经营模型；野外测试模型；成果和技术交流和转让。CIFOR先后在不同地区开展了许多试验，例如：①研究非洲可持续经营的激励机制和技术，并在西非刚果盆地的郁闭阔叶林带布置试验；②开展森林可持续经营的标准与指标试验区。主要在德国开展了森林可持续经营的标准与指标试验，采用来自泛欧进程等方法，适合中欧阔叶混交林；帮助印尼引进新的技术体系；另外，在象牙海岸和巴西设立了两个试验点；在西加里曼丹开展标准与指标试验， 目的是检验社会对可持续经营发展概念性框架的接受程度；同样目的的试验区还设在南非、东非、东加里曼丹、印尼、巴西西亚马逊州以及秘鲁等地开展。另外，还在亚马逊地区开展了法定保护区内农民小规模采伐经营方式的研究。在喀麦隆进行森林可持续经营的标准与指标的适应性检验；在新热带次生林(巴西、秘鲁、尼加拉瓜)进行次生林类型可持续经营试验等。

（二）ITTO的工作

ITTO从1993年起，同3个林业承包商一起在马来西亚Sarawak建立了总面积为16.2万hm^2的示范林经营区。它是进行林业新技术学习和试验的基地，是实践获取木材对环境影响较小而经济上可行的实验场所。许多新技术，其中包括空中摄影和制图技术、计算机辅助道路设计、航空集材和生长模型等技术都正在该地区试验，并划出了大面积林地以供恢复和保护之用。但是，ITTO示范林区的活动和思想比国际示范林网络所支持的示范林区的范围要窄，但在共享相关技术领域方面的经验上，如减少采伐的影响，具有相互借鉴之处。

此外，ITTO还先后在巴西亚马逊河流域、中国海南岛、马来西亚和菲律宾等国家和地区开展了一些区域性试验。

（三）示范林项目

社会各界对环境问题的关注促进了认知的趋同，也推动了林学界对森林可持续经营技术问题的研究。由于问题的复杂性和挑战性，在管理层面上，需要调整和改变原有的法律和法规，在技术层面上，需要提出森林可持续经营从国家水平到森林经营单位水平的技术体系。由于各地生态、社会和经济发展上存在的现实差异，不可能采取统一的森林经营可持续经营模式，示范林项目正是希望能从不同角度不同层次为解决森林可持续经营的复杂性提供借鉴。加拿大发起组织了国际示范林网络，初期主要是温带地区国家，现在已经扩大到了多种气候带，包括中国、加拿大、菲律宾、缅甸等国家参与了示范林网络的活动，并在众多领域开展了广泛的试验。网络的总目标是促进森林可持续经营的国际合作与交流；支持对探索新的森林经营管理模式起重要作用的森林科学、社会科学领域内一些关键研究内容的国际合作；为森林可持续经营的标准和指标的国际间讨论提供技术支持。并相应开展一系列具体活动，例如：①试验可持续自然资源管理的决策形式；包括伙伴关系委员会建立和国际研讨会。②建立开发性的和可操作的多媒体数据库。③试验和示范最佳的和有效的森林可持续经营技术。包括森林可持续经营技术研究、采伐技术研究、不同采伐方式对土壤生产力的影响、生物多样性的评价、农用林业等土地利用技术的组装、非木材林产品的资源评价等。④在森林经营中发展和运用新的管理与技术。包括主要是社会、经济途径例如社区参与方法，参与性的乡村快速评估技术(PRA)和参与性监测与评估(PME)；开展政策分析，如对国家的有关政策、地方管理措施及其执行情况进行分析研究；研究政策变化对土地权属的影响；政策变化对森林资源的影响；林业可持续发展的政策障碍等。

另外，新西兰、俄罗斯、芬兰、澳大利亚、越南、瑞典、加纳、印度、加拿大、美国等约150多个国家都开展了不同程度的试验。

（四）加拿大示范林计划

加拿大示范林计划是加拿大实践森林可持续经营的典型案例。

加拿大示范林计划在强调当地居民参与的基础上，对推动可持续森林经营方面取得了很大的成功，反映出了加拿大森林的社会价值和多样化林分。基于加拿大在示范林方面的经验，我们可以发现，只要给予适当的机会和有效的结构，世界人口可以为全球范围内实现人与森林的和谐共处发挥特殊的贡献。

加拿大示范林计划（CMFP）的目的是，以科学和技术为支撑，使与森林有直接利益关系的人群参与到森林可持续经营的决策过程中。这一计划的三大基本要素是：森林与地方价值和需求的相关性、多样化和灵活性的伙伴关系、可持续的森林经营。经过10年的发展，加拿大示范林计划已经包括了11个独立的示范林项目（覆盖面积达1980万hm^2）和一个计划网，并且发展出了一系列特有的经验。有些特点是某一个特定的示范林特有的，而另一些特点则是几个或所有示范林所共有的。在各项目中，每一片示范林都有一系列在地方开展活动的能力，而这些活动都侧重于森林可持续经营的某一方面。全国网络覆盖了所有的示范林和加拿大林务局（CFS）所辖区域，通过全国网络，示范林项目可以从其他项目中吸收经验，还可以根据自身需要引用加拿大其他地方的成功经验。

1. 示范林概念的发展

加拿大示范林计划启动至今已经有15年了。在第一个阶段（1992～1997年），大部分示范林项目遇到了挑战，以前人们经常产生争执，而现在必须要对应该做些什么来保证森林可持续性达成一致意见。这是个艰巨的任务，且没有先例可循，刚开始几年一直在探讨什么是优先领域、怎样才能对所做内容达成共识。第一阶段工作主要集中在地方伙伴关系、发展有效工作关系、增进对当地情况的了解以及承诺开展合作实现共同目标。

第一阶段成功地在人和机构间建立起了伙伴关系。第二阶段（1997～2002年）主要是以第一阶段的成功为基础，让项目参与者将他们对森林可持续经营的认识应用到实践中，并且与更多的人分享项目成果。在规划第二阶段工作时，加拿大林务局侧重于让项目参与者分享示范林的经验，特别是被加拿大其他森林经营者利用的经验。在第二阶段，林务局成员本身担任了每个示范林项目董事会的全职成员。林务局更多地参与到了示范林项目中，因此使其在增进项目间联系、向全国宣传示范林项目、向森林政策层面提供更有效反馈意见方面发挥了更大作用。

项目第二阶段引入了几个战略性倡议，来提高网络参与度，这些倡议包括地方指标（参考von Mirbach，2000）、私有林地倡议和提高土著参与（CMFN，2002）。后两项倡议主要内容如下。

加拿大示范林网络（CMFN）认识到私有林地对加拿大实现森林可持续经营的重要性。过去十年中，与私有林地有关的政策和计划发生了很大的变化。同时，林地面临着越来越大的压力，需要提供森林所有的价值。CMFN私有林地战略倡议（英文简称PWSI）始于2000/2001年，目的是制定一项针对私有林地的战略。

在PWSI倡议下，CMFN确定了第三个阶段（2002～2007）需要解决的两个主要内容，即鼓励整个网络对私有林地问题发表意见，以及在地方层面实施能反映全国热点问题的具体项目。人们希望这能使私有林主更多地参与到示范林项目中来，能更多地支持涉及林地所有者集团和其他示范林合伙人的项目，这些项目主要针对林地领域出现的需求。目前已经获得了大量的经验，可以应用到实践中，并且广泛推广，从而在私有林地管理中推动森林可持续经营。

提高土著居民参与（EAI）战略倡议主要是通过示范林项目和社会经济伙伴倡议，使原始部落（非主流印第安人和混血儿）社区更多地掌握并积累森林资源可持续发展和经营方面的知识和技能（LaPierre，2002）。1998年，启动了克里族示范林项目，这是加拿大惟一一个原始部落土著示范林。为实现森林可持续经营的目标，克里族人发展了社会经济完整性原则，而不像其他社区着重于环境保护和经济发展。

示范林项目试图通过EAI倡议与土著社区建立起坚固、持久的伙伴关系。通过这种方式，土著社区可以有效地参与到资源管理规划中，并且可以将他们的价值观融入到森林可持续经营的决策过程中。这种伙伴关系的实例之一是Manitoba示范林项目，包括了3个土著伙伴，即Brokenhead Ojibway原始部落、小黑河原始部落和穴水原始部落（CMFP，2000）。

从1998年到1999年，这3个原始部落从社区成员和长者中收集了大量信息，内容包括传统森林利用、实践、历史、语言以及与传统土地有关的圣地。经过培训，原始部落社区的研究人员学会了使用地理信息系统，能将社区访谈的结果输入到系统中。由Manitoba示范林项目、EAI战略倡议、松木纸业公司和原始部落共同提供资助。项目为社区提供了一份带有地图的永久纪录，包括了所有社区的地图和数据库，记录了他们与土地的关系，并且用Ojibway语言绘制。

2. 示范林项目的特点

加拿大的11个示范林项目分布在加拿大的不同位置，从纽芬兰岛到英属哥伦比亚省，这些项目不仅仅是非常成功，而且在加拿大也是具有独特性的。

加拿大示范林的一个显著特点是它们的规模。这些项目构成了一个大型可持续林业发展模式的网络。11个项目中有5个面积均超过了100万hm^2，11个项目总共面积为1980万hm^2。

另一个特点是世界各国的参与，本是一个国家的倡议行动现在遍布到世界的许多地区。1992年的联合国环境与发展大会上，加拿大宣布了一项国际示范林网络（英文简称IMFN）的倡议。起初，在墨西哥建立了两个示范林，在俄罗斯有一个，这些都是加拿大某个示范林项目的“翻版”。现在，除了加拿大的示范林之外，IMFN包括了11个国家的19片示范林（Besseau *et al*.，2002）。这19个示范林总面积为800万hm^2。我国在浙江临安也开展了森林可持续经营的试验示范，加入了加拿大的示范林网络。

第二节　中国森林可持续经营实践

（一）中国森林经营中存在的问题

新中国成立以来，我国森林经营工作基本走的是一条以木材生产为主的道路，在为国家建设做出重大贡献的同时，也付出了沉重的代价。到20世纪80年代中后期，出现森林资源危机、经济危困的局面，生态灾害频繁发生。面对这一严峻形势，世纪之交，党中央、国务院高度重视生态建设，林业迎来了前所未有的发展机遇，国家采取大工程带动大发展的林业发展战略，造林规模不断扩大，森林面积不断增加，生态环境恶化的趋势得到初步遏制。尽管如此，我国森林资源总量不足、分布不均、结构不合理、质量不高的问题依然存在，森林生态系统稳定性低、林地生产力和利用率低、森林服务功能不强等一系列问题日趋突出。

中国森林经营问题突出表现在：一是没有将森林可持续经营理念贯彻到森林经营实践中。长期以来，以木材生产为主，粗放经营、重取轻予、重造林轻经营，忽视对森林生态系统健康和生产力的维护，保护生物多样性、维护森林生态系统环境服务功能的意识不强；或者是过分强调森林生态功能或生产功能，而忽视两者有机协调。二是没有形成系统的森林经营政策、资金支持体系和高效的森林经营管理机制。林业产权制度不完善，经营主体不明确，经营者缺乏经营自主权；缺乏系统完善的公共财政、金融支持，缺乏有效的公众参与机制，森林经营管理体制、机制不能有效适应可持续经营的需求。三是没有形成完整的森林可持续经营技术支撑体系。科研与生产结合不紧密，缺乏有效的科技成果推广机制和系统完善的森林经营技术标准与规程。2000年以来，为扭转这一不利局面，国家林业局先后选择若干县市，开展森林经营示范县建设，进行不同经营模式的探索与实践。2002年，国家林业局发布了《中国森林可持续经营标准与指标》，并通过试验示范探索实现森林可持续经营的目标、模式和途径，以推动中国森林可持续经营研究与发展。

（二）中国森林可持续经营实践

1. 森林可持续经营试验示范

为了实施以生态建设为主的林业发展战略，积极探索不同地区森林可持续经营管理的技术、模式和指标，从2004年开始，国家林业局先后决定在吉林省汪清林业局、福建省永安市、江西省井冈山市和靖安县、浙江省临安市和甘肃省小陇山林业实验局、辽宁省清原等7个单位为国家级森林可持续经营管理试验示范单位。并根据各自林业局的发展状况，开展了森林可持续经营的试验示范工作。表8-2为试验示范点的详细情况。

表8-2 我国森林可持续经营试验示范点

示范点	所在省份	气候区域	地理区域
汪清林业局	吉林省	中温带	东北国有林区
永安市	福建省	亚热带	南方集体林区
井冈山市	江西省	亚热带	南方集体林区
临安市	浙江省	亚热带	南方集体林区
小陇山林业实验局	甘肃省	暖温带	西北国有试验局
清原县	辽宁省	温带	东北国有林区
靖安县	江西省	亚热带	南方集体林区

2. 开展的主要工作

主要工作内容包括：①探索适合各自地区实际的森林可持续经营道路，各林业局根据自己的实际情况，根据森林可持续经营的思想制定本单位发展战略和实施方案。②根据制定的发展战略，开展森林资源的调查和摸底清查工作，补充完善森林经营方案，使森林可持续经营的思想真正在森林经营活动中得到实施；③定期召开交流研讨会，各林业局及时总结试验示范过程中的经验，及时沟通交流，相互补充，取长补短，为在森林可持续经营活动中已经取得的经验教训的推广提供铺垫。

3. 经验总结

森林可持续经营试验示范点工作开展以来，得到各级政府和林业主管部门的高度重视，并采取了积极有效的组织措施，认真开展工作，取得了一定成效。

（1）成立了强有力的试点工作领导机构。各级政府和林业主管部门都高度重视试点工作，成立了主要领导牵头的试点工作领导机构。如汪清林业局成立由局长牵头的领导小组，在现有编制内，抽调优秀专业人员成立“森林可持续经营办公室”；井冈山市成立了以市长为组长，市机关13个相关单位为成员的领导小组；小陇山林业实验局成立了以省林业厅厅长牵头的决策领导小组和以局党委书记牵头的实施领导小组。

（2）选定了试点工作科技支撑单位。为了保证试点工作的科学性和实践性，各单位都聘请了国家或省级的教学、科研或规划部门为科技支撑单位。如汪清林业局聘请国家林业局调查规划设计院和吉林省林业科学研究院为技术支撑单位；永安市请中国林业科学研究院为科技支撑单位；井冈山市和靖安县请江西农业大学、江西省林业调查规划研究院、江西省林业科学研究院为技术支撑单位，同时聘请林业界知名教授为示范点工作技术总负责人。

（3）制定了森林可持续经营管理试验示范点工作方案。为了使整个试验示范工作规范化、科学化和系统化，各单位都紧密结合自己的特点，在科技支撑单位的协助下，制定了切实可行的《工作方案》。其中，甘肃省林业厅还对小陇山林业实验局的工作方案组织了由多系统和多学科专家参加的专家论证会。

森林可持续经营管理是一个全新和具有挑战性的课题，涉及林区社会和林业生产的方方面面，既要有全局性和系统性的整体理念，又要考虑局部性和单一性的专业要求，需要不断探索、实践和总结。两年来，各单位试点工作取得初步成效的同时，也积累了一定的工作经验，普遍认为提高认识、转变观念是试点成功的根本；强有力的组织领导和健全的责任制度是试点成功的保障；科学规范的试点方案和严密的组织实施是试点成功的基础；长期坚持和强化监督是试点成功的关键。

4. 中国森林可持续经营标准与指标体系

中国政府十分重视森林保护与可持续经营问题，并积极参与国际上的有关活动。我国参与的森林可持续经营标准与指标进程有蒙特利尔进程、国际热带木材组织进程和亚洲干旱进程。1999年我国通过外交途径正式成为蒙特利尔进程的成员国。蒙特利尔进程主要针对是北方和温带森林，且是参与国家最多、森林覆盖面积最大的进程之一，蒙特利尔进程从开始发起至今是最有组织、对标准与指标研究最系统的进程。我国已在蒙特利尔进程的标准与指标体系为指导，根据我国林业发展阶段和森林资源状况，制定了国家水平标准与指标体系，并于2002年作为行业标准正式颁布。

国家水平标准与指标体系的制定充分吸纳了国际上有关标准与指标体系的成分，与国际上的标准和指标体系接轨。但鉴于中国地域辽阔，人口、社会经济发展和自然条件千差万别，森林类型复杂多样，森林资源数量、质量不同，经营状况各异。遵循既适应国际林业可持续发展的要求，又适合中国的具体情况的原则，根据中国自然条件、社会经济条件首先制定国家水平上的核心指标体系，然后再根据各区域的具体条件进行区域划分，扩充相应的特征指标，制定出可操作的指标体系（表8-3）。

在国家水平标准与指标体系中，针对主要指标给出了选择该指标的依据，主要说明选择该指标的意义及在森林可持续经营评价中的主要作用，同时与主要指标相关的问题、指标数据的来源、数据的应用、数据获取的方法、指标在应用过程中应注意的问题等给出了详细的解释和说明。需要指出的是，标准与指标体系不是一成不变的，它需要随着实践和实际情况的变化而不断调整。2007年7月在北京召开了蒙特利尔进程第10次技术咨询委员会会议，会议在前几次会议的基础上对最初制定的蒙特利尔进程标准与指标体系进行了修改，相信在不

表8-3　国家水平森林可持续经营标准与指标体系框架

标准（7个）	指标（72个）
1．生物多样性保护	
（1）生态系统多样性	森林类型占森林面积的比值 按龄级或演替阶段划分的森林类型的面积及比值 人工林中针叶树与阔叶树的比例 按世界保护联盟（IUCN）或其他分类系统划定为保护类林地的森林类型面积 按龄级或演替阶段确定为保护区的森林类型面积的比值 森林片断化程度
（2）生态系统多样性	森林物种的数量 根据立法或科学评价，确定处于不能维持自身种群生存力的森林物种的状态
（3）生态系统多样性	分布范围显著减少的森林物种数量 从多种生境中监测到的代表种的种群水平 已开展种质基因保存的就地和异地保存的物种数
2．森林生态系统生产力的维持	林地面积和能够用于木材生产的林地净面积 各森林类型面积和活立木蓄积 林业用地中各类土地面积的比例 用材林总活立木蓄积 人工林面积及其活立木蓄积 可供木材生产的林地面积与蓄积按龄级的分配格局 用材林年采伐量不大于年生长量 非木质林产品收获量
3．森林生态系统的健康与活力	超过历史波动范围的事件所影响的森林面积及其比例 有害气体和酸雨的危害面积与比例 温室气体对森林植被及敏感森林生态系统类型的影响 基本生态过程或生态系统中指示性生物组成减少的林地面积和百分比
4．水土保持	土壤侵蚀严重的林地面积和百分率 坡度在25°及以上的坡耕地退耕还林（草）的面积和百分率 主要用于生态保护目的的林地面积和百分率 森林集水区溪流量和持续时间显著偏离历史变化范围的百分率和公里数 水体生物多样性和理化性质显著偏离历史变动范围的林区水面的百分比 水土流失地区的治理面积和治理率 人工林立地指数严重下降的面积和百分率 在国家规定应必须进行水土保持的坡地从事生产活动时，已采取水土保持措施的面积和百分率 森林地被物保护的程度和面积及比例 受难降解有害物质累积危害的林地面积及比例
5．森林的全球碳循环贡献	森林总生物量生产(分类) 薪炭林面积与消耗量及其贡献 林产品生产量、消耗量及其贡献 毁林面积及其贡献 森林的吸收 森林土壤碳排放 森林泥炭CO_2、CH_4等的排放

（续）

标准（7个）	指标（72个）
6. 长期社会效益的保持和加强	
生产、消费和劳动就业	人口年增长率和社会经济发展速度 木质和非木质林产品的年需求量 木质和非木质林产品的年生产量 木质和非木质林产品的供求平衡 木质和非木质林产品的年进出口量 木质和非木质林产品的产值及在加工后附加价值 林业部门提供的直接或间接就业机会 林业部门各就业门类的劳动生产率和职工收入
对林业部门的投资	对林业生产投资 对林业研究、教育、开发和推广的投资 上述各类投资的回收率
森林游憩、旅游以及社会、文化、精神价值	以游憩和旅游为主要经营目的的林地面积及其占森林总面积的比例，以及用于一般游憩和旅游设施的数目和类型 森林旅游接待能力和实际人数
社会文化精神价值	用于保护文化和其他精神需求的林地面积和其占森林总面积的比例
法律及政策保障体系	
立法	明晰森林资源权属 森林资源保护管理 森林经营行政法规
促进森林保护和可持续经营的政策	促进森林资源分类经营的政策和实施 促进公众参与林业的政策和执行 促进人力资源培养的政策和实施 促进林业产业结构调整的政策和实施 基础设施建设政策和实施
促进森林保护和可持续经营的经济政策和实施	林业生产优惠经济政策和实施 森林生态效益补偿基金制度建立及实施
7. 信息及技术支撑体系	
监测和评价	标准1中各指标的相关数据的可获得性和程度 森林调查、评估、监测和其他相关信息的范围、频率和统计数据的可靠性 国内测算方法与国际通用测算方法的转换
研究与发展	森林生态系统的结构和功能特征 森林环境效益的核算体系及核算技术 科学技术贡献率的评价 人为干扰对森林影响的预测能力的提高 可能的气候变化对森林影响的预测能力

久的将来，国家的标准与指标体系也会随着林业技术和森林资源状况的变化，人们对森林资源认识的发展而不断调整和完善。

5. 区域森林可持续经营标准与指标体系

中国政府对森林保护与可持续经营予以高度重视，一直积极参与这些进程的所有活动，并积极参与联合国森林问题论坛等重要的国际活动。参照蒙特利尔进程的基本框架，中国已经制定出适合本国国情的《中国森林保护与可持续经营标准与指标》。同时，中国地域辽阔，人口、社会经济发展和自然条件千差万别，森林类型复杂多样，森林资源数量、质量不同，经营状况各异。为了地方很好的理解和实施森林可持续经营标准，依托国家水平标准与指标，参照FSC关于森林认证的原则与标准，在2001年开展了区域水平森林可持续经营标准与指标体系的制定工作。

制定区域森林资源保护和可持续经营标准与指标的根本目的，是促进森林的可持续经营。而森林可持续经营就是为社会经济发展提供一系列的森林产品和服务，同时又不破坏或消弱森林生态系统今后提供森林产品和服务功能能力所进行的森林经营活动。因此，标准与指标的制定，为政府、林业主管部门制定保障森林可持续经营的法律和政策奠定了目标取向；同时能够起到为维护森林生态系统的健康和活力、保护生物多样性和森林环境服务功能，规范森林经营者和其他利益主体森林经营行为提供评价指标体系，从而实现维护公众利益和森林经营者利益的目的。

区域森林资源保护和可持续经营标准与指标的主要作用，是用于指导森林资源监测、调查体系的修改和完善，并评价森林状况和森林经营随着时间变化的趋势；确定特定时空条件下森林资源及其相关资源、环境因子及其阈值；指导并规范森林可持续经营计划和规划、制定森林经营指南、相应的森林可持续经营方案和森林保护和利用作业设计。

区域森林资源保护和可持续经营标准与指标主要包括：

（1）东北国有林区森林资源保护和可持续经营标准与指标；

（2）西南亚高山林区森林资源保护和可持续经营标准与指标；

（3）西北干旱地区森林资源保护和可持续经营标准与指标；

（4）亚热带集体林区森林资源保护和可持续经营标准与指标；

（5）热带地区森林资源保护和可持续经营标准与指标。

（三）中国森林可持续经营准则

森林可持续经营是一项涉及面广、内容复杂的系统计划，既涉及与森林经营相关的社会经济、法律法规、政策制度等领域，更与资源环境、科技创新等密切相关。森林可持续经营实践必须遵循几个方面的基本准则。

首先是森林资源调查与评价。森林资源调查与评价是掌握森林资源的数量与质量、生长与消亡等动态变化规律，评价森林经营效果的重要基础工作，其成果对于制定森林经营区划与规划、编制森林经营方案，确定生产计划与经营措施等具有重要作用。针对生态公益林和商品林，分别确定不同的调查内容和方法。对于生态公益林，除调查树种、龄级、起源、面积、蓄积、森林立地、森林健康状况等因子外，还应考虑对水土流失、水源涵养、水质与土壤变化状况和其他环境因子的调查；生态公益林中的风景林和自然保护区的森林，要进行生物多样性、动物栖息地和人类游憩环境、种质资源（动物、植物、微生物等）等方面的调查。商品林要对生长量、生长率、经济价值、林地生产力、地力衰退状况等因素开展调查。

森林资源状况与经营效果评价，是根据森林资源现状和动态变化的基础数据（包括森林资源的数量、质量、分布等方面的信息），对森林资源状况、经营水平及其经营效果进行科学合理分析，为制定和调整森林经营规划、编制森林经营方案提供依据。森林资源状况与经营效果评价体系，包括森林资源状态指标（数量、质量、分布等）、动态变化指标（更新、生长、死亡、病腐等）和反映森林经营效果的经济、生态因子等。要加快建立和完善森林资源状况评价方法体系，逐步推广计算机技术、网络技术等先进的数据传输技术与方法，结合数学分析模型对森林资源状况及其发展趋势做出实时准确的评价，建立长期稳定的森林资源数据获取机制（包括途径、方法和手段）。

第二方面是森林经营规划，包括编制森林经营长远规划、森林经营方案和年度森林经营作业计划，依据森林经营规划、经营方案和年度计划组织开展森林经营活动。森林经营长远规划是各级人民政府应当组织制定的，并纳入同级国民经济和社会发展规划中。

森林经营长远规划要以保护生态环境、促进经济社会可持续发展为目的，以林业发展长远规划为依据，以现有森林资源为基础，与土地利用总体规划、水土保持规划、林地保护利用规划等相协调，按照森林分类经营要求，根据森林分类区划界定办法，确定森林经营目标、任务、重点、经营措施和保障体系等。

在长远规划的基础上，森林经营单位依据森林经营长远规划，原则上每10年，必要时每5年编制或修订一次森林经营方案。森林经营方案的编制，要充分考虑森林经营成本、管理成本和经济承受能力，确保森林经营单位具有足够的财力和人力资源执行森林经营方案。充分利用森林经营监测结果或新的基础信息，根据生态建设和保护、经济社会发展对森林生态系统的现实需求，适时编制、修订森林经营方案。

森林培育是森林经营的重要环节，是森林经营的重要组成部分和林业生产的重要组成部分。森林培育包括人工林培育和天然林保育。森林可持续经营应对人工林培育和天然林保育进行了区分。人工林培育是从林木种子、苗木、造林到成林、成熟的整个培育过程中，按既定经营目标和自然规律进行的综合培育活动。天然林保育是在尊重自然演替规律的原则下，充分利用天然林自我修复能力，按照森林经营目标所进行的天然林更新、恢复等培育活动。森林培育过程要按照分类经营的思想和原则，充分利用立地分类评价成果，在适地适树原则基础上，根据经营目标选择适宜的造林更新树种、造林更新方式和经营措施，并按照森林生态系统经营理念积极开展森林经营活动，提高森林生产力、维护森林生态系统健康和活力、提高水土资源保护能力，维护生物多样性。

林地生产力维持和森林健康维护是森林可持续经营的基本准则和重要目标，也是森林可持续经营标准与指标体系的重要内容之一。目前造成中国森林地力衰退、影响森林健康的主要技术和自然因素有：单一树种连栽、树种选择不合理、森林火灾、病虫鼠害、化学品污染、外来有害生物入侵、毁林、空气污染、温室气体、冻害等。森林可持续经营必须考虑地力维持、森林防火、有害生物入侵、化学品管理等方面以利于林地生产力维持和森林健康维护。

所有的森林经营活动其最终目标是森林利用，为人类和社会提供各种服务，森林利用包括木质林产品、非木质林产品和森林服务功能利用。森林可持续经营必须重点考虑关注森林木质产品持续生产、非木制林产品持续收获、森林旅游等几个方面，并科学合理确定森林利用的内容、布局、强度和方式，保持森林持续提供物质产品和生态、文化服务的能力，最大限度地发挥森林的价值。

水土保持是森林经营活动中需要给与关注的内容，森林可持续经营实践活动应在森林经营规划、森林培育、林产品收获、林区道路修建与维护等的不同环节中充分考虑保持水土，以提高林地水土保持功能、改善水质为原则，充分发挥森林的保持水土、涵养水源、调节河川流量、为水生生物提供良好栖息环境等作用。

生物多样性保护与持续利用是森林可持续经营中必须考虑的重要指标，也是我国国家水平森林可持续经营标准与指标体系中的重要内容。在森林经营的每个环节，要求既要做到注意保护、维持和合理利用本地特有的生物物种资源，也要合理利用外来物种。在森林培育、利用过程中，要加强对具有观赏价值、特殊文化价值等景观资源的保护。

公众参与是森林可持续经营实现人与自然和谐相处的重要途径。开展森林经营活动必须保障相关利益群体的合法权益，特别要保护好贫困社区和弱势群体的合法权益，实现森林经营和人民生活改善双赢。具体实施要按照社会主义新农村建设的总体要求，围绕社会主义新农村建设的总体目标开展森林经营。要广泛吸收公众和相关利益群体的意见，充分体现他们的利益，促进森林可持续经营。

建立健全森林经营相关信息管理规章制度，实现森林资源信息共享体系，是实现森林可持续经营的有力保障。在实践中，我们必须对森林经营相关信息进行科学分类，并依据信息数据类型，确定其采集方法、采集程序和管理办法。建立健全森林经营及其效果评价的档案管理制度。促进有关森林经营的国家标准、行业标准、地方标准与国际标准衔接。加强森林经营动态信息管理系统和决策支持系统的研究、开发与应用。

森林可持续经营的实现，除了以上技术措施外，还需要各项政策保障措施，包括人才政策、技术政策、经济政策、机构和基础设施建设的保障。

第三节　森林认证

森林认证，是实现森林可持续的重要途径之一。它通过市场机制鼓励森林经营者开展负责任的森林经营，通过对森林经营活动进行独立的评估，将“绿色消费者”与生产商联系在一起，共同促进森林可持续经营，是现代林业的发展方向之一。近年来，森林认证在我国取得了长足的发展，但在发展过程中也出现了一些问题。

（一）森林认证在我国的发展现状

1. 全球森林认证体系在我国的发展

目前世界上存在两大国际森林认证体系，分别是由环保非政府组织发起的森林管理委员会体系（FSC）和欧洲小林主发起的森林认证认可计划体系（PEFC）。

FSC体系已经在中国建立了国家工作倡议，并开展了森林认证活动。FSC中国国家倡议（中国工作组）在2006年3月启动了筹备工作，在2008年6月第45届FSC董事会会议上被正式认可。工作组理事会由30人组成，分为环境、社会和经济3个议事组，每个议事组10人。它通过邀请信的形式广泛征集会员，现在已经发展为114名会员。同时，FSC已经在中国开展了相当数量的森林认证工作，截至2008年7月2日，中国已有12家森林经营单位的70.5万hm^2森林通过了FSC森林经营认证。

PEFC体系也积极在中国寻求市场，目前在北京已成立PEFC中国办事处，但仍没有在中国开展森林经营认证。

2. 我国国家森林认证体系的发展

（1）认证标准制定

《中国森林认证：森林经营》标准已经出台并发布，为今后开展森林认证工作，促进森林可持续经营提供了依据。

从2002年1月开始，国家林业局组织中国林业科学研究院等单位的专家，着手研究制定中国森林认证标准。2002年11月9日，初稿完成，同时召开专家组第一次会议，讨论修订初稿，2003年7月26～30日在友好林业局实地测试标准的可行性。2003年12月提交标准最终稿和标准编制说明、测试报告和征求意见报告。2007年9月10日，《中国森林认证：森林经营》标准由国家林业局正式发布，并于2007年10月1日起正式实施。

中国森林认证标准的制定参考了各种森林认证体系标准，主要包括中国森林可持续经营标准与指标、ITTO标准与指标以及ISO14001环境管理体系标准，重点参考了FSC的原则与标准及其国家标准。同时制定过程始终贯彻多方参与的原则，实行民主决策，专门成立了由来自政府、科研、教学、企业、地方的代表组成的咨询小组，参与标准的制定过程。在草案完成后，在全国范围内进行了大范围的征求意见，听取各方面的意见和建议，对标准进行了修改和完善，以保持标准制定各方的充分参与和透明度。另外，在制定过程中，还采取了民主决策程序。

该标准由原则、标准和指标3级树状结构构成，主要框架由9项原则46个标准和120个指标所组成，反映了森林可持续经营4个方面的要求：政策与法规、可持续生产、生态环境保护和公众利益。

（2）森林认证试点工作

为了探索我国森林可持续经营的原则、模式和标准指标，测试中国森林认证标准，国家林业局于2006年3月全面启动森林认证试点工程，并编写《森林认证理论与实践》和《森林经营指南与规程》两本教材，组织有关专家到各试点单位进行现场讲解以促进认证标准的实施。经国家林业局及相关单位研究选取中国有代表性的试点（涵盖了热带林、人工林、集体林、国有林等），吉林、黑龙江、浙江、福建、广东、四川6省为首批开展森林认证的试点省份；2007年又在内蒙古（大兴安岭）、广西、云南、海南、安徽、河北等省开展第二批试点。2007年3月，国家林业局科技发展中心召开了“森林认证试点工作会议”，对试点工作进行了总结，明确了试点工作的发展方向。

（3）认证机构建设

中国尚没有自己的森林认证机构，正在筹办过程中。目前在我国开展森林认证服务主要为一些国际认证公司，如SmartWood和SGS，SGS在中国建立了分支机构。

（4）认证专业人员培养

鉴于森林认证在我国的迅速发展，急需大批量的专业人员参与到认证工作中去。因此，在国家林业局和地方各级组织的共同努力下，森林认证培训交流会议已经在中国逐步开展。一些国际组织如世界自然基金会（WWF）、雨林联盟(RA)也在大力支持中国对森林经营单位、林业企业进行森林认证知识的相关培训。

目前已经举办培训会议几十场，参与培训人员数百名，一些国际知名的森林认证专家也被邀请到了中国进行讲座，有力地推进了森林认证在我国的普及。

（5）森林认证网络建设

2007年3月8日，中国森林贸易网络在香港成立，旨在推动负责任的森林产品采购、可持续森林经营和可信赖森林认证的同时，为林产品厂商间的健康贸易搭建一个相互交流的平台。该网现有9个企业会员、10个贸易伙伴与2个森林管理伙伴。

3. 非政府组织对中国森林认证发展的支持

森林认证最初是由非政府组织发起的，在认证发展过程中，它们起到了非常重要的作用。WWF是全球FSC认证的积极支持者，WWF中国分会从1996年就在中国开展了一系列活动来扩大森林认证的影响。翻译出版了《森林认证手册》等相关文献，并召开系列研讨会开展森林认证的培训与宣传，进行森林认证能力建设，开展认证试点，直接推动森林经营单位开展森林认证，发布新闻媒体介绍森林认证和国际进展等，并于2001年5月参与发起了中国森林认证工作组，以推动FSC体系在中国的发展。

（二）目前存在的问题与差距

虽然森林认证在我国取得了长足的发展，但在发展过程中还是存在一定的问题，同时由于我国的森林认证工作起步较晚，与很多国家相比，还是存在着不小的差距。主要表现在：

1. 认证体系有待完善

认证标准方面。尽管我国已经出台了《中国森林认证：森林经营》，为今后开展认证工作提供了依据，提供了森林可持续经营的框架。但我国地域辽阔，森林类型众多，不同地区之间的区域差异性很大，情况也比较复杂，制定面向不同地区、不同森林类型的标准和指标也是非常必要的。国外一些体系在此方面均做了大量的工作，如印尼的LEI体系便针对本国情况制定了面向天然林、人工林和社区林的指标，而FSC在进行审核评估时也要求应用适用于不同地区的认证标准。我国在这方面的工作刚刚开始，虽然取得了一定进展，但仍需要进一步完善。

认证机构的建设和管理。我国目前还没有对认证机构的资格做出要求，也还没有认可任何一家可以开展中国森林认证体系认证工作的认证机构，束缚了下一步工作的开展。世界各大森林认证体系都对认证机构的资质与认可程序进行了规定，以实现对认证机构有效的管理，并保证其有能力开展各自体系的森林认证工作。认证机构在开展FSC认证时必须经过FSC认可方能进行，否则FSC不承认其认证的有效性；而PEFC则明确表示认证机构需要通过互认的国家体系的认可。我国在此方面尚存在一定差距。对认证机构的有效管理关系着认证的有效实施，因此需要进一步加强。

对认证的安排。目前发布的认证标准只对森林经营单位应达到的水平做出了规定，并未对认证审核的程序进行说明，包括认证的开始、审核过程、合格标准、认证决定过程与认证证书的定期审核。国际上成熟的森林认证体系一般均对此有详细的阐述，一方面可以规范认证机构的工作；另一方面也能有效地解决认证过程中出现的不可预测问题，同时也可使整个认证过程更加清晰、透明，有利于接受来自各方的监督，保证认证的效果。我国在此方面的工作尚不完善，还需进一步探索。

对认证审核员的要求。由于森林认证是一个较为繁琐的过程，需要进行室内和现场的调查，涉及的方面、知识点较多，为了保证认证的良好实施，选择合格的审核员就显得十分重要。同时，认证审核中审核小组的人员构成也是非常重要的一方面，因为人是主导认证的关键因素，决定着整个评估审核的成败，是整个认证过程极其重要的环节。国际上的认证体系均对此有详细规定，包括了认证人员的资质和认证审核小组的构成，如马来西亚的MTCC体系规定，合格的认证审核人员需要在相关人事机构登记注册后方可进行认证。此外，一些体系会对认证人员进行专门的培训，以保证其合格的素质，如印尼的LEI体系。由于中国认证工作起步较晚，目前尚无针对审核人员资质的规定，也没有建立起专门的机构进行认证人员的管理，这些均会对今后要开展的森林认证及其效果产生影响。

2. 认证标准与体系的国际认可

国际上目前存在着为数众多的森林认证体系，各自建立了不同的认证标准，这样会增加认证企业的选择难度，重复的认证也会增加认证成本，增添企业负担。目前国际上对体系和标准统一化的呼声越来越高，体系和标准间的相互认可也成为了一种趋势。目前国际上很多体系已经通过相关认可程序，实现了相互认可。

中国森林认证标准已经发布，下一步的工作就是按照标准进行认证。通过中国体系认证的森林产品能否顺利进入环境敏感的国际市场，也取决于中国的认证体系和认证标准能否得到国际认可。有了良好的认证市场，认证工作才能得到有序发展，此外，实现国际认可也是对我国森林可持续经营工作的一种肯定。

虽然我国在体系和标准的相互认可方面一直进行着积极探索，也与世界各大森林认证体系建立了良好的合作关系，但目前尚未实现与任何一个体系之间的相互认可，一定程度上限制了森林认证在中国的发展。

3. 森林认证及认证产品市场

对于认证产品市场来说，森林认证作为近几年来从国外引进的新兴事物，虽然中国一直在积极进行宣传，国民对其产生了一定了解，但推广率相对来说仍然不高。作为发展中国家，中国一直在关心经济快速发展同时出现的环境问题，越来越多的公众也开始关注环保，但整个国民对于环境产品的认知还处于较低水平，大多数人的意识只停留在环境问题表面，却忽视了具有丰富环境内涵的环境产品，因此对其需求不高；另一方面，由于环境产品的市场价格普遍偏高，在中国目前的经济条件下，大多数国民还没有足够的经济实力购买环境良好产品，对认证产品的支付愿望还不是很强烈，目前在国内市场上还没有形成稳定的认证产品消费群体。而欧美等发达国家国民对于环境产品的认知度较高，也具有相当的购买力，已经形成了较为成熟和稳定的认证产品市场，这也是森林认证在这些国家发展较好的原因。相对这些国家，我国在认证产品市场拓展上还存在相当的差距。

森林认证的本质是以市场为导向，作为驱动力促使企业进行认证，促进森林可持续经营。因此，认证产品市场是决定认证发展的关键因素。

对于国内大多数企业来说，他们的市场主要面向国内，虽然对环境问题也有所关注，但由于认证产品消费市场目前还不稳定，使其对森林认证还存有很大的观望态度。另外，在我国现行机制下，木材生产是按国家下达的限额指标执行砍伐任务，森林经营单位生产的木材不愁销路，木材销售不受是否通过认证的制约，这样也限制了他们要求申请认证的积极性。虽然近些年我国已经有相当数量的森林通过了认证，但这些大都是应国外客户要求而进行的，他们多数来自欧美环境敏感国家和一些大型跨国企业，具有相当的经济实力开展认证，有可靠的市场作为保障。与国外相比，我国林业行业整体实力较弱，产业链条尚不完善，自身实力尚无法和国外一些企业相比。由于没有自己独立的认证机构，认证机构、审核认证的评估员主要来自国外，聘请费用较高，增加了认证的直接成本，而国内企业相对较弱的经济实力还较难承担认证的费用，高昂的成本会降低其市场竞争力，因此企业开展认证的动力不足。

一方面不具有像欧美国家一样良好的认证市场，另一方面企业不具备开展认证的经济实力，而近年来国际上对我国林产品实施的反倾销策略又进一步削弱我国企业的实力，降低了其在国际上同行业中的竞争力，整个行业缺乏开展森林认证的内在驱动力。因此，国内企业申请认证的积极性普遍很低，增加了森林认证在我国的推广难度。

（三）工作重点

1. 完善森林认证体系，推进认证试点建设

首先，应继续完善森林认证标准及其相关技术标准，同时积极探索适合不同森林类型和地区情况的认证标准，完善适合我国国情的森林认证体系。第二，建立完善整个认证行业链条。今后应建立起中国自己的森林认证机构、森林认证认可机构、认证审核人员管理机构，并完善认证机构和审核人员的相关资质标准，明晰责权，健全整个认证行业的监管链条，保证认证的有效进行。第三，尽快开展实地的认证工作，同时制定进行认证的相关规定，包括认证的申请、评估、认证决策程序等，使认证的实施实现有据可依。

同时，森林认证试点工程是检验中国森林认证标准的有效手段，目前该项目已经取得了很好的效果。下一步应继续深化该项工作，将制定出来的认证相关标准和政策放入实践中检验，逐步发现并解决其中存在的问题，完善整个森林认证体系。

2. 探索实现认证体系和标准国际认可的技术途径，尽快实现国际认可

目前国际上的森林认证体系各有其特点，如FSC体系只认可国家标准，不认可国家体系，而PEFC体系则针对国家体系进行认可。中国在体系和标准的认可方面虽然呼声很高，但暂无经验可依，对各大体系的认可程序尚不了解。因此下一步应针对不同体系特点进行研究，探索实现体系和标准国际认可的技术途径，尽快实现国际认可。

3. 增强认证市场的行业驱动力

加强整个认证市场的行业驱动力对于中国森林认证发展和实现森林可持续经营有着至关重要的影响。

首先，要健全国家森林认证体系，降低森林认证成本与认证产品价格，增加认证行业的可进入性。

第二，在公众认知方面，今后应加强通过新闻报道、报纸、培训、展览等途径加大森林认证及认证产品的宣传力度，提高公众对环境问题尤其是环境产品关注，使其逐步了解环境问题背后的环境产品问题，寻求建立稳定的认证产品消费市场。

第三，加强政府调控，实施导向性政策，给国内认证企业提供宽松的市场环境，增强其进行认证的积极性。

（1）对认证企业实施优惠政策，如降低税率，实施行业补贴等措施，以降低企业认证成本与认证产品市场价格，增加其竞争优势。

（2）实施政府木材绿色采购政策，加大政府对认证产品的采购力度，给认证企业以可靠的市场保障，从而提高企业进行认证的积极性。中国政府于2006年10月24日已经颁布了第一份“绿色清单”，对环境产品的采购政策做出了积极尝试，但在这份清单中“绿色”的含义只是指产品在生产过程中及制成品后不会产生有害于环境的气体或者物质，产品原料是否来自于可持续经营的森林并未包括，因此今后应加强研究认证林产品的政府采购政策。

（3）建立企业绿色名录与绿色诚信制度。建立环境敏感类企业名录与绿色信用帐户，通过森林认证、环境行为良好的企业可以被赋予较高的绿色诚信度，政府定期向市场公布绿色帐户信用值，客观上实现对环境良好企业的市场宣传，提高其市场知名度，增加其市场竞争优势。

4. 加强专业人员储备

尽管我国已经开展为数众多的森林认证专业培训，但由于森林认证在我国刚刚起步，相对于其他学科而言，森林认证还属于新兴学科，缺乏具有较高专业素质的人才，尤其是可以开展专业评审的专家。因此，今后应加大森林认证专业高等教育，培养此方面高级人才，为今后逐步开展的认证工作储备力量。

5. 继续开展国际间合作

全球主要森林认证体系FSC和PEFC均已发展较为成熟，有很多值得中国借鉴的经验，其发展过程也会对中国森林认证发展带来很多启示，同时他们也拥有一批国际知名的森林认证专家，能够对我国的森林认证发展进行指导。前一阶段和他们的合作已经取得了很好的效果，如FSC中国国家倡议的建立，推进了我国森林认证的发展。下一步应继续和这些体系进行良好的合作，结合自身具体情况与其经验，推进中国森林认证工作的深入发展。

另外，一些非政府组织（NGO）组织如WWF，在森林认证向中国的推广方面也做出了大量的工作，投入了大量资金，有力的支持了中国森林认证工作的进展，今后应继续保持同他们的良好合作，共同促进中国的森林可持续经营。

第四节　森林可持续经营展望

一、森林可持续经营面临的挑战

森林可持续经营不管是国内还是国际，都描述了未来，并给出了面临挑战应采取的措施。所面临的挑战可能国家之间相似：包括森林健康退化、林地减少、木材消费不可持续、森林和林业的焦点问题不集中等，我们所面临的每一个挑战都应该进行认真分析。

虽然面临的问题困难重重，然而在过去的20年中积累了经验，应该用长远和全面的观点解决问题；森林是有弹性的、可恢复性的，在经历如景观水平的皆伐和一定面积的火烧等巨大变化后一定会走向繁荣的景象（MacCleery，1996）。按照如下方法和思路去做一定会成功：

（1）共同努力解决森林健康问题。一些国家已经开始在世界各地火灾最严重的季节派遣防火人员，将来我们需要在解决共同面临的森林健康问题上寻求长期的国际合作，例如共同防止外来物种入侵需要多方的国际合作。

（2）跨越所有权的合作以保存原有的森林生境。每个国家都有自己复杂的所有权形式和政体形式，我们面临的挑战是提高社会的和政治机制能力，解决不同所有权形式形成的森林破碎问题，标准与指标为我们提供了一套基础工具，通过它来提高对森林可持续经营的认识、利益相关者关注的主要目标、标准指标应用的尺度以及调查和评估之间的协调。

二、展望

（一）国际社会制定公开、透明的沟通机制，共同努力实现森林可持续经营

我们的后代未来将跨越全球居住，要保证他们将来也能享受到与我们今天一样的森林环境，就必须在每一片森林，在每一个国家采纳和应用森林可持续经营标准与指标体系。那么

我们如何采取行动才能实现我们的愿望？首先各个国家应通过标准与指标的制定和实施，衡量和评价森林可持续经营活动，同时通过宣传使国内社会、政府和林产品市场都能感受到森林可持续经营的效益，最终通过决策者改善林业的政策环境。

联合国森林问题论坛和其他国际机构正在努力寻求解决森林问题，目前仍需要进一步明确的是，森林可持续经营在哪里实现？如何实现？谁来负责？是由政府还是由林业企业具体操作和调控？我们提倡采用一致的标准与指标报告森林经营状况，把它作为衡量森林可持续经营进展的手段。提高标准与指标的报告水平需要协调不同进程的标准来实现，首先需要对不同进程的相关术语和定义的技术说明进一步明确。

（二）承诺实施森林可持续经营，鼓励参与森林认证

首先政府承诺实施森林可持续经营，在这种承诺的前提下与其他利益相关者一起制定科学合理的森林可持续经营的标准，这些标准规定了可行的森林经营措施，同时，保护如水和生物多样性等的环境功能，确保他们的森林经营活动在不影响社会功能，如社区稳定和不影响景观价值的前提下进行。

当前全球都在关注森林认证，1.34亿hm^2的森林已经通过独立的森林认证，也就是认为可靠的森林可持续经营的认证标准，大约占世界森林面积的3.5%，且多数认证的森林都在发达国家，例如美国由2/3的商品林通过认证，包括SFI（Sustainable Forestry Initiative）或FSC（Forest Stewardship Council）的其中之一或同时通过两者的认证。在欧洲共计5500万hm^2森林被泛欧森林认证体系Pan-European Forest Certification system或FSC认证，大约是欧洲森林面积的42%。加拿大有2500万hm^2森林被SFI ，FSC和加拿大标准委员会三方认证，而更重要的是发展中国家的认证进展，例如在刚果非政府组织正在制定森林管理规程；印度尼西亚自然保护区，在一些非政府组织的推动和参与下，森林可持续经营和森林认证都有不同程度的发展。

这种承诺同时也会带来其他问题，如保证这些活动被市场认可等问题，由于认识到市场对认证的重要性需要一致的信息，因此世界各大洲都对此有很好的理解和认识，同时也要求认证的程序具有透明度、可信度，不能把认证作为隐避的贸易壁垒，这些都要求建立相互认可的又充分平等的认证程序。

（三）政府在政策上鼓励和保障森林可持续经营的实施

国家最终应责承相应的政府组织机构，保证该目标顺利实现。在全球林业产业中，非政府组织、全球援助组织是有助于该目标实现的可能合作伙伴。但如果政府机构忽视和不重视他们支持和鼓励合法采伐的行动，他们的作用也将微乎其微。

国家努力实现本国森林资源的可持续经营时，应充分认识到可持续发展的三个基本原则，即经济价值、环境价值和社会价值。人们常常为了后代保护森林资源，认为不能进行商业采伐，事实上商业采伐和自然保护可以实现很好的互补。世界许多国家发现人工林和保护区错落分布，形成功能型景观的现象。

贫困、饥饿和缺少经济发展机遇，对以上三者的关注极易超出对森林的关注。我们应该认识到，我们应该对我们自己负责，把森林作为解决这些问题的方法的一部分。森林的商业利用，只要林业企业遵循了森林可持续经营的原则，应该是能够部分解决上述问题。政府可以提供一种安全的、有预见性的和合法的措施，使林业企业遵照执行从而实现森林可持续经营，同时满足直接的商业需求。甚至政府可以鼓励木材利用，不仅有利于全球安宁，而且可

以使社会利用森林的多种价值，如碳汇、再生利用以及其他可利用的多种产品和价值。

国家在开发利用森林资源的经济潜力时，同时应该遵循可持续发展的原则。生物多样性保护、保护空气和水的质量、碳汇、社会和文化需求，这些都应在森林经营体系中加以充分考虑。因此建议国家可以制定一个政策框架，对所有的森林价值都在标准与指标中明确。

评价森林可持续经营进展的标准与指标体系在政府间进程中有详细定义，如蒙特利尔进程、泛欧进程、塔拉波托倡议、中美洲进程、非洲木材组织进程、国际热带木材组织进程等。当每个国家都向标准与指标的实施努力时，应当与所有的利益相关者达成共识，即森林的所有价值都很重要。这种广泛参与、多种利益相关者之间的对话可以达到最基层的顺利实施，另外一个重要作用是国家需要把与对林业相关的各个部门的代表召集在一起，例如农业部门、能源及商业部门协同努力以实现森林可持续经营，各个部门常常过于注意本部门的利益，缺少相互支持性政策，也就常在政策实施中给森林带来不利的影响。

（四）健全森林经营方案编制和实施的管理制度，从技术上保障森林可持续经营的实施

健全森林经营方案编制和实施的管理制度在现行有关的各项规章制度基础下，形成一套较完善的森林经营方案编制、执行和效果检查、审计的管理制度，是保障经营方案顺利实施的重要措施。编制中要强调决策者、规划人员和执行人员的有机结合，正确把握理论与实践的关系，增强方案的弹性。在实施过程中还要不断调整和完善，使方案更趋于合理，保证下一步计划的实施。进一步确定森林经营方案的法定地位，运用行政手段突出森林经营方案的地位与作用，经编制与审批，执行与检查，执行效果的验收与审计等过程用行规的形式肯定下来，用法律、法规约束经营方案的编制和实施。经营方案中的资源数字具有一定的权威性，其中森林区划、林种划分，采伐量及采伐方式，抚育更新等各项规划设计，是经过科学论证后得出的，应通过法律程序来保证其得到顺利执行。

第9章 气候变化与林业

全球气候变化正严重威胁着人类生存环境和经济社会的可持续发展，已成为国际社会、各国政府、科学家和公众强烈关注的重大环境问题。森林是陆地最大的碳储库和最经济的吸碳器，能为减缓全球变暖的速率做出贡献。同时，森林面积减少和资源破坏，也成为仅次于化石燃料燃烧对大气CO_2的重要排放源。

过去几十年森林年均固碳能力呈稳定增长趋势，森林固碳能力明显。气候变暖可能是促进森林生物量碳储量增长的主要因子。伴随着区域明显增温，北方森林年均火烧面积增加、干旱区森林火险增加，火烧频度加大、防火期延长。气候变化使高纬度地区病虫害发育速度增加，分布和危害范围发生改变，外来入侵的病虫害增加，森林植被的抗性减弱。气候增暖和干暖化，将对中国林业重点工程建设产生重要影响。

为减缓全球气候变化，保护人类生存环境，联合国通过了《联合国气候变化框架公约》《京都议定书》等一系列公约和进程。对土地利用、土地利用变化和林业应对气候变化的具体行动和做法做出了明确而详细的描述和指南。清洁发展机制（CDM）是《京都议定书》确立的发达国家与发展中国家之间的合作机制。在清洁发展机制下，发达国家通过以技术和资金投入的方式与发展中国家合作，实施具有温室气体减排的项目。我国林业在应对气候变化方面，已制定和实施了各种与保护森林生态系统相关的法律和法规，并大力开展林业生态工程建设。同时，与气候变化直接相关的国际碳市场十分活跃。它由京都市场和非京都市场构成。由我国和世界银行在广西壮族自治区合作开发的“中国广西珠江流域治理再造林项目”已经成功注册成为全球第一个林业碳汇项目。而在此之前，该项目的方法学也是全球第一个获得联合国清洁发展机制执行理事会批准的林业碳汇项目方法学。2004年国家林业局碳汇管理办公室在广西壮族自治区和内蒙古自治区等6省（自治区）启动了林业碳汇试点项目。

第一节 全球气候变化的现状与趋势

“气候变化”（Climate Change）是指气候平均状态在统计学意义上的重大改变，或者持续较长时间（通常10年或更长时间）的气候变动。气候变化的原因可能是自然的内部进程，或是外部强迫，或者是人为地持续对大气组分和土地利用的改变。《联合国气候变化框架公约》（UNFCCC）第一款，将“气候变化”定义为：“经过相当一段时间的观察，在自然气候变化之外由人类活动直接或间接地改变全球大气组成所导致的气候改变”。UNFCCC因此将因人类活动而改变大气组成的“气候变化”与归因于自然原因的“气候变率（Climate Variability）”区分开来。

一、已观测到的气候变化

政府间气候变化专门委员会（IPCC）第4次评估报告（2007年）数据显示，最近100年（1906～2005年）来全球地表平均温度上升了0.74±0.18℃。过去50年内每10年增温约0.13±0.03℃，这个增温速度将近是过去100年内增温速度的两倍。随着全球变暖，极端温度也发生了改变。在中纬度许多地区已经观测到霜冻天数明显减少，而极暖天数和极寒天数明显增加。

1976年来的观测结果表明，陆地和海洋表面的相对湿度普遍升高，1988～2004年全球海洋表面降雨可能性增加。1900～2005年间的长期观测表明，南美和北美东部、欧洲北部以及亚洲北部和中部地区，降雨量显著增加；而在西非、地中海、南部非洲和南亚的部分地区，干旱明显增加。全球降雨量呈现出极大的空间和时间变异。

自1950年以来，大多陆地区域的重大降雨事件也在增加，50年一遇的罕见降雨事件发生的次数增加。20世纪70年代以来，发生干旱的区域、频率、强度和持续时间均有所增加。

观测数据表明，1961～2003年间全球海平面以平均每年1.8±0.5mm的速度上升，其中1993～2003年间的上升速度达到每年3.1±0.7mm。整个20世纪期间全球海平面上升了约0.17±0.05m。

1978年以来的卫星数据显示，北冰洋年平均冰盖面积以每10年（2.7±0.6）%的速度缩减，其中夏季缩减达到每10年（7.4±2.4）%。1900年以来北半球最大冻土面积缩减了7%，其中春季冻土面积的缩减达到15%。

二、未来全球气候变化的趋势

2000年3月15日，IPCC通过了排放情景特别报告（SRES）。专栏9-1简要描述了4个SPES框架及其情景系列的主要特征，广泛涵盖了人口、经济、技术等方面未来温室气体驱动因子。每一个情景都代表了4个框架中某一特定情景的量化描述，所有基于同一框架的情景组成一个情景系列。

专栏9-1

IPCC 排放情景特别报告（SRES）中的排放情景

A1 框架和情景系列描述的是：未来世界经济快速增长，全球人口峰值出现在 21 世纪中叶，随后开始减少。新的和更高效的技术迅速出现。其基本内容强调地区间的趋同发展、能力建设、不断增强的文化和社会的相互作用、地区间人均收入差距持续减少。A1 情景系列划分为 3 个群组，分别描述了能源系统技术变化的不同发展方向，以技术重点来区分这三个 A1 情景组：化石密集（A1FI）、非化石能源（A1T）、各种能源资源均衡（A1B）。

A2 框架和情景系列描述的是一个极其非均衡发展的世界。其基本点是自给自足的地方保护主义，地区间的人口出生率很不协调，导致持续的人口增长，经济发展主要以区域经济为主，人均经济增长与技术变化越来越分离，低于其他框架的发展速度。

B1 框架和情景系列描述的是一个均衡发展的世界，与 A1 描述具有相同的人口，人口峰值出现在 21 世纪中叶，随后开始减少。不同的是经济结构向服务和信息经济方向快速调整，材料密度降低，引入清洁、能效高的技术。其基本点是在不采取气候行动计划的条件下，更加公平地在全球范围实现经济、社会和环境的可持续发展。

B2框架和情景系列描述的世界强调区域性的经济、社会和环境的可持续发展。全球人口以低于A2的增长率持续增长，经济发展处于中等水平，技术变化速率与A1、B1相比趋缓、发展方向多样。同时，该情景所描述的世界也朝着环境保护和社会公平的方向发展，但所考虑的重点仅仅局限于地方和区域一级。

可以基本肯定的是，在21世纪化石燃料燃烧引起的CO_2排放还将对大气CO_2浓度趋势起到主要作用。即便迄今所有因土地利用变化而释放的碳在21世纪内均为陆地生物圈所吸收，大气CO_2浓度也只能减少40～70μL/L。在SRES情景下，整个21世纪由于温室气体引起的全球平均辐射强迫（Radiative forcing）相对于2000年将持续增加。

模拟结果显示，即使所有辐射强度都稳定在2000年的水平，未来20年全球地表平均温度仍将以每10年0.1℃的速度增加，这主要是源于海洋的滞后反应。在SRES排放情景范围内的预测变暖速度约为每10年升温0.2℃。在低排放情景下，全球平均表面气温升高最佳预测值为1.8℃，可能性区间为1.1～2.9℃；而在高排放情景下，全球平均表面气温升高最佳预测值为4.0℃，可能性区间为2.4～6.4℃。

在所有SRES情景下，预计21世纪末全球平均海平面将上升0.18～0.59m。这一上升主要是由于热力膨胀和冰川、冰盖的损失。根据全球模式模拟，SRES多种情景下21世纪全球平均水气含和降水量预计将增加。到21世纪后期，北半球中高纬度和南极的冬季降水可能将增加，而在低纬度陆地地区则是区域降水增加和降低趋势并存。多数亚热带陆地地区的降水量很可能降低。在预测平均降水增加的地方，降水的年际变率很可能会增大。

SRES情景下，21世纪几乎所有陆地地区都很有可能出现最高气温和最低气温升高、热日数增加而冷日数和霜日数减少、强降水时间增多的趋势。多数中纬度大陆地区可能出现夏季陆地变干或干旱风险增加。一些地区还可能出现热带气旋最大风速增大、热带气旋平均和最大降水强度增加。

三、中国气候变化的现状与趋势

在全球变暖的大背景下，中国近百年的气候也发生了明显变化。有关中国气候变化的主要观测事实包括：一是近百年来，中国年平均气温升高了0.5～0.8℃，略高于同期全球增温平均值，近50 年变暖尤其明显。从地域分布看，西北、华北和东北地区气候变暖明显，长江以南地区变暖趋势不显著；从季节分布看，冬季增温最明显。从1986～2005年，中国连续出现了20个全国性暖冬。二是近百年来，中国年均降水量变化趋势不显著，但区域降水变化波动较大。中国年平均降水量在20世纪50年代以后开始逐渐减少，平均每10年减少2.9mm，但1991年到2000年略有增加。从地域分布看，华北大部分地区、西北东部和东北地区降水量明显减少，平均每10年减少20～40mm，其中华北地区最为明显；华南与西南地区降水明显增加，平均每10年增加20～60mm。三是近50 年来，中国主要极端天气与气候事件的频率和强度出现了明显变化。华北和东北地区干旱趋重，长江中下游地区和东南地区洪涝加重。1990年以来，多数年份全国年降水量高于常年，出现南涝北旱的雨型，干旱和洪水灾害频繁发生。四是近50年来，中国沿海海平面年平均上升速率为2.5mm，略高于全球平均水平。五是中国山地冰川快速退缩，并有加速趋势。

中国未来的气候变暖趋势将进一步加剧。中国科学家的预测结果表明：一是与2000年相比，2020年中国年平均气温将升高1.3～2.1℃，2050年将升高2.3～3.3℃。全国温度升高的幅度由南向北递增，西北和东北地区温度上升明显。预测到2030年，西北地区气温可能上升1.9～2.3℃，西南可能上升1.6～2.0℃，青藏高原可能上升2.2～2.6℃。二是未来50年中国年平均降水量将呈增加趋势，预计到2020年，全国年平均降水量将增加2%～3%，到2050年可能增加5%～7%。其中东南沿海增幅最大。三是未来100年中国境内的极端天气与气候事件发生的频率可能性增大，将对经济社会发展和人们的生活产生很大影响。四是中国干旱区范围可能扩大、荒漠化可能性加重。五是中国沿海海平面仍将继续上升。六是青藏高原和天山冰川将加速退缩，一些小型冰川将消失。

第二节　气候变化下林业面临的挑战和机遇

受认识水平和分析工具的限制，目前世界各国对气候变化影响的评价尚存在较大的不确定性。现有研究表明，气候变化已经对中国产生了一定的影响，而且未来将继续对中国自然生态系统和经济社会系统产生重要影响。中国还是一个人口众多、经济发展水平较低、能源结构以煤为主、应对气候变化能力相对较弱的发展中国家，随着城镇化、工业化进程的不断加快以及居民用能水平的不断提高，中国在应对气候变化方面面临严峻的挑战。

中国林业应对气候变化，一方面需要强化对森林和湿地的保护工作，提高森林适应气候变化的能力，另一方面也需要进一步加强植树造林和湿地恢复工作，提高森林碳吸收汇的能力。2005年全国森林面积1.75亿hm^2，森林覆盖率仅为18.21%。中国森林资源总量不足，远远不能满足国民经济和社会发展的需求，随着工业化、城镇化进程的加快，保护林地、湿地的任务加重，压力加大。中国是一个生态环境比较脆弱的国家，干旱、荒漠化、水土流失、湿地退化等仍相当严重。2005年中国土地荒漠化面积约为263万平方千米，已经占到整个国土面积的27.4%。现有可供植树造林的土地多集中在荒漠化、石漠化以及自然条件较差的地区，给植树造林和生态恢复带来巨大的挑战。

一、气候变化对林业的影响与适应性评估

气候变化会对森林和林业产生重要影响，特别是高纬度的寒温带森林，如改变森林结构、功能和生产力，特别是对退化的森林生态系统，在气候变化背景下的恢复和重建将面临严峻的挑战。气候变化下极端气候事件（高温、热浪、干旱、洪涝、飓风、霜冻等）发生的强度和频率增加，会增加森林火灾、病虫害等森林灾害发生的频率和强度，危及森林的安全，同时进一步增加陆地温室气体排放。

（一）气候变化对森林生态系统的影响

1. 森林物候

随着全球气候的变化，各种植物的发芽、展叶、开花、叶变色、落叶等生物学特性，以及初霜、终霜、结冰、消融、初雪、终雪等水文现象也发生改变。气候变暖使中高纬度北

部地区20世纪后半叶以来的春季提前到来，而秋季则延迟到来，植物的生长期延长了近2个星期。欧洲、北美以及日本过去30～50年植物春季和夏季的展叶、开花平均提前了1～3天。1981～1999年欧亚大陆北部和北美洲北部的植被活力显著增长，生长期延长。20世纪80年代以来，中国东北、华北及长江下游地区春季平均温度上升，物候期提前；渭河平原及河南西部春季平均温度变化不明显，物候期也无明显变化趋势；西南地区东部、长江中游地区及华南地区春季平均温度下降，物候期推迟。

2. 森林生产力

气候变化后植物生长期延长，加上大气CO_2浓度升高形成的“施肥效应”，使得森林生态系统的生产力增加。Nemani等通过卫星植被指数数据分析表明，气候变暖使得1982～1999年间全球森林NPP（净第一生产力）增长了约6%。Fang等认为，中国森林NPP的增加，部分原因是全国范围内生长期延长的结果。气温升高使寒带或亚高山森林生态系统NPP增加，但同时也提高了分解速率，从而降低了森林生态系统NEP。Cao等利用CEVSA模型的模拟估算结果表明，1981～2000年中国陆地生态系统生产力对气候变化高度敏感，NPP的年际变化与气温呈显著正相关。

不过也有研究结果显示，气候变化导致一些地区森林NPP呈下降趋势，这可能主要是由于温度升高加速了夜间呼吸作用，或降雨量减少所致。卫星影像显示，1982～2003年间北美洲北部地区部分森林出现退化，很可能就与气候变暖、夏季延长有关。极端事件（如温度升高导致夏季干旱，因干旱引发火灾等）的发生，也会使森林生态系统NPP下降、NEP降低、NBP出现负增长。

Sohngen等认为CO_2浓度倍增条件下，NPP会增长35%。但Korner等在一个100年生的成熟林进行为期4年的研究却发现，CO_2浓度升高对树干生长几乎没有影响。Boisvenue等也认为20世纪中期以来的CO_2浓度升高是促进森林生长的主要原因。然而这种森林生产力提高，还有可能是缘于其他一些因素，如土地利用变化等。

未来气候变化通过改变森林的地理位置分布、提高生长速率，尤其是大气CO_2浓度升高所带来的正面效益，从而增加全球范围内的森林生产力。Sohngen等预测未来气候变化条件下，由于NPP增加和森林向极地迁移，大多数森林群落的生产力均会增加。Mendelsohn认为，到2020年左右，气候变化会提高美国加利福尼亚州森林的生产力；而到2100年左右，生产力水平则开始下降。未来全球气候变化后，中国森林NPP地理分布格局不会发生显著变化，但森林生产力和产量会呈现出不同程度的增加。在热带、亚热带地区，森林生产力将增加1%～2%，暖温带将增加2%左右，温带将增加5%～6%，寒温带将增加10%。尽管森林NPP可能会增加，但由于气候变化后病虫害的爆发和范围的扩大、森林火灾的频繁发生，森林固定生物量却不一定增加。

3. 森林的结构、组成和分布

过去数十年里，许多植物的分布都有向极地扩张的现象，而这很可能就是气温升高的结果。一些极地的和苔原冻土带的植物都受到气候变化的影响，而且正在逐渐被树木和低矮灌木所取代。北半球一些山地生态系统的森林林线明显向更高海拔区域迁移。气候变化后的条件还有可能更适合于区域物种的入侵，从而导致森林生态系统的结构发生变化。在欧洲西北部、南美墨西哥等地区的森林，都发现有喜温植物入侵而原有物种逐步退化的现象。

受气候变化影响，在过去的几十年内，中国森林的分布也发生了较大变化。如祁连山山地森林区森林面积减少16.5%、林带下限由1900m上升到2300m，森林覆盖度减少10%。刘丹等探讨了黑龙江省1961～2003年间气候变化对生态地理区域界限及当地森林主要树种分布的影响。结果研究表明，在气温升高的背景下，分布在大兴安岭的兴安落叶松和小兴安岭及东部山地的云杉、冷杉和红杉等树种的可能分布范围和最适分布范围均发生了北移。

未来气候有可能向暖湿变化，造成从南向北分布的各种类型森林带向北推进，水平分布范围扩展，山地森林垂直带谱向上移动。为了适应未来气温升高的变化，一些森林物种分布会向更高海拔的区域移动。但是气候变暖与森林分布范围的扩大并不同步，后者具有长达几十年的滞后期。未来中国东部森林带北移，温带常绿阔叶林面积扩大，较南的森林类型取代较北的类型，森林总面积增加。未来气候变化可能导致我国森林植被带的北移，尤其是落叶针叶林的面积减少很大，甚至可能移出我国境内。

4. 森林碳库

过去几十年大气CO_2浓度和气温升高导致森林生长期延长，加上氮沉降和营林措施的改变等因素，使森林年均固碳能力呈稳定增长趋势，森林固碳能力明显。自20世纪70年代末至1998年，中国森林生物量碳储量从4.38 Pg C增加到4.75 Pg C，年均增长0.021 Pg C。这主要是由于中国森林面积的增加和再生的缘故。过去20年中国东北山地森林生物量碳储量平均年增长0.0082 Pg C，气候变暖可能是促进森林生物量碳储量增长的主要因子。气候变化对全球陆地生态系统碳库的影响，会进一步对大气CO_2浓度水平产生压力。在CO_2浓度升高条件下，土壤有机碳库在短期内是增加的，整个土壤碳库储量会趋于饱和。

不过，森林碳储量净变化，是年间降雨量、温度、扰动格局等变量因素综合干扰的结果。由于极端天气事件和其他扰动事件的不断增加，土壤有机碳库及其稳定性存在较大的不确定性。在气候变化条件下，气候变率也会随之增加，从而增大区域碳吸收的年间变率。例如，TEM模型的短期模拟结果显示，在厄尔尼诺发生的高温干旱年份，亚马逊盆地森林是一个净碳源，而在其他年份则是一个净碳汇。

Smith等预测未来气候变化条件下，欧洲人类管理的土地碳库总体呈现增加趋势，其中也会有因土地利用变化导致的小范围碳库降低。Scholze等估计，未来气温升高3℃将使全球陆地植被变成一个净的碳源，超过1/5的生态系统面积将缩小。

（二）气候变化对森林火灾的影响

生态系统对气候变暖的敏感度不同，气候变化对森林可燃物和林火动态有显著影响。气候变化引起了动植物种群变化和植被组成或树种分布区域的变化，从而影响林火发生频率和火烧强度，林火动态的变化又会促进动植物种群改变。火烧对植被的影响取决于火烧频率和强度，严重火烧能引起灌木或草地替代树木群落，引起生态系统结构和功能的显著变化。虽然目前林火探测和扑救技术明显提高，但伴随着区域明显增温，北方林年均火烧面积呈增加趋势。极端干旱事件常常引起森林火灾大爆发，如2003年欧洲的森林大火。火烧频率增加可能抑制树木更新，有利于耐火树种和植被类型的发展。

温度升高和降水模式改变将增加干旱区的火险，火烧频度加大。气候变化还影响人类的活动区域，并影响到火源的分布。林火管理有多种方式，但完全排除火烧的森林防火战略在降低火险方面好像相对作用不大。火烧的驱动力、生态系统生产力、可燃物积累和环境火险条件都受气候变化的影响。积极的火灾扑救促进碳沉降，特别是腐殖质层和土壤，这对全球的碳沉降是非常重要的。

气候变化将增加一些极端天气事件与灾害的发生频率和量级。未来气候变化特点是气温升高、极端天气/气候事件增加和气候变率增大。天气变暖会引起雷击和雷击火的发生次数增加，防火期将延长。温度升高和降水模式的改变，提高了干旱性升高区域的火险。在气候变化情景下，美国大部分地区季节性火险升高10%。气候变化会引起火循环周期缩短，火灾频度的增加导致了灌木占主导地位的景观。最近的一些研究是通过气候模式与森林火险预测模型的耦合，预测未来气候变化情景下的森林火险变化。

降水和其他因素共同影响干旱期延长和植被类型变化，因为对未来降水模式的变化的了解有限，与气候变化和林火相关的研究还存在很大不确定性。气候变化可能导致火烧频度增加，特别是降水量不增加或减少的地区。降水量的普遍适度增加会带来生产力的增加，也有利于产生更多的易燃细小可燃物。变化的温度和极端天气事件将影响火发生频率和模式，北方林对气候变化最为敏感。火烧频率、大小、强度、季节性、类型和严重性影响森林组成和生产力。

（三）气候变化对森林病虫害的影响

对40多年来我国的有关研究资料分析显示，气候变暖使我国森林植被和森林病虫害分布区系向北扩大，森林病虫害发生期提前，世代数增加，发生周期缩短，发生范围和危害程度加大。年平均温度，尤其是冬季温度的上升促进了森林病虫害的大发生。如油松毛虫已向北、向西水平扩展。白蚁原是热带和亚热带所特有的害虫，但由于近几十年气温变暖，白蚁危害正由南向北逐渐蔓延。属南方型的大袋蛾随着温暖带地区大规模泡桐人工林扩大曾在黄淮地区造成严重问题。东南丘陵松树上常见的松瘤象，松褐天牛、横坑切梢小蠹、纵坑切梢小蠹已在辽宁、吉林危害严重。

1972～2002年间，广东潮安县年均温度上升1℃多。过去一般以3代幼虫越冬的松毛虫近年来却出现3、4代幼虫重叠越冬的现象。世界性检疫害虫美国白蛾在辽宁一般1～2代，在辽西、辽南个别年份，也曾出现过第3代幼虫，但多数于5龄左右死亡，不能完成世代。1994年，该省温度偏高，在锦州出现完整的3代。近年来，在河北和天津市美国白蛾都已陆续出现完整的3代。杨扇舟蛾原为东北地区和华北地区常见的杨树食叶害虫。该虫在北方一般1年1代，但在海南岛主要危害母生树，冬季不滞育，1年8～9代，也常常猖獗成灾。

随着气候变暖，连续多年的暖冬，以及异常气温频繁出现，森林生态系统和生物相对均衡局面常发生变动，我国森林病虫害种类增多，种群变动频繁发生，周期相应缩短，发生危害面积一直居高不下。1961年到2001年的历史资料表明，冬季温度偏高的年份，病虫害发生严重。全国病虫害发生总面积与冬季平均温度追随作用明显。

气温对病虫害的影响主要是在高纬度地区。同时气候变化也加重了病虫害的发生程度，一些次要的病虫或相对无害的昆虫相继成灾，促进了海拔较高地区的森林，尤其是人工林病虫害的大发生。过去很少发生病虫害的云贵高原近年来病虫害频发，云南迪应地区海拔3800～4000m高山上冷杉林内的高山小毛虫常猖獗成灾。

气候变化引起的极端气温天气逐渐增加，严重影响苗木生长和保存率，林木抗病能力下降，高海拔人工林表现得尤为明显，增加了森林病虫害突发成灾的频率。1999年杨树烂皮病在我国北方城市暴发成灾，究其原因，是暖冬、干旱和倒春寒所致。

全球气候变化对森林病虫害发生的可能影响主要体现在以下几个方面：

（1）使病虫害发育速度增加，繁殖代数增加；

（2）改变病虫害的分布和危害范围，使害虫越冬代北移，越冬基地增加，迁飞范围增加，对分布范围广的种影响较小；

（3）使外来入侵的病虫害更容易建立种群；

（4）对昆虫的行为发生变化；

（5）改变寄主-害虫-天敌之间的相互关系；

（6）导致森林植被分布格局改变，使一些气候带边缘的树种生长力和抗性减弱，导致病虫害发生。

（四）气候变化对林业区划的影响

林业区划是促进林业发展和合理布局的一项重要基础性工作。林业生产的主体——森林受外界自然条件的制约，特别是气候、地貌、水文、土壤等自然条件对森林生长具有决定性意义。由于不同地区具有不同的自然环境条件，导致森林分布具有明显的地域差异性。林业区划的任务是根据林业分布的地域差异，划分林业的适宜区。其中以自然条件的异同为划分林业区界的基本依据。中国全国林业区划以气候带、大地貌单元和森林植被类型或大树种为主要标志；省级林业区划以地貌、水热条件和大林种为主要标志；县级林业区划以代表性林种和树种为主要标志。

未来气候增暖后，中国温度带的界限北移，寒温带的大部分地区可能达到中温带温度状况，中温带面积的1/2可能达到暖温带温度状况，暖温带的绝大部分地区可能达到北亚热带温度状况，而北亚热带可能达到中亚热带温度状况，中亚热带可能达到南亚热带温度状况，南亚热带可能达到边缘热带温度状况，边缘热带的大部分地区可能达到中热带温度状况，中热带的海南岛南端可能达到赤道带温度状况。

全球变暖后，中国干湿地区的划分仍为湿润至干旱4种区域，干湿区范围有所变化。总体来看，干湿区分布较气候变暖前的分布差异减小，分布趋于平缓，从而缓和了自东向西水分急剧减少的状况。

未来气候变化可能导致中国森林植被带北移，尤其是落叶针叶林的面积减少很大，甚至可能移出中国境内；温带落叶阔叶林面积扩大，较南的森林类型取代较北的类型；华北地区和东北辽河流域未来可能草原化；西部的沙漠和草原可能略有退缩，被草原和灌丛取代；高寒草甸的分布可能略有缩小，将被热带稀树草原和常绿针叶林取代。

中国目前极端干旱区、干旱区的总面积，占国土面积的38.3%，且干旱和半干旱趋势十分严峻。温度上升4℃时，中国干旱区范围扩大，而湿润区范围缩小，中国北方趋于干旱化。随着温室气体浓度的增加，各气候类型区的面积基本上均呈增加的趋势，其中以极端干旱区和亚湿润干旱区增加的幅度最大，半干旱区次之，持续变干必将加大沙漠化程度。

（五）气候变化对林业重大工程的影响

气候增暖和干暖化，将对中国六大林业工程的建设产生重要影响，主要表现在植被恢复中的植被种类选择和技术措施、森林灾害控制、重要野生动植物和典型生态系统的保护措施等。中国天然林资源主要分布在长江、黄河源头地区或偏远地区，森林灾害预防和控制的基础设施薄弱，因此面临的林火和病虫灾害威胁可能增大。根据用PRECIS对中国未来气候情景的推测，气候变暖使中国现在的气候带在2020、2050年和21世纪末，分别向北移动100km、200km和350km左右，这将对中国野生动植物生境和生态系统带来很大影响。未来中国气温升高，特别是部分地区干暖化，将使现在退耕还林工程区内的宜林荒地和退耕地逐步转化为非宜林地和非宜林退耕地，部分荒山造林和退耕还林形成的森林植被有可能退化，形成功能低下的"小老树"林。三北和长江中下游地区等重点防护林建设工程的许多地区，属干旱半干旱气候区，水土流失严重，土层浅薄，土壤水分缺乏，历来是中国造林最困难的地区。未来气候增暖及干暖化趋势，将使这些地区的立地环境变得更为恶劣，造林更为困难。一些现在的宜林地可能需以灌草植被建设取代，特别是在森林－草原过渡区。

（六）林业对气候变化的适应性评估

"适应性"是指系统在气候变化条件下的调整能力，从而缓解潜在危害，利用有利机会。森林生态系统的适应性包括两个方面，一是生态系统和自然界本身的自身调节和恢复能力；二是人为的作用，特别是社会经济的基础条件、人为的调控和影响等。

在自发适应方面，我国针对人工林已经采取了多种适应措施，如：管理密度、硬阔/软阔混交、区域内和区域间木材生长与采伐模式、轮伐期、新气候条件下树木品种和栽培面积改变、调整木材尺寸及质量、调整火灾控制系统等。评价自发适应的途径，主要是利用气候变化影响评价模型，预测短期、即时或者自发性适应措施的有效性。自发适应对策的评估，与气候变化影响的评估直接相关。目前大部分气候变化影响和适应对策评价研究方法，主要由以下几个方面组成：明确研究区域、研究内容，选择敏感的部门等；选择适合大多数问题的评价方法；选择测试方法，进行敏感性分析；选择和应用气候变化情景；评价对生物、自然和社会经济系统的影响；评价自发的调整措施；评价适应对策。

在人为调节适应方面，决策者首先必须明确气候变化确实存在而且将产生持续的影响，尤其是未来气候变化对其所在行业的影响。这需要制定相关政策，坚持气候观测与信息交流，支持相关技术、能力和区域网络研究，发展新的基层组织、政策和公共机构，在发展规划中强调气候变化的位置，建设持续调整和适应能力，分析确定各适应措施的可行性和原因分析等。我国已采取的措施包括：制定和实施各种与保护森林生态系统相关的法律和法规。如《森林法》《土地管理法》《退耕还林条例》等，以控制和制止毁林，建立自然保护区和森林公园，对现存森林实施保护，大力开展林业生态工程建设等。

当前的林火管理包括许多方式与手段，充分发挥林火对生态系统的有益作用，并防止其破坏性。通过林火与气候变化的研究，改变林火管理策略，适应变化的气候情景。但林火管理涉及到许多社会问题，特别是城市郊区的火灾常常影响到居民生命与财产安全，在扑救这些区域火灾时，就不会考虑经济成本。目前对林火管理的经济成本研究还局限与某一地区或某一方面，林火管理政策中也存在一些争议。如林火管理者常常采用计划烧除清理可燃物或预防森林大火的发生，但火烧常常引起空气污染。火后森林的恢复过程取决于火烧程度。在没有受到外界干扰的热带原始森林，森林预计可以在几年内充分恢复。

二、林业减缓气候变化的作用

森林作为陆地生态系统的主体，以其巨大的生物量储存着大量碳，是陆地上最大的碳贮库和最经济的吸碳器。树木主要由碳水化合物组成，树木生物体中的碳含量约占其干重（生物量）的50%。树木的生长过程就是通过光合作用，从大气中吸收CO_2，将CO_2转化为碳水化合物贮存在森林生物量中。因此森林生长对大气中CO_2的吸收（固碳作用）能为减缓全球变暖的速率做出贡献。同时森林破坏是大气CO_2的重要排放源，保护森林植被是全球温室气体减排的重要措施之一。林业生物质能源作为“零排放”能源，大力发展林业生物质能源，从而减少化石燃料燃烧，是减少温室气体排放的重要措施。

（一）维持陆地生态系统碳库

森林作为陆地生态系统的主体，以其巨大的生物量储存着大量的碳，森林植物中的碳含量约占生物量干重的50%。全球森林生物量碳储量达282.7 Gt C，平均每公顷森林的生物量碳贮量71.5 t C，如果加上土壤、粗木质残体和枯落物中的碳，每公顷森林碳贮量达161.1 t C。据IPCC估计（表9-1），全球陆地生态系统碳贮量约2477 Gt C，其中植被碳贮量约占20%，土壤碳约占80%。占全球土地面积约30%的森林，其森林植被的碳贮量约占全球植被的77%，森林土壤的碳贮量约占全球土壤的39%。单位面积森林生态系统碳贮量（碳密度）是农地的1.9～5倍。可见，森林生态系统是陆地生态系统中最大的碳库，其增加或减少都将对大气CO_2产生重要影响。

表9-1 全球植被和1m土壤碳贮量

生物群区	面积 (10^6 hm^2)	碳贮量(Gt C)		
		植 被	土 壤	合 计
热带森林	1760	212	216	428
温带森林	1040	59	100	159
北方森林	1370	88	471	559
热带稀树草原	2250	66	264	330
温带草地	1250	9	295	304
荒漠和半荒漠	4550	8	191	199
冻原	950	6	121	127
湿地	350	15	225	240
农地	1600	3	128	131
合计	15 120	466	2011	2477

我国森林生态系统碳贮量的估计有较大差异，主要与利用的森林资源清查数据和估计方法有关。根据全国森林资源清查的森林蓄积量数据，采用蓄积-生物量扩展系数(BEF)的方法，计算的森林植被碳密度在31.04～45.75 t C hm^{-2}，高于FAO的平均值，也低于IPCC森林植被的平均碳密度。由此计算得到的我国森林植被碳贮量，在1973～1976年、1977～1981年、1984～1988年、1989～1993年和1994～1998年期间（不包括经济林和竹林）分别约为（3.75～4.44）Gt C、（3.91～4.38）Gt C、（3.26～4.45）Gt C、（3.70～4.63）Gt C和4.75 Gt C。考虑到竹林和经济林的碳贮量，我国森林植被和土壤碳贮量分别在5 Gt C和15 Gt C左右的估计是基本合理的。

（二）增加大气CO_2吸收汇

森林植物在其生长过程中通过同化作用，吸收大气中的CO_2，将其固定在森林生物量中。森林每生长1m^3木材，约需要吸收1.83 t CO_2。在全球每年近60 Gt C的净初级生产量中，热带森林占20.1 Gt C，温带森林占7.4 Gt C，北方森林占2.4 Gt C。

近期的大气测量和模拟研究表明，20世纪80年代陆地是一个0.2±1.0 Gt C a^{-1}的吸收汇，即1.9±1.3 Gt C a^{-1}的陆地碳吸收与土地利用变化引起的1.7±0.8 Gt C a^{-1}的碳排放之差；20世纪90年代吸收汇增至0.7±1.0 Gt C a^{-1}，即2.3±1.3 Gt C a^{-1}的陆地碳吸收减去土地利用变化引起的1.6±0.8 Gt C a^{-1}的碳排放。

我国森林植被净碳吸收量为0.04 Gt C，其中NPP约0.61 Gt C a^{-1}，年采伐消耗0.13 Gt C a^{-1}，年凋落物总量0.44 Gt C a^{-1}，凋落物分解排放0.17 Gt C a^{-1}，土壤呼吸排放0.27 Gt C a^{-1}。1990年我国森林表现为0.098 Gt C a^{-1}的净碳吸收汇，占同期温室气体源排放的16.8%，其中森林生长吸收0.118 Gt C a^{-1}，土壤碳积累0.0184 Gt C a^{-1}，生物量燃烧和分解排放0.0389 Gt C a^{-1}。

在自然状态下，随着森林的生长和成熟，森林吸收CO_2的能力降低，同时森林自养和异养呼吸增加，使森林生态系统与大气的净碳交换逐渐减小，系统趋于碳平衡状态，或生态系统碳贮量趋于饱和，如一些热带和寒温带的原始林。但达到饱和状态无疑是一个十分慢长的过程，可能需要上百年甚至更长的时间。即便如此，仍可通过增加森林面积来增强陆地碳贮存。而且如上所述，一些研究测定发现原始林仍有碳的净吸收。森林被自然或人为扰动后，其平衡将被打破，并向新的平衡方向发展，达到新平衡所需的时间取决于目前的碳储量水平、潜在碳贮量和植被与土壤碳累积速率。对于可持续管理的森林，成熟森林被采伐后可以通过再生长达到原来的碳贮量，而收获的木材或木产品一方面可以作为工业或能源的代用品，从而减少工业或能源部门的温室气体源排放；另一方面，耐用木产品可以长期保存，部分可以永久保存，从而减缓大气CO_2浓度的升高。

增强碳吸收汇的林业活动包括造林、再造林、退化生态系统恢复、建立农林复合系统、加强森林可持续管理以提高林地生产力等能够增加陆地植被和土壤碳贮量的措施。通过造林、再造林和森林管理活动增强碳吸收汇已得到国际社会广泛认同，并允许发达国家使用这些活动产生的碳汇用于抵消其承诺的温室气体减限排指标。造林碳吸收因造林树种、立地条件和管理措施而异：寒温带：0.8～2.4 t C hm^{-2} a^{-1}，温带：0.7～7.5 t C hm^{-2} a^{-1}，热带：3.2～10 t C hm^{-2} a^{-1}。若在未来50年将全球可用于造林再造林和农用林的约3.45亿hm^2土地全部实施造林再造林和农用林，碳汇潜力可达38 Gt C，其中造林再造林30.6 Gt C，农用林7 Gt C。但这只是造林和再造林的技术或生物潜力，如果虑到社会经济因素，实际可用于这些活动的土地可能只有上述的1／3，则造林再造林和农用林活动年碳汇量（即经济或市场潜力）仅0.25 Gt C a^{-1}，退化地恢复每年为0.13 Gt C a^{-1}。经济潜力占技术潜力的比例与市场碳价格有关，随着碳价格的提高，经济潜力所占比例就越大。Benítez等预测，当市场碳价格为13.6美元（t CO_2）$^{-1}$时，在未来20年内造林再造林每年可吸收0.51 Gt CO_2 a^{-1}，未来40年内每年可吸收0.806 Gt CO_2 a^{-1}。若在热带地区2.17亿hm^2的退化土地上开展人工促进天然更新措施，可新增固碳（11.5～28.7）Gt C。2000～2050年热带地区退化地上森林更新碳汇潜力可达18 Gt C。

中国的研究表明，由于中国大规模的造林和再造林活动，预计在2008～2012年间的第1承诺期，中国森林可净吸收碳0.667 Gt C；到2050年，中国森林年净碳吸收能力将比1990年增加90.4%（图9-1）。

（三）减少大气CO_2排放源

毁林是指森林向其他土地利用的转化或林木冠层覆盖度长期或永久降低到一定的阈值以下。由于毁林导致森林覆盖的完全消失，除毁林过程中收获的部分木材及其木制品可以较

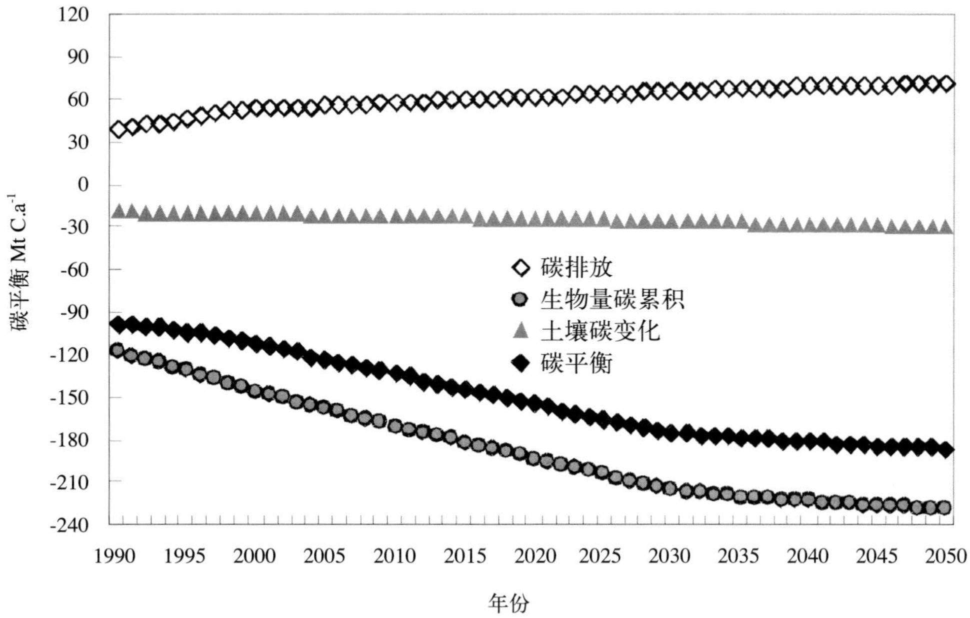

图9-1 中国森林碳平衡预测

长时间保存外，大部分储存在森林中的巨额生物量碳将迅速释放进入大气。工业革命以来，全球毁林面积呈增加趋势，特别是近50年来，以热带亚洲和南美为主的毁林大幅上升。热带亚洲、拉丁美洲和非洲热带地区的毁林大幅增加，成为大气CO_2的主要排放源。1990～2000年，全球年均毁林面积达14.6×10^6 hm^2 a^{-1}，其中热带地区为14.2×10^6 hm^2 a^{-1}，占97.3%。2000～2005年毁林速率13×10^6 hm^2 a^{-1}，略有降低。据IPCC估计，1850～1998期间，由于土地利用变化引起的全球碳排放达136±55 Gt C，其中87%由毁林引起，13%由草地开垦造成，而同期化石燃料燃烧和水泥生产的排放量为270±30 Gt C。在20世纪80和90年代，以热带地区毁林为主的土地利用变化引起的年碳排放分别约为1.7±0.8 Gt C a^{-1}和1.6±0.8 Gt C a^{-1}，分别占化石燃料燃烧排放量的31%和25%。近期的估计表明，1993～2003热带地区土地利用变化引起的碳排放为1.1±0.3 Gt C a^{-1}，其中71%为森林转化，20%为毁林后的土壤碳排放，4.4%来自森林退化。同时毁林引起的土地利用变化还将引起森林土壤有机碳(SOC)的大量排放。吴建国等在宁夏半干旱区的研究表明，山杨和辽东栎天然次生林转化为农地和草地后，SOC密度分别下降35%和14%，而且SOC的稳定性降低。正是由于森林受到大面积破坏以致于从全球的角度来看，毁林已成为仅次于化石燃烧的大气CO_2的重要排放源。

自史前至20世纪70年代末，我国森林面积一直呈降低趋势，以后随着森林保护的加强和大规模的造林活动，森林面积开始呈现增加趋势。即便如此，我国近20年来毁林面积仍然相当巨大。近4次较系统的森林资源清查表明（表9-2），第2次（1977～1981年）到第3次（1984～1988年）森林资源清查期间，我国年均有林地转为无林地面积为3.34×10^6 hm^2，第3次到第4次（1989～1993年）为2.21×10^6 hm^2，第4次到第5次为1.96×10^6 hm^2，第5次至第6次（1999～2003年）为3.70×10^6 hm^2。从有林地转化为其他地类占转化总面积的百分比看，转化为非林地的面积比例呈增加趋势（表9-2）。如果仅将有林地转化为非林地视为毁林，据此估计1980～2000年我国毁林碳排放达0.83 Gt C，约占我国同期温室气体源排放的4.7%。其中

表9-2 各次森林资源清查期间有林地年均转化

由有林地转化为	所占百分比		
	2～3次	3～4次	4～5次
疏林地	33.53	31.64	19.39
灌木林地	6.33	3.88	6.26
未成地	8.51	13.37	13.22
苗圃地	0.09	0.00	0.12
宜林荒地	35.20	32.95	32.39
非林地	16.34	18.17	28.62
合计	100.00	100.00	100.00

*第2次森林清查：1977～1981年，第3次：1984～1988年，第4次：1989～1993年，第5次：1994～1998年。

生物量碳排放0.45 Gt C，土壤碳排放0.38 Gt C。同时，毁林开垦过程中的森林生物质燃烧也排放甲烷和氧化氮等非CO_2温室气体，其中毁林生物质燃烧约占全球CH_4排放量的10%。

森林退化也是导致森林生态系统碳排放的主要过程。Houghton估计，20世纪80年代热带森林退化引起的净碳排放量为0.6 Gt C a^{-1}。在热带亚洲，森林退化引起的碳排放与毁林相当。

保护碳贮存，是指保护现有森林生态系统中贮存的碳，减少其向大气中的排放。主要措施包括减少毁林、改进采伐作业措施、提高木材利用效率以及更有效地控制森林灾害（林火、病虫害）。降低大气CO_2浓度最有效的方式是减少化石燃料燃烧的排放量，而土地利用变化和林业措施则是减缓气候变化最有效的技术手段。由于毁林直接导致森林生态系统的碳贮在数年内排放到大气中，因此相对造林和再造林而言，降低毁林速率是减缓大气CO_2浓度上升的更直接手段，因为从长远看，在某一土地上造林的碳吸收与毁林碳排放是相当的。

通过森林保护措施来保护碳贮存的潜力取决于基线情景或照常情景（Business as Usual）如果完全停止毁林，每年可保护（1.2～2.2）Gt C。Brown等估计，到2050年，减少热带地区毁林可保护（10～20）Gt C，（0.2～0.4 Gt C a^{-1}）。Reed等估计，2000～2050年减少毁林的碳汇潜力可达14 Gt C。

降低采伐的影响是保护现有森林碳贮存的重要手段。传统的采伐作业对林分的破坏很大，对保留木的破坏可高达50%。通过降低采伐影响的措施可使保留木的破坏率降低50%，从而降低采伐引起的碳排放。对热带雨林采取降低采伐影响的措施，每公顷可保护碳贮存（73～90）tC hm^{-2}。在20世纪80年代和90年代，热带森林年采伐面积分别达15×10^6 hm^2和11×10^6 hm^2，按此规模估计，改进采伐作业方式保护碳贮存的潜力是巨大的。

此外，通过提高木材利用率，可降低分解和碳排放速率；增加木质林产品寿命，可减缓其贮存的碳向大气排放；废旧木产品垃圾填埋，可延缓其碳排放，部分甚至可永久保存。

（四）增强碳替代

碳替代措施包括以耐用木质林产品替代能源密集型材料、生物能源（如能源人工林）、采伐剩余物的回收利用（如用作燃料）。由于水泥、钢材、塑料、砖瓦等属于能源密集型材料，且生产这些材料消耗的能源以化石燃料为主，而化石燃料是不可再生的。如果以耐用木质林产品替代这些材料，不但可增加陆地碳贮存，还可减少生产这些材料的过程中化石燃料燃烧引起的温室气体排放。虽然部分木质林产品中的碳最终将通过分解作用返回大气，但由于森林的可再生特性，森林的再生长可将这部分碳吸收回来，避免由于化石燃料燃烧引起的净排放。据研究，用木材替代水泥、砖瓦等建筑材料，1m^3木材可减排约0.8 t CO_2当量。在欧洲，一座木结构房屋平均碳贮量达150 t CO_2，与砖结构比较，可减排10 t CO_2当量；而在澳大利亚，建造一座木结构房屋可减少排放10 t CO_2当量。当然，木结构房屋需消耗更多的能量用于取暖或降温。

同样，与化石燃料燃烧不同，生物质燃料不会产生向大气的净CO_2排放，因为生物质燃料燃烧排放的CO_2可通过植物的重新生长从大气中吸收回来，而化石燃料的燃烧则产生向大气的净碳排放，因此用生物能源替代化石燃料可降低人类活动碳排放量。目前，林业生物质燃料消耗约1 Gt B a^{-1}（相当于16 E J a^{-1}），预计到2020～2030年，可达（1.1～2.3）Gt B a^{-1}（相当于（17 ～34）E J a^{-1}）。预计到2025年和2050年，生物质能源的贡献将达（59～145）$\times 10^{18}$ J和（94～280）$\times 10^{18}$ J，很大程度上取决于诸如木质材料汽化等相关技术的发展情况。IPCC估计，2000～2050年，全球能源作物替代可达20～73 Gt C。到2030年，应用林业生物质能源消耗可达（12～72）E J a^{-1}，占能源消耗（400 E J a^{-1}）的2%～18%，产生的减排量可达（0.8 ～4.9）Gt CO_2^{-e}。

第三节　林业应对气候变化的实践

作为一个负责任的发展中国家，自1992 年联合国环境与发展大会以后，中国政府率先组织制定了《中国21 世纪议程－中国21世纪人口、环境与发展白皮书》，并从国情出发采取了一系列政策措施。通过大力开展植树造林，加强生态建设和保护，为减缓全球气候变化做出了积极的贡献。

改革开放以来，随着中国重点林业生态工程的实施，植树造林取得了巨大成绩，据第六次全国森林资源清查，中国人工造林保存面积达到0.54亿hm^2，蓄积量15.05亿m^3，人工林面积居世界第一。全国森林面积达到17 491万hm^2，森林覆盖率从20 世纪90 年代初期的13.92%增加到2005年的18.21%。除植树造林以外，中国还积极实施天然林资源保护、退耕还林还草、草原建设和管理、自然保护区建设等生态建设与保护政策，进一步增强了林业作为温室气体吸收汇的能力。与此同时，中国城市绿化工作也得到了较快发展，2005年中国城市建成区绿化覆盖面积达到106万hm^2，绿化覆盖率为33%，城市人均公共绿地7.9m^2，这部分绿地对吸收大气二氧化碳也起到了一定的作用。据专家估算，1980～2005年中国造林活动累计净吸收约30.6亿吨二氧化碳，森林管理累计净吸收16.2亿吨二氧化碳，减少毁林排放4.3亿吨二氧化碳。

针对UNFCCC有关土地利用和土地利用变化及林业（LULUCF）方面的问题，中国林业、农业等相关部门，积极开展了促进减少或防止人为引起的温室气体排放的技术开发、应用和推广，并开展合作。根据《京都议定书》和《马拉喀什协定》的相关规则，中国林业也积极开展了清洁发展机制（CDM）项目，积极加入碳贸易国际市场，并成功注册了全球第一个林业碳汇项目，也创造了全球第一个获得联合国清洁发展机制执行理事会批准的林业碳汇项目方法学。

一、碳汇市场概况

按照《京都议定书》和相关规则的要求或处于志愿行为，交易的买卖双方（有时有中介）在市场上相互买卖经核证的碳信用指标或投资进行减排增汇活动，这就形成了碳市场。由于碳信用的交易行为超出了国家界限和区域界限扩展到世界范围，形成了国际碳市场。其中，碳汇市场是碳市场的一个重要组成部分。目前，国际碳市场由京都市场和非京都市场构成。而碳汇市场以非京都市场为主流，京都市场为辅助市场的基本格局。京都市场主要是以项目的形式开展的。因此，项目市场是主题，只要买卖双方同意，项目就能够开展起来；非京都市场主要是在京都规则的影响下，由一些政府、企业或组织为达到一定减排目标或树立企业良好形象而设立并启动的区域市场。在区域内，有具体的管理机构和交易规则。

目前，国际碳市场发展迅速，世界银行碳基金的一份报告显示：2005年，国际碳市场的总交易额超过100亿美元，而2006年达到了250亿～300亿美元。预计两年后将增加到每年400亿美元。此外，2005年的一份关于国际碳市场的调查研究表明，截止2004年5月，国际碳市场已经成功交易1125个项目，其中京都市场128个，非京都市场997个，平均交易规模为267 405吨二氧化碳当量。国际买家主要有日本、荷兰和世界银行碳基金等；国际卖家则主要是拉丁美洲和亚洲的一些国家和地区。根据调查，当时京都市场碳交易的平均价格为每吨4.68美元；相比较，非京都市场的交易价格要低一些，只有每吨1.34美元。根据中国清洁发展机制项目官方受理申请最新进展显示，截止2007年4月2日，国家发展和改革委员会共批准了383个项目。

2006年11月14日，在肯尼亚首都内罗毕举行的联合国气候变化第12次缔约方大会上，在全球提出申请的100多个林业碳汇项目中，世界银行最终选中了20个项目。其中，由我国和世界银行在广西壮族自治区合作开发的“中国广西珠江流域治理再造林项目”在此次会议上获得清洁发展机制执行理事会专家组审定，成功注册成为全球第一个林业碳汇项目。而在此之前，该项目的方法学也是全球第一个获得联合国清洁发展机制执行理事会批准的林业碳汇项目方法学。

有关与林业和气候变化相关的国际进程，如《联合国气候变化公约》《京都议定书》《马拉喀什协定》，COP/MOP等，参见专栏9-2～9-5。

专栏9-2

《联合国气候变化框架公约》

为减缓全球气候变化，保护人类生存环境，1992年5月9日在纽约联合国总部通过了《联合国气候变化框架公约》(UNFCCC)。1993年1月，全国人大常委会审议并批准了UNFCCC，我国成为UNFCCC最早的10个缔约方之一。UNFCCC于1994年3月21日正式生效。目前共有189个国家和欧盟成为公约缔约方。缔约方可分为附件I缔约方、附件II缔约方和非附件I缔约方。附件I缔约方包括属经济合作与发展组织（OECD）成员国的工业化国家、经济转型国家（包括俄联邦、波罗的海地区及欧洲中、东部的国家）以及欧盟，共41个国家。附件II缔约方指附件I缔约方中的OECD国家。除附件I缔约方以外的100多个国家为非附件I缔约方，主要是发展中国家。

针对土地利用和土地利用变化及林业（LULUCF），所有缔约方应在农业、林业等相关部门，促进减少或防止人为引起的温室气体排放的技术开发、应用和推广，并开展合作，包括技术转让；促进可持续管理，保护和增强所有温室气体的吸收汇和储存库，包括生物量、森林以及其他陆地生态系统；在适应气候变化的影响方面开展合作，制定水资源、农业的综合计划以及受干旱、荒漠化和洪涝影响地区的保护和恢复计划；在可行的范围内，将气候变化纳入相关的社会、经济和环境的政策和行动，并采用适当的方法，尽可能降低气候变化减缓和适应措施对经济、公共健康和环境产生不利影响。

对发展中国家而言，国家温室气体排放清单是其义务的核心内容，要求采用由缔约方大会制定的可比方法编制人为引起的各种温室气体的源排放和汇清除的国家清单，但发达国家必须为其提供相应的资金。

专栏 9-3

《京都议定书》

1997 年 12 月 1 ～ 11 日，在日本京都举行的 UNFCCC 第三次缔约方会议，通过了《<联合国气候变化框架公约>京都议定书》，简称《京都议定书》。《京都议定书》为发达国家规定了有法律约束力的量化减限排指标，即附件 I 缔约方在 2008 年至 2012 年的承诺期内，其 CO_2、CH_4 等 6 种温室气体排放量（以 CO_2 当量计），在 1990 年排放水平基础上总体减排至少 5%（UNFCCC，1997）。同时，《京都议定书》第 6、12 和 17 条分别确定了“联合履行”（JI，Joint Implementation）、“清洁发展机制”（CDM, Clean Development Mechanism）和“排放贸易”（Emission Trading）三种境外减排的灵活机制，使附件 I 缔约方可以通过这三种机制在境外取得减限排的抵消额，从而以较低成本实现减限排目标，缓解其国内减限排压力。《京都议定书》于 2004 年 2 月 16 日正式生效。《京都议定书》中有关 LUCF 的主要条款如下：

(1) 附件 I 缔约方应实施并详细阐明其保护和增强温室气体吸收汇和储存库、促进可持续森林管理、造林和再造林的政策和措施；

(2) 1990 年以来人为直接的造林、再造林和毁林活动引起的温室气体源排放和汇清除的净变化，可用于抵消承诺的温室气体减限排指标；

(3) 附件 I 缔约方应提供相关数据以估计 1990 年的碳储量及其以后的碳储量变化；根据缔约方会议制定的附加人为活动引起的有关农业土壤及土地利用变化和林业的温室气体源排放和汇清除的方式、规则和指南，附件 I 缔约方可选择将 1990 年以来附加人为活动引起的源排放或汇清除用于抵消其承诺的温室气体减限排指标；

(4) 对 1990 年土地利用变化和林业为净排放源的附件 I 缔约方，应在其 1990 年或基年排放中包括 1990 年土地利用变化引起的源排放和汇清除的净变化。为履行承诺的温室气体减限排指标，附件 I 缔约方可从其他附件 I 缔约方获得，或向其他附件 I 缔约方转让，在任何经济部门（包括林业部门）以减少源排放或增强汇清除为目的的项目所产生的减排量；

(5) 确立了清洁发展机制，允许附件 I 缔约方通过与发展中国家进行项目级的合作，获得由项目产生的核证减排量（Certified Emission Reductions, CERs）。其目的是协助非附件 I 的发展中国家缔约方实现可持续发展，并对实现 UNFCCC 的最终目标做出贡献；同时协助附件 I 缔约方实现其承诺的温室气体减限排指标。CDM 是工业化国家与发展中国家之间有关温室气体减排的惟一合作机制。

专栏9-4

马拉喀什协定

2001年10月29日至11月10日，在摩洛哥马拉喀什举行了UNFCCC第七次缔约方大会，所通过的决定统称“马拉喀什协定”(Marrakesh Accords)。“马拉喀什协定”关于“土地利用和土地利用变化及林业（LULUCF)”的决议，对《京都议定书》有关LULUCF活动的定义、有关LULUCF的方式和规则进行了规定；同时请政府间气候变化专门委员会IPCC制定LULUCF碳储量变化计量和测定的方法学。主要涉及以下几方面的内容：

(1) 对《京都议定书》下森林、造林、再造林、毁林、植被恢复、森林管理、农地管理和牧地管理等给予了明确的定义，在林木冠层覆盖度、最小面积和最低树高这三大指标的阈值上，采用较为灵活的方式；

(2) 合格的造林、再造林和（或）毁林活动指从1990年1月1日到承诺期最后一年的12月31日之前开展的相应活动；

(3) 第一承诺期附件I缔约方可选择的活动包括植被恢复、森林管理、农地管理和牧地管理。这些活动必须是自1990年以来发生的，且是人为引起的；

(4) 第一承诺期合格的LULUCF CDM项目活动仅限于造林和再造林活动，且A/R CDM项目活动引起的碳汇量不得超过该缔约方基准年温室气体排放量的1%的5倍；

(5) 造林、再造林、毁林、森林管理等活动引起的碳储量的变化的计量应包括5个碳库：地上生物量、地下生物量、枯落物、粗木质残体、土壤有机碳；

(6) 规定了CDM的原则、性质和范围。强调CDM等机制是对国内行动的补充，国内行动应是每一附件I缔约方履行其减限排承诺的主要内容；

(7) 规定了CDM的方式和程序，包括对CERs、ERUs、AAUs、汇清除单位（Removal Units, RMUs）等的定义。

专栏9-5

COP/MOP

1. COP9

UNFCCC第9次缔约方大会（COP9）于2003年12月6～14日在意大利米兰举行。本次大会有关LULUCF议题的谈判主要涉及“LULUCF好的做法指南”的讨论、通过及其应用问题，以及制定CDM造林再造林（A/R CDM）项目活动的方式和程序等。有关LULUCF好的做法指南的决议，重申以透明、一致、可比、完整和准确的方式报告《蒙特利尔议定书》未予管制的人为温室气体源排放和汇清除；决定附件I缔约方应根据IPCC组织编写的“LULUCF好的做法指南”编制和报告2005年及其以后的年度清单，除非缔约方会议第十届会议做出其他相关决定；决定在2005年提交清单时试用新的LULUCF的通用报告格式表（CRF）；鼓励非附件I缔约方在编制其温室气体清单时，在可能情况下应用“LULUCF好的做法指南”。

2. **“布宜诺斯艾利斯宣言”**

UNFCCC第10次缔约方大会（COP10）于2004年12月1～12日在阿根廷的布宜诺斯艾利斯举行，并形成“布宜诺斯艾利斯宣言”。会议主要讨论了气候变化与适应对策的影响、缓解政策及影响和技术。本次大会与LULUCF议题有关的谈判主要涉及：①将COP9制定的A/R CDM项目活动的方式和程序纳入《京都议定书》第7、8条的指导意见；②《京都议定书》第一承诺期小规模A/R CDM项目活动简化方式和程序及执行这些程序的措施；③“LULUCF好的做法指南”的讨论和其应用问题。

3. COP11/MOP1

UNFCCC第11次缔约方会议（COP11）暨《京都议定书》第一次缔约方会议（MOP1）于2005年11月28日至12月9日在加拿大蒙特利尔召开。本届会议被国际社会认为是气候变化国际进程中的一次具有里程碑意义的历史性会议。根据COP11通过的关于“LULUCF通用报告格式表”的决议，附件I缔约方均须采用这些通用格式表来提交2007年及以后的年度温室气体排放清单，这也是本次大会通过的惟一有关LULUCF的决议。

二、清洁发展机制（CDM）与造林再造林

清洁发展机制（CDM）是《京都议定书》第12条确立的、发达国家与发展中国家之间的合作机制。其目的是帮助发展中国家实现可持续发展，同时帮助附件I国家（主要是发达国家）实现其在《京都议定书》第3.1条款下的减限排承诺。在该机制下，发达国家通过以技术和资金投入的方式与发展中国家合作，实施具有温室气体减排的项目，项目实现的可证实的温室气体减排量（核证减排量，CERs），可用于附件I缔约方承诺的温室气体减限排义务。CDM被普遍认为是一种“双赢”机制。一方面，发展中国家缺少经济发展所需的资金和先进技术，经济发展常常以牺牲环境为代价，而通过这种项目级的合作，发展中国家可从发达国家获得资金和先进的技术，同时通过减少温室气体排放，降低经济发展对环境带来的不利影响，最终促进国内社会经济的可持续发展。另一方面，发达国家在本国实施温室气体减排的成本较高，对经济发展有很大的负面影响，而在发展中国家的减排成本要低得多，因此通过该机制，发达国家可以以远低于其国内所需的成本实现其减限排承诺，节约大量的资金，并减轻减限排对国内经济发展的压力，甚至还可将技术、产品甚至观念输入到发展中国家。

CDM起源于巴西提出的关于发达国家承担温室气体排放义务案文中的“清洁发展基金”（Clean Development Fund）。根据该提案，发达国家如果没有完成应该完成的承诺，应该受到罚款，用其所提交的罚金建立“清洁发展基金”，按照发展中国家温室气体排放的比例资助发展中国家开展清洁生产领域的项目。在谈判过程中，发达国家将“基金”改为“机制”，将“罚款”变成了“出资”。

CDM可分为减排项目和汇项目。减排项目指通过项目活动有益于减少温室气体排放的项目，主要是在工业、能源等部门，通过提高能源利用效率、采用替代性或可更新能源来减少温室气体排放。提高能源利用效率包括如高效的清洁燃煤技术、热电联产高耗能工业的工艺技术、工艺流程的节能改造、高效率低损耗电力输配系统、工业及民用燃煤锅炉窑炉、水泥工业过程减排二氧化碳的技术改造、工业终端通用节能技术等项目。替代性能源或可更新能源包括诸如水力发电、煤矿煤层甲烷气的回收利用、垃圾填埋沼气回收利用、废弃能源的回收利用、生物质能的高效转化系统、集中供热和供气、大容量风力发电、太阳能发电等。由于这些减排项目通常技术含量高、成本也较高，属技术和资金密集型项目，对于技术落后、

资金缺乏的发展中国家，不但可引入境外资金，而且由于发达国家和发展中国家能源技术上的巨大差距，从而可通过CDM项目大大提高本国的技术能力。在这方面对我国尤其有利，这也是CDM减排项目在我国受到普遍欢迎并被列入优先考虑的项目的原因。

汇项目指能够通过土地利用、土地利用变化和林业（LULUCF）项目活动增加陆地碳储量的项目，如造林、再造林、森林管理、植被恢复、农地管理、牧地管理等。“马拉喀什协定”第11和第17号决议规定，第一承诺期LULUCF CDM项目活动仅限于造林和再造林项目，且碳汇总量不超过附件I缔约方基准年温室气体排放量的1%的5倍。

根据项目规模，CDM项目可分为常规CDM项目和小规模CDM项目。小规模A/R CDM项目是指预期的人为净温室气体汇清除低于8000吨CO_2每年、由所在国确定的低收入社区或个人开发或实施的CDM造林或再造林（A/R CDM）项目活动。如果小规模A/R CDM项目活动引起的人为净温室气体汇清除量大于每年8000吨CO_2，超出部分汇清除将不予发放tCER或lCER。为降低交易成本，对小规模CDM项目活动，在项目设计书、基线方法学、监测方法学、审定、核查、核证和注册方面，其方式和程序得以大大简化，要求也降低。

CDM项目特别是A/R CDM项目涉及到一系列复杂的技术和方法学问题，为此，缔约方会议和CDM执行理事会相继制定了一系列的国际规则（方式和程序），而且还在不断推出新的规则。对A/R CDM项目活动参与条件、合格性要求、DOE、审定和注册等相关规定和要求进行了概述，其他有关项目设计书、监测、核查和核证等相关规则不在此阐述。

CDM是发达国家和发展中国家之间有关温室气体减排的合作机制，但参与双方都属自愿性质，而且参与CDM的每一方都应指定一个CDM国家主管机构（Designated National Authorities，DNA）。我国CDM国家主管机构是国家发展和改革委员会（国家发展和改革委员会等，2005）。主要附件I缔约方的CDM国家主管机构可从CDM执行理事会网站获取（http：//cdm.unfccc.int/DNA）。

在发展中国家中，只有《京都议定书》的缔约方才能够参加CDM项目活动。我国政府于2002年8月30日核准了《京都议定书》，是《京都议定书》的缔约方，因此有资格成为CDM的参与方。发展中国家开展的A/R CDM项目活动，还必须确定其对森林的定义满足以下标准：

（1）最低林木冠层覆盖度为10%～30%；

（2）最小面积为0.05～1.0hm^2；

（3）最低树高为2～5 m。

森林定义一旦确定，其在第一承诺期结束前注册的所有A/R CDM项目活动所采用的森林定义不变，并通过指定的CDM国家主管部门向CDM执行理事会报告。我国确定并向CDM执行理事会报告的森林定义标准为：最低林木冠层覆盖度为20%，最小面积为0.067hm^2，最低树高为2m（http：//cdm.unfccc.int/DNA/ ARDNA.html?CID=46）。

发达国家参与方必须满足《京都议定书》谛约方会议第17/CP.7号决议第31～32款的合格性要求，才能将CDM项目所产生的CERs用于其在《京都议定书》3.1条款中的承诺。但是，如果发达国家不将CDM用于3.1条款的承诺，在不满足第17/CP.7号决议第31～32款合格性要求的情况下，也可以参与CDM项目。

三、非京都市场

为推动减排和碳汇活动的有效开展，近年来许多国家、地区和多边国际金融机构（世界银行）相继成立了碳基金。这些基金来自于那些在《京都议定书》规定的附件I国家中有温室气体排放的企业或者一些具有社会责任感的企业，由碳基金组织实施减排或增汇项目。在国际碳基金的资助下，通过发达国家内部、发达国家之间或者发达国家和发展中国家之间合作开展了减排和增汇项目。通过互相买卖碳信用指标，形成了碳交易市场。目前除了按照《京都议定书》规定实施的项目以外，非京都规则的碳交易市场也十分活跃。这个市场被称为志愿市场。

志愿市场是指不为实现《京都议定书》规定目标而购买碳信用额度的市场主体（公司、政府、非政府组织、个人）之间进行的碳交易。这类项目并非寻求清洁发展机制的注册，项目所产生的碳信用额成为确认减排量（VERs）。购买者可以志愿购买清洁发展机制或非清洁发展机制项目的信用额。此外，国际碳汇市场还有被称为零售市场的交易活动。所谓零售市场，就是那些投资于碳信用项目的公司或组织，以较高的价格小批量出售减排量（碳信用指标）。当然零售商经营的也有清洁发展机制的项目即经核证的减排量（CERs）、或减排单位（ERUs）。但是目前零售商向志愿市场出售的大部分仍为确定减排量。

作为发展中国家，虽然中国目前不承担减排义务，但是作为温室气体第二大排放国，建设资源节约型、环境友好型和低排放型社会，是中国展示负责任大国形象的具体行动，也符合中国长远的发展战略。因此，根据《联合国气候变化框架公约》和《京都议定书》的基本精神，中国政府正在致力于为减少温室气体排放、缓解全球气候变暖进行不懈努力。这些努力既涉及到节能降耗、发展新能源和可再生能源，也包括大力推进植树造林、保护森林和改善生态环境的一系列行动。企业参与减缓气候变化的行动，既可以通过实施降低能耗，提高能效，使用可再生能源等工业项目，又可以通过植树造林、保护森林的活动来实现。

而目前通过造林减排是最容易，成本最低的方法。因此政府因出面创建一个平台，帮助企业以较低的成本来减排。同时这个平台也是企业志愿减排、体现企业社会责任的窗口。这个窗口的功能需要建立一个基金来实现。于是参照国际碳基金的运作模式和国际志愿市场实践经验，在中国建立了一个林业碳汇基金，命名为“中国绿色碳基金”（简称绿色碳基金）。这是一个以营造林为主、专门生产林业碳汇的基金。该基金的建立，有望促进国内碳交易志愿市场的形成，进而推动中国乃至亚洲的碳汇贸易的发展。为方便运行，目前中国绿色碳基金作为一个专项设在中国绿化基金会。绿色碳基金由国家林业局、中国绿化基金会及相关出资企业和机构组成中国绿色碳基金执行理事会，共同商议绿色碳基金的使用和管理；基金的具体管理由中国绿化基金会负责。国家林业局负责组织碳汇造林项目的规划、实施以及碳汇计量、监测并登记在相关企业的账户上，由国家林业局定期发布。

四、碳贸易实践

为了促进中国森林生态效益价值化，培育中国林业碳汇市场，争取更多的国际资金投入中国林业生态建设，同时了解实施清洁发展机制林业碳汇项目的全过程，培养中国的林业碳汇专家，2004年国家林业局碳汇管理办公室在广西、内蒙古、云南、四川、辽宁等省（自治区）启动了林业碳汇试点项目。其中，在广西和内蒙古最早按照京都规则实施了清洁发展机制的林业碳汇项目。

（一）广西珠江流域治理再造林项目

“广西珠江流域治理再造林项目”是世界银行贷款“广西综合林业发展和保护项目（GIFDCP）的一部分，在珠江流域的苍梧县和环江县实施。建设内容包括4个部分：①营造人工商品用材林18.94万hm^2；②生态林管护11.8万hm^2，其中营造多功能防护林1.8万hm^2，封山育林10.0万hm^2；③石灰岩地区生物多样性保护（涉及5个自然保护区）；④机构能力建设。而清洁发展机制林业碳汇项目“广西珠江流域治理再造林项目”是总项目框架下营造多功能防护林的一部分，于2004年12月30日完成了包括碳融资文件（CFD）及环境和社会评价报告内容的项目可行性研究报告，并提交世界银行基金委员会（FMC）和供资方审查。2005年2月中旬，可行性研究报告获得了批准。

根据碳汇项目要求，需要首先报批方法学。以中国林业科学研究院张小全研究员为主，制定了清洁发展机制下退化土地造林再造林项目的基线和监测方法学。2005年11月25日，方法学获得CDM执行理事会批准，成为全球第一个被批准的CDM再造林碳汇项目方法学。2006年2～4月，按照中国《清洁发展机制项目运行管理办法》，正式向国家申报该项目设计书，同时接受CDM执行理事会授权的指定经营实体的审定。2006年11月，CDM执行理事会批准了该项目，此后该项目正式开始实施。

1. 项目建设目标

通过再造林活动并计量碳汇，研究和探索清洁发展机制林业碳汇项目相关技术和方法，为我国开展清洁发展机制造林再造林项目摸索经验，并促进当地农民增收和保护生物多样性。

2. 项目内容

本项目共营造4000公顷多功能防护林，其中苍梧县和环江县各2000hm^2。通过项目执行，积累再造林碳汇项目活动经验，并监测评价项目的环境、社会和经济影响效果，探索退化土地恢复的碳融资机制。同时通过项目培训，加强当地能力建设。

项目设计造林树种包括：大叶栎、马尾松、荷木、枫香、杉木、桉树，共6个树种，5种不同造林模式。

3. 项目实施主体和经营形式

（1）实施主体：项目的实施主体有苍梧县康源林场、苍梧县富源林场、环江县绿环林业开发有限公司、环江县兴环林业开发有限公司和18个农户小组、12个农户。

（2）经营形式：项目的经营形式有以下3种：

①单个农户造林：即当地有经济实力的农户，自己筹措资金，承包当地村民小组集体拥有经营权的土地，开展项目造林活动，林业产品和碳汇的销售收入全部归农户和提供土地的村民小组集体所有。农户和提供土地的村集体的收益分配比例按双方签订的合同执行。

②农户小组造林：即几个或几个以上的农户自愿组合起来，筹措资金，承包当地村民小组集体拥有经营权的土地，开展项目造林活动，林产品和碳汇销售收入全部归农民小组和提供土地的村民小组集体所有。农户联合体和提供土地的村集体的收益分配比例按双方签订的合同执行。

③农民（村集体）与林场（公司）股份合作造林：即农民（村集体）提供土地，林场

（公司）投资造林，提供技术、管理林分并承担自然和投资风险。农民（村集体）与林场（公司）签订合同，以明确造林管理责任、投入和收益分成。收益分成比例为：林产品净收入的40%、碳汇销售收入的60%归当地农民或村集体，林产品收入的60%、碳汇销售收入的40%归当地林场（公司）。另外，林场（公司）将优先雇用当地农民参与整地、造林和管护等活动，并支付农民的劳动报酬。这种经营形式再造林3565.9公顷，受益农民4815人，其中土地承包经营权为村民小组集体所有的为2467.5公顷，土地承包经营权为农户所有的为1098.4公顷。

4.项目实施期限及工艺流程

项目的实施包括建设期和运行管理期。项目建设期为2006～2009年，包括整地、育苗、造林、施肥、除草、抚育等。造林分两年完成，2006年1660公顷，2007年2340公顷。造林后连续抚育3年。运行管理期（计入期）30年（2006～2035年），包括森林病虫害防治、防火、护林、采伐、更新造林、管理、减排量监测等。

5.项目总投资和筹资情况

清洁发展机制碳汇项目的总成本为2270万美元，其中建设投资302万元，运营成本1968万元。

6.项目预期减排总量

在2006～2035年的计入期间，预期获得超过773 000 tCO_2^{-e}的人为净温室气体减排量。

7.项目效益

（1）社会经济效益

经济收入。大约5000个农户将受益。总收入估计可达2110万美元，包括约1560万美元的就业收入，350万美元的木材和非木质林产品的销售收入，200万美元的碳汇销售收入。与2004年相比，人均年净收入将增加34美元。

CDM项目活动将提供大量就业机会。项目计入期内还将产生40个长期工作岗位。项目同时可以提供可持续的薪柴使用，提高社会凝聚力，提供技术培训示范，并在项目边界外产生效益。

（2）环境效益

增强生物多样性保护和促进自然生态系统的稳定。

（3）改善环境服务

调节水流状况，减轻旱灾风险，减少洪水风险；促进提高土壤养分循环；有助于当地气候的稳定。

（二）内蒙古自治区敖汉旗防治荒漠化造林项目

为落实《京都议定书》，国家林业局与意大利环境与国土资源部根据清洁发展机制造林再造林碳汇项目相关规定签订了“中国东北部敖汉旗防治荒漠化青年造林项目”。于2004年开始项目准备。基于该项目起草的“以灌木为辅助的退化土地造林再造林方法学”于2006年2月获得清洁发展机制执行理事会的批准，成为全球第六个获得正式批准的清洁发展机制造林再造林方法学。该项目拟在今后5年内，由意大利政府投资135万美元，当地配套18万美元，共153万美元，在内蒙古自治区敖汉旗荒沙地造林3000公顷。中方项目管理单位是《联合国防治荒漠化公约》中国履约秘书处，即国家林业局防沙治沙办公室。项目具体实施由内蒙古自治区赤峰市敖汉旗林业局。中国林业科学研究院、赤峰市林业科学研究所负责技术支撑，承担碳汇计量、监测任务。

1. 项目建设目标

结合敖汉旗当地防沙治沙的主要任务和本着因地制宜的原则，项目将种植杨树、柠条、樟子松、山杏等乡土树种，开展林业碳汇和治沙相结合的造林活动，共同探索在中国干旱、半干旱地区开展清洁发展机制林业碳汇项目的技术和能力。意大利方面一是希望获得一定量的碳汇来抵减其第一承诺期的排放量，二是了解在中国开展林业碳汇项目的可行性以及中国林业政策和林权改革的情况，了解当地农民的生态保护意识。同时，期望项目活动对防治荒漠化和土地退化、恢复和保护当地生物多样性有积极作用。在吸收二氧化碳、减缓气候变化的同时，为社区群众创造工作机会，改善社会经济状况，提高社区群众尤其是青年的环保意识。

2. 项目实施区域

项目地点为内蒙古自治区敖汉旗，属沙源区荒地。造林活动将在敖汉旗所属的汉林、治沙、古鲁板蒿、陈家湾子、小河子、木头营子、马头山、三义井及新惠9个国有林场开展。项目区总人口为2311人，705户。农业人口为2201人，占总人口的95.24%；技术人员和管理人员为110人，占总人口的4.76%。2006年1月，项目完成了4.5万亩的造林任务。

3. 项目的预期收益

共有2500名当地农民从中受益，其中2311人直接受益，大多数是妇女。他们将参加5年项目的全过程。其余的人也将获得环境教育、植树、管理以及碳汇知识等方面的培训，增强环境意识。一些城市志愿者（青年和妇女）也将参与到项目中来。项目可为当地主要是青年提供新的工作机会和收入。同时，项目活动直接创造的农业效益是：间种高产饲草可以收获草种，为畜牧提供大量的饲草；树木成材后，获得木材、种子和薪柴。项目建成后将逐步降低当地风蚀引起的沙化和荒漠化。此外，由于项目处在沙尘暴盛行地区，地表几乎没有其他植被，项目的实施将有助于减缓沙尘暴的影响。到2012年，项目产生的经核证的二氧化碳减排量预计为24万吨，将由意大利所有。

（三）云南腾冲小规模再造林景观恢复项目

项目活动在保护国际（CI）、大自然保护协会（TNC）和云南省林业厅合作的FCCB项目框架下实施，并成立云南省林业厅碳汇办公室和县碳汇办公室。

1. 项目建设目标

清洁发展机制小规模再造林项目活动将在云南省腾冲县营造467.7公顷的混交林，其中37.6公顷直接与高黎贡山自然保护区相连，78.2公顷与保护区毗邻。项目所选的造林树种都是原生的乡土树种，主要有：秃杉、光皮桦、云南松、桤木。项目将在2007～2036年的30年的计入期内产生150 966 tCO_2^{-e}的tCER （年均5032 tCO_2^{-e}）。

根据6/CMP.1号决议："京都议定书第一承诺期下清洁发展机制小规模造林再造林项目活动的简化项目的方式和程序"，本项目属于农地和草地转化为林地的小规模再造林项目。

2. 项目实施区域和实施方式

项目涉及到腾冲县北部的3个乡，5个村和1个国有林场，433户共计2108名村民。其中264.7公顷地块属于当地村民或村民小组集体所有。25.2公顷再造林地块在2001年1月1日起承包给当地村民，承包期限为30年。30年到期之后如果农民愿意延期的话将根据中国《土地承包合同法》续签合同，延期另外30～50年。当地村民自主决定如何使用土地，并拥有土地上生产的资源。90.6公顷再造林土地仍然由当地村民经营。此外，112.4公顷为国有土地，归苏江国有林场经营。在本项目活动的规定下，当地农民/社区和所涉及的林场/公司有权使用这些土地。社区和农户拥有木材和林下非木材林产品，而且有法定权力收获并销售这些产品。但是砍伐木材必须要有采伐许可证，木材采伐指标由当地政府审批。林场获得项目产生的碳汇收益。

项目采用30年计入期，第一个计入期从2007年6月1日开始。项目活动的实施期为30年。在所选的计入期内（2007年6月1日～2037年5月31日），由本项目活动产生的人为净温室气体汇清除在150 966吨的二氧化碳以上。

项目建设成本将来自当地商业银行的贷款、当地政府的配套资金和项目参与方自筹。运行成本采用商业银行的长期或者短期贷款，当地政府的配套资金和项目参与方自筹。没有导致官方发展援助和UNFCCC资金义务分流的公共资金。

本项目采用最新修订的批准的“在农地和草地上实施的CDM小规模造林再造林项目活动的简化基线方法学和监测方法学”(AR-AMS0001/Version 04.1)。本项目活动引起的温室气体排放包括由于车辆使用燃烧化石燃料引起的排放和施肥引起的N_2O排放。根据初步估算以及所采用的方法学， 施肥引起的N_2O排放可忽略不计(<10%)。同时，根据所采用的方法学，小规模造林再造林CDM项目只考虑项目施肥活动引起的温室气体排放。因此，本项目不考虑温室气体排放。

3. 项目效益

农业仍然是项目区当地社区的主要收入来源。但是产量很低，项目区中人均GDP为217美元，其中项目区的傈僳族村寨的人均GDP甚至低于100美元。 为了最大程度地增加社会经济效益，再造林的设计过程采用了参与式的流程。参与式农村评估方（PRA）法通过访问和咨询项目区的农户，了解当地农民的喜好、意愿和关心的问题，以便于项目将来对他们的要求作出回应并改善他们的生计。当地农户决定其最乐意接受的当地农民/社区与林场股份安排。预计将有3个乡，5个村，433户，2108名村民将会从本项目中受益。项目主要的社会经济效益包括：

（1）增加收入： 根据林场与当地农户达成的协议，农户将从提供土地所获的木材产品和非木材产品中受益，其次还可以通过再造林过程中出工的报酬。大约433户计2108个农民会从项目中受益。

（2）可持续的薪材供给： 当地居民对薪柴有一定程度的依赖，尤其是当地的少数民族社区。本项目可以给当地社区提供更多可持续的薪材资源。

（3）增强社会凝聚力： 单个农户/社区的操作由于投入、产出方面显得羸弱，尤其是获益时间比农产品周期长的木材产品和非木制产品。此外，缺少组织机构，阻碍他们克服技术障碍。总之，本项目将在个人，社区，林场，当地政府之间形成紧密互动关系，强化他们，尤其是与少数民族社区之间的沟通并形成社会和生产服务的网络。

（4）技术培训与示范： 社区调查的结果显示社区农户往往在获得高质量的种源和培育高成活率的幼苗以及防治火灾、森林病虫害方面缺乏一定的技能。这也是当地社区农户营林的一个重要的障碍。本项目中，当地林业系统和林场将组织培训，帮助他们了解评估值行项目活动中遇到的问题，比如苗木选择、苗圃管理、整地、再造林模式、和病虫害综合治理等。

第四节　林业应对气候变化的对策与建议

全球气候变化主要是人为因素引起的：一是大规模使用化石燃料，如石油、煤炭、天然气等，排放了大量温室气体；二是大规模破坏森林资源，全面损害了全球森林的固碳能力。针对导致气候变化的两大主要因素，国际社会正在采取两项战略措施：一是直接减排。即通过技术改造，提高能源利用效率，减少温室气体排放；二是间接减排。即通过以森林为主体的生物吸收二氧化碳，将温室气体固定下来，减少大气中温室气体含量。直接减排十分重要，必须坚持。而间接减排成本低、易施行、综合效益大，是目前应对气候变化最经济、最有效的途径。

森林固碳已经成为缓解气候变化的根本措施之一。恢复和保护森林作为减排的重要措施受到了国际社会的高度重视，并被写入了《京都议定书》。IPCC在2007年发布的第四次全球气候变化评估报告中指出：与林业相关的措施，可在很大程度上以较低成本减少温室气体排放并增加碳汇，从而缓解气候变化。目前，许多发达国家已在实行森林间接减排。围绕后京都议定书的国际谈判，许多国家和国际组织都在积极推动森林间接减排政策的制定。

一、林业应对气候变化的国际行动计划

2007年12月15日，联合国气候变化大会产生了《巴厘路线图》，同意采取一系列步骤，以立即进一步贯彻《联合国气候变化框架公约》缔约方现有承诺，这些步骤对发展中国家尤其重要。它们包括：

（1）适应气候变化。由《京都议定书》清洁发展机制资助的、在发展中国家进行的适应气候变化项目的基金安排将在全球环境机构的管理下进行。

（2）采取技术步骤。对于发展中国家关键性的关切之一，会议取得了重要进展，同意开启“战略性项目”，提高投资水平，推动发展中国家所需要的减缓和适应气候变化技术的转让。

（3）减少发展中国家因森林砍伐而造成的温室气体排放。各方确认要采取进一步行动减少这类排放，并支持相关能力建设。

此外，此次大会还就联合国政府间气候变化专门委员会第四份评估报告的重要性、小规模植树造林、碳捕捉与储存、最不发达国家适应气候变化等问题达成协议。

2007年《亚太经合组织领导人关于气候变化、能源安全和清洁发展的悉尼宣言》指出，可持续的森林管理和土地利用在碳循环中发挥着关键作用，需要在2012年后应对气候变化的国际安排中有所体现。针对林业和土地利用变化，提出了如下行动计划：

森林在碳循环中发挥着重要作用。需要持续鼓励造林和恢复植被，减少毁林、森林退化和森林火灾，促进森林可持续管理，打击非法采伐和处理与之相关的经济和社会问题。为此，中国在此次《悉尼宣言》中表示：

（1）同意为实现2020年亚太地区各类森林覆盖面积至少增加2000万公顷的意向性目标开展工作。

（2）欢迎2007年7月悉尼森林与气候高级别会议通过的森林和气候倡议。

（3）欢迎出台诸如可持续森林管理有法律约束力的目标等其他手段，支持感兴趣的成员加入。

（4）同意建立亚太森林恢复和可持续管理网络，以加强森林领域能力建设和信息交流。加强本地区包括亚洲森林伙伴在内的各种森林倡议之间的协调很重要。

（5）加强与相关国际机构的协调，推进森林项目伙伴关系，包括与拟议中的世界银行“森林碳伙伴基金”的协调。

二、中国林业应对气候变化的行动建议

未来中国林业在应对气候变化的行动中，应按照全面贯彻落实科学发展观的要求，把应对气候变化纳入国民经济和社会发展总体规划和地区规划；一方面抓减缓温室气体排放，一方面抓提高适应气候变化的能力。中国将采取一系列法律、经济、行政及技术等手段，大力节约能源，优化能源结构，改善生态环境，提高适应能力，加强科技开发和研究能力，提高公众的气候变化意识，完善气候变化管理机制，努力实现林业应对气候变化的目标与任务。

（一）中国林业应对气候变化的对策建议

为了有效应对未来气候变化，中国林业应从如下方面抓起：

（1）加强法律法规的制定和实施。加快林业法律法规的制定、修订和清理工作。制定天然林资源保护条例、林木和林地使用权流转条例等专项法规；加大执法力度，完善执法体制，加强执法检查，扩大社会监督，建立执法动态监督机制。

（2） 抓好林业重点生态建设工程。继续推进天然林资源保护、退耕还林还草、京津风沙源治理、防护林体系、野生动植物保护及自然保护区建设等林业重点生态建设工程，抓好生物质能源林基地建设，通过有效实施上述重点工程，进一步保护现有森林碳储存，增加陆地碳储存和吸收汇。

（3）通过加强造林、再造林、退化生态系统恢复、建立农林复合系统等，增加森林植被，从而增强陆地碳吸收汇，同时增强我国林业适应气候变化的能力。加强森林可持续管理以提高林地生产力，提高碳储存潜力。

（4）加强森林资源保护，以保护现有森林生态系统中储存的碳，减少其向大气中的排放。主要措施包括减少毁林、改进采伐作业措施、提高木材利用效率以及更有效地控制森林灾害（林火、病虫害）。降低大气CO_2浓度最有效的方式是减少化石燃料燃烧的排放量，而林业措施则是减缓气候变化最有效的技术手段。由于毁林直接导致森林生态系统的碳储存在很短的时间内排放到大气中，因此相对造林和再造林而言，降低毁林速率是减缓大气CO_2浓度上升的更直接手段，通过提高木材利用率，可降低分解和碳排放速率；增加木质林产品寿命，可减缓其储存的碳向大气排放。

（5）积极推行碳替代措施。包括以耐用木质林产品替代化石能源密集型材料、生物能源（如能源人工林）、采伐剩余物的回收利用（如用作燃料或生物能源）。

（6） 改革和完善现有产业政策。继续完善各级政府造林绿化目标管理责任制和部门绿化责任制，进一步探索市场经济条件下全民义务植树的多种形式，制定相关政策推动义务植树和部门绿化工作的深入发展。通过相关产业政策的调整，推动植树造林工作的进一步发展，

增加森林资源和林业碳汇。

（二）中国林业适应气候变化的行动建议

中国林业在应对未来气候变化的行动过程中，应注重如下方面的工作：

（1）制定和实施与适应气候变化相关的法律法规。加快《森林法》、《野生动物保护法》的修订，起草《自然保护区法》，制定湿地保护条例等，并在有关法律法规中增加和强化与适应气候变化相关的条款，为提高森林和其他自然生态系统适应气候变化能力提供法制化保障。

（2）加强林业应对气候变化相关科技工作的宏观管理与协调。深化对气候变化与林业相关科技工作重要意义的认识，努力贯彻落实“自主创新、重点跨越、支撑发展、引领未来”的科技指导方针和《国家中长期科学和技术发展规划纲要》对气候变化相关科技工作提出的要求，加强林业应对气候变化领域科技工作的宏观管理和政策引导，健全领导和协调机制，强化林业应对气候变化相关科技工作的支持力度，鼓励和支持林业应对气候变化科技领域的创新，充分发挥科学技术在林业应对和解决气候变化方面的基础和支撑作用。

（3）强化对现有森林资源和其他自然生态系统的有效保护。对天然林禁伐区实施严格保护，使天然林生态系统由逆向退化向顺向演替转变。实施湿地保护工程，有效减少人为干扰和破坏，遏制湿地面积下滑趋势。扩大自然保护区面积，提高自然保护区质量，建立保护区走廊。加强森林防火，建立完善的森林火灾预测预报、监测、扑救、林火阻隔及火灾评估体系。积极整合现有林业监测资源，建立健全国家森林资源与生态状况综合监测体系。加强森林病虫害控制，进一步建立健全森林病虫害监测预警、检疫御灾及防灾减灾体系，加强综合防治，扩大生物防治。

（4）加强林业应对气候变化的谈判对策研究，紧密跟踪国际气候变化战略谈判走向，开展林业活动（造林、再造林、森林管理、减少毁林和木质林产品等）纳入国际履约相关对策研究并提出应对策略；评估我国林业活动和重大林业工程减排增汇的历史、现状和潜力，提高中国林业应对国际气候变化战略谈判的能力。加强林业履行气候变化相关国际协定的研究，开展森林和林业活动碳计量相关方法学研究，建立符合国际规范的国家碳计量体系；加强森林碳计量有关参数的研究，降低碳计量不确定性；加强森林资源监测与森林碳计量的协调，提高中国林业的履约能力。

（5）加强林业应对气候变化的基础科学研究。加强森林资源和森林生态系统定位观测与生态环境监测技术，包括森林环境、荒漠化、野生动植物、湿地、林火和森林病虫害等监测技术，完善生态环境监测网络和体系，提高预警和应急能力。深入研究气候变化背景下，森林、湿地和荒漠生态系统碳、氮和水循环过程及其耦合机制，以及生态系统结构和过程对气候变化的响应；深入研究人类活动对森林和湿地生态系统碳源汇功能的影响机制。

（6）加强气候变化对中国林业的影响、脆弱性和适应性研究。深入研究气候变化对森林生态系统、湿地和荒漠化的影响与适应；研究气候变化特别是极端气候事件对森林灾害（林火、森林病虫灾害等）的影响；深入研究气候变化对生物多样性、国家重点保护的野生动植物以及候鸟迁徙路线和栖息地的影响与适应；加强中国森林、湿地和野生动植物对气候变化的脆弱性和适应性研究；研究中国林业适应气候变化的政策和技术选择、成本效益与适应效果评价，提高中国适应气候变化的能力。

（7）加强林业温室气体减排增汇技术的开发。重点研究开发林业生物质能源生产和转化技术（包括生物能源林培育、生物柴油提取、生物能源发电等技术），造林再造林、植被恢复、森林管理、湿地管理、退化森林生态系统恢复等生物固碳减排技术。

（8）加强林业应对气候变化科技领域的人才队伍建设。加强林业应对气候变化科技领域的人才培养，重视培养具有国际视野和能够引领学科发展的学术带头人和尖子人才，鼓励青年人才脱颖而出；加强林业应对气候变化的学科建设，加大人才队伍的建设力度，充分利用多种渠道和方式提高中国科学家的研究水平和自主创新能力，形成具有中国特色的林业应对气候变化的科技管理队伍和研究开发队伍，并鼓励和推荐中国科学家参与林业应对气候变化领域国际科研计划和在相关国际研究机构中担任职务。

第10章　森林及湿地生物多样性保护

生物多样性是人类赖以生存的基本条件，是人类经济社会得以持续发展的基础。森林是“地球之肺”，湿地是“地球之肾”。森林、湿地及其栖居的各种动植物，构成了生物多样性的主体。面对森林与湿地资源不断破坏、森林及湿地生物多样性日益锐减的严峻形势，积极开展森林及湿地生物多样性保护的研究与实践，对于保护好生物多样性、维护自然生态平衡、推动经济社会可持续发展具有巨大作用和重要意义。

当前全球及中国生物多样性研究的重点是从基本概念、岛屿生物地理学、自然保护区建设等方面解决重要理论、方法与技术问题，为认识和了解生物多样性、开展生物多样性保护的研究与实践提供科学依据。我国近阶段正在实施森林及湿地生物多样性保护三项重大行动——全国野生动植物保护及自然保护区建设工程、全国湿地保护工程和国家林木种质资源平台建设项目，及时开展工程（项目）建设所急需的保护与恢复关键技术研究，将为工程（项目）建设及其生物多样性保护提供强有力的科技支撑。

第一节　生物多样性保护的理论与技术

一、生物多样性的概念、层次及其测度

（一）生物多样性概念、层次

生物多样性是一个描述自然界多样性程度的一个内容广泛的概念。在《生物多样性公约》（Convention on Biological Diversity，1992）里，生物多样性的定义是“所有来源的活的生物体中变异性，这些来源包括陆地、海洋和其他水生生态系统及其所构成生态综合体；这包括物种内、物种之间和生态系统的多样性”。1995年，联合国环境规划署在《全球生物多样性评估》中定义，生物多样性是生物和它们组成的系统的总体多样性和变异性。

生物多样性的定义包括四个层次，即遗传多样性、物种多样性、生态系统多样性和景观多样性。遗传多样性是物种多样性和生态系统多样性的基础，或者说遗传多样性是生物多样性的内在形式。物种多样性是构成生态系统多样性的基本单元。生态系统多样性是物种多样性和遗传多样性的保证。

广义的遗传多样性是指地球上所有生物所携带的各种遗传信息的总和，也就是各种生物所拥有的多种多样的遗传信息。遗传信息储存在栖息于地球的植物、动物和微生物个体的基因内，因此，遗传多样性也就是生物的遗传基因的多样性。任何一个物种或一个生物个体都保存着大量的遗传基因，因此，可被看作是一个基因库（Gene pool）。一个物种所包含的基因越丰富，它对环境的适应能力越强。基因的多样性是生命进化和物种分化的基础。

狭义的遗传多样性主要是指生物种内基因的变化，包括种内显著不同的种群之间以及同一种群内的遗传变异（世界资源研究所，1992）。此外，遗传多样性可以表现在多个层次上，如分子、细胞、个体等。在自然界中，对于绝大多数有性生殖的物种而言，种群内的个体之间往往没有完全一致的基因型，而种群就是由这些具有不同遗传结构的多个个体组成的。

物种多样性是指地球上动物、植物、微生物等生物种类的丰富程度。物种多样性包括两个方面，其一是指一定区域内的物种丰富程度，可称为区域物种多样性；其二是指生态学方面的物种分布的均匀程度，可称为生态多样性或群落物种多样性。物种多样性是衡量一定地区生物资源丰富程度的一个客观指标。

在阐述一个国家或地区生物多样性丰富程度时，最常用的指标是区域物种多样性。区域物种多样性的测量有3个指标：①物种总数，即特定区域内所拥有的特定类群的物种数目；②物种密度，指单位面积内的特定类群的物种数目；③特有种比例，指在一定区域内某个特定类群特有种占该地区物种总数的比例。

生态系统的多样性主要是指地球上生态系统组成、功能的多样性以及各种生态过程的多样性，包括生境的多样性、生物群落和生态过程的多样化等多个方面。其中，生境的多样性是生态系统多样性形成的基础，生物群落的多样化可以反映生态系统类型的多样性。

生物群落与生态系统的类型是丰富多样的。世界主要生态系统类型有森林、草原、荒漠、湿地、海岸、海洋以及农田生态系统。北半球森林生态系统由北向南有寒温针叶林、温带针阔叶混交林、暖温带落叶阔叶林、亚热带常绿阔叶林，以及热带季雨林、雨林等。湿地生态系统主要包括湖泊生态系统、河流生态系统和沼泽生态系统、海岸滩涂生态系统、河口生态系统、海岸湿地生态系统、红树林生态系统、珊瑚礁生态系统、海岛生态系统等。

生态系统多样性的形成，一方面取决于构成各类生态系统的生物群落的千差万别，另一方面也与生态系统存在的环境因子的特异性相关。环境生态因子中，地形、降雨量、气候、土壤等条件的不同对生物群落的外貌、结构与功能过程都有明显的影响。生态系统多样性奠定了人类生态环境的变化与差异。

景观多样性是指由不同类型的景观要素或生态系统构成的景观在空间结构、功能机制和时间动态方面的多样化程度，是景观水平上生物组成多样化程度的表征。在较大的时空尺度上，景观多样性构成了其他层次生物多样性的背景，并制约着这些层次生物多样性的时空格局及其变化过程。

（二）生物多样性的测度

由于生物多样性的等级性和测度尺度的差异，没有任何生物多样性测度公式可以涵盖所有的等级水平。目前在等级方面研究较为深入的是物种多样性。物种多样性的测度根据三个空间尺度，分为α多样性、β多样性以及γ多样性的测度。

α多样性主要关注局域均质生境下的物种数目，也被称为生境内的多样性。这一尺度下，维持多样性的主要生态因素有生态位多样以及物种间的相互作用，与环境能量关系密切。α多样性包括物种丰富度指数、物种相对多度模型、物种多样性指数和均匀度指数。

β多样性是指沿环境梯度不同生境群落之间物种组成的相异性或物种沿环境梯度的更替速率、周转速率，也被称为生境间的多样性。控制β多样性的主要生态因子有土壤、地貌以及干扰等。β多样性测度方法包括二元属性数据测度法和数量数据测度法两类。

γ 多样性是描述区域或大陆尺度的多样性，也被称为区域多样性。控制 γ 多样性的生态过程主要为水热动态、气候和物种形成及进化的历史。

二、生物多样性概况

（一）全球生物多样性

世界生物多样性现状目前地球上究竟有多少物种还很难准确断定。世界的物种估计有500万～3000万种，近年来，通过对热带森林冠层和深层的海底的研究，认为地球上存在的物种有1000万～8000万种，大大增加了物种的估计数，甚至在土壤中还保存很多未知的生物。据不完全统计，已经定名物种为140万～170万种，其中脊椎动物4万余种，昆虫75万种，高等植物25万种。1980年，科学家被热带森林昆虫多样性所震惊，仅对巴拿马19棵树的研究中发现，全部1200种甲壳动物中的 80%以前没有命名。这表明世界上的生物种类相当丰富，而且，人类尚未认知的占有很大的比例。

全球生物多样性的分布不是平均的。陆地生物物种主要分布在热带森林，仅占全球陆地面积的7%的热带森林容纳了全世界半数以上的物种；亚热带和温带也有较丰富的生物多样性。马达加斯加、巴西大西洋沿岸森林、厄瓜多尔等10个热点地区约占陆地总面积的0.2%，却拥有世界总种数27%的高等植物，其中13.8%还是这些地区的特有物种。

世界生物多样性的危机由于人类活动的加剧对其他生物产生的不良影响以及全球长期对生物多样性保护的忽视，目前全球的生物多样性正在以惊人的速度衰减。据专家估计，自恐龙灭绝以来，当前地球上生物多样性损失的速度比历史上任何时候都快，鸟类和哺乳动物的灭绝速度或许是它们在未受干扰的自然界中的100倍至1000倍。自1600年以来已经知道有83种哺乳动物和113种鸟绝灭了，占哺乳动物的2.1%和鸟类的1.3%。据估计目前世界平均每天有一个物种消失，到2000年地球物种的15%～ 20%将会消失，物种灭绝速率是自然灭绝速度的1000倍。据哈佛大学的生物学家E.O.Wilson估计，由于热带雨林破坏，造成最少每年有5万种无脊椎动物，每天几乎有140种灭绝。由于毁林，每年至少有1种鸟和哺乳动物或植物被灭绝。在生物进化的历史上也曾发生过数次物种大绝灭的事件，但从未出现过如此大量的物种在如此短的时间内遭受绝灭，而更多的物种正面临绝灭的局面。人们已经领悟到我们正生活在一个物种空前大绝灭的时代。

世界生物多样性丧失现象正在加剧种内变种和整个自然生态系统的消失，速度比物种灭绝速度更快。在20世纪80年代初，全球热带森林每年毁林1140万公顷，据卫星图像及实地调查，到20世纪80年代末，每年毁林上升到1700万～2000万公顷（世界银行，1992）。世界上热带雨林比原有面积减少了一半，并正以每年6.7万～9.2万平方千米的速度消失，按此发展，蕴藏着世界50%以上陆地物种的热带森林在未来25年内彻底消亡。温带森林损失1/3以上，温带雨林已成为濒危生态系统。由于对湿地的认识不足，湿地往往被认为是无用之地，被排干变为农田或围湖造田，扩大为城市用地，变为养殖水产的池塘，有森林的湿地则用于采伐。澳大利亚、新西兰、美国加利的湿地已消失一半，印度、巴基斯坦和泰国的红树林至少有3/4受到破坏，珊瑚礁也被大量采挖，甚至用它烧石灰，严重地威胁着珊瑚礁生态系统的生存。

（二）中国生物多样性

中国是世界上生物多样性最丰富的国家之一。我国拥有包括温带、寒温带、亚热带、高山、丘陵、湖泊、森林、海洋等众多的生态类型，孕育了各种生态类型中的大量物种，使得生态系统多样性和遗传多样性都居世界前列。在亚洲，根据对维管束植物、哺乳动物、鸟类、两栖类爬行类、鱼类及凤尾蝶类物种的统计，中国的物种最为丰富，物种数量约占世界物种总数的10%左右（表10-1）。中国的特有属和特有种亦十分丰富（表10-2）。当物种分布范围有一定限制时，称为特有现象。如银杉只生长在中国中南部，白暨豚只生在洞庭湖及长江中下游，它们都是中国的特有种。又如柳杉属只分布在中国和日本，可称东亚特有属特有现象。根据世界野生生物基金会（WWF）资料，中国的特有种以维管束植物、哺乳动物和鸟类计算仅次于印度尼西亚居亚洲第二位，高等植物特有种约在1 万种以上。

表10-1 世界和中国物种估计数和已知种数统计表

类群名称	中国已知种数	世界已知种数	百分比	世界估计种数
哺乳动物	499	4181	11.9	5000
鸟类	1186	9040	13.1	11 000
爬行类	376	63 000	5.9	
两栖类	279	4010	7.4	
鱼类	2804	21 400	13	28 000
昆虫	40 000	751 000	5.3	1 500 000
高等植物	30 000	285 750	10.5	300 000
真菌	8000	69 000	11.6	1 500 000
细菌	500	3000	16.7	30 000
病毒	400	5000	8.0	130 000
蕨类	5000	40 000	12.5	60 000

（引自陈灵芝等，1993年）

表10-2 中国动植物部分类群特有种或属

类群名称	已知种或属	特有种或属	百分比
哺乳动物	499种	73种	14.6
鸟类	1186种	99种	8.3
爬行类	376种	26种	6.9
两栖类	279种	30种	10.8
鱼类	2804种	440种	15.7
苔藓植物	494属	8属	1.6
蕨类植物	224属	5属	2.2
裸子植物	32属	8属	28.1
被子植物	3116属	235属	7.5

（引自陈灵芝等，1993年）

我国生物多样性丧失的情况十分惊人，是世界上生物多样性丧失最严重的地区之一。我国的物种正在以惊人的速度减少，濒危物种的数量不断增加。我国处于濒危状态的植物物种达全国植物种的15%～20%，即4000～5000种，估计在最近数十年中有5%的植物物种被灭绝。列入1987年的《中国珍稀保护植物名录》的珍稀物种共有389种。列入1988年的《国家重点保护野生动物名录》的濒危物种共有257种。世界《濒危野生动物国际贸易公约》规定中所列的 640种禁止或限制贸易的濒危动物中，我国被列入的就有156种。

森林生物多样性方面，根据我国数次森林资源清查的资料显示，第一次森林资源清查（1973～1976年）时，我国森林生物多样性的压力指数为100；第三次森林资源清查（1984～1988年）时，我国森林生物多样性的压力指数为133.73；第五次森林资源清查（1994～1998年）时，我国森林生物多样性的压力指数为178.63，增长了1.9倍。我国森林资源长期受到乱砍滥伐、毁林开荒及森林病虫害的破坏致使森林特别是天然林的面积大幅度下降。2000年前的中国，森林覆盖率达 50%，而今天仅有14%还不到。目前，天然林几乎荡然无存，其他森林也呈岛屿状分散在退化环境中，连绵几十万平方千米的天然林已极为罕见。据统计，天然林我国在 1971～1975年期间为9817万平方千米，到1981～1985年期间下降为8635万平方千米。

湿地生物多样性方面，中国湿地总面积3848.55万hm^2，约占世界湿地面积的10%，是世界上湿地生物多样性最丰富的国家之一，也是亚洲湿地类型最齐全、数量最多、面积最大的国家。中国从北部的寒温带到南部的热带，从东部沿海到西部内陆，从平原丘陵到高原山区都有湿地分布，而且还表现为一个地区内有多种湿地类型和一种湿地类型分布于多个地区的特点。中国湿地的类型包括沼泽地、泥炭地、湖泊、河流、河口湾、海岸滩涂、盐沼、水库、池塘、稻田等各种自然和人工湿地等，几乎拥有《湿地公约》中划分的除苔原湿地外所有湿地类型，并拥有独特的青藏高寒湿地。同时湿地内分布有高等植物2276种，野生动物724种，其中水禽类271种、两栖类300种、爬行类122种、兽类31种，鱼类1000多种。

但由于各种因素的影响，中国天然湿地面临着面积削减、功能下降、生物多样性降低等严峻问题。自20世纪50年代起到1997年长江河口湿地已被围垦的滩涂达785多平方千米，相当于辖区陆域面积的12.39%。全国围垦湖泊面积达130万公顷以上，由于围垦湖泊而失去调蓄容积350亿m^3以上，因围垦而消失的天然湖泊近1000个。湖北省20世纪50年代有湖泊1332个，总面积达8528.2平方千米，到20世纪80年代，湖泊个数已减少到843个，湖泊面积亦相应减少为2983.5平方千米，但据调查统计，目前湖北省面积在100公顷以上的湖泊仅为260个。中国的沼泽湿地由于泥炭开发和作为农用地开垦，面积也急剧减少。三江平原原是中国最大的平原沼泽集中分布区，据统计1975年三江平原自然沼泽面积为217万公顷，占平原面积的32.5%；1983年沼泽面积下降到183万公顷，占平原面积的27%；到1995年沼泽面积仅有104万公顷，仅占平原面积的16%。而且随着湿地面积的减小，湿地生态功能明显下降，生物多样性急剧降低。如滇池的水生维管束植物种类、面积急剧减少，群落趋向小型化，20世纪50年代有14个种群、28科、44种，现仅有11个群落、12科、20种；一些敏感的植物群落已绝灭或濒临绝灭，整个水生植物群落面积由20世纪50年代占滇池面积的90%下降到2.04%，并向浅水区转移。藻类的种类也大量减少，但数量却大大增加。浮游生物、底栖生物和鱼类等也有很大变化，最突出的是土著鱼种大量减少，50年代有15个土著鱼种，80年代仅存4种，外来鱼种成为当地的优势种群。生物多样性明显减小。

生境的丧失和破碎化、环境污染、资源过度开发利用、外来种的入侵、气候变化等因素是引起生物多样性严重丧失的重要原因。

（三）生物多样性保护进展

生物多样性保护由来已久，《圣经》中诺亚方舟的故事就说明了人们恪尽宗教信仰以解救物种灭绝，这是人们对生物多样性保护的早期认识。十九世纪欧洲的自然保护运动兴起，如英国成立的皇家鸟类保护协会（The Royal Society for Preservation of Bird），随后美洲自然保护运动也开始发展，成立了荒地学会（Wilderness Society）等组织，建立了国家公园，并制定了许多法律法规。20世纪中叶以后，自然保护运动步伐不断加速。1971年签约了《拉姆萨尔湿地公约》、1972年斯德哥尔摩第一次人类环境会议上签订了自然保护公约、1973年签署了《濒危野生动植物种国际贸易公约（CITES）》以及1992年联合国环境与发展大会上签定了《生物多样性公约》《森林原则声明》《21世纪议程》等5项重要宣言和公约等，同时许多国际组织和国家机构也纷纷建立，如国际自然保护联盟（IUCN）、世界野生生物基金会（WWF）、联合国人与生物圈计划（MAB）、联合国环境规划署（UNEP）等，而且相关的政策法规也得到不断建立和完善。上述措施对于生物多样性保护起到了极大的促进作用。据统计，世界自然保护区数量1985年为3515个，面积423 377万公顷， 1993年，分别增加到8619个、79 227公顷，而2001年，分别已达30 361个、13 245 527公顷，占地球表面的8.84%。生物多样性保护与自然保护区建设都受到日益重视并得到不断发展。

1978年召开的第一届保护生物学国际会议以及《保护生物学：进化的和生态学的观察》一书的出版，标志着生物多样性保护作为一门学科真正的形成与发展。特别是20世纪90年代以来，生物多样性逐渐成为科学研究的一大热点，吸引了生态学、地理学、经济学和信息科学等多学科的广泛参与，同时也赢得了国际社会、各国政府乃至广大公众的普遍关注。正是在这样一个背景下，1991年DIVERSITAS作为一项国际研究计划开始启动，1995年和1996年DIVERSITAS计划又经历了进一步的修改与完善，并最终确定了生物多样性科学相互关联的5个核心研究计划和5个特殊研究领域。核心研究计划是：生物多样性的生态系统功能效应；生物多样性的起源、维持与变化；生物多样性的编目与分类；生物多样性监测；生物多样性保护、恢复与可持续利用。特殊研究领域包括：土壤和沉积物中的生物多样性；海洋生物多样性；微生物多样性；淡水生物多样性；生物多样性的人文因素。2002年成立了新的DIVERSITAS科学委员会，并通过了新的DIVERSITAS科学研究计划。新的DIVERSITAS研究计划包括三个核心项目，①“生物多样性的发现与变化的预测”。该项目主要包括地球生物多样性的评估、通过科学方法和多样性监测研究多样性变化的趋势，通过物种灭绝和产生的社会经济的、生态和进化等过程来研究多样性变化的机理并预测生物多样性将来的变化趋势。②“评估生物多样性变化所产生的影响”。该项目主要研究生物多样性变化对生态系统功能及进一步对生态产品及服务的影响方式，特别强调生物多样性改变后，生态系统的服务功能对人类健康的直接影响。③“发展生物多样性可持续利用和保护的科学”。该项目主要评估目前的手段和方法对保护生物多样性的有效性，调查促进生物多样性保护的各种社会、政治和经济因素，建立一套科学方法以优化生物多样性的可持续利用，寻求经济效益和环境效益之间的最佳平衡。DIVERSITAS是生物多样性领域影响最大的项目，代表着当今生物多样性科学发展的主要方向。近几年来，生物多样性科学研究也基本上是围绕上述研究计划和领域展开的。例如在国际生物科学联合会（IUBS）、国际科联环境科学问题委员会(SCOPE)

和人与生物圈计划(MAB)等的支持下所开展的生物多样性与生态系统功能研究，生物多样性信息科学、生物多样性监测。

但从整体水平来看，生物多样性科学的研究水平并不高，诸如生物多样性与生态系统功能等重要问题仍然是众说纷纭、悬而未决，人类经济社会发展与生物多样性保护方面的研究比较薄弱，致使生物多样性问题的人文机制仍然模糊不清等。要理解生物多样性变化的复杂机理就必须在传统生物和生态学研究的基础上研究与生物多样性丧失密切相关的社会、历史和经济背景。

我国的生物多样性保护工作相对起步较晚，但做出了积极努力。自1956年建立第一个自然保护区以来，到2001年底，全国批建的自然保护区为1551个，面积达1.45亿公顷，占国土面积的14.4%，保护了我国85%的陆地生态系统类型，85%的野生动植物种群类型和65%的高等植物群落类型，同时还保护了约2000万公顷的原始天然林、次生原始天然林和约1200万公顷各种类型的湿地。至2008年共有36块湿地被列入《国际重要湿地》（表10-3）。《森林法》《野生动物保护法》《野生植物保护条例》《自然保护区管理条例》等法律法规的制定，《中国21世纪议程》《中国生物多样性保护行动计划》的颁布，全国野生动植物保护与自然保护区建设工程、全国湿地保护工程、全国林业血防工程的实施，以及正在开展的国家科技支撑项目天然林保育恢复与可持续经营技术、湿地生态系统保护与恢复技术、国家科技基础条件平台项目种质资源收集、保存与编目等项目的研究，我国的生物多样性保护和研究工作的力度不断加强、进程日益加快。

表10-3 中国国际重要湿地信息表

名　　称	列入时间	面积（hm^2）	海拔（m）	中心坐标
黑龙江扎龙国家级自然保护区	1992	210 000	143	47°12′N 124°12′E
吉林向海国家级自然保护区	1992	105 467	156～192	44°02′N 122°41′E
江西鄱阳湖国家级自然保护区	1992	22 400	12～18	29°10′N 115°59′E
湖南东洞庭湖国家级自然保护区	1992	190 000	30～35	29°19′N 112°59′E
海南东寨港国家级自然保护区	1992	5400	0	19°59′N 110°35′E
青海湖国家级自然保护区	1992	495 200	3185～3250	36°50′N 100°10′E
香港米埔—后海湾国际重要湿地	1995	1500	0	22°30′N 114°02′E
黑龙江洪河国家级自然保护区	2002	21 836	51.5～54.5	47°49′N 133°40′E
黑龙江三江国家级自然保护区	2002	198 000	50	47°56′N 134°20′E
黑龙江兴凯湖国家级自然保护区	2002	222 488	59～81	45°17′N 132°32′E
大连斑海豹国家级自然保护区	2002	11 700	0～328.7	39°15′N 121°15′E
湖南南洞庭湖省级自然保护区	2002	168 000	285～33.5	28°50′N 112°40′E
湖南汉寿西洞庭湖省级自然保护区	2002	35 680	20.5～58.6	29°01′N 112°05′E
江苏盐城国家级珍禽自然保护区	2002	453 000	1.3～3	33°31′N 120°22′E
江苏大丰麋鹿国家级自然保护区	2002	78 000	1～2	33°05′N 120°49′E
上海市崇明东滩鸟类自然保护区	2002	32 600	0～5	31°38′N 121°58′E
广东湛江红树林国家级自然保护区	2002	20 279	1～3	20°54′N 110°08′E

（续）

名 称	列入时间	面积（hm^2）	海拔（m）	中心坐标
广东惠东港口海龟国家级自然保护区	2002	400	−10～25	22°33′N 114°54′E
广西山口红树林国家级自然保护区	2002	4000	3	21°28′N 109°43′E
内蒙古达赉湖国家级自然保护区	2002	740 000	545～784	48°33′N 117°30′E
内蒙古鄂尔多斯遗鸥国家级自然保护区	2002	14 770	1440	39°48′N 109°35′E
辽宁双台河口湿地	2005	128 000	0～4	41°00′N 121°47′E
青海鄂陵湖湿地	2005	64 900	4268.7	34°56′N 097°43′E
青海扎陵湖湿地	2005	52 600	4273	34°55′N 097°16′E
西藏麦地卡湿地	2005	43 400	4800～5000	31°08′N 093°00′E
西藏玛旁雍错湿地	2005	73 700	4500～6500	30°44′N 081°19′E
云南纳帕海湿地	2005	3434	3260	27°51′N 099°38′E
云南拉什海湿地	2005	1443	2440～3100	26°53′N 100°08′E
云南碧塔海湿地	2005	2000	3568	27°42′N 100°01′E
云南大山包湿地	2005	3150	2210～3364	27°24′N 103°20′E
福建漳江口红树林国家级自然保护区	2008	2360	−6～8	23°54′N 117°24′E
广西北仑河口国家级自然保护区	2008	3000	−1～2	21°31′N 108°00′E
广东海丰公平大湖省级自然保护区	2008	11 590.5	0～300	22°50′N 115°12′E
湖北洪湖湿地	2008	41 412	20.7～28.5	29°42′N 113°12′E
上海市长江口中华鲟自然保护区	2008	3760	0	31°28′N 122°3′E
四川若尔盖湿地国家级自然保护区	2008	166 570.6	3422～3704	33°25′N 102°28′E

三、生物多样性保护的生态学理论与技术

（一）生态学理论

1. 岛屿生物地理学

人们早就意识到岛屿的面积与物种数量之间存在着一种对应关系。20世纪60年代，MacArthur和Wilson提出了岛屿生物地理学平衡理论（M-W理论）。他们认为物种存活数目与其生境所占据的面积或空间之间的关系可以用幂函数来表示：$S=cA^z$，这里S表示物种数目，A为生境面积或空间大小，c为常数，表示单位面积（空间）物种数目，随生态域和生物种类不同而有变化，z为统计常量，反映S与A各自取对数后彼此线性关系的斜率，即$\log S=z\log A+\log c$。M-W理论首次从动态方面阐述了物种丰富度与面积及隔离程度的关系，认为岛屿上存活物种的丰富度取决于新物种的迁入和原来占据岛屿的物种的灭绝，迁入和绝灭过程的消长导致物种丰富度动态变化。物种灭绝率随岛屿面积的减小而增大〔面积效应（Area Effect）〕，物种迁入率随着隔离距离的增大而减小〔距离效应（Distance Effect）〕。当迁入率和灭绝率相等时，物种丰富度处于动态平衡，即物种的数目相对稳定，但物种的组成却不断变化和更新。这种状态下物种的种类更新的速率在数值上等于当时的迁入率或绝灭率，通常称为种周转率（Species turnover rate）。这就是岛屿生物地理学理论的核

心内容。

岛屿生物地理学理论的提出和迅速发展是生物地理学领域的一次革命。这一模型是基于对岛屿物种多样性的深入研究而提出的，但它的应用可以从海洋中真正的岛屿扩展到陆地生态系统，保护区、国家公园和其他斑块状栖息地可看作是被非栖息地“海洋”所包围的生境“岛屿”。对一些生物类群的调查也验证了岛屿生物地理学的理论。大量资料表明，面积和隔离程度确实在许多情况下是决定物种丰富度的最主要因素，也正是在这一时期，人们开始发现许多物种已经绝灭而大量物种正濒临绝灭，人们也开始认识到这些物种绝灭对人类的灾难性。为此，人们建立了大批自然保护区和国家公园以拯救濒危物种，岛屿生物地理学理论的简单性及其适用领域的普遍性使这一理论长期成为物种保护和自然保护区设计的理论基础。岛屿生物地理学就被视为保护区设计的基本理论依据之一，保护区的建立以追求群落物种丰富度的最大化为基本原则。

2. 集合种群生态学

狭义集合种群（metapopulation）指局域种群的灭绝和侵占，即重点是局域种群的周转。广义集合种群指相对独立地理区域内各局域种群的集合，并且各局域种群通过一定程度的个体迁移而使之联为一体。

用集合种群的途径研究种群生物学有两个前提：①局域繁育种群的集合被空间结构化；②迁移对局部动态有某些影响，如灭绝后，种群重建的可能性。

一个典型的集合种群需要满足4个条件：

条件1：适宜的生境以离散斑块形式存在。这些离散斑块可被局域繁育种群占据。

条件2：即使是最大的局域种群也有灭绝风险。否则，集合种群将会因最大局域种群的永不灭绝而可以一直存在下去，从而形成大陆—岛屿型集合种群。

条件3：生境斑块不可过于隔离而阻碍局域种群的重新建立。如果生境斑块过于隔绝，就会形成不断趋于集合种群水平上灭绝的非平衡集合种群。

条件4：各个局域种群的动态不能完全同步。如果完全同步，那么集合种群不会比灭绝风险最小的局域种群的续存时间更长。这种异步性足以保证在目前环境条件下不会使所有的局域种群同时灭绝。

由于人类活动的干扰，许多栖息地都不再是连续分布，而是被割裂成多个斑块，许多物种就是生活在这样破碎化的栖息地当中，并以集合种群形式存在的，包括一些植物、数种昆虫纲以外的无脊椎动物、部分两栖动物、一些鸟类和部分小型哺乳动物，以及昆虫纲中的很多物种。

集合种群理论对自然保护有以下启示：

①集合种群的长期续存需要10个以上的生境斑块。②生境斑块的理想间隔应是一个折衷方案。③空间现实的集合种群模型可用于对破碎景观中的物种进行实际预测。④较高生境质量的空间变异是有益的。⑤现在景观中集合种群的生存可能具有欺骗性。

在过去几年中，集合种群动态及其在破碎景观中的续存（persistence）等概念在种群生物学、保护生物学、生态学中牢固地树立起来。在保护生物学中，由于集合种群理论从物种生存的栖息地的质量及其空间动态的角度探索物种灭绝及物种分化的机制，成功地运用集合种群动态理论，可望从生物多样性演化的生态与进化过程上寻找保护珍稀濒危物种的规律。它很大程度上取替了岛屿生物地理学。

另外，随着景观生态学、恢复生态学的发展，基于景观生态学理论的自然保护区研究与规划、以及基于恢复生态学理论的退化生态系统恢复技术，在生物多样性保护方面也正发挥着越来越重要的作用。

（二）生物多样性保护技术

1. 一般途径

（1）就地保护

就地保护是保护生物多样性最为有效的措施。就地保护是指为了保护生物多样性，把包含保护对象在内的一定面积的陆地或水体划分出来，进行保护和管理。就地保护的对象主要包括有代表性的自然生态系统和珍稀濒危动植物的天然集中分布区等。就地保护主要是建立自然保护区。自然保护区的建立需要大量的人力物力，因此，保护区的数量终究有限。同时，某些濒危物种、特殊生态系统类型、栽培和家养动物的亲缘种不一定都生活在保护区内，还应从多方面采取措施，如建设设立保护点等。在林业上，应采取有利生物多样性保护的林业经营措施，特别应禁止采伐残存的原生天然林及保护残存的片断化的天然植被，如灌丛、草丛，禁止开垦草地、湿地等。

（2）迁地保护

迁地保护是就地保护的补充。迁地保护是指为了保护生物多样性，把由于生存条件不复存在，物种数量极少或难以找到配偶等原因，而生存和繁衍受到严重威胁的物种迁出原地，通过建立动物园、植物园、树木园、野生动物园、种子库、精子库、基因库、水族馆、海洋馆等不同形式的保护设施，对那些比较珍贵的、具有较高价值的物种进行的保护。这种保护在很大程度上是挽救式的，她可能保护了物种的基因，但长久以后，可能保护的是生物多样性的活标本。因为，迁地保护是利用人工模拟环境，自然生存能力、自然竞争等在这里无法形成。珍稀濒危物种的迁地保护一定要考虑种群的数量，特别对稀有和濒危物种引种时要考虑引种的个体数量，因为保持一个物种必须以种群最小存活数量为依据。对某一个种仅引种几个个体对保存物种的意义有限，而且一个物种种群最好来自不同地区，以丰富物种遗传多样性。迁地保护为趋于灭绝的生物提供了生存的最后机会。

（3）离体保护

离体保护是指通过建立种子库、精子库、基因库等对物种和遗传物质进行的保护。这种方法利用空间小、保存量大、易于管理，但该方法在许多技术上有待突破，对于一些不易储藏、储存后发芽率低等“难对付”的种质材料，目前还很难实施离体保护。

2. 自然保护区建设

自然保护区在保护生态系统的天然本底资源、维持生态平衡等多方面都有着极其重要的作用。在生物多样性保护方面，由于自然保护区很好地保护了各种生物及其耐以生存的森林、湿地等各种类型生态系统，为生态系统的健康发展以及各种生物的生存与繁衍提供了保证。自然保护区是各种生态系统以及物种的天然储存库，是生物多样性保护最为重要的途径和手段。

（1）自然保护区地址的选择

保护地址的选择，首先必须明确其保护的对象与目标要求。一般来说需考虑以下因素：①典型性。应选择有地带性植被的地域，应有本地区原始的“顶极群落”，即保护区为本区气候带最有代表性的生态系统；②多样性。即多样性程度越高，越有保护价值；③稀有性。

即保护那些稀有的物种及其群体；④脆弱性。脆弱的生态系统对极易受环境的改变而发生变化，保护价值较高；另外还要考虑面积因素、天然性、感染力、潜在的保护价值以及科研价值等方面。

（2）自然保护区设计理论

由于受到人类活动干扰的影响，许多自然保护区已经或正在成为生境岛屿。岛屿生物地理学理论为研究保护区内物种数目的变化和保护的目标物种的种群动态变化提供了重要的理论方法，成为自然保护区设计的理论依据。但在一个大保护区好还是几个小保护区好等问题上，一直仍有争议，因此岛屿生物地理学理论在自然保护区设计方面的应用值得进一步研究与认识。

（3）自然保护区的形状与大小

保护区的形状对于物种的保存与迁移起着重要作用。Wilson和Willis认为，当保护区的面积与其周长比率最大时，物种的动态平衡效果最佳，即圆形是最佳形状，它比狭长形具有较小的边缘效应。

对于保护区面积的大小，目前尚无准确的标准。主要应根据保护对象和目的，应基于物种—面积关系、生态系统的物种多样性与稳定性等加以确定。

（4）自然保护区的内部功能分区

自然保护区的结构一般由核心区、缓冲区和实验区组成，不同的区域具有不同的功能。

核心区是自然保护区的精华所在，是被保护物种和环境的核心，需要加以绝对严格保护。核心区具有以下特点：①自然环境保存完好；②生态系统内部结构稳定，演替过程能够自然进行；③集中了本自然保护区特殊的、稀有的野生生物物种。

核心区的面积一般不得小于自然保护区总面积的1/3。在核心区内可允许进行科学观测，在科学研究中起对照作用。不得在核心区采取人为的干预措施，更不允许修建人工设施和进入机动车辆。应禁止参观和游览的人员进入。

缓冲区是指在核心区外围为保护、防止和减缓外界对核心区造成影响和干扰所划出的区域，它有两方面的作用：①进一步保护和减缓核心区不受侵害；②可允许进行经过管理机构批准的非破坏性科学研究活动。

实验区是指自然保护区内可进行多种科学实验的地区。实验区内在保护好物种资源和自然景观的原则下，可进行以下活动和实验：①栽培、驯化、繁殖本地所特有的植物和动物资源；②建立科学研究观测站从事科学试验；③进行大专院校的教学实习；④具有旅游资源和景点的自然保护区，可划出一定的范围，开展生态旅游。

景观生态学的理论和方法在保护区功能区的边界确定及其空间格局等方面的应用越来越引起人们的关注。

（5）自然保护区之间的生境廊道建设

生境廊道既为生物提供了居住的生境，也为动植物的迁移扩散提供了通道。自然保护区之间的生境廊道建设，有利于不同保护区之间以及保护区与外界之间进行物质、能量、信息的交流。在生境破碎，或是单个小保护区内不能维持其种群存活时，廊道为物种的安全迁移以及扩大生存空间提供了可能。

第二节　我国生物多样性保护重大行动

一、全国野生动植物保护及自然保护区建设工程总体规划

（一）总体目标

通过实施全国野生动植物保护及自然保护区工程建设总体规划（规划期为2001～2050年），拯救一批国家重点保护野生动植物，扩大、完善和新建一批国家级自然保护区、禁猎区和种源基地及珍稀植物培育基地，恢复和发展珍稀物种资源。到建设期末，使我国自然保护区数量达到2500个（林业自然保护区数量为2000个），总面积1.728亿公顷，占国土面积的18%（林业自然保护区总面积占国土面积的16%）。形成一个以自然保护区、重要湿地为主体，布局合理、类型齐全、设施先进、管理高效、具有国际重要影响的自然保护网络。加强科学研究，资源监测，管理机构，法律法规和市场流通体系建设和能力建设，基本实现野生动植物资源的可持续利用和发展。

（二）工程区分类与布局

根据国家重点保护野生动植物的分布特点，将野生动植物及其栖息地保护总体规划在地域上划分为东北山地平原区、蒙新高原荒漠区、华北平原黄土高原区、青藏高原高寒区、西南高山峡谷区、中南西部山地丘陵区、华东丘陵平原区和华南低山丘陵区共8个建设区域。

（三）建设重点

1. 国家重点野生动植物保护

具体开展大熊猫、朱鹮、老虎（即东北虎、华南虎、孟加拉虎和印支虎）、金丝猴、藏羚羊、扬子鳄、大象、长臂猿、麝、普氏原羚、野生鹿、鹤类、野生雉类、兰科植物、以及苏铁保护等15个重点野生动植物保护项目建设。

2. 国家重点生态系统类型自然保护区建设

（1）森林生态系统保护和自然保护区建设

热带森林生态系统保护。加强12处58万公顷已建国家级自然保护区的建设，新建保护区8处，面积30万公顷。

亚热带森林生态系统保护。重点加强现有33个国家级自然保护区建设，新建34个国家级自然保护区，增加面积280万公顷。

温带森林生态系统保护。重点建设现有27处国家级自然保护区，新建16个自然保护区，面积120万公顷。

（2）荒漠生态系统保护和自然保护区建设

加强30处面积3860万公顷重点荒漠自然保护区的建设，新建28处总面积为2000万公顷的荒漠自然保护区，重点保护荒漠地区的灌丛植被和生物多样性。

具体内容见后湿地保护工程。

3. 野生动植物繁育、合理开发利用和产业主体框架

（1）野生动植物种源繁育基地

在云南、贵州、广西、福建、黑龙江、宁夏分别建立6处珍稀植物种源基地，重点培植红豆杉、喜树、榧树、黄檗、红松、兰科植物等，向社会推广20种以上有重要经济价值的栽培植物。在完善现有11处野生动物救护繁育中心的基础上，新建20处野生动物繁育中心，解

决高鼻羚羊、麝、鹿、雉类、雁鸭类等野生动物种源的规模化繁育及技术问题，并从国外引进羊驼、西瑞等种源繁育推广，进一步丰富我国驯养繁殖的野生动物种类。

(2) 野生动物驯养繁殖

原则上考虑在经济发达的地市级城市新批建动物园，近期和中期建设总体数量为100个。根据我国不同地区经济形势和自然气候特点，在现有野生动物园基础上，到2010年我国可增建19处综合性大型野生动物园。促进建立，大型规模化养殖场和自然放养基地达到500处，驯养繁殖高鼻羚羊、麝、鹿、麂、穿山甲、灵长类等野生动物种类达到50种以上。

二、全国湿地保护工程实施规划

湿地为全球三大生态系统之一，“地球之肾”。湿地是陆地（各种陆地类型）与水域（各种水域类型）之间的相对稳定的过渡区或复合区、生态交错区，是自然界陆、水、气过程平衡的产物，形成了各种特殊的、单纯陆地类型和单纯深阔水域类型所不具有的复杂性质（特殊的界面系统，特殊的复合结构、特殊的景观，特殊的物质流通和能量转化途径和通道，特殊的生物类群、特殊的生物地球化学过程等），是地球表面系统水循环、物质循环的平衡器、缓冲器和调节器，具有极其重要的功能。具体表现为生命与文明的摇篮；提供水源，补充地下水；调节流量，控制洪水；保护堤岸，抵御自然灾害；净化污染；保留营养物质；维持自然生态系统的过程；提供可利用的资源；调节气候；航运；旅游休闲；教育和科研等。作为水陆过度区，湿地孕育了十分丰富而又独特的生物资源，是重要的基因库。

（一）长期目标

根据《全国湿地保护工程规划（2002～2030年）》建设目标，湿地保护工程建设的长期目标是：通过湿地及其生物多样性的保护与管理，湿地自然保护区建设等措施，全面维护湿地生态系统的生态特性和基本功能，使我国自然湿地的下降趋势得到遏制。通过补充湿地生态用水、污染控制以及对退化湿地的全面恢复和治理，使丧失的湿地面积得到较大恢复，使湿地生态系统进入一种良性状态。同时，通过湿地资源可持续利用示范以及加强湿地资源监测、宣教培训、科学研究、管理体系等方面的能力建设，全面提高我国湿地保护、管理和合理利用水平，从而使我国的湿地保护和合理利用进入良性循环，保持和最大限度地发挥湿地生态系统的各种功能和效益，实现湿地资源的可持续利用，使其造福当代、惠及子孙。

（二）建设布局

根据我国湿地分布的特点，全国湿地保护工程的建设布局为东北湿地区 、黄河中下游湿地区 、长江中下游湿地区 、滨海湿地区 、东南和南部湿地区 、云贵高原湿地区 、西北干旱半干旱湿地区 、青藏高寒湿地区 。

（三）建设内容

湿地保护工程涉及湿地保护、恢复、合理利用和能力建设四个环节的建设内容，它们相辅相成，缺一不可。考虑到我国保护现状和建设内容的轻重缓急，2005～2010年，优先开展湿地的保护和恢复、合理利用的示范项目以及必须的能力建设。其中：

1. 湿地保护工程

对目前湿地生态环境保持较好、人为干扰不是很严重的湿地，主要以保护为主，以避免生态进一步恶化。其中：

自然保护区建设。我国现有湿地类型自然保护区473个，已投资建设了30多处。规划期内投资建设222个，其中，现有国家级自然保护区、国家重要湿地范围内的地方级及少量新建自然保护区共139个。

保护小区建设。为了抢救性保护我国湿地区域内的野生稻基因，需要在全国范围内建设13个野生稻保护小区。

对4个人为干扰特别严重的国家级湿地自然保护区的核心区实施移民。

2. 湿地恢复工程

对一些生态恶化、湿地面积和生态功能严重丧失的重要湿地，目前正在受到破坏亟需采取抢救性保护的湿地，要针对具体情况，有选择性开展湿地恢复项目。2005～2010年共恢复各类湿地58.8万公顷。

湿地生态补水。2005～2010年规划在吉林向海、黑龙江扎龙等12处重要湿地实施生态补水示范工程。

湿地污染控制。规划选择污染严重生态价值又大的江苏阳澄湖、溱湖、新疆博斯腾湖、内蒙古乌梁素海4处开展富营养化湖泊湿地生物控制示范，选择大庆、辽河和大港油田进行开发湿地的保护示范。

湿地生态恢复和综合整治工程。对列入国际和国家重要湿地名录，以及位于自然保护区内的自然湿地，已被开垦占用或其他方式改变用途的，规划采取各种补救措施，努力恢复湿地的自然特性和生态特征。2005～2010年湿地生态恢复和综合整治工程包括退耕（养）还泽（滩）、植被恢复、栖息地恢复和红树林恢复4项工程。其中退耕（养）还泽（滩）示范工程4处，总面积11万公顷；湿地植被恢复工程7处31.6万公顷；栖息地恢复工程13处，总面积24.3万公顷；红树林恢复1.8万公顷。

三、国家林木种质资源平台建设项目

（一）总体目标

全面系统地收集保存林木种质资源，基本保存库、区域保存库、扩展保存库与原地保存库等林木种质资源得到有效整理、整合，建立健全林木种质资源平台网站与节点，实现种质资源的标准化、数字化、网络化，提高保存与管理效率，实现种质资源的安全保存与共享，为林木遗传改良和林业发展提供种质材料，最终达到科学利用，造福人类。

（二）建设内容

1. 基本保存库

简称A库，针对不同气候带、保存对象等开展林木种质资源的系统收集。全国建立亚热带（江西）针阔树种种质资源保存库、南亚热带（广西）针阔树种种质资源保存库等18个保存库，其中已建成11个库，正建与待建的库7个。

A库保存种质资源的计划与设计由NFGRP项目组统一设计，兼有收集、保存、测定、评价、利用和信息管理以及示范等多种功能。

2. 区域保存库

简称B库。在各省级林木良种繁育基地中选建的保存库体系，包括全国34个省级单位。已建的B库14个省（自治区、直辖市）林木种苗站，分管林木良种繁育中心（基地）。

B库将保存与利用密切结合，实现林木种质资源数字化管理。

3. 扩展研究保存库

简称C库。是在A库、B库建立基础上，强化林木种质资源保存功能，增加保存技术研究等而扩展的保存库亚体系，是全国林木种质资源保存体系的重要组成部分。目前C库包括：国际竹藤网络中心、花卉中心与花卉协会、亚林所、热林所、资昆所、经济林中心、沙林中心等。

C 库是 A 库的扩展与完善，兼有研究、保存、测定、评价、利用、信息管理及示范等功能。

4. 全国林木种质资源原地保存库

简称D库。是特指自然保存区内、外原地保存林的统称。是各个树种种质资源系统保存需要与保护区生态植被区系保护需要相结合的林木种质资源原地（原位、原境）保存体系。

D库是物种全分布区遗传多样性保存的天然资源的保存方式。在已有自然保护区中建立保存林并定位定量观测、评价，具有保存、测定、评价、信息管理与利用的功能。

5. 特色种质与重点区域性保存库

简称E库。涵盖高等林业院校重点区域性质保存库、地域性典型物种种质资源保存库。兼有保存、展示、研究、利用等多重功能。E库体系为新建，目前包括华南农业大学等。

E库是A、B、C、D库体系的补充与扩展，实现多功能配置，建立各具特色（特点）与有效信息管理的保存库。

6. 国家濒危珍稀树种种质资源保存库

简称F库。在以上A、B、C、D库保存国家特有、濒危珍稀树种种质资源的同时，根据需要重点建立抢救、保存与利用相结合的特色F库体系。

简称F库。新建，以特色地带濒危珍稀树种或树种组为单元，以小型规模为主。序号编制按地域、基地规模、存量与增量资源等拟定并相对稳定。F库保存将遏制基因丢失、开发利用与信息管理相结合。

7. 重点引种成功外来树种种质资源库

简称G库。立足于保存对我国有用、有效的引进种质资源，并非是引种试验。经过严格引种评价，具有安全性的引种成功树种，譬如1～2个生育周期的多地点试验，按照种内群体（含种源、林分）、家系（全同胞、半同胞）、个体或无性系进行种质资源分类保存、信息管理与推荐应用等。

简称G库。体系多数以物种为单位的种质类型保存与管理。兼有引进、保存、利用与信息管理功能。

8. 其他

简称L库。不归属于A、B、C、D、E、F、G库的其他库类，需要说明存量与增量的属性及相应的资源编号特征。

四、工程（项目）建设技术

（一）保护技术

（1）应用景观生态学等理论对保护区进行科学的规划设计；

（2）合理扩大保护区范围；

（3）实施封禁、封育措施，或适当加以人工辅助；

（4）建设保护设施，如隔离围栏、保护区界碑（桩）、野生动植物救护设施设备等，建设宣教工程，如宣传牌、宣传栏、宣传材料制作，以及加强监察巡防等。

（二）恢复技术

（1）基于生态关键种理论，确定生态关键种，实施促进生态关键种生存、生长与繁育更新的恢复技术；

（2）基于外来物种与原有物种竞争关系及其入侵机制的认识，实施原有物种的培育更新并结合其他物理或化学措施，有效控制生物入侵、恢复自然植被群落；

（3）基于群落演替规律和动态模拟为基础，选择应用地带性植被，并对群落结构进行优化调控、改造更新与恢复技术；

（4）基于岛屿生物地理学、景观生态学等理论，扩展保护区及其斑块的面积，丰富生境异质性，合理构建生境廊道，实施退田还湖、退耕还林等措施，有效恢复生物的栖息地；

（5）对于水资源缺乏而退化的湿地，根据湿地区域生态需水量及季节需求，模拟湿地自然进水季节与自然进水过程，应用生态补水技术，实施湿地生态补水工程；

（6）对于污染的湿地， 针对污染的类型与强度，选择适宜的材料和设计，实施植物净化修复、“人工浮岛”去污、缓冲带构建以及湿地基底改造等污染修复技术；

（7）对于珍稀濒危物种，研究实施物种的繁殖、培育、野生驯化技术，以有效增加珍稀濒危物种的种群数量；

（8）对于林木种质遗传多样性保存，研究确定核心种质、有效群体大小、遗传多样性分析等方面的技术方法，研究采用科学的异地保存、离体保存等保存技术体系，以全面保存种质遗传多样性。

第11章 荒漠化防治

我国是世界上受荒漠化影响最为严重的发展中国家之一。现有荒漠化土地面积263.6万平方千米，占国土面积的27.5%，分布在18个省（自治区、直辖市），全国有约4亿人口受到荒漠化影响，一些荒漠化严重地区出现背井离乡的“生态难民”。沙区是当前我国经济状况相对落后、生态条件相对恶劣的地区，全国贫困人口有一半分布在沙化严重的西北干旱、半干旱地区。加快防沙治沙步伐，不仅是改善自然生态与人居环境的需要，更是推动区域经济社会可持续发展、摆脱贫困和推进社会主义新农村建设的迫切需求。

近年来，随着我国林业发展向生态建设为主的重大战略转变，通过采取完善法制、优化政策、加强科技推广、实施工程治理等措施，我国荒漠化防治工作取得了一定成效，荒漠化和沙化持续扩展的趋势得到了初步遏制。但全国当前土地沙化的形势仍然十分严峻，必须采取综合治理措施，应用综合生态系统管理理念防治荒漠化。根据我国荒漠化地区不同生态系统类型和社会经济状况，制定和完善荒漠化防治战略重点和布局，安排重点工程项目；完善国家级沙化土地监测体系，建立省级、县级沙化土地监测网络，利用“3S”等高科技对治沙工程进行跟踪监测，准确及时地掌握防沙治沙工程进展与生态环境变化情况，评价工程建设和当地防治土地沙化的效果；建立沙尘暴灾害评估系统，加强沙尘暴灾害预警预报，积极防御沙尘暴灾害的破坏和不良影响，建立国家荒漠化数据库，设立沙化土地封禁保护区。力争到本世纪中叶，使我国适宜治理的荒漠化土地基本得到整治，“三化”(盐碱化、沙化、退化)草地生产力基本得到恢复，建立起比较完善的荒漠化预防监测和保护体系，大部分地区生态环境明显改善，实现经济、社会、资源和环境的协调发展。

第一节 中国的荒漠化及防治现状

中国是世界上荒漠化和沙化面积大、分布广、危害重的国家之一，荒漠化不仅造成生态环境恶化和自然灾害，直接破坏人类的生存空间，而且造成巨大的经济损失，全国每年因荒漠化造成的直接经济损失高达640多亿元，严重的土地荒漠化、沙化威胁我国生态安全和经济社会的可持续发展，威胁中华民族的生存和发展。

我国政府历来高度重视荒漠化治理，20世纪50年代就组织开展了农田防护林和防风固沙林建设，20世纪80年代实施了三北防护林体系建设工程，20世纪90年代实施了全国防沙治沙工程，21世纪初开始，启动了退耕还林、天然林资源保护、京津风沙源治理、退牧还草、小流域综合治理等一系列重大生态防治工程。国家颁布施行了《防沙治沙法》《全国防沙治沙规划》，出台了《国务院关于进一步加强防沙治沙的决定》。经过几十年坚持不懈努力，荒漠化防治事业取得了重大进展。突出表现在荒漠化面积缩减，生态环境改善；产业结构优化，经济发展；文明程度提高，社会效益显著。

当前和今后一个时期我国将防沙治沙作为生态文明建设的重要内容，加强封禁保护，发挥自然修复作用；转变生产方式，严格控制沙化源头；加大投入力度，加快工程治理步伐；继续建立防沙治沙综合示范区，探索不同沙化类型防沙治沙的政策措施和技术模式；发展特色产业，增加沙区农民收入；强化科技支撑，提高防沙治沙成效；坚持严格执法，规范防沙治沙行为；创新体制机制，增强防沙治沙活力；搞好监测预警，提高防治决策水平；加强国际交流合作，积极履行国际公约。力争到2010年荒漠化地区生态环境恶化的趋势基本遏制，重点治理地区的生态状况得到明显改善；到2020年完善生态防护体系，使全国50%以上可治理的荒漠化土地基本得到治理，荒漠化地区生态状况得到较大改善；到本世纪中叶全国可治理的沙漠化土地基本得到治理，建立比较完备的生态防护体系、比较发达的沙产业体系和比较繁荣的生态文化体系，使荒漠化地区的生态系统有明显改善。

一、中国的荒漠化状况

（一）荒漠化土地面积与分布

2005年公布的第三次全国荒漠化和沙化监测结果表明，全国荒漠化土地总面积263.62万平方千米，占国土总面积的27.46%，分布于北京、天津、河北、山西、内蒙古、辽宁、吉林、山东、河南、海南、四川、云南、西藏、陕西、甘肃、青海、宁夏、新疆18个省（自治区、直辖市）的498个县（旗、市），其中新疆、内蒙古、西藏、青海、甘肃、陕西、宁夏7省（自治区）是荒漠化主要分布区（表11-1），占全国荒漠化总面积的97.57%。全国沙化土地面积为173.97万平方千米，占国土面积的18.12%，分布在除上海、台湾及香港和澳门特别行政区外的30个省（自治区、直辖市）的889个县（旗、区），其中96%分布在新疆、内蒙古、西藏、青海、甘肃、河北、陕西、宁夏8省（自治区）。全国具有明显沙化趋势的土地31.9万平方千米，占国土面积的3.32%。

（二）我国荒漠化发展趋势

中国在防治荒漠化和沙化方面取得了显著的成就。目前，中国荒漠化和沙化状况总体上有了明显改善，5年间（1999～2004年），全国荒漠化土地面积减少37 924平方千米，年均减少7585平方千米；沙化土地面积净减少6416 平方千米，年均减少1283 平方千米。荒漠化和

表11-1 西部7省（自治区）荒漠化和沙化土地面积占全国的比重

省、区	旱地面积占全国（%）	荒漠化面积占全国（%）	沙化面积占全国（%）
新　疆	43.08	40.65	42.90
内蒙古	21.14	23.61	23.91
西　藏	15.56	16.44	12.46
青　海	7.19	7.27	7.22
甘　肃	6.93	7.34	6.91
陕　西	6.93	1.13	0.82
宁　夏	6.93	1.13	0.68
总　计	93.9	97.57	94.9

沙化整体扩展的趋势得到初步遏制。

我国荒漠化防治所取得的成绩是初步的和阶段性的。治理形成的植被刚进入恢复阶段，一年生草本植物比例还较大，植物群落的稳定性还比较差，生态状况还很脆弱，植物群落恢复到稳定状态还需要较长时间。沙化土地治理难度越来越大。沙区边治理边破坏的现象相当突出。研究表明，全球气候变化对我国荒漠化产生重要影响，我国未来荒漠化生物气候类型区的面积仍会以相当大的比例扩展，区域内的干旱化程度也会进一步加剧。

二、中国荒漠化成因分析

（一）脆弱的生态环境

我国干旱、半干旱和亚湿润干旱区面积为331.7万平方千米，占国土总面积的34.6%。其中干旱、半干旱和亚湿润干旱区面积分别为142.7万平方千米、113.9万平方千米和75.1万平方千米。此外在甘肃、内蒙古西部及新疆的一些地区，呈岛状地分布着湿润指数小于0.05，面积为25.3万平方千米的极端干旱区和湿润指数大于0.65，面积为4.1万平方千米的湿润区，这29.4万平方千米的土地不包括在331.7万平方千米之内（图11-1）。

（二）人类活动

沙漠和沙漠化、水土流失、盐渍化的分布格局是经过长期自然历史演变形成的，不同时期荒漠化的成因是不一样的。人类历史时期以前，主要受气候变化等自然因素所控制，特别是青藏高原隆升对西部自然环境的形成和演变有着深刻的影响；进入人类历史时期，人类不合理的经济活动成为主因。根据《全球环境地图集》，造成荒漠化的主要原因有5个，即贫瘠土地的过度耕作，脆弱牧场的过度放牧，旱地薪柴的过度砍伐，森林砍伐，以及不合理的

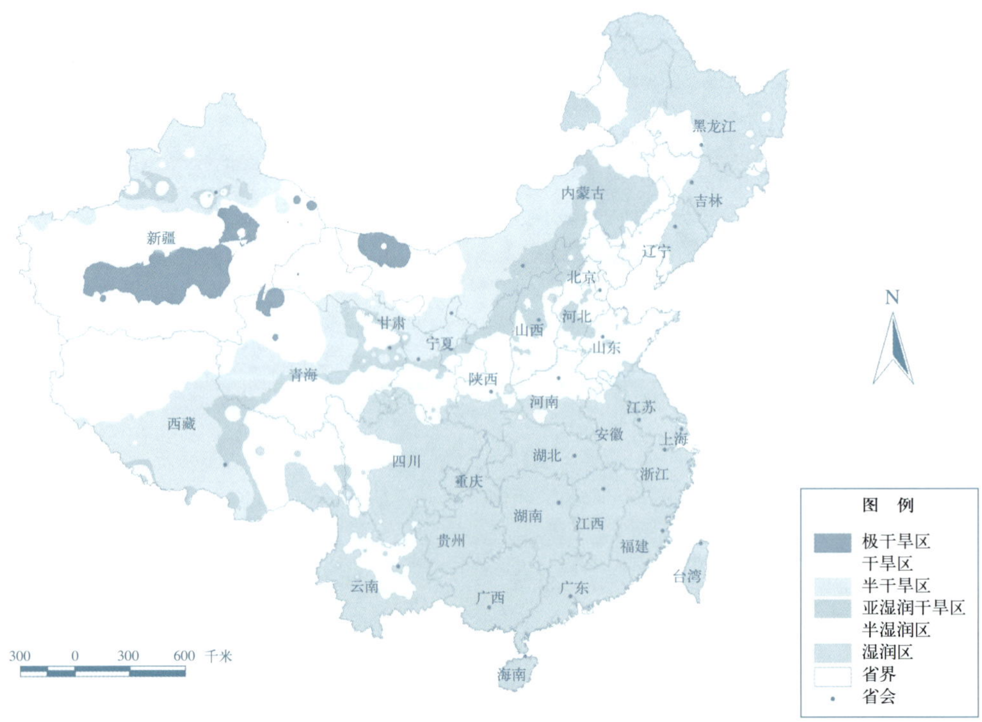

图11-1 中国荒漠化潜在发生范围

灌溉方式导致农田盐渍化。类似地，在中国荒漠化地区，特别是近100年来，不合理利用自然资源是荒漠化发生的直接原因。

第二节　国内外防治荒漠化的成就和经验

土地荒漠化是一个全球性环境问题，全世界2/3的国家和地区、1/5的人口、陆地面积的1/4受到荒漠化的危害，而且正以每年5万～7万平方千米的速度扩大。每年因荒漠化造成的直接经济损失高达423亿美元。荒漠化直接造成对人类社会生存和发展基础的破坏，是导致贫困和阻碍经济与社会可持续发展的重要因素。不少国家采取积极措施，进行治理，既有成功的经验，也有失败的教训。

一、国外荒漠化防治的经验与教训

以色列、美国、澳大利亚等国在荒漠化防治中具有代表性。以色列的治理经验是以节水和提高水资源利用效益为核心，积极发展高科技、高效益的技术密集型现代化高效农业。澳大利亚政府对干旱和土地退化采取了以保护为主的一整套土地保护管理的技术和措施。将大面积脆弱的荒漠化地区划作保留地，实施以保护为主的措施。美国通过对干旱土地资源，沙漠地区光热、风能进行的高效开发利用以及对荒漠草场的合理轮牧与人工改良，保障了荒漠区保护和利用的高效性。特别重视对天然植被的保护和封育以及破坏后的土地的复垦与管理。美国田纳西河流域曾是喀斯特石漠化地区，在未治理开发之前，灾害频繁，森林遭砍伐，水土流失严重，土壤贫瘠稀薄，人民生活贫困。1933年，美国成立区域建设局，开始综合治理和全面开发。经过50年的艰难综合治理，昔日荒凉贫瘠的田纳西成了现在的“田纳西奇迹”：人均收入从1933年的600美元增至1983年的3万美元；治理后的田纳西河，将9个大水库和航运水闸联成了一条水道，建成为防洪、灌溉、发电、航运等效益兼收的经济发达区，田纳西河流域也开发成为美国最大的能源基地，该流域还成为成千上万游客的旅游目的地。

二、我国荒漠化防治的成就和经验

（一）我国荒漠化防治取得的成就

我国是世界上土地沙化最严重的国家之一，新中国成立以来，党和国家高度重视防沙治沙工作，采取了一系列行之有效的措施，特别是进入新世纪以来，确定了以生态建设为主的林业发展战略，启动了六大林业重点工程，有力地促进了防沙治沙工作。

1.防沙治沙重点工程

据统计，近10年来，全国各类工程累计治理沙化土地723万公顷，年均治理192万公顷，实现了年治理面积大于年扩展面积的重大突破，取得了明显成效。

京津风沙源治理工程涉及北京、天津、河北、山西、内蒙古5省（自治区、直辖市），75县（旗）。工程自2000年启动实施以来，一年突出一个工作重点。2000年重点抓试点，总结经验，探索技术和模式；2001年重点抓禁垦、禁牧、禁樵“三禁”，滥开垦、滥放牧、滥樵采等行为得到有效控制；2002年重点抓机制创新，下发了《关于进一步加强京津风沙源治理工程区宜林荒山荒地造林的若干意见》，充分调动社会力量参与工程建设的积极性；2003年重点抓档案管理，实现了工程区户有卡、村有簿、乡有档、县有库、省联网的工作目标；2004年重点抓后续产业，下发了《京津风沙源治理工程区沙产业指导意见》，指导地方发展后续产业；2005年重点抓抚育和管护，切实巩固建设成果。截至2005年6月底，工程建设累计完成1173.3万公顷（含禁牧566.7万公顷），其中完成林业项目建设任务373.3万公顷。

三北防护林体系工程自1978年启动实施以来，到2000年底累计完成投资72.6亿元，其中中央专项投资16.3亿元；完成造林2200万公顷，圆满完成了第一阶段任务。2001年国家启动了四期工程，标志着三北工程进入了第二阶段。四期工程将沙化扩展活跃区、沙尘暴多发区、风沙危害对区域经济发展影响较大的地区作为工程建设重点。截止到2004年底，工程累计完成造林302万公顷，治理沙化土地133万公顷，科尔沁沙地、毛乌素沙地和浑善达克沙地土地沙化实现了逆转。

2003年国家林业局全面启动了防沙治沙综合示范区工作，首批启动29个示范区，其中包括2个跨区域示范区、6个地市级示范区、21个县级示范区。2007年增列宁夏灵武市等8个示范区。建设期限为5～6年，目的是扩大辐射面，探索新形势下不同沙化类型区防沙治沙的政策措施、技术模式和管理体制，推进全国防沙治沙工作。

2. 防沙治沙法制化

第九届全国人大常委会第二十三次会议通过了《防沙治沙法》，并于2002年1月1日正式实施，这是继《森林法》《野生动物保护法》之后，我国第三部有关林业的专门法律，也是我国乃至世界上第一部防沙治沙的专门法律。《防沙治沙法》明确了国务院林业行政主管部门负责组织、协调、指导全国防沙治沙工作。《防沙治沙法》颁布实施6年来，防沙治沙步伐明显加快，通过重点工程的实施和带动，加大了治理的力度；工程治理区生态得到改善，京津风沙源治理工程区与启动时相比，林草植被覆盖度普遍增加20%以上；促进了农牧民脱贫致富，在防沙治沙中，通过积极推广生态经济模式，大力发展林沙产业，增加了沙区农牧民的收入；全社会防沙治沙的积极性明显提高，机制创新和优惠政策，极大地调动了各方面参与防沙治沙的积极性；提升了我国的国际形象，我国认真履行《联合国防治荒漠化公约》，积极参与国际防治荒漠化事务，特别是防沙治沙取得的成就，赢得了国际社会的肯定和赞誉。

3. 全国防沙治沙规划

《全国防沙治沙规划》本着先急后缓、突出重点的原则，确定了京津风沙源治理、三北防护林建设四期、退耕还林还草、草原沙化等国家重点治沙工程，以及全国防沙治沙综合示范区建设、黄河故道沙化土地综合治理、南方湿润沙地治理示范点建设等区域性项目，这些工程项目是“十一五”期间防沙治沙工作核心内容。体现了我国经济社会发展的需要。《全国防沙治沙规划》还明确了《防沙治沙法》执法范围。是沙区省级人民政府编制防沙治沙规划的依据。

4. 荒漠化监测预警体系

组织完成三次荒漠化、沙化监测工作。自1994年启动荒漠化、沙化监测以来，我国已成功组织了1994、1999、2004年3次全国性的监测工作。初步建立荒漠化和沙化监测网络体系。2003年11月开始进行的第三次沙化监测工作，按照《防沙治沙法》规定，组织了农业、水利、环保、气象和中国科学院等部门和单位。直接参与的技术人员达4000余人，历时1年半。采取以地面调查为主，地面调查与遥感数据判读相结合，全面应用“3S”技术。共区划和调查地面小班502万个，获取各类信息记录1.56亿条。查清了新时期我国荒漠化、沙化土地现状及动态变化趋势，为防沙治沙决策提供了科学依据。另外，在沙尘暴监测方面，制定了《国家处置重大突发沙尘暴灾害应急预案》，协调有关部门加强沙尘暴预测和灾害评估。

5.科技支撑

在新技术、新产品研究方面，“九五”、“十五”、“十一五”期间，国家将“防沙治沙关键技术研究与示范”项目列为攻关课题。广大科技工作者围绕“防、治、用”，总结出涉及生物、化学和工程等多个学科的100多项先进实用技术和模式，如宁夏中卫沙坡头“五带一体”铁路防沙技术曾获得“国家科技进步特等奖”。2006年度获得国家科技进步二等奖的“沙漠化发生规律及其综合防治模式研究”，是近十年国内外几项重大研究课题的集成和一系列成果的结晶。科技人员初步建立了荒漠化发生、发展及荒漠化监测与评价的理论框架；在典型荒漠化类型区内，提出了一系列实用技术和防治模式，将荒漠化防治与区域可持续发展紧密结合起来，为加快荒漠化防治步伐、提高荒漠化防治成效提供了技术储备和示范样板。编辑出版了《中国防沙治沙实用技术与治理模式》《京津风沙源治理工程造林技术问答》等书籍。初步建成防沙治沙技术推广体系，通过采取科技送乡村、编印科普读物等形式，推广防沙治沙科技产品和实用技术模式。京津风沙源治理工程安排国家投资7470万元，建设了55个科技支撑示范项目。2004年开展了“千名治沙专家科技送乡村行动”，1500余名专家和技术人员参与，培训农民16万人，占当年培训人次的1/4。在工程建设标准体系方面，2002年3月国家林业局下发了《京津风沙源治理工程县级作业设计技术规程》，2003年下发了《京津风沙源治理工程林业建设技术规程》。

6.政策引导

近几年国家颁布实施了《防沙治沙法》《全国防沙治沙规划》，出台了《国务院关于进一步加强防沙治沙的决定》，召开了全国防沙治沙大会。受国务院委托，国家林业局还首次与防治任务较重的省、自治区签订了防沙治沙目标责任书。采取了严格的植被保护措施，既有效保护了建设成果，又充分发挥了生态系统自我修复功能；在土地使用权、资金补助、税收优惠和信贷支持等方面制定了一系列惠农治沙政策，有效调动了社会投资治沙的积极性，全社会参与治沙的局面初步形成。从2001年起，全国年均治理沙化土地面积达190万公顷。

7.履行《联合国防治荒漠化公约》

我国积极承担《联合国防治荒漠化公约》和各项义务，是受荒漠化影响的发展中国家履行《公约》最有成效的国家之一。率先完成了国家行动方案编制和修订工作；先后成功承办了防治荒漠化亚非部长级会议，防治荒漠化圆桌会议。东北亚沙尘暴防治国际合作会议；承担了亚洲区域防治荒漠化监测与评价网络体系的建设。2004年与荒漠化公约秘书处联合在北京建立了联合国防治荒漠化公约国际培训中心。在对外交流合作方面，2003年我国与全球环境基金签署土地退化合作伙伴关系协议，启动干旱地区综合生态系统管理项目，总投资达1.5亿美元。近5年来，韩国、日本、德国等国无偿援助我国荒漠化防治资金达20亿元人民币，协议贷款项目资金约34亿元。我国首个碳汇项目在防治荒漠化领域取得突破。2008年1月联合国经济社会事务部和国家林业局在北京联合举办了防治荒漠化国际会议。我国政府对国际防治荒漠化事务积极的、负责任的态度，赢得了国际社会的高度赞誉，联合国防治荒漠化组织专门致信联合国防治荒漠化公约中国执委会，充分肯定了我国在这个领域所做的积极贡献。

（二）防沙治沙工作的主要经验

我国防沙治沙事业取得巨大成就，防沙治沙工作积累了丰富经验。政策法制环境改善是保障。荒漠化防治与消除贫困、发展区域经济相结合，是搞好荒漠化防治的成功之路。因地制宜、综合治理是做好荒漠化防治的重要措施。依靠科技进步，实行科学防治是搞好荒漠化防治的有力武器。完善政策，强化利益驱动是搞好荒漠化防治的内在动力。

1. 沙区地方政府高度重视

认真贯彻落实中央确定的以生态建设为主的林业发展战略。政府一把手亲自挂帅。一级带着一级干，一任接着一任干。所属部门按照职能分工，各司其职，密切配合，为防沙治沙提供了强有力的组织保障。内蒙古许多盟（市）实行领导干部生态建设一票否决和末位诫免制。

2. 国家公共财政投入

启动实施了六大林业重点工程，为沙区生态建设提供了重要保障。林业重点工程之所以能取得如此大的成就，主要是依据经济学中基数效益原理，也就是说，投入必须达到规模，只有投入一定的基数，才能创造效益。据统计，5年来六大林业重点工程在西部地区投资达824亿元，占全国林业总投资的55%。

3. 妥善处理生态建设与经济发展的关系

沙区地方各级政府把防沙治沙工作置于区域经济和社会发展全局之中来部署和安排，坚持以改善生态状况，促进经济发展，以经济发展保障生态建设。如内蒙古自治区通过实施退耕还林、京津风沙源治理等工程，沙区产业结构得到重大调整，农民生产生活方式得到转变，牛羊头数不仅没有减少，反而增加。

4. 贯彻落实《防沙治沙法》等法律法规

实施依法治林，执行禁垦、禁牧、禁樵等“三禁”措施，制止人为“五滥”等破坏行为，有效保护和利用自然力恢复林草植被。对暂不具备治理条件以及因保护生态需要不宜开发利用的连片沙化土地，划定沙化土地封禁保护区。

5. 因地制宜，分类施策，重点突破

我国沙化土地主要分布在西北、华北北部和东北西部地区，防治工作因地制宜、分类施策，遵循自然规律和法则，实行生物措施和工程措施相结合，推广了防沙治沙实用技术和模式，提高了防沙治沙科技含量。

6. 机制创新

通过政策引导，活化机制，沙产业发展迅速，加速了农村产业结构的调整，特色种植、养殖、加工和生态旅游等产业蓬勃发展，一批龙头企业和知名品牌初步形成，农民就业增收渠道日益拓展，农民脱贫致富步伐明显加快。京津风沙源治理工程区有1600多万农牧民直接受益，2005年与2000年相比，工程区农民人均收入增加了近50%。京津工程区通过5年建设，以种养业为主的第一产业，年均以1.2个百分点的速度递减，荒漠化地区产业结构进一步优化，经济较快发展，群众收入不断增加。

三、防沙治沙工作面临的严峻形势

目前我国土地沙化形势仍十分严峻。沙化危害依然突出，局部扩展依然严重，治理难度依然很大，治理成果依然脆弱，人为隐患依然较多。全国还有近32万平方千米土地具有明显沙化趋势，如果利用不当，极易成为新的沙化土地。在全国现有的沙化土地中，具备治理条件的还有50多万平方千米。一些已治理的地区，植被刚开始恢复，稳定性差；一些地方的问题如果得不到有效解决，将再次造成土地沙化。沙区边治理边破坏的现象相当突出。

（一）气候变化对防沙治沙的影响

全球气候变暖使沙区干旱加剧，土地沙化加重。关于气候变化对中国荒漠化进程的影响，目前研究的初步结论是：由于我国西北干旱、半干旱区主要位于中纬度地区，受全球气候变化特别是温室效应的影响最大；如果工业发展和燃料使用的能源结构不变，2050年大气中CO_2、温室气体的含量将相当于工业化前的两倍，届时它将使大气的平均温度增高1.5～2.5℃。2030年我国旱地面积将净增184 023平方千米，年均增长率为4600平方千米；到2056年则又新增175 024.3平方千米，年增加率为6731.7平方千米，气候因素导致我国荒漠化面积进一步扩大。

（二）人口持续增长制约防沙治沙工作

我国目前人口为13亿，据专家预测，到2010年将达到15亿。另据中国人口与发展研究中心最新研究报告，在1982年和2000年两次人口普查期间，西北5省（自治区）人口平均增长率为15.37%，比全国水平高出14.6%；劳动力人口人均受教育年限为7.18年，比全国低5%；约有1400万的农村剩余劳动力无法转移。第三次全国沙化监测结果表明，沙区群众生活主要依赖生态资源的状况并没有根本改变，导致沙化扩展的各种人为因素没有根本消除，超载放牧、盲目开垦等粗放型、掠夺性的农业生产方式在一些地区仍然存在，水资源紧缺和不合理开发利用仍突出，滥挖甘草、搂发菜等破坏现象还很严重，巩固成果面临着巨大的压力。

（三）沙区经济社会发展滞后，生态脆弱

当前，防沙治沙任务艰巨，我国工业与农业、城市与农村发展不平衡，东部和西部地区间自然条件、人口分布、经济社会发展等不平衡，都影响我国西部地区防沙治沙进程。我国现有沙化土地面积为173.97万平方千米，占国土面积的18.12%，一些地区沙化仍呈扩展之势，如三江源头5年扩展23.8%，黄河故道地区5年扩展17.38%，甘肃民勤5年扩展1%。沙区经济社会发展水平相对于全国都比较低，全国70%以上的贫困人口集中在沙区。根据有关专家研究，我国西部沙区省份经济发展对自然资源依赖程度大，生态与环境表现为强度或极强度脆弱，其脆弱度(系数越大表明越脆弱)均在0.6以上，宁夏最高，为0.835。由于自然条件恶劣，沙区呈现出“破坏容易，恢复难”的特点。据测算，在我国恢复一个单位土地的生态能力所需的投入是欧洲的2.2倍。目前，在全部的沙化土地中，具备治理条件的有50多万平方千米，按照现在的治理速度(年均实现逆转1283平方千米)，完成这一任务需要相当长的时间，并且沙化土地立地条件越来越差，治理难度也越来越大，每前进一步，都要付出巨大的努力。沙区生态保护和建设任务艰巨。

第三节 荒漠化防治战略重点布局

一、战略目标

我国荒漠化防治分近期、中期和远期三个阶段目标。经过三个阶段的奋斗，使我国的荒

漠化土地基本得到治理，并建成稳定高效的生态防护体系，发达的“沙产业”体系和完备的生态环境保护与资源开发利用保障体系，区域经济蓬勃发展，东西部差距明显缩小，荒漠化地区将呈现生态稳定、环境优美、经济繁荣、人民安居乐业的景象。各阶段的奋斗目标是：

近期目标：从2000年起到2010年，坚决控制住人为因素产生新的荒漠化，努力遏制荒漠化的扩展趋势。生态环境特别恶劣的黄河、长江上中游水土流失重点地区以及严重荒漠化地区的治理初见成效。主要奋斗目标是：到2010年，治理荒漠化土地面积2200万公顷；改造坡耕地670万公顷，退耕还林500万公顷，建设高标准、林网化农田1300万公顷；建设一批节水农业、旱作农业和生态农业工程。在重点区域建立荒漠化预防监测和保护体系。

中期目标：从2011～2030年，荒漠化扩展的趋势得到逆转，荒漠化地区生态环境初步改善。到2030年，力争使荒漠化地区生态明显改观。这一时期的主要奋斗目标是：荒漠化地区60%以上适宜治理的荒漠化土地得到不同程度整治，重点治理区的生态环境开始走上良性循环的轨道。

远期目标：从2031～2050年，再奋斗20年，荒漠化地区建立起基本适应可持续发展的良性生态系统。主要奋斗目标是：荒漠化地区适宜治理的荒漠化土地基本得到整治，宜林地全部绿化，林种、树种结构合理，陡坡耕地全部退耕还林、缓坡耕地基本实现梯田化，“三化”草地得到全面恢复。

二、我国荒漠化防治重点区域分区（类）布局

（一）荒漠化治理分区

我国荒漠化防治坚持优先保护，积极治理，适度利用的总体目标原则。适应生态系统类型特点的工程安排，我国自改革开放以来先后启动了三北防护林建设工程（1978年）、全国防沙治沙工程（1991年）和京津风沙源治理工程（2001年）等国家级三大防沙治沙工程。我国地域辽阔，生态系统类型多样，社会经济状况差异大，根据实际情况，将全国荒漠化地区划分为5个典型治理区域。

1.风沙灾害综合防治区

本区包括东北西部、华北北部及西北大部干旱、半干旱地区。这一地区沙化土地面积大。由于自然条件恶劣，干旱多风，植被稀少，草地沙化严重，生态环境十分脆弱；农村燃料、饲料、肥料、木料缺乏，严重影响当地人民的生产和生活。生态环境建设的主攻方向是：在沙漠边缘地区、沙化草原、农牧交错带、沙化耕地、沙地及其他沙化土地，采取综合措施，保护和增加沙区林草植被，控制荒漠化扩大趋势。以三北风沙线为主干，以大中城市、厂矿、工程项目周围为重点，因地制宜兴修各种水利设施，推广旱作节水技术，禁止毁林毁草开荒，采取植物固沙、沙障固沙等各种有效措施，减轻风沙危害。对于沙化草原、农牧交错带的沙化耕地、条件较好的沙地及其他沙化土地，通过封沙育林育草、飞播造林种草、人工造林种草、退耕还林还草等措施，进行积极治理。因地制宜，积极发展沙产业。鉴于中国沙化土地分布的多样性和广泛性，可细分为3个亚区。

干旱沙漠边缘及绿洲治理类型区：该区主体位于贺兰山以西，祁连山和阿尔金山、昆仑山以北，行政范围包括新疆大部、内蒙古西部及甘肃河西走廊等地区。区内分布塔克拉玛干、古尔班通古特、库姆塔格、巴丹吉林、腾格里、乌兰布和、库布齐7大沙漠。本区干旱

少雨，风大沙多，植被稀少，年降水量多在200毫米以下，沙漠浩瀚，戈壁广布，生态环境极为脆弱，天然植被破坏后难以恢复，人工植被必须在灌溉条件下才有可能成活。依水分布的小面积绿洲是人民赖以生存、发展的场所。目前存在的主要问题是沙漠扩展剧烈，绿洲受到流沙的严重威胁；过牧、樵采、乱垦、挖掘，使天然荒漠植被大量减少；不合理的开发利用水资源，挤占了生态用水，导致天然植被衰退死亡，绿洲萎缩。本区以保护和拯救现有天然荒漠植被和绿洲、遏制沙漠侵袭为重点。具体措施：将不具备治理条件和具有特殊生态保护价值的不宜开发利用的连片沙化土地划为封禁保护区；合理调节河流上下游用水，保证生态用水；在沙漠前沿建设乔灌草合理配置的防风阻沙林带，在绿洲外围建立综合防护体系。

半干旱沙地治理类型区：该区位于贺兰山以东、长城沿线以北，以及东北平原西部地区，区内分布有浑善达克、呼伦贝尔、科尔沁和毛乌素4大沙地，其行政范围包括北京、天津、内蒙古、河北、山西、辽宁、吉林、黑龙江、陕西和宁夏等10省（自治区、直辖市）。本区是影响华北及东北地区沙尘天气的沙源尘源区之一。干旱多风，植被稀疏，但地表和地下水资源相对丰富，年降水量在300～400毫米之间，沿中蒙边界在200毫米以下。本区天然与人工植被均可在自然降水条件下生长和恢复。目前存在的主要问题是过牧、过垦、过樵现象十分突出，植被衰败，草场退化、沙化发生发展活跃。本区以保护、恢复林草植被，减少地表扬沙起尘为重点。具体措施：牧区推行划区轮牧、休牧、围栏禁牧、舍饲圈养，同时沙化严重区实行生态移民；农牧交错区在搞好草畜平衡同时，通过封沙育林育草，飞播造林（草），退耕还林还草和水利基本建设等措施，建设乔灌草相结合的防风阻沙林带，治理沙化土地，遏制风沙危害。

亚湿润沙地治理类型区：该区主要包括太行山以东、燕山以南、淮河以北的黄淮海平原地区，沙化土地主要由河流改道或河流泛滥形成，其中以黄河故道及黄泛区的沙化土地分布面积最大。行政范围涉及北京、天津、河北、山东、河南等省（直辖市）。该区自然条件较为优越，光照和水热资源丰富，年降水量450～800毫米。地下水丰富，埋藏较浅，开垦历史悠久，天然植被仅分布于残丘、沙荒、河滩、洼地、湖区等，是我国粮棉重点产区之一，人口密度大，劳动力资源丰富。目前存在的主要问题是局部地区风沙活动仍强烈，冬春季节风沙危害仍很严重。本区以田、渠、路林网和林粮间作建设为重点，全面治理沙化土地。主要治理措施：在沙地的前沿大力营造防风固沙林带，结合渠、沟、路建设，加强农田防护林、护路林建设，保护农田和河道，并在沙化面积较大的地块大力发展速生丰产用材林。

2. 黄土高原重点水土流失治理区

本区域包括陕西北部、山西西北部、内蒙古中南部、甘肃东部、青海东部及宁夏南部黄土丘陵区。总面积约30多万平方千米，是世界上面积最大的黄土覆盖地区，气候干旱，植被稀疏，水土流失十分严重，水土流失面积约占总面积的70%，是黄河泥沙的主要来源地。这一地区土地和光热资源丰富，但水资源缺乏，农业生产结构单一，广种薄收，产量长期低而不稳，群众生活困难，贫困人口量多面广。加快这一区域生态环境治理，不仅可以解决农村贫困问题，改善生存和发展环境，而且对治理黄河至关重要。生态环境建设的主攻方向是：以小流域为治理单元，以县为基本单位，以修建水平梯田和沟坝地等基本农田为突破口，综合运用工程措施、生物措施和耕作措施治理水土流失，尽可能做到泥不出沟。陡坡地退耕还草还林，实行草、灌木、乔木结合，恢复和增加植被。在对黄河危害最大的砒砂岩地区大力营造沙棘水土保持林，减少粗沙流失危害。大力发展雨水集流节水灌溉，推广普及旱作农业技术，提高农产品产量，稳定解决温饱问题。积极发展林果业、畜牧业和农副产品加工业，帮助农民脱贫致富。

3. 北方退化天然草原恢复治理区

我国草原分布广阔，总面积约270万平方千米，占国土面积的1/4以上，主要分布在内蒙古、新疆、青海、四川、甘肃、西藏等地区，是我国生态环境的重要屏障。长期以来，受人口增长、气候干旱和鼠虫灾害的影响，特别是超载过牧和滥垦乱挖，使江河水系源头和上中游地区的草地退化加剧，有些地方已无草可用、无牧可放。生态环境建设的主攻方向是：保护好现有林草植被，大力开展人工种草和改良草场（种），配套建设水利设施和草地防护林网，加强草原鼠虫灾防治，提高草场的载畜能力。禁止草原开荒种地。实行围栏、封育和轮牧，建设“草库仑”，搞好草畜产品加工配套。

4. 青藏高原荒漠化防治区

本区域面积约176万平方千米，该区域绝大部分是海拔3000米以上的高寒地带，土壤侵蚀以冻融侵蚀为主。人口稀少，牧场广阔，其东部及东南部有大片林区，自然生态系统保存较为完整，但天然植被一旦破坏将难以恢复。生态环境建设的主攻方向是：以保护现有的自然生态系统为主，加强天然草场，长江、黄河源头水源涵养林和原始森林的保护，防止不合理开发。其中分为两个亚区，即：高寒冻融封禁保护区和高寒沙化土地治理区。

5. 西南岩溶地区石漠化治理区

主要以金沙江、嘉陵江流域上游干热河谷和岷江上游干旱河谷，川西地区、三峡库区、乌江石灰岩地区、黔桂滇岩溶地区热带—亚热带石漠化治理为重点，加大生态保护和建设力度。

（二）荒漠化治理重点工程

依据上述分区（类）布局，全国防沙治沙工作本着先急后缓、突出重点、搞好示范、重点拉动的原则，突出抓好5大类型、15个亚区的重点治理工程和区域性示范项目。按照封禁保护、综合治理和高效利用等不同目标相应规划出若干重点防治工程，特别是要把治沙与脱贫致富，生态建设与产业建设，区域开发与经济发展，合理调配水资源与改变农牧业生产方式等相结合。按照科学分区、规划，实施重大工程原则，以下列重点工程带动生态建设和保护的全面展开。

1. 京津风沙源治理工程

京津风沙源治理工程建设范围西起内蒙古的达尔罕茂明安联合旗，东至内蒙古的阿鲁科尔沁旗，南起山西的代县，北至内蒙古的东乌珠穆沁旗，东西横跨近700千米，南北纵跨近600千米，涉及北京、天津、河北、山西、内蒙古5省（自治区、直辖市）的75个县（市、区、旗），总面积为45.8万平方千米。

从2001年到2010年，将完成退耕还林3944万亩、营林造林7416万亩、草地治理15 942万亩，修建水利配套设施113 889处，小流域综合治理23 445 平方千米，生态移民18万人。

2. 三北防护林建设工程（四期）

工程涉及三北地区13个省份的590个县（市、区、旗）。到2010年，在有效保护好工程区内现有2787万公顷森林资源的基础上，将完成造林950万公顷，森林覆盖率净增1.84个百分点，建成一批较为完备的区域性防护林体系，初步扭转三北地区生态恶化的势头。力争用10年左右时间，使三北地区的沙化土地得到初步治理，基本遏制沙化趋势，使风沙危害程度和

专栏11-1

京津风沙源工程治理对策

- 封禁保护现有的森林，杜绝一切经营性的采伐活动。
- 对流域内的陡坡耕地和库区周围的坡耕地，积极实行退耕还林。
- 加强水土保持预防监督，加快水土流失综合防治步伐，减少入库泥沙。
- 对现有荒山荒地，通过飞、封、造等措施，营造乔灌草结合的复层水源涵养林。
- 大力营造防风和固沙林，形成防风阻沙固沙体系，治理风口、风道地区和活化沙丘。
- 调整畜种结构，改变牧业生产方式，变放牧为圈养。
- 营造农田林网和牧场林网。
- 在燕北地区开展生态移民。

沙尘暴发生频率降低。

3. 草地沙化防治与退牧还草工程

大部分地区自然条件严酷，主要通过封育围栏、划区轮牧等措施保护现有草地，通过人工种草、飞播牧草、草场改良等措施，以建促保。高寒地区主要通过退牧育草、治虫灭鼠、人工种草等措施恢复和保护江河源头生态系统。

4. 拉萨市及周边地区造林绿化工程

该工程行政范围包括西藏雅鲁藏布江中游地区的28个县（市）。工程区总面积18.8万平方千米，其中沙化土地0.42万平方千米。此工程主要是遏制一江两河地区沙化持续扩张的趋势，改善该地区人民生活生存环境。建设规模为现有植被保护208万公顷，人工造林5.8万公顷，封山封沙育林育草39万公顷。

5. 新疆和田地区生态建设项目

该项目布设于新疆塔里木盆地南沿、塔克拉玛干沙漠周边及绿洲区。建设范围包括和田地区的8个县（市）、3个团场，涉及总面积2491.5万公顷。工程主要使和田地区沙化土地扩展的趋势得到遏止，绿洲生态环境得到显著改善，为塔里木河流域综合治理做贡献。建设规模为在全面保护现有植被的基础上，人工造林4.5万公顷，封沙育林育草18.4万公顷，退耕还林5.1万公顷，人工种草1.7万公顷，新建防渗斗渠、毛渠3825.3千米，改建防渗干渠、支渠740.8千米。

6. 青藏高原冻融封禁保护项目

本区绝大部分位于海拔3000米以上的青藏高原高寒地带，总面积约176万平方千米，包括西藏、青海、新疆、甘肃、四川的全部或部分地区，人口240万人，除西藏“一江两河”地区外，大部分地区地广人稀，牧场辽阔。大部分地区降水量在400毫米以下，干旱、半干旱地区约占2/3以上，干燥、寒冷、风冽，土壤沙物质含量高，植被稀疏，土壤侵蚀以冻融侵蚀为主。河谷及湖盆等人类经济活动集中的地区，由于不合理的土地利用，使其成为风蚀沙化土地集中分布和强烈发展的地区。东部及东南部有大片天然林区，自然生态系统保存较为完整，但天然植被一旦破坏将难以恢复。长江、黄河的上游和源头地区，风蚀、水蚀作用强烈，植被破坏严重，对中下游地区构成潜在的威胁。防治荒漠化的首要任务是以生物措施为主，乔灌草结合，以保护现有森林植被为主，适当人工造林种草，建立生物防护屏障，涵养水源，减少泥沙流失；通过封沙育林育草和人工造林，恢复和扩大沙地林草植被，控制沙化蔓延；加强天然草场的保护和建设、控制畜数、缓解草场压力；行政手段与技术措施相结合，保护现有的自然生态系统，防止不合理开发土地资源；对水土流失严重的水源涵养林区，采用工程措施与生物措施相结合进行防治。该区的三个重点治理对象分别是："三江源区"沙化治理；柴达木盆地沙化治理；"一江两河"流域沙化治理。

7. 黄土高原水土流失综合治理项目

本区主要位于山西、陕西、内蒙古交界地区，是我国重要能源基地，包括山西、陕西和内蒙古的27个县，人口约400多万。现有近期可治理荒漠化土地1169万公顷。本区处于农牧交错地带，风蚀、水蚀荒漠化交错发生，且是黄河泥沙的主要策源地，每年向黄河输入的泥沙约4亿吨。晋北沙地属农牧交错地区，土地荒漠化严重，其中风蚀荒漠化面积占区域总面积的91%。区域目标是生态建设与产业开发并重。建设生态经济型治理区，改善农业耕作制度，强化植被保护与管理。主要措施以风蚀荒漠化和水蚀危害严重的沙区、黄土丘陵沟壑区和黄土残塬沟壑区的宜林荒山、荒沙、荒坡、荒梁、荒峁和退耕地等为重点，以保护、恢复和扩大林草植被为核心，以营造水源涵养林、水土保持林、防风固沙林、生物经济埂等生物措施为主要手段，结合多种措施，实行综合治理。到2010年以前重点治理晋北沙地，遏制风沙对黄河危害，治理山西、陕西和内蒙古境内的水蚀荒漠化土地2万公顷。

8. 西南岩溶地区石漠化治理项目

我国是世界三大喀斯特地貌集中分布区之一，全国有喀斯特地貌总面积约10 000多万公顷，主要集中分布在西南地区，其中贵州、广西、云南3省（自治区）总面积3280万公顷，石漠化总面积达670.8万公顷。石漠化严重威胁着当地人们的生存环境，已成为当地农民贫困的主要根源，制约着当地经济社会可持续发展。治理石漠化，已成为我国西南地区生态环境建设刻不容缓的重要任务。加快石漠化治理步伐，对于改善我国西部地区生态环境，促进山区群众脱贫致富，保障经济社会可持续发展，确保西部大开发战略的顺利实施，都具有十分重要的意义。

9. 黄河故道沙化土地重点治理项目

工程范围包括河北、山东、河南3省的60县（市、区），土地面积4.8万平方千米，沙化土地1.35万平方千米。项目主要对黄河故道沙化土地进行治理，增强区域抗风沙能力，提高粮食产量。建设规模为：人工片林 38万公顷，农田林网11万公顷，农林间作25万公顷。

第四节　荒漠化防治战略措施

荒漠化防治是一项长期艰巨的国土整治和生态环境建设工作，需要从制度、政策、机制、法律、科技、监督等方面采取有效措施，处理好资源、人口、环境之间的关系，促进荒漠化防治工作的健康发展。认真实施《全国防沙治沙规划》，落实规划任务，制定年度目标，定期监督检查，确保取得实效。抓好防沙治沙重点工程，落实工程建设责任制，健全标准体系，狠抓工程质量，严格资金管理，搞好检查验收，加强成果管护，确保工程稳步推进。创新体制机制。实行轻税薄费的税赋政策，权属明确的土地使用政策，谁投资、谁治理、谁受益的利益分配政策，调动全社会的积极性。强化依法治沙，加大执法力度，提高执法水平，推行禁垦、禁牧、禁樵措施，制止边治理、边破坏现象，建立沙化土地封禁保护区。依靠科技进步，推广和应用防沙治沙实用技术和模式，加强技术培训和示范工作，增加科技含量，提高建设质量。建设防沙治沙综合示范区，探索防沙治沙政策措施、技术模式和管理体制，以点带片，以片促面，构建防沙治沙从点状拉动到组团式发展的新格局。健全荒漠化监测和预警体系，加强监测机构和队伍建设，健全和完善荒漠化监测体系，实施重点工程跟踪监测，科学评价建设效果。发挥各相关部门的作用，齐抓共管，共同推进防沙治沙工作。

一、荒漠化防治对策措施

当前，我国荒漠化防治重点工程分三个层次：一是国家级重点荒漠化防治工程，主要包括京津风沙源治理、三北防护林工程（四期）、草地沙化防治和退牧还草工程三大工程。二是区域性的荒漠化防治工程，包括新疆和田地区生态建设工程、拉萨市及周边地区造林绿化工程、黄土高原水土流失综合治理项目、黄河故道沙化土地综合治理工程、西南干热、干旱河谷石漠化治理项目、青藏高原冻融保护项目等。三是示范区建设。中国荒漠化防治必须采取的对策措施有：

（1）保护现有植被，加强林草建设。要把植被保护放在突出位置，杜绝各种破坏林草植被的行为。重视生态系统的自我修复能力，大力推行封山封沙育林育草，通过植树造林、乔灌草的合理配置，建设多林种、多树种、多层次的立体防护体系，扩大林草比重。

（2）合理调配水资源，保障生态用水。不合理的水资源调配制度，是造成河流缩短，湖泊萎缩甚至干涸，地下水位下降，土地荒漠化的直接原因。因此，要以流域为单位，确定合理的水资源调配制度，实现上、中、下游和生产、生活和生态用水的合理调度和分配。要结合农业生产结构性调整，推广节水技术，因地制宜地发展耗水低、附加值高的高效农业，提高种植业单位面积产量和单位水资源产量。

（3）控制人口增长，实行生态移民。加强宣传教育，严格实行计划生育，控制人口增长，提高文化素质，缓解土地压力。同时，对局部荒漠化非常严重，草地和耕地几乎完全废弃，恶劣的自然环境已经不适于人类生存的地区，实行生态移民。

（4）改变畜牧业生产方式，减轻对草场的破坏。要落实草原承包责任制，合理确定草原载畜量，改变畜牧业生产方式和种群结构，大力推行围栏封育、轮封轮牧，大力发展人工草地或人工改良草地，发展舍饲养畜。加快优良畜种培育，优化畜种结构。

（5）调整产业结构，保护和开发资源并举。利用荒漠化地区蕴藏着多种独特的资源，如光热、自然景观、文化民俗、富余劳动力等资源优势开发旅游、探险、科考产业等，同时，要调整产业结构，加强种植业和畜牧业的有机结合，走“以农养牧、以牧促农”道路，实现种植业和畜牧业在产业结构方面能够产生良性互动。加强沙区特色种植业建设，开辟高效“沙产业”，并与第二、三产业发展相结合，形成地方产业链，发展地方经济，增加群众经济收入，减轻环境压力。

（6）改变能源结构，解决农村能源问题。大力发展沼气、太阳能、风能等能源，形成新的替代能源，促进能源结构的改善。同时，又要大力推广节能技术，提高现有能源的利用率。

（7）优化土地利用格局，维护社会经济与生态环境的协调和可持续发展。根据不同生物气候区的自然特征和当地群众的生产、生活习惯，区分各类土地利用的不同生态功能和生产潜力，因地制宜地制订农、林、牧复合土地利用模式，保证区域生态安全。

二、加大荒漠化防治科技支撑力度

科学规划，周密设计。科学地确定林种和草种结构，宜乔则乔，宜灌则灌，宜草则草，乔灌草合理配置，生物措施、工程措施和农艺措施有机结合。大力推广和应用先进科技成果和实用技术。根据不同类型区的特点有针对性地对科技成果进行组装配套，着重推广应用抗逆性强的植物良种、先进实用的综合防治技术和模式，逐步建立起一批高水平的科学防治示范基地，辐射和带动现有科技成果的推广和应用，促进科技成果的转化。

加强荒漠化防治的科技攻关研究。荒漠化防治周期长，难度大，还存在着一系列亟待研究和解决的重大科技课题。如荒漠化控制与治理、沙化退化地区植被恢复与重建等关键技术；森林生态群落的稳定性规律；培育适宜荒漠化地区生长、抗逆性强的树木良种，加快我国林木良种更新，提高林木良种使用率；荒漠化地区水资源合理利用问题，保证生态系统的水分平衡等。

大力推广和应用先进科技成果和实用技术。在长期的防治荒漠化实践中，我国广大科技工作者已经探索、研究出了上百项实用技术和治理模式，如节水保水技术、风沙区造林技术、沙区飞播造林种草技术、封沙育林育草技术、防护林体系建设与结构模式配置技术、草场改良技术、病虫害防治技术、沙障加生物固沙技术、公路铁路防沙技术、小流域综合治理技术和盐碱地改良技术等，这些技术在我国荒漠化防治中已被广泛采用，并在实践中被证明是科学可行的。

三、建立荒漠化监测和工程效益评价体系

荒漠化监测与效益评价是工程管理的一个重要环节，也是加强工程管理的重要手段，是编制规划、兑现政策、宏观决策的基础，是落实地方行政领导防沙治沙责任考核奖惩的主要依据。为了及时、准确、全面地了解和掌握荒漠化现状及治理成就及其生态防护效益，为荒漠化管理部门进行科学管理、科学决策提供依据，必须加强和完善荒漠化监测与效益评价体系建设，进一步提高荒漠化监测的灵敏性、科学性和可靠性。

加强全国沙化监测网络体系建设。在3次全国荒漠化、沙化监测的基础上，根据《防沙治沙法》的有关要求，要进一步加强和完善全国荒漠化、沙化监测网络体系建设，修订荒漠化监测的有关技术方案，逐步形成以面上宏观监测、敏感地区监测和典型类型区定位监测为内容的，以“3S”技术结合地面调查为技术路线的，适合当前国情的比较完备的荒漠化监测网络体系。

建立沙尘暴灾害评估系统。利用最新的技术手段和方法，预报沙尘暴的发生，评估沙尘暴所造成的损失，为各级政府提供防灾减灾的对策和建议，具有十分重要的意义。近年来，国家林业局在沙化土地监测的基础上，与气象部门合作，开展了沙尘暴灾害损失评估工作。应用遥感信息和地面站点的观测资料，结合沙尘暴影响区域内地表植被、土壤状况、作物面积和物候期、生长期、畜牧业情况及人口等基本情况，通过建立沙尘暴灾害经济损失评估模型，对沙尘暴造成的直接经济损失进行评估。今后，需要进一步修订完善灾害评估模型，以

提高灾害评估的准确性和可靠度。

完善工程效益定位监测站（点）网建设。防治土地沙化重点工程，要在工程实施前完成工程区各种生态因子的普查和测定，并随着工程进展连续进行效益定位监测和评价。国家林业局拟在各典型区建立工程效益监测站，利用“3S”技术，点面监测结合，对工程实施实时、动态监测，掌握工程进展情况，评价防沙治沙工程效益。工程监测与效益评价结果应分区、分级进行，在国家级的监测站下面，根据实际情况分级设立各级监测网点。

四、完善管理体制、创新治理机制

我国北方的土地退化经过近半个世纪的研究和治理，荒漠化和沙化整体扩展的趋势得到初步遏制，但局部地区仍在扩展。基于我国的国情和沙情，我国土地荒漠化和沙化的总体形势仍然严峻，防沙治沙的任务仍然非常艰巨。我国荒漠化治理过多地依赖政府行为，忽视了人力资本的开发和技术成果的推广与转化。制度安排的不合理是影响我国沙漠化治理成效的重要原因之一。要走出现实的困境，就必须完成制度安排的正向变迁，在产权得到保护和补偿制度建立的前提下，通过一系列的制度保证，将荒漠的公益性治理的运作机制转变为利益性治理，建立符合经济主体理性的激励相容机制，鼓励农牧民和企业参与治沙，从根本上解决荒漠化的贫困根源，使荒漠化地区经济、社会得到良性发展，实现社会、经济、环境三重效益的整体最大化。

（一）设立生态特区和封禁保护区

在我国北方共计有7400多千米的边境风沙线，既是国家的边防线，又是近50个少数民族的生命线。另外西部航天城、军事基地，卫星、导弹发射基地，驻扎在国境线上的无数边防哨卡等，直接关系到国防安全和国家安全。荒漠化地区的许多国营林场(包括苗圃、治沙站)和科研院所是防治荒漠化的主力军，但科学研究因缺乏经费不能开展，许多关键问题如节水技术、优良品种选育、病虫害防治等得不到解决，很多种、苗基地处于瘫痪、半瘫痪状态，职工工资没有保障，工程建设缺乏技术支撑和持续发展后劲。

有鉴于此，建议将沙区现有的军事战略基地（军事基地、航天基地、边防哨所、营地等）和科研基地（长期定位观测站、治沙试验站、新技术新品种试验区等）划为生态特区。

沙化土地封禁保护区是指在规划期内不具备治理条件的以及因保护生态的需要不宜开发利用的连片沙化土地。据测算，按照沙化土地封禁保护区划定的基本条件，我国适合封禁保护的沙化土地总面积约60万平方千米，主要分布在西北荒漠和半荒漠地区以及青藏高原高寒荒漠地区，区内分布有塔克拉玛干、古尔班通古特、库姆塔格、巴丹吉林、腾格里、柴达木、亚玛雷克、巴音温都尔等沙漠。行政范围涉及新疆、内蒙古、西藏、甘肃、宁夏、青海等6个省(自治区)、114个县(旗、区)。这些地区是我国沙尘暴频繁活动的中心区域或风沙移动的路经区，对周边区域的生态环境有明显的影响。因此，加快对这些地区实施封禁保护，促进沙区生态环境的自然修复，减轻沙尘暴的危害，改善区域生态环境，是当前防沙治沙工作所面临的一项十分紧迫的任务。

主要采取的保护措施包括：一是停止一切导致这部分区域生态功能退化的开发活动和其他人为破坏活动；二是停止一切产生严重环境污染的工程项目建设；三是严格控制人口增长，区内人口已超过承载能力的应采取必要的移民措施；四是改变粗放生产经营方式，走生态经济型发展的道路，对已经破坏的重要生态系统，要结合生态环境建设措施，认真组织重建，尽快遏制生态环境恶化趋势；五是进行重大工程建设要经国务院指定的部门批准。沙化土地封禁保护区建设是一项新事物，目前仍处于起步阶段。特别是封禁保护的区域多位于边远地区、贫困地区和少数民族地区，如何妥善处理好封禁保护与地方经济社会发展的关系，保证其健康有序地推进，还没有可以借鉴的成熟模式和经验，还需要在实践过程中不断地探索和总结。封禁保护区建设涉及农、林、国土等不同的行业和部门，建设项目包括封禁保护区居民转移安置、配套设施建设、管理和管护队伍建设、宣传教育等，是一项工作难度大、综合性较强的系统工程。因此，研究制定切实可行的措施与保障机制，对于保证封禁保护区建设成效具有重要意义。

（二）创办专业化治沙生态林场

目前，荒漠化地区“林场变农场，苗圃变农田，职工变农民”的现象比较普遍。近几年在西北地区爆发的黄斑天牛、光肩星天牛虫害使多年来营造的大面积防护林毁于一旦，给农业生产带来严重损失，宁夏平原地区因天牛危害砍掉防护林使农业减产20%～30%，这种本可避免的损失与上述困境有直接的关系。

为了保证荒漠化治理工程建设的质量和投资效益，建议在国家、省、地、县组建生态工程承包公司，由农村股份合作林场、治沙站、国有林场以及下岗人员参与国家和地方政府的荒漠化治理工程投标。所有生态工程建设项目实行招标制审批，合同制管理，公司制承包，股份制经营，滚动式发展机制，自主经营，自负盈亏，独立核算。

（三）出台荒漠化治理的优惠政策

我国先后颁布和制定过多项防沙治沙优惠政策（如发放贴息贷款、沙地无偿使用、减免税收等），但大多数已不能适应新的形势发展。为了鼓励对荒漠化土地的治理与开发，新的优惠政策应包括四个方面：一是资金扶持。由于荒漠化地区治理、开发投资大，除工程建设投资和贴息贷款外，建议将中央农、林、牧、水、能源等各产业部门、扶贫、农业综合开发等资金捆在一起，统一使用，以加大治理和开发的力度和规模。二是贷款优惠。改进现行贴息办法，实行定向、定期、定率贴息。根据工程建设内容的不同实行不同的还贷期限，如投资周期长的林果业，还贷期限以延长至8～15年为宜。简化贷款手续，改革现行贷款抵押办法，放宽贷款条件。三是落实权属。鼓励集体、社会团体、个人和外商承包治理和开发荒漠化土地，实行“谁治理、谁开发、谁受益”的政策，50～70年不变，允许继承、转让、拍卖、租赁等。四是税收减免。

（四）完善生态效益补偿制度

防治荒漠化工程的主体是生态工程，需要长期经营和维护，其回报则主要或全部是具有公益性质的生态效益。为了补偿生态公益经营者付出的投入，弥补工程建设经费的不足，合理调节生态公益经营者与社会受益者之间的利益关系，增强全社会的环境意识和责任感，在荒漠化地区应尽快建立和完善生态效益补偿制度。补偿内容包括三个方面：一是向防治荒漠化工程的生态受益单位和个人，征收一定比例的生态效益补偿金；二是使用治理修复的荒漠化土地的单位和个人必须缴纳补偿金；三是破坏生态者不仅要支付罚款和负责恢复生态，还要缴纳补偿金。收取的补偿金专项用于防治荒漠化工程建设，不得挪用，以保证工程建设持续、快速、健康地发展。

第12章　城市林业

随着我国城市化进程的快速发展，越来越多的人生活、工作、居住在城市，到2007年底，我国共有建制市668个，城镇总人口达到5.94亿人，城市化率已达到44.9%。城市的快速发展使城市生态环境面临巨大压力，大气污染、水资源匮乏、城市热岛效应等成为人们最为关注的环境问题。当前，随着社会经济和城市化进程的快速发展，人们对改善人居环境的要求越来越迫切，建设城市森林，发展城市林业已经成为改善城市生态环境、推进城市走生态化发展和提高人类福祉的重要途径。

城市林业是现代林业建设的重要内容，是国家林业重点工程的有效补充，在建设城市生态文明、实现城市可持续发展，体现城市竞争力，实现城乡生态一体化发展等方面发挥着不可替代的作用。因此，无论是单个城市的发展，还是多个城市集中连片的城市群发展，都要充分发挥森林在改善城市生态环境方面的重要作用，将城市林业建设纳入城市甚至区域发展规划之中，加快城市林业发展。全国范围内的城市林业建设，将调整全国森林资源布局，使森林资源分布更加趋于合理、国土生态安全保障体系更加稳固。

第一节　我国城市林业的发展现状

一、城市林业的概念

城市林业与城市森林同时发展的，在很多情况下两者同时使用，但在内涵上两者是有差异的。城市森林是指在城市地域内以改善城市生态环境为主，促进人与自然协调，满足社会发展需求，由以树木为主体的植被及其所处的人文自然环境所构成的森林生态系统，是城市生态系统的重要组成部分。因此城市森林在广义上是一种森林生态系统，在狭义上是一种森林类型；而城市林业是林业的一个专门分支，它的目的在于栽培和管理那些对城市社会的生理、经济的健康具有实际或潜在效益的树木，广义来说城市林业拥有一个多方面的经营体系，它包括市政水域、野生动物的栖息地、户外活动的机会、园景设计、树木的一般维护以及用作原材料的木材纤维的再加工（专栏12-1）。

二、城市林业的发展

我国城市林业的快速发展是城市发展的必然要求，同时有关部门和科研人员大力推动也起到了重要的作用。20世纪90年代初中国林业科学研究院率先介绍引入国外城市森林的发展状况，并在1994年成立了国内第一个专门的城市森林研究机构，中国林学会也成立了城市森林分会。1995年林业部提出要建立两大体系，即完备的林业生态体系和发达的林业产业体

专栏12-1

国家森林城市评价指标

创建“国家森林城市”是坚持科学发展观、构建和谐社会、体现以人为本，全面推进我国城市走生产发展、生活富裕、生态良好发展道路的重要途径，是加强城市生态建设，创造良好人居环境，弘扬城市绿色文明，提升城市品位，促进人与自然和谐，构建和谐城市的重要载体。

国家森林城市，是指城市生态系统以森林植被为主体，城市生态建设实现城乡一体化发展，各项建设指标达到以下指标并经国家林业主管部门批准授牌的城市。

一、组织领导

（一）严格执行国家和地方有关林业、绿化的方针、政策、法规；

（二）政府高度重视、大力开展城市森林建设，创建工作指导思想明确，组织机构健全，政策措施有力；

（三）在城市森林建设中，创造出富有特色的建设模式和成功经验，对全国有示范、推动作用；

（四）把城市森林作为城市基础设施建设的重要内容，其建设资金有保障并纳入政府公共财政预算。

二、管理制度

（一）认真编制城市森林建设总体规划，并纳入城市总体规划予以实施。城市森林建设按照规划严格实施，能按期完成年度建设任务，并有相应的检查考核制度；

（二）相关法规和管理制度配套齐全，执法严格有效，无严重非法侵占林地、破坏森林和树木事件，近三年没有发生破坏绿化成果案件；

（三）城市森林建设有长期稳固的科技支撑；

（四）城市森林建设工作有明确的管理机构；

（五）城市森林资源管理档案完整、规范，图件齐备。

三、森林建设

（一）综合指标

1. 编制实施的城市森林建设总体规划科学合理，有具体的阶段发展目标和配套的建设工程。

2. 城市森林建设理念切合实际，自然与人文相结合，历史文化与城市现代化建设相交融，城市森林布局合理、功能健全、景观优美；

3. 以乡土树种为主，通过乔、灌、藤、草等植物合理配置，营造各种类型的森林和以树木为主体的绿地，形成以近自然森林为主的城市森林生态系统；

4. 按照城市卫生、安全、防灾、环保等要求建设防护绿地，城市周边、城市组团之间、城市功能分区和过渡区建有绿化隔离林带，树种选择、配置合理，缓解城市热岛、浑浊效应等效果显著；

5. 江、河、湖等城市水系网络的连通度高，城市重要水源地森林植被保护完好，功能完善，水源涵养作用得到有效发挥，水质近5年来不断改善；

6. 提倡绿化建设节水、节能，注重节约建设与管护成本。

（二）覆盖率

1. 城市森林覆盖率南方城市达到35%以上，北方城市达到25%以上；

2. 城市建成区（包括下辖区市县建成区）绿化覆盖率达到35%以上，绿地率达到33%以上，人均公共绿地面积9平方米以上，城市中心区人均公共绿地达到5平方米以上；

3. 城市郊区森林覆盖率因立地条件而异，山区应达到60%以上，丘陵区应达到40%以上，平原区应达到20%以上（南方平原应达到15%以上）；

4. 积极开展建筑物、屋顶、墙面、立交桥等立体绿化。

（三）森林生态网络

1. 连接重点生态区的骨干河流、道路的绿化带达到一定宽度，建有贯通性的城市森林生态廊道；

2. 江、河、湖、海等水体沿岸注重自然生态保护，水岸绿化率达80%以上。在不影响行洪安全的前提下，采用近自然的水岸绿化模式，形成城市特有的风光带；

3. 公路、铁路等道路绿化注重与周边自然、人文景观的结合与协调，绿化率达80%以上，形成绿色通道网络；

4. 城市郊区农田林网建设按照国家要求达标。

（四）森林健康

1. 重视生物多样性保护。自然保护区及重要的森林、湿地生态系统得到合理保育；

2. 城市森林建设树种丰富，森林植物以乡土树种为主，植物生长和群落发育正常，乡土树种数量占城市绿化树种使用数量的80%以上；

3. 城市森林的自然度应不低于0.5；

4. 注重绿地土壤环境改善与保护，城市绿地和各类露土地表覆盖措施到位，绿地地表不露土；

5. 科学栽植、管护树木。对大树移植严格管理，做到全株移植。

（五）公共休闲

1. 建成区内建有多处以各类公园、公共绿地为主的休闲绿地，多数市民出门平均500米有休闲绿地；

2. 城市郊区建有森林公园等各类生态旅游休闲场所，基本满足本市居民日常休闲游憩需求。

（六）生态文化

1. 生态科普宣传设施完善，建有2处以上森林或湿地等生态科普知识教育基地或场所；

2. 认真组织全民义务植树活动，建立义务植树登记卡制度，全民义务植树尽责率达80%以上；

3. 广泛开展城市绿地认建、认养、认管等多种形式的社会参与绿化活动，并建有各类纪念林基地。

4. 每年举办各类生态科普活动3次以上；

5. 国家森林城市创建市民知晓率达90%以上，市民对创建国家森林城市的支持率达80%以上；

6. 城市古树名木保护管理严格规范，措施到位。

（七）乡村绿化

1. 采取生态经济型、生态景观型、生态园林型等多种模式开展乡村绿化，近5年来乡村绿化面积逐年增加；

2. 郊区观光、采摘、休闲等多种形式的乡村旅游和林木种苗、花卉等特色生态产业健康发展。

四、考核检查

（一）森林城市建设是对这个城市市域范围进行的城乡一体森林生态系统建设，城市所辖的区市县均作为森林城市建设的考核范围（年降水量在400毫米以下的城市可限市区和郊区）；

（二）授予国家森林城市称号以后，对城市所辖的区市县不再另外授予国家森林城市称号；

（三）国家林业局对“国家森林城市”进行动态考核，在授予“国家森林城市”称号3年后组织专家进行复查，复查不合格将提出警告，5年后复查仍不合格，取消其“国家森林城市”称号。

五、解释和修订

本指标由国家林业局负责解释，并适时修订完善。

国家林业局

2007年3月15日

系，发达的林业产业体系比较容易理解，而对于如何建立完备的林业生态体系，在国家尺度上如何建设？针对这个问题，江泽慧教授和彭镇华教授提出要建设一个大的工程，也就是针对我国地域广阔，地貌类型复杂，气候和森林植被类型多样，以及社会经济发展不平衡的特点，在充分考虑到现有我国陆地生态环境建设的基础上，提出以城市为“点”，以河流、海岸及交通干线为“线”，以我国林业区划的东北区、西北区等八大林区为“面”，构建“点、线、面”相结合的中国森林生态网络体系。1998年在科学技术部、林业部等部门的支持下，立项开展中国森林生态网络体系建设研究。2000年，在江苏扬州召开的“中国森林生态网络体系建设研究”科研协作会上，对如何开展中国森林生态网络体系中城市“点”的建设，从指导思想、建设思路、实现途径等方面作了比较详细的阐述，并通过参与项目的11个城市示范点开展城市林业建设方面的理论与实践研究。“十五”期间，科学技术部、国家林业局又在国家攻关重大专项中设立专门课题支持中国森林生态网络体系建设的研究，特别是把城市林业作为单独课题支持研究，极大地推动了我国城市林业研究与建设的发展。2002年在国务院直接指导的“中国可持续发展林业战略研究”中，中国森林生态网络体系建设的林业建设理念被吸纳为国家林业战略的重要内容，而且城市林业在国家战略层面首次系统开展了中国城市林业发展战略的研究，城市林业战略被列为十二大战略之一。2003年，在中国林业科学研究院创办了中国城市林业研究的第一份全国性学术性刊物《中国城市林业》，同年召开了全国性的中国城市森林建设经验交流大会；2004年11月，在苏州和北京两地召开了“首届亚欧城市林业国际研讨会”；2006年6月，中国林业科学研究院作为主办单位之一，参加了在丹麦哥本哈根召开的“第二届亚欧城市林业国际研讨会”；2004年开始已经分别在贵阳、沈阳、长沙、成都成功召开了4届中国城市森林论坛，参与的城市越来越多，这极大地推动了我国城市森林建设。各地把加强城市绿化和生态环境建设作为提高城市品位、改善投资环境、促进城市化进程的重要举措。

第二节　我国城市林业的发展目标

一、城市林业发展目标确定的背景与思路

中国城市林业建设的核心目的是要改善城市的生态环境。而生态环境中的大气污染、热岛效应、水体污染等问题的解决最为迫切，同时城市的潜在发展趋势和格局对环境提出了更高的要求。我国多数城市的城市水面不断萎缩，水体污染日益严重，全国有600多个城市出现不同程度的水资源危机，而且随着城市化进程的加快，城市水环境容量已经基本饱和。同时，我国城市绿化水平整体上还比较薄弱，城市森林资源总量明显不足，且结构布局不尽合理。因此，我国的城市林业发展不能被国外的模式束缚，要结合中国的实际情况，结合城市的具体需求和环境背景，把林水结合，尽快发挥城市森林的作用，改善城市生态环境放在首位。

中国城市林业的发展，将以现代城市森林建设理论为指导，把城市地域内的建成区、近郊区、远郊区等地区的森林生态环境建设作为一个整体，进行系统布局设计，建立相对稳定而多样化的城市森林生态体系，从而使城市的水土流失、粉尘污染、大气污染、热岛效应等环境问题得到控制和改善，并着重解决植源性污染、生态保健等实际问题，使城市环境质量得到全面的提高。实现在城市有限的土地和空间中以森林为核心，建立一种对城市用地及空间布局具有先导作用的森林生态系统，从而保证在当前城市化进程不断加速的背景条件下，城市可持续发展战略的顺利实施。通过城市森林建设，构建“林荫气爽，鸟语花香；清水长流，鱼跃草茂”的良好城市生态环境，使人民安居乐业，促进社会文明进步。

城市林业发展是要建立起与城市发展方向、规模相适应的能够改善和调节城市生态环境的城市森林。城市森林是有生命的城市基础设施，是衡量一个城市文明程度和可持续发展能力的重要指标。把森林引入城市，使城市坐落在森林中，是当今世界城市建设的共同发展趋势。因此要根据城市的区位特点和存在的生态环境问题调整森林的林种结构、布局，提高森林的生态质量和功能，使森林在城市林业生态体系中发挥主导作用；同时注意协调其他绿化系统及水体的建设规模，合理布局，提高生态功能和绿化、美化效果，使之形成结构合理、景观优美，与自然环境条件相适应，生长稳定的城市森林生态系统，从而达到整体优化城市生态大环境、最终实现保障国家生态安全的目的。

二、城市林业发展目标制定的依据

2000年，世界平均森林覆盖率为31.7%，《森林法实施细则》（林业部，1984）中，也将全国森林覆盖率的奋斗目标定为30%，其中山区森林覆盖率为70%以上，丘陵区40%以上，平原区10%以上。1993年建设部根据国务院《城市绿化条例》制定了《城市绿化建设指标的确定》，正式颁布了城市绿地建设指标（部颁标准），规定在人均建筑用地小于75m^{2}的地区，城市绿化覆盖率与城市绿地率在2010年不得低于35%。随着城市化进程的加快，城市森林覆盖率总量的确定，从长远角度考虑，可参照此项标准。《国家园林城市标准》也提出居住区绿地率应达到30%以上，道路绿化长度普及率分别在95%以上。国内评选出的几个森林城市，平均森林覆盖率达40%以上。联合国环境卫生组织提出，一个城市人均森林面积需达到60m^{2}以上，其城市污染方可得到净化，卫生情况才有保证。

许多发达国家的大城市，早在20世纪中叶就面临人口过度密集、环境严重污染、交通拥挤和住房困难等今天我们所面临的问题。经过长期的努力和实践，许多大城市的生态环境都有很大改善，在城市生态环境建设、管理和调控对策方面积累了许多成功的经验，特别是在建设作为改善生态环境主体的森林方面，取得了令世人瞩目的成绩。虽然这些国家与我国的国情不同，文化背景、社会经济发展状况以及自然条件都有很大的差异，但这些城市的发展经验也是人类认识自然、建设社会和发展经济的宝贵财富，他们在城市森林建设方面的经验对于我国的城市林业发展有重要的参考价值。

我国的城市森林建设要借鉴国外的成功经验，也要结合我国的实际，继承中国城市生态环境建设特别是山水园林建设的一些精髓。国外许多城市由于人口少，城市周围保存有很多大片的天然林，城市森林建设的水平比较高。根据联合国生物圈生态与环境组织要求，城市绿化地人均达到50m^{2}以上才为最佳居住环境。城市森林的成分比较复杂，它的衡量指标也不是惟一的。根据国际上通用的衡量城市森林的指标，结合我国的实际情况，对我国城市森林的衡量指标主要采用林木覆盖率这一指标。美国1988年提出把城市林木覆盖率由30%提高到60%。现在城市林木覆盖率达到或超过30%的城市在世界上已较普遍。目前世界上林木覆盖较好的大都市：美国的华盛顿，加拿大渥太华，俄罗斯的莫斯科，奥地利的维也纳，日本东京，意大利罗马，瑞典的斯德哥尔摩，德国的柏林，西班牙巴塞罗那。2000年，北京市的林木覆盖率达到了43%，城市绿化覆盖率达到了36%，人均绿地达到了33m^2，人均公共绿地达到9m^2，而我国大多数城市人均绿地面积不足4m^2，世界平均为30～40m^2。在“十五”期间，北京市的林木覆盖率将达到50%，其中山区林木覆盖率达到70%，平原达到25%。近年来，上海在城市生态环境建设方面投入了大量的人力和财力，环境质量特别是绿化水平有了明显的提高，目前上海正在制定林业发展规划，在“十五”期间，上海市造林100万亩，林木覆盖率由2001的10.4%提高到20%左右，郊区林木覆盖率达到15%。到2020年，全市绿化覆盖率和林木覆盖率分别达到35%和30%，城市化地区人均公共绿地达到10m^{2}以上。我国的城市人口压力大，环境建设难度大，许多城市周围农田占的比例最大，农民对土地的依赖性很强。因此，我们没有很好的森林环境本底，现阶段也不可能把大面积的农田变成森林，可以用于城市森林建设的土地有限，这就要求我们搞城市森林建设不能完全照搬外国的经验，不能仅仅依靠建设几块有限的大面积林地和环城林带，更不能把有限的土地都做成只注重视觉效果而忽视生态效益的传统绿化模式，必须强调以林木为主，以高大的乔木为主，乔、灌、草、藤结合的复层结构，必须全面加强各类生产性用地（包括农田、水体等）的防护林体系建设，增强各类土地斑块的改善环境功能，把城市森林建设作为这个城市的环境本底建设，需要林业、城建、园林、水利等多行业、多部门的共同协作，采取多种途径建设城市森林。

三、城市林业的发展目标

1. 总体目标

城市林业建设的目标是：按照保障城市生态安全、建设生态文明城市为战略要求和“城在林中、路在绿中、房在园中、人在景中”的布局要求，建设以林木为主体，总量适宜、分布合理、植物多样、景观优美的城市森林生态网络体系，实现城区、近郊、远郊协调配置的绿色生态圈，形成城区公园及园林绿地、河流、道路宽带林网、森林公园及自然保护区等相结合的城市森林，使全国70%的城市林木覆盖率在2050年达到45%以上，其中城市林木覆盖率为40%，商业中心区森林覆盖率为15%，居民区及商业区外围为25%，城市郊区为50%，使城市的人居环境有显著的改进，使城乡绿地实现一体化。

2. 阶段性目标

城市林业建设的近期目标：到2010年，制定和完善城市森林发展规划，建立城市森林生态效益补偿机制，城市范围内的森林得到有效的保护，通过营造各种类型的森林和以林木为主体的绿地，使全国70%的城市林木覆盖率达到30%，城市规划建成区绿地率达到35%以上，绿化覆盖率达到40%以上，人均公共绿地面积达到10 m^2，城市中心区人均公共绿地达到6m^2，基本建成以林木为主体的城市森林生态网络的框架。

城市林业建设的中期目标：到2030年，建立以大型片林和主干森林廊道为骨架、各种类型防护林体系为补充的比较完备的城市森林体系，使全国70%的城市林木覆盖率达到40%，以乔木为主的森林成为城市绿地的主体，城市生态环境得到极大改善，基本实现“天蓝、水清、地绿”的阶段性目标。

城市林业建设的远期目标：到2050年，建立功能完备的城市森林生态体系，使全国70%的城市林木覆盖率达到45%以上。城市的建筑群处在绿树掩映之中，城市居民生活在林木葱葱、绿荫如盖的森林景观中，城市生态环境趋于良性循环，实现“空气清新、环境优美、生态良好、人居和谐”的发展目标。

四、城市林业的发展重点

城市森林建设已经成为现代城市的重要标志。随着我国加入WTO和改革开放的进一步加快，城市发展对环境的要求越来越高。城市森林的发展重点，是从三个层面因地制宜地逐步实现城市生态建设由单一型城市绿化向复合型城市园林、城市森林发展：一是以花草林木一般性种植为特征的城市绿化建设模式；二是以花草林木景观设计和配置为特征的城市园林建设模式；三是以多乔木树种为主体，乔灌草结合构筑景观多样性、生态系统多样性和生物物种多样性为特征的城市森林建设模式。具体包括：

（1）对城市范围内生态环境敏感区内的居民，要采取生态移民策略，减少城市内人口过多给生态环境带来的压力。保护城市内生态敏感区现有的城市森林资源，并积极营造新的以改善环境、美化景观为目的的城市森林，保证城市内的绿地率。同时，在城市边缘区建立以城市森林为主的绿色隔离带，避免城区范围的无限扩大。

（2）制定合理的城市森林建设规划。要针对城市目前存在的热岛效应、大气污染等现实的环境问题和城市景观的分布格局，还要考虑城镇发展的趋势，作好长远规划，比如未来的经济开发区、居民小区、商贸金融区等潜在发展地带，进行城市森林的合理布局。

（3）在以生态效益为主的前提下与城市园林建设规划相结合。使城郊森林与建成区各种绿地紧密相连共同构成城市生态环境的保障体系；进行树种选择与植物配置模式优化，达到净化、绿化、美化城市的目的。

（4）要注意城市森林与城市水体建设相结合，搞好城市水体周围的防护林体系建设。城市范围内的森林和水体是改善城市环境的两个重要环节。森林通过净化地表径流、吸收重金属等污染物保护了水面，而生长在水体附近的森林不仅生长繁茂，更能够发挥改善城市环境的作用，还可以形成优美的景观。

（5）城市森林建设要与国家正在实施的六大林业重点生态工程相结合，共同构成能够实现国土生态保安的森林生态网络体系。城市森林在经营上是最密集的，享用它的人口数量占全国总人口的比重是非常大的，但城市森林占全国森林总量的比重不会很大。为了克服这一不足，城市林业建设必须借势，即城市林业建设要与国家正在实施的重点林业生态工程有机地结合起来，在共同构成国家生态安全体系的同时，充分发挥重点林业工程的功能对城市生态环境的辐射作用。城市森林建设的部分内容实际上已纳入国家部分林业重点生态工程之中，因此，城市森林建设要与天然林资源保护、退耕还林、野生动物保护和自然保护区建设等工程紧密结合起来，让它们为改善城市环境发挥作用。

（6）要在城市森林建设总体框架的指导下，分别不同类型的城市森林采取不同的措施。保护和建设一些自然或近自然的大面积的片林，使之成为城市之“肺”；大力加强城市范围内以河流、公路铁路等主干廊道沿线的防护林体系建设，主干森林廊道要采取近自然的树种配置和管护模式，减少人工的维护；全力构筑以防护林带为主的城市周围村镇、水体、农田、公路铁路沿线的防护林网，使这些林网与主干森林廊道、大面积片林相连，从而构成城市森林体系。

第三节　我国城市林业的发展布局

一、城市林业发展布局的原则

城市林业的发展布局要站在国土绿化的高度，从全国生态环境建设的角度，本着要在中国的土地上建立起完整的城市森林生态网络体系来构思和设计。 森林是陆地生态系统的主体，而城市是国家、地方的政治、经济、文化中心和交通枢纽，人类活动频繁，人口集中，是最迫切需要利用森林来改造的地带，城市森林建设有助于实现城市生态系统的综合平衡。通过在全国众多的城市“点”的城市森林建设，与大江大河以及公路、铁路等“线”的防护林体系建设，以及八大林区的“面”的林业建设，共同组成一个综合的面向整个国土的点、线、面结合的森林生态网络体系。

城市森林建设的布局不仅要满足国土生态安全的需求，而且要能够起到改善区域生态环境质量、提高居民生活水准和实现城市可持续发展的要求，使全国范围内的城市生态环境建设由绿化层面向生态层面提升，建设山川秀美、人与自然和谐相处的良好生态环境。其基本原则：

1. 优化区域环境，保障国土生态安全

中国地域广大，景观气候带相对完整，生态类型多种多样，生态环境问题的区域性极强，因此城市林业建设应根据不同城市所在区域的地域特点和具体生态环境特点，本着优化区域生态条件，改善人居环境的目标，确定中国城市林业的整体空间布局和不同城市的林业发展的目标和模式，合理配置城市森林体系。

首先，中国的城市林业建设应加强生态敏感区的城市森林建设。生态敏感区是指对整个区域或国家具有生态环境意义的区域，一旦受到人为干扰或破坏将很难有效恢复，但由于土地利用方式或环境因素的改变已经或即将对生态环境和经济的持续稳定发展造成影响，需要加以控制或保护的区域。由于自然条件恶劣，生态环境脆弱，生态敏感区城市的城市化对环境造成的破坏更加严重，因此更迫切地需要建设城市森林。其次，城市林业建设要因地制宜，具体城市具体分析，针对城市现有的生态环境问题，如山地灾害、台风、洪水、风沙、土壤污染、水体污染等，进行城市森林的合理空间布局和模式配置。

2. 纳入生态网络，促进生物多样性保护

城市森林的建设完善了中国森林生态网络体系，在增加了人类居住区的森林总量的同时，调整了全国的森林布局。城市森林是根据不同地段的自然条件、生态环境质量，利用当地的造林树种资源和生态位原理，通过建立结构稳定、类型多样的森林群落，建立起来的特殊的森林生态系统。城市森林建设的主要目标之一是保护生物多样性，生物多样性是生物进化的结果，人类赖以生存的基础；而造成生物多样性丧失的最主要原因是生境破碎化。城市森林在满足了人们不同的文化和生活需求的同时，为野生动植物提供了停留和繁衍生息的良好环境，维持了生物多样性。城市森林中农田、河流、公路、铁路防护林体系、森林公园、大型生态核心林地的建设构筑了贯通性森林廊道，建立了传输生态信息、连通重要生态区的生物通道，促进地方生物多样性保护，使得建成的森林不仅是植物的保护地，也是动物的良好栖息地。

3. 遵循因地制宜，突出地方植被特色

不同的气候带，由于光热水土气的条件不同，都发育了不同的植被群落，经过长期的生物进化，每个地区都选择性地保留了既适应当地特殊气候地带性，又带有区域特点的植被类型，这些植被成为当地特殊的适生植物种，这就是地方植被。按照这种地方植被群落特点建立起来的森林群落类型结构稳定，适应当地生态环境特点，应该是城市森林建设的理想模式。

但是，城市景观的异质性高，生态环境问题复杂，居民对环境的需求也多种多样，城市森林建设必须满足这些要求，仅仅依靠本地区的植物是难以实现的。引进外来植物，构建多种配置模式的森林绿地类型是必然的，各地的城市也十分重视这方面的工作。但作为国家和地方生态环境建设的重要组成部分，城市林业要根据城市区域的环境特点因地制宜，确定城市森林基调树种和主导森林群落模式。城市森林的整体布局要与本地区林业生态环境建设相统一，重视使用乡土树种和地带性植被，使之成为体现城市森林的个性与特色的主要载体。

4. 结合区域特点，满足城市发展需求

城市林业在全国的发展布局要综合考虑城市在区域社会发展中的具体分工，根据城市所在区的生态环境状况，围绕城市发展规模、目标、功能定位和未来发展趋势，结合当地产业结构调整，以城市森林生态功能优化为原则建设城市森林。

随着劳动生产力的提高、经济的发展、社会的进步，人们拥有越来越多的休闲娱乐时间，对生活质量的要求也越来越高，久居城市的人们渴望亲近自然，走入绿色，增加在森林中的娱乐活动。城市森林的建设要结合不同城市的文化特点，提供满足人们不同需求的休闲娱乐功能，综合提高人们的生活品位。生态功能稳定、树种选择合理、结构完善、林型优美的现代近自然型城市森林生态系统，不仅能改善城市的生态条件、为城市积累环境资本，营造良好的生产、投资环境，提高城市综合竞争力，而且是新时代城市发展形象设计的重要内容之一，将成为城市的象征和标志。

二、城市林业发展布局

（一）地带分区布局

建设城市森林，发展城市林业是一个大型的生态系统工程。城市森林群落的设计和树种选择要遵循植被地带性原则，按照地带性植被来建立植物群落，注重绿化树种多样性，并考虑地貌、土壤对树种的影响；森林功能定位、森林的养护等要遵循群落生态学原理；森林的空间布局要符合景观生态学原理。按照气候带的自然地理分区规划城市森林的布局可以对全国的城市森林发展起到很好的指导作用，使城市森林更加自然化并具有区域特色。

根据中国的气候自然地理分区以及各区内的地带性植被群落特点把中国划分为8个地带性区域：寒温带区、温带区、暖温带、亚热带区、热带区、温带草原区、温带荒漠区、青藏高原高寒区。

1. 寒温带、温带地区

主要分布在东北区。这是我国最寒冷的地区，冬季寒冷而漫长，在这种气候条件下，植被的组成种类较贫乏，植被类型也相对单调，植物群落结构简单。这里城市中地势平坦，水系欠发达。森林类型应以本区的地带性植被——针叶林和针阔叶混交林为主，城市森林建设应更多地考虑其游憩功能，并可仿效欧洲的城市森林模式。东北地区的城市发展空间相对较大，可在近郊、远郊多建设一些大型片林，在改善城市生态环境的同时为市民提供旅游休闲的好去处。由于东北的城市重工业发达，城市污染比较严重，在进行城市森林布局时应充分考虑城市的上风、上水，把城市森林布局在上风方向，为城市输入更多的新鲜空气。

2. 暖温带地区

包括冀北高原、山西高原、秦岭；辽东半岛、山东半岛的丘陵；华北平原、辽河平原、里下河平原、淮北平原。这一区域夏季酷热多雨，冬季严寒而晴燥。城市森林的植被类型应以本区的地带性植被类型——落叶阔叶林为主。本区平原城市风沙危害严重，针对这一环境问题，建设城市森林时应注意发挥城市森林的防风固沙功能，同时充分利用当地的各种农田防护林网模式，适应当地的社会经济特点和发展方向。山丘区城市周边森林植被大多受到长期破坏而退化，土壤侵蚀严重，城市森林的建设应重点加强城市范围内退化植被的恢复与重建，加强低质林改造。这一区域地处中原，是中华民族的文化发祥地，在城市森林的文化建设方面应着重体现其民族发祥地的历史内涵。

3. 亚热带地区

该区包括秦岭、淮阳山地、四川盆地、长江中下游平原、江南丘陵等单元。本区域属于东亚的亚热带季风气候，地带性植被类型为常绿阔叶林。该区是中国水网密集地带，同时有的城市又濒临海洋，城市林业应遵循“林网化、水网化”建设原则，建设“林水相依、水木相抚”的城市森林。

4. 热带地区

这是我国最南部一个植被区域，全区幅员辽阔，东起台湾省，西至西藏南部；北界在北回归线以南。地带性植被为热带季雨林、雨林。地貌类型多种多样，植物资源丰富多彩，植物群落结构复杂，广泛分布着乡土树种，这里可以称为我国的植物物种基因库；复杂的地质构造同时也造就了该区美丽的山水城市。由于这里区域的相对闭塞，加之又是我国少数民族聚居区，因而保留了丰富的民风、民俗特点。这一地区的突出的生态环境问题是土壤侵蚀和台风频仍。针对以上的区域特点，内陆地区的城市林业一方面要着眼于生态环境中的土壤侵蚀问题，同时要着重突出其植物资源优势，广泛应用带有地域特点的植物资源，同时在建设城市林业时体现地方风土人情，注重文化内涵。沿海城市的城市林业要结合沿海防护林的建设，使之在防风固岸，改善生态环境方面发挥作用。

5. 温带草原区

该区主要包括内蒙古高平原及其邻近地区，辽阔坦荡；北与蒙古高原相连，东端包括松辽平原的大部分，西南包括陇中、陇东黄土高原及陕北、山西西北黄土高原的一部分。该区气候具有明显的大陆性，有干旱、半干旱、半湿润等气候类型。这一区域水土流失严重，植被差，经济发展也相对滞后，城市林业的特点是大型片林相对较少，各种类型的防护林则相对发达。因此城市森林的建设要选择耐旱乔木树种，以及当地丰富的耐旱灌木，以建设防风固土固沙林为主，改善区域的气候条件，同时兼顾经济效益，在发挥城市森林的生态功能时，给当地带来一定的经济利益。

6. 温带荒漠区

包括新疆维吾尔自治区的准噶尔盆地与塔里木盆地、青海省的柴达木盆地、甘肃省与宁夏回族自治区北部的阿拉善高平原，以及内蒙古自治区鄂尔多斯台地的西端。本区属大陆性的温带、暖温带荒漠气候。该区荒漠化灾害严重，城市森林建设应选择耐旱树种，要充分利用当地丰富的灌木，并且乔木、灌木比例适当搭配。由于该区干旱少雨，地下水贫乏，不适合建设大面积的城市森林。城市森林应走林网化的建设道路。

7. 青藏高原高寒区

这里气候寒冷、人口稀少，仅有拉萨、日喀则两个城市，而且这两个城市规模小，城市化进程缓慢；这里生态环境极其脆弱，城市林业应重点保护当地原有植被不被破坏，城市森林树种应重点选择耐寒树种的乡土树种。

（二）经济分区布局

城市林业建设是国家生态环境建设的重要组成部分。中国地域广大，生态环境问题多种多样。城市林业的出现，顺应时代发展和全球资源环境变化，其主体是建设城市森林。城市森林一方面调整了整个国土上的森林资源布局，使森林资源分配更趋于合理；另一方面城市林业也是传统意义上的大林业的重要补充，它更加重视发挥森林的生态效益，强调人与自然和谐共处，使人们走近森林，对森林的利用更加多样化。

一个地区城市林业的发展布局要全面考虑该区的历史沿革、自然资源、经济发展水平、政策等多种因素综合作用的影响。对于具有历史价值、纪念价值和艺术价值的景物，要有意识地挖掘、利用，以使历代所经营的城市空间及景物得以连贯，赋予城市森林以丰富的文化内涵，使其也成为连接过去与未来的桥梁。在植物模式配置方面因地制宜地增加乡土植物的使用，突出本土植被、森林群落模式的特点，优化森林结构，提高森林生态系统的稳定性。根据自然条件和经济发展水平，将中国大陆的31个省、自治区和直辖市划分为东、中、西部三个地区：

1. 东部沿海城市

东部地区包括沿海12个省、自治区和直辖市，包括北京、天津、河北、辽宁、上海、江苏、浙江、福建、山东、广东、广西和海南，占大陆土地面积的13.91%。东部沿海城市在地理位置、经济发展水平、城市发展基础设施等方面优于中西部。城市森林的建设起步要高，着重考虑增强城市综合竞争力，塑造城市良好生态形象的作用。这一地区由于人口密集、环境压力大，城市化进程快，城市的高度发达对环境的破坏严重，城市森林资源匮乏，对城市森林的需求也更加迫切。城市森林的发展方向应注重近郊区和远郊区的城市森林建设，走城乡一体化道路，使城市森林向乡村布局，在城市周边地区建设城市“绿肺”。

在沿海地区城市，城市经济相对发达，建设城市森林的条件相对较好。城市森林的建设应结合沿海防护林的规划和建设来布局和设计，主要建立耐盐碱、耐水淹以及防风固岸的森林群落。在内陆平原城市，不宜发展大型片林，而应在搞好森林公园的同时，重点建设城市范围交通道路、河流湖泊防护林、郊区农田林网、村镇周围防护林体系建设，该区城市周边的森林公园是城市居民休闲娱乐的重要去处，其建设应着重突出旅游文化功能。对于河湖密集的江南水乡城市，应本着“林网化、水网化”的建设理念，在城市范围内建立起一个能够最大限度地改善城市环境的林水结合的森林生态网络体系，在城市中实现林水相依、林水相连、依水建林、以林涵水的水乡城市森林。水是生命之源和绿色之本，人是亲水的，城市向滨水发展可以调节气候和获得清新的空气。该区有许多的政治经济文化中心城市，如北京、上海，这些城市的突出问题是人口众多，城市向周边不断扩张。城市森林应突出其休闲娱乐功能、美化净化环境的功能，同时环城市林带的建设可以限制城市建成区无序扩张。

2. 中部地区城市

包括山西、内蒙古、吉林、黑龙江、安徽、江西、湖北、湖南、河南9个省（自治区）。该区土地面积占国土面积的29.79%。这一地区目前重工业相对发达，综合性工业城市较多，城市的环境问题比较突出，但是国家正在加大对这一地区的投入，其未来经济发展潜力很大。这里城市森林的发展方面要考虑目前的经济实力，同时也要着眼未来，针对环境需求，作出符合城市发展方向和趋势的城市森林建设规划。

该区自然条件好，生态环境投入相对较大，我国主要的大林区也都集中在这一区域内，区内的森林面积大，森林资源丰富，城市森林发展要走保护和建设结合的道路。城市森林建设在加强城市周围各种林地保护的同时，通过道路、河流沿线的防护林建设，形成绿色通道，把大小不等的片林联系起来。在山地区，具备山水自然地形的条件下，城市森林应当与当地的山水结合起来，因为山是生态的基础，水是生态的源泉。将森林、生态、文化交融在一起，城市森林要结合自然地形灵活布局。

3. 西部城市

西部地区包括重庆、四川、贵州、云南、西藏、陕西、甘肃、宁夏、青海、新疆10个省（自治区、直辖市），土地面积占大陆国土面积的56.30%。这一区域的生态环境问题比较突出，气候干旱、寒冷，水土流失严重，多数地区都是高原或山地，自然地理条件相对恶劣，经济发展相对滞后，城市森林的建设要以改善生态环境，实现区域生态安全为主要目的。

目前国家正在进行西部大开发，加大对西部地区生态环境建设的投入力度，城市森林要结合国家的生态环境建设总体布局来建设。这里的许多地区都是生态环境敏感地区，城市人口的增加、城市区域的扩大都将对区域生态环境造成破坏，在发展地方经济，推进城市化进程的过程中，小心呵护原有的森林植被，积极建设城市森林，稳定区域生态环境。在大江大河源区，如长江、黄河上中游地区，城市林业建设应立足本区的环境状况，着眼于突出的生态问题，结合当地的湿地保护，突出城市森林的水源涵养功能，城市森林建设着重建设水源涵养林。在西北干旱区城市，气候干旱、寒冷，水土流失严重，多数地区都是高原或山地，自然地理条件相对恶劣，经济发展相对滞后，城市森林的建设要以改善生态环境，实现区域生态安全为主要目的。在树种选择上应考虑到地下水贫乏的现状，适量配以耐寒、耐旱的灌木，同时兼顾城市森林的生产功能和经济效益。

第四节 我国城市林业的建设模式

城市林业的核心就是要建设城市森林。城市森林具体是指城市地域内的各种林地及其相关植被。城市森林建设不仅要体现提高城市环境质量、居民生活质量和可持续发展能力的要求，而且要体现城市生态环境建设由绿化层面向生态层面提升的要求，以及人与自然和谐相处的要求。

一、确立林网化与水网化的中国城市森林建设理念

从我国城市生态环境现状和城市周边自然环境特点来看，选择建设完善的城市森林体系来改善城市环境、保证城市的可持续发展，是适合中国城市特点的生态环境建设道路。城市森林是城市生态环境的本底建设，制定好城市林业发展规划对于保证其健康发展至关重要。

我国的城市人口压力大，郊区庞大的农业人口对土地的依赖性强。许多城市周围几乎没有保存完好的成片天然林，基本上都是大面积的农田和分布相对集中的村镇，可以用于城市森林建设的土地有限。这就要求我们搞城市森林建设，既要借鉴国外城市林业发展的成功经验和模式，更要结合国情和市情，争取利用较少的土地获得较高的生态效益，走有中国特色的林网化与水网化结合的城市森林建设之路。

林网化与水网化是林水结合的一种城市森林生态环境建设理念。具体而言，就是基于城市特点，全面整合林地、林网、散生木等多种模式，有效增加城市林木数量；恢复城市水体，改善水质，使森林与各种级别的河流、沟渠、塘坝、水库等连为一体；建立以核心林地为森林生态基地，以贯通性主干森林廊道为生态连接，以各种林带、林网为生态脉络，实现在整体上改善城市环境、提高城市活力的林水一体化城市森林生态系统。

林网化和水网化的城市森林建设理念，就是要在城市范围内建立起一个能够最大限度地改善城市环境的森林生态网络体系。林网化和水网化是密不可分的统一体，具有林水相依、林水相连、依水建林、以林涵水的特点。同时要明确：

（1）林网化不是过去一般意义上的林带化，而是指在城市范围内，由核心林地、林网、散生木等多种组成成分连接起来形成的一个森林网络，以达到林阴气爽，鸟语花香。

（2）水网化也不仅仅是指河流水系沿线的防护林建设，而且还包括连接、疏浚城市范围内的各种水体，形成多条纵横交错的主干水道，使之成为与林地紧密相连的、相互贯通的水系网络，以利于水体之间的连接、进水排水的通畅和水质改善，以达到清水长流，鱼跃草茂。无论是在水网发达的南方城市，还是在河流较少的北方城市，城区基本上都有河流流过，水网化的建设强调的是城市要有一定的水面，与城市的各种林木共同构成城市森林生态系统，在改善城市生态环境中发挥主导作用。

林网化与水网化建设将在三个层次上进行具体实施：以各种核心林地为主的生态核心区建设；林水结合的贯通性主干森林廊道建设；各种立地类型的林带、林网建设。这里的核心

林地是指城市地域范围内以林木为主体，达到一定面积并具有森林环境的林地。核心林地必须是以林木为主体、具有复层结构和较高物种多样性的林地，一般是由地带性植被构成的近自然林。核心林地面积的标准在城市建成区和郊区是不同的，要根据林地相对于城市的大小和对城市环境的影响程度等因素决定。核心林地还可以根据面积和功能差异进一步划分成不同的类型和级别。贯通性主干森林廊道是指以林木为主体，达到一定宽度并具有主体廊道功能的连接各个核心林地的森林廊道。主干森林廊道的设置要考虑廊道的主要生态功能，能够连接城市范围内的主要核心林地，发挥重要的连接和通道作用，达到传输生态效应、切割城市重负荷区效果，并尽量与河流结合。

二、服务城市发展和人居环境需求，实现三个转变

城市森林建设核心目标是发挥森林的多种功能，为改善城市人居环境服务，为城市发展服务，生态效益是第一位的。在我国城市土地资源有限的情况下，如何提高单位土地的利用效率是核心，包括我们用于绿化的土地。因此，我国的城市绿化建设要抓好三个转变：

1. 从注重视觉效果为主向视觉与生态功能兼顾的转变

长期以来，我国城市绿化主要强调视觉景观效果，无论在植物选择、模式配置等建设环节，还是在日常养护、管理方式等方面，都突出了这种理念。相对的对生态功能注意的不够，但随着城市的发展，特别是城市生态环境问题的日益突出，要求绿化建设必须突出生态功能的发挥，突出多种效益的结合。因此，从与时俱进的角度来说，在城市绿化观念上首先要实现从注重视觉效果为主向视觉与生态功能兼顾的转变。

（1）要重视乡土树种、乡土植被类型的使用。

（2）要重视落叶树种的使用。

（3）要提倡低维护的绿地建设。

（4）要注重自然山水植被的保护。

（5）要提倡落叶归根，建设能够自我维持的绿地类型。

（6）要提倡近自然的水岸处理和绿化。

（7）要提倡建设节水型的城市森林。

（8）要提倡建设自然式的道路林带。

2. 从注重绿化建设用地面积的增加向提高土地空间利用效率的转变

随着城市化进程快速发展，许多城市都在发生日新月异的变化，突出的表现就是高楼大厦林立、路桥纵横交错，可以说是一种人为的“造山运动”。城市变“高”了，但反过来看我们搞的绿地却变“矮”了。一方面造盆景式的所谓精品，另一方面城市里的许多树木被人为的在2米左右截干，无论是有没有电线限制的道路，行道树都采取这种方式，甚至一些片林也被习惯性地截冠。这不仅降低了生态功能，而且导致高额的建设成本和维护费用，反而成了人们的负担。我国适合于城市绿化而又树体高大、冠形良好的乔木资源十分丰富，从生态角度分析，地上20米空间效益潜力巨大，亟待开发。

（1）绿化要以乔木为主，使楼房掩映在绿树丛中。

（2）树木要少截干，提高树木整体高度，充分占领城市地上空间。

（3）行道树要多整枝，提高枝下高，促进空气流通，避免遮挡沿街商店门面，力于行

人、车辆通行。

（4）利用速生树种较快占领空间，以短（速生树种）养长（长寿命树种）。

（5）形成合理的城市森林结构，提高林地“填充”的质量。

（6）增加攀缘植物的绿化比重，使越来越多的人造“建筑山”披绿。

3. 从集中在建成区的内部绿化美化向建立城乡一体的城市森林生态系统的转变

现在许多城市郊区的环境污染已经不是简单的大气、地表水污染问题，而是深入到土壤、地下水，达到了即使控制污染源短期内也难以修复的程度。城郊结合部的土地具有三个显著特点：一是地理位置的特殊性，二是环境污染的严重性，三是生态功能的高效性。长期以来，以森林植被为主的城市生态建设重点是放在建成区的绿化美化方面，比较注重视觉效果；而林业生态建设的重点则基本上在山区，城市及其周边地区则很少顾及。因此，这种传统的部门分割条块管理的绿化建设模式已经不适应现代城市生态建设的需要，城区与郊区一体的城市森林建设是大势所趋。

（1）加强城市周边、城市组团之间、城市功能分区过渡区的绿化隔离林带建设。

（2）加强道路、水系、农田三大防护林网建设。

（3）以连接重点生态区的骨干河流、道路为主建设贯通性的城市森林生态廊道。

（4）加强城郊污染土地生态修复，发展花卉、苗木等非食品类生态产业。

（5）开展郊区低效生态林的定向改造，发展近自然生态风景林。

这三个转变不仅仅是观念的转变，更重要的是具体行动的转变，是建设城乡一体、人与自然和谐生态城市的必然要求。

三、制定城市林业发展规划

城市环境问题的日益突出是由多种因素造成的，除了城市规模不断扩大、城市建筑不断增多、工厂和车辆等污染源不断增多等因素的影响以外，一个主要的原因是以林木为主的城市生态环境建设发展规划相对滞后，一直处于“亡羊补牢”的状态，总是处于被动防守的地位。现在许多城市虽然对城市森林生态环境建设的发展做了规划，但在主导思想上仍然是对建筑区周围修修补补式的园林设计为主，没有从整个城市生态环境建设的要求来考虑不同类型森林绿地的配置与布局，城市绿化建设仍然在重复过去老城区建设的路子。因此，城市森林建设规划应该是一个基于现实问题和长远发展的超前规划，这样可以尽早协调建筑用地和绿化用地的矛盾，避免一些老城市森林绿地建设先建后拆而造成的经济损失（专栏12-2）。

（1）在时间上，要把短期规划与长远发展规划相结合。要针对当前城市发展的生态环境需求和城市景观的分布格局进行规划，还要考虑城市发展的趋势作好长远规划，对未来的经济开发区、居民小区、商贸金融区等城市潜在发展地带进行先期合理的森林布局。

（2）在范围上，城市森林建设的范围因城市的规模而不同。城区建筑密度大，人口集中，仅在城区内进行绿化建设，无论从人均绿地占有率还是从绿地系统布局上均不能满足城市对绿化建设的需要。因此，在范围上城市森林建设要把建城区和近郊及远郊作为一个整体来考虑，进行全面规划。

（3）在模式上，要考虑建设一处或几处大型森林作为城市的“肺”，这些森林要有足够的面积，可以根据实际土地资源情况拿出几十、几百甚至上千公顷的土地建设高郁闭度、乔

专栏12-2

北京林业发展战略研究与规划

1. 指导思想

在邓小平理论和“三个代表”重要思想的指引下，以科学发展观为指导，确立生态建设、生态安全、生态文明的总体战略，在北京生态城市建设中赋予林业以首要地位，在和谐社会建设中赋予林业以重要地位，在生态文明建设中赋予林业以基础地位，以“建设绿色北京，构筑生态城市”为基本理念，发展生态林业以保障生态安全，发展效益林业以满足多种需求，发展人文林业以弘扬绿色文明，使北京林业更好地服务于首都经济、社会的全面、协调、可持续发展。

2. 发展目标

经过不懈努力，到2020年，建成功能完备的山区、平原、城市绿化隔离地区三道绿色生态屏障，形成城市青山环抱、市区森林环绕、郊区绿海田园的生态景观，实现强化森林系统功能，健全森林安全保障，提升林业产业效益，弘扬古都绿色文明的总体目标，为建设山川秀美、人与自然和谐、经济社会可持续发展的生态城市奠定基础。

3. 结构布局

(1) 建立以山地森林、平原防护林、城区大型林地为主，片、带、网相连接的森林生态保障林体系，为北京生态环境的改善提供长期稳定的保障，满足北京城市可持续发展和改善人居环境的需要；

(2) 形成以特色林果、森林旅游、花卉等优势产业为主，林农、林禽、林药等多种模式相配套的产业发展林体系，拓宽林业富民渠道，稳固生态保障林体系，促进北京包括林业在内的绿色产业发展；

(3) 建设以城市古典园林、名胜古迹、古树名木、森林公园、各类纪念林等为主，人文与森林景观相结合的文化传承林体系，增强人们的环境保护意识，传承北京古都的历史文化，实现人与自然协调发展。

核心是：生态保障林体系，产业发展林体系，文化传承林体系。

4. 空间布局

以中国森林生态网络体系点、线、面布局理念为指导，按照“林网化－水网化”的林水结合规划理念，以城区为核心，以建设生态公益林为重点，全面整合山地森林、平原防护林和经济林、城区绿地、城镇村庄绿化等多种模式，建立山地森林为主，平原防护林相辅，五河十路绿色廊道相连，城镇村庄绿化镶嵌，“一城、两带、三网、多点”为一体的森林生态网络体系，实现森林资源空间布局上的均衡、合理配置。

(1) 一城：北京城近郊区的绿化，重点是两道隔离地区的绿化建设。

(2) 两带：燕山太行山山地森林生态建设带和京东南林水结合生态保障带。

(3) 三网：平原地区的水系林网、道路林网和农田林网建设。

(4) 多点：市域范围内的14个卫星城、33个中心镇为主的城镇绿化建设。

灌草结合、近自然结构的森林。同时，还建设几条穿越整个城市、有足够宽度的森林带，从而构成城市森林生态环境保障体系的主体框架，再与林网化和水网化相结合，构建起城市森林生态网络体系。

(4) 在手段上，要运用最新的景观生态学原理、地理信息系统和卫星遥感等技术手段，对城市景观格局、城市森林分布格局、污染源分布格局、热岛分布格局等本底特征进行全面的分析，针对现实城市存在的污染问题和潜在的发展方向进行规划设计，基于上述技术建立城市景观动态监测系统，从而保证城市森林生态环境建设的健康发展。

目前，一些城市已经开始按照林网化与水网化的城市森林建设理念，以景观生态学和城市生态学等理论为指导，制定城市林业发展规划。2003年以来，上海、北京、广州等城市先后制定了未来城市森林建设规划，为其他城市提供了很好的借鉴。

四、城市森林建设的实施技术

（一）总体控制措施

1. 将城市林业与城市布局结合起来，使城市功能分区的特征更为显著

城市森林不是城市与森林的简单拼凑，而是二者达到合理布局、密切融合形成的一个全新的森林生态系统。要以城市规划和城市森林规划为依据大力发展城市林业，使城市借助于森林和以林木为主体的绿色隔离带的合理配置，发挥城市森林对建筑用地的切割作用，将经济开发区、居民小区、商贸金融区等隔离开，使城市功能分区的特征更为显著，使城市景观格局更为改善，并有效地消除或减轻城市不断扩大所产生的城市热岛效应、大气污染、噪声污染等负面影响。

2. 建设城乡绿地相连的森林体系

城市森林建设总体框架要与农村林业建设的总体框架相结合，以提高城乡林业的建设的配套性和互补性。城市保护和建设的自然或近自然的大面积的片林，以及城市范围内河流、公路、铁路等沿线的主干生物廊道和防护林体系，要与农村边缘的森林连成一体，农村的大面积片林和村镇、水体、农田、公路、铁路沿线的防护林网建设，要一直延伸至城市边缘，与城市内部的森林体系连成一体，从而加强城市森林内部各种组成成分之间的生态连接，提高城市森林生态系统的稳定性，并有效地溶解城市边缘，实现城乡森林一体化。

3. 将城市森林建设与水体保护结合起来

对于一个城市来说，森林是“城市之肺”，而河流、湖泊等各种湿地则是“城市之肾”，城市因为有了森林和流动的水体而风景优美，空气清新，景色宜人。城市森林建设要与城市水体保护有机地结合起来，一方面较好地发挥森林净化地表径流、吸收重金属等污染物的功能，使城市的水体得到较好的保护；另一方面，充分利用城市水体的功能改善森林生长繁育的环境，以促进森林绿地形成更为完善的植被结构和更为强大的生态功能，从而实现更为优美的生态景观和更为显著的生态环境价值相统一的目标。

4. 充分利用原有植被和原生地形地貌的生态价值

随着城市范围不断扩大，城市森林建设涉及的土地越来越多，新建城市和城乡结合部向城市化过渡的地带，在进行城市林业布局，特别是进行树种选择、森林配置模式选择和以林木为主体的植被配置模式选择时，要充分利用原有的森林植被、林草植被、古老的林木和原生的地形地貌的自然生态价值，通过合理的设计使之成为城市森林的组成部分，这样既可以反映城市的历史，也能体现自然的韵律，使它们的生态价值、文化价值、历史价值更充分、完美地表达出来，使城市森林在整体上具有更深的历史和文化底蕴。

5. 将森林与其他植被整合成有机的城市绿地体系

中国作为一个人均土地资源相对稀缺的国家，在城市森林建设上要以空间上的多层次

配置来实现森林绿地植被的多功能发挥，使之能够较好地满足城市居民对森林绿地的多种需求。为了扩大或增加城市林业用地的功能容量，城市森林建设要与园林建设、草地建设有机地结合起来，建成各种植被和园林建筑在空间上的有机叠加，各种功能相互补充、各种绿地紧密相连的城市生态环境保障体系，从而以相对较小的人均森林绿地面积，达到净化、绿化、美化城市的目的。

6. 将以生态效益为主的生态公益林作为城市森林的主体

城市森林不能单纯从资源或类型的角度去理解，而是一种包含众多人为建筑景观在内、受多种因素干扰的新型森林生态系统。它的环境服务功能是第一位的。因此，要强调保护原有的地带性天然植被，人工林也应该是近自然的模式，这种近自然就是提倡建设以群落建群种为主，借鉴地带性自然森林群落的种类组成、结构特点，尊重群落的自然演替规律。

7. 现代城市森林建设要与城市化进程同步

城市森林建设既要针对城市现有的状况，同时更要考虑城市的发展趋势和可能产生的新问题进行长远的规划。因此无论在建设规模、树种配置等技术环节，还是在整体布局的规划上，都要考虑城市未来的发展需求，对于规划的林地和林带要有一些预留空间，这样既有利于其他行业或产业的参与，带动相关产业的发展，也有利于吸收各方面的力量参与城市森林建设。

（二）树种选择与植物群落配置技术

树种规划是城市林业规划的重要组成部分，树种规划的好坏关系到城市森林建设的速度与质量。树种规划要以当地的气候、土壤、水文等条件为依据，在充分了解植物的形态特征、生态习性的基础上进行制定，以保证有步骤、科学的实现城市林业的可持续发展，为城市的可持续发展服务。

为满足城市森林建设的特殊需要和丰富城市森林景观，在城市的森林景观中应包括绿化树种的引种育种规划。我国许多城市缺乏合理的引种育种规划，在城市森林建设中发现需要某种树种则直接从外地调拨，而因两地气候条件或土壤条件的不同，常常会出现树种不能很快适应而死亡或长势长期不得恢复的现象，浪费了宝贵的建设资金又影响了绿化建设的顺利进行。

1. 树种选择技术

树木是构成城市森林最基本的组成要素，科学地选择城市森林树种是保证城市森林发挥多种功能的基础，也直接影响城市森林的经营和管理成本。

（1）大力发展各种高大的乔木树种。在我国城市森林建设用地十分有限的情况下，要达到以较少的城市森林建设用地获得较高生态效益的目的，必须发挥乔木树种占有空间大、寿命长、生态效益高的优势。比如德国城市森林树木达到12m高时修剪6m以下的侧枝，林冠下种植栎类、山毛榉等阔叶树。我国的高大树木有着丰富的物种资源，30～40m的高大乔木树种很多，应该广泛加以利用。在高大乔木树种选择的过程中除了重视一些长寿命的基调树种以外，还要重视一些速生树种的使用，特别是在我国城市森林还比较落后的现实情况下，通过发展速生树种可以尽快形成森林环境。

（2）要按照我国城市的气候特点和具体城市绿地的环境需求选择常绿和落叶树种。乔木树种的主要作用之一是为城市居民提供遮荫环境。在我国，大部分地区都有酷热、漫长的夏季，冬季虽然比较寒冷，但阳光比较充足。因此，我国的城市森林建设在夏季要能够遮荫降温，在冬季要透光增温。而现在许多城市的城市森林建设并没有这种考虑，偏爱使用常绿树种。有些常绿植物引种进来了，许多都处在濒死的边缘，几乎没有生态效益。一些具有鲜明地方特色的落叶阔叶树种，不仅能够在夏季旺盛生长而发挥降温增湿、净化空气等生态效益，而且在冬季落叶增加光照，起到增温作用。因此，要根据城市所处地区的气候特点和具体城市绿地的环境需求选择常绿与落叶树种。

(3) 选择推广本地带及附近野生或久经栽培的“建群种”，追求城市绿化的个性与特色是城市森林建设的重要目标。地区之间因气候条件、土壤条件的差异造成植物种类上的不同，乡土树种是表现城市森林特色的主要载体之一。使用乡土树种更为可靠、廉价和安全，它能够适应本地区的自然环境条件，抵抗病虫害、环境污染等干扰的能力强，尽快形成相对稳定的森林结构和发挥多种生态功能，有利于减少养护成本。因此，乡土树种和地带性植被应该成为城市森林的主体。建群种是森林植物群落中在群落外貌、土地利用、空间占用、数量等方面占主导地位的树木种类。建群种可以是乡土树种，也可以是在引入地经过长期栽培，已适应引入地自然条件的外来种。建群种无论是在对当地气候条件的适应性，增加群落的稳定性，还是在展现当地森林植物群落外貌特征等方面都有不可替代的作用。

(4) 在城郊森林建设中，要应用一定数量的经济植物，以满足农民的需要。在城郊森林建设中，因林地整体布局的需要往往要占用农民的土地，或者是林地的建设对农作物的正常生长产生不良影响，此类问题解决不好，常会引起农民对城市森林建设的抵触情绪，甚至会引发农民破坏造林成果。在城郊森林植物选择时，应选用一些经济植物，满足农民发展经济的需要。

在农民正在经营的经济植物中，有许多本来就是很好的绿化材料，应当积极加以应用。城郊森林建设结合农民的经济植物种植，应尊重农民的意见，必要时还应根据城市森林建设规划的需要对农民经济植物的种植区域作适当的布局。同时，根据城市森林发展规划，提倡并指导农民进行绿化苗木的培育，不但可以减轻供苗压力，而且可以引导农民发展特色经营，提高农民的生活水平。

2. 模式配置技术

城市森林中除了保留原有的森林绿地以外，更主要的是要营建一些新的林地。我国许多城市在森林绿地设计中，设计者最关注的就是视觉效果，选择植物的标准主要是色彩、花色、形状以及组合的图案如何，设计上趋于模式化，很多东西都是盲目生搬硬套外国的做法，而很少从城市所在地区气候环境条件和对人体身心健康影响的角度考虑。比如热衷于搞草坪或稀树草坪。这种模式对于处在高纬度的国家如芬兰、挪威、俄罗斯、瑞典、加拿大等国家是适宜的，因为这些国家冬季漫长而严寒，其余季节气温不高，即使在盛夏季节也很少有酷热。人们特别珍惜阳光，有太阳照耀是一种难得的享受。所以许多城市公园、街区的公共绿地，在设计上都会考虑人们享受阳光的需求，植物组合中会有意识地增加一些草坪和疏林草地模式。而我国的情况则不同，我们没有很好的城市森林本底，因此，应该更多的发展以乔木为主的城市森林绿地模式。

(1) 以乔木为主体，建设复层结构的森林绿地。森林是陆地上生产力水平最高、物种组成最为丰富的生态系统，根本原因就在于森林具有最大的包容性。森林是由乔木、灌木、草本、藤本植物以及以这些植物和森林环境为生境的各种生物构成的一个复合体。因此，林木（包括乔木和灌木）、藤本植物、草本植物并不是互不相容的，在城市里只是为了满足人们的某种需要而被强行割裂开来。因此，我们学习国外的某些经验要结合我国土地少、人口多的实际情况，在城市森林建设时要以林木为主体，主要采取乔灌草结合的复层模式，在有限的土地上发挥森林各个成分的优势，产生最佳的生态效益。

（2）重视绿化植物对人体健康的影响。城市森林建设的宗旨是要改善城市环境，为居民提供舒适健康的生产生活环境。因此，有利于人体的健康是第一位的。不同的树种、不同的森林绿地类型具有不同的人体保健功能，在城市绿化材料选择的时候，应该根据不同的环境需求进行树种选择和合理配置。另外，还要考虑植物可能带来的负效应。过去我们只知道杨柳飞絮等植源性污染会给人带来危害，而对植物体其他分泌物方面研究的很少。城市森林建设过程中，对于不同树种和不同植物组合与人体健康的关系要进行更全面深入的研究。

（3）加强建筑物的垂直绿化。城市里用石料、钢筋水泥搞的建筑是产生“热岛效应”的主要原因之一。我国城市建成区建筑密度大，绿化建设用地稀缺，垂直绿化是拓展城市绿化空间的有效途径。垂直绿化就是在建筑物或附属建筑物上，利用攀缘植物有组织、有计划地进行的空间绿化。攀缘植物生长速度快，绿化占地少、覆盖面积大，能够增加城市绿量，有效减缓城市热岛效应，在我国的城市绿化建设中应该大力发展。

（4）提倡自然和近自然的森林绿地配置模式。城市森林的主体应该是自然和近自然的森林绿地，因此除了保护原有的林地资源以外，对于新增的森林绿地要在树种选择和模式配置上提倡近自然的配置模式，讲究“师法自然”。近自然的森林绿地建设模式并不是完全照搬自然，要考虑城市的特点和人体的需求。自然界的森林类型千姿百态，并不是所有的自然植被组合都是适合于城市环境和有益于人体身心健康的。因此，近自然的城市森林配置模式，一方面是强调模拟自然植被结构，提高森林绿地结构的多样性和系统的稳定性，获得自然美；另一方面突出乡土植被在城市森林建设中的地位和作用，体现地方特色。通常来说，生态系统的复杂性导致稳定性。对于一个完整的自然生态系统，一般是由生产者、消费者、分解者和无机环境四个部分构成，各个成分之间是通过食物链、食物网结构发生联系，实现系统内的物质循环、能量流动和信息传递过程，这是系统能够抵抗各种干扰，维持稳定的根本所在，也是系统发挥改善环境功能的基础。因此，我们所提倡的森林模式，完全不同于现在一些城市里采用的所谓“疏林草地”模式，是要形成自然或近自然式的森林的结构和环境（地上和地下都是多层次、多物种、多生境等）。

五、城市林业的经营管理

城市林业就是对城市森林的经营和管理，而经营和管理的最主要目标就是要获得最佳的生态效益，同时也要兼顾文化教育、景观游憩、经济生产等其他功能。城市森林的经营与管理不仅直接影响城市森林本身各种效益的发挥，而且还涉及维护成本的问题。因此，城市森林的经营与管理不完全等同于传统的森林经营，必须考虑城市环境的特点和多种功能需求，考虑与人的关系，包括人类活动干扰对森林绿地造成的压力。从我国城市森林绿地现在的管理情况来看，这方面的许多观念和做法需要改进和提高。

1.从生态系统的角度来经营城市森林

城市森林不是一种简单的森林类型，而是为城市环境提供服务的一种生态系统，是城市生态系统的组成部分。因此，对城市森林的经营管理要以森林生态系统经营的理论为主体，在整体上要保持城市森林各种组成成分之间的有效连接，使生态系统内部的物质流、能量流、信息流和物种流的途径通畅，重点要发挥核心林地和贯通性主干森林廊道的作用；在具体的森林绿地经营管理上，要尽量保持林地的自然属性，采取自然或近自然的管理方式。

（1）强调保持城市森林的生物多样性

城市森林改善环境的功能除了依靠植物个体的作用以外，更主要的是要发挥整体的效应。城市森林绿地要以乔灌草混合的复层模式为主，提高生物多样性，增强城市森林生态系统的稳定性和生态功能。目前，许多城市无论是林地还是草坪都采取了近乎相同的管理方式。林下通常是草坪，要经常浇水、施肥、除草、修剪、防病虫害，也不允许林木的枯枝落叶留在林地里。森林里的灌木和草本对于改良土壤非常重要，但在城市里的许多做法都是与这种认识相矛盾的。不论是处于水热条件很好的南方，还是处于相对干旱的北方，城市里的林地通常都是光光的或单一草种构成的草坪，这种类型的林地无法形成有效的自我维持机制，生物多样性降低，林地的滞尘效应、水土保持能力等生态功能也不高。因此，城市森林建设要多发展混交林模式，尽可能保持森林绿地的复层结构。

（2）提倡对城市森林绿地实行以近自然管理为主的经营措施

城市森林的管护，不论从美化的角度，还是基于卫生的考虑，都不能破坏系统内部的流通渠道。以德国为首的欧洲国家在对人工林进行了长期大面积实践的基础上，提出了著名的"近自然林业理论"。城市内各种类型的城市森林，都属于人工植被，与人工林在稳定性、生态效益等方面存在很大的相似性。以此为参考，从提高城市森林稳定性、生物多样性等多种生态效益的角度出发，要尽量保持城市森林的自然属性，实行近自然的管护。城市森林近自然的管护并不是任其自然，而是要转变管护人员的职能，帮助城市森林建立自稳定维持机制。实行近自然管护的城市森林，不像纯粹的园林绿地那样娇贵，人们可以置身其中，体验自然的芬芳气息。另外，近自然的城市森林管护有利于增加生物多样性，减少水资源消耗和人力物力投入，应该成为城市森林管理的主要方式。

2. 对城市森林绿地实行轮休养护

城市森林绿地就是为城市居民提供休闲服务的，城市居民可以在林地、草地上游玩、休憩。国外许多城市的森林绿地都是开放式的，游人可以随意在林间草地上行走，这是与这些国家人口少的特点分不开的。我国城市人口多，城市森林绿地的人均占有量相对很少，有限的森林公园难以承受过多的人类活动干扰，完全照搬国外的模式不适合中国的国情和城市的市情，因此许多公园的森林绿地都限制游人入内活动。要改变这种状况，一方面必须改变我国城市森林绿地建设模式，更多的发展森林绿地而不是草坪，更多地使用乡土植物，增强森林绿地的抗干扰能力；另一方面为了避免对某些类型的城市森林因受到过度的人为践踏而造成难以恢复的不良后果，可对城市森林实行轮休，使遭到破坏的城市森林得到恢复，而在林地少、无法进行轮休的地方，可以实行季节性封护。

3. 转变城市森林管理方式

过去，城市发展规模不大，环境问题也不十分突出，特别是城市周围有很多保存完好的大片林地、水体，有一个比较好的环境本底。人们需要城市里多一些鲜花、多一些园林小品。因此，追求视觉效果的设计和管理模式是适合于当时社会发展需要的。但随着社会的发展，城市规模的不断扩大，城市的环境本底也发生了很大的改变，人们更关心城市生态环境的改善，开始追求回归自然。因此，城市森林作为城市里惟一能够满足人们这种需求的场所，要适应这种变化，转变城市森林绿地的管理方式，使城市森林更加自然化、生态化。

第13章 乡村林业

乡村林业是指在传统林区以外的广大乡村地区开展林业生产活动的总称。在平原（牧区）因地制宜地建立乔灌草结合、农林（牧）复合生态经营模式和土地利用模式，大力发展以农田（牧场）防护林、生态经济林和用材林、能源林为主的乡村林业，对于促进城乡经济社会统筹协调发展，改善乡村生态环境，保障农牧业生产，调整农业和农村经济结构，解决林业发展、林区繁荣和林农增收等问题，这对于深入贯彻落实科学发展观，实现我国全面建设小康社会宏伟目标，建设社会主义新农村具有极其重要的作用。

改革开放30年来，我国乡村林业的发展取得了举世瞩目的成就。正确认识乡村林业，从农户和联户为切入点，积极探讨乡村林业对于改善农村、林区家庭生计策略的意义，即单个小农户对抗脆弱性、社会保障乃至社会文化等方面的意义。基于宏观政策考虑和微观农户需求，乡村林业已经被纳入21 世纪的“三农”政策中，在新农村建设发挥着重大作用。在长期的政策引导和农户实践中，目前主要的基层管理模式有：基于少数民族乡土知识和乡土文化的传统社区组织管理模式；农户自我组织通过乡规民约等方式，促进森林可持续经营和社区整合的社区自我组织管理模式；以及引入市场手段，辅以政策优惠进行调节和规范的市场导向的组织模式。通过发展乡村林业的基层管理模式，强调使政府的生态建设目标与农民的经济发展目标相统一，切实保护农民利益，充分调动农民从事林业生产和森林生态保护的积极性。

第一节　乡村林业的概念和作用

一、乡村林业的概念

乡村林业指的是在传统林区以外，农村地区林业发展活动的总称。乡村林业是农民生产生活的重要组成部分，一般来说，林业活动与其他生产生活活动相组合，以维护和改善土地特征和农作生态系统的可持续管理，满足家庭和社会多种产品和服务需求。

农村是一个相对于城市而言的地理上的区域。在中国，农村很容易与城市分开。城市的土地是国有的，而农村的土地是集体所有的。城市人享受就业、医疗、最低生活保障、住房等社会化保障体系，而农村人大多难以享受。然而，国际上没有关于农村的统一的科学的定义。在我国，现代汉语词典的解释：“农村以从事农业生产为主的聚居地”。农村应当以耕地为主要生产对象，以栽培农作物和饲养牲畜为主业，具有一定的空间尺度的区域。改革开放以后，农村和城市的界限越来越模糊，越来越多农村人到城市工作，越来越多户口在农村的家庭已经不再从事农业生产活动。反而，一些城里人到农村承包土地，开展农业生产，最典型的例子，在我国东北资源枯竭型城市，政府鼓励下岗职工到农村中从事蔬菜种植，猪、羊、牛养殖等工作。在地理概念中的农村，越来越多的城市新居住区、工业区涌现出来，另一方面农村也在工业化，乡镇企业和农民企业家是新时期我国农村发展的主要动力源之一，亦工亦农的乡村人口和区域越来越多。在少数十分富裕的农村，如江苏省华西村，工业化程度比许多西部大中型城市还高，居民享受的福利比城里人好多了。

乡村林业在我国具有特定的内涵，我国农区林业的发展成就举世瞩目。我国绝大多数森林分布在农村地区，58% 的林地由集体所有。即使是国有林地，其中的很大部分由农村社区来经营，或传统上是当地社区采薪、打猎和收集非木材林产品的场所。作为一个有五千多年农耕历史的伟大民族，我国的绝大多数森林已经不处于原始荒野的状态，而成为农村中人、畜牧、农田组成农作生态系统重要的组成部分。因此，乡村林业，就是突出一个视角，即以农村、农民和大农业的视角来思索我国广大农村地区林业的发展。我国林业、林区和林农是“三农”问题的重要组成部分，我国55%的国定贫困县在山区，全国38%的山区县是贫困县，50%以上的贫困人口分布在山区。

二、乡村林业与农民生计

正确理解林业与农民生计、农户生计策略的关系是以“三农”视角探讨乡村林业发展的最重要的前提。近年来，我国工业化发展很快，城市化率每年提高1%。我国农村人口在全国人口的比重在60%左右，而其中小农户占绝对的比例。林业是小农户生产生活系统的重要组成部分，图13-1 展示了农户生态系统中林业与农牧业、农村居民之间相互依存的关系。

有农民、有农户才能组成农村，一个农户总是处于特定的历史、社会文化、经济和机构、政策环境中。正确去理解一个农户，一个农户的包括林地资源在内的自然资源利用决策行为，一个农户生态系统，就需要分析农户所在村庄的历史和自然资源概况，当地文化、社会、经济特征。农户的决策同时也会受到国际政治经济、技术变迁等方面的冲击或影响。农

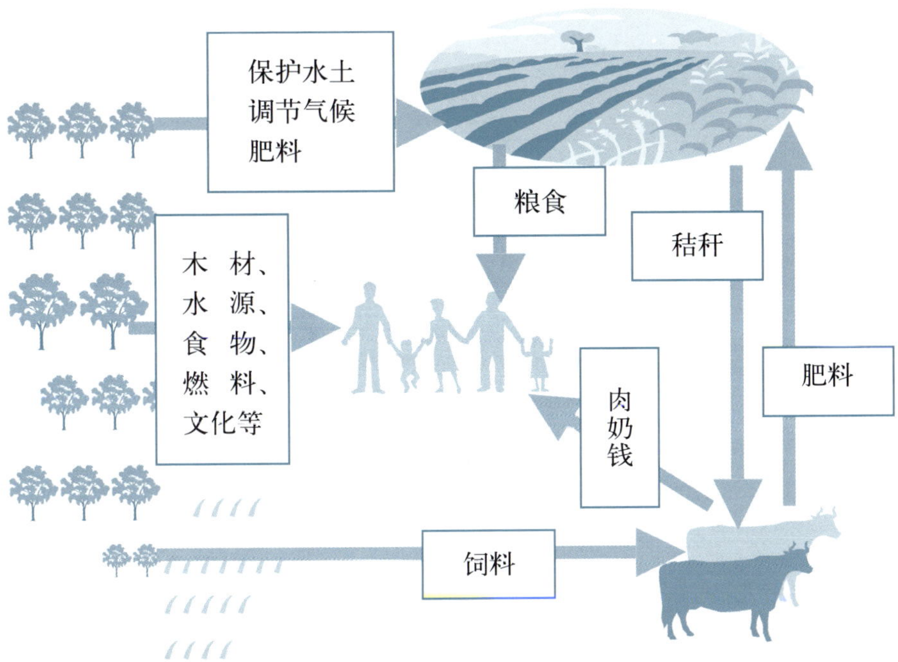

图13-1 林业对小农户生产系统的贡献

户的生产生活决策都是在特定的村庄中做出的，因此需要进一步分析当地的社会阶层、权力结构，宏观国家政策变迁、全球化、技术变革等方面对特定的农村社区的含义。

生计比收入有更为广泛的涵义，它指生存所需的全部资源。生存所需的资源不仅仅是经济上的，也包括其他方面，如在农村林地收集薪材和在集体牧场上放牧等。1991年，世界环境与发展委员会提出了“可持续生计”的概念，指的是农户家庭能够维护和提高自然资源生产力，能够保障农户在家庭财产、自然资源利用和管理、农户收入活动等方面权利，拥有食物、现金等储备，以满足农户基本需求，抵抗自然和社会风险对农户生产和生活的影响”。可持续生计十分关注自然资源政策协调、消除农村贫困，实现自然资源可持续地利用和改善农村人群的福祉。

从农户角度看，各种生产生活决策和行为尤为关注农户本身抵御各种自然和社会风险的能力。社会学家或者人类学家讲的生存策略，就是指农村家庭为了缓解庄稼欠收，自然灾害或其他任何较激烈的异常社会经济变动而使家庭陷入贫困的方法。这种策略适应于所有的农村小农户。小农户减少家庭生计脆弱性的方法有很多，比如旱地多采用林农间作的方式，即使一种歉收或绝收了，另一种作物还可以保留下来。小农户家庭收入渠道多元化，追逐更多的非农就业机会。小农户饲养家畜不一定是一种经济行为，不完全是生产牛奶、猪肉。社会学家更愿意将它看作农户的一种储蓄行为，类似城里人把钱存到银行里。在林业上也同样，很多农户在心理上把林业看成一种长期的储蓄行为，政府也认识到这一点，称谓之“绿色银行”。

森林与社区居民的关系是复杂的。对于不同的社区，森林与人类的关系表现的形式是不一样的。在工业化的国家，富人对森林的期望是如何改善生活质量，如清洁的环境、美丽的景观、公平的休闲机会等。而贫穷国家和在富裕国家的穷人，期望森林能为他们提供基本的需求，如食物、材料、社区文化以及安全等。森林的产品通常为社区提供食物和基本的生活需求，带来经济收入和作为农业发展的投入。在长期的作用下，社区的生产和生活与所处的森林环境相协调，包括社区的社会文化结构和人民的生活方式。

对大多数乡村群众，森林食品丰富群众饮食的多样性，提高了可口性。特别是在粮食收获之前，森林食物对家庭的食物自给自足十分重要，粮食收获前的食物不足在森林社区是经常发生的。在有自然灾害的年份，森林的食物和用森林产品交换食物对社区的粮食安全非常重要。森林还能提供许多药材，在森林社区森林产品的药用价值往往和文化价值紧密相连。

森林和某些森林产品还被社区赋与文化和“迷信”的价值，从而影响社区的历史、宗教、艺术、体育等。许多植物和动物被认为是有“神”的作用或其他文化内涵。有些树种作为宗教树种，或用于制作宗教仪式用的工具。一些森林食品还特别用作庆祝丰收季节和喜庆节日。

森林的作用对不同的社区，社区中不同的农户、男人和女人、不同年龄层次的人是不同的。在一个社区中，一般来说，森林产品对社区中穷人的作用更大。出售林产品可以为穷人带来收入。尤其是人口多，农用土地紧张的社区，粮食安全和收入更加依赖于出售林产品。由于更适合于妇女工作，妇女较多的参与与森林有关的劳动。妇女的收入，与男人相比更依赖于收集森林产品。在尼日利亚的西部，妇女27%的非农收入来源于林产品，而男人只有10%。

三、乡村林业在新农村建设中的作用

中共中央、国务院《关于加快林业发展的决定》指出："林业为国家经济建设和生态状况改善做出了重要贡献，对促进新阶段农业和农村经济的发展，扩大城乡就业，增加农民收入，发挥着越来越重要的作用。"中央提出的"生产发展，生活宽裕，乡风文明，村容整洁，管理民主"的新农村建设二十字方针，均与乡村林业发展密切相关。

1. 乡村林业是生产发展的重要内容

农村生产发展是社会主义新农村建设首要目标，实现这一目标，必须依靠农林牧副渔全面发展，发展林业是农村生产发展的重要内容。一是林业是农村经济的重要组成部分。农村是林业的主战场，农民是林业的主力军，通过发展林业，利用好林地这一非耕地资源，可以拓展农村经济的发展空间。二是发展林业有利于改善农业的生态环境。森林具有调节气候、涵养水源、保持水土、防风固沙等功能，在改善农村生产环境等方面发挥着独特效能。三是乡村林业提供了木本粮油、果品、菌类、山野菜等各种绿色食品，对保障我国的粮食供应安全，改善国民食物结构，提供人民生活水平具有十分重要的作用。四是乡村林业可以提供大量优质饲料。树木，特别是灌木，生产的叶、枝条、花、种子等，可以直接作为或加工成饲料。据估算，我国木本饲料资源每年约为6亿～8亿吨，可供3.2亿只羊单位的载畜量。

2. 发展林业是实现农村生活宽裕的有效途径

农民增收，是农村生活宽裕的前提条件。林业在促进农民增收方面能够发挥独特的作用。林业产业的经济效益日益显著。果品、木本粮油、桑蚕业、竹产业等传统林业产业，森林旅游、森林食品、花卉、药材等新兴林业产业的不断发展，已经成为拉动农民收入增长的重要因素。国家林业重点工程的范围涉及我国97%的县，基本覆盖了我国农村地区，农民通过参加退耕还林、风沙源治理等工程获得的钱粮补助，已经成为农民收入的重要组成部分。退耕还林工程实施7年来，已使1.2亿农民直接受益，监测显示，1999～2004年，退耕农户每年纯收入中来自退耕的补贴在930～1150元之间，占农户年均总收入的比例达9%～12%。

3. 发展林业是促进乡风文明、实现村容整洁的重要措施

乡村文明整洁，是农村社会发展向现代化迈进的一种显著标志。发展林业，一是提高农民生态道德意识。通过乡村绿化建设，促进人与自然和谐相处，提高自身修养，形成良好的生态道德意识，有助于农民改变传统的生活观念和生活方式。二是绿化美化农村生态环境和人居环境。农村生态环境是农民生活质量提高的必要条件，通过构筑农田林网、增加村庄和农户院落的林草覆盖，发展庭院林业，能使农民的家居环境、村庄环境、自然环境和谐优美。

4. 发展林业是推动农村管理民主的重要手段

管理民主是通过民主决策和民主监督，使农民获得参与农村经济、政治、文化和社会事务的权利。集体林权制度改革是当前广大集体林区发展林业的重要途径，土地是农民的命根子，林地和林木的所有权、经营权、处置权和收益权，是广大农民群众在从事林业生产过程中最关心、最直接、最现实的利益问题。集体林地占全国林地的50%以上，由农民自己管理好和经营好这一重要的生产资料，不仅能落实农民各项合法权益，还能提高农民群众的法律意识、民主意识和参政议政能力，是推进农村民主管理的重要途径。福建、江西等南方重点

集体林权制度改革实践证明，这项改革是集体林区经济社会发展的一项重大变革，随着这项改革在全国的全面推开，势必极大地促进我国广大农村和林区的民主管理进程。

第二节　乡村林业发展的主要技术模式

我国幅员辽阔，自然社会经济条件南北东西变化很大。我国是一个古老的农业国家，农业起源于森林，从采集草木种实、捕猎野生动物，到刀耕火种，逐步演变为林业与农业、牧业、渔业和其他产业相结合的综合生产模式，并与农村家居文化相统一的农村生活形态。长期以来，我国农民在与风沙、水土流失、盐碱等自然灾害长期实践中，形成了丰富的农林复合的土地利用模式，林业成为农业生产、农民生活和农村兴旺发达的重要组成部分。我国政府对服务于农民、农村和环境的林业发展予以高度重视，我国防护林和农用林业的研究和发展水平处于世界上先进的地位。

一、农用林业

在乡村林业发展中，农用林业（agro-forestry）发挥了特殊的作用，它是一种古老的土地利用方式，也是当今乡村林业发展的重要技术模式。国际农用林业研究中心（ICRAF）于1982年将农用林业概括为：一种土地利用系统和工程应用技术的复合名称，是有目的地将多年生木本植物与农业或牧业用于同一土地经营单位，并采取时空排列法或短期相间的经营方式，使农业、林业在不同的组合之间存在着生态学与经济学一体化的相互作用。农用林业在综合考虑社会、经济和生态因素的前提下，将乔木和灌木有机地结合于农牧生产系统中，具有为社会提供粮食、饲料和其他林副产品的功能优势。同时借助于提高土地肥力，控制土壤侵蚀，改善农田和牧场小气候的潜在势能，来保障自然资源的可持续生产力，并逐步形成农业和林业研究的新领域和新思维。

农用林业模式所采用的树种，多为多用途树种。一般来讲，农用林业中的大多数树种都生长得很快，常具有固氮的作用。多用途树种具有生产性和服务性双重功能。生产功能主要指的是“四料”（木料、肥料、饲料、燃料）、木本粮油、药材、纤维等。服务功能包括地力维护、防护作用、遮荫作用、水土保持等。

农用林业模式的结构可从空间序列和时间序列来分析。农用林业系统中植物组分的不同空间安排可以形成多年生植物高密度种植（如庭院林，幼林间作）和低密度种植（如大多数林牧系统，以农为主的林农间作）。树木可以是一种，也可以是多种。树木以不同宽度的呈有规律或没有规律的带状或条状分布。带状和条状分布的形式也是多种多样的，有单行式的（如林农间作），多行式的（如巷式间作），块状式的（如农田中的小片林）(专栏13-1)。树木亦可离散的分布，呈有规律的（如大多数遮荫树的设计）或无规律的（如单株树木分布于农田中）。农用林业时间序列的形式也是多种多样的。可以是轮作，如轮垦，2～4年经营农作物，然后是长时间的休闲。也可以是随树木生长，不断调整其他组分，如幼林下间作农作物，然后是放养畜牧，最后是耐荫的中药材或养食用菌。

种间关系是农用林业的一个研究重点，即农用林业中树木、农作物、畜牧各组分间的关系。种间关系的研究包括物理关系、生物关系、生物物理关系和生物化学关系等方面。既于

专栏13-1

云南德宏州的农用林业

德宏州为少数民族集聚地，当地传统农用林业已延续上千年的历史。粮食作物主要是水稻、旱稻、小麦、玉米、豆类、草药等。

1. 主要模式

(1) 果粮间作。主要经济林树种有：杧果、荔枝、柚子、石榴、龙眼、黄果、石榴、桃、柑橘、咖啡、梅子、木瓜、香蕉、板栗、橡胶、茶叶、紫胶等。

(2) 林粮间作。主要用材树种有：杉木、秃杉、柳杉、柚木、思茅松、棕榈、桉树、桤木、石梓、香椿、西南桦、楸木、米老排等。薪材树种主要有铁刀木。

农田防护林。以竹林为主。

2. 间作方式。主要有5种

(1) 农作物种子与木本植物种子一起混合播种，如思茅松与旱谷混播。

(2) 在幼林郁闭前，在株行间种植农作物，如杉木间作玉米和旱稻。

(3) 在农用耕地中或地梗边种植木本植物，如在菠萝地中撒播思茅松，梗边种植香椿和棕榈。

(4) 农户在砍山时有意识留下野生树种，如桤木与旱稻间作。

(5) 刀耕火种的游耕民族在天然林中开荒而形成的林粮间作。

上述的研究，农用林业系统合理的管理能保证当草本植物和木本植物在竞争光、营养元素和水分时两者尽可能地协调。

农用林业系统基本生态过程和生态连续性也是研究的一个重点。主要内容包括系统物质循环、能量流动、生产力、生物多样性、稳定性、土地承载力、及人类干预对这些基本生态过程和生态连续性影响的研究。它揭示农用林业系统的运动规律，是制订农用林业系统管理技术的理论基础。与单一经营相比，农用林业基本生态过程和生态连续性更加复杂。刘金龙对长江中下游湿地池杉—小麦+黄豆复合系统的研究表明：池杉4、5年复合系统营养元素生物循环率分别为36.4%和44.3%，高于纯农作系统营养元素生物循环率（约10%），而低于森林生态系统营养元素的生物循环率（约70%）；复合系统营养元素的生物循环率在年际间有较大幅度的变化，而纯农作物和森林生态系统则是基本稳定的。这一规律至少说明农用林业的土壤肥力管理不同于纯农作物系统且更加复杂。

农用林业能够调节小气候、改良土壤，为农业生产创造有利的外在条件。小气候调节效应主要包括防风效应、水热效应等。其中，防风效应尤为突出，据淮北平原蒙城农业综合试验区多年观测表明：以黑杨为主体的东西向主林带和南北向副林带，配合侧柏、紫穗槐及牧草地面覆盖，综合防风效能达35%～40%；黄淮海平原地区银杏—杨树混交生态经济复合林带4月～6月期间可使防护农田风速降低18.9%。水热效应主要表现在调节空气温度湿度、降低农作物蒸腾或牧草蒸腾耗水强度等方面。据高椿翔等（2000）研究：株行距3m×15m的枣粮间作系统、4m×25m的桐粮间作系统、3m×20m的杨粮系统在小麦灌浆期期间，对比单作麦田，可分别降低气温1.2～5℃、0.4～2.3℃和1～2℃，相对湿度分别提高5%～10%、7%～10%和6%～11%，可有效地减轻了干热风对小麦的危害。土壤改良效应主要表现在改善土壤物理属性、改良盐碱地、提高土壤肥力等方面。河北景县董庄村林网化实现前后，地下水位由2.4米降至4.2米，土壤含盐量由0.4%～0.5%降至0.08%；太行山低山丘陵区苹果园栽培平菇可使0～50cm土层土壤有机质含量提高45.8%，速效氮含量及速效钾含量分别提高31.0%、39.3%。

农用林业可以最大限度地提高气候和土地等资源的利用率。孟平等研究证实：河北省饶阳黄淮海平原农林复合系统试验示范区内平均光能利用率、水分利用率、热量利用效率则分别比旷野平均提高了25.00%、10.33%、11%左右；王忠林等（1998）报道：渭北旱塬淳化县的复合农林业体系可使农作物光能利用率和能量转换效率分别提高 52.64%和42.89%，且旱年农作物光能利用效率提高的幅度高于雨水相对丰沛的年份；张劲松等（2001）指出：太行山低山丘陵区苹果生姜间作系统土地当量值可达1.64，总体土地利用率比单作果园高64%。

农用林业可以增加农民收入，实现经济和环境的协调发展。截止1998年，三北地区已营造的240万公顷农田防护林，有65%的农田得到林网的保护粮食年增产1000多万吨。据宋兆民等（1990）对黄淮海平原农区营造5年的3个万亩综合防护林体系的经济效益进行分析，结果表明：综合防护林体系可获得219.6万～331.9万元的总产值，其中直接效益平均为187.4万元，间接效益平均为88.104万元。产投比值达到为1/10，投资回收期仅为3年，对当地农业经济的发展起到巨大的推动作用。

在我国农村，人口众多，土地资源有限，生态环境建设任务繁重，减少耕地，扩大林业用地，提高林木覆盖率、改善环境，都是不可能的，也是不现实的。而农用林业能很好解决的“农林争地”的矛盾，为协调粮食增产、经济发展和环境建设之间的矛盾提供了重要的思路。

总之，农用林业是一项多种群、多功能、低投入、高产出、持续稳定的复合经营系统，在解决农林争地矛盾、挖掘生物资源潜力、协调资源合理利用、改善与保护生态环境、促进粮食增产及经济的持续发展等方面具有重要的理论和实践意义，充分体现了农用林业在中国农业可持续发展中的重要地位。随着我国农业产业结构进一步调整和优化、农业可持续发展战略的推进，农用林业将会有更为广阔的发展空间。

二、生态经济综合经营模式

人多地少是基本国情之一，但同时，我们也创造出了许多“物尽其用、地尽其力”的综合经营模式，尤其是在山区。在发展策略上，把经济发展和环境保护作为一个整体来对待，在山顶、水系源头保留天然林或恢复成生态功能良好的近自然植被，在山腰、低山、丘陵发展用材林、经济林，开展林下种植药材和农作物。十分重视群众的基本生活需求，把贫困群众的粮食需求、燃料需求等放在重要位置。比如建设和实施基本农田制度，发展薪炭林、农村小水电、沼气、节材灶等综合的措施。采取综合开发的措施，集种植业、养殖业、加工业、以旅游为代表的第三产业如一体，辅以市场开发、中介机构拓展等，从整体上提升贫困地区群众的社会资本、物质资本的储备和开发能力。就土地利用系统而言，采取小流域综合治理、农林复合生态系统等因地制宜、综合规划的方法。

在河北邢台，开展了政府驱动的小流域综合治理，在保障基本农田的基础上，发展林果业、畜牧业，实现了经济生态综合效益（专栏13-2）。而在浙江临安县，在加强自然保护区保护和森林管理的同时，发展竹笋、山核桃、竹产品加工、生态旅游，建立伙伴关系，促进森林管理决策的形成机制，非木质林产品的产业已成为农户收入的重要的组成部分（专栏13-3）。

专栏13-2

河北邢台南峪村生态经济沟模式

全村8300亩山地，按小流域分成10个单元，对每条流域进行全面的规划设计，组织施工和植被建设。以麻峪沟为例，总面积2175亩，先后共修水平梯田390亩，沟状梯田286亩，低产田退耕90亩。山顶种植刺槐825亩，山腰种植板栗，山脚种植苹果，坝地种植玉米和小麦，经济林和农田采用集约经营技术，实施良种，配比施肥，灌溉等综合措施，达到稳产高产。村委会组织购买了良种兔和鸡提供给农户饲养。

这种以小流域为单元，因地制宜建设以林果为主的农林牧合理配套的生态经济系统，包含工程措施和生物措施优化组合，通过科学治理和生产要素的合理组装，形成了立体经营，土地综合利用，农林牧协调发展的经济结构，获得良好的生态、社会和经济效益。

专栏13-3

浙江临安市以林为主的综合经营

1. 实施分类经营。规划生态公益林12.26万公顷，占林业用地总面积的47.6%。山上采取大面积封山育林，全面禁止烧炭、开荒种粮和禁用全垦整地，使天然阔叶林得到有效保护。

2. 加强保护区建设。提出了“加强保护、积极开发、合理利用，以开发利用促进保护”的方针。保护区范围扩大到1.08万公顷。此外，建立了1个生态经济示范林场，2个省级生态建设示范乡镇，3个生态示范村。

3. 建立资源管护网络。重点是四大网络建设，即护林组织队伍网络，森林防火网络，森防森检网络，林业资源信息管理网络。建立了五个森林资源保护管理体系，即森林资源保护管理协同作战体系，森林分类经营体系，森林资源动态监测体系，森林资源保护管理技术保障体系，森林资源保护管理考核制度体系。

4. 制定优惠政策，培育非木质林产品和生态旅游产业等支柱产业。根据临安的具体情况，确定了“东竹西果”的发展战略，即临安东部地区以发展三竹（菜竹、毛竹、笋干竹）为主，西部地区发展干果为主，重点山核桃基地。在基地开发上实行“统一规划，连片种植，分户经营，谁种谁有，长期不变”；在资金投入上实行“政府扶持引导，银行贷款支持，农民投资经营”；积极鼓励科技人员到农村承包、租赁、兴办经营开发实体。

竹林业：目前，笋竹型庭园林业户已发展到3万多户，临安成为“江南最大的菜竹园”。临安市有笋干竹林1.5万公顷，进行低产笋干竹林改造后，生产加工“嫩、淡、燥、鲜”的直尖笋干，经济效益显著提高。临安市有毛竹林1.8万公顷，年采400余万支，对毛竹进行了全竹利用，竹材加工竹地板、竹丝、竹席、竹筷及各种工艺品等，竹梢加工脚手片，竹枝加工扫把或毛料，竹叶用于覆盖笋用竹林，提早出笋期。

林果业：临安市西部是山核桃的最主要产区，在素有“中国山核桃第一镇”之称的岛石镇，山核桃面积达8万余亩（5330公顷），全镇18 172人，2001年产山核桃1942吨，销售收入4855万元。仅此一项，全镇农民人均收入2671元，占人均收入3803元的76.7%。

目前，临安有山核桃面积33万亩（2.2万公顷），占全国总面积的57%；常年产量2500吨，占全国总产量的68%，2001年，全市产量达6173吨，加工企业达221家，年加工山核桃5220吨，销售收入1.54亿元，创历史最高记录。产品包括炒果类、手剥山核桃、仁类等三大主打系列产品和糕点、油、酒等辅助产品。

生态旅游业：2001年游客人数达200万人次，旅游综合收入超过10亿元。

5. 建立伙伴关系。把临安市范围内所有与森林可持续经营利害攸关的人们组织起来，建立了一种自愿的伙伴合作关系，致力于传播新的森林经营思想。

第三节 乡村林业的基层管理模式

乡村林业的发展需要使政府的生态目标与农民的经济发展目标相统一，切实保护农民利益，充分调动农民从事林业生产和森林生态保护的积极性。乡村林业必须把农村发展、新农村建设等联系在一起研究，把乡村林业持续发展和农村发展联系在一起，使林业成为农村综合发展、协调发展的一个模式。乡村林业的发展，不是一个管理模式所能概括，它必须与当地村民传统的实践活动，风俗习惯，依赖森林资源生产、生活的文化类型、土地所有制等密切相关。在乡村林业发展过程中，必须尊重当地人的愿望，林业发展需要建立在农民自愿参与的基础上，需要尊重当地林业传统知识，充分发挥乡规民约在林业发展中的作用，需要关注开发活动和环境治理的协调统一。

（一）传统社区组织管理模式

中国有数千年的文明史，包含传统上村民认识、利用和管理森林的文化和知识。传统的森林管理是村民千百年来积累和流传下来的森林管理制度和技术。传统制度主要包括乡规民约和与森林相关的宗教和文化。云南一些少数民族地区乡规民约历史非常悠久，在云南楚雄紫溪山，刻于石碑上的“护林碑记”有数百年的历史。傣族地区的“龙山林”和哈尼族的“圣山”等各式各样的分水林，一方面看具有一些唯心主义的迷信色彩，另一方面看却保护和维持了社区内部的组织结构和可持续森林管理方式，并与社区群众间协作互助精神维持、日常生活需要等各方面都有密切的关系。政府改变了过去认为是“愚昧和落后”的认识，积极引导支持传统森林管理知识的发扬和创新，并使之成为森林管理的力量之一。在西双版纳勐宋哈尼族和广南县那洪村，政府引导村民制订了相当完善的乡规民约，由头人、村长、族人组成管理委员会监督执行，遵守乡规民约成为全体村民的自觉行动，从而达到了社区森林持续利用和保护的目的。生活在湖南、广西等地的侗族，在长期的山地利用和管理实践中，形成了“轮歇”、放火林带、发展人工林等好的森林经营方式和乡规民约等森林管理内部制度，风水林、神山等带有迷信色彩的制度客观上起到了保护天然林资源的效果。

（二）社区自我组织管理模式

改革开放以后，我国各级政府十分重视农村基层组织建设，然而未能扭转农村，尤其是山区农村基层组织的缺失，山区农村村庄绝大多数处于“弱控制”状态。林业生产的外部性很强，一个小农户采伐、集材道修建、病虫害防治、施肥等森林经营活动，会对周边农户产生影响，森林防火、病虫害防治等活动十分需要社区共同的努力。这就很容易理解，只有促进社区农户自我组织起来，促进社区的整合，森林可持续经营才有可能实现。在西双版纳，组织了“村森林管理委员会”，该委员会与全体村民一道制订村森林管理的乡规民约，保护森林资源和野生动植物资源。在一些开展得较好的生态旅游地区，参与生态旅游的农户以一定的规则组织起来，分工与协作，规范了本地旅游服务，提高了旅游产品的质量，比如社区中的能歌善舞者组成歌舞会，来丰富社区旅游者的乡土特色的文化生活等。在安徽霍山，中荷扶贫项目将农户组织起来，可持续利用天然林资源发展竹材加工、食用菌生产等（专栏13-4）。

专栏13-4

安徽省霍山县社区组织模式

在中荷扶贫项目的支持下，社区林业子项目按照采取参与式方法、提高社会性别意识和环境保护意识的项目基本思路，实现减轻贫困和改善环境。主要活动包括：

(1) 农户林业：种植经济林、改造低产林地等农户的林业活动；经济林病虫害防治；参与式方法与林业实用技术培训；森林资源保护；

(2) 农民经济自助组织建设：农民专业协会；社区发展资金；农产品加工；

(3) 加强部门协作，增强社区和相关参与部门人员的素质。

为了确保项目的可持续作用，社区自助组织在支持村两委的农村经济工作中，起到了政府部门难以起到的作用。2000年以来，项目支持建立的农民经济自助组织（农民专业协会）已经达到了10个，主要是"栗农协会"、"林农协会"、"竹农协会"，农户人数达到1083人/户。农民自助组织增强了农村社区的自我管理能力和自我发展能力，帮助贫困农户提高了经济收入，加快了减贫脱贫的步伐；通过加工业增加了农村的闲散劳力和妇女的就业机会，对于稳定农村社会环境起到了积极作用，农民在自我管理、自主决策的过程中，提高了协会一班人自我管理、自负盈亏、共担风险、跻身市场、服务社区的能力。

例如在太阳乡大岭村，120户竹农自愿参与建立了农民入股的股份制竹加工作坊，报名参加协会的农户100户，入会人口404人，占全村人口的26%。会员农户每户以入股的方式筹集股金100元,民主选举成立了竹农协会。竹加工活动的开展,解决了边远山区因交通困难、信息闭塞，卖竹困难的问题。作坊建立的当年，竹加工产值达到16.5万元，除了折旧、提成资金外，发放会员参与劳动工资近8.8万元；协会会员由100人/户增加到120人/户，直接参与项目活动的会员114人/户，与56人/户会员签订了长期合同。参与劳动的会员人均月获得报酬150～220元不等，签约的固定工会员人均月获得报酬325元，最高月收入者工资可达到500元以上。在毛竹加工作坊做工的114名会员中女性就有81人，通过毛竹的机械加工使毛竹的附加值增加1.5倍，综合利用率由开始的60%提高到90%以上，日生产加工消耗原竹100余根以上，预计全年可加工毛竹3万多根。现在他们可生产寿司卷餐帘、食品罐、竹杯、竹碗等4大类20多种产品，并通过省、市外贸途径对外销售。

（三）市场导向的组织模式

目前我国林业改革进入了一个新阶段，引入市场手段调节山林流转、规模经营和集约经营，并针对林权的许多要素建立起规范的市场和交易网络，对促进乡村林业的发展也具有十分积极的作用。同时，鼓励社会向林业部门的投资，特别是私人投资向林业领域的倾斜。由此发展出不少成功的市场导向模式，主要有公司＋农户、公司＋基地、公司＋协会，以及这几者互相组合的其他模式等。在河南省灵宝县，在当地政府的支持下，组建农民协会，将农户果品生产组织起来，并与果品加工企业联合有效地促进了土地、资金、技术和劳动力的有效联合，保护了林农利益，促进了当地果品加工业的发展（专栏13-5）。

专栏13-5

河南省灵宝县企业+协会+农户的发展模式

河南省三门峡市灵宝县，国土面积3011平方千米，其中山区面积占国土总面积49.2%，丘陵占40.1%，平原仅占10.7%。国土总面积中，耕地面积大约5.43万公顷，比重较小，且地块破碎，80%分布在丘陵山区，坡耕地面积大，耕地质量较差，不适合发展传统的耕种农业，农户收入比较低。当地农户传统上有种植苹果的习惯，但近几年来苹果价格连年下滑，加上生产苹果的劳动成本高，生产效率低，导致部分地区有砍树毁园现象。针对这种情况，灵宝县远村天然食品有限公司在当地丘陵地及荒坡地带的5个乡镇，建设了5万亩的酸枣基地，采取公司＋协会＋农户的方式进行合作，寻求改变生计模式、发展山区经济的新路。

其合作方式为：由远村公司承担基地建设期间的全部投资，包括物质材料、土建工程、灌溉设备、农机农具、土地补偿金、人工费、培训费等，以及在生产期间提供生产所需的原辅材料，包括农药、化肥、种苗等，以及在此过程中的有关技术支持；由农户负责生产期的所有劳动投入，包括栽植、管护、采摘和其他必要的劳工等；由农户专业协会负责果品的集中和运输。在基地建成的前三年，产果由远村公司和农户进行5：5分成，即农户产果的50%必须按照公司的收购价卖给公司，公司保证收购价不低于市场价。3年之后，农户的全部果品可以自由选择按照最低保护价卖给远村公司，也可以自由向市场销售。

这样的模式下，由公司负责建起技术培训服务机构，与农户行业协会相衔接，为农户提供技术支持和市场渠道，并解决了单个农户无法进行农田建设的问题；另一方面，公司通过农户协会建立起自己的基地，并通过与农户协商的方式建立收益分配制度，保障农户从基地建成到生产期这3年过渡期的受益，不但有利于农户通过行业协会建立与市场的联系，也通过这种长期的机制保障了公司投入的回收，避免了外来果品收购者的恶性竞争。

第14章 林业生物质材料

林业生物质材料是以木本植物、禾本植物和藤本植物等天然植物类可再生资源及其加工剩余物、废弃物和内含物为原材料，通过物理、化学和生物学等高科技手段，加工制造的性能优异，环境友好，具有现代新技术特点的一类新型材料。其应用范围超过传统木材和制品以及林产品的使用范畴，是一种能够适应未来市场需求、应用前景广阔、能有效节约或替代不可再生矿物资源的新材料。国际社会积极地发展生物质材料产业是基于基础材料供给、能源短缺、经济持续增长和环境安全的战略性长远规划，森林及产出物正在成为一种新的战略资源，对林业产业实现跨越性发展具有不可估量的影响。

我国林业生物质材料科学源于林业工程相关材料科学与技术，主要是在传统木材科学与技术基础上成长起来的新型交叉学科。在林业生物质材料进展方面，从节约资源、保护环境、可持续发展以及建设社会主义新农村角度，简述生物质材料产业发展的现实意义；从资源供给、科技支撑和产业发展等方面描述了产业发展基础和潜力；在研究国内外进展、趋势和应用前景的基础上，提出了林业生物质材料九个重点研发领域与方向。同时简述了化学资源化生物质材料、功能性改良生物质材料、生物质结构工程材料和特种生物质复合材料四个重点产业领域的进展。

第一节 林业生物质材料发展背景

生物质（Biomass）是指利用太阳能经光合作用合成的所有有机物或间接利用光合作用的产物形成的有机物质，其可供给资源是指来自植物、动物和微生物可再生的资源。森林系统是世界上最大的可加以利用的生物质资源库。林业生物质主要包括木材、采伐与间伐的木材剩余物、薪材、林地上的灌木、生物能源原料林，木材一次、二次加工剩余物，造纸废弃物，城镇木材废弃物及其内含物等，具有可再生性和环境友好性，只要培育方法科学，经营方法得当，可以成为一种取之不尽、用之不竭的资源。

林业生物质材料（Biomass materials）是一类加工制造性能优异，环境友好，附加值高的新材料，应用前景十分广阔，能有效节约或替代日益枯竭、不可再生的矿物质资源材料和产品。我国地域辽阔，林业生物质资源十分丰富，林业生物产业有巨大的市场需求，加快林业生物质材料的研究与开发，对于落实科学发展观，发展循环经济，建设节约型社会和建设社会主义新农村，实现经济社会可持续发展具有重大战略意义。为在未来的国际竞争中抢占制高点，必须大力开展林业生物质材料的研究与开发。为此，推动林业生物质材料科技与产业进步，已成为一项刻不容缓的任务。

一、发展林业生物质材料的意义

（一）节约资源、保护环境和实现经济社会可持续发展的需要

现今全世界都在谋求以循环经济、生态经济为指导，坚持可持续发展战略，从保护人类自然资源、生态环境出发，充分有效利用可再生的、巨大的生物质资源，加工制造生物质材料，以节约或替代日益枯竭、不可再生的矿物质资源材料。因此，世界发达国家都大力利用林业生物质资源，发展林业生物质产业，加工制造林业生物质材料，以保障经济社会发展对材料的需求。

近些年，我国经济的快速增长，在相当程度上是依赖资金、劳动力和自然资源等生产要素的粗放投入实现的。例如，2003年我国消耗的各类国内资源和进口资源约50亿吨，其中原油、原煤、铁矿石、钢材、氧化铝和水泥的消耗量分别约为世界消耗量的7.4%、31%、30%、25%和40%，而创造的GDP只相当于世界总量的大约4%，表明我国经济快速增长中付出了高资源消耗强度的代价。近年来我国矿产资源紧缺矛盾日益突出，石油、煤炭、铜、铁、锰、铬储量持续下降，缺口及短缺进一步加大，面临资源难以为继的严峻局面。据有关最新资料统计，中国45种主要矿产的现有储量，能保证2010年需求的只有24种，能保证2020年需求的只有6种。由此可见，在我国大力发展林业生物质材料产业，生产林业生物质材料，以节约或替代矿物资源材料更是迫在眉睫，刻不容缓。随着国家生物经济的发展和建设创新型国家战略的实施，我国林业生物质材料产业的快速发展必将在国家经济和社会可持续发展中保障材料供给发挥越来越重要的作用。

（二）我国实现林农增收和建设社会主义新农村的需要

我国是一个多山的国家，山区面积占国土总面积的69%，山区人口占全国总人口的56%。近年来，国家林业局十分重视林业生物质资源的开发，特别是在天然林资源保护工程实施以后，通过加强林业废弃物、砍伐加工剩余物以及非木质森林资源的资源化加工利用，取得显著成效，大大地带动了山区经济的振兴和林农的脱贫致富。全国每年可带动4500万林农就业，相当于农村剩余劳动力的37.5%。毫无疑问，通过生物质材料学会，沟通和组织全国科研院所，研究和开发出生物质材料成套技术，培育出生物质材料新兴产业，实现对我国丰富林业生物质资源的延伸加工，调整林业产业结构，拓展林农就业空间，增加林农就业机会，提高林农收入，改善生态环境和建设社会主义新农村具有重大战略意义。

（三）实现与国际接轨和参加国际竞争的需要

当前，人类已经面临着矿物质资源的枯竭。因此，如何以生物经济为指导，合理开发和利用林业生物质材料所具有的可再生性和生态环境友好性双重性质，以再生生物质资源节约或代替金属和其他源于矿物质资源化工材料的研究，已引起国际上广泛地重视。为此，世界各国纷纷将生物质材料研究列为科技重点，并成立相应的研究组织，或将科研院所或高等院校的“木材科学与技术”机构更名或扩大为“生物质材料科学”机构，准备在这一研究领域展开源头创新竞争，率先领导一场新的产业革命。如美国众议院通过一项农业法案，批准在2003～2007年每年拨款1400万美元，以资助生物质材料研究；美国明尼苏达大学将“木材和纸张科学学院”更名为“生物基产品学院”；新组建的澳大利亚科学院—新西兰林科院联合体（ENSIS）设有“生物质材料研究中心”；日本东京大学研究生院将“木材科学专业”更名为“生物质材料专业”。我国最近颁布的《国家中长期科学和技术发展规划纲

要（2006～2020年）》已将农林生物质综合开发利用列为重点领域农业领域的优先主题加以研究。因此，完善我国生物质材料研究和开发体系，有利于进行国际学术交流和参加国际竞争，提高我国生物质材料科学研究水平。

二、林业生物质材料发展基础和潜力

（一）发展林业生物质材料产业有稳定持续的资源供给

太阳能或者转化为矿物能积存于固态（煤炭）、液态（石油）和气态（天然气）中；或者与水结合，通过光合作用积存于植物体中。对转化和积累太阳能而言，植物特别是林木资源具有明显的优势。森林是陆地生态系统的主体，蕴藏着丰富的可再生资源，是世界上最大的可加以利用的生物质资源库，是人类赖以生存发展的基础资源。森林资源的可再生性、生物多样性、对环境的友好性和对人类的亲和性，决定了以现代科学技术为依托的林业生物产业在推进国家未来经济发展和社会进步中具有重大作用，不仅显示出巨大的发展潜力，而且顺应了国际生物经济发展的潮流。我国林业具有丰富的生物质资源优势，现有森林面积1.75亿公顷，森林蓄积量124.56亿立方米，其中人工林面积达0.53亿公顷，蓄积15.05亿立方米，位居世界第一。近年实施的六大林业重点工程，已营造了大量的速生丰产林，目前资源培育力度还在进一步加大。此外，丰富的沙生灌木和非木质森林资源以及大量的林业废弃物和加工剩余物也将为林业生物质材料的利用提供重要资源渠道，这些都将为生物质材料的发展提供资源保证。

（二）发展林业生物质材料研究和产业具有坚实的基础

长期以来，我国学者在林业生物质材料领域，围绕天然生物质材料、复合生物质材料以及合成生物质材料方面做了广泛的科学研究工作，研究了天然林木材和人工林木材及竹、藤材的生物学、物理学、化学与力学和材料学特征以及加工利用技术，研究了木质重组材料、木基复合材料、竹藤材料及秸秆纤维复合／重组材料等各种生物质材料的设计与制造及应用，研究了利用纤维素质原料粉碎冲击成型而制造一次性可降解餐具，利用淀粉加工可降解塑料，利用木粉的液化产物制备环保型酚醛胶粘剂等，基本形成学科方向齐全，设备先进，研究阵容强大，成果丰硕的木材科学与技术体系，打下了扎实的创新基础。近几年来，我国林业生物质材料产业已经呈现出稳步跨越、快速发展的态势，正经历着从劳动密集型到劳动与技术、资金密集型转变，从跟踪仿制到自主创新的转变，从实验室探索到产业化的转变，从单项技术突破到整体协调发展的转变，产业规模不断扩大，产业结构不断优化，产品质量明显提高，经济效益持续攀升。2006年，全年林业产业总产值达到10 652.22亿元（按现价计算，呈现出强劲的发展势头，其中人造板产量7428.56万立方米，居世界第一位；机制纸及纸板产量6804.28万吨，木浆产量253万吨，居世界第二位；松香类产品产量91.54万吨，出口量达30万多吨，均为世界第一生产大国和出口大国；竹材产量13.12亿根，其中毛竹8.71亿根，篙竹4.41亿根，分别占全部竹材产量66.36%和33.64%。

我国学者围绕天然生物质材料、复合生物质材料以及合成生物质材料方面做了广泛的科学研究工作，研究了天然林木材和人工林木材的生物学、物理学、化学与力学和材料学特征以及加工利用技术，研究了木质重组材料、木基复合材料、竹藤材料及秸秆纤维复合／重组材料等各种生物质材料的设计与制造及应用研究，研究了利用木粉的液化产物制备环保型酚醛胶粘剂等，基本形成生物质材料科学体系。

（三）发展林业生物质材料适应未来的需要

材料工业方向必将发生巨大变化，发展林业生物质材料适应未来工业目标。生物质材料是未来工业的重点材料。生物质材料产业开发利用已初见端倪，逐步在商业和工业上取得成功，在汽车材料、航空材料、运输材料等方面占据了一定的地位。随着林木培育、采集、储运、加工、利用技术的日趋成形和完善，随着生物质材料产业体系的形成和建立，相对于矿物质资源材料来说，随着矿物质材料价格的不可扼制的高涨，生物质材料从根本上平衡和协调了经济增长与环境容量之间的相互关系，是一种清洁的可持续利用的材料。生物质材料将实现规模化快速发展，并将逐渐占据重要地位。

（四）发展林业生物质材料产业将促进林业产业的发展，有益于新农村建设

中国宜林地资源较丰富，特别是中国有较充裕廉价的劳动力资源，可以通过培育林木生物质资源，实现资源优势和人力资源优势向经济优势的转化，利于国家、惠及农村、富在农民。

发展林业生物质材料产业将促动我国林产工业跨越性发展。我国正处在传统产业向现代产业转变的加速期，对现代产业化技术装备需求迫切。林业生物质材料技术基础将先进的适应资源特点的技术和高性能产品为特征的高新技术相结合，适应了我国现阶段对现代化技术的需求。

（五）发展林业生物质材料产业需改善管理体制上的不确定性

不可忽视的是目前生物质材料产业还缺乏系统规划和持续开发能力。林业生物质材料产业的资源属林业部门管理，而产品分别归属农业、轻工、建材、能源、医药、外贸等部门管理，作为一个产品类型分支庞大而各产品相对弱小的产业，系统的发展规划尚未列入各管理部门的规划重点，导致在应用方面资金投入、人才投入较弱。

此外在管理和规划上需重点关注的问题有：

（1）随着林业生物质材料产业的壮大，逐渐完善或建立相应的资源供给、环境控制、收益回报等政策途径。

（2）在实践的基础上，在产品和地区的水平上建立林业生物质材料产业可持续发展示范点。

（3）以基因技术和生物技术为主的技术突破来促进生产力的提高。

（4）按各产品分类，从采集、运输和产品产出上降低成本，提高市场竞争力。

（5）重点发展环境友好型工程材料和化工材料等，开拓林业生物质材料在建筑、装饰、交通等方面的应用。

（6）重点开展新型产品在不同领域的应用性研究，示范并推动林业生物质材料产业的发展。

（7）从长远战略规划出发，进一步开展生物质材料产出与效率评估、生物质材料及产品生命循环研究。

第二节　国内外进展、趋势和应用前景

林业材料科学从20世纪80～90年代开始在国外得到迅猛的发展，发生众多惊人的变化，

相应地在新材料领域逐步促进并形成林业生物质材料产业。首先从材料研究对象上发生了很大的变化，由以木本植物为研究对象，逐步扩展和研究草本植物和藤本植物，将整个林业生物质资源都纳入了研究视野，进行全方位研究，为提高林业生物质资源效率和保障资源供给提供科学基础。在研究范围上也发生很大的变化，实行“一个中心，两个结合”的研究模式，由以研究木本植物基本性质为中心，外延到两端，一端外延到研究它与源头资源培育的相关原理，一端外延到研究它对末端培育产品的影响机理，形成一条完整研究链，为林业全行业科技进步提供科学理论。在研究林业生物质资源利用技术上也有很大的拓宽，由研究机械加工的物理利用技术，拓宽到研究化学利用技术和生物科学技术，融合多学科、多技术、高新手段，综合利用林业生物质资源，为提高林业生物质资源利用价值和增加林业生物质产品种类，提供科学依据。在研制产品上也发生了很大的变化，产品门类增加了，由研究加工制造木制品类产品，扩展到研究以木材为基体与其他各种有机和无机物复合制成木材所不具有的多功能特性或特殊功能特性的新材料，如木材/无机非金属复合材料、木材/金属复合材料、木材/塑料复合材料、木材陶瓷材料、木材防真材料等，为扩大林业生物质材料应用范围和增加林业生物质材料种类提供科技支撑。在研究林业生物质可视度上发生了更大的变化，由宏观肉眼或光学显微镜下可视度，深入到高分辨率透射电子显微镜、扫描电子显微镜、原子力显微镜下细胞壁分子水平上可视度，在揭示物质精细结构上有了飞跃的进展，为提高林业生物质资源培育和利用水平提供科学指导。

一、在林业生物质材料生、理、化特性及其生物形成领域

（一）林业生物质材料生、理、化特性

1. 最新进展

林业生物质材料结构、成分与性能是研究木本植物、草本植物、藤本植物等林业生物质材料及其衍生新材料以及为这些材料的加工利用技术提供科学依据的一门生物的、化学的和物理的基础学科。主要研究生物质材料自身的内部组织与结构形成规律、物理、力学和化学特性，为后续对生物质材料进行机械加工或化学加工或机械化学加工的制材技术、干燥技术、保护技术、分离与合成技术、无损检测技术、着色处理技术等提供科学指导。本研究方向最新进展表现为注重从传统木质生物质材料学科基础上的外延，即以林业生物质材料基本性质研究为中心，加强材料性质与林木培育和材料加工利用关系的研究，为林木培育和生物质材料加工提供基础数据和科学依据。同时，根据资源结构变化，该研究方向将研究对象由传统的天然林生物质材料转移到人工林生物质材料以及其他非木材生物质材料如竹材、藤材等。此外，本研究方向强调与其他学科的交叉和融合以产生新的研究方向，如木质材料的化学资源化、木质材料结构工程材料学等。

2. 发展趋势

由于林业生物质材料利用将是21世纪中国乃至世界引人注目的重要课题，关系着人类的生存和发展，世界各国对木材、竹材等木素纤维素结构、成分与性能的研究予以充分重视。主要发展趋势表现为：

（1）林业生物质材料解剖学：研究对象范围不断扩大，正在将木质生物质材料扩展到竹材、藤材和及其他禾本、草本植物和藻类植物；此外，有关利用X射线断层摄影术重建木材

细胞壁各层微纤丝三维结构和模型，超微结构与细胞壁力学研究，木材纹理等定量化技术的研究正在引起重视。

（2）林业生物质材料物理学：更加突出生物质材料物理改性方法及机理的研究，生物质材料水分散失过程中高效节能干燥方法与技术的研究。

（3）林业生物质材料化学：更加关注化学资源化利用技术的研究，如采用生物催化剂或菌种，将天然的生物质材料（木质素和纤维素等）合成为与有机高分子相似的结构或性质更优异的高分子；通过进行纤维素的嵌段共聚和接枝共聚的研究，改善纤维素和其他高聚物的组合方法，从而获得性能较好的新材料；通过对木质素进行脱甲基化、羟甲基化等改性处理，提高木质素的反应活性，改善木质素与其他化学物质的反应能力，从而提高木素聚合物的性能；开展木质纤维素材料在苯酚、多元醇等有机溶剂中的液化研究，实现木质纤维素材料的整体应用；通过液化木质纤维素材料与甲醛、异氰酸酯等的聚合反应，获得具有生物降解性的新材料。

（4）林业生物质材料力学：注意拓展到结构工程学领域，研究木材等生物质材料及其衍生新材料作为工程材料应用时的力学性质和行为，研究生物质工程材料的强度特征值与容许应力，生物质工程材料力学强度的无损检测技术，建筑结构用生物质工程材料的性能评价等。

3. 应用前景

林业生物质资源具有可再生性且十分丰富，我国可利用的林业生物质资源较丰富，有较大的开发利用前途，其中人工林面积达7.99亿亩，蓄积15.05亿立方米，位居世界第一，人工林生物质材料将有可能取代天然林生物质材料成为我国主要的生物质材料资源。此外，还有丰富的竹、藤、沙生灌木和7亿吨左右的秸秆等非木质生物质资源可以转化利用。这些都将为林业生物质材料工业的发展提供资源保证。深入开展生物质材料结构、成分与性能的科学研究，可以促进生物质资源利用技术的研究和开发，进而推动生物质新材料的生产制备，实现生物质材料产业的快速发展，为国民经济实现可持续发展，创建循环型经济，建设节约型社会提供科技支撑。

（二）林业生物质材料生物形成及其对材料性能影响

1. 最新进展

林业生物质材料生物学形成规律与机理的研究是当今林业科学、木质生物质材料科学及生物质材料加工工艺学交叉学科发展最活跃的前沿课题之一。随着天然林资源的减少，世界各国对发展人工林木材、竹材、藤材等生物质材料十分重视，有关人工林木质生物质材料生物学形成规律与机理的研究早在20世纪80年代就已列为国际上新的研究方向和讨论热点。在2005年8月澳大利亚召开的国际林联第22届世界大会上，林产品学部共设有20个专题，其中直接涉及人工林木质生物质材料生物学形成规律与机理研究的专题就有10个。由此可见，时至今日关于生物质材料生物学形成规律与机理的研究依然是国际上的研究热点或前沿。其特点是：以人工林木材质量评价为中心，结合物理学、化学、力学、生物学、环境学、生态学、遗传学、育林学、加工学等学科进行多学科综合性研究，从研究生物质材料解剖学、物理学、化学、力学与营林培育和加工利用关系的现象入手，进而进行综合、分析、归纳人工林木材的特点和规律与营林培育和加工利用的关系，为林业生物质材料的定向培育和高效加工利用提供科学依据。

2. 发展趋势

林业生物质材料生物学形成规律与机理比较复杂，它涉及到培育和加工利用整个林业生产过程，横跨生物质材料科学，森林培育，经营管理以及生物质材料加工工艺学等多种学科，因此，必须依靠多学科结合，多部门配合，来协同攻关完成。

在林业生物质材料性质遗传变异模式与规律方面：在提高生物质形成速度的基础上，重点研究分子遗传标记、木素基因转移、木素形成基因分离和克隆、木材主要性质的基因定位、木材纤维分子数量遗传学等遗传改良技术，提高木材等林业生物质材料基本性质的遗传稳定性。

在材料性质与培育关系方面：首先，从人工林生物质材料的性质特征及其变异规律研究入手，并与数量遗传相结合，在摸清其各种性质指标如纤维长度、微纤丝角、纹理角、基本密度、干缩性质、化学组成及力学性质指标的个体、种源、无性系变异规律及遗传力大小的基础上，进行有效选择和杂交育种。其次，将从人工林营林管理措施方面入手，由原来研究单一措施对性质的影响，向综合营林措施对性质的综合影响方面努力。由于营林措施较多，性质指标也较多，存在着一个根据目标性质要求来培育的问题。因此可以根据目的和要求，在研究各种营林措施对所要求性质指标影响的基础上，建立目的人工林的森林培育和经营模式，同时，通过性质与生长培育之间的关系模型确立最佳培育措施来做到定向培育，从而直接指导人工林的生产。

在材料性质和加工利用关系方面：首先弄清人工林生物质材料的性质与各种加工利用产品质量之间的关系，从而根据性质的具体指标以及性质与各种加工利用产品质量之间关系对加工利用的影响来确定优化加工工艺和合理利用方式，以达到因材加工和适材适用的目的。其次，根据人工林生物质材料的特点，通过物理和化学的方法来对人工林生物质材料进行功能性改进，扩大利用范围。

3. 应用前景

林业生物质材料生物学形成规律与机理是基于生物质材料基本性质的研究，一方面，通过生物质材料性质与营林培育关系的研究，可以探明不同遗传因子、立地条件和栽培措施对性质影响的规律，有助于研究和制订最佳林木选育措施和栽培技术，真正达到速生、丰产、优质和多用途指标的统一，以满足国民经济各部门对生物质材料质量越来越高的要求，即定向培育；另一方面，通过生物质材料性质与加工利用关系的研究，可以探明生物质材料性质对生物质材料加工利用的影响原理，为根据生物质材料性质制订优化加工工艺和利用途径提供科学依据，从而真正做到合理利用、高效利用，使有限的生物质材料资源得到充分利用。

二、林业生物质材料理化改良与化学资源化

（一）林业物质材料理化改良

1. 最新进展

世界各国对林业生物质材料改性研究都特别重视，在木材、竹材、藤材及其产品干燥、保护、功能性改良等多方面都进行了大量研究。

（1）林业生物质材料干燥：林业生物质材料干燥特别是木材干燥的发展历史较久，但由于技术水平的限制，人们对生物质材料特别是干燥的机理、传热传质过程等还远没有认识清

楚。目前国内该学科的主要开展木材干燥质量与节能方面的研究，研究木材干燥过程中的传热传质、应力应变、质量控制与节能、特种干燥方法以及干燥过程中材性的相关研究等。对于木材的预干处理、常规蒸汽干燥、高温干燥、真空干燥、除湿干燥、太阳能干燥及加压干燥等方法都有研究，但大多为应用研究，理论研究较少。在基础研究方面近年来较多涉及的是木材干燥过程中的传热传质的研究，如预热处理对木材内部传质的影响、高频(微波)-真空条件下木材内部的传热传质过程的研究等。但在高温干燥过程中的传热传质、干燥应力应变的发展及木材干燥数值模拟方面有待研究。

国外在木材干燥的数值模拟研究方面开展较多，如加拿大、澳大利亚、新西兰及芬兰等；应用数值计算进行木材干燥过程中传热传质的模拟，有的对干燥过程中应力应变的发展进行模拟。这些对于深入理解和改进实用的干燥操作都有很大的用途。但木材干燥是一个非常复杂的过程，它既包括传热传质过程，也同时包括应力应变的产生与发展过程，全面的木材干燥过程数值模拟是目前国际木材干燥界所面临的一个挑战。有效的模拟是在较宽的干燥条件下预测木材干燥的质量及应力发展，可以帮助改进干燥过程。

（2）林业生物质材料保护：欧洲、美国、日本、印度等对生物质材料腐朽、变色、虫蛀的生物损害以及生物损害机理进行研究，在生物质材料防腐、防虫、防变色技术基础研究方面取得了较大进展。美国木材防腐者协会(AWPA)、欧盟、澳大利亚都非常重视生物质材料防腐剂及防腐木材产品标准的研究与制定，都基本建立了完整的质量分析、检测标准体系，而我国在这一领域的标准研究与制定还很薄弱。在新型环保生物质材料防腐剂的研发方面，由于实施《关于持久性有机污染物（POPS）斯德哥尔摩公约》、防治环境激素污染的大力推动，促进了环保性木材防腐、防虫、防变色药剂研究的快速发展。为提高低毒防腐剂硼化物在木材中的固着性能，美国、日本等对硼化物的分子结构进行化学修饰，期望用于室外；波兰近年来针对木材腐朽菌，合成筛选研发出新木材防腐剂；德国、比利时等公司进行了新木材防腐剂的研发。中国、日本学者开展天然高分子产物如甲壳素、亚麻油、部分木材抽提物、木质素的性能研究，探讨其用做木材防腐剂的可能性，也有学者探讨了木材天然耐久性与抗菌抗虫性的相关性。在工程木材与木基复合材料防腐技术方面，国外在木结构中所使用的胶合板、LVL 及集成材等工程木材一般需要进行防腐处理。参照实木防腐处理标准，防腐胶合板、防腐集成材在北美、澳大利亚、欧洲都有较详细的防腐剂及载药量技术标准。在北美，澳大利亚等对胶合板、LVL 、集成材、OSB防腐剂与处理技术都进行了大量研究，获得了能有效应用于生产的工程木材与生物质复合材料防腐技术。

（3）林业生物质材料功能性改良：日本、美国、欧洲在木材阻燃剂、木材防水剂、表面增强剂等技术的研发专利多，成果多，有很强的应用基础。木材强化、生物质材料着色等功能性改良技术在日本、澳大利亚、美国等国研究较多。芬兰、瑞典对木材热处理研究较多，并实现了产品的市场化。美国、中国学者对纳米技术在木材、木塑复合材料的应用取得了一定的进展。采用物理方法改良生物质材料性能上，国外最先进行了利用聚乙二醇（PEG）填充方法，我国进行的蒸汽处理和树脂浸渍的研究也较多；芬兰开发研制的热木和日本人造方材等处理工艺技术都是对木材进行了物理方法改良。日本大分县林业试验场利用树叶的蒸腾作用将青色和红色碱性染料成功地渗入了柳杉活树当中。生物技术在木材工业中的应用，最为显著。加拿大用转基因法，将圆形树干变为方形，这样可大大提高木材出材率，增加木材利用率。用酵母或酶制剂来制木材胶粘剂，工艺简单，成本低，更减少了游离醛类污染。

英国、美国针对利用基因工程开展了木材材性遗传性能的改良技术，美国密执根技术大学前几年已用转基因法，减少了纤维板和造纸木浆中木质素量，这样使环境污染少，我国也有类似研究；目前国内外还进行了对纤维素原料利用酶和菌类等代替传统的酸来发酵生产生物乙醇、酒精和醋酸等。

2. 发展趋势

随着石化资源供应局面的加剧，林业生物质材料发展与应用在国家可持续发展中越来越重要。国际生物质材料干燥、保护以及功能性改良等研究势头强劲，具体的发展趋势为：

（1）林业生物质材料干燥：目前国内外对于常规干燥技术的研究已较成熟，在此方面的研究主要集中在干燥质量的控制、节能等方面；而对于国际上以人工林木材资源替代天然林资源趋势而有针对性地研究相应干燥技术是目前的主要任务之一，如对高温干燥过程中传热传质的研究，对真空－高频/微波联合干燥技术的研究，以及木材干燥过程模拟的研究都是木材干燥的主要发展趋势。此外，竹材、藤材的干燥技术也是生物质材料干燥的研究方向之一。

（2）林业生物质材料保护：生物质材料改性研究重点从以木材改性研究为重点向竹材、藤材、农作物剩余物加工材料及其复合材料转移，研究领域和对象不断拓宽；室外用环保型木材防腐剂、防霉防变色剂及处理技术；生物质材料改性将向高性能、环保、长效、持久方向发展，开展阻燃、防腐、染色多功能木材改良技术，木材及人造板系列阻燃剂及处理技术，古建及工程木材防腐配套技术等的研究，推动多功能工程材料、室外用生物质材料的大发展；加强生物质材料改性产品的标准基础研究，开展防腐、防虫、防霉、防蓝变药剂实验室及野外性能评价，生物质材料防腐剂及防腐木材的检测技术等标准基础研究，对提升相应产品的国际竞争力越来越重要。

（3）林业生物质材料功能性改良：21世纪是材料发展和生物技术的时代，根据生物质材料（木材、竹材、藤材等）自身的特点和自然缺陷，利用物理、化学及生物技术方法对其进行改性，从而提高其本身的各种性能、延长使用寿命、创制生物质新产品、赋予生物质材料多功能性，提高其使用性和附加值，对合理、高效利用生物质资源都具有重要的理论意义和现实意义。如采用高温蒸汽处理人工林木材使其软化，通过压缩变形定型工艺，可以将圆形木材直接变成方形木材。绿色化工技术、生物技术、纳米技术等高新技术与生物质材料改性研究不断融合，将形成新的学科增长点，提高生物质材料改性研究水平。利用生物技术对生物质材料进行改性处理，实现某些特殊的应用目标，将是今后发展的重要趋势。

3. 应用前景

林业生物质材料（木材、竹材、藤材等）是人类使用最久并可再生的天然材料，易腐、易燃、易遭虫蛀，加工时易开裂与变形，对其进行干燥、保护处理、功能性改良等的研究，延长生物质材料的使用寿命，赋予生物质材料多种功能，提高其使用性能和提高其附加值，创生生物质材料新产品，对合理、高效利用珍贵的生物质资源，具有非常重要的理论意义和现实意义。

（1）林业生物质材料干燥：生物质材料的干燥可使材料的使用性能得以提高，提高其使用寿命、减少重量、提高使用过程中的尺寸稳定性、极大地提高材料的强度。对于生物质材料如木材、竹材、藤材干燥的研究将极大地拓展其应用范围。当前以人工林木材为主要用材资源的条件下，对于高温干燥技术及真空－高频/微波联合干燥技术的研究将提高材料的出材率及利用效率；对于干燥过程模拟的研究，可对干燥质量及过程进行较好地预测，减少由于干燥过程的失误造成的损失，提高干燥质量；对于常规干燥能量利用及节能的研究，将使干燥能耗降低到合理的水平，降低干燥成本，为国家的节能降耗做贡献。

（2）林业生物质材料保护：竹材用环保型铜防腐剂主要为季铵铜(ACQ)及铜唑，它们对人基本无毒、环保。ACQ的成分为氧化铜、季铵盐、配体及提高有效成分在木材中固着性能的助剂；铜唑的成分为铜、三唑、配体及表面活性剂等，三唑为丙环唑、戊唑醇、环丙唑醇，铜唑类防腐剂列入2005年国家新产品。制剂的技术指标符合美国等国防腐剂标准。铜防腐剂的渗透性能较好，比较容易渗透至竹材内部，金属表面涂饰环氧树脂保护后铜防腐剂对金属基本无腐蚀。随着人们对环境保护越来越重视，传统的CCA和五氯酚类防腐剂在我国限制实用，在欧洲、北美等地禁止使用，低毒高效类防腐剂在国内将会逐渐被重视，因此，许多生物质材料要求用环保型防腐剂处理，应用前景十分广阔。

（3）林业生物质材料功能性改良：生物质材料的主体是木材、竹材和藤材，这些资源在天然生长过程中，或多或少地存在生长缺陷、加工缺陷等诸多问题，通过物理的、化学的以及生物的改性处理技术，克服其自身的缺陷如人工林木材密度低、材质软，竹藤材易变色等，充分利用这些资源，拓宽应用领域，使其发挥更大的经济、生态和社会效益，市场潜力巨大。

（二）林业生物质材料的化学资源化领域

1. 最新进展

纤维素是来源最丰富的天然高分子材料，对于人类而言是取之不尽、用之不竭的资源，它本身无毒，可以被微生物完全降解。其品种众多，如木屑和木材加工废弃物、谷壳、秸秆、米糠、草纤维等。以天然纤维素为原料合成纤维素基塑料，加工工艺简单，成本低，本身无毒，因而受到各国，特别是日本的重视，但由于纤维素自身性能的弱点，由它单独制得的薄膜耐水性和强度均达不到通用薄膜的要求，因此它大多数与其他天然高分子共混再制成塑料，如日本四国工业技术试验所以纤维素和从甲壳制得的脱乙酰壳聚糖复合，采用流延工艺制成的薄膜具有与通用薄膜同样的强度，并可在2个月后完全降解。

林业生物质中的纤维素和别的多糖物在用于生物降解包装材料生产的材料上有很大的应用潜力。合成了1、2位的羟基分别被取代的乙酰基直链淀粉聚合物，保持原来多糖物的水溶性。日本研究开发公司的生物降解塑料薄膜主要以掺混了淀粉的甲壳糖和纤维素制得。由于它是由天然物质组成，因此不会污染环境，且在干、湿环境下它的强度都较高。纤维素和壳聚糖、蛋白质及其他衍生物共混以制得具有生物降解性的新材料的研究也在国内外得到开展。

在利用林业生物质材料开发新能源方面，加拿大首都渥太华的艾欧基公司产出了加拿大首罐商用纤维乙醇燃料。这种纤维乙醇燃料是以木屑和稻草为原料，相对于以玉米和小麦等谷物为原料的乙醇来说，它在汽车中燃烧时产生的能量要大大多于生产时耗费的能量。

木质素广泛存在于林业生物质资源中，是植物王国中在拥有量上仅次于纤维素的一种天然高分子有机化合物。木素也可用共混以及化学改性方法制备，如日本京都大学用桂酸处理木粉可制备得到浅褐色的生物降解塑料。通过对木质素进行脱甲基化、羟甲基化等改性处理，提高了木质素的反应活性，利用这种改性木质素可以生产改性木质素-酚醛树脂。制备脱甲基木质素酚醛树脂时，木质素9-碳单元与甲醛的摩尔比基本相当于酚醛树脂中的苯酚与甲醛的摩尔比。日本的科学家于2001报道了改性木质素制备碳纤维的方法。阔叶材的乙酸木质素经溶解纺纱可以很容易获得纤维，而纤维经过热稳定化处理可以转化为碳纤维。碳纤维再经蒸汽处理可获得与商业活性炭性能相当或更优越的活化碳纤维。

20世纪90年代以来，诞生了一种新的木质纤维材料加工利用技术——林业生物质材料液化技术：在一定条件下，将生物质材料与苯酚、多元醇等多种溶剂反应，使其转化为类似液体的粘稠状流体。生物质材料的液化基本实现了生物质化学资源化转化，为我国生物质资源的充分利用提供了一条有效的途径。经过近20年的研究，发展的生物质液化方法主要包括两类：生物质的高温高压液化和生物质在催化剂作用下的低温液化方法。此后，相继发展了在各种介质中，以不同物质做催化剂的液化方法及其产物的利用对策。随着人类社会对材料的环境协调性越来越关注和重视的发展趋势，近年来，尽量减少有机溶剂的使用量，提高生物质的液化循环效率逐渐成为生物质液化技术发展的主流。同时，积极探讨液化产物的利用领域也成为亟需解决的一个问题。生物质在苯酚作用下的液化产物的化学组成特性表明，可以从木质素产生大量的酚类物质。利用此类物质可以制备性能优异、对环境友好的酚醛胶粘剂（甲醛释放量极低）。生物质在多元醇作用下的液化产物主要为含多个羟基的高分子化合物，可以用于异氰酸酯胶的制备。生物质在苯酚中的液化产物可以用做酚醛模注塑料，其挠曲程度可与一般的线型酚醛树脂相媲美，特别是酚化产物制备的模注塑料的生物降解性远高于常规的线型酚醛树脂，日本已将此技术应用于工业生产。生物质与多元醇等物质液化，可以进一步制得可生物降解的聚氨酯泡沫塑料。该泡沫塑料表观密度低，但具有较高的强度和相当好的受压变形能力。可生物降解的聚氨酯泡沫塑料有极大的市场潜力。

2. 发展趋势

林业生物质材料不仅是一种可再生资源，而且可用于开发出适应未来市场且环境友好的石油和天然气的等价物或替代品等生物基产品。例如，高分子材料是材料工业的重要支柱，但现有的高分子材料基本上均以石化资源为原料。如2007年1～11月中国生产4056.8万吨各类塑料制品，要消耗数以千万吨的宝贵的轻油资源和大量天然气，而且每年还要形成约500万吨的几百年难以降解的塑料垃圾。特别是对农业至关重要的塑料薄膜，每年生产、使用150万吨，基本上不能回收，大部分残留于农田，破坏土壤结构，污染环境。目前，全世界每年生产的可再生淀粉4000万吨以上，纤维素、半纤维素、木质素每年可再生1500亿吨，但目前的利用率还不到总量的5%。面对这一巨大的自然资源宝库，全世界都在力求开发和拓展生物质材料的应用范围。例如，美国众议院通过一项农业法案，批准2003～2007年每年拨款1400万美元，以资助生物质材料研究。日本森林综合研究院及相关研究单位加大了对生物质材料的开发力度。国内外企业对农林生物质材料的开发利用非常重视，例如：日本丰田公司开发用白薯淀粉塑料制成了汽车配件；富士通公司用玉米淀粉塑料(PLA，聚乳酸脂)制成的电脑机壳和其他配件已经商业应用；美国DuPont公司和OenCorp International公司合作建成的用玉米生产1，3—丙二醇(POD)的生产成本可以比化学法降低25%；Cargill—Dow公司正在建设一个140千吨／年的由玉米糖发酵生产聚乳酸的工厂，以开发多种聚合物塑料，甚至可以利用生物材料制成芯片。林业生物质材料的应用将形成一场新的工业革命，引领出一批新的产业。

3. 应用前景

21世纪利用源于生物质材料的高分子，显然不同于20世纪对天然高分子的简单使用。结合基因工程的方法，促使生物质产生出更多的可直接使用的天然高分子，或可供化学合成用的高分子单体。采用生物催化剂或菌种，将天然的植物原料，如淀粉、木质素和纤维素等，合成为与有机高分子相似的结构或性质更优异的高分子。这些由生物质资源获得的高分子，不仅扩大了合成高分子的原料来源，而且得到的合成高分子还具有环境友好的特征，可以是生物降解的，可以是焚烧无害的，可以是循环再生的。

由生物质材料可以转化出的多种化学品，可取代目前化学工业中使用的来自于石油的某些石化产品。石油资源正日益减少而又无法再生，因此寻找可以替代石油的其他资源，则成为21世纪化学研究中的一个迫切需要解决的问题。与石化产品相比生物质材料由于其可再生性和环境友好性，未来市场竞争其优势将越来越明显。特别是通过近年来的开发研究，找到了生物质材料化学品在农业和生态环境建设中的大规模利用途径，为生物质材料化学品的开发研究开辟了广阔的市场前景。研究高效利用生物质材料的化学结构重组、改性与树脂化合成，可以充分利用我国广泛的原材料，提高木材加工废弃物、树皮、灌木、农业剩余物等生物质材料的利用效率，生产高附加值、高性能的新兴环保型产品。

三、林业生物质材料复合、重组与合成领域

（一）林业生物质功能材料设计与制备

1. 最新进展

林业生物质材料是可再生的天然高分子材料，资源丰富，采用新技术、研究开发特殊功能性的高附加值生物质功能材料具有重要意义，成为国内外最活跃的研究领域之一。林业生物质功能材料研究方法是采用填充、混杂、复合和表面覆盖等将林业生物质材料与金属、无机非金属及其他材料复合，在热、光、声、电、磁等方面获得特殊功能的高新技术材料；它能够消除生物基材料本征缺陷的弱点，赋予其抵抗外界环境作用的功能。例如将导电性填料填充到木材中、将导电性短纤维与木材纤维或木粉混杂和复合、或者将小木片镀镍后模压，制成曲面选择性的导电材料，这些电磁屏蔽功能的木质复合材料可减少室内电磁污染，在室内装修、办公家具、要求信息安全的场所等应用领域具有特殊用途。木材陶瓷是用木质材料与热固性树脂制成的复合材料在高温绝氧条件下烧结而成的多孔性碳素材料，具有新的功能，可用作电磁屏蔽材料，也可作为远红外发热材料和吸收材料，还可作为无润滑滑动部件，并具有易加工制造，高强、优良的摩擦和磨耗特性，以及自含润滑油、耐腐蚀和低密度特性等，目前我国和日本开展了制备机理和性能方面的研究。德国利用木材的多孔结构，开展了木材拟态多孔陶瓷的研究，木材在绝氧条件下进行炭化得到具有木材孔隙结构的炭骨架，以此作为陶瓷相渗入和反应的生物模板，通过金属或者无机非金属物质渗入、烧结反应，使得到的陶瓷不仅具有木材的多孔精细结构，而且提高了合成速度，具有一般多孔陶瓷制备方法无法比拟的优点，这种材料的基体是具有生物结构的炭骨架，具有良好的生物相容性，可以作为医学移植体（如人工假肢）等，在制备机理、性能和应用方面开展了系统研究。

木材的颜色和花纹是左右木制品价值的重要因素，然而由于世界性的天然珍贵树种优质装饰用材的枯竭，造成原料供应越来越困难的局面，赋予低等级木材高等级装饰功能，木材调色和复合重组是本领域发展方向之一。随着纺织印染和染料科学的发展，从20世纪60年代开始，英国、意大利、美国和日本等发达国家对木材颜色、木材调色和木质重组装饰材料进

行了一系列的研究和开发，在木材颜色测定和表征，木材漂白与染色方法和机理，木材漂白与染色工艺技术，木材变色和防治，木材重组装饰材料的仿真原理、方法和制造技术，以及调色单板与仿真重组装饰材料的产品开发等方面取得了显著进展。20世纪80年代末，我国的科研与高校开展了木材调色理论和技术的研究，主要集中在单板调色、利用染色单板制造重组装饰单板的技术开发和产品试制。此外，在木材浸染的染液渗透和木材及其化学组分的着色机理等基础研究，木材化学药剂着色，以及减压－加压和滚压等染色技术方面取得了一定的进展。

2. 发展趋势

在新材料的研究开发中。功能材料占85%。林业生物质功能材料具有广阔的创新研究空间，是实现农林生物质增值利用的有效途径之一。林业生物质功能材料的发展趋势，就是充分利用林业生物质材料可再生优势，融会环境材料的科学理念，赋予生物质材料新的功能特性。具体的发展方向有：利用现代化学合成、纳米组装、高分子互穿网络、活性改性、表面修饰等技术和工艺，将木质纤维素等生物质材料进行活化、改性，从分子水平、结构和形态及构件上控制材料的性能和微观结构，进一步研究制备具有特定光、电、生物、机械功能的新型木质纤维素合金和高分子微球等杂化高分子材料。将木质纤维素进行功能修饰和改性，通过化学合成、高分子互穿网络技术制备高模量、高抗冲、高强度、抗静电可降解高分子合金塑料。利用特殊的纳米组装、纳米分散、活性改性、表面修饰、定向包埋等技术和工艺，将木质纤维素等生物质材料与合成高分子、无机纳米材料、有机小分子进行纳米组装制备无机－有机、有机－有机杂化高分子微球、中空微球等具有特定光学性能、机械性能、界面性能、降解性能、缓释性能的高分子微球。通过醚化或者接枝共聚作用，将水溶性或亲水性基团聚合物接枝于纤维素分子链上，可得到高于纤维自身吸水性能几十倍到上千倍的高吸水性纤维材料，它在节水农业、干旱地造林和沙漠治理方面具有广阔的应用前景。微晶纤维素是由天然生物质纤维材料在较高温度（110℃）下通过酸催化得到的尺寸为1500～3000纳米，形状棒状、薄片状结晶体。它是一种水相稳定剂。适合作为食品纤维的膨化剂、乳化剂等，在医药、日用化工等方面有重要用途。从木材或者农作物秸秆中先分离出微晶纤维素微纤丝，然后对单个的微纤丝进行加工，从而合成具有特异性能的纳米高分子材料，它从纤维素组成角度探讨进行分离然后再合成纳米纤维材料，为纳米木材研究打下了基础。液晶纤维素材料是生物质纤维素功能高分子材料重要研究方向之一。目前已经发现有几十种纤维素衍生物具有溶致或热致液晶性能，它们用于电子、分析仪器等工业领域，也可以用作记录存储材料。在工程塑料中加入液晶纤维素，可以改善工程塑料的尺寸稳定性、耐磨性、耐热性和加工性能等。

木质重组装饰材料研究的发展趋势是：研究遗传变异规律，材色控制和活立木染色。研究染液渗透，染料与木材的吸附、结合等机理，包括合成染料、颜料对木材的着色研究；研究开发高耐光耐候性木材专用染料和助剂；超临界二氧化碳无水木材染色技术，实现无废水排放、无环境污染及染料循环利用；木材染色用计算机测配色技术系统研究，扩建完善染色基础数据库，开发国产化配色软件；木材调色和重组装饰材料新产品与应用技术开发等方面的研究。

3. 应用前景

目前，我国木材消费除了纸浆造纸以外，主要用于建筑、装饰装修和家具生产，对木质装饰材料需求巨大，但是由于天然林优质材资源枯竭，而主要造林树种的人工林木材品质差，阻碍了木质装饰材料工业的发展。木材调色和重组装饰材料是珍贵树种优质材的替代产品，不仅可以实现人工林木材和普通树材的高效高附加值利用，而且赋于其优良的装饰性能，满足木质装饰材料不断增长的市场需求，对于推动行业的科技进步，促进产业结构调整和优化，推动我国人工林的发展，具有十分重要的作用和广阔的应用前景。

木材、竹材通过炭化可转化为木炭、竹炭，进一步反应可以制备隔音材料、环境净化材料、导电材料，电磁屏蔽材料，以及类似陶瓷结构的仿生材料等新型生物质材料。木材陶瓷具有新的功能，可用作电磁屏蔽材料，也可作为远红外发热材料和吸收材料，还可作为无润滑滑动部件，并具有易加工制造，高强、优良的摩擦和磨耗特性，以及自含润滑油、耐腐蚀和低密度特性等。木材拟态多孔陶瓷是模拟木材多孔结构通过低温烧结而得到的碳化物陶瓷，木材在绝氧条件下进行炭化得到具有木材孔隙结构的炭骨架，以此作为陶瓷相渗入和反应的生物模板，通过金属或者无机非金属物质渗入、烧结反应，使得到的陶瓷不仅具有木材的多孔精细结构，而且提高了合成速度，具有一般多孔陶瓷制备方法无法比拟的优点，这种材料的基体是具有生物结构的炭骨架，具有良好的生物相容性，可以作为医学移植体（如人工假肢）；当电磁波通过导电的多孔陶瓷后，材料内部产生涡流，能量发生衰减，因而是良好的屏蔽材料。碳化硅陶瓷具有耐高温、耐腐蚀性能、缓释功能，可以作为化学工业反应的催化剂载体，这种材料具有纳米、微米尺度等孔结构，可以作为有害气体、液体过滤和渗透材料，用于汽车尾气、水污染治理等方面，具有良好的摩擦性、敏感性、红外吸收性能，可以用作刹车片、探头和热辐射材料等。纳米植物微纤维增强材料是以木质或其他植物纤维为原料，通过纤维分离、微生物分解、冷冻分解等技术手段，分离出2～100纳米的具有高弹性模量的微纤维丝材料。研究该材料的目的是期望获得一种成本较低，性能优良，能够替代碳纤维而广泛应用的增强材料。目前日、韩、美已在此领域开展重点研究，前期研究并开发的复合增强材料被誉称为软钢。

（二）林业生物质结构材料设计与制备

1. 最新进展

随着社会的进步和人们生活水平的不断提高，世界范围内人们对绿色建筑的向往将林业生物质建材推向前台，尤其是经济发达的国家都要求将可持续发展的绿色环保型建材用于建筑之中。消费者对其购买的住房的节能性、舒适度和环境安全性等方面有越来越高的要求。在材料的选择上，更多的是结构组件化、标准化和通用化以便减少房屋造价，加快施工周期以及提高建筑质量。在产品的供应上，已经形成了系列化产品供应链如生产各类建筑用人造板、加工成各类墙体材料、屋架、结构梁等。新型生物质结构（工程）材料应用的比重正在逐步上升。

2. 发展趋势

在建筑领域，木结构房屋已经成为西方发达国家的主要房屋建筑。与水泥等建筑材料相比，木材、竹材等生物质材料具有加工成本低、建设速度快、能耗小、环境效益好、有利于可持续发展等优点，因此木材和木制品已成为西方发达国家房屋建造的主要材料之一。美国人造板产量位居世界第二，其主要用途之一就是房屋建造。近几年我国的木结构房屋的建造增速较快，其优越性已经引起人们的重视。因此将竹材等生物质材料人造板用于建筑领域不但为竹材的应用开拓了一个新的广阔市场，而且对于建筑建材领域的新材料、新技术的应用有着重要的推动作用。

通过定向排列、铺装成型的技术路线可以利用木材小料及竹材等材料制造各种结构用板材，如定向刨花板、空心刨花板、轻质厚刨花板、定向纤维板、轻质厚纤维板等。这些板材除用于建筑业，例如屋面板、地板衬板、组合墙、水泥模板等外，在包装、车船制造业等行业方面也得到较广泛应用。目前生产、使用这类产品较多的是北美，特别是美国。

在结构人造板发展中木质单元纤维方向的定向是发展方向。重点发展线性结构材、胶合层积木、单板层积材、单板条并行木、单板条层积圆柱材、层积窄长刨片木、工字梁等，这些材料主要用于建筑中的梁、屋架、柱子等承重构件。

在各种不同的建筑手段中，预制板房屋是近几十年发展起来的一种新型建筑方式，它具有房屋部件模数化、标准化，房屋建造速度快，成本低、建筑式样多变等特点。该种建筑模式还具有易于装拆，运输，现场安装速度快、工期短、产生废料少等优点，是当前建筑的发展方向之一，有良好的发展前景。该种建筑模式即可用于工程、救灾等多用途临时性建筑或活动房屋的建造，也可以用于各种中高档房屋的建造。

将竹材、木材等生物质材料通过复合、重组技术制成墙板、屋顶板部件和各种承重件，应用于工厂化方式生产的予制房建筑是完全可行的。该技术将进一步推动林业生物质资源的高效利用，对于我国林产工业和建筑业的发展都具有非常重大的意义。

2004年起，我国的人造板产量位居世界第一。这些人造板的主要用途是家具和室内装修。但是，目前我国90%以上的人造板使用的胶粘剂主要为含甲醛的粘合剂。用这些粘合剂制造的人造板在室内的使用，造成严重甲醛污染，时刻危害着人民的健康，已经成为严重阻碍我国人造板产业发展的头号问题。使用无甲醛、环保型的木塑复合人造板材，替代现有的人造板产品，将有效地解决我国室内环境的甲醛污染问题，为使我国的传统人造板产品进入无甲醛时代提供一条新路，必将使我国的生物质材料产业获得跨越式发展，使传统的人造板产业转变为高性能环境材料的生产产业，实现整个产业的产品升级换代和跨越式发展。

3. 应用前景

当前大力开发人工林、竹材的利用，不但可缓解我国木材、木材产品的供需矛盾，满足市场对木材需求的不断增加。同时可减少天然林采伐，对维护自然生态环境起到了积极的推动作用，同时也可大量减少我国的木材进口量。通过科学手段开发竹材工程材料、竹/木复合结构材料，木塑复合结构材料，具有比强度大、弹性模量高、尺寸稳定性强、表面硬度高、耐磨性、装饰性好等特点。这种材料可广泛应用于汽车制造业、铁路车辆制造业、建筑业、船舶制造业、集装箱制造业以及家具制造业、装饰行业等领域。据统计，我国每年消耗在上述行业中的结构用木材就达3000多万立方米，装饰用胶合板达400多万立方米。如果用竹材工程材料、竹/木复合结构材料，木塑复合结构材料替代结构用木材、装饰用材的4%，每年消耗的竹材工程材料、竹/木复合结构材料，木塑复合结构材料将达到120万立方米，装饰材料达到16万立方米，年销售额达100个亿，税利达25个亿，经济、社会和环境效益将十分显著。

（三）林业生物质环境材料设计与制备

1. 最新进展

20世纪90年代初，针对人类社会经济活动日益受到资源环境的严重制约，日本的山本良一教授在材料研究中首次提出了“环境材料”的概念，受到世界各国材料工作者的积极响应。此后，又进一步提出了生态环境材料的概念，相应于生态环境材料这个概念的提出，诞生了Ecomaterials（环境友好性材料Environment Conscious Materials或者说是Ecological Materials）和Ecoproducts（环境协调性产品）以及Ecodesign（环境协调性设计）等一系列新的专业术语。环境材料学就是倡导绿色材料技术，提出了材料产业界可持续发展的基本方向，从而使可基于再生循环利用的材料设计思想脱颖而出；同时它使将传统上许多材料的组合体系具备的综合性能集中体现在一种材料上，使环境材料成为一种具有系统功能的知识集约型材料，其最大的创新之处就是使复杂的材料系统简单化。

从生态观点看，林业生物质材料加工能耗低，可再生循环利用，易于处理，对林业里物质材料进行高附加值开发，所得材料具有先进的环境协调性能并具有优良的使用性能。从资源状况和利用效率来看，废物回收利用对缓解资源匮乏的压力有着重要的作用。废弃塑料一直严重污染环境，塑料的回收对环境保护来说，具有很重要的意义。目前塑料的回收方法很多，如气化、水解等。将热塑性塑料如LDPE等和木材纤维、木屑等共混，利用传统的挤塑注塑成型法制造的木塑复合材能充分利用废弃的塑料和木屑，并且具有生物降解性。木材陶瓷也是有效利用木质材料的重要形式，以酚醛树脂填充木材，经高温真空烧制后得到木材陶瓷，可作温度传感器等多种用途。农产品废物的高附加值利用具有更深的再开发功能，许多农产品废料含丰富的半纤维素(25%～50%)，木质素(30%～50%)，纤维素(30%～50%)。合理利用这些废料，不仅可以显著降低环境污染，而且可建立基于农产品的工业，如生产木糖、木糖醇、纸浆等。林业生物质环境材料研究的重点是：木材和木制品洁净生产加工技术，降低或彻底消除游离甲醛的木质重组材料，开发不含游离甲醛的异氰酸醋胶和改性豆胶木质材料，木材防腐处理的环境协调性技术，木材加工过程产生的废水和废液的回收利用，木质材料加工制造过程中产生的有机挥发物（VOC）的利用和处理。研究木材的自身特性，如以木材的颜色、光泽、纹理、节子等表征的视觉特性，以木材冷暖感、软硬感、平滑感等表征的感觉特性，以及听觉特性和心理学特性等；木质材料的建筑环境特性，如木质地板材料的隔音性和缓冲性，木质材料对温度和湿度的调节性，以及大气污染和酸性沉降物对木材形成的影响。 开展木材和木制品的寿命周期环境评价，建立木材工业ISO4000环境管理体系，研究废弃木材循环利用和开发新型生态环境材料也是当前的研究热点。主要研究利用化学热反应和机械作用相结合，回收利用各种废弃木质材料，制造再生刨花板、定向刨花板、水泥刨花板、中密度纤维板和地板等新的木质材料。这类材料经炭化后，可改良土壤、净化海水、吸附油脂和吸附重金属，还可制造木质藻礁。

2. *发展趋势*

新材料的研究思路就是从环境协调的观点出发进而研制出具有环境意识或与环境协调的新材料产品。因为材料和环境的密切联系，可以先从资源、环境与材料的关系入手，了解材料和环境的关系，从而找到新材料的突破点。环境材料应该具备三种特性：一是在今后开发新材料时，必须考虑到其优异的使用性能，这是与传统材料相一致的地方，称之为材料的先进性；二是在材料的生产环节中资源和能源的消耗少，工艺流程中有害排放少，废弃后易于再生循环，即材料在制备、流通、使用和废弃的全过程中必须保持与地球生态环境的协调性；三是材料的感官性质，要求对材料的感觉舒服，用户乐于采用，这是材料的一种新性能，称之为舒适性。

林业生物质环境材料学主要研究先进生物质材料制备及其工程技术与自然环境间的关

系。环境材料的研究包括生态建材、固沙植被材料、生物医药材料、环境协调性工艺等。开发环境相容性的新材料及其制品，并对现有材料进行环境协调性改进，是环境材料研究的主要内容。由于资源的有限性和环境容量的有限性，21世纪的材料应当是可循环再生的。包括以下两个方面：①开路技术以可再生资源为主的循环技术，人工模拟技术，例如生物合成，天然材料复合技术，恒定性资源的利用。②闭路技术 以不可再生资源为主循环技术。

未来除了新材料的发展以外，生态环境材料因为具有可循环再生性的特点，所以废弃材料的有效、合理利用也将成为材料发展的热门。而且，材料结构功能一体化将会成为环境材料发展的一个方向。

3. 应用前景

环境材料的特点是消耗的资源和能源少，对生态和环境污染小，再生利用率高，而且从材料制造、使用、废弃直到再生循环利用的整个寿命过程，都与生态环境相协调。环境材料主要包括：环境相容材料，如纯天然材料（木材、石材等、生物提取物如甲壳素加工产品）、仿生物材料（用于人工骨、人工器脏等的生物陶瓷）、绿色包装材料（如天然包装材料—如加工稻草，可食性包装材料）、生态建材（如生态水泥，生态混凝土，无毒装饰材料等）；环境降解材料（生物降解塑料等）；环境工程材料，如固沙植被材料等环境修复材料、环境净化材料（分子筛、离子筛材料）、环境替代材料（无磷洗衣粉助剂）等应用范围非常广泛。

第三节　林业生物质材料发展重点领域与方向

林业生物质材料产业发展框架是：为提高我国林业资源的利用效率，加快可再生资源的利用，实现资源环境与经济社会全面协调和可持续发展，形成引领我国林业产业新的经济增长点为总体战略目标；以资源培育与加工利用关系研究为起点，重点围绕生物质资源高效利用和替代矿物资源等层面上开展多学科合作，以系统工程的组织形式，依据未来全球市场和科技发展趋势以及中国可供资源特点，以拓展资源的高附加值产出，发展适应未来市场且极具成长性的、能够替代矿物源材料（如塑料、金属等）的生物质材料为产业目标，目前整个产业仍处于市场培育阶段。

一、主要研发基础与方向

具体产业领域发展途径是以生物质资源为原料，采用相应的化学加工方法，以获取能替代石油产品的化学资源；采用现代制造理论与技术，对生物质材料进行改性、重组、复合等，在满足传统市场需求的同时，发展被赋予新功能的新材料；拓展生物质材料应用范围，替代矿物源材料（如塑料、金属等）在建筑、交通、日用化工等领域上的使用；相应地按照材料科学学科的研究方法和基本理念，林业生物质材料学科研发基础与方向由以下9个研究领域组成。

1. 生物质材料结构、成分与性能

主要开展木本植物、禾本植物、藤本植物等生物质材料及其衍生新材料的内部组织与结构形成规律、物理、力学和化学特性，包括生物质材料解剖学与超微结构、生物质材料物理学与流体关系学、生物质材料化学、生物质材料力学与生物质材料工程学等研究，为生物质材料定向培育和优化利用提供科学依据。

2. 生物质材料生物学形成及其对材料性能的影响

主要开展木本植物、禾本植物、藤本植物等生物质材料在物质形成过程中与营林培育的关系，以及后续加工过程中对加工质量和产品性能的影响研究。在研究生物质材料基本性质及其变异规律的基础上，一方面研究生物质材料性质与营林培育的关系，另一方面研究生物质材料性质与加工利用的关系，实现生物质资源的定向培育和高效合理利用。

3. 生物质材料理化改良

主要开展应用物理的、化学的、生物的方法与手段对生物质材料进行加工处理的技术，克服生物质材料自身的缺陷，改善材料性能，拓宽应用领域，延长生物质材料使用寿命，提高产品附加值。

4. 生物质材料的化学资源化

主要开展木本植物、禾本植物、藤本植物等生物质材料及其废弃物的化学资源转换技术研究开发，以获取能替代石油基化学产品的新材料。

5. 生物质材料生物技术

主要通过酶工程和发酵工程等生物技术手段，开展生物质材料生物降解、酶工程处理生物质原料制造环保性生物质材料、生物质材料生物漂白和生物染色、生物质材料病虫害生物防治、生物质废弃物资源生物转化利用等领域的基础研究与技术开发。

6. 生物质重组材料设计与制备

主要开展以木本植物、禾本植物和藤本植物等生物质材料为基本单元进行重组的技术，研究开发范围包括木质人造板和非木质人造板的设计与制备，制成具有高强度、高模量和优异性能的生物质结构（工程）材料、功能材料和环境材料。

7. 生物质基复合材料设计与制备

主要开展以木本植物、禾本植物和藤本植物等生物质材料为基体组元，与其他有机高聚物材料、或无机非金属材料或金属材料为增强体组元或功能体单元进行组合的技术研究，研究开发范围包括生物质基金属复合材料、生物质基无机非金属复合材料、生物质基有机高分子复合材料的设计与制备，满足经济社会发展对新材料的需求。

8. 生物质材料先进制造技术

主要以现代电子技术、计算机技术、自动控制理论为手段，研究生物质材料的现代设计理论和方法，生物质材料的先进加工制造技术以及先进生产资源管理模式，以提升传统生物质材料产业，实现快速、灵活、高效、清洁的生产模式。

9. 生物质材料标准化研究

主要开展木材、竹材、藤材及其衍生复合材料等生物质材料产品的标准化基础研究、关键技术指标研究、标准制定与修订等，为规范生物质材料产业的发展提供技术支撑。

二、重点产业领域进展

林产工业正逐步转变传统产业的内涵，采用现代技术及观念，利用林业低质原料和废弃原料，发展具有广泛意义的生物质材料的重点主题有三方面：一是原料劣化下如何开发和生产高等级产品，以及环境友好型产品；二是重视环境保护与协调，节约能源降低排出，提高经济效益；三是利用现代技术，如何拓展应用领域，创新性地推动传统产业进步。林业生物质材料已逐渐发展成4类：

1. 化学资源化生物质材料

包括木基塑料（木塑挤出型材、木塑重组人造板、木塑复合卷材、合成纤维素基塑料）、纤维素生物质基复合功能高分子材料、木质素基功能高分子复合材料、木材液化树脂、松香松节油基生物质复合功能高分子材料等。

截止到2006年底，全国直接从事木塑复合材料研究开发、生产的企事业单位已逾150家，木塑制品年产量已接近10万吨，年产值超过8亿元人民币，总体上看目前整个产业处于市场培育阶段；已研究开发出具有自主知识产权的木塑胶合板、木塑刨花板、木塑复合卷材生产技术，目前正处于产业化推广阶段；此外在纤维素衍生物，创新合成木质素基环境友好的多功能土壤改良剂和低甲醛释放、高性能生物质木材工业用胶粘剂，以及在松香松节油深度化学利用合成高附加值精细化学品、高分子材料方面已取得突破性进展。

2. 功能性改良生物质材料

包括陶瓷化复合木材、热处理木材、密实化压缩增强木材、木基/无机复合材料、功能性（如：净化、保水、导电、抗菌）木基材料、防虫防腐型木材等。

陶瓷化复合木材通过国家"攀登计划"，"863"计划等课题的资助，我国已逐步积累和形成了此项拥有自主知识产权的制造技术，在理论和实践上均有创新，目前处于生产性实验阶段；目前热处理木材和密实化压缩增强木材相关产品和技术在国内建有10多家小型示范生产线，产品应用在室外材料和特种增强领域。

3. 生物质结构工程材料

包括木结构用规格材、大跨度木（竹）结构材料及构件、特殊承载木基复合材料、最优组态工程人造板、植物纤维基工程塑料等。

中国木基结构工程材料在建筑领域应用已达到50万平方米以上，主要采用的是进口材料。目前国内正在构建木结构用规格材和大跨度木（竹）结构材料及构件相关标准架构，建成和再建示范性建筑约2000平方米，大跨度竹结构房屋已应用在云南屏边县希望小学；大型风力发电用竹结构风叶进入产业化阶段；微米长纤维轻质与高密度车用模压材料取得突破性进展等。

4. 特种生物质复合材料

快速绿化用生物质复合卷材、高附加值层积装饰塑料、多彩植物纤维复合装饰吸音材料、陶瓷化单板层积材、三维纹理与高等级仿真木基材料、木质碳材料等。

特种生物质复合材料基本上处于技术开发与产业推广阶段，木基模压汽车内衬件广泛用于汽车业，总量不超过1万立方米；高附加值层积装饰塑料已应用于特种增强和装饰方面，如奥运用比赛用枪、刀具装饰性柄、钮扣等；植物纤维复合装饰吸音材料已用于高档内装修，以及公路隔音板等。

第15章 林业生物质能源

林业生物质能源是由森林生物质资源通过物理、化学、生物等技术手段转化产生的可再生能源，包括液态（燃料乙醇、生物柴油）、固态（成型燃料）和气态生物燃料（生物质气化、生物质氢气）及燃烧产生的电能和热能。大力开发和利用基于森林资源的林业生物质能源，对于保障能源安全、实现能源结构多元化、改善生态环境、推动林业生态和产业体系建设、调整农村产业结构、建设社会主义新农村都具有十分重要的意义。

林业生物质能源发展面临着巨大的机遇和挑战。一方面发展林业生物质能源具有巨大的潜力与需求，丰富的林业生物质资源和适于种植能源植物的边际性土地资源，为我国林业生物质能源的发展提供有力的资源保障；在良种选育、资源培育和能源转化方面已形成良好的技术基础；广阔的市场需求成为带动林业生物质能源快速发展的源动力。另一方面，林业生物质能源的发展面临着巨大挑战，存在现有林业生物质能资源尚未充分利用，生物质能资源分布不均，专用能源林未形成规模化经营，采收储运过程原始，集成技术缺乏、产业化基础薄弱，发展环境有待优化等问题。

依托林业资源的优势，林业生物质能源开发利用应着重加强生物质资源的培育、储运和转化过程的关键技术研究。重点构建"四个平台"，即专用能源林资源培育技术平台，针对纤维类能源林、木本油料能源林和木本淀粉类能源林三大类能源资源培育技术进行创新研究；林业生物质热化学转化技术平台，将林业生物质通过热化学转化成生物油、合成气和固体碳，包括热解、液化、气化和直接燃烧等技术；林业生物质糖转化技术平台，开发使用木质纤维素来生产便宜的、能够用于燃料、化学制品和材料生产的糖稀；林业生物质衍生产品的制备技术平台，包括生物基材料和生物基化学品转化技术。主要方向包括能源林培育、燃料乙醇、生物柴油、生物质气化发电/供热、固体成型燃料、石油基产品替代、生物质快速热解制备生物质油以及林业生物质能源相关技术和产品标准研究等领域。

第一节 林业生物质能源的发展背景

能源多元化和寻求可再生的清洁能源已成世界发展之大势。生物质能源不仅可做化石能源的一种替代，而且是石油化工产品的替代，更具有环境友好、可再生和资源丰富的优势。自20世纪末，美国、德国等发达国家将发展生物质能源产业作为一项重大的国家战略推进，纷纷投入巨资进行研究开发。美国2000年通过了《生物质研究开发法案》，2002年成立了"生物质项目办公室"和"生物质技术咨询委员会"，以及提出了《生物质技术路线图》；欧盟委员会提出到2020年运输燃料的20%将用燃料乙醇等生物质燃料替代；日本制定了阳光计划、印度实施了绿色能源工程以及巴西的乙醇计划等。我国于2006年先后颁布了《生物产业发展规划》和《可再生能源发展规划》，促进生物质能源的发展。林业生物质能源是生物质能源的重要组成部分，加快林业生物质能源的开发是我国能源替代的重要方向。

一、林业生物质能源的内涵

（一）生物质资源

生物质(biomass)是指可再生或循环的有机物质，包括农作物、树木和其他植物及其残体，畜禽粪便、有机废弃物，以及利用边缘土地和水面种植和养殖能源/材料植物。狭义的生物质的概念是以非食物用木质纤维素类物质（Non-food-plant）为主，包括林业剩余物、农业剩余物和能源作物。以下依据来源不同，将适合于能源利用的生物质分为林业生物质、农业生物质、生活污水和工业有机废水、城市和工业有机废弃物、畜禽粪便等5大类。

1. 林业生物质资源

林业生物质资源是指森林生长和林业生产过程提供的生物质，包括薪炭林、在森林抚育和间伐作业中的零散木材、残留的树枝、树叶和木屑等；木材采运和加工过程中的枝桠、锯末、木屑、梢头、板度和截头等，木材制浆废弃物；林业副产品的废弃物，例如，果壳和果核等；以及木本油料植物和木本淀粉。

2. 农业生物质资源

农业生物质资源是指农业作物 (包括能源植物)；农业生产过程中的废弃物，如农作物收获时残留在农田内的农作物秸秆 (玉米秸、高粱秸、麦秸、稻草、豆秸和棉秆等)；农业加工业的废弃物，比如农业生产过程中剩余的稻壳等。能源植物泛指各种用以提供能源的植物，通常包括草本能源作物、油料作物、制取碳氢化合物植物和水生植物等几类。2004年全国8大作物的产量是5.96亿吨，合计秸秆产出6.49亿吨；农产品加工废弃物量约为0.82亿吨。

3. 生活污水和工业有机废水

生活污水主要由城镇居民生活、商业和服务业的各种排水组成，如冷却水、洗浴排水、盥洗排水、洗衣排水、厨房排水、粪便污水等。工业有机废水主要是酒精、酿酒、制糖、食品、制药、造纸及屠宰等行业生产过程中排出的废水等，其中都富含有机物。

4. 城市固体废物

城市固体废物主要是由城镇居民生活垃圾，商业、服务业垃圾和少量建筑业垃圾等固体废物构成。其组成成分比较复杂，受当地居民的平均生活水平、能源消费结构、城镇建设、自然条件、传统习惯以及季节变化等因素影响。2004年全国垃圾清运量为1.55亿吨；粪便清运量0.36亿吨。

5. 畜禽粪便

畜禽粪便是畜禽排泄物的总称，主要来源于牛、猪和鸡。它是其他形态生物质的转化形式，包括畜禽排出的粪便、尿及其与垫草的混合物。根据畜禽品种体重、粪便排泄量等因素，可估算出2003年全国可获得实物量为14.67亿吨，可开发量为10.23亿吨。

（二）林业生物质能源的概念、范围及转化利用形态

林业生物质能源是由植物与太阳能的光合作用而贮存于地球上植物中的太阳能，是一种以林业生物质为载体的能量，它直接或间接地来源于植物的光合作用而产生的各种有机体，最有可能成为21世纪主要的新能源之一。根据林业生物质能源产品物理形态的不同，可将林

业生物质能源分为液态、固态和气态生物质能源及燃烧产生的电能和热能。

1. 液体生物质燃料

生物质能源是可再生能源家族中惟一可转化为液态燃料的能源，在替代化石能源尤其是石油能源发展中具有重要的战略地位。其转化利用的产品主要包括：燃料乙醇、生物柴油、生物甲醇、二甲醚、生物质油等。

2. 气体生物质燃料

主要有生物质热解气化产生可燃气、生物质氢气以及可燃气产生的电能和热能。

3. 固体生物质燃料

指未经液化或气化处理的固体林业生物质，通过改善物理性状和燃烧条件以提高其利用效率和便于产品的运输使用，有直燃、混合燃烧和成型燃料3种燃烧方式和技术。

二、林业生物质能源发展的机遇与挑战

相对于贫乏的石油资源，十分丰富的林业生物质资源和适于种植能源植物的边际性土地资源，可以保证生物质能源产业原料的充足和持续供应，为目前我国林业生物质能源产业的发展提供了前所未有的机遇，同时也面临着巨大的挑战。

（一）发展林业生物质能源的潜力与需求

1. 发展林业生物质能源具有巨大的资源优势与潜力

从广义上讲，林业生物质资源是森林内绿色植物生物量的总和。根据第六次森林资源清查资料，我国现有森林面积1.75亿公顷，活立木总蓄积136.18亿立方米，其中森林蓄积124.56亿立方米。据初步估算，我国林木生物质总量约178.86亿吨，需采伐更新的林木生物总量约40.5亿吨，可产生采伐剩余物生物量约16.2亿吨。从发挥森林生态功能和推动森林可持续发展出发，按照生态和能源双赢的原则，发展生物质能源，主要是充分利用林业剩余物、废旧木料、木本油料能源植物、木本淀粉植物、灌木林等林业生物质资源。

（1）林业剩余物

主要包括采伐剩余物、造材剩余物和木材加工剩余物等。根据国务院批准的“十一五”期间森林采伐限额，全国每年采伐指标为2.48亿立方米，换算成生物量约为2.91亿吨，每年可产生采伐剩余物生物量1.09亿吨。据不完全统计，全国木材加工企业年加工能力9379.85万立方米，产出剩余物约0.418亿吨；各类木材制品抛弃物约0.60亿吨。林业剩余物折合标准煤约1.05亿吨。

（2）木本油料和淀粉植物

资料表明，我国木本油料植物有151科697属1554种，其中种子含油量在40%以上的植物有154种。现具有良好的资源和技术基础并可规模化培育的燃料油木本植物约有10种，如黄连木、麻疯树、光皮树、文冠果、油桐、乌桕等。目前我国木本油料树种总面积超过400万公顷，果实产量在500万吨以上。木本淀粉植物有100多种，现有面积约1000万公顷，按每公顷生产750千克淀粉计算，总计年产淀粉750万吨，可生产380万吨燃料乙醇。

（3）灌木林

我国现有灌木林4529.68万公顷，灌木林的生物量每公顷约2～8吨，以平均每公顷4吨计算，我国灌木林的生物量约为1.81亿吨，折合标准煤0.9亿吨。根据沙生灌木等生物学特性，

为促进其生长，每3年平茬复壮一次，不但可以获得可观的生物质资源，增加农民收入，同时也能带动当地的生态建设。

同时，我国还有不适宜农耕的宜林荒山荒地5400多万公顷，盐碱地、沙地、矿山、油田复垦地等边际性土地近1亿公顷。据专家测算，如果用其中20%的土地来种植能源植物，按照每公顷平均年生长量10吨计，每年生产的生物质可达3亿吨，相当于1.5亿多吨标准煤。此外，通过品种改良和高产培育技术，把现有低产、低效林改造成为专用能源林，可大大增加资源总量，提高资源质量。

因此，我国不仅现有林业生物质能资源总量巨大，而且资源培育的潜力也十分巨大，这是发展林业生物质能源的基础，也是发展林业生物质能源的优势所在。丰富的林业生物质资源，将为我国林业生物质能源的发展提供有力的资源保障。

2. 发展林业生物质能源具有良好的技术基础

我国林业生物质能源的研究开发工作在良种选育、资源培育和能源转化方面已形成良好的技术基础。

（1）良种选育和资源培育

“七五”以来，已开展了“优良薪材树种引种、选种、薪炭林栽培经营技术”的研究，在全国不同自然类型区对120多个乡土树种和外来树种的能源潜力进行了分析和评价；引种了绿玉树、能源柳、油楠、香胶树等能源植物，开展了繁育和培育技术研究；进行了重点燃料油木本植物如黄连木、麻疯树、文冠果、光皮树、油桐、乌桕等的资源调查及良种选育，研究了燃料油植物的生理、生态特性，建立了麻疯树、油桐、乌桕等种质资源基因库、良种繁育基地和种植标准；培育出柠条、沙柳、柽柳等沙生灌木林优良品种；同时，在利用生物技术进行能源植物的品种改良方面已开展积极的探索。

（2）能源转化技术

重点进行了固体成型燃料、燃料乙醇、生物柴油、生物质发电/供热等研究。在成型燃料方面，于20世纪70年代开始了林木生物质成型燃料的研究与开发，开发出的主要产品有颗粒燃料和棒状燃料。近几年在借鉴国外技术的基础上，开发出的“生物质常温成型”新技术大大降低了生物质成型的能耗，并开展了产业化示范；在燃料乙醇研究方面，自20世纪50年代起，先后开展了酸法和酶法水解的研究。“十五”期间，已开发出利用纤维素废弃物制取乙醇的技术工艺，并进入年产600吨规模的中试阶段；在生物柴油方面，开展了碱催化、酶催化、超临界醇解等生物柴油合成技术的研究，化学法合成生物柴油已建立2万吨/年的生产装置，酶催化技术及超临界甲醇转化技术亦进入中试阶段；在生物质气化发电/供热方面，开发出多种固定床和流化床小型气化炉，已推广应用了400千瓦小型气化供气系统400多套和MW级气化发电系统20多套。建立村镇级示范气化集中供气系统近300处，供气户数3万余户。

3. 发展林业生物质能源具有广阔的市场需求

能源问题不仅关系到我国经济的快速增长和社会的可持续发展，也关系到国家安全和外交战略。据国土资源部初步统计，截至2005年底，我国石油剩余可采储量24.85亿吨，天然气剩余可采储量2.82万亿立方米，分别居世界第12位和11位。我国从1993年开始变为石油净进口国，过去的10年中，我国石油需求量几乎翻了一倍。石油资源不足和进口依存度过高已成为制约经济社会可持续发展的瓶颈问题。

在生物酒精市场需求方面，我国于2001年4月开始逐步推广使用乙醇汽油，到2005年4月1日，我国已在黑龙江、吉林、辽宁、河南、安徽5省强制使用掺入10%乙醇的汽油醇燃料。我国燃料乙醇的生产必须有大的突破，具备年产500万吨燃料乙醇的生产能力，才能基本满足全国推广使用车用乙醇汽油对燃料乙醇的需求。在生物柴油市场需求方面，目前，我国汽车、动力设备的尾气排放，已成为我国重点的空气污染物源，因此，清洁燃料已成为我国必须重点研究和发展的方向。以2004年我国柴油用量计，按目前国际通用B20柴油，即20%生物燃料油与80%柴油混合比例计算，生物柴油的市场需求量达2000万吨。即使按B5柴油计（混加5%的生物柴油），市场需求量也达500万吨。而我国目前的生物柴油生产能力却只有5万吨左右。在生物质发电市场需求方面，按照我国可再生能源中长期发展规划，到2020年，我国生物质发电装机容量将达到2000万千瓦以上，占全部发电装机容量的2%。在高分子材料市场需求方面，2007年1～11月国内仅塑料产量就达4056.8万吨，若按可降解生物质材料取代10%计算，仅生物塑料一项将有400万吨的市场需求。因此，发展林业生物质能源具有巨大的市场潜力。

（二）发展林业生物质能源面临的挑战

我国林业生物质能源的发展既有良好的机遇，同时也面临巨大的挑战。目前存在的主要问题有：

1. 现有林业生物质能资源没有充分利用

目前我国森林资源主要是按照用材林和防护林为经营目的，现有薪炭林主要是解决农民生活烧材问题，并没有考虑为生物质能源的产业化提供原料。每年林业生产加工产生的“三剩物”产量达1.51亿吨，虽然有部分用于削片、纤维板将加工原料，但还有大量资源处于废弃状态，特别是一些林区的采伐剩余物受交通条件和运输成本的限制，基本上没有被利用。每年因危房改造和家具更新淘汰下来可开发利用的废旧木材也被废弃，没有得到利用。灌木林是我国重要的森林资源，经合理经营开发利用，每年生产的生物量十分可观，但现阶段，我国灌木资源应用于能源开发利用的比例还很小。154种种子含油量在40%以上的木本油料植物开发利用的仅有10余种。

2. 生物质能资源分布不均，利用成本高

我国林业资源分布特点决定了林业生物质能资源的分布和利用条件。 我国林业生物质能资源主要分布在几大林区， 东北地区林业生物质能资源占全国的28.87%，西南地区林业生物质能资源占全国的43.29%。这些林区经济落后，交通条件差，采伐剩余物的运输成本高，导致利用成本高。油料植物集约经营程度差，大部分处于天然生长，林木种植没有形成规模，分布不集中，收集和利用成本高。

3. 专用能源林未形成规模化经营

尽管我国现有可用于能源林目的的森林面积不少，且呈增长趋势，但专用能源林基地建设起步较晚，现有规模化、规范化、集约化高产、优质栽培种植技术缺乏技术示范，针对能源转化而专门营造的专用能源林缺乏，未形成能源林种植基地。如现有木本油料资源分布不集中，收集和利用成本高（原料成本占生物柴油成本的70%～80%），对近期生物柴油规模化和产业化发展形成制约。

4. 采收储运过程原始

林业生物质原料具有种类多样，生产分散，季节性强，收获期短的特点，而以其为原料进行加工转化的工业化生产过程则要求集中、规模、持续性的原料供应。同时林业生物质原料本身价值低廉，体积密度小、单位面积质量产出低，集储成本直接关系后续加工转化的成本和竞争力。目前，生物质原料的采收、运输、储藏、预处理过程还相对比较原始，主要依赖人工处理，科学合理的收集、运输装备以及储藏技术未得到广泛使用。

5. 集成技术缺乏、产业化基础薄弱

各种林业生物质能源利用技术研究开发都自成系统，相互关联少，集成优势不明显，一些关键技术还没有取得突破，缺乏龙头企业的带动。所以，突破关键技术，发展多技术、多工艺、跨行业的集成系统，发挥规模效应，提高能源转换效率，降低投资成本，实现商品化应用，是我国林业生物质能源发展的重要环节。

6. 发展环境有待优化

由于生物质能源还是一个新事物，因而公众意识还没有形成，企业参与较少。“可再生能源法”实施细则尚未出台，对生物质能源产业发展十分重要的高价收购、投资补贴、税收优惠和配额制度等，还停留在局部和试行阶段，没有形成系统的配套政策，亟待在生物质能源发展过程中不断完善和提高。

第二节 林业生物质能源发展现状与趋势

生物质能一直与太阳能、风能以及潮汐能一起作为新能源的代表，由于林业生物质资源量丰富且可以再生，其含硫量和灰分都比煤炭低，而含氢量较高，现在受关注的程度直线上升。目前，生物质能源消费量占世界能源总供应量的15%左右，属世界第四大能源。根据产品的物理形态，林业生物质能主要包括液态（燃料乙醇、生物柴油、生物质油）、固态（成型燃料）和气态生物燃料（生物质气化、生物质氢）及燃烧产生的电能和热能。林业生物质能源发展主要分为资源培育和能源产品加工利用两方面。

一、能源林培育

目前，世界上许多国家都通过引种栽培，建立新的能源基地，如“石油植物园”、“能源农场”。美国已筛选了200多种专门的能源作物——快速生长的草本植物和树木；法国、瑞典等国家利用优良树种无性系营造短轮伐期能源林，并且提出“能源林业”的新概念，把1/6现有林用做能源林。最有发展前途能源作物是短期轮作能源矮林和禾本科类植物，选择利用的能源树种主要是柳树、杨树、桉树、刺槐、巨杉、梧桐等。围绕培育速生、高产、高收获物的能源林发展目标，在不同类型能源林树种选育、良种繁育、集约栽培技术、收获技术等方面取得了一系列卓有成效的研究成果。

欧洲柳树能源林研究与商业化应用早于北美，1976年瑞典率先发起能源林业工程，并一直在寻找产量大、热值高的生物质材料，目前已经选择用于实际生产的高热值速生树种如柳树与杨树作为主要能源树种以提供生物燃料，占到瑞典能源的15%。目前瑞典柳树能源林商业化种植干物质产量是4～5吨·公顷/年， 在施肥清除杂草的措施下可达10吨·公顷/年。瑞典计划柳树能源林面积2010年增加到3万公顷，未来几十年内增加到20万～30万公顷。美国开始于20世纪80年代中期，在美国大面积种植，柳树林干物质平均产量是 8.4～11.6吨·公顷/年，商业种植产量为7.5吨·公顷/年。加拿大魁北克省采用短轮伐的集约栽培技术来培育柳树作为燃料用来发电。丹麦、芬兰、法国、波兰、英国等国的杨树、柳树能源林试验和生产均发展很快，已选育出一批抗病虫害、生产潜力大的柳树无性系。

我国有经营薪炭林的悠久历史，但研究系统性不高、技术含量低、规模较小。1949年后，开始搞一些小规模的薪炭林，但大都是天然林、残次生林和过量樵采的人工残林，人工营造的薪炭林为数不多，规模较小，经营管理技术不规范，发展速度缓慢，具有明显的局部性、自发性、低产性等特点。全国薪炭林试点建设阶段大体在"六五"试点起步、随后有了一定的发展。但近些年，薪炭林的建设逐年滑坡，造林面积逐年减少。根据第六次全国森林资源清查（1999～2003年）结果，薪炭林面积303.44万公顷，占森林总面积的1.7%；蓄积5627.00万立方米，占森林总蓄积的0.45%；分别较第五次森林资源清查（1994～1998年）结果相比均减少了50%。说明我国薪炭林严重缺乏，亟需要发展，以增加面积和蓄积，缓解对煤炭、其他用途林种消耗的压力。并且，日益增长的对生物质能源的需求，如生物发电厂、固体燃料等，更加大了对能源林的需求。

在木本油料植物方面，我国幅员辽阔，地域跨度广，水热资源分布差异大，含油植物种类丰富，分布范围广，共有151个科1553种，其中种子含油量在40%以上的植物为154个种，但是可用作建立规模化生物质燃料油原料基地乔灌木种不足30种，分布集中成片可建作原料基地，并能利用荒山、沙地等宜林地进行造林建立起规模化的良种供应基地的生物质燃料油植物仅10种左右，其中包括麻疯树、油桐、乌桕、黄连木、文冠果等。从世界范围来看，真正被用于生物柴油生产的木本油料优良品种选育工作才刚刚开始。

二、能源产品转化利用

（一）液体生物质燃料

生物质资源是惟一能够直接转化为液体燃料的可再生能源，以其产量巨大、可储存和碳循环等优点已引起全球的广泛关注。目前液体生物质燃料主要被用于替代化石燃油作为运输燃料。开发生物质液体燃料是国际生物质能源产业发展最重要的方向，已开始大规模推广使用的主要液体燃料产品有燃料乙醇、生物柴油等。

1. 燃料乙醇

燃料乙醇是近年来最受关注的石油替代燃料之一，以巴西和美国最为突出。2004年巴西的燃料乙醇产量达到1200万吨，生产原料为甘蔗，消耗巴西甘蔗总产量的50%。美国是近年来燃料乙醇发展速度最快的国家，从2000年到2004年5年时间里，燃料乙醇年产量从470万吨（16亿加仑）增加到1000万吨（34亿加仑），原料主要为玉米，产量增加幅度超过一倍。生产燃料乙醇的主要原料有糖及糖类作物（甘蔗、甜菜、甜高粱）、粮食（玉米、小麦、大麦、高粱）、木质纤维原料（农林废弃物、纸浆剩余物、草本和木本植物）和乙烯合成法。

美国生产燃料乙醇采用的技术路线为纤维素原料稀酸水解－戊糖己糖联合发酵工艺。欧盟有采用以植物纤维为原料，通过稀酸水解技术，将其中的半纤维素转化为绿色平台化合物糠醛；再将水解残渣（纤维素和木质素）进行真空干燥，并进行纤维素的浓酸水解，从而大幅度提高水解糖得率（大于70%），为木质纤维素制备燃料乙醇的经济可行性提供了较好的思路。

我国自20世纪50年代起，先后开展了稀酸常压、稀酸加压、浓酸大液比水解，纤维素酶水解法的研究并建成了南岔水解示范厂，主要利用原料为木材加工剩余物，制取目标为酒精和饲料酵母。与国外先进水平相比，存在着技术落后，设备老化，消耗高，效益低，成本居高不下。“十五”期间，我国已在黑龙江、吉林、河南、安徽4省建成以陈化粮为原料生产能力30万吨/年的燃料乙醇生产装置，并已在全国十余个城市开展了掺和10%乙醇的汽油醇燃料应用示范工作；同时，已开发出利用甜高粱茎秆汁液等纤维素废弃物生物质制取乙醇的技术工艺，已建设年产5000吨乙醇规模的甜高粱茎秆制取乙醇燃工业示范工程；纤维素废弃物制取乙醇燃料技术已进入年产600吨规模的中试阶段。此外，我国还开展了研究生物质原料的高压蒸汽爆破预处理技术、纤维素酶制备技术、大规模酶降解技术、戊糖己糖同步乙醇发酵技术、微生物细胞固定化技术、在线杂菌防治技术、以及副产品木质素的深度加工利用技术等。但这些研究目前在我国尚处于起步阶段，水解技术与国外相比仍有相当差距，而且很不经济。

从战略角度看，世界各国都将各类植物纤维素，作为可供使用生产燃料酒精丰富而廉价的原料来源，其中利用木质纤维素制取燃料酒精是解决原料来源和降低成本的主要途径之一。而纤维素生产酒精产业化的主要瓶颈是纤维素原料的预处理以及降解纤维素为葡萄糖的纤维素酶的生产成本过高。因此，该领域将以提高转化效率和降低生产成本的目标展开相关研究，如高效纤维素原料预处理和催化水解技术，用基因技术改造出能同时转化多种单糖或直接发酵纤维素原料为乙醇的超级微生物和能生产高活性纤维素酶的特种微生物，植物纤维资源制取乙醇关键技术的整合与集成等。

2. 生物柴油

生物柴油是化石液体燃料理想的替代燃料油，是无污染的可再生绿色能源，被认为是继燃料乙醇之后第二个可望得到大规模推广应用的生物液体能源产品。美国2005年生产生物柴油25万吨，规划到2010年生物柴油产量115万吨/年；欧盟一些国家2004年生物柴油产量已达到225万吨，计划在2020年使市场占有率达到12%；德国2005年生物柴油生产能力和销售量均超过了150万吨，是最大的生物柴油生产和使用国。马来西亚大力推进以棕榈油为原料生产的生物柴油，生产潜力达2000万吨/年；印度正积极开发麻疯果生物柴油，将在5～10年内达到1000万吨/年的生产能力；印度政府公布的数据，印度有3920万公顷土地适合种植麻疯树，计划用5年时间发展生物柴油，替代20%的化石柴油。

目前，生产生物柴油的主要原料有：菜籽油（德国）、葵花籽油（意大利、法国）、大豆油（美国）、棕榈油（马来西亚）、亚麻油和橄榄油（西班牙）、棉籽油（希腊）、动物油脂（爱尔兰）、废弃煎炸油（澳大利亚）。生产方法可以分为3大类：化学法、生物法和FT合成技术。化学法包括裂解法、酯交换法、酯化法；生物法主要是指生物酶催化制备生物柴油技术。

我国生物柴油产业率先在民营企业实现，海南正和生物能源公司、四川古杉油脂化工公司、福建卓越新能源发展公司等都建成了1万～2万吨/年生产装置，主要以餐饮业废油和皂化油下脚料为原料。福建源华能源科技有限公司在建3万吨/年生物柴油生产装置；上海闽仁德环保能源有眼公司在建5万吨/年生物柴油厂。国外公司也进军中国，奥地利一家公司在威海建设25万吨/年生物柴油厂；意大利一家公司在佳木斯建设20万吨/年生物柴油厂。

3. 生物质油

生物质油是生物质热解生成的液体燃料，被称为生物质裂解油，与固体燃料相比，生物质油易于储存和运输，其热值为传统燃料用油的一半以上，并可作为化工原料生产特殊化工产品。目前，生物质油有2种具有开发价值的用途：①代替化石燃料，②提取某些化学物质。国外热解实验装置归纳为5种类型：携带床反应器（Entrained flowreactor）；多层真空热解磨（Multiple hearth reactor）；流化床反应器（Upflow circulating fluid bed reactor）；涡旋反应器（Vortex reactor）；旋转锥壳反应器（Twente rotating cone process）。Twente所得产液率最高为 70%。闪速热解液化可使液体产量最高达到80%。闪速热解在相对较低的温度下进行，较高的加热速率（1000～10000℃/s），较短的停留时间，一般为1秒，所以对设备的要求较高。在各种反应装置中，旋转锥式热解反应器具有较高的生物质油产率，以锯屑为原料经热解其生物质油产率为60%。

国际能源署（IEA）组织了加拿大、芬兰、意大利、瑞典、英国及美国的10多个研究小组包括Batelle、麻省理工学院（MIT）等国际著名大学及实验室进行了10多年工作，到1995年初，已有20余套工业示范装置在运行中，最大处理能力为日处理生物质100吨。加拿大西安大略大学开发的生物质直接超短接触液化技术，是生物质液化技术重大突破，目前的生产成本已可与常规的石化燃料相竞争。此外，INTERCHEM建造了大型涡旋反应器，加料流量达1350千克/小时；德国图宾根大学（tubingen university）开发了低温裂解装置处理城市垃圾，加料流量达2000千克/小时；美国太阳能研究所建立了不同工艺的生物质裂解油试验装置，产油率达70%左右。

我国的山东理工大学、广州能源所、沈阳农业大学、浙江大学、华东理工大学等在热解液化方面做了一系列的理论和实验研究工作。将来的研究工作主要集中在热解原料特性数据的搜集、检测，快速热解液化机理的研究，热解工艺过程的实验研究和液体产物处理等几个方面。

（二）气体生物质燃料

林业生物质气体燃料主要有生物质气化可燃气、生物质氢气以及燃烧产生的电能和热能。

1. 生物质气化

生物质气化是以生物质为原料，以氧气（空气、富氧或纯氧）、水蒸气或氢气等作为气化介质，在高温条件下通过热化学反应将生物质中可燃部分转化为可燃气的过程，生物质气化时产生的气体有效成分为CO、H_2和CH_4等，称为生物质燃气。对于生物质气化过程的分类有多种形式。如果按照制取燃气热值的不同可分为：制取低热值燃气方法(燃气热值低于8 MJ/m^3)，制取中热值燃气方法(燃气热值为16～33MJ/m^3)，制取高热值燃气方法(燃气热值高于33MJ/m^3)；如果按照设备的运行方式的不同，可以将其分为固定床、流化床和旋转床。如果按照气化剂的不同，可以将其分为干馏气化、空气气化、氧气气化、水蒸气气化、水蒸气-空气气化和氢气气化等。生物质气化炉是气化反应的关键设备。在气化炉中，生物质完成了气化反应过程并转化为生物质燃气。目前主要应用的生物质气化设备有热解气化炉、固定床气化炉以及流化床气化炉等几种形式。

生物质气化发电技术是把生物质转化为可燃气，再利用可燃气推动燃气发电设备进行发电。它既能解决生物质难于燃用而且分布分散的缺点，又可以充分发挥燃气发电技术设备紧凑而且污染少的优点，所以，气化发电是生物质能最有效、最洁净的利用方法之一。气化发电系统主要包括3个方面：一是生物质气化，在气化炉中把固体生物质转化为气体燃料；二是气体净化，气化出来的燃气都含有一定的杂质，包括灰分、焦炭和焦油等，需经过净化系统把杂质除去，以保证燃气发电设备的正常运行；三是燃气发电，利用燃气轮机或燃气内燃机进行发电，有的工艺为了提高发电效率，发电过程可以增加余热锅炉和蒸汽轮机。

生物质气化及发电技术在发达国家已受到广泛重视，生物质能在总能源消耗中所占的比例增加相当迅速。美国在利用生物质能发电方面处于世界领先地位。美国建立的Battelle生物质气化发电示范工程代表生物质能利用的世界先进水平，可生产中热值气体。据报道，美国有350多座生物质发电站，主要分布在纸浆、纸产品加工厂和其他林产品加工厂，这些工厂大都位于郊区。发电装机总容量达7000MW，提供了大约6.6万个工作岗位。到2010年，生物质发电将达到13 000MW装机容量，届时有16.2万hm^2的能源农作物和生物质剩余物作为气化发电的原料，同时可安排约17万名就业人员。美国能源部生物质发电计划的目标是到2020年实现生物质发电的装机容量为45 000MW，年发电2250亿～3000亿度。

欧洲也在生物质发电方面进行了很多研究，也建立了许多示范工程。促进生物质为基础的电力通过绿色电力发展，在2010年从现在的可再生能源发电的14%上升到22%。奥地利成功地推行了建立燃烧木材剩余物的区域供电站的计划，生物质能在总能耗中的比例由原来的3%增到目前的25%，已拥有装机容量为1M～2MWe的区域供热站90座。瑞典和丹麦正在实施利用生物质进行热电联产的计划，使生物质能在转换为高品位电能的同时满足供热的需求，以大大提高其转换效率。1999年，瑞典地区供热和热电联产所消耗的能源中，26%是生物质能。芬兰是世界上利用林业废料/造纸废气物等生物质发电最成功的国家之一，其技术与设备为国际领先水平。福斯特威勒公司是芬兰最大的能源公司，也是制造具有世界先进水平的燃烧生物质的循环硫化床锅炉公司，最大发电量为30万kW。该公司生产的发电设备主要利用木材加工业、造纸业的废弃物为燃料，废弃物的最高含水量可达60%，排烟温度为140℃，热电效率达88%。

我国生物质气化供气，作为家庭生活的气体燃料，已经推广应用了400多套小型的气化系统，主要应用在农村，规模一般在可供200～400户家庭用气，供气户数4万余户。用于木材和农副产品烘干的有800多台。生物质气化发电技术也得到了应用，第一套应用稻糠发电的小型气化机组是在1981年，1MW级生物质气化发电系统已推广应用20多套。气化得到的气体热值为4M～10MJ/m^3，气化的热效率一般为70%左右，发电的热效率比较低，小型的气化系统只有12%左右，MW级的发电效率也不到18%。

提高气化效率、改善燃气质量、提高发电效率是未来生物质气化发电技术开发的重要目标，采用大型生物质气化联合循环发电（BIGCC）技术有可能成为生物质能转化的主导技术之一，效率可达40%以上；同时，开发新型高效率的气化工艺也是重要发展方向之一。

2. 生物质制氢

氢能是一种新型的洁净能源，是新能源研究中的热点，在21世纪有可能在世界能源舞台上成为一种举足轻重的二次能源。国际上氢能研究从20世纪90年代以来受到特别重视。美国早在1990年就通过了Spark M. Matsunaga氢能研究与发展、示范法案，启动了一系列氢能研究项目。日本通产省于1993年启动了世界能源网络（World Energy network）项目，到2020年计划投入30亿美元开发氢能系统的关键技术。目前制氢的方法很多，主要有水电解法、热化学法、太阳能法、生物法等。生物质制氢技术是制氢的重要发展方向，主要集中在生物法和热化学转换法。意大利开发了生物质直接气化制氢技术，过程简单，产氢速度快，成本显著低于电解制氢、乙醇制氢等，欧洲正在积极推进这项技术的开发。

生物质资源丰富、可再生，其自身是氢的载体，通过生物法和热化学转化法可以制得富氢气体。随着“氢经济社会”的到来，无污染、低成本的生物质制氢技术将有一个广阔的应用前景。

（三）固体生物质燃料

固体生物质燃料是指不经液化或气化处理的固态生物质，通过改善物理性状和燃烧条件以提高其热利用效率和便于产品的运输使用。固体生物质燃料适合于利用林地抚育更新和林产加工剩余物以及农区燃料用作物秸秆。由于处理和加工过程比较简单，投能和成本低，能量的产投比高，是原料富集地区的一种现实选择，欧洲和北美多用于供热发电。固体生物质燃料有成型、直燃和混合燃烧3种燃烧方式和技术。

1. 生物质成型燃料

生物质燃料致密成型技术（BBDF）是将农林废弃物经粉碎、干燥、高压成型为各种几何形状的固体燃料，具有密度高、形状和性质均一、燃烧性能好、热值高、便于运输和装卸等特点，是一种极具竞争力的燃料。从成型方式上来看，生物质成型技术主要有加热成型和常温成型两种方式。生物质成型燃料生产的关键是成型装备，按照成型燃料的物理形状分为颗粒成型燃料、棒状成型燃料和块状燃料成型燃料等形式。2005年，世界生物质成型燃料产量已超过了420万吨，其中美洲地区110万吨，欧洲300万吨，预计2007年将超过500万吨。

国外成型燃料的发展分3个阶段，从20世纪30～50年代为研究、示范、交叉引进阶段，研究的着眼点以替代化石能源为目标。20世纪70～90年代为第二阶段，各国普遍重视了化石能源对环境的影响，对数量较大的、可再生的生物质能源产生了兴趣，开展了生物质燃料致密成型技术研究，直至20世纪90年代，欧洲、美洲、亚洲的一些国家在生活领域较多地应用了生物质燃料致密成型技术，第三阶段为20世纪90年代后，首先以丹麦为首开展了规模化利用的研究工作，丹麦著名的能源投资公司（BWE）率先研制成功了第一座生物质燃料致密成型技术发电厂，随后瑞典、德国、奥地利等国都先后开展了利用生物质燃料致密成型技术发电和作为大型锅炉的替代燃料研究、利用的方式，一是打捆直接燃烧，二是气化，利用燃气发电；除此之外，他们还积极向其他国家出卖技术；目前，丹麦已建立了130座发电厂；联合国已将此作为重点项目进行推广。

我国在生物质成型燃料的研究和开发方面开始于20世纪70年代，主要有颗粒燃料和棒状燃料两种，以加热生物质中的木质素到软化状态产生胶粘作用而成型，在实际应用过程中存在能耗相对较高、成型部件易磨损以及原料的含水率不能过高等不足。近几年在借鉴国外技术的基础上，开发出的“生物质常温成型”新技术大大降低了生物质成型的能耗，并开展了产业化示范。

2. 生物质直接燃烧技术

直接燃烧是一项传统的技术，具有低成本、低风险等优越性，但热利用效率相对较低。锅炉燃烧发电技术适用于大规模利用生物质。生物质直接燃烧发电与常规化石燃料发电的不同点主要在于原料预处理和生物质锅炉，锅炉对原料适用性和锅炉的稳定运行是技术关键。

林业生物质直接燃烧发电主要集中在美国、芬兰和瑞典等国家，其中美国是世界上林业废物直接燃烧发电规模最大的国家，拥有超过500座以林业生物质为原料的电厂，大部分分布在纸浆、纸制品和其他木材加工厂的周围，美国生物质直接燃烧发电占可再生能源发电量的70%，生物质发电装机容量已达1050万千瓦，预计到2015年装机容量将达1630万千瓦。芬兰燃用林业生物质的流化床锅炉技术国际领先。瑞典在林业生物质收集技术方面居世界领先地位，生物质热电厂也多采用循环流化床锅炉。过去，林业生物质直燃发电大多采用中温中压层燃炉，以降低锅炉结渣和腐蚀的风险。随着技术的发展，高温高压流化床锅炉发电也越来越多地采用；装机容量一般大于20MW，高的可以达到100MW以上，芬兰和瑞典也在尝试在较小的生物质发电项目中利用循环流化床锅炉。

生物质直接燃烧发电的关键是生物质锅炉。我国已有锅炉生产企业曾生产过木柴(木屑)锅炉、蔗渣锅炉，品种较全，应用广泛，锅炉容量、蒸汽压力和温度范围大。但是由于国内生物质燃料供应不足，国内市场应用多为中小容量产品，大型设备主要是出口到国外生物质供应量大集中的国际市场。常州综研加热炉有限公司与日本合资开发了一种燃烧木材加工剩余物的大型锅炉，用于木材加工企业在生产过程中所需要供热系统的加热，以降低木材产品生产的成本。

3. 生物质混燃技术

混燃是最近10年来许多工业化国家采用的技术之一，有许多稻草共燃的实验和示范工程。混合燃烧发电包括：直接混合燃烧发电、间接混合燃烧发电和并联混合燃烧发电3种方式。直接混合燃烧发电是指生物质燃料与化石燃料在同一锅炉内混合燃烧产生蒸汽，带动蒸汽轮机发电，是生物质混合燃烧发电的主要方式，技术关键为锅炉对燃料的适应性、积灰和结渣的防治、避免受热面的高温腐蚀和粉煤灰的工业利用。

近年来，农林生物质混燃发电得到快速发展。根据国际能源署（IEA）的统计，截至2004年，已有40多座混燃生物质的电厂投入商业运行；混合燃烧发电的生物质原料绝大部分是林业生物质，农业生物质仅占10%左右；在现有电厂煤粉锅炉(PF)中混燃生物质是混燃发电的主要方式，利用流化床锅炉(CFB和BFB)混燃生物质发电也得到一定的发展。当直接混燃小于20%生物质时，现有燃煤锅炉不需要大的改造，对锅炉稳定安全燃烧影响不大。该工艺具有技术成熟、投资低、燃料来源灵活、运营风险小和生物质热转化效率高等优点。目前，丹麦和美国正在修订混燃量小于20%飞灰工业利用的相关标准，使混合燃烧的粉煤灰也能够得到综合利用。

美国是直接混燃生物质发电规模最大的国家，约有40多座示范和商业运行的混合燃烧电厂站，其中30多座是在煤粉锅炉中直接混燃生物质，原料多以林业生物质和能源植物为主，份额大多在3%～15%之间。德国在煤粉锅炉中直接混燃污泥技术已经投入商业运行；正在试验混燃秸秆和木片。荷兰从1993年开始直接混燃发电试验，大多是木片和污泥，混燃数量保持在10%左右。丹麦在秸秆直接混燃发电技术已经商业化运行，实践证明当混燃10%的秸秆时，系统可安全可靠地运行；当混燃7%的秸秆时，没有发现脱硝反应催化剂中毒失活的迹象；当混燃20%的秸秆时，受热面腐蚀速度明显比燃煤时加快，具有较大的风险。

芬兰和瑞典利用循环流化床锅炉将林业生物质、泥草炭和煤的直接混燃发电已经商业化运行，通常混烧生物质的比例大于20%。为示范推广多燃料直接混燃发电技术，芬兰和瑞典联合建立了世界上最大的生物质循环流化床锅炉热电厂，最大供电功率240MW。该锅炉原料适应性广，可完全燃烧煤，也可完全燃烧生物质，通常混燃林业生物质的比例约在50%。

间接混合发电是指生物质原料首先经过气化产生可燃气，然后可燃气再进入传统燃料锅炉内共同燃烧，产生蒸汽发电。并联混合发电是指生物质在单独的锅炉内燃烧产生蒸汽，蒸汽再经过传统燃料进一步过热，然后再发电。这两种方式都可以降低生物质燃烧过程中结渣和腐蚀的风险，生物质和煤的灰也可以分别利用，便于计量生物质发电量，缺点是投资、运行和维护费用要比直接混合发电高，应用比较较少。

国内很多研究机构和发电企业开始自主进行燃煤锅炉直接混燃生物质发电的研究和实践，清华大学热能工程系和秦皇岛福电集团在75吨/小时燃煤循环流化床锅炉上进行直接混燃发电试验。研究表明：在入炉生物质的量占入炉总热值的20%以下，只需要增加一套生物质预处理设备，燃煤锅炉几乎不需要进行任何改变，锅炉即可稳定运行，甚至还可以改进燃烧性能。

生物质混合燃烧发电技术具有良好的经济性，但是，由于目前一般混燃项目还不能得到电价补贴政策的优惠，生物质混合燃烧发电技术在我国推广应用，还需要在财税政策方面的改进，才可能有大的发展。

第三节 林业生物质能源发展的重点领域与方向

以市场需求为导向，突出林业资源的优势，并根据林业生物质能源领域存在的技术问题，结合国内外未来发展趋势，从推进社会主义新农村建设出发，林业生物质能源开发利用应着重加强生物质资源的培育、储运和转化过程的关键技术研究。

一、林业生物质能源重点领域

（一）专用能源林资源培育技术平台

生物质资源是开展生物质转化的物质基础，对于发展生物产业和直接带动现代农业的发展息息相关。该方向应重点开展能源植物种质资源与高能植物选育及栽培。针对目前能源林单产低、生长期长、抗逆性弱、缺乏规模化种植基地等问题，结合林业生态建设和速生丰产林建设，加速能源植物品种的遗传改良，加快培育高热值、高生物量、高含油量、高淀粉产量优质能源专用树种，开发低质地上专用能源植物栽培技术，并在不同类型宜林地、边际性土地上进行能源树种定向培育和能源林基地建设，为生物质能源持续发展奠定资源基础。能源林主要包括纤维类能源林、木本油料能源林和木本淀粉类能源林3大类。

1. 木质纤维类能源林

以利用林木木质纤维直燃（混燃）发电或将其转化为固体、液体、气体燃料为目标，重点培育具有大生物量、抗病虫害的柳树、杨树、桉树、栎类和竹类等速生短轮伐期能源树种，建立配套的栽培及经营措施；解决现有低产低效能源林改造恢复技术，优质高产高效能源林可持续经营技术，绿色生长调节剂和配方施肥技术，病虫害检疫和预警技术。加强沙生灌木等可在边际性土地上种植的能源植物新品种的选育，优化资源经营模式，提高沙柳、柠条等灌木资源利用率，建立沙生灌木资源培育和能源化利用示范区。

2. 木本油料能源林

以黄连木、油桐、麻疯树、文冠果等主要木本燃料油植物为对象，大力进行良种化，解决现有低产低效林改造技术和丰产栽培技术；加快培育高含油量、抗逆性强且能在低质地生长的木本油料能源专用新树种，突破立地选择、密度控制、配方施肥等综合培育技术。以公司加农户等多种方式，建立木本油料植物规模化基地。

3. 木本淀粉类能源林

以提制淀粉用于制备燃料乙醇为目的，进行非食用性木本淀粉类能源植物资源调查和利用研究，大力选择、培育具有高淀粉含量的木本淀粉类能源树种，在不同生态类型区开展资源培育技术研究和高效利用技术研究。富含淀粉的木本植物主要是壳斗科、禾本科、豆科、蕨类等，主要是利用果实、种子以及根等。重点研究不同种类木本淀粉植物的产能率，开展树种良种化选育，建立木本淀粉类能源林培育利用模式和产业化基地，加强高效利用关键技术研究。

（二）林业生物质热化学转化技术平台

热化学平台研究和开发目标是将生物质通过热化学转化成生物油、合成气和固体碳。尤其是液体产品，主要作为燃料直接应用或升级生产精制燃料或者化学品，替代现有的原油、汽油、柴油、天然气和高纯氢的燃油和产品。另外，由于生物油中含有许多常规化工合成路线难以得到的有价值成分，它还是用途广泛的化工原料和精细日化原料，如可用生物原油为原料生产高质量的粘合剂和化妆品；也可用它来生产柴油、汽油的降排放添加剂。热化学转化平台主要包括热解、液化、气化和直接燃烧等技术。

（三）林业生物质糖转化技术平台

糖平台的技术目标是要开发使用木质纤维素生物质来生产便宜的，能够用于燃料、化学制品和材料生产的糖稀。降低适合发酵成酒精的混合糖与稀释糖的成本。美国西北太平洋国家实验室（PNNL）和国家再生能源实验室(NREL)已对可由戊糖和己糖生产的300种化合物，根据其生产和进一步加工高附加值化合物的可行性进行了评估和筛选，提出了30种候选平台化合物。并从中又筛选出12种最有价值的平台化合物。但是，制约该平台的纤维素原料的预处理以及降解纤维素为葡萄糖的纤维素酶的生产成本过高、戊糖/己糖共发酵菌种等瓶颈问题尚未突破。

（四）林业生物质衍生产品的制备技术平台

1. 生物基材料转化

在进行生物质能源转化的同时，开展生物基材料的研究开发亦是国内外研究热点。应加强生物塑料（包括淀粉基高分子材料、聚乳酸、PHA、PTT、PBS）、生物基功能高分子材料、木基材料等生物基材料制备、应用和性能评价技术等方面的研究，重点在现有可生物降解高分子材料基础上，集成淀粉的低成本和聚乳酸等生物可降解树脂的高性能优势，开发全降解生物基塑料（亦称淀粉塑料）和地膜产品，开发连续发酵乳酸和从发酵液中直接聚合乳酸技术，降低可生物降解高分子树脂的成本，保证生物质材料的经济性；形成完整的生产全降解生物质材料技术、装备体系。

2. 生物基化学品转化

利用可再生的生物质原料生产生物基化学品同样具有广阔的前景。应加快生物乙烯、乳酸、1，3-丙二醇、丁二酸、糠醛、木糖醇等乙醇和生物柴油的下游及共生化工产品的研究，重点开展生物质绿色平台化合物制备技术，包括葡萄糖、乳酸、乙醇、糠醛、羟甲基糠醛、木糖醇、乙酰丙酸、环氧乙烷等制备技术。加强以糠醛为原料生产各种新型有机化合物、新材料的研究和开发。

二、林业生物质能源主要研究方向

1. 能源林培育

重点培育适合能源林的柳树、杨树和桉树等速生短轮伐期品种，建立配套的栽培及经营措施；在木本燃料油植物树种的良种化和丰产栽培技术方面，以黄连木、油桐、麻疯树、文冠果等主要木本燃料油植物为对象，大力进行良种化，解决现有低产低效林改造技术；改进沙生灌木资源培育建设模式，提高沙柳、柠条等灌木资源利用率，建立沙生灌木资源培育和能源化利用示范区。

2. 燃料乙醇

重点加大纤维素原料生产燃料乙醇工艺技术的研究开发力度，攻克植物纤维原料预处理技术、戊糖己糖联合发酵技术，降低酶生产成本，提高水解糖得率，使植物纤维基燃料乙醇生产达到实用化。在华东或东北地区进行以木屑等木质纤维为原料生产燃料乙醇的中试生产；在木本淀粉资源集中的南方省（自治区）形成燃料乙醇规模化生产。

3. 生物柴油

重点突破大规模连续化生物柴油清洁生产技术和副产物的综合利用技术，形成基于木本油料的具有自主知识产权、经济可行的生物柴油生产成套技术；开展生物柴油应用技术及适应性评价研究。在木本油料资源集中区开展林油一体化的生物柴油示范。并根据现有木本油料资源分布以及原料林基地建设规划与布局，形成一定规模的生物柴油产业化基地。

4. 生物质气化发电/供热

主要发展大规模连续化生物质直接燃烧发电技术、生物质与煤混合燃烧发电技术和生物质热电联产技术；针对现有生物质气化发电技术存在燃气热值低、气化过程产生的焦油多的技术瓶颈，研究开发新型高效气化工艺。在林业剩余物集中区建立兆瓦级大规模生物质气化发电／供热示范工程；在柳树、灌木等资源集中区建立生物质直燃/混燃发电示范工程；在三北地区建立以沙生灌木为主要原料，集灌木能源林培育、生物质成型燃料加工、发电／供热一体化的热电联产示范工程。通过示范，形成分布式规模化生物质发电系统。

5. 固体成型燃料

重点以降低生产能耗、降低产品成本、提高模具耐磨性为主攻方向，开发一体化、可移动的颗粒燃料加工技术和装备，开发大规模林木生物质成型燃料设备以及抚育、收割装备；形成固体成型燃料生产、供热燃烧器具、客户服务等完善的市场和技术体系。在产业化示范的基础上，在三北地区建立一定规模的以沙生灌木为原料的生物质固化成型燃料产业化基地；在东北、华南和华东等地建立具有一定规模的以林业剩余物或速生短轮伐期能源林为原料的生物质固化成型燃料产业化基地。

6. 石油基产品替代

重点研究完全可降解、低成本生物质塑料，用生物质塑料取代石油基塑料；开发脂肪酸酯、甘油、乙烯、乙醇下游产品，以增加生物质产业的领域范围和经济效益。

7. 生物质快速热解制备生物质油

重点研究林业生物质原料高温快速裂解、催化裂解液化、高压裂解液化、超临界液化、液化油分离提纯等技术，并开展相关的应用基础研究，在此基础上开发生物质油精制与品位提升的新工艺，提高与化石燃料的竞争力。

8. 林业生物质能源相关技术和产品标准研究

根据林业生物质能源利用发展的总体要求，重点制定林业生物质能资源调查、评价技术规定和标准，能源林培育、栽培技术规程，生物质发电、成型燃料等产品标准以及相应的生产技术规程。实现产地环境、生产原料投入监控、产品质量、包装贮运等方面的标准基本配套，建立起具有国际水准的绿色环保的林业生物质能源利用的标准体系。

第16章 林产品生产与贸易

林产品生产和贸易涉及国民经济一、二、三产业结构与优化，具有基础性、多样性、生态性和战略性。“十五”期间，我国林业产业继续保持良好的发展态势，各种林产品产量快速增加，产业结构进一步优化，林产品贸易发展趋势良好。但是，我国林业产业基础薄弱、规模不大、结构不够合理、市场发育不够成熟等问题还相当突出。因此，根据现代林业产业发展的要求，加快和规范林产品生产和贸易，充分挖掘我国林业产业发展的潜力，增加农民收入，推动生态建设，对于促进新农村建设和构建社会主义和谐社会意义重大。

现代林业产业相对于传统意义上的林业产业，在内核上发生了本质的变化，具体反映在林产品生产和贸易上体现为以最少的林地资源，最大程度地满足经济、社会发展对林产品的需求；以市场机制为主要手段配置各种生产要素；高度集约化经营；用信息化带动工业化；产业链条完整、运行平衡有序；既与我国国情、林情相适应、又与国际接轨。重点鼓励和扶持促进林业产业结构升级的关键技术、装备和产品，以及需要重点发展的林业产业，明确林产品生产和贸易发展目标和发展重点，正确选择实现战略目标的途径，合理调整产业发展政策，促进林业产业的发展。同时，林产品产销监管链认证是联系森林与消费者的纽带。它将林业生态体系和产业体系紧密结合起来，通过鼓励人们消费来自负责任经营森林的木制品来实现保护森林，发展可持续林业的目标。因此，通过开展林产品监管链认证，可以促使我国更多的森林纳入到可持续经营的轨道。

第一节　林产品生产与贸易情况

“十一五”期间，我国要构建比较发达的林业产业体系。实际上，林业产业体系是否发达，最直观、最准确的视角就是看我国的林产品供给是否足够丰富，满足了社会对林业的经济需求。根据《中国林业发展报告》，中国的林产品分为木质林产品和非木质林产品。木质林产品划分为8类：原木、锯材（包括特形材）、人造板（包括单板、刨花板、纤维板、胶合板和强化木）、木制品、纸类（包括木浆、纸和纸制品、印刷品等）、家具、木片和其他(薪材、木炭等)。非木质林产品划分为7类：苗木类，菌、竹笋、山野菜类，果类，茶、咖啡类，调料、药材、补品类，林化产品类(松香等)，竹藤、软木类(含竹藤家具)。由于木质林产品生产和贸易量占整个林产品生产和贸易量的70%以上，因此，本章林产品生产和贸易主要介绍木质林产品生产和贸易情况。

一、林产品的生产情况

（一）木质林产品的生产

1. 原木

我国是一个缺林少木的国家，从1998年起我国在17省（自治区）实施"天然林资源保护工程"，木材产量锐减。1997～2002年，全国计划内木材产量由6394.79万m^3减少到4436.07万m^3，降幅达30.6%。2003年，全国木材产量在连续6年减产后开始出现增长态势，这主要是人工林产量开始增加。2006年全国木材产量达到6611.78万m^3，比2005年增长18.9%，主要原因是"十一五"期间采伐限额调增的结果。由于近年来各类社会主体营造的短周期原料林已进入采伐期，加之天然林资源保护工程区人工商品林采伐管理试点和农田防护林采伐更新管理试点范围进一步扩大，增加了工业原料林的采伐量（图16-1）。

2. 锯材

根据《中国林业统计年鉴》的统计，1991年以来全国的锯材生产产量（图16-2）。

在中国历年生产的锯材中，针叶锯材主要用于建筑业（包括施工、结构和部分装饰装修

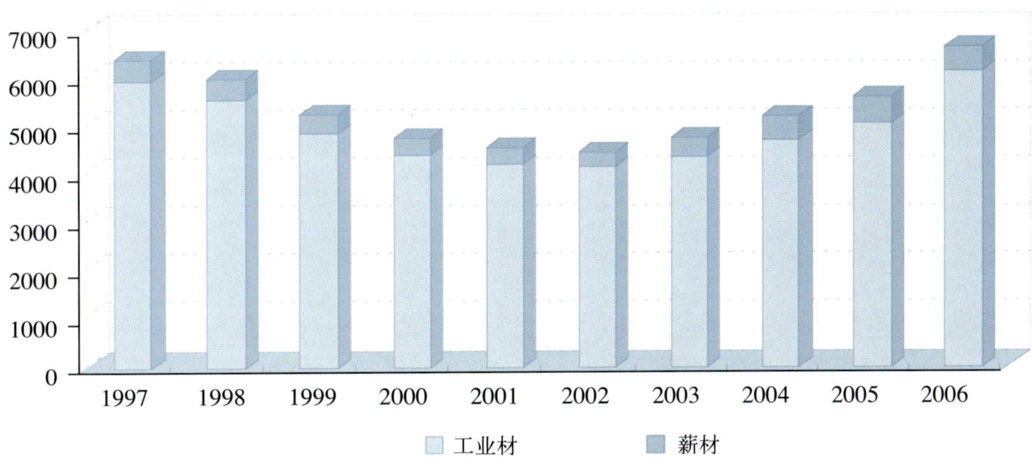

图16-1 1997～2006年计划内木材产量（万m^3）

资料来源：《中国林业统计年鉴》（1998～2007年）

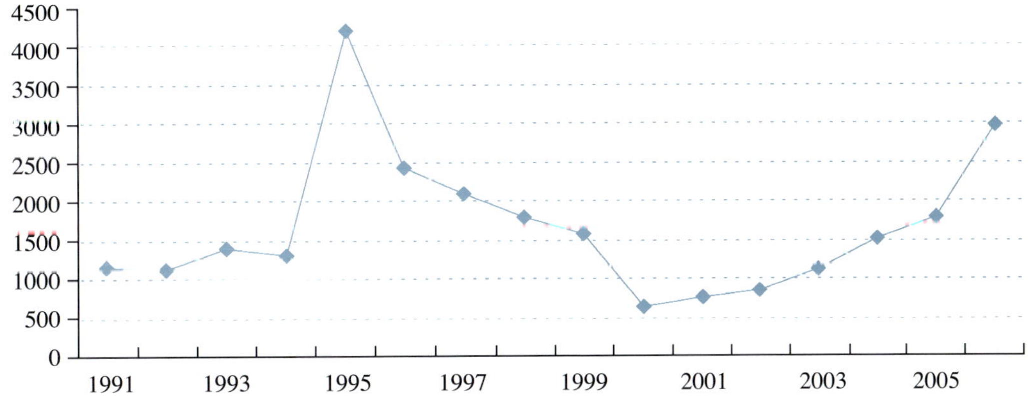

图16-2 1991～2006年锯材产量变化情况（万m^3）

用材），少部分用于家具和包装行业。阔叶锯材则以生产家具、实木地板和装饰材料为主。从锯材主要生产地区来看，浙江和山东产量居第1、第2位，这两省并非产材省，两地基本上都是以进口材为原料生产锯材。

3. 人造板

近10年以来，由于国民经济持续、稳定、快速增长，以及国内房地产业、建筑装饰装修业、家具产业和人民生活水平大幅度提高，极大地促进了人造板工业的快速发展，人造板产量总体上逐年大幅增加，从1994年的665万m^3增长到2006年的7428.6万m^3，年均增长速度为24%。2003年中国人造板总产量首次超过美国，成为全球人造板生产第一大国。

从产品结构看，2006年人造板生产仍以胶合板为主，胶合板产量为2728.8万m^3，约占全部人造板产量的36.7%；其次为纤维板，产量为2466.6万m^3，约占33.2%（其中MDF约占90.1%）；刨花板产量为843.3万m^3，只占11.4%左右；其他人造板产量为1389.9万m^3（其中细木工板约占83.1%），约占18.7%。

从人造板生产布局看，人造板产业集群已经形成，江苏、山东、河北、浙江、福建、广西6省（自治区），产量均超过400万m^3，6省（自治区）人造板产量共计5024.35万m^3，占全国人造板总产量的67.6%。

4. 木制家具

中国家具业已从传统上的手工业发展成为一个以机械化生产为主，门类齐全的重要产业，而且到21世纪初已成为全球的家具生产和出口大国。按中国家具协会的统计，全国家具总产值从1985年的29亿元增至1995年446亿元，2006年进一步升至4300亿元，在1985～2006年期间年均增长速度高达27%以上。近10年来，中国GDP的增长与家具业发展情况（图16-3）。

中国生产的家具以木制家具为主，约占市场份额的80%，此外尚有以金属、塑料、玻璃和竹藤为原料的家具。然而在全部木制家具中，因木材稀缺，近年来纯实木家具日趋减少，大部分木制家具市场已为人造板家具和人造板与实木混合家具所占领。

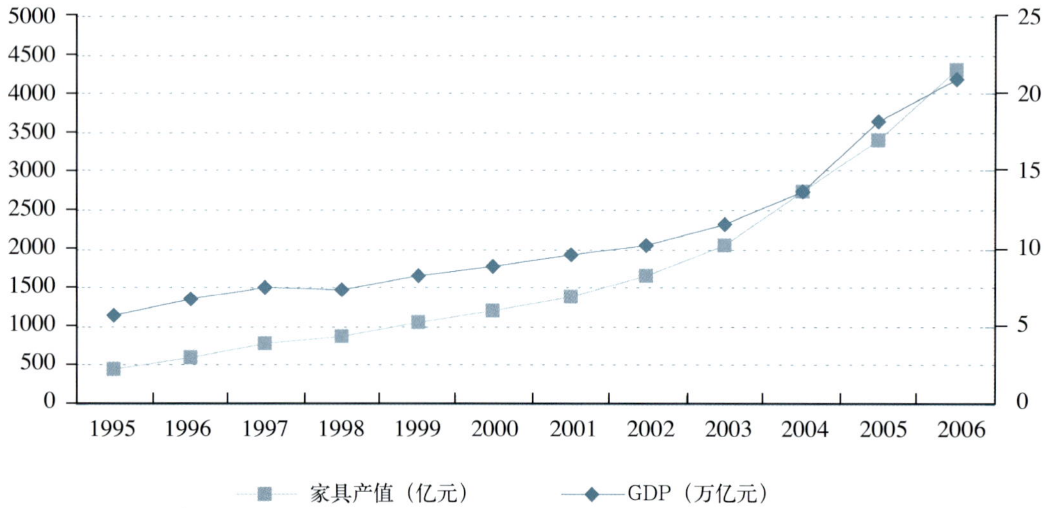

图16-3　近10年来中国GDP与家具年均产值变化

5. 木地板

我国木地板业经过20多年的发展，随着市场的锤炼，已进入成熟阶段，每年保持持续上升。目前我国木地板行业的相关企业已有3000家，从事木地板生产、销售和服务的相关人员达到100万人。2006年我国木地板总产量已达31 100万m^2（其中，强化木地板19 000万m^2，实木地板5800万m^2，实木复合地板为5500万m^2，竹木复合地板为800万m^2），有力地拉动了我国国民经济的发展。在全国木地板市场，实木地板逐步缩减，复合地板节节攀升，强化木地板稳步发展，竹地板稳定上升。

6. 纸和纸板

新中国成立以来，我国造纸工业亦得到了迅速发展， 在“八五”、“九五”期间发展尤为迅速，1999年纸和纸板的产量达到2900万t ，是新中国成立初期年产10.8万t的259倍，是1978年432.7万t的6.6倍。“十五”以来，我国纸和纸板总生产量和总消费量发展速度持续稳定增长，2005年我国纸和纸板总生产量达到5600万t。由于中国特定的历史原因和当时的实际情况，尽管目前已成长为世界第三纸浆纸张生产大国，造纸工业仍然以草类纤维为主，木浆在我国造纸纤维原料中的比重偏少，导致了我国造纸工业面临“环境保护”和“国际竞争”的双重压力。

（二）主要非木质林产品的生产

1. 经济林

经济林是我国五大林种之一。目前我国经济林树种有近200种，经济林产品种类繁多，包括果实、种子、花、叶、皮、根、树脂、虫胶和虫蜡等。自改革开放以来，全国的经济林得到了快速的发展，2006年全国经济林新造面积40.33万公顷。经济林产品总产量1.01亿t，其中：水果产量8863万t，林产饮料产品92万t，林产调料产品36万t，森林食品583.2万t（鲜重），木本药材96万t。由此可见，经济林在生态环境建设、促进地方经济发展和保持社会稳定等方面都发挥了重要作用。

2. 花卉产业

我国是世界植物种类最为丰富的国家之一，是世界栽培作物的8大起源中心之一。丰富的资源和悠久的栽培历史，使我国成为众多著名观赏植物的栽培中心。“十五”期间我国花卉产业保持发展态势，2006年花卉产业总产值420.75亿元，与2001年相比，增加204.9亿元，增长94.9%。从产量看，鲜切花78亿枝，鲜切叶10亿枝，干花1亿枝；盆花11亿盆，盆景2亿盆，盆栽观叶植物4亿盆；观赏苗木46亿株；草坪2.5亿m^2。从生产、经营规模看，2006年我国现有成规模的花卉市场2878个，大中型花卉企业4735个；花卉从业人员278万人，花农近80万户；控温温室面积和日光温室面积分别为1781万m^2和8124万m^2。

3. 竹藤产品

我国是世界上竹子资源最丰富的国家。竹林面积占世界竹林面积27%，竹种500余种，占世界竹种数近60%，皆居世界产竹国之首。2006年，主要竹产品继续保持增长势头，竹材产量13.12亿根，比2005年增长13.89%，其中：毛竹8.71亿根，增长20.5%；篙竹4.41亿根，比2005年增长2.8%。村及村以下各级组织和农民是竹材生产的主要力量，所生产的竹材占全部竹材产量的80.63%。竹胶合板217.24万m^3，竹刨花板1.44万m^3，竹木复合地板613万m^2。

我国藤类种类较为丰富，主要工业用藤类资源为棕榈藤。棕榈藤天然储量主要集中在海南省和云南省。据估计，海南省现在棕榈藤年产量在2000～3000 t，云南省棕榈藤年产量在

500～1000 t。其他省（自治区）棕榈藤产量很少，不到1000 t。我国藤业经历多年的发展，技术工艺水平不断提高，我国直接参与藤业生产的从业人员已超过15万人，藤业在促进区域经济发展中具有重要地位。目前，广东省南海市、福建省安溪县形成了全国最大的竹藤工艺品生产基地和商品贸易集散地。

4. 林化产品

目前我国林化产品主要有松香、松节油、植物单宁、紫胶、天然精油和药用生物活性物质及其各种深加工产品等。我国松香类产品出口到世界五大洲的30多个国家和地区，为世界松香生产和出口第一大国，在国际市场上有举足轻重的地位。2006年全国松香类产品产量91.54万t，比2005年增长36.24%。其中，松香产量为84.6万t，增长39.47%；松节油产量9.31万t，增长42.57%；栲胶10 564 t，增长37.77%；紫胶产量3569 t，增长358.15%。我国是世界上天然精油生产和出口大国，年产量1.5万～2万吨，约为世界产量的1/3。

二、林产品贸易

我国进口的林产品以木质林产品为主，主要包括原木、锯材、人造板（以胶合板为主）、纸浆、废纸、纸和纸板和少量木制家具。出口林产品多为制成品或半制成品，主要包括5大类，即木制家具、各类木制品、胶合板、纸和纸制品及锯材。

（一）主要林产品进口情况

1. 原木

随着国内市场需求的增加和一些木制品（如木制家具和胶合板等）出口贸易的快速发展，近10年来中国进口原木数量急剧呈大幅上升的态势（图16-4）。

中国进口原木分别来自世界6大洲的70多个国家和地区。2006年进口的原木依然主要来自俄罗斯等国家，现将位居前10名的国家列表（表16-1）。

2. 锯材

近10年来，由于中国建筑装饰装修业和家具制造业的快速发展，锯材进口量亦出现了迅猛上升的态势。根据中国海关统计，1996～2006年，锯材进口量由93.85万m^3快速上升到606.78万m^3，涨幅高达547%（图16-5）。

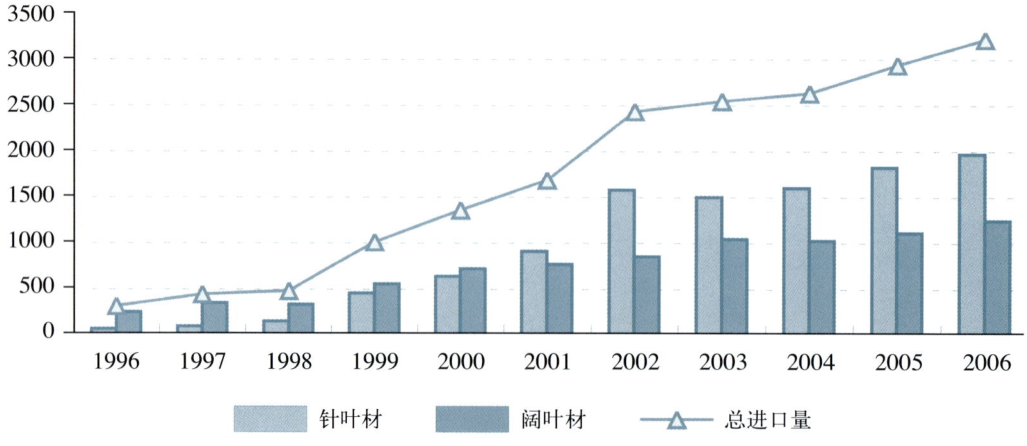

图16-4 1996～2006年中国进口原木变化（万m^3）

表16-1 2006年中国进口原木国别统计表

国家（地区）	进口量（万m^3）	比重（%）
俄罗斯	2182.6	67.9
巴布亚新几内亚	204.6	6.4
马来西亚	141.2	4.4
缅甸	102.7	3.2
加蓬	95.8	3.0
新西兰	90.5	2.8
所罗门群岛	77.5	2.4
德国	46.8	1.5
澳大利亚	39.0	1.2
赤道几内亚	38.1	1.2

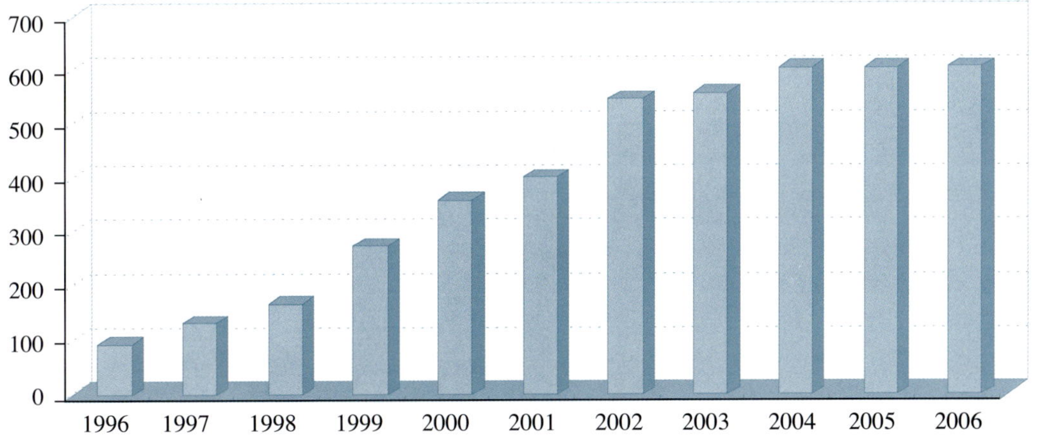

图16-5 1996～2006年中国进口锯材变化（万m^3）

表16-2 2006年中国进口锯材国别统计

国家	进口量（万m^3）	比重（%）	同比增减（%）
俄罗斯	117.4	19.3	11.1
美国	102.2	16.8	20.0
泰国	70.7	11.7	−7.2
印度尼西亚	45.0	7.4	−37.5
加拿大	39.8	6.5	13.7
马来西亚	37.6	6.2	−20.8
巴西	34.1	5.6	21.8
新西兰	28.1	4.6	29.5
缅甸	17.8	2.9	−44.5
智利	13.2	2.2	−7.7

中国进口的锯材分别来自6大洲的30多个国家和地区。2006年锯材进口主要来自俄罗斯（117.4万m^3，占19.3%）和美国（102.2万m^3，占16.8%）。年进口量在10万m^3以上的还有泰国等8个国家（表16-2）。

3. 人造板

1996～2006年，胶合板进口出现了大幅下滑的趋势，降幅达77%。出现上述情况的直接原因是在此期间国产胶合板（不含细木工板）急剧增加，增幅高达412.9%（图16-6）。现在，国产胶合板不仅在价格上占有明显优势，在质量上亦可完全取代进口胶合板。随着家具业和建材业及建筑装饰装修业的快速发展，纤维板和刨花板进口呈较大幅度的增长。1996～2006年，纤维板进口量增长了156%，而刨花板的增幅则高达403%。但是，单板进口在此期间却出现了量减价升的局面，这主要是由于进口材种结构改变和单价上涨造成的。1996年，进口单板平均到岸价仅为246.2美元/m^3，而到2006年却已上升到882美元/m^3。

中国进口的胶合板依然主要来自印度尼西亚和马来西亚两国。2006年从上述两国的进口量分别为22.5万m^3和11.6万m^3，分别占同年总进口量的55%和28%。进口的纤维板和刨花板主要来自泰国和马来西亚两国。2006年从上述两国的进口纤维板分别占同年总进口量的22%和18%，进口刨花板分别占同年总进口量的36.9%和25%。

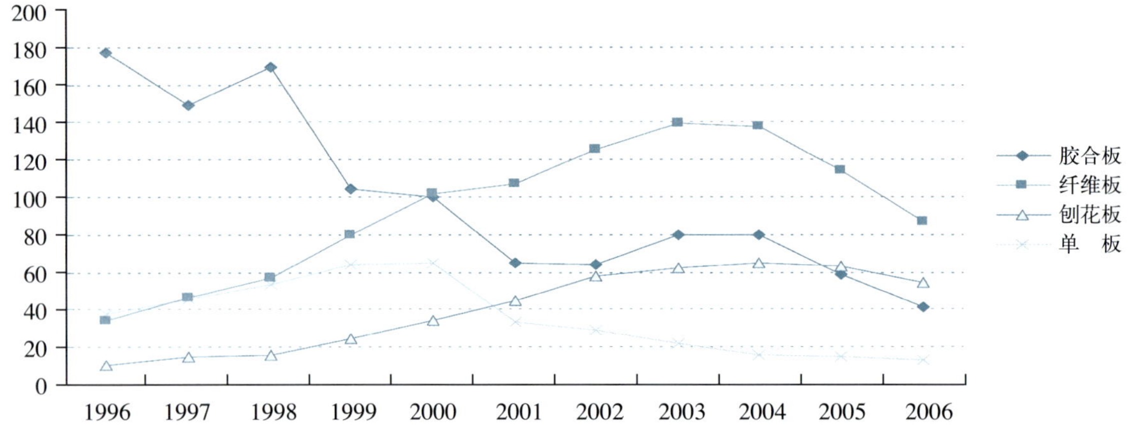

图16-6 1996～2006年中国进口人造板变化（万m^3）

4. 纸浆和废纸

长时期以来，中国由于木材资源短缺，造纸原料长期以非木浆（主要为禾草浆）为主。但是，大量应用禾草浆做原料不仅制造不出高档纸产品，而且对环境造成极大的污染。在这种形势下，为了弥补国产木浆的严重不足，近几年来开始大量进口纸浆（各种木浆）和废纸，并使国内造纸原料结构发生了明显变化（图16-7）。

图16-7显示，1996～2006年，中国对造纸原料的需求急剧增长，特别是废纸进口的增速更是惊人。实际上，现在中国造纸工业的增长在很大程度上是依靠进口废纸实现的，中国已成为全球最大的废纸进口国。

中国进口的纸浆和废纸主要来自美国和日本等发达国家，分别占总进口量的33.9%和12.2%，但从印度尼西亚进口的阔叶材木浆数量也比较大（表16-3）。

5. 木制家具

目前，在家具市场上，国产家具依然占有绝大部分，但是，国外家具厂商看到中国家具

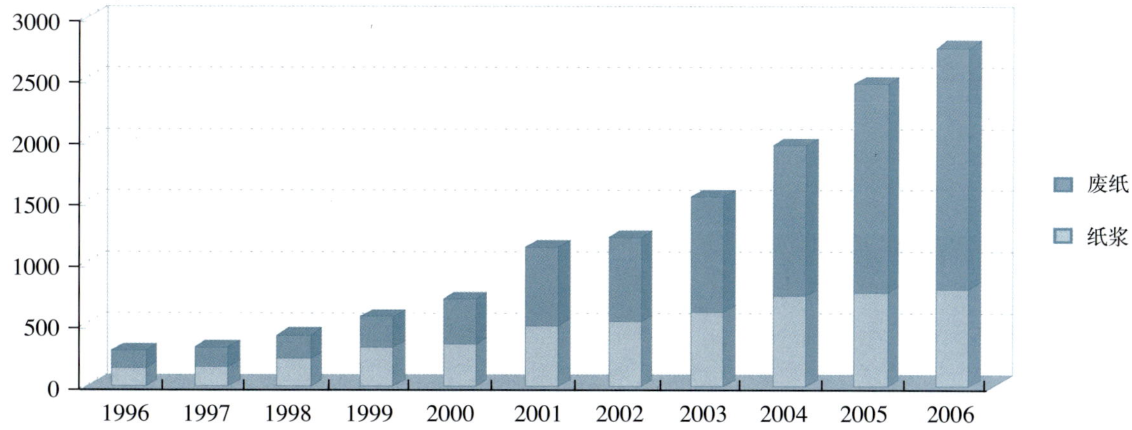

图16-7 1996～2006年中国进口纸浆和废纸统计（万t）

表16-3 2006年中国进口纸浆和废纸国别统计

国家	进口量		进口额	
	万m^3	比重（%）	万美元	比重（%）
总计	2758.1	100	714 031.6	100
美国	934.6	33.9	173 304.5	24.3
日本	337.7	12.2	50 630.1	7.1
加拿大	272.3	9.9	125 096.1	17.5
英国	211.6	7.7	28 430.3	4.0
荷兰	129.1	4.7	17 334.1	2.4
印度尼西亚	127.1	4.6	70 477.9	9.9

注：从印度尼西亚进口的主要为阔叶材木浆，从加拿大进口的则以针叶木浆为主。

市场的巨大发展空间也纷纷抢占市场。近几年来中国的木家具进口出现了快速发展的态势。但是，由于中国进口的家具主要是中、高档家具和特色家具，其价格一般都比国产同类产品要高出1～2倍，因此进口总量却不是很大，其增长速度也远不及原木、锯材、纸浆和废纸等原料性商品（图16-8）。

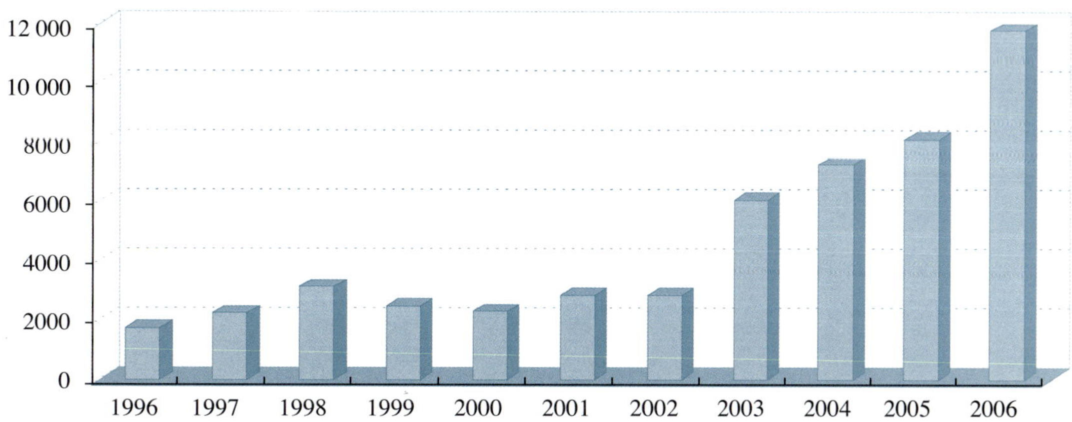

图16-8 1996～2006年中国进口木制家具统计（万美元）

中国进口的木家具主要包括：办公室用、厨房用、木框坐具、卧室用和其他木家具5大类。按进口金额统计，2006年中国进口的各类木制家具依次为：厨房用木家具（26.31%）、木框坐具（22.89%）、卧室用木家具（14.39%）、办公用家具（3.94%）和其他木家具（32.47%）。2006年按金额计的前5位进口贸易伙伴为：德国（22.57%）、意大利（19.03%）、美国（8.82%）和波兰（6.99%）和中国（6.58%）。

（二）主要林产品出口情况

1. 木制家具

伴随中国家具工业的飞速发展，中国的各类家具出口增长幅度很大，如在1996～2006年间，从12.92亿美元骤升到174.65亿美元，年均增长率高达30%。在中国历年出口的各类家具中，以木制家具所占比重最大，多年来一直保持在50%左右。2006年木家具出口87.84亿美元。

在2006年中国出口的木家具中，按出口额计依次为：木框坐具34.52%，卧室家具20.89%，厨房家具5.57%，办公家具4.69%，其他木家具34.34%。从木家具出口的主要地区来看，出口量较大的为美国、香港、日本和英国等7个国家和地区（表16-4）。

从贸易方式来看，中国出口木制家具系以进料加工贸易为主。按中国海关的统计，2006年以进料加工形式出口的各类木制家具总额为35.68亿美元，约占木家具出口总额的41%。

表16-4 2006年进口中国木制家具的主要国家和地区

国家和地区	进口量		进口额	
	万m^3	比重（%）	万美元	比重（%）
美国	8692.6	35	417 163.2	47.5
香港	5096.1	20.1	84 064.0	9.6
日本	2195.8	8.8	59 468.6	6.8
英国	1165.7	4.7	57 926.2	6.6
加拿大	793.2	3.2	32 841.5	3.7
澳大利亚	624.5	2.5	29 970.0	3.4
韩国	598.1	2.4	23 193.9	2.6

2. 木制品

各类木制品是中国主要出口林产品之一，其出口额仅次于木家具，位居第二。出口的木制品种类繁多，其中既有建材部分（如木制门窗和木地板等），亦包括各种木制餐具、厨房用具、工艺品和小木制品等。近10年来，木制品出口增长迅速，已成为国内重要出口创汇的林产品之一，而且出现了顺差额不断增大的趋势（图16-9）。

在2006年中国出口的木制品中，按金额计依次为：建材木制品（24.5%）、木工艺品(24.85%)、木制餐具和厨具(9.97%)、其他类(40.68%)。2006年的木制品出口主要贸易伙伴是：美国（31.82%）、日本（19.98%）、英国（5.73%）和德国(3.83%)。

3. 胶合板

近10多年来，在国内胶合板业快速大发展的同时，中国的胶合板出口量亦与日俱增，并迅速发展成为全球第一大出口国。在1996～2006年期间，胶合板出口量骤增了4597%。

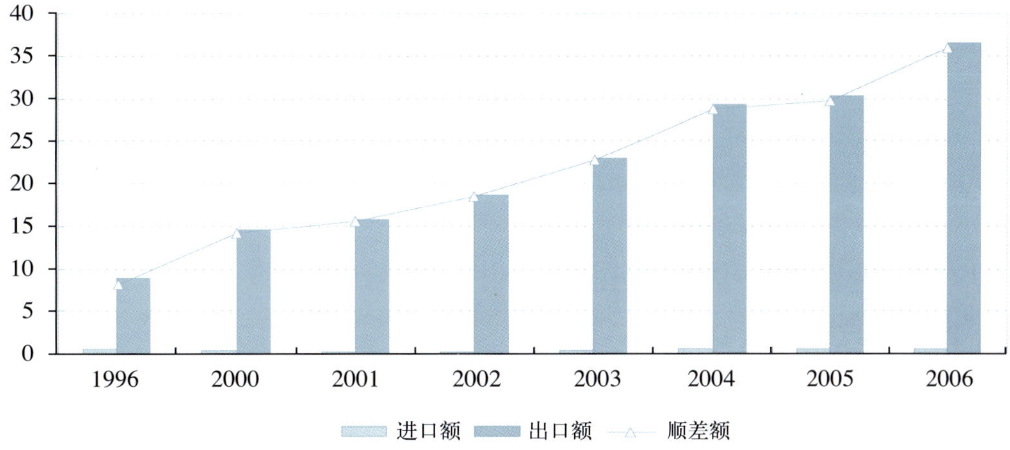

图16-9 1996～2006年木制品进出口额对比（亿美元）

中国出口的胶合板远销全球160多个国家和地区，相当分散。其中，进口最多的国家为美国，如在2006年中国出口的胶合板总量（830.37万m^3）中，美国进口量为218.13万m^3，约占总出口量的26%。其余进口量较大的国家和地区依次为：日本（63.14万m^3，占7.6%）、英国（53.95万m^3，占6.5%）、韩国（52.49万m^3，占6.3%）。

4. 纸和纸制品

近10年来，由于国际跨国造纸大公司的大量涌入，中国造纸工业也获得了长足的进展。在这种情况下，国产的纸和纸制品除了满足国内市场需求外，还有部分产品可供出口，而且出现了出口不断快速增长的态势。在1996～2006年期间，其增长幅度高达856%，已超越家

专栏16-1

非木质林产品进出口情况

近几年来，我国非木质林产品进出口高速增长，进口额超过出口额，出现贸易逆差。2006年非木质林产品出口71.54亿美元，进口78.14亿美元，逆差为6.6亿美元。2006年非木质林产品进出口结构图：

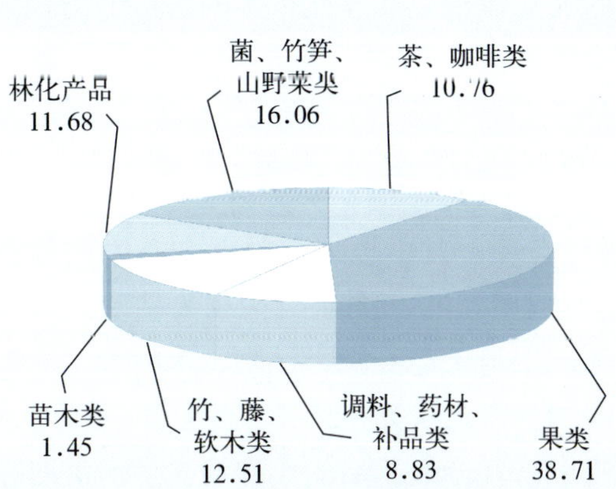

图1 2006年非木质林产品出口结构（%）

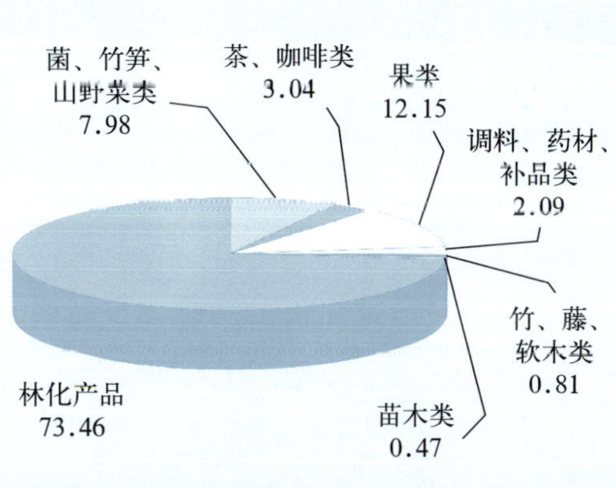

图2 2006年非木质林产品进口结构（%）

具的出口增长速度，仅次于胶合板，位居第二；按出口金额计算，其增速亦居第三位，只不及胶合板和家具。

2006年中国纸和纸制品的主要贸易伙伴分别为：美国（20.01%）、日本（9.67%）、澳大利亚（4.03%）。

5. 锯材

在1998年中国实施天然林资源保护工程之前，锯材出口呈缓慢下降趋势，此后，由于俄罗斯木材进口量快速增长，出口量又逐步有所上升。但是，总的来看，由于中国属木材资源严重短缺的国家，锯材的出口量还是很少的，其增长幅度亦是有限的。

中国出口的锯材主要销往日本和韩国。根据2006年的海关统计，当年共销往日本43.82万m^3，约占总出口量的52.8%；居第二位的是美国，共出口11.36万m^3，约占总出口量的13.69%；其余依次为韩国（8.57万m^3，占10.33%）和越南（3.2万m^3，占3.85%）。

第二节　林产品生产和贸易中存在的主要问题

我国林产品发展的现状表明：处于现阶段的我国林产品生产和贸易面临错综复杂的资源、体制、市场、产品、技术、管理、政策、法律等各个层面的问题，存在着发育、发展过程中许多先天和后天的不足。因此，从现代林业发展战略的角度出发，搞清林产品发展中存在的主要问题，找准原因，是林产品生产和贸易因地制宜、因时制宜、因势发展的关键。

一、林产品资源基础支撑能力弱，木材供需矛盾突出

我国森林资源基础弱，长期过量采伐更削弱了这一基础。我国现有林业用地面积28 280.34万公顷，森林覆盖率居世界的第130位，人均森林面积居世界的第134位，人均森林蓄积居世界的第122位。作为林产品发展支撑最重要的用材林资源少，可采资源匮乏是资源基础薄弱的主要表现。根据“十一五”规划预测，到2010年我国的商品材需求量将及32 500万～35 200万m^3，而国内的商品材供应仅能维持1.83亿m^3左右，商品材供需缺口大约为1.5亿～1.6亿m^3，供需矛盾十分突出。国内森林资源严重透支，造成产业发展的森林资源危机，不得不以大量的木材进口来补充。并且森林资源短缺局面短期内无法改观，在近几十年内将是困绕我国林产品发展的主要因素之一。

二、林产品结构不合理，主导产业滞后于客观需要

从所处的发展阶段来看，我国林产品结构不尽合理，其主要表现是林产品内部各产业发展不平衡。相对而言，产业主干链条与分支链条相差悬殊，产业结构总体呈现“两头过小，中间过大”的状况，林木培育业（用材林）弱，木竹采运业能力过剩，木材加工、人造板等大量利用进口木材，木浆造纸业比重很小。我国林产品主要生产厂家生产工艺技术水平普遍不高，功能型产品少，深加工比例小，从规模上看，分散落后的小作坊式生产占有相当比重，缺乏专业化分工和规模化、集约化经营，主导产业滞后于客观需要。在分支链条上，除经济林外，花卉培育、林产化工和森林旅游均有待加快发展。林产品企业规模小、初级产

品多、低档产品多、精深加工产品少的状况仍未从根本上扭转过来。定向刨花板、高性能复合板、无机胶黏剂人造板比例偏小，特厚板和薄板比例偏低，后成型板材、环保板材亟待开发。我国使用和出口的大多数是原料松香，而国外发达地区的松香几乎全用于深加工，产品近百种。具有国际先进水平和国内先进技术的林产品企业所占比重甚小，普遍存在着工艺陈旧、管理水平低下、能耗高、质量差、效益低等问题，整体技术水平比发达国家要落后20年，与国内其他行业比也有很大差距。

三、对外依存度持续攀升，我国获取资源难度加大

为了缓解国内木材市场供应紧张的状况，我国政府采取了鼓励木材等原料型林产品进口的各项措施，木材等原料型产品进口量急剧增加。1998年至2005年，我国原木进口量从482.3万m^3上升到2936.8万m^3，增长了 5.08 倍；锯材进口量也从 169万m^3上升到605.41万m^3，增长了 2.58倍。特别是我国木质林产品进口依存度一度达到44.5%，逼近50%。目前我国的林业产业还不太发达，在国际林产品供应链中还处于低端。在低水平的国际分工基础上实现高水平的依存度，造成的直接后果是贸易条件恶化，对外贸易摩擦频繁等。

一些木材资源供应国已经开始认识到单纯出口原木等原料型林产品对发展本国经济没有太大帮助，反而会破坏本国的生态环境，因此，这些国家在努力扶植本国的木材加工产业的同时，通过财税手段，调减原木出口量。如：俄罗斯调高了原木出口关税；印度尼西亚、赞比亚、马达加斯加、加纳、斐济等已经相继颁发了禁止原木出口的禁令。同时，一部分国家为挤压中国林产品市场份额，出台了各种限制性贸易措施。

四、科技进步缓慢、科技成果转化率低

在现行体制下林产品企业技术创新面临着一系列障碍，尤其是国有林业企业因产权不清，包袱重，技术创新观念淡漠，致使企业技术进步和科技创新动力不足。又由于林产品技术创新周期相对过长、效果不明显、风险性较大，使林产品企业缺乏技术创新的积极性。林业产业从业人员的素质偏低，全国林业系统各类专门人才仅占职工总数的13.6%，远低于其他行业，更低于发达国家同行业30%以上的水平。企业技术创新能力弱，对新技术、新设备的利用程度差，科技成果转化率低，科技贡献份额和成果转化率分别仅为20%和34%，远低于全国其他行业40%的平均水平。新兴产品和尖端技术研究开发能力与国际水平相比有很大的差距，致使我国许多特有资源开发技术专利纷纷被其他国家抢注。林产品产业科技投入低，长期有效的科技投入机制尚未形成。

五、宏观调控薄弱、管理水平不高

林产品生产和贸易是一个跨部门的复合产业过程，在计划经济体制下，产品分别归林业、轻工、二轻、外贸、乡镇等部门分管。在经济转型过程中，宏观调控的体系尚未完全建立，宏观调控薄弱，管理体制仍然面临艰巨的转型改革任务，条块分割、部门分管的矛盾冲突在市场经济体制下虽然有所淡化，但市场经济作用还受到较多制约。由于林业产业兼具公益性，宏观调控更具必要性，难度更大，在实际操作中容易出现偏差。历史上曾出现过无视

生态、经济与生态对立的政策误导。另外，从微观管理上看，林产品企业离现代企业制度相差很远，组织管理处于各行业企业较低水平。以前的调控方式已远不适应改革和发展之需，林业宏观调控的理论、政策、体制和手段方面处于滞后状态。加之林业属于投入大，周期长，见效慢的基础产业，增加了宏观调控和管理的难度。

第三节 林产品生产和贸易的发展趋势分析

当前，我国林业产业正在经历剧烈的结构调整，林产品中的“两高一资”和低附加值产品的出口退税率下调乃大势所趋，国际上有关禁止非法采伐及相关贸易的呼声越来越强烈。分析国内外林产品供需趋势，评估我国林业产业的发展潜力，把握现代林业对于产业发展的要求，将为我国林产品生产和贸易的发展提供依据。

一、全球林产品生产和贸易的发展趋势

随着全球经济的持续发展，全球林产品需求继续保持增长，但增加趋势将变缓。全球林产品生产和贸易在保持供需两旺的发展势头的同时，供求结构性矛盾依然存在。高附加值的林产品比例将大幅度增长。随着全球经济一体化不断深入，发达国家的大型跨国公司为降低生产成本和增强竞争能力纷纷将一些劳动密集型产业，甚至于资金和技术较高的产业（如制浆造纸工业）和高技术产业向发展中国家转移。亚洲特别是中国正在逐渐成为世界林产品新的加工和贸易中心。

（一）世界工业原木产量持续呈低速增长

联合国粮食与农业组织预测表明，全球工业材原木虽有增长，但增长率将明显降低，这主要是因为，一方面，随着保护天然林、实施可持续发展战略、限制和禁止出口原木的国家日益增多，加之西非一些国家因长期过量采伐导致资源枯竭，热带天然林资源迅速减少，目前热带材在全球木材市场占有份额将明显降低，其供给量每年不超过2000万m^3，今后出自天然林的木材将会越来越少。据悉，国际组织拟于2020年通过全球禁止天然林木材贸易议案，如果该议案顺利通过并实施，届时来自天然林的木材几乎为零。另一方面，未来可以向国际市场大量提供温带材的国家，除俄罗斯外，其他国家，如新西兰、智利、南非等生产的木材均来源于人工林，且每个国家生产能力有限。

（二）人工林供材比重提高

在今后10年左右，预计南半球大片商业性短轮伐期人工林（生产纸浆材）将陆续投产。美国、英国、南非、智利、澳大利亚和新西兰等亦将开始采伐为生产锯材原木而营造的、树龄较长的大面积人工林。预计未来增加木材产量中，这部分人工林将占很大比例。

（三）高附加值林产品的贸易份额增加

各国（包括发展中国家）为了发展本国经济，竞相发展加工业，尤其深加工产品的生产和出口贸易；随着经济的发展和生活水平的提高，对纸产品和人造板的需求量不断提高。这表明，尽管世界经济日趋向一体化方向发展，但林产品贸易却主要表现在产成品和高附加值产品的流通，而作为木材原料交换的工业材原木和初级产品锯材，在木材贸易额中占有比重正在逐步缩小。

（四）发达国家和发展中国家之间的林产品生产、消费和贸易继续失衡

发达国家不仅将继续在工业材、人造板和纸产品的生产和消费方面占据优势，而且为了保证本国的林产品贸易利益，在林产品认证等方面将对发展中国家提出了更高的要求。在林产品贸易方面，中国、日本、韩国、英国、意大利等一些缺材国家在高附加值产品（纸和纸板）贸易方面占重要地位，但仍将依靠国际市场来满足国内林产品需求。

二、中国林产品供需趋势分析

根据国家林业局“十一五”规划林产品供需预测课题组研究显示：2004年我国木材年需求2.42亿～2.47亿m^3，其中：建筑和装修业消耗木材 13 760万m^3；家具行业消耗木材 4000万m^3；造纸行业折合消耗木材4400万m^3（按照每4.5m^3木材出1 t木浆的比例）。预测2010年我国木材需求将达到 3.25亿～3.52亿m^3；2020年木材需求达到4.57亿～4.77亿m^3。而2004年国内商品材供给量约为1.4亿m^3，预计2010年全国商品材供给量约为1.83亿m^3，2020年全国商品材供给量约为3.04亿m^3。通过以上木材和主要林产品的供需平衡分析可以看出，在不考虑农民自用材和薪材需求前提下，商品材供求缺口2010年为1.5亿～1.6亿m^3，2020年为1.5亿～1.7亿m^3，供需矛盾十分突出。2010年和2020年我国木材需求总量与结构见表16-5。

表16-5 2004年我国木材消费总量和结构及2010年和2020年预测 （万m^3）

需求结构		2004年	2010年	2020年
建筑业	房屋结构用材	3460	4100～4300	3200～3400
	装饰装修用材	1900	3400～3600	4000～4200
	建筑施工用材	3000	2900～3100	3400～3600
	小　计	8360	10 400～11 000	10 600～11 200
家　具		1100	2000～2200	3500～3700
造　纸		4400	6600～7000	14 000～14 500
人造板		8300	11 000～12 000	14 100～14 300
其　他		2000～2500	2500～3000	3500～4000
合　计		24 160～24 660	32 500～35 200	45 700～47 700

注：①只统计商品材部分，不含农民自用材和薪材；②统计中均未含废纸；③预测2010年和2020年数字仍以2005年12月20日调整前的GDP为依据；④数据已经统一按原木当量折算。

木材作为重要的工业原材料，与其他工业原材料一样，其消费量与国民经济的发展有着密切的相关性。根据国务院发展研究中心的预测，到2010年中国的GDP将达到21.5万亿元左右，人均GDP将达到1900美元，2020年GDP将达到43万亿元，人均GDP将超过3500美元。照此估计，在1998～2020年间全国的木材需求弹性见表16-6。

照此推算，2010年和2020年的全国木材需求量将分别达到33 100万m^3和47 200万m^3。这与上面根据各行业预测的木材需求基本相符。这种情况说明，即使到2020年，我国对主要林产品消费的人均水平，依然低于目前的世界平均水平，与发达国家现在的消费水平仍然存在着巨大的差距（表16-7）。

表16-6 木材消费与国民经济的同步关系

时期	1998～2004年	2004～2010年	2010～2020年
GDP增长率	9.7%	7.8%	7.2%
木材消费增长率	7.8%	5.4%	3.6%
木材需求弹性	0.8	0.7	0.5

表16-7 国内外主要林产品消费水平对比 （m^3/人）

	2003年	2010年	2020年
世界	0.364		
美国	2.148		
日本	1.427		
欧洲	0.905		
中国	0.162	0.204	0.304

注：①主要林产品包括：锯材、人造板、纸和纸板；②统一按原木当量折算；③中国为2004年数据；④中国数据均按净进口量（扣除出口部分）计算。

三、我国林产品生产和贸易发展潜力分析

当前，和平与发展仍然是当今人类社会的主旋律。经济全球化趋势持续加快，技术创新周期大大缩短，跨国交流合作日益增强，新一轮全球生产要素优化配置和产业重组转移加快推进，我国经济始终保持着平稳较快发展，这一系列有利因素为我国林产品生产和贸易提供了重大的发展机遇。

（一）增加林业用地面积、促进森林资源增长的潜力巨大

根据2005年全球森林资源评估的资料分析，全球森林面积占陆地土地面积（含内陆水域）的比例为36.56%，世界上林业发达国家一般在40%以上，瑞典、日本、芬兰都超过60%。我国林地资源占国土总面积的29.67%。因此，无论从维护国土生态，还是与世界发达林业国家比，我国林业用地面积总量还相对不足。根据当前土地利用现状和生态建设的要求，我国林业用地的增长潜力主要来自以下两个方面：一是扩大未利用地的开发利用潜力。根据《2004年中国国土资源公报》分析，我国未利用地约27 000万公顷，扣除难利用面积15 300万公顷（1996年国土资源详查资料），可利用面积约11 700万公顷。在可开发利用的未利用地中，根据生态建设的要求，除可开发为耕地约667万公顷（主要分布在西北和东北地区）以外，其余应以林灌草植被为主。若按20%用于发展林业，扩大林灌植被，可增加林业用地面积2200万公顷。二是对陡坡耕地和水土流失、风沙危害严重区域的耕地（牧地）实施退耕（牧）还林。按《全国生态环境建设规划》，至2010年全国退耕还林面积为1467万公顷。至2003年已经完成701.51万公顷，还有765.49万公顷坡耕地需要退耕还林。因此，由退耕经退耕还林可增加林业用地面积约760万公顷。根据第六次全国森林资源清查资料分析，全国除了607.15万公顷25度以上坡耕地《国土资源公报》，国土资源部，2002年3月）外，还有坡度25度以上的其他农地约520万公顷，可实施退耕还林，可增加林业用地面积520万公

顷。因此，对陡坡耕地和水土流失、风沙危害严重区域的耕地（牧）实施退耕（牧）还林可增加林业用地面积1280万公顷。此外，工矿废弃地复垦绿化、城镇和乡村绿化以及农田防护林建设等也可以增加林地面积。综上所述，经开发利用未利用地和退耕（牧）还林，我国林业用地面积增加的3480万公顷，加上现有林业用地面积预计可达到3.20亿公顷，约占国土面积的33%，接近世界平均水平。

（二）林地生产力还有较大的提高潜力

林地是最重要的森林资源，是林业生产的基础和保证。如果从影响林分单位面积蓄积量因素出发，我国森林的生长力潜力（林分单位面积蓄积量）还有望从以下几方面进行突破：

1. 林分面积按年龄或龄级分布均匀

虽然林分年龄越大，林分单位面积蓄积量越高，但在实际林分生产过程中，为了实现可持续发展，通常应维持林分面积按年龄或龄级均匀分布。理想的林龄结构为幼龄林、中龄林、近熟林、成熟林和过熟林的龄级面积比例分别为2∶1∶1∶2∶1。目前，我国林分幼龄林、中龄林、近熟林、过熟林的单位面积蓄积量分别27.20、69.01、112.35、175.92和242.29m^3/hm^2。按理想的林龄结构计算，我国林分单位面积蓄积量可达到118.56m^3/hm^2。

2. 林分平均郁闭度为0.7

根据森林经营理论，无论是商品林还是公益林，林分密度过稀或过密都不利于林地生产潜力和森林生态效益的充分发挥，科学证明，0.7的郁闭度是一个比较适宜的林分密度。目前全国林分郁闭度为0.54，经过集约经营，采取适宜经营措施，0.7郁闭度是可以达到的。目前，我国郁闭度为0.7的林分单位面积蓄积量为112.70m^3/hm^2。

3. 人工林良种化率达到80%

目前，我国主要人工造林树种的林木良种化率只有20%。从我国当前的林木良种化发展状况和世界林业发达国家的林木良种化率看，我国主要用材树种的林木良种化率达到80%是能够实现的。据有关资料，我国林木良种壮苗的遗传增益一般约为15%～30%，即可提高林木15%～30%的蓄积量。按今后用材林比例30%计算，预计可使林分单位面积蓄积量增加4m^3/hm^2。

4. 适地适树

在用材林培育中，应进行立地评价，根据立地质量和适应性评价结果确定培育目标，做到适地适树，可使林分单位面积蓄积量增加。

5. 80%的商品林采用集约经营措施

随着我国林业分类经营的实施、速生丰产用材林基地的建设，对商品林的经营集约度将越来越高。最终100%的人工商品林将实现集约经营，60%的天然商品林实现集约经营，使商品林的集约经营面积达到总面积的80%，从而可提高林分的单位面积蓄积量。

综上分析，从宏观角度看，林地生产力潜力约为120m^3/hm^2（单位面积蓄积量），约为目前林分单位面积蓄积量的140%，我国林地生产力还远没有得到充分的发挥。

（三）全球范围内扩大木材供给尚有较大空间

总体来看，在1994～2004年的近10年间，全球工业材产量呈逐步增长趋势，特别是欧洲、大洋洲和南美洲呈现较大幅度增长。东南亚和非洲一些发展中国家，由于自然条件优势，极具发展森林资源培育的潜力，是扩大全球木材供给的重要力量（图16-10）。

全球工业材出口量1991年为12 218.7万m^3，此后逐渐下降，直到2000年才又开始回升。在

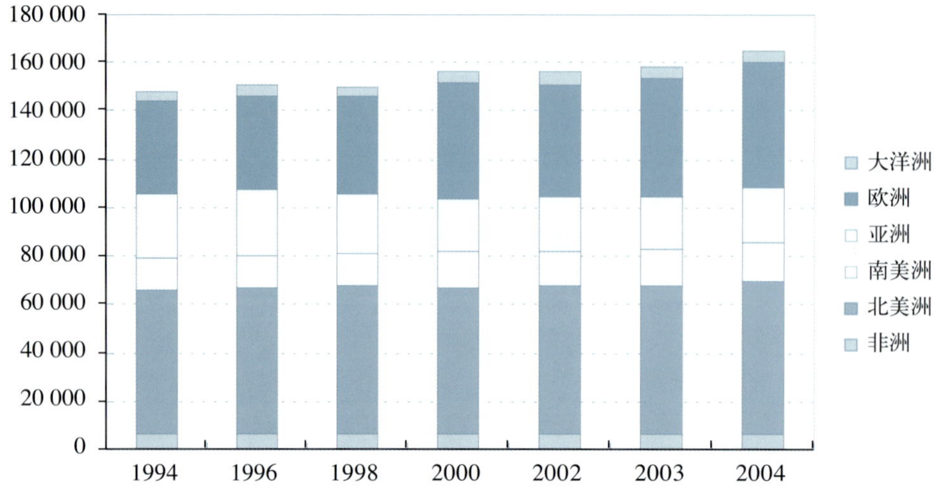

图16-10 各洲工业材产量变化情况（万m^3）

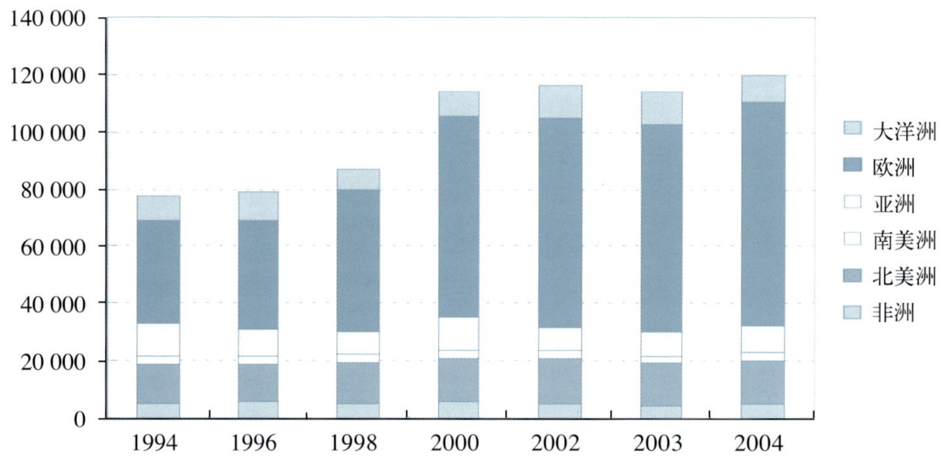

图16-11 1994～2004年世界和各地区工业材（原木）出口变化（万m^3）

1994～2004年间出现了较大幅度增长，增幅高达53.8%。出现这种情况的主要原因是欧洲木材出口量的增加，增幅达118.7%，而带动欧洲木材出口大幅增长的主要国家是俄罗斯，其出口量由1111.7万m^3上升到4115.3万m^3，增幅高达270%。此外，北美洲木材出口亦有较大幅度增长，增幅为13.4%（图16-11）。

目前，国际社会对有着重大经济、社会和生态环境价值的天然林进行保护或有节制地理性利用的呼声愈来愈高，使得人们把注意力较多地放在了人工林发展上。各国政府都制定了积极的人工林发展策略和战略。如新西兰用占国土面积5%的林地和退耕地发展人工林，生产并满足了新西兰99%的工业用材需求，并使人工林产业成为新西兰国民经济的两大支柱产业之一。FAO1999年报告显示，到2010年，如果保持当今的毁林和造林水平，人工林供材的潜在能力预计在亚洲、大洋洲和拉丁美洲将占供材量的40%左右，在非洲将占15%左右。同时，由于竹、秸秆、人造板在一些领域逐步替代木材，以及回收利用、提高木材加工技术、延长木材使用寿命等技术的推广，全球木材的供给尚有较大的扩张空间，这些都为我国开展海外森林资源合作和林产品贸易提供了重要的机遇。

（四）我国的林产品国际市场地位显著提升，对外投资能力和实力显著增强

2004年全球林产品进出口贸易总额已达3667.8亿美元，与1991年（2731.6亿美元）相比增长了34.3%。从2004年的贸易情况看，除中国外，林产品贸易依然集中在发达地区的工业化国家（表16-8）。近年来，随着世界经济的复苏和资源价格的上涨，许多资源国开发资源的积极性不断增强，世界林产品贸易格局正在出现新的变化。全球林产品市场总的发展趋势是发达国家需求放缓，产业向中国等发展中国家转移。这为我们发展林业产业，参与国际林产品贸易，最大限度获取资源提供了良好机遇。

表16-8 2004年世界和主要国家林产品贸易额　（亿美元）

地区和国家	进口额	比重	位次	地区和国家	出口额	比重	位次
世界	1878.5	100		世界	1789.3	100	
非洲	41.1	2.2		非洲	36.4	2.0	
北美	407.9	21.7		北美	455.8	25.5	
美国	312.8	16.7	1	加拿大	294.0	16.4	1
南美	34.1	1.8		美国	156.9	8.8	2
亚洲	508.7	27.1		南美	83.3	4.7	
中国	194.9	10.4	2	亚洲	209.2	11.7	
日本	129.0	6.9	4	欧洲	969.2	54.2	
欧洲	862.5	45.9		芬兰	135.4	7.6	4
德国	152.6	8.1	3	德国	159.1	8.9	3
英国	112.0	6.0	5	瑞典	129.0	7.2	5
大洋洲	24.2	1.3		大洋洲	35.5	2.0	

注：不含家具和纸制品。资料来源：《2004年林产品年鉴（FAO）》。

随着国民经济的快速发展和人民生活水平的不断提高，我国现已发展为全球木材产品加工基地和贸易中心，在林产品国际市场上的影响力逐步增强。林产品贸易的快速发展不仅为国家建设和人民生活提供了充裕的物美价廉商品，同时亦为解决城镇和农村剩余劳动力的就业问题发挥了重要作用。国际主要生产商均视我国为战略买家，将我国市场作为扩大投资、生产的重要依托，一些生产商希望与我国长期合作，稳定其市场和需求。同时，我国对外投资能力和实力显著增强。目前，我国的储蓄率达到40%以上，国家外汇储备近万亿美元。至2005年第十个五年计划完成后，我国人均GDP已接近1700美元，有能力实施较大规模对外投资。因此，“十一五”期间，我国境外投资将会出现一个热潮。

（五）我国的林业国际合作基础日益深化

围绕全面建设小康社会和林业可持续发展的奋斗目标，我国开展了多层次、宽领域、全方位地林业对外开放。自20世纪80年代以来，我国林业国际合作蓬勃发展，有力地配合了国家整体外交和林业建设的需要，取得了丰硕成果。我国与多数森林资源丰富国家建立了平等互利的合作关系。目前，我国已与世界上1/3的国家和数十个国际组织建立了合作关系，与31个国家签订了部门间林业合作协议，代表国家加入了11个国际组织(国际公约)，并与7个国家

签署了9个政府间协定，累计利用外资50多亿美元。

与此同时，中国林业企业逐步“走出去”，进行境外投资，向跨国企业发展。中国在境外的林业项目约有50个，投资金额约3亿美元，主要涉及林木采伐及加工、花卉培育、林机修配、劳务输出、承包工程等领域，主要在新西兰、加拿大、马来西亚、俄罗斯、巴西、加蓬等国家。2001年，我国正式成为WTO成员国，按照WTO协议，我国的林产品最晚在2020年前要全面进入全球市场，中国已成为世界林业发展进程中的积极参与者和不可或缺的重要力量，同时为林产品生产和贸易创造了良好的国际环境。

四、林产品生产和贸易发展重点

林产品生产和贸易涉及国民经济一、二、三产业，具有基础性、多样性、生态性、战略性。改革开放以来，我国林产品生产和贸易发展迅速，为农民增收和经济社会发展做出了重要贡献。但是，林业产业基础薄弱、规模不大、结构不合理、素质不高、效益不好、市场发育不全等问题还相当突出，难以满足国民经济和社会发展对林业物质产品、生态产品和文化产品的需求。如何根据现代林业产业的要求加快和规范林产品生产和贸易，充分挖掘我国林业产业发展的潜力，发展现代林业，推动生态建设，增加农民收入，促进社会主义新农村建设和构建社会主义和谐社会，已经是一项艰巨而迫切的任务。

（一）现代林业产业发展对林产品生产和贸易的要求

现代林业产业相对于传统意义上的林业产业，在内核上发生了本质的变化，反映在林产品生产和贸易中应体现以下几个方面：

1. 以最少的林地资源，最大程度地满足经济、社会发展对林产品的需求

森林资源是林业产业发展的基础，森林资源的发展又主要依托于林地资源，而林地资源是有限的资源。虽然，林业的三大效益可以统筹兼顾，但在三大效益不能完全统一的前提下，只能按照分类经营的要求，用一部分林地资源满足社会对林产品的需求，用另外一部分林地资源满足社会对生态的需求。一定意义上，人类对生态的需求是无止境的，要求森林资源对生态的贡献越多越好，对森林资源的物质利用越少越好。这就客观上要求林产品生产必须以最少的林地资源，最大程度地满足经济、社会对林产品需求。

2. 以市场机制为主要手段配置各种生产要素

在现代林业思想的指导下，政府部门的直接作用将更多地集中在对生态林业的发展上，林产品的发展更多地依靠市场机制作用，使各种生产要素自由、合理地流动，以实现经济效益最大化。

3. 高度集约化经营

传统意义上的林业产业，对森林的经营目的不明确，森林主要靠自然力发挥作用，森林生长周期长，生长量、产出率都很低下，而且对森林的利用更多地是单纯的原木直接利用、粗放经营。而现代林业产业则以资金高投入、技术高密集等手段，实施集约经营，以缩短森林生长周期，提高森林生长量和产出率，扩大森林利用范围，提高森林资源综合利用水平。可以说，林产品生产的现代化过程就是林业产业不断提高其集约化经营水平的过程。

4. 用信息化带动工业化

信息化是产业现代化的必然选择，适应新型工业化发展要求，现代林业产业必然是科技

含量高、经济效益好、资源消耗低并得到充分利用、环境污染少、人力资源得到充分发挥的现代产业。

5. 产业链条完整、运行平衡有序

目前我国林业产业资源培育、加工利用还存在相互脱节、产业链断裂的问题。现代林业产业应当是一、二、三产业相互促进和拉动、既有专业化分工、又协调发展的林业产业。

6. 既与国情林情相适应、又与国际接轨

林产品生产和贸易不应也不可能游离于国家经济、社会发展水平之外孤立地发展，其发展目标、重点、布局、技术水平、调控手段等必须与国民经济和社会发展的整体要求相适应，并在国民经济各业中有一定的竞争比较优势。同时，林产品贸易应该在世界范围内考虑资源及原材料供应和产品销售问题，运行机制、企业制度及行为规范均应与国际接轨。

（二）林产品生产和贸易的重点与领域

根据我国林业产业发展的总体构想，结合我国林业产业现状，明确现代林业发展中林产品生产和贸易重点和优先领域，对于促进林业产业规范、有序、持续健康发展具有重要意义。

（1）鼓励扶持促进林业产业结构升级的关键技术、装备和产品，以及需要重点发展的林业产业。

（2）林木种质资源保护地、保护区建设，林木种质资源采集、保存、鉴定、开发和利用；林业基因资源保护；林木良种选育和林木良种基地建设。

（3）速生丰产用材林基地建设。按照国家批复的《重点地区速生丰产用材林基地建设工程规划》，加快速生丰产用材林基地建设，支持国有、集体、民营单位和个人参与速生丰产用材林基地建设，鼓励速生丰产用材林基地建设工程以外的具有规模、集中连片的定向工业原料林基地建设。鼓励森林抚育，提高森林质量。

（4）珍贵用材树种和珍稀树种的培育。采用先进技术，提高管理水平，促进大径级珍贵用材林和珍稀树种的培育。

（5）名特优新经济林基地建设。以木本粮油、干果为重点，以调整鲜果品种结构和提高产品质量为主攻方向，推进经济林发展由数量型向质量效益型、品牌型、外向型转变。重视野生经济林（灌木）树种保护、改良及开发利用。鼓励科研机构、高校与企业参与野生经济林（灌木）树种的保护，并在保护的基础上进行品种选育、改良和开发利用。

（6）经济林果品储运、保鲜、分选、包装、精深加工和综合利用技术及现代物流配送产业。鼓励采用现代技术手段，促进干鲜果品、木本油料、调料、香料、药材等资源的开发。

（7）花卉和林木种苗产业。合理利用野生花卉、林木种质资源，选育具有市场竞争力的新品种，发展基地生产，提高品质和生产力水平。重点发展鲜切花、高档盆花、食品花卉、化工花卉及观赏植物和高标准绿化种苗。

（8）林业生物质能源林定向培育与产业化。大力培育和开发我国优良乡土能源树种，积极引种国外优良能源树种，建设速生高产和高热值、高含油的能源林示范基地。积极发展生物柴油、生物质致密成型燃料、生物质发电和供热、燃料乙醇等生物质能源产品的开发利用技术，引导、扶持一批林业生物质能源开发利用企业，提高生物质能源的产业化水平。

（9）生物农药和植物生长剂生产技术及产业化。根据南北方人工造林和林分经营管理目标，开发专用生物肥料；重点开发松材线虫病、松毛虫、枯梢病和蛀干性害虫等广谱高效生物农药，加紧对高效高毒毒株的筛选，研究利用生物工程技术重组构建工程菌，提高杀虫生物农药的质量和产量；开发广谱和高效植物生长调节剂，逐步实现林业生产绿色、有机、无公害目标。

（10）制药技术开发和产业化。保护野生药材资源，鼓励发展人工种植药材基地。加强植物活性提取物及植物源新药的开发，促进紫杉醇、青蒿素、喜树碱、印楝素、石斛碱、银杏黄酮和银杏内酯等特色资源加工产品的规模化生产。

（11）竹藤基地建设及竹藤新产品生产技术研究开发。发展竹浆造纸、竹胶板、竹地板、竹装饰材、竹集成材、竹家具、包装箱、建筑模板与竹木复合材料及竹炭、竹醋等精深加工产品；开发利用竹笋等竹副产品。

（12）生态旅游业。在不破坏生态功能的前提下，依法推进以森林公园、湿地公园和自然保护区、狩猎场为主的生态旅游产业发展。加强风景林营造和更新改造，提升景观质量和生态文化内涵，打造特色生态旅游品牌。充分利用当地的自然、人文、社会、经济等条件，发展与壮大第三产业。

（13）野生动植物驯养、繁育利用。在严格保护珍稀濒危野生动植物资源和严格执行有关法规、国际公约的前提下，鼓励野生动植物基因资源保护、种源繁育和基地建设，促进由利用野生资源为主向以利用人工资源为主转变。建立规范的驯养繁殖（培植）及利用管理制度和严格的市场管理制度，对经济利用度大的物种，推行资源论证、拍卖和限额制度。引导、扶持一批野生动植物繁育利用示范产业和产业群。

（14）木浆造纸业。按照国务院批准的《关于加快造纸工业原料林基地建设的若干意见》以及其他相关造纸产业发展政策，促进林纸一体化建设，继续推进《全国林纸一体化工程建设“十五”及2010年专项规划》的实施，形成以纸养林、以林促纸、林纸结合的产业化新格局。鼓励发展商品木浆项目，依靠国内市场供应木材原料的制浆项目必须同时规划建设造纸林基地或者先行核准其中造纸原料林基地建设项目，不得以未经核准的林纸一体化项目的名义单独建设或圈占造纸林基地，承诺依靠国外市场供应木材原料的制浆项目要严格履行承诺。鼓励现有林场及林业公司与国内制浆造纸企业共同建设造纸原料林基地。

（15）人造板制造业。以品牌产品、龙头企业为核心，重点改造、扩大现有人造板骨干企业的生产规模，引导和促进小企业的联合与重组，逐步培植一批大型人造板骨干企业和产业集群。鼓励国有、民营大中型人造板企业建立自有原料林基地，推动林板一体化发展。

（16）林产化工产品精深加工。在巩固松香、松节油等传统主导出口产品的同时，大力发展松香、松节油和以松香为原料的香料产品、药品、五倍子单宁酸、紫胶等其他林化产品的精深加工产品。采用新工艺、新技术提高木材水解、木材热解系列产品的档次。鼓励国有、民营大中型林化企业建立自有原料林基地，推动林化一体化发展。

（17）木材功能性改良、木基复合材料和非木质材料林产品开发及综合利用。不断完善人工木材的改性技术，提高木材的硬度、强度、密度、环保、耐腐、抗虫及阻燃等性能，替代优质木材。

（18）次小薪材、沙生灌木、“三剩物”的综合利用和废旧木质材料、一次性木制品的回收利用。严格执行《国务院办公厅转发发展改革委等部门关于加快推进木材节约和代用工作意见的通知》（国办发〔2005〕58号）的有关规定。

（19）林产品深加工及资源综合利用的设备制造。鼓励原始和集成创新，高起点引进林产品深加工核心技术和关键设备，促进引进技术的消化吸收再创新；以提高生产能力、监控检测、自动化控制水平为重点，提高设备装备水平。

（20）森林资源开发与利用国际合作。支持企业到境外设厂、开发森林资源；合理利用外资，引导外资投向《外商投资产业指导目录》鼓励类和《中西部地区外商投资优势产业目录》中的林业领域。

（21）林业重点生态工程示范区及其配套项目建设。鼓励发展草原围栏及舍饲圈养、固沙、保水、改土新材料、沙产业。

（22）山区基础设施和林业综合开发。综合利用和开发山区优势资源，发展特色种植业、养殖业和加工业，促进低效林改造和山区特色产业化。

限制以优质林木为原料的一次性木制品与木制包装的生产和使用以及木竹加工综合利用率偏低的木竹加工项目。限制新建单线规模在5万m^3／年以下的高中密度纤维板项目、单线规模在3万m^3／年以下的木质刨花板项目以及1000 t／年以下的脂松香生产项目。

根据国家产业结构调整指导目录和有关政策、法规，淘汰现有林业生产能力中落后的工艺、技术、装备及产品等。加快淘汰并禁止新建未达到国家环保标准的小型人造板企业、直火法等土法生产松香的小企业、湿法生产纤维板及未达到国家质量标准的林产品。严格禁止超过生态承载力的旅游活动和药材等林产品采集活动。禁止在严重缺水地区建设灌溉型造纸林基地。禁止砍伐天然林特别是热带雨林、季雨林营造大规模工业原料林基地。

（三）林产品生产和贸易的主要发展方向及途径

在明确林产品生产和贸易发展目标和发展重点后，正确选择实现战略目标的途径，并合理调整产业发展政策，是促进林业产业发展的关键。

1. 区域发展

逐步形成以东南沿海地区、南方用材林区、黄淮海平原地区等为主导的用材林产业带；以华北平原、西北、东南沿海地区为主导的重点干鲜果品经济林产业带；以南方和西南地区竹资源集中分布区为依托的竹产业带。发展以东南沿海和西南等地区为重点、大中城市为依托的花卉产业。促进各区域依法开发特色生态旅游产业。促进以华北平原、东南沿海地区、南方用材林区、东北林区的林产品精深加工产业集群的发展。建设以口岸进口原料为依托，以精深加工为重点，以国内和国际市场为导向的林产品加工集群。

重点扶持天然林资源保护、退耕还林和京津风沙源治理等生态工程以及国有林场产业发展。大力发展相关木本粮油、森林药材、森林食品等森林种植业，森林养殖业和森林采集业。积极支持东北、内蒙古国有林区森林工业基地的调整、改造。结合国家东北老工业基地振兴战略的实施，优化林区产业布局和产业结构，进一步收缩木材采运业，鼓励培育速生丰产用材林特别是珍贵树种和大径级用材林。加快现有人造板、家具、木制品生产企业重组整合，鼓励上规模、低消耗、高效益、具有市场竞争力的精深加工龙头企业。利用地缘优势发展林产品加工基地和对外贸易。因地制宜发展沙产业。结合生态工程建设，在恢复植被、改善生态的前提下，充分利用沙区多种生物资源发展特色生态产业。结合各地实际发展生物质能源，建立林业生物质能源林生产基地，推进产业化和规模化。

2. 组织培育

扶持培育一批有特色、有市场竞争优势、产业关联度大、带动力强的大中型龙头企业，采取扶持、改造、组建等多种形式培植林业龙头企业，定期发布林业龙头企业目录，提高林业产业的规模化经营水平，带动相关中小企业发展，形成大中小企业协调发展、有序竞争的格局。通过市场和政策引导，发展具有国际竞争力的大型企业集团；营造有利的发展环境，促进劳动密集型中小企业健康发展。鼓励企业以市场为导向，以资本、技术为纽带进行联合重组，通过股份出售、转让等多种形式逐步推进产权结构的调整和优化。培育一批具有特色的品牌企业和品牌产品，尤其是具有原产地特色的产品企业和品牌，进一步加大保护和宣传力度，切实发挥其示范、辐射和带动作用。

鼓励竞争，反对垄断，消除地方保护政策，促进区域性林产品交易市场发展，建立公平竞争、规范有序的林产品与服务市场体系。扶持培育林业专业经济合作组织发展，提高林农进入市场的组织化程度。整合和完善现有林业专业协会，建立区域和全国性林业产业的行业协会，充分发挥其在政府、企业和农户之间的桥梁作用。支持发展适应我国农村生产力发展水平的多种类型的农村林业专业经济合作组织，创新农村林业经营体制。

大力发展非公有制林业，消除束缚非公有制林业发展的体制性障碍。在资源利用、资金和信贷支持、税费负担等方面一视同仁。鼓励多种所有制企业投资或参与林业产业发展，引入国际先进的林业技术和管理经验，提升我国林业产业技术和管理水平，提高林业产业质量。深化林业产权制度改革及综合配套改革，逐步建立起“产权归属清晰、经营主体落实、责权划分明确、利益保障严格、流转顺畅规范、监管服务到位”的现代林业产权制度。按照专业化协作的原则，加快国有森工企业的改革、改造和重组。鼓励打破行政区域界限，按照自愿互利原则，采取联合、兼并、股份制等形式组建跨地区的林业产业实体，发展混合所有制经济，获取规模经济效益。

3. 技术创新

按照产业化、集聚化、国际化的发展方向，加快建立以企业为主体、市场为导向、产学研相结合的技术创新体系，大力实施品牌战略、标准战略和知识产权战略，不断优化产品结构、企业结构和产业布局，提升林业产业的整体技术水平和综合竞争能力。重视全局性、战略性和对林业产业带动力强的生物技术、新材料技术、信息技术、关键性技术的研究开发和推广，推进产业化。

完善林业标准体系，加强植物新品种保护。采取有效措施应对国际市场对我国林产品出口的技术性贸易壁垒。建立健全林产品质量检验监测体系，加强林产品质量安全检测。建立健全林产品质量检验检测机构体系，实施林产品质量监测制度，加大对人造板、竹藤、林木种苗、花卉和森林食品等林产品，特别是涉及人类身体健康和生命安全的林产品及非木质林产品的监督力度，确保林产品质量安全。鼓励和促进林业企业通过ISO9000质量体系和ISO14000环境质量等认证。积极推进森林认证体系和林产品认证体系建设。鼓励采用清洁生产工艺和节地、节水、节能、节材技术，积极发展先进的污染治理技术及装备，确保企业生产符合国家环境保护标准。企业建设造纸林基地要符合国家林业分类经营、速生丰产林建设规划和全国林纸一体化专项规划的总体要求，必须符合土地、生态、水土保持和环境保护等相关规定。

4. 政策扶持

严格执行国家已出台的各类林业税费减免优惠政策。林业产业按国家规定享受税收优惠政策。根据国家有关税收法律法规的规定，对企业从事农、林项目的所得免征、减征企业所得税。根据财政部、国家税务总局《关于以三剩物和次小薪材为原料生产加工的综合利用产品增值税即征即退政策的通知》（财税〔2006〕102号），在2008年年底前，对以三剩物及次小薪材为原料生产加工的综合利用产品实行增值税即征即退。根据财政部、国家税务总局《关于"十一五"期间进口种子（苗）种畜（禽）鱼种（苗）和种用野生动植物种源税收问题的通知》（财关税〔2006〕3号），对进口种子（苗）、种畜（禽）、鱼种（苗）和种用野生动植物种源免征进口环节增值税。对天然林资源保护工程实施企业和单位有关房产税和城镇土地使用税政策，在2010年12月31日前，按照财政部、国家税务总局《关于天然林资源保护工程实施企业和单位有关税收政策的通知》（财税〔2004〕37号）规定执行。对属于国家产业结构调整指导目录鼓励类投资项目的进口自用设备，除国发〔1997〕37号文件《国内投资项目不予免税的进口商品目录》所列商品外，免征进口关税和进口环节增值税。鼓励有条件的林业企业"走出去"，并在资金、信贷等方面给予支持。国家有关税收政策发生调整变化，林业产业按新的税收政策执行。

完善并实施国家林业重点龙头企业扶持政策。鼓励林业企业提高开拓国际市场能力，凡符合国家中小企业国际市场开拓资金使用方向和使用条件的林业企业予以积极支持。鼓励国家林业重点龙头企业利用资本市场筹集扩大再生产资金。支持符合条件的重点龙头企业在国内资本市场上市。

国家对用于国内建设的速生丰产用材林、珍稀树种用材林等基地建设及其森林防火、生物灾害防治和林木种质资源保存利用、林木良种选育、繁殖、推广、使用，给予积极扶持。结合国家东北老工业基地振兴战略的实施，对东北、内蒙古国有林区森林工业产业调整和林业龙头企业发展予以政策倾斜。

改革育林基金管理办法，合理制定育林基金的征收标准，逐步将其返还给林业生产经营者，用于发展林业生产，基层林业管理单位因此出现的经费缺口纳入财政预算。探索研究建立林业信托基金制度。

政策性银行应在业务范围内，积极提供符合林业特点的金融服务，适当延长林业贷款期限，对林业项目给予积极支持。国家开发银行对速生丰产用材林和工业原料林基地建设项目，根据南北方林木生长周期不同，贷款年限为12～20年；珍贵树种培育根据实际情况而定；经济林和其他种植业、养殖业和加工业项目，贷款年限为10～15年。中国农业发展银行对林业产业化龙头企业贷款期限一般为1～5年，最长为8年；对速生丰产用材林、工业原料林、经济林和其他种植业、养殖业和加工项目贷款一般为5年，最长为10年，具体贷款期限也可根据项目实际情况与企业协商确定。考虑到林木生产周期长，贷款宽限期可适当延长，具体由银行和企业根据实际情况确定。商业银行林业贷款具体贷款期限根据项目实际情况与企业协商确定。

研究建立面向林农和林业职工个人的小额贷款和林业小企业贷款扶持机制。适当放宽贷款条件，简化贷款手续，积极开展包括林权抵押贷款在内的符合林业产业特点的多种信贷模式融资业务。加大贴息扶持力度。中央财政对林业龙头企业的种植业、养殖业以及林产品加工业贷款项目，各类经济实体营造的工业原料林贷款项目，山区综合开发贷款项目，林场（苗圃）和森工企业多种经营贷款项目，林农和林业职工林业资源开发贷款项目按照有关规定给予贴息。基本建设贷款中央财政贴息资金对总投资5000万元以上的速生丰产用材林基地建设和总投资3000万元以上的天然林资源保护工程转产项目给予适当支持。地方应根据实际情况，给予适当支持。积极发挥信用担保机构作用，探索建立多种形式的林业信贷担保机制，各级政府应因地制宜支持开展林业担保工作。积极研究探索建立政府扶持的林业保险机制。会同有关部门，研究开展各级政府对林业种植业和养殖业保险实行保费补贴的试点工作，以降低林业保险成本，增强林业产业项目抗风险能力。

建立森林、林木和林地使用权流转交易平台，推进森林、林木和林地使用权流转。鼓励林业贷款借款人以森林、林木和林地使用权作为抵押物向银行申请贷款，落实森林资源资产抵押登记办法。按照市场经济体制和分类经营的要求，完善森林资源采伐管理制度，对人工商品林特别是工业原料林的采伐管理进一步依法放活，其采伐限额和采伐年龄依据经营者依法编制的森林经营方案确定，以充分保障其经营自主权和林木处置权。加强产业开发的科技支撑，扶持新兴产业发展的科学研究、技术开发、成果转化和中试、推广。鼓励以生物产业为主的高新技术产业的发展，促进企业科技创新，促进产学研结合；并积极引进先进技术和生产工艺，大力推广实用技术和科技成果。

5. 服务体系

充分发挥政府职能作用，不断提高产业服务能力和水平，疏通企业与政府沟通的渠道，规避发展中出现的重大风险，为产业发展创造有利环境。林业主管部门严格履行《行政许可法》所赋予的行业管理职能，实施木材、竹材经营加工、野生动植物及其产品经营利用等行业市场准入制度，加强对大中型林业加工企业原料（林）基地建设评估，利用外资营造工业原料林基地必须保持在一定比例之内。

鼓励为经营者提供市场和生产要素信息服务的平台建设，强化政府政策信息服务功能。支持和引导林业咨询机构、规划评估和行业协会等中介组织、各种专业合作组织，为生产者提供从原料、生产到销售、消费等的全过程服务。探索研究建立木材资源多渠道供给的保障机制，降低国际贸易及自然灾害等风险对我国林业产业发展的影响。建立实用技术培训体系，强化对林业产业从业人员和林农的技能培训，积极推进技能资质证书制度，提高林业生产经营者的整体素质。

健全林业法律法规，提高林业产业发展规划的科学性和指导作用，强化科学管理、依法行政能力。对涉及国家经济安全、生态安全、履行国际公约、有重大环境影响的产品，依法进行管理与控制。外商投资企业按照《外商投资产业指导目录》执行。

第四节　林产品监管链认证

林产品产销监管链（Chain of Custody, COC）认证指的是对林产品生产加工贸易企业的各个生产环节，包括从原木的运输、加工到流通整个链条进行审核，以确保最终产品源自于经过认证的、经营良好的森林。它是森林认证的一个组成部分。

一、林产品监管链认证与现代林业

森林认证是促进森林可持续经营，实现现代林业的一种市场政策工具。而林产品产销监管链认证是联系森林与消费者的纽带，它将林业生态体系和产业体系紧密结合起来，通过鼓励人们消费来自负责任经营森林的木制品来实现保护森林，发展可持续林业的目标。因此，通过开展林产品监管链认证，可以促使我国更多的森林纳入到可持续经营的轨道，从而促进我国现代林业的实现。

特别是，国际绿色林产品认证市场快速发展的背景下，开展林产品监管链认证是我国企业进入国际市场的要求之一，它可以提高中国林业企业形象，增加中国企业在国际市场竞争力，减少非关税贸易壁垒，加快中国经济与世界经济接轨的步伐，因此，它也是在经济全球化背景下我国发展现代林业的必然选择。

二、林产品认证发展现状及存在的问题

（一）发展现状

世界范围内，森林认证取得了快速发展，共有以森林管理委员会（FSC）体系和森林认证认可计划（PEFC）体系为代表的国际和国家共30多个森林认证体系正在运作。全球已有70多个国家的9000多家企业通过了林产品产销监管链的认证。而以美国、德国等国家为代表的“环境敏感市场”对认证林产品的需求也在快速发展之中。受环境非政府组织的压力，出于风险管理，欧美的大型贸易商、零售商纷纷承诺优先购买或销售认证的林产品。很多国家的政府日益认识到森林认证的积极意义，纷纷制定针对认证林产品的绿色采购政策，极大地推动了认证林产品的消费。市场准入：在欧美一些国家，木材产品是否获得可信的森林认证已经成为它们是否能够获准进入市场的“通行证”。

在我国，受国际市场的压力的驱动，截止到2007年2月份，我国通过国际体系FSC认证的木材加工企业已发展到近380家。它们均分布在经济较发达的沿海地区。开展认证的企业大多数为出口外向型企业。认证产品主要是家具、人造板、工艺品、纸和纸板等。产品主要销往美国、加拿大、英国、德国、比利时和丹麦等国家。

而我国政府也高度重视森林认证的发展，将其作为促进我国森林可持续经营的一种市场工作。2001年7月中国森林认证领导小组正式成立，并由国家林业局科技发展中心森林认证处具体负责森林认证工作。目前，国家体系已经发布了《中国森林认证 森林经营》和《中国森林证 产销监管链》标准，并着手建立我国林产品产销监管链认证制度。但目前国家体系尚在筹建之中，因此还没有企业通过国家体系的林产品监管链认证。而我国的认证林产品市场还在培育与发展之中，但已有国际零售商（如百安居、宜家）积极将认证产品引入中国。

（二）问题与挑战

森林认证被认为是促进生态与经济双赢的有效手段，自1999年至今，我国通过认证的企业数量发展迅速，企业对森林认证的了解也逐渐增多。一方面得益于国际认证林产品市场的发展，另一方面也得益于一些环保组织不断推动的宣传教育活动。目前我国企业开展林产品产销监管链认证主要面临以下问题：

（1）国家体系建设还不完善。我国虽然颁布了认证标准，但林产品产销监管链认证制度还不完善，有关认证的程序、审核员资质要求、标志使用规定等尚待制定。

（2）认证木材供应不足。目前我国只有6家森林经营单位的70万公顷森林通过了FSC森林认证，其中还包括一家不出售木材的公益林经营单位。而通过产销监管链认证的企业有300多家。这4家森林经营单位的木材年产量无法满足国内企业木材需求量。许多企业转而向国外购买认证原材料，无疑更增加了认证林产品的成本。

(3) 缺乏国内认证林产品市场。目前企业开展产销监管链认证的产品全部是出口产品，内销产品因为没有市场需求、认证林产品价格高等原因没有开展认证。

(4) 公众环境意识差。现有的环保宣传力度和国民素质条件下，我国消费者对绿色林产品的要求远不如发达国家，国内认证林产品需求很少。

(5) 缺乏市场信誉。我国企业和社会公信力的缺失，促使一些企业在认证过程中弄虚作假，对认证机构也缺乏应有的监管，影响到我国林产品认证的可信度。目前一些环保组织（如绿色和平）已提出质疑。

(6) 缺乏了解。企业的广大职工对森林认证的知识、国外有关森林认证机构和国外认证林产品市场的发展状况等信息了解还是不够，多数企业是因为有市场需求才寻求认证，而对认证的意义及社会责任却不愿多做了解。

(7) 缺乏本地合法的认证机构。目前我国的森林认证机构大都为国际FSC认证机构在当地发展的合作伙伴，大都在国内无认证资质，没有经过相关部门的批准。目前我国还没有一家本地的经过合法注册和批准的森林认证机构，致使目前所开展的林产品认证处于一种无序状态。

三、发展对策

应对现代林业的发展要求，我国应积极推动林产品监管链认证。针对目前我国存在的问题，我们应加强以下几方面的工作。

1. 加强各方合作，加快体系建设进程

与我国企业蓬勃开展的国际体系FSC的监管链认证相比，我国自身的森林认证体系建设工作稍显滞后。FSC认证仅针对国际市场，为推动我国自身的现代林业建设，我国应尽快发展自己的森林经营与林产品监管链认证体系，依靠市场力量与政策导向推动更多的森林纳入可持续经营的轨道。

同时，我们也应加强国际间的合作，与各体系建立广泛的联系，为我国体系与国际接轨打下基础。另外，可寻求一些国际组织在资金和技术上的援助。

2. 加强认证的研究、宣传与推广

森林认证在我国是一个新生事物，林业管理部门、森林经营单位和社会公众都对森林认证了解不多。因此，我们应通过多种形式加强森林认证的宣传。可以通过传统媒体如报纸、期刊、杂志、广播电视，也可以通过组织研讨会以及新出现的媒体网络等，来广泛宣传认证的概念、意义与作用、国际机制、对中国的影响等，使得人们日益重视和认识这个新生事物，并积极推动和支持。

3. 制定绿色采购政策，积极培育认证林产品市场

我国应制定针对认证林产品的公共绿色采购政策，以及其他政策导向措施，提高企业开展森林和林产品认证的积极性。同时应开展市场研究和市场宣传，促进市场对认证产品的认识，尤其是消费者、零售商及林业企业，使认证林产品最终被消费者所接受，森林认证也才有了发展的真正动力。

4. 加强森林认证能力建设

我国的体系还在发展过程中，加强各方面的能力建设尤为重要。包括认证管理部门发

展森林认证体系和制定相关制度自身的能力建设、认证机构开展森林认证评估的能力建设以及森林经营单位和企业为通过认证所开展的能力建设。一方面我们要学习和借鉴国际上的经验，接受国际上的培训与指导，另一方面，我们也应成立专门机构，开展对森林经营单位、认证机构和企业的培训和咨询服务。

5.加强对认证机构的监管

针对目前国内开展的FSC认证所出现的一些问题，国际体系FSC以及国内认证监管部门都应采取一定的措施。一是FSC与国家认监委协商，尽快出台针对FSC认证机构在中国开展业务的政策指南，以使FSC认证机构在符合中国法律法规的前提下开展业务；二是FSC应加强对自身认证机构的监管，接受社会各方的监督，避免认证过程中的“失信”的问题。另外，也应推动我国本地的、有资质的合法认证机构的创建，在国家管理部门的监督管理之下，为我国企业提供包括国际体系和国家体系在内的高质量的审核服务。

第17章 森林文化体系建设

加强生态建设，推进生态文明，是21世纪人类面临的共同主题，也是我国经济社会可持续发展的重要基础。悠久而独特的森林文化是中华民族优秀传统文化的重要组成部分。加强森林文化建设，既是落实科学发展观、构建和谐社会的重要举措，又是推进生态建设和现代林业发展的必然要求，对于推动经济社会的可持续发展和生态文明建设具有十分重大的意义。

生态文化建设是一个涉及多个管理部门的社会系统工程，需要多部门乃至全社会共同协调与配合。森林文化建设是生态文化体系建设的突破口和着力点。将生态文化体系建设纳入全面推进现代林业建设的重要内容和发展目标，开展"思想行动"，即开展森林制度文化建设行动。尽快编制规划，完善政策法规，设立森林文化机构，构建起森林文化建设的制度体系，使森林文化建设走上有序化、法制化、规范化轨道；发展森林文化产业行动。大力发展森林文化产业，各地应突出区域特色，挖掘潜力，依托载体，延长林业生态文化产业链，促进传统林业的第一、二产业向森林文化产业升级；培育森林文化学科与人才行动。森林文化建设是一个全新的时代课题，必须加强关于森林文化建设的理论研究；开展森林文化科普及公众参与行动。建设森林文化物质载体，开展形式多样的森林文化普及教育活动；编辑出版森林文化学术刊物，完善生态建设的公众参与机制，以加快推进生态文化体系建设。

第一节 森林文化体系建设现状

我国具有悠久的历史文化传承。丰富的自然人文景观和浓郁的民族、民俗、乡土文化积淀，为现代森林文化建设提供了有益的理论依据和翔实的物质基础。新中国成立以来，特别是改革开放以来，各级党委和政府高度重视林业发展和森林文化体系建设，并在实践中不断得以丰富、发展与创新，积累了许多宝贵的经验。

一、我国森林文化发展现状与趋势

在全国，由于各地的历史文化、地理区位和民族习俗的不同，森林文化体系建设各具特色，在总体上显示出资源丰富、潜力巨大、前景广阔的特点。

（一）资源丰富

我国历史文化、民族习俗和自然地域的多样性，决定了森林与生态文化发展背景、资源积累、表现形式和内在含义的五彩纷呈与博大精深。在人与人、人与自然、人与社会长期共存、演进的过程中，各地形成了丰富而独具特色的森林生态文化。自然生态资源与历史人文资源融为一体，物质文化形态与非物质文化形态交相辉映，不仅为满足当代人、乃至后代人森林生态文化多样化需求提供了物质载体，而且关注、传播、保护、挖掘、继承和弘扬森林文化，必将成为构建生态文明社会的永恒主题。以山西省为例。该省至今保留数以千计的古树名木，仅入选《山西古稀树木》一书的就有109种1149株。享有盛誉的洪洞老槐树，如今已演绎成百姓“寻根问祖”的祭祀文化形式。太原晋祠的周代侧柏、解州关帝庙的古柏群等，堪称树木文化中的瑰宝。在木质建筑文化方面，世界最高、最古老的应县辽代木塔不仅建筑雄伟，而且木雕工艺精美绝伦；平遥古城诸多商号钱庄与祁县乔家大院、灵石王家大院等，既是晋商文化的象征，又是我国北方私家园林造园艺术与木雕艺术的结晶。在园林文化方面，有太原晋祠、解州关帝庙、永济普救寺等。森林公园和风景名胜区方面，则有四大佛教圣地之首的五台山以及北岳恒山、永济五老峰、方山北武当等。再看新疆。新疆拥有独特的天山文化、荒漠文化和林果文化（诸如吐鲁番的葡萄、库尔勒的香梨、阿克苏的大枣、石河子的蟠桃等）。新疆森林以其雄伟、宽广、险峻、奇丽的自然美征服世人，不仅为社会提供精神产品，同时吸引文学家、艺术家以其为题材创作无数脍炙人口的文艺作品。新疆各族人民长期生活在森林、草原与绿洲之中，对绿色情有独钟，祖祖辈辈养成了植绿、护绿、爱绿的良好习俗和自觉的生态意识、生态道德。在新疆，许多反映古老文明兴衰存亡与沧桑变迁的文化遗迹，显现出人与自然共存的历史进程。生态旅游资源方面，新疆拥有乔戈里山、喀纳斯湖、塔克拉玛干沙漠、古尔班通古特沙漠、乌尔禾雅丹地貌、天山库车大峡谷、天山托木尔冰川、天山雪岭云杉林、轮台胡杨林、巴音布鲁克湿地、喀纳斯湖畔的图瓦村、伊犁草原等，它们以其独特的文化底蕴与绮丽的自然魅力，吸引和征服着国内外游客。此外，甘肃的伏羲文化、三国文化、大地湾文化、秦国早期文化、敦煌与麦积山石窟文化，云南的茶文化、花文化、蝴蝶文化、民居民俗文化，江南山水文化、园林文化，西部和东北的动物文化（大熊猫、东北虎、金丝猴、野骆驼、野驴、野马、马鹿、藏羚羊等）、湿地文化（天鹅、白鹤、鹳雀、大雁等）和恐龙化石文化等，同样在国内独树一帜。在广袤的中华大地上，到处都可以如数家珍般例举出反映各自生态文化的精品实例。人类在与森林、草原、湿地、沙漠的朝夕相处、共生共荣中，所形成的良好习俗与传统，已深深融入到当地的民族文化、宗教文化、民俗文化、乡规民约和图腾崇拜之中。这些宝贵的森林与生态文化资源，为建设繁荣的生态文化体系奠定了良好的基础。

（二）起步良好

进入21世纪以来，党中央、国务院作出了《关于加快林业发展的决定》，加快实施林业重点工程、确立了以生态建设为主的林业发展战略，我国林业建设取得了举世瞩目的巨大成就。近年来，各省（自治区、直辖市）立足本地区实际，贯彻生态建设、生态保护的理念，调整经济社会发展战略和林业发展战略，不断加大生态保护和建设力度，以适应经济社会全面协调可持续发展需要。各省不仅先后出台了贯彻《关于加快林业发展的决定》的意见，而且广东、浙江、福建、湖南等省提出了建设生态省的战略构想，开展了现代林业发展战略研究与规划，林业建设取得巨大成就。以海南省为例。海南依托丰富的人文资源，独特的地域文化和民族文化，率先在全国提出建设生态省的发展思路，为生态建设立法。在《海南生态省建设规划纲要》中指出，“生态文化建设是生态省建设的重要组成部分”。森林与生态文化正在成为社会主义先进文化的重要内容，推动生态建设的强大动力，经济社会发展的朝阳产业和建设生态文明社会的重要基础。

（三）需求强劲

随着国民经济的快速发展，生态形势的日趋严峻，全社会对良好生态环境和先进生态文化的需求空前高涨。这种生态文化需求包括精神层面和物质层面。在生态文化需求的精神层面上，研究、传播和培育生态理论、生态立法、生态伦理和生态道德方面显得尤为迫切。文化是一种历史现象，每一社会都有与其相适应的文化，并随着社会物质生产的发展而发展。先进文化为社会发展提供精神动力和智力支持，同先进生产力一起，成为推动社会发展的两只轮子。生态文化是人与自然和谐相处、协同发展的文化，对生态建设和林业发展有强大的推动作用。在生态文化需求的物质层面上，大力发展生态文化产业，既推动了林业产业发展、促进山区繁荣和林农致富，又满足人们生态文化消费的需要。据统计，“十五”期间，全国森林公园旅游人数达6.4亿人次，比“九五”翻了两番，年均增幅超过20%。2006年旅游人数上升到2.13亿人次。各地利用丰富的自然资源、独特的生态类型、多样的民族风情和良好的文化习俗，挖掘特色生态文化资源，带动了一批富有特色、充满活力的生态文化产业。例如云南普洱茶文化，迪庆藏族自治州“三江并流”文化，四川省青神县“竹编艺术”，海南椰树文化、槟榔文化，福建水仙文化，浙江竹文化等。

（四）潜力巨大

森林与生态文化建设和产业发展的潜力巨大，前景广阔。一是生态文化资源开发潜力巨大。我国历史悠久，地域辽阔，蕴藏着极其丰富的自然与人文资源。在这些资源中，有的是世界历史文化的遗产，有的是国家和民族的象征，有的是人类艺术的瑰宝，有的是自然造化的结晶。这些特殊的、珍贵的、不可再生的自然垄断性资源，不仅有着独特的、极其重要的自然生态、历史文化和科教审美价值，而且蕴藏着丰厚的精神财富和潜在的物质财富。其中相当一部分资源还未得到有效的保护、挖掘、开发和利用。二是生态文化科学研究、普及与提高的潜力巨大。党的十七大报告中把“建设生态文明”列为全面建设小康社会的重要目标，这不仅关系到产业结构调整和增长方式、消费模式的重大转变，而且赋予研究和构建生态文化体系以新的使命。这就是通过生动活泼的生态文化活动，增强人们的生态意识、生态责任、生态伦理和生态道德，促进人与自然和谐共存，经济与社会协调发展，全社会生态文明观念牢固树立。三是生态文化产业的市场潜力巨大。据国家旅游局预测，到2020年，我国国内居民出游率将达到311%，国内旅游人数达到45亿人次，旅游业总收入将超过3.3万亿元。在我国人均GDP达到3000美元后，走进森林、回归自然的户外游憩将成为消费热点，旅游方式也将从“走马观灯”式向探索自然奥秘转变，真正感受生态文化魅力的“知性之旅”。

（五）顺应潮流

建设先进而繁荣的生态文化体系，顺应时代潮流。随着近代工业化进程加快，全球生态环境日趋恶化，引起国际社会的热切关注。20世纪80年代，联合国成立了环境与发展委员会。1987年，由挪威首相G.H.布伦特兰夫人主持撰写的《我们共同的未来》报告，全面地阐述了可持续发展的概念。这一概念被1992年联合国环境与发展大会所接受，成为指导人类未来发展的共同理论。此后，许多国际知名学者认识到文化对于生态建设的重要性。罗马俱乐部的创始人贝切利指出：“人类创造了技术圈，入侵生物圈，进行过多的榨取，从而破坏了人类自己明天的生活基础。因此如果我们想自救的话，只有进行文化价值观念的革命。”美国、德国、日本、澳大利亚等许多发达国家，高度重视森林可持续经营和生态文化体系建设，收到明显效果。在这些国家，全社会的生态伦理意识深入人心，生态制度比较完备，生态环境显著改善，生态文明程度明显提高。世界各国森林经营理论也由传统的永续利用转变为可持续经营，城市森林建设已成为生态化城市的发展方向，传统林业正迅速向现代林业转变。

二、我国森林文化建设取得的主要经验

（一）政府推动，社会参与

森林生态文化体系建设是一项基础性、政策性、技术性和公众参与性很强的社会公益事业。各级政府积极倡导和组织生态文化体系建设，把生态文化体系建设纳入当地国民经济和社会发展中长期规划，充分发挥政府在统筹规划、宏观指导、政策引导、资源保护与开发中的主体地位和主导作用，通过有效地基础投入和政策扶持，促进市场配置资源，鼓励多元化投入，实现有序开发和实体运作。这既是经验积累，也是发展方向。比如，云南省提出建设绿色经济强省的目标，启动了七彩云南保护行动计划。贵州省实施“生态立省”战略，构筑两江生态屏障，再造贵州秀美山川。四川省把“到2010年，建成长江上游生态屏障”作为全省经济社会发展的主要目标之一。这些发展思路，对西南地区生态建设和林业发展产生重大影响。同时，全社会广泛参与是生态文化体系建设的根本动力，大幅度提高社会公众的参与程度，是生态文化体系建设的重要目标。广东、浙江等省把培育和增强民众的生态意识、生态伦理、生态道德和生态责任列为构建生态文明社会的重要标志，将全省范围内的所有城市公园免费向公众开放，让美丽的山水、园林、绿地贴近市民，深入生活，营造氛围，陶冶情操，收到事半功倍的良好效果。

（二）林业主导，工程带动

森林、湿地、沙漠三大陆地生态系统，以及与之相关的森林公园、自然保护区、乡村绿地、城市森林与园林等是构建生态文化体系的主要载体，涉及诸多行业和部门。林业部门是保障国体生态安全，实施林业重大生态工程的主管部门，在生态文化体系建设中发挥着不可替代的主导地位和作用。这是确保林业重点工程与生态文化建设相得益彰，协调发展的基本经验。广州市在创建森林城市活动中，以实施“青山绿水”工程为切入点，林业主导，各业协同，遵循“自然与人文相宜，传统与现代相兼，生态建设与文化建设相结合”的原则，精心打造城市生态体系，不仅提升了城市品位和魅力，而且促进了全市生产方式、生活方式、消费观念和生态意识的变化。新疆阿克苏市柯柯牙绿化工程，五届领导班子一任接着一任干，一张蓝图画到底。经过20多年的艰苦奋斗，使全市森林覆盖率由12%增加到30.6%，生态环境得到明显改善。

（三）宣传教育，注重普及

森林生态文化重在传承弘扬，贵在普及提高。各地通过各种渠道开展群众喜闻乐见的生态文化宣传普及和教育活动。一是深入挖掘生态文化的丰富内涵。如云南、贵州省林业厅经常组织著名文学艺术家、画家、摄影家等到林区采风，通过新闻媒体和精美的影视戏剧、诗歌散文等作品，宣传普及富有当地特色的生态文化，让广大民众和游客更加热爱祖国、热爱家乡、热爱自然。二是以各种纪念与创建活动为契机开展生态文化宣教普及。各地普遍地运用群众，特别是青少年和儿童参与性、兴趣性、知识性较强的植树节、爱鸟周、世界地球日、荒漠化日等纪念日和创建森林城市活动，潜移默化，寓教于乐。三是结合旅游景点开展生态文化宣传教育活动。例如云南省丽江市东巴谷生态民族村，在景区中设置大量与生态文化有关的景点，向游客传播生态知识和生态文化理念。四是建立生态文化科普教育示范基地。各地林业部门与科协、教育、文化部门联合，依托当地的自然保护区、森林公园、植物园，举办知识竞赛，兴办绿色学校，开办生态夏令营，开展青年环保志愿行动和绿色家园创

建活动。

（四）丰富载体，创新模式

森林与生态文化基础设施是开展全民生态文化教育的重要载体，也是衡量一个地方生态文明程度的重要标志。截至2006年底，全国已建立各级森林公园2067处，规划总面积1569万公顷，其中国家级森林公园660处，面积1125万公顷。福建省已建成31个省级以上自然保护区，有25个自然保护区在开展科普教育活动，普遍建了森林博物馆、观鸟屋、宣教中心等。福州国家森林公园利用自身优势，建成了目前全国惟一规模最大的森林博物馆，已成为生态文化传播基地。地处海口市的海南热带森林博览园，是一个集旅游观光、系统展示与科普教育等多功能于一体的热带滨海城市森林公园。海南省霸王岭自然保护区挖掘树文化的内涵，开辟出多条栈道，为树木挂牌。各地生态文化培育和传播的模式得到不断创新。诸如海南儋州市自2002年创立以来创办的生态文化论坛和文明生态村，以及福州旗山国家森林公园推出的“森林人家”已成为闻名全国的森林生态文化旅游品牌，在新农村建设中焕发了青春。

（五）产业拉动，兴林富民

森林生态文化产业的发展促进了山区繁荣和农民增收致富。据统计，森林公园通过发展森林旅游已经使2700个乡、12 000个村、近2000万农民受益，带动森林公园周边4654个村脱贫，直接吸纳农业人口就业数量近50万个。农民意识到山川秀美是一笔巨大的财富，农民有了热爱家园的自豪感，自觉珍惜资源、保护环境，变被动保护为主动保护，爱绿、护绿、兴绿成为新风尚。尤其是湖南、福建两省森林旅游业特色鲜明，方兴未艾。不仅带动了茶文化，竹文化，花卉文化等产业的发展，而且对繁荣生态文化，增强当地林农生态保护意识，带动周边乡村经济发展和林农致富起到了显著作用。

同时，由于生态文化体系建设作为现代林业发展的重要内容还刚刚开始，毋庸置疑各地在森林生态文化建设中仍普遍存在一些问题，比较突出的有以下几点：

1. 森林生态文化知识的普及不够，生态文明意识还比较薄弱

具体表现为用科学发展观正确认识和处理人与自然、生态保护与产业开发、生态指标与政绩考核的相互关系上，还存在片面强调眼前而忽视长远，只顾当代人而不顾后代人的不可持续的观点。由于生态文化体系建设提出来的时间比较短，各地对生态文化体系建设的理解还比较模糊，从工作层面上讲，对生态文化体系建设抓什么、怎么抓的问题不十分明确。

2. 森林生态文化体系建设的投入不足，基础设施不够完善

近年来，我国自然保护区、森林公园建设有了长足进步，但总体上仍然资金不足，运转较为艰难。生态文化基础设施跟不上而导致产业开发滞后。生态文化方面的图书资料、音像作品等基本资料相当匮乏，造成有些地方是只有资源而没有文化。从国家层面上至今还没有一个森林博物馆。

3. 森林生态文化体系建设的管理体制不顺，职责不清

生态文化体系和林业生态体系、林业产业体系并称为林业三大体系，是新时期全面推进现代林业建设的主要目标和任务。对于这样一个崭新的课题，各地没有明确的组织机构、相应的人员和经费保证。从管理体制上，林业部门在生态文化体系建设中的主体地位有待强化，协调能力亟待加强。尤其在职责分工、利益分配、责任划分等问题上，由于利益驱动，往往造成自然保护区和森林公园保护的责任由林业部门承担，而旅游开发的收益却不能反哺林业的做法，不利于调动各方的积极性，严重影响了生态文化体系建设。

4. 森林生态文化产品单一，产业不够发达

当前，我国生态文化体系建设还存在思想认识不足、基础设施薄弱、理论研究滞后、服务体系欠缺、品牌效应不高等突出问题。尤其是中西部地区，由于起步较晚，后发优势没有得到充分显现。加上从业人员的综合素质较低，专业技能与基本素质培训的任务还很艰巨。

5. 森林生态文化理论研究滞后，科技支撑不足

森林生态文化体系建设亟须科学的理论来指导。尽管近几年来不少专家学者从不同角度对生态文化进行了研究，但是还没有形成成熟系统的理论体系。对森林生态文化体系建设的科学研究和人才培养投入亟待加大。

第二节　森林文化的内涵与特征

文化是一个与人类活动密切相关、与自然相对的概念。《现代汉语词典》对“文化”所作的定义为：“文化是指人类在社会历史发展过程中所创造的物质财富和精神财富的总和，特指精神财富，如文学、艺术、教育、科学等。”《辞海》对文化的定义是：“从广义来说，指人类历史实践过程中所创造的物质财富和精神财富的总和。从狭义来说，指社会的意识形态，以及与之相适应的制度和组织机构。”

一、森林文化与生态文化

（一）森林文化的概念

森林文化在广义上是人类在社会实践中所创造的与森林有关的物质财富和精神财富的总和。在狭义上，指与森林有关的社会意识形态，以及与之相适应的制度和组织机构、风俗习惯和行为模式。在文化结构上，可分为物质、制度、行为、精神四个层次。其中精神文化层是文化的核心部分。

（二）生态文化的概念

生态文化是人与自然关系的文化，其中人与自然和谐相处、协同发展的文化属于积极部分，相当于生态文明。广义的生态文化是指人类历史实践过程中所创造的与自然相关的物质财富和精神财富的总和；狭义的生态文化是指社会的生态意识形态，以及与之相适应的制度和组织机构。

生态文化的内涵，在纵向上，可分物质、行为、制度、精神四个层面。在横向上可分为森林文化、湿地文化、环境文化、沙漠文化、草原文化、海洋文化、城市生态文化、乡村生态文化、生态产业等（表17-1）。

（三）森林文化与生态文化的关系

森林文化是生态文化的重要内容。森林是陆地生态系统的主体，林业是协调人与自然和谐关系的关键。可见，森林文化在生态文化中应居重要地位。森林文化与生态文化的共同点是，两者都是关于人与自然和谐发展的文化。不同点是，森林文化主要涉及人类与森林的关系；而生态文化还包括湿地、沙漠、草原、海洋、农田、城市等生态系统与人类的关系。森林文化为生态文化提供具体内容，生态文化为森林文化提供一般指导。两者是包含与被包含的关系。森林文化是生态文化的主体内容，失去了森林文化的生态文化就失去精华所在，同

表17-1 生态文化的内涵

	森林文化	湿地文化	环境文化	生态产业文化	生态城市文化	……	生态文化
物质层面	森林（天然林、人工林、野生动植物）	河流、湖泊、人工湿地	海洋、大气、大地	农田、工厂、企业	城市	……	自然界，人造自然界
行为层面	植树造林、义务植树	湿地保护、恢复	环境保护	产业活动	城市生产与消费	……	生产方式、生活方式
制度层面	森林法、条例、政策	湿地保护条例	环境保护法、政策	循环经济法律、政策	城市规划、城市政策	……	与自然相关的政策、法律、组织机构
精神层面	森林哲学、美学、森林价值观、文学艺术	湿地哲学、湿地价值观	环境哲学、环境价值观	可持续发展理论	城市哲学、城市理论	……	生态哲学、生态伦理学、生态美学、生态文学等

样只有森林文化的生态文化，也是不完整的生态文化。

二、森林文化体系的基本内涵

森林文化体系，是由诸多森林文化要素有机构成的具有特定功能的文化体系。在纵向上，可分物质、行为、制度、精神四个层面。在横向上可分为植物文化（包括树木文化、茶文化、竹文化、花卉文化、蚕桑文化等）、动物文化（包括飞禽文化、兽类文化、昆虫文化等）、森林旅游文化、城市森林与园林文化、山水文化（包括山文化、水文化）等。

（一）森林精神文化

森林精神文化，是人类对森林的认识、情感的总和，是森林文化的精神内核。主要包括森林哲学与美学、森林文学艺术与工艺美术、林业史学、林业科学，林业教育。森林精神文化，在森林文化中处于核心地位。其中森林哲学，是森林精神文化的核心。它具有能动性，它对于其他方面的文化具有指导作用。森林精神文化为了实现自身的价值，它要通过森林制度文化、森林行为文化等环节，逐级外化和具体化，最终达到森林物质文化。同时，森林精神文化在发展中要受到森林物质文化、森林行为文化和森林制度文化的影响、渗透和制约。

森林精神文化体系应该包括森林哲学、森林自然科学和森林社会科学三方面的内容。然而由于发展的不平衡性，以往偏重森林自然科学的研究，而相对忽视了对森林哲学和森林社会科学的研究，导致了森林精神文化片面发展的局面。今后应该加强对后者的研究。完整的森林精神文化体系应包括以下三方面内容。

1. 森林哲学

属于林学与哲学的交叉学科。根据实现人与自然和谐共处、经济社会可持续发展，建设生态文明社会的总要求，吸收古今中外一切理论成果，认真总结当代中国生态建设的伟大实践，建立有中国特色的社会主义森林哲学理论体系。此理论需要认真阐明森林与自然、森林与人类、森林与文化的关系和规律，为林业现代化建设提供最一般的哲学理论指导。包括森林哲学、林业战略学、森林美学、森林伦理学。

2. 森林自然科学

以服务于实现国土“生态安全”为目标，以生态学等自然科学理论为基础，全面构建中国的森林自然科学体系。包括森林生态学、森林植物学、森林动物学、森林培育学、森林地理学、森林经营管理学等领域。

3. 森林社会科学

就是要以实现“生态产业、生态制度、生态道德”为目标，以现有的生态学、生态经济学、生态政治学、生态文化学和其他社会科学理论为基础，全面构建中国的森林社会科学体系。这一体系分3方面内容：①森林经济学。包括森林资源价值核算、林业经济。②森林政策学。包括森林政策，森林法律，森林行政管理。③森林文化学。含森林历史、森林文学艺术、森林文化。

（二）森林制度文化

森林制度文化，是与森林有关的法律、法规、政策、制度和林业机构的总和。

现代林业建设，不仅需要依靠科学技术的进步，而且需要政策和制度的不断创新。林业发展固然与科学技术、社会经济发展水平等有关，但林业的政策、法律和制度也在很大程度上决定或制约着林业的盛衰与荣枯。

森林制度文化是森林文化的重要组成部分，是制度层面上的文化。它是森林精神文化的集中体现，是森林行为文化的制度规范，对于保障森林物质文化成果起着十分重要的作用。同时，它是森林精神文化由内向外转化，即物质化的一个重要环节，没有这样一个环节，森林精神文化的价值便很难得到实现，实现了也很难巩固。因此，成熟和完善的森林制度文化，是森林文化繁荣发达的重要标志，也是现代林业建设的重要目标。

（三）森林行为文化

森林行为文化，是人类影响森林的行为方式、实践活动的总和。它是主观与客观相统一的连接人与森林的媒介，同时又是人类以各种工具为中介对森林（或森林物质文化）施加影响（生产或消费）的过程。

森林的行为文化，受自然、经济社会等条件的约束，由森林精神文化和制度文化支配，其结果在客观方面便是森林物质文化，在主观方面便是森林精神文化。这类文化，具体包括植树造林、义务植树活动、森林经营、产业发展、林业贸易、森林旅游、林产品消费等。

应该说，森林行为文化是联系森林物质文化与森林精神（制度）文化的中介，是沟通两者关系的桥梁。一方面，森林精神文化要外化为森林物质文化，实现其价值；另一方面，森林物质文化要得到生产和消费，通过认识和审美以内化为森林精神文化。这两者都需要通过人的活动来完成，而这种活动本身就构成了森林行为文化。

评价森林行为文化的性质优劣或水平高低，通常有两个标准。一是客观标准，即看其对森林物质文化的影响，若是正面的，则是有价值的。二是主观标准，即看其对森林精神文化的影响，若是正面的，则也是有价值的。如森林旅游，好的森林旅游应该是既不影响（或者促进）森林的正常生长发育，又能提高人们的身体和心理健康、增长科学知识的行为活动，否则是不成功的森林旅游。再如，森林采伐活动。好的森林采伐活动，应该是既提高了人们的经济收入，又对森林的健康发育和生态环境不造成不利影响。否则就是不完美的采伐行为。

（四）森林物质文化

森林物质文化，是人类活动影响森林的物质成果，是森林文化的物质表现。具体包括森林（天然林、人工林、野生动植物）、森林及野生动物自然保护区、森林公园、城市森林、园林、纪念林、森林产品及各种森林文化载体。

丰富森林物质文化的品类、提高森林物质文化的品质，即建设完备的森林生态体系和发达的林业产业体系，是现代林业发展的根本目标，也是森林精神文化建设的一个归根结底的目标。相对于精神文化而言，物质文化更具有基础性和前提性。

对于一个国家、一个地区而言，森林物质文化的水平高低、发展快慢，是反映这个国家和地区森林精神文化水平高低的重要尺度。要评价某个地区的森林文化，只要到现地考察一下这个地区的森林数量和质量状况就行了。当然，在考察的过程中还需要结合该地区的自然地理、经济社会状况等进行综合判断，以便做出较为科学的评价。例如，中国东部与西部、南方与北方，由于自然与经济条件的差异，森林资源的状况不仅与人的活动有关，也与自然条件紧密相关。

我们强调森林物质文化的重要性，并不等于我们忽视其他方面森林文化的重要性。其实，森林文化体系是一个整体，各要素之间是互相影响、互相制约的关系。一方面，森林物质文化影响和制约其他森林文化；另一方面，其他森林文化也影响和制约森林物质文化。

三、森林文化的主要特征

与其他社会文化相比，森林文化具有对象的广泛性、学科的边缘性、功能的和谐性、载体的绿色性等主要特征。

对象的广泛性。从文化的对象而言，生态文化是一种有关人与自然关系的文化，森林文化是一种有关人与森林关系的文化。生态文化是与有关人与人的关系的社会文化或人文文化概念相对应的一种新的文化观念。社会文化要探讨和解决的是单纯的人与人之间的关系，而生态文化要探讨和解决的是人与自然之间的复杂关系，同样森林文化要探讨和解决的是人与森林之间的关系。

学科的边缘性。从文化的属性而言，森林文化是一种涉及社会性的人与自然性的森林及其相互关系的文化，它与属于社会科学的传统人文文化不同，是一种与社会科学与自然科学都有关系的一种全新的、交叉的边缘文化。

功能的和谐性。从文化的功能而言，森林文化的功能主要表现在：能正确指导人们处理好个人与森林之间的个体利益关系；能科学地协调好人类社会与森林生态环境系统之间的整体平衡关系。尤其是后者，能使有关人与森林的关系达到一种和谐的、可持续发展的状态。

载体的绿色性。从文化的载体而言，森林文化的载体包括：可持续经营条件下的森林生态系统；不以牺牲自然生态环境为代价的林业产业、林业生态工程、绿色企业；有绿色象征意义的森林意识、森林哲学、森林美学、森林艺术、森林旅游及森林运动、生态伦理学、森林教育等。

第三节　森林文化建设行动

生态文化建设是一个涉及多个管理部门的整体工程，需要林业、环保、文化、教育、宣传、旅游、建设、财政、税收等多部门的协调与配合。森林文化是生态文化的主体，森林文化建设是生态文化体系建设的突破口和着力点，由林业部门在生态文化建设中承担主导作用。建议国家成立生态文化建设领导小组，协调各个部门在生态文化建设中的各种关系，确保全国生态文化体系建设“一盘棋”。在林业部门内部将生态文化体系建设作为与林业生态体系建设、林业产业体系建设同等重要的任务来抓，加强领导，明确职责，建成强有力的组织体系和健全有效的工作机制，加快推进生态文化体系建设。

一、森林制度文化建设行动

为使生态文化建设走上有序化、法制化、规范化轨道，必须尽快编制规划，完善政策法规，构建起生态文化建设的制度体系。

（一）开展战略研究，编制建设规划

开展森林文化发展战略研究，是新形势提出的新任务。战略研究的内容应该包括森林文化建设与发展的各个方面，尤其是从战略的高度，系统深入地研究影响经济社会和现代林业发展全局和长远的森林文化问题，如战略思想、目标、方针、任务、布局、关键技术、政策保障，指导全国的生态文化建设。建议选择在生态文化建设有基础的单位和地区作为试点，然后总结推广。尽快组织编制《“十一五”森林文化建设规划》，明确“十一五”时期森林文化建设的指导思想、目标任务、保障措施。加大投入，启动生态（森林）文化工程建设。

（二）完善法律法规，强化制度建设

在条件成熟的情况下，逐步出台和完善各项林业法规，如《森林法》《国家森林公园管理条例》《自然保护区法》《古树名木保护条例》《野生动物保护法》等。做到有法可依、有法必依、执法必严、违法必究。提高依法生态建设的水平，为生态文明提供法制保障。在政策、财税制度方面给森林文化建设予以倾斜和支持，特别是基础设施和条件建设方面给予支持。鼓励支持生态文化理论和科学研究的立项，制定有利于生态文化建设的产业政策，鼓励扶持新型生态文化产业发展，尤其要鼓励生态旅游业等新兴文化产业的发展。建立生态文化建设的专项经费保障制度，生态文化基础设施建设投入纳入同级林业基本建设计划，争取在各级政府预算内基本建设投资中统筹安排解决等。逐步建立政府投入、民间融资、金融信贷扶持等多元化投入机制。从而使森林文化的建设成果更好地为发展山区经济、增加农民收入、调整林区产业结构、满足人民文化需求服务。

（三）理顺管理体制，建立管理机构

结合新形势和新任务的实际需要，设立生态文化相关管理机构。加强对管理人员队伍生态文化的业务培训，提高人员素质。加快生态文化体系建设制度化进程。生态文化体系建设需要规范的制度做保障。建立和完善各级林业部门新闻发言人、新闻发布会、突发公共事件新闻报道制度，准确及时地公布我国生态状况，通报森林、湿地、沙漠信息。建立生态文化宣传活动工作制度，及时发布生态文化建设的日常新闻和重要信息。理顺各相关部门在森林文化建设中的利益关系，均衡利益分配，促进森林文化的持续健康发展。

二、发展森林文化产业行动

大力发展生态文化产业，各地应突出区域特色，挖掘潜力，依托载体，延长林业生态文化产业链，促进传统林业第一、第二产业向生态文化产业升级。

（一）丰富森林文化产品

既要在原有基础上做大做强山水文化、树文化、竹文化、茶文化、花文化、药文化等物质文化产业，也要充分开发生态文化资源，努力发展体现人与自然和谐相处这一核心价值的文艺、影视、音乐、书画等生态文化精品。丰富生态文化的形式和内容。采取文学、影视、戏剧、书画、美术、音乐等丰富多彩的文化形态，努力在全社会形成爱护森林、保护生态，崇尚绿色的良好氛围。大力发展森林旅游、度假、休闲、游憩等森林旅游产品，以及图书、报刊、音像、影视、网络等生态文化产品。

（二）提供森林文化服务

大力发展生态旅游，把生态文化建设与满足人们的游憩需求有机地结合起来，把生态文化成果充实到旅游产品和服务之中。同时，充分挖掘生态文化培训、咨询、网络、传媒等信息文化产业，打造森林氧吧、森林游憩和森林体验等特色品牌。有序开发森林、湿地、沙漠自然景观与人文景观资源，大力发展以生态旅游为主的生态文化产业。鼓励社会投资者开发经营生态文化产业，提高生态文化产品规模化、专业化和市场化水平。

三、培育森林文化学科与人才行动

中国生态文化体系建设是一个全新的时代命题，也是历史赋予现代林业的一项重大历史使命。最近获悉，“中国生态文化协会”已经民政部批准，即将于2008年10月宣告成立，该协会挂靠国家林业局，协同相关部门开展工作。这将为加强关于生态文化建设的理论与实践研究进一步弘扬生态文化，倡导绿色生活、共建生态文明，提供一个广阔的平台。

（一）培育森林文化学科

建议国家林业局支持设立专项课题，组织相关专家学者，围绕构建人与自然和谐的核心价值观，加强生态文化学术研究，推动生态文化学科建设。在理论上，对于如何建设中国特色生态文化，如何在新的基础上继承和发展传统的生态文化，丰富、凝练生态价值观，需要进一步开展系统、深入的课题研究。重点加强生态变迁、森林历史、生态哲学、生态伦理、生态价值、生态道德、森林美学、生态文明等方面的研究和学科建设。支持召开一些关于生态文化建设的研讨会，出版一批学术专著，创办学术期刊，宣传生态文化研究成果。在对我国生态文化体系建设情况进行专题调查研究和借鉴学习国外生态文化建设经验的基础上，构建我国生态文化建设的理论体系，形成比较系统的理论框架。

（二）培养森林文化人才

加强生态文化学科建设、科技创新和教育培训，培养生态文化建设的科学研究人才、经营管理人才，打造一支专群结合、素质较高的生态文化体系建设队伍。各相关高等院校、科研院所和学术团体应加强合作，通过合作研究、合作办学等多种形式，加强生态文化领域的人才培养；建立生态文化研究生专业和研究方向，招收硕士、博士研究生，培养生态文化研究专业或方向的高层次人才；通过开展生态文化项目研究，提高理论研究水平，增强业务素质。

（三）推进森林文化国际交流

扩大开放，推进国际生态文化交流。开展生态文化方面的国际学术交流和考察活动，建立与国外同行间的友好联系；推动中国生态文化产业的发展，向国际生态文明接轨，提高全民族的生态文化水平；加强生态文化领域的国际合作研究，促进东西方生态文化的交流与对话；推进生态文化领域的国际化进程，在中国加快建设和谐社会中发挥生态文化应有的作用。

四、开展森林文化科普及公众参与行动

（一）建设森林文化物质载体

建立以政府投入为主，全社会共同参与的多元化投入机制。在国家林业局的统一领导下，启动一批生态文化载体建设工程。对改造整合现有的生态文化基础设施，完善功能，丰富内涵。切实抓好自然保护区、森林公园、森林植物园、野生动物园、湿地公园、城市森林与园林等生态文化基础设施建设。充分利用现有的公共文化基础设施，积极融入生态文化内容，丰富和完善生态文化教育功能。广泛吸引社会投资，在有典型林区、湿地、荒漠和城市，建设一批规模适当、独具特色的生态文化博物馆、文化馆、科技馆、标本馆、科普教育和生态文化教育示范基地，拓展生态文化展示宣传窗口。保护好旅游风景林、古树名木和各种纪念林，建设森林氧吧、生态休闲保健场所，充分发掘其美学价值、历史价值、游憩价值和教育价值，为人们了解森林、认识生态、探索自然、休闲保健提供场所和条件。

（二）开展形式多样的森林文化普及教育活动

拓宽渠道，扩展平台，加强对生态文化的传播。在采用报纸、杂志、广播、电视等传统传播媒介和手段的基础上，充分利用互联网、手机短信、博客等新兴媒体渠道，广泛传播生态文化；利用生态文化实体性渠道和平台，结合“世界地球日”、“植树节”等纪念日和“生态文化论坛”等平台，积极开展群众性生态文化传播活动。特别重视生态文化在青少年和儿童中的传播，做到生态文化教育进教材、进课堂、进校园文化、进户外实践。继续做好由政府主导的“国家森林城市”、“生态文化示范基地”的评选活动，使生态文化理念成为全社会的共识与行动，最终建立健全形式多样、覆盖广泛的生态文化传播体系。

（三）发展森林文化传媒

建设新的传播渠道，发挥好各类森林文化刊物、出版物、网络、广播电视、论坛等传媒的作用，加强森林文化的宣传普及。编辑出版生态文化相关领域的学术期刊、书籍，宣传生态文化研究成果，鉴于《生态文化》已有，建议再创建《森林文化》杂志；开展生态文化期刊发展战略和编辑出版的理论、技术、方法研究；组织期刊发展专题研讨会、报告会等学术交流活动；评选优秀期刊、优秀编辑和优秀论文；开展生态文化期刊编辑咨询工作，向有关部门反映会员的意见和要求，维护其合法权益，宣传贯彻生态文化期刊出版的法令、法规和规范；培训生态文化期刊编辑、出版、编务人员；举办为会员服务的其他非营利性的业务活动。

（四）完善森林文化建设的公众参与机制

把森林文化建设与全民义务植树活动、各种纪念日、纪念林结合起来、鼓励绿地认养、提倡绿色生活和消费。通过推行义务植树活动、志愿者行动、设立公众举报电话、奖励举报人员、建立生态问题公众听证会制度等公众参与活动，培育公众的生态意识和保护生态的行为规范，激励公众保护生态的积极性和自觉性，在全社会形成提倡节约、爱护生态的社会价

值观念、生活方式和消费行为。推动“国树、国花、国鸟”的法定程序，尽快确定“国树、国花、国鸟”。各地也可开展“省树、省花、省鸟”；“市树、市花、市鸟”等活动。

第四节　森林文化产业及发展趋势

森林文化是一种历史现象。它是人们在长期社会实践中，人与森林、人与自然之间所建立的相互依存、相互作用、相互融合的关系，以及由此而创造的物质文化与精神文化的总和。森林文化对于人类文明进程的影响是多方面的。它不仅影响着人们的衣、食、住、行等日常生活，而且涉及到政治、经济、文化生活的各个领域，渗透到文学、艺术、教育、伦理、道德、习俗、宗教等各个方面。可以说，森林文化是人们不断认识、调整人与森林、人与自然相互关系的必然产物，是森林人格化的真实体现。因此，在森林文化的基本概念与内涵中，应当以人为核心，以自然和文化为基本要素，把人融入自然，创造人与自然的和谐统一。

中华森林文化源远流长，博大精深，由森林文化而引申出来的竹文化、花文化、茶文化、园林文化、森林旅游文化等若干分支，构成了森林文化完整的架构体系。

一、森林旅游文化及其产业

（一）森林旅游文化

当代社会对森林旅游文化的需求普遍高涨，建设森林旅游文化对于提高全民族的生态文明素质、促进全社会享受森林建设成果意义十分深远。当你离开喧嚣的闹市，走进一片森林中、一条长河边、一座山顶上，你必定会产生心旷神怡、拥抱自然、拥抱生命之感。这就是森林旅游文化蕴涵的奥秘之处。从某种意义讲，大自然中的山林泉石以及描写山林之美的诗词书画，影响并决定了中国森林旅游文化的风格。正是由于人们对大自然、大森林的亲近和热爱，才使人产生置身于名山大川、古木丛林的快感；才能从森林旅游、亲近自然山水之中，感受到回归自然、拥抱森林的乐趣。

发展森林旅游需要挖掘中国传统的森林文化内涵。中国森林旅游文化传统悠久。从官员、学者，到平民百姓都喜欢森林旅游。如春秋时代孔子周游列国，喜欢旅游，感叹说：“山林与！皋壤与！使我欣欣然而乐与！”（《庄子·知北游》）泰山有孔子登临处的遗迹。当然也有些帝王因沉湎于游乐而丢了政权，如夏朝的“太康失国”、“后羿被杀”，遭到后人的唾弃。古代涉及森林旅游的诗辞歌赋游记等文学作品很多，大多抒发了作者对自然山水、森林风光的赞美和人回归自然欣然为乐的情怀。古人对森林美学功能的认识很深刻。孔子曰：“仁者乐山，智者乐水。”又云：“岁寒，然后知松柏之后凋也。”唐代诗人杜牧有诗赞美森林：“远上寒山石径斜，白云生处有人家。停车坐爱枫林晚，霜叶红于二月花。”因为有了森林的季相变化和物候交替，才使得山色四季不同，呈现出生命变化之美。北宋画家郭熙《山水训》：“春山淡冶而如笑，夏山苍翠而如滴，秋山明净而如妆，冬山惨淡而如睡。”今天发展森林旅游文化离不开对传统文化的继承和弘扬。

对现代森林旅游文化的建设，全国应该进行一盘棋式地统筹规划，突出中国天人合一的生态文化传统，打造世界高水平的森林旅游形象。可以将中国传统的五岳名山文化、道家“十大洞天、三十六小洞天、七十二福地”、佛教的四大圣地、以及今天的历史文化遗产旅游景点，进行系统整合，突出各地特色，在各方面专家认真研究的基础上做好规划，创造精品，建设和培育中国新时期的森林旅游文化。

（二）森林旅游产业

森林旅游业是指依托森林景观资源，以满足人们休闲需求为目的，提供野游、观光、休憩等活动条件的相关服务业总称，包括旅游区建设、旅游产品开发、以及相关服务业发展等内容。森林旅游是人类社会进入工业化后发展起来的新兴旅游业，是现代社会高度城市化导致人类追求自然、返璞归真、寻根求源心态的具体体现。森林旅游是绿色产业的重要组成部分，是21世纪新时尚产业，是现代林业不可缺少的重要内容。发展森林旅游业对林业产业和生态环境建设均大有裨益。2006年，全国森林公园共接待游客2.13亿人次，占国内旅游总人数的15%。直接旅游收入达11.83亿元，比2004年增长21.34%。根据测算，2006年全国森林公园为社会提供就业机会44万余个，带动社会综合旅游收入达950多亿元。森林旅游业处于林业产业体系的较高层次，随着人类环保意识的提高，回归自然的要求也日益增加，我国森林旅游业呈加速发展趋势，将成为我国林业产业的支柱产业。

“回归自然”是人类永恒的情结，是人类不灭的欲望。而社会经济的发展又必然使这种欲望转化为一股潮流。首先城市化进程加剧了人们回归自然的欲望，同时社会经济的高速发展使回归自然不再只是一种梦想。在过去的20年间，我国的旅游业从无到有，从小到大，产业规模日益壮大，现在已经成为国民经济中发展速度最快的行业之一。就森林游憩业而言，目前的资源市场主要分为三块：森林公园、风景名胜区、自然保护区。其中，森林公园是我国森林游憩事业发展最重要的载体。

我国森林游憩业虽然起步晚，但发展潜力巨大。根据国际旅游业发展趋势，当一个国家的人均GDP达到1000美元时，国内旅游就会兴旺起来；达到3000美元时，就会出现到周边国家旅游的出国热潮；达到5000美元时，人们就会更多地追求周游世界。我国目前人均GDP已经超过1000美元，而由于经济发展的不平衡，有些地区的人均GDP已经达到超过3000美元，所以，我国森林游憩业的发展已经具备了一定的经济基础。我国是世界上人口最多的国家，发展森林游憩业拥有庞大的需方市场。同时我国地域辽阔，地貌复杂，林区自然旅游资源丰富，加上特有的森林文化积淀，为我国的森林游憩业发展提供了一个广阔的舞台。

据世界旅游组织预测，到2020年，中国将成为世界最大的旅游接待地，旅游收入将达到33 000亿元，而其中有半数以上的游客将走进森林、回归自然。因此，森林游憩业必将成为未来中国林业生物产业中的主导产业之一，在促进社会国民经济发展和提高人民生活水平质量中发挥更大的作用。

随着经济社会高速发展、人民生活水平的提高和城市化进程的加快，森林旅游业将经历一个高速发展时期。根据以上消费预测，要满足人们走进森林、回归自然、休闲娱乐的愿望，必须新建更多的自然保护区和森林公园，以满足森林旅游业高速发展的需求。到2010年，全国各类森林公园总数达到2807处，总面积3945万公顷。基本可以满足我国参加森林游憩活动人数5亿左右的要求，到时森林旅游业社会综合产值将达到5000亿元。到2020年，全国各类森林公园约4000处，总面积约5600万公顷。

二、竹文化及其产业

（一）竹文化

竹文化在森林文化中独树一帜。在人类文明发展的历史长河中，竹子与华夏儿女结下了不解之缘。千百年来，人们种竹、赏竹、用竹、爱竹、画竹、咏竹，借竹寓意，以竹抒情，留下了许多以竹为题的诗词丹青。人们赞美竹子，是因为它有青翠洒脱的风姿，昂首挺拔的气势，虚心有节的情操，刚柔相济的品德。体现在竹文化中的竹子，不再是一般纯生物意义上的一种植物，而是人格化了的自然，沉淀着中华民族情感、观念、思维和理想等深厚的文化底蕴。

中国素有“竹子王国”之美誉。据考证，距今1万年前的长江中下游和珠江流域的原始人就已经开始利用和栽培竹子。距今约7000年前的新石器时代，浙江河姆渡文化遗址中就发现竹席等竹制品。殷周时期，不仅竹制品日益增多，而且在最早的中国语言文字——甲骨文中就有“竹”字和竹部文字。从西周到汉代，简策作为当时书籍和文字记载的主要形式，至今留下了诸多传世之作。随着竹文化的发展，现代竹产业正方兴未艾，竹食品、竹建筑、竹服饰、竹器物、竹文房、竹工具、竹乐器、竹园林、竹盆景等，不仅荟萃了诸多文化艺术精品，而且有力地推动了山区经济发展和农民增收。

（二）竹产业

改革开放以来，我国竹产业发展迅速，产业规模不断扩大，产业结构日趋合理，利用领域逐步拓宽，工艺和技术不断改善，产品种类和数量不断增加，品位和质量不断提高，一个从资源培育、加工利用、出口贸易到竹林文化旅游的新兴竹产业体系正在形成。竹林生态文化旅游是竹产业中重要的第三产业，在我国竹产区日益受到重视。近几年来，许多地方把开发以竹文化为依托的旅游业，作为丰富人们文化生活，发展区域经济的重要内容。四川长宁县建设和开发以“蜀南竹海”为中心的旅游景点，带动餐饮和旅馆业的发展，10年来共接待100多个国家和地区4万多人次的境外旅客及200多万国内游客，旅游收入8600多万元，极大地促进了地方经济的发展，为竹业开发拓展了新的发展空间和领域。

在物质文化方面，竹子加工利用正向工业化利用、精深加工、全竹利用和高附加值方向发展。我国竹产业的发展主要体现以下3个方面：一是主要竹产品产量不断增加。我国的竹产品大致可分为传统竹制品、竹材人造板、竹笋加工品、竹浆造纸、竹纤维制品、竹炭和竹醋液、竹叶提取物7大类，共2000多个品种。1980年全国竹材产量只有9621万根，2003年已经达到了96 867万根，增长了9倍多。竹笋产量在1980年为42万t，2003年已经达到了425万t，增长了9倍多。到2005年，竹材产量达11.52亿根，竹胶合板167.32万m^3，竹刨花板0.31万m^3，竹木复合地板1565.94万m^2。二是竹产业产值不断增加。我国竹产业总产值从1980年的4亿多元增加到2003年的370多亿元。我国拥有年销售收入5000万元以上的竹加工企业约有9家，1000万元以上的有30多家。浙江安吉竹加工业年产值达37亿元，浙江临安、福建建瓯和广东信宜等地区的竹加工业年产值均超过了10亿元。竹产业已经成为竹产区经济发展的重要支撑和广大农村脱贫致富奔小康的重要途径。三是竹产品出口量不断增加。巨大的市场需求是拉动竹产业发展的强大动力。20世纪80年代以来，不仅国内市场对竹产品的需求量大幅度增加，而且国际市场的需求也在不断增加。我国的竹产品以其特有的文化背景和物美价廉的优势而备受青睐，在日本、美国和欧洲等30多个国家和地区销售良好。2006年我国竹业总产 值660多亿元，出口额达11亿美元。

三、花卉文化及其产业

（一）花文化

花是美的象征，是人类在大自然中最早和最常见的审美对象。它不仅集形、色、香于一体，更以其通灵人性、依附人格、充满无限生机而博得人们的喜爱。从古到今，从东方到西方，花已经成为人类亲密无间的伴侣，融入了生活，融入了文化，在自然科学与人文科学中占有重要的位置和空间。中国最早的文字——甲骨文中就有花叶倒垂的象形文字，与后来的“花”字有直接的关联。据古文字学家解读，这个象形文字是商代人以花木祭祀的见证。这个传统历经数千年，一直延续至今。

人类对花木最早的价值取向是观赏性，逐步发展到以花拟人、以花喻事、以花寄情。中国最早的文学经典著作《诗经》《离骚》中可见一斑，到后来的唐诗、宋词、元曲中，将花木人格化的名篇佳句更是不胜枚举。可以说，中华民族在对花卉的赞赏、比拟、审美、关照之中，赋予花卉以活的灵魂和无限的生命力，它所体现出来的感悟方式，构成了世界文化视野中别具一格的极具东方色彩的文化景观。

中华花文化植根于森林文化之中，源于自然，美在自然，它与人文精神结合的集中体现，就是人格与花格的完美融合。将人格寄托于花格，以花格依附于人格。人生的盛衰荣辱，人情的喜怒哀乐，无不可寄寓于花，象征于花、移情于花。千百年来，人们栽花、赏花、爱花、咏花、绘花、写花，孕育出万紫千红、丰富多彩的花文化。因此，中华花文化的核心精神就是花的人格化，赋花以人格，赋人以花格，乃至我们对于花文化基本内涵的理解，已经超出了花自身所固有的观赏价值，而是追求人花相融、心物相通的境界。弘扬花文化传统，赋予花文化以时代精神，是代表新时期先进文化的重要内容，也是我们这一代人共同的责任。

（二）花卉产业

我国花卉资源丰富，栽培历史悠久，是许多名贵花卉的故乡，素有“世界花卉宝库”的美誉，其观赏植物的种质资源和多样性非常突出，我国原产的观赏植物约10 000～20 000种，其中较常用的有2000种以上。观赏植物杜鹃花，全世界共有800余种，我国就有600余种，占75%；报春花属，我国有390种，占世界的87%；木兰科我国有73种，占世界的81%；百合花我国有60余种，占世界的60%以上；龙胆属我国有230种，占世界的50%以上；世界15种金粟兰和6种蜡梅都原产于我国。一些花卉主要产区和大城市相继建成了大型花卉批发市场和集散地。目前全国已有大型花卉市场600余个，花店6000多个。随着城镇化步伐的加快和人民物质文化生活水平的提高，花卉业必将高速增长，成为我国林业产业中的特色产业之一。

花卉业是以满足人们精神需求为目的，大规模商品化开发利用各种观赏植物资源，提供鲜花、盆花、切花、苗木、种子、种球等产品的新兴产业。近几年花卉产量、产值呈现明显的增长趋势。2006年，全国花卉种植面积达到72.2万公顷，居世界第一位。花卉销售收入达556.6亿元，出口额6.1亿美元。与2005年相比，全国花卉种植面积下降了10.8%（2005年为83万公顷），而销售额和出口额分别增长了4.5%和295.4%。这表明了，我国花卉业正由数量扩张型向质量效益型转变，市场竞争力不断增强，发展前景十分广阔。

四、茶文化及其产业

（一）茶文化

中国是茶的故乡，是世界上最早种植茶、利用茶的国家。相传神农氏尝百草，就发现茶的功用。然而，真正让茶文化流光溢彩的始祖，要数被世人誉为茶圣的唐人陆羽。他一生嗜茶，精于茶道，工于诗词，呕心沥血30年，完成世界上第一部茶叶专著《茶经》。据历史考证，茶源于晋，而盛于唐，至今1700多年的历史。茶文化的特点集中表现为雅俗共赏。其雅，可与琴棋书画相伴；其俗，可进茶馆饭庄和寻常百姓之家。茶文化一般是指人类所创造的以茶为物质媒介的精神财富。其内涵包括：茶史、茶诗、茶词、茶道、茶艺、茶树栽培学、茶叶制作学等，其中最核心的是茶道和茶艺。中国茶道汲取儒、佛、道三教文化中的精华，讲究“和、静、怡、真”四谛。其中“和”是中国茶道的哲学思想核心，是茶道的灵魂；“静”是中国茶道修习的不二法门；“怡”是中国茶道实践中的心灵感受；“真”是中国茶道的终极追求。如果在茶事活动中融入哲理、伦理、道德，通过品茗饮茶修身养性、陶冶情操、品味人生、参禅悟道，得到精神上的享受和人格上的洗礼，这就是中国饮茶的最高境界——茶道。

茶艺是在茶道精神指导下的茶事实践，它包括茶艺的技能、品茶的艺术，以及茶人在茶事过程中，以茶为物质媒介去沟通自然、内省自性、完善自我的心理体验。茶艺讲究人、茶、水、器、境、艺6个要素。这6个要素齐头并进，才能使茶艺在种茶、制茶、赏茶、泡茶、敬茶、品茶等一系列茶事活动中，“以艺示道”，弘扬茶德，表达茶理，揭示茶文化的深刻内涵，达到尽善尽美的境界。

中国茶艺以人为主体，大致可分为宫廷茶艺、文士茶艺、民俗茶艺、宗教茶艺“四大类型”。以茶为主体，大致可分为绿茶茶艺、乌龙茶茶艺、红茶茶艺、花茶茶艺等。以表现形式为主体，大致可分为表演型茶艺和待客型茶艺两种。每一种形式都有其独特的茶艺形式和内容。我国许多著名的茶叶产区，又往往集中在国家级森林公园和风景名胜区。随着改革开放与森林旅游事业的快速发展，21世纪的中国茶文化将以令人陶醉的淡雅清香走出大山、走出国门，成为中国先进文化中的一朵奇葩。

（二）茶产业

近年来我国茶叶的生产量和出口量都有不同程度的增长，国内茶叶及相关产业的年产值逾百亿元。据统计，2007年我国所有的产茶省都在发展茶叶的生产。2007年我国茶园面积在政府的大力支持下，进一步得到增加，茶园面积达到153万公顷，全国茶叶总产量114万t，毛茶总产值298.8亿元，其中名优茶产量43.5万t，占总产量的38.2%，产值约240亿元，占总产值的80%，居世界第一。2003～2007年这5年间，全国茶园面积年均增长6%，总产量年均增长11%。2007年茶叶出口28.95万t，出口贸易额6.08亿美元，均价2099美元／t，数量同比增长1%，贸易额上升11%，均价提高9.91%。

但是，我国茶叶单产仍处于较低水平，平均每公顷单产855千克，仅为世界平均单产1721千克的50%。同时，由于近年来茶叶在国际市场上供大于求，加上绿色贸易壁垒，致使茶叶价格持续下跌，茶叶生产的经济效益仍在下降。可见，提高我国茶产业的整体竞争力和总体效益，任务仍然相当艰巨。

第18章　我国现代林业规划实践

进入21世纪，我国林业发展实现了从以木材生产为主，向以生态建设为主，向社会提供生态、经济和文化服务的重大历史性转变。我国许多省、市开始探索并实践走中国特色现代林业发展道路。中国林业科学研究院先后与浙江、江苏、安徽、湖南等四个省，北京、上海、广州、扬州等城市率先进行合作，开展现代林业战略研究与规划，不仅为地方现代林业建设提供了科学依据，而且也为建设现代林业提供了重要的理论依据和实践范本。

第一节　浙江现代林业规划

浙江省地处中国东南沿海、长江三角洲南翼，是全国经济活力最强、发展水平最高的省份之一。2003年，国家林业局将浙江列为林业现代化试点省份。为了全面推进浙江林业现代化建设，2004年9月，浙江省政府与中国林业科学研究院开展了浙江林业现代化发展战略研究。该项目以2004年数据为主，于2004～2006年开展研究与规划。

一、浙江现代林业发展战略思路

以建设“绿色浙江，生态家园”为理念，遵循生态优先、全面发展，政府主导、公众参与，城乡一体、林水相依，功能分区、整体协调，科教兴林、规范管理的原则，提出浙江林业现代化建设的战略目标是：到2020年，在全省建成资源丰富、布局合理、功能完备、优质高效、管理先进、内涵丰富的现代林业体系，以增强森林生态功能、提升林业经济实力、提高林业管理水平、繁荣森林文化氛围，基本满足浙江建设山川秀美、人与自然和谐、经济社会可持续发展的生态省的需求。具体目标包括：建设完备的森林生态体系，建设发达的林业产业体系，建设高效的林业管理体系，建设丰富的森林文化体系。

二、浙江现代林业发展战略布局

浙江省林业发展布局规划，以中国森林生态网络体系点、线、面布局理念为指导，山、海、城、乡统筹，林水结合，区域生态一体规划，以服务城市群生态环境需求、促进特色林业产业发展为目标，全面整合山地森林、平原与沿海防护林、城区绿地、城镇村庄绿化等多种模式，实现森林资源空间布局上的均衡、合理配置。据此，从浙江的地形地貌、森林资源分布格局、未来林业建设重点与趋势，提出“一掌五指三群多点”为一体的浙江林业现代化建设空间格局框架，可形象地称为“佛手护珠”（图18-1）。

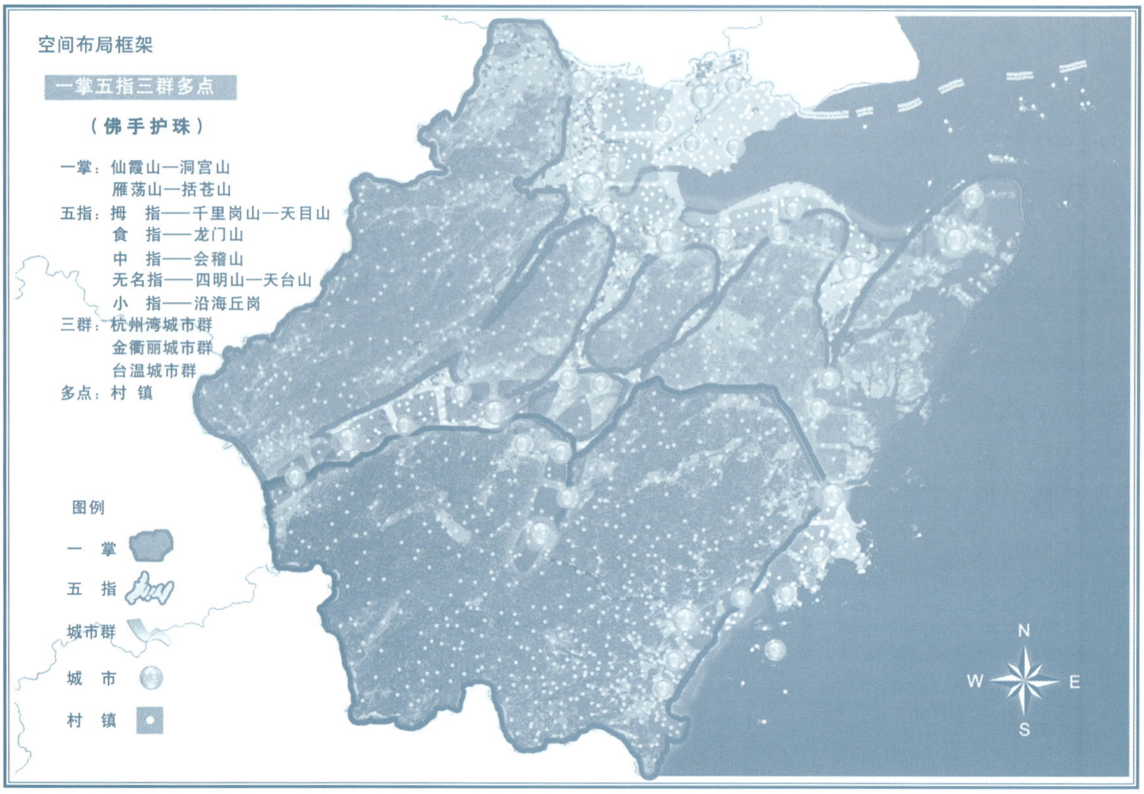

图18-1 浙江林业建设“佛手护珠”空间布局框架

（一）一掌

“一掌”是指浙江西南部与福建相临的广大山地，主要由仙霞山、洞宫山、雁荡山和括苍山四大山地森林构成，是浙江森林生态环境的主体依托，为全省的制高点。以火山岩—粗骨土为特点，其中，浙西南山地多黄壤，森林覆盖率高达80%以上，针阔比全省最低（仅3.4:1），竹林约占7%。浙东南多灰岩—黄红壤，森林覆盖率不足70%，针阔比7:1，竹林少于3%，公益林与经济林之比11:1，较西南部高。

根据不同山地的生境特点和森林资源建设目标，重点是通过生态公益林建设，构建浙西南森林生态屏障体系和浙江绿谷；通过低产低效林改造，促进资源培育；通过技术引进，发展森林食品和木竹加工业，促进林业产业升级。

（二）五指

“五指”是指位于浙江北部、东北部的千里岗山—天目山（拇指）、龙门山（食指）、会稽山（中指）、四明山—天台山（无名指）、沿海丘岗（小指）5个呈西南——东北走向的丘岗山体，这些丘陵岗地森林也是浙江林业活力所在，五指的山丘岗地上部以生态公益林为主，外围是浙江经济林分布最为集中的地带，重点与当地林业产业发展相结合发展特色经济林，并服务城市生态需求加快生态风景林建设。

（三）三群

“三群”是指浙江经济最为发达、城市化水平最高、人口最为密集的杭州湾、温台、金衢丽三个城市群。重点是加强城市林业建设，大力发展农家乐等多种模式的观光林业，这既是改善城市生态环境，提高人居质量的重要途径，也是最能够体现现代林业特色，提高三大城市群地区综合实力和国际竞争力的有效举措。

（四）多点

“多点”是指全省村镇的林业生态建设。重点结合1334个乡镇和38 322个行政村的环境整治，加强村镇绿化建设。森林不仅具有良好的生态功能，在改善生态状况、美化人居环境方面作用突出；而且也是人类文化的重要源泉，是传承和弘扬生态文化的重要载体，生态文化的繁荣对农村的文明进步具有巨大的推动作用。因此，着眼于乡风文明、村容整治，必须加大生态建设力度，切实保护好农村自然生态，按照“千村示范、万村整治”的总体部署，继续深入开展“绿化示范村”创建活动，推进村庄绿化，改善农村人居环境；加强生态文化建设，促进生态文明发展，尽快形成节约森林资源的增长方式、健康文明的生活方式和保护生态的价值概念，实现人与自然和谐相处，为建设社会主义新农村提供精神动力。

三、浙江现代林业建设重点工程

围绕浙江现代林业的三大体系建设，全面推进“十大”林业工程和“三大”基础设施工程，即森林生态体系建设重点实施四大工程，包括城市森林工程、山地森林保育工程、沿海防护林体系建设工程、野生动植物与湿地保护工程；林业产业体系建设重点实施四大工程，包括森林食品工程、竹木业工程、森林生态旅游工程和林业高科技产业工程；森林文化体系建设重点实施两大工程，包括新农村绿色家园建设工程和生态文化传承工程；科技平台建设包括创新平台和成果转化平台建设，其中，创新平台重点建设竹子、森林生态、林木种苗、森林食品、森林灾害防控等技术研究中心，成果转化平台重点建设建立三大森林生态建设科技试验示范区、六大林业特色产业科技推广带和四大区域科技转化平台；基础设施建设重点实施三大工程，包括林业信息化、森林防火能力和森林生物灾害防控能力建设工程。

第二节　江苏现代林业规划

江苏省地处我国东部沿海地带中心部位，自古以来就是我国农业、工业、商贸的宝地，也是我国古代吴越文化、长江文化的发祥地。江苏优越的自然环境、高速发展的经济、深厚的历史文化底蕴、发达的科技教育、政府的高度重视和群众的热情参与，为江苏现代林业发展提供了良好的自然环境和社会环境。然而，江苏省森林资源匮乏，林业基础比较薄弱，水土流失、土壤盐渍化、耕地退化、湿地退化、水资源污染、大气污染等生态问题相当突出。为此，2003年，江苏省委、省政府决定开展绿色江苏现代林业发展规划，以促进经济与生态协调发展，林业与农业合理配置，城市与乡村统筹发展，人与自然和谐共处。本规划于2003年开展研究，数据以2002年底的为主。

一、江苏现代林业发展战略思路

以构筑绿色屏障，发展绿色产业，建设绿色文化，即“三绿色”为现代林业建设发展理念，遵循统一规划、突出重点，生态优先、效益协调，科教兴林、依法治林，分类经营、分区突破，政府主导、全民参与的原则提出江苏现代林业建设的总体目标是：经过不懈努力，到2010年，在全省初步建成资源丰富、布局合理、功能完备、结构稳定、优质高效的现代林业体系，实现倍增森林资源总量，健全森林生态网络，优化林业产业结构，丰富森林文化内涵的总体目标，基本满足社会经济可持续发展的需求。

二、江苏现代林业发展战略布局

以中国森林生态网络体系点、线、面布局理念为指导，基于江苏特点，全面整合丘陵岗地森林、自然保护区、城市森林、防护林网（农田、道路和水系防护林）、村镇四旁绿化等多种模式，建立以江海河湖生态防护林和公路铁路绿色通道为框架，以长江、淮河、沂（沭、泗）河三大水系汇水区生态林和平原农区商品林为主体，以城郊森林、森林公园和自然保护区为嵌点，四旁树木相配套，实现森林资源空间布局上的均衡、合理配置。总体布局框架为：两群三网四片一带多点。

（一）两群

即沿江地区宁镇扬泰和苏锡常通两个城市群林业建设。本地区是江苏经济最为发达、城市化水平最高、人口最为密集的地区，也是呼应省委、省政府加快沿江开发的战略部署，实现两个“率先”目标的先导地区。

（二）三网

即水系林网、道路林网和农田林网建设。

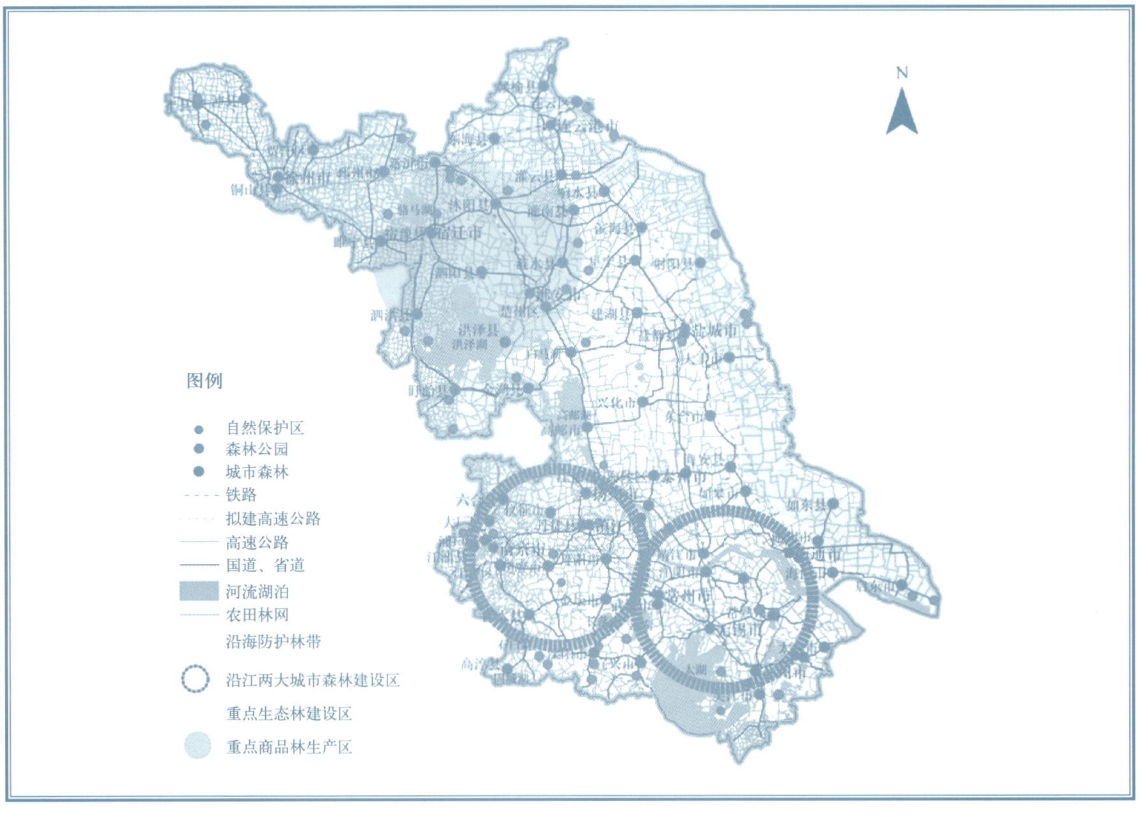

图18-2　江苏现代林业工程总体布局

1. 水系林网

即在河流、湖泊、海洋等水体岸带建设防护林带。主要起到涵养水源、净化水质，防止水土流失，巩固堤岸，促进疏导，抵御台风、风暴潮等自然灾害等作用。

2. 道路林网

以道路系统为骨架，在道路两侧规划林带，形成道路林网系统。目的是保护路段，增强行车安全，防治污染、净化汽车尾气，防尘和减低噪声，美化景观，兼具廊道作用。

3. 农田林网

农田林网是农田基本建设的重要内容，也是增加江苏森林资源总量的有效途径，符合国家政策法规，能够利用较少的土地获得较高的生态经济效益，对于改善农业生态条件，保障农作物丰产稳收，提高农产品质量，增加农民收入，具有不可替代的重要作用。

（三）四片

包括徐州、连云港等3个集中连片的丘陵岗地区（以生态公益林建设为主）和宿迁、淮安为中心的平原区（以重点商品林生产为主），根据不同地域生境特点，在丘陵岗地构建以保持水土、涵养水源为主，包括生物多样性保护、休闲旅游等多种功能的重点生态公益林建设区；在平原区和洪泽湖周围的低洼地区结合农村产业结构调整，建立以杨树为主、林农复合经营的重点商品林生产区。

（四）一带

建设沿海生态经济型防护林带。在千里海疆构建起一道绿色“长城”，减轻海岸带极易遭受台风、盐碱等自然灾害危害，扭转生态环境恶化的趋势，重点解决海上苏东滩涂开发存在着物种单一、结构简单、自我调控力弱和经济效益低等重大共性问题。

（五）多点

主要是指全省范围内的各类自然保护区、森林公园、树木园、城市森林和村镇防护林等呈点状分布的生态建设地带。通过加强这些地方的造林绿化建设，发挥其保护生物多样性、改善城镇生态环境、满足人们休闲旅游需求、丰富森林文化内涵等主导作用。

三、江苏现代林业建设重点工程

重点实施林业十大工程，即城市森林工程、江河湖海防护林工程、绿色通道工程、丘陵岗地森林植被恢复工程、野生动植物资源和湿地保护工程、杨树等林板纸一体化工程、银杏等特色林产品综合利用工程、竹业工程、林木种苗花卉工程、森林旅游工程旅游网络。

第三节　安徽现代林业规划

安徽省森林生态网络体系建设研究是在“十五”攻关 “中国森林生态网络体系‘点’、‘线’、‘面’的研究与示范” 课题，以省域为尺度开展研究的基础上编制而成。在研究过程中，把安徽省森林生态环境建设作为一个整体，进行以省域为尺度进行的森林生态网络理论布局构架和建设模式进行试验示范与研究。通过建立试验示范区，对重点农区和沿江、沿河地区防护林体系配置格局与构建模式、退化土地森林植被恢复、封山育林和特种林培育技术等开展研究，进行适合于该区域经济与环境发展的林种、树种、技术、投入、经营目标等生产要素的有效集成、优化组合、示范推广与再研究，研究森林可持续经营的区域示范技术，目的是使安徽省大部分地区的水土流失、土地退化等问题得到有效控制，减轻旱涝等各种自然灾害所造成的危害，提高国土保安能力，同时，也为全国省级森林生态网络体系建设和研究提供借鉴。

一、安徽现代林业发展战略思路

以现代林业、系统工程和中国森林生态网络的理论为指导，坚持生态优先，以人为本，可持续发展，国土生态安全，生态网络点、线、面相结合，多目标系统控制的原则，全省森林生态网络建设总体指标，包括有林地面积达到350万hm^2，其中公益林占60%；全省森林覆盖率达到35%以上；全省活立木蓄积量达到1.25亿m^3；森林生产力由35m^3/hm^2增加到50m^3/hm^2；林业产值增加到180亿元以上；林业科技贡献率达到50%；公众对林业生态环境满意度达到80%，实现全省生态环境良好。

二、安徽现代林业发展战略布局

安徽省紧靠以上海为中心的长江三角洲经济区，是临江近海的内陆省份。境内人杰地灵，南有旅游资源丰富的皖南山区；西有光荣历史传统的大别山区；长江、淮河自西向东贯穿全省。两山孕育着森林，森林孕育着经济社会可持续发展；两水浇灌着富饶的土地，也滋润着星罗棋布的大中小城市。好山好水赋予了安徽森林生态网络建设得天独厚的优越条件。为此，安徽森林生态网络体系建设的总体布局是“一带两山三网多点弱区”。

（一）一带

即长江经济带城市森林建设，通过长江沿岸市（地）级城市的森林建设，构筑安徽长江经济带良好的生态环境。

长江自西向东，横贯江淮大地，境内长度401km，俗称八百里皖江，是安徽经济大动脉。两岸城镇密布，人口集中，经济发达。区域内的城市包括合肥、马鞍山、滁州、芜湖、巢湖、铜陵、池州、安庆，是安徽城市分布最集中的区域，也是经济发展最快区域之一。

长江沿岸城市的主要特点是依山傍水，丘岗起伏，圩区滩涂遍布其间，由于经济发展水平相对较高，目前城市绿化水平相对较高，其中合肥、马鞍山已被评为国家园林城市。但随着经济社会的快速发展和人民生活水平的日益提高，也对城市绿化水平提出更高要求。

与安徽省长江经济带经济发展战略相适应，建设长江经济带城市森林，也要按照点、线、面相结合的原理，以城中森林、城郊森林公园、公园和街头绿地为“点”，以道路绿化、林带和环城林带为“线”，以城中隙地零星植树为“面”，“点”、“线”、“面”相结合，建设森林城市。其建设重点：建设依城森林公园、建设环城林带、城市道路绿化、城市隙地和面上绿化。

（二）两山

即皖南山区和大别山区大面积的山地森林建设，增强森林生态系统整体功能，充分发挥森林多功能多效益。

皖南和大别山区是安徽省两大山区，总面积约是全省总面积的1/3，在全省生态建设和林业经济发展中占有十分重要的地位。皖南分属于长江流域重要干支流和新安江流域的源头地区，大别山分属长江干支流和淮河的源头地区，区内有八大水库，担负着重大的保持水土和涵养水源任务。两大山区的生态区位十分重要，是全省乃至下游长江三角洲经济发达地区的重要生态屏障。同时，两大山区也是安徽省传统的林业生产基地，在满足人们对林产品的多种需要和发展林业商品经济中，发挥着至关重要的作用。

建设全省森林生态网络体系，皖南和大别山区要作为建设重点，坚持"以林为主"的山区建设方针，以森林植被为主体构筑山区生态屏障，以开发林业多种资源为切入点，建立山区经济发展的主导产业，充分发挥森林生态、经济和社会三大效益，走人与自然和谐相处，经济与生态协调发展，相互促进的文明发展道路。

两大山区的森林生态网络建设要坚持生态优先的原则，把恢复和保护山区森林植被放在首要位置。安徽省两大山区目前已基本实现绿化，但仍然存在着森林资源总量不足、质量不高和结构不合理的问题，尤其是从可持续发展的角度来衡量，山区的生态系统仍较脆弱。

（三）三网

即为道路林网、水系林网、农田林网建设，形成"林田相映、林水相依、林路相连"的森林生态网络建设布局。

森林生态网络体系建设的构想和规划，必须与国土资源利用的现状及今后发展规划相吻合。水系、道路和农田分别是国土资源利用的三种主要类型，通过因地制宜的建设水系林带、道路林带和农田林网，构筑各种主要土地利用类型上的森林生态保障体系，一方面，均衡全省森林分布的均匀性；另一方面，增强森林生态保护的针对性。

（四）多点

即为森林公园、自然保护区，以及长江经济带以外的县级城市、集镇森林建设，形成星罗棋布的点状森林架构。

根据全省自然地形地貌和经济社会状况，从生态建设和林业发展的需要出发，确定森林生态网络体系建设点，主要类型包括自然保护区、森林公园、风景名胜区绿化、城镇和村庄绿化。

（五）弱区

即江淮分水岭生态脆弱区。

该区位于安徽中部，属大别山延伸的丘陵地区，自然灾害频繁，尤其是水多水少的矛盾十分突出。该区林业建设要把生态效益放在首要位置，以防止水土流失和国土保安为主要目标，以退耕还林、调整土地利用结构为手段，恢复和扩大森林植被，充分发挥森林的保持水土、涵养水源、调节气候等多种生态功能，增强区域生态系统抵御各种自然灾害的能力；同时，利用该区域地势平坦、交通方便的优势，大力发展以工业原料林为主的商品林，因地制宜开展林粮、林草、林果等多种方式的复合经营，提高林地利用效益，发展林业产业。

第四节　湖南现代林业规划

湖南省是我国中部六省之一，位于长江中游地区，境内森林、湿地面积大，物种资源丰富，在全国占有重要位置。建设好湖南林业，不仅能满足社会对木材等林产品的多样化需求，更重要是构筑三湘四水生态安全屏障、维护人民身体健康，实现人与自然和谐共处，促进湖南经济社会的可持续发展，同时也为中部及其他相关省份的林业建设提供借鉴。湖南现代林业发展规划于2005～2007年开展研究，数据以2005年的为主。

一、湖南现代林业发展战略思路

以“建设和谐湖南新林业，打造绿色幸福新家园”为湖南现代林业发展核心理念为指导，坚持和谐发展、强化生态安全，坚持产业富民、坚持强化新农村建设，坚持科技兴林、强化资源培育，坚持城乡一体、强化分区施策，坚持政府指导、强化社会参与的原则，提出湖南现代林业发展的战略目标是：到2010年，使森林覆盖率达到57%，森林蓄积量达到4.3亿m^3，生态公益林面积376.2万hm^2，自然保护区面积130万hm^2，林业产业总产值达到900亿元，生态状况进一步改善，林业富民能力进一步增强，生态文化功能得到充分挖掘；到2020年，森林覆盖率稳定在57%以上，森林蓄积量达到5亿m^3，生态公益林面积525万hm^2，自然保护区面积170万hm^2，林业产业总产值达到1800亿元，生态状况显著改善，林业富民能力明显增强，生态文化功能得到有效发挥；到20世纪中叶，基本建成完善的林业生态体系、发达的林业产业体系和繁荣的生态文化体系，实现山川秀美，生态优良，资源增长，产业发达，文化丰富，林农富裕的发展目标。

二、湖南现代林业发展战略布局

根据湖南的地形地貌、森林资源分布格局、未来林业建设重点与发展趋势，湘、资、沅、澧四大流域的山地森林应该成为湖南生态公益林建设的核心，也是速生丰产林发展的重要基地；与湖南北部环湖城市群、中部沿江城市群、南部盆地城市群三个城市群交错分布的城市周边地区森林，既是这些地区生态安全的屏障，也是支撑各类经济林等林业产业发展的重要基地，传播森林生态文化的重要载体。因此，规划提出“一湖三群五片多点”为一体的湖南现代林业发展空间布局（图18-3）。

（一）一湖——湖区林业

洞庭湖区水网发达，是国际重要湿地，湖南粮食主产区，也是我国血吸虫病发生比较严重的地区，湿地保护与血防任务都很艰巨。林业生态建设重点是科学保护湿地资源，同时加大抑螺防病的力度，积极开展林业血防工程建设，促进湖区人民防病与致富。

（二）三群——城市林业

湖南社会经济发展中比较成形的城市群是长株潭，也是近期湖南着力打造的核心地带，但从现实的发展状况和未来的发展趋势来看，北部洞庭湖周边以及南部衡阳、娄底、邵阳、永州、郴州等盆地城市群，也是湖南最具经济价值和发展潜力的地区。因此，在这些地带要大力发展城市林业，重点是加强城市之间绿化隔离带、森林公园、城郊观光林业、城区公共游憩地等建设，改善人居环境，保障城市协调发展。

1. 北部环湖城市群

由以岳阳、益阳、常德为中心的环洞庭湖城市构成。该城市群林业发展要充分发挥地缘优势，依托湿地资源优势大力发展湿地公园，积极开展湿地生态观光旅游；建设林水结合的城市生态走廊；在城市周边地区建设生态风景林。

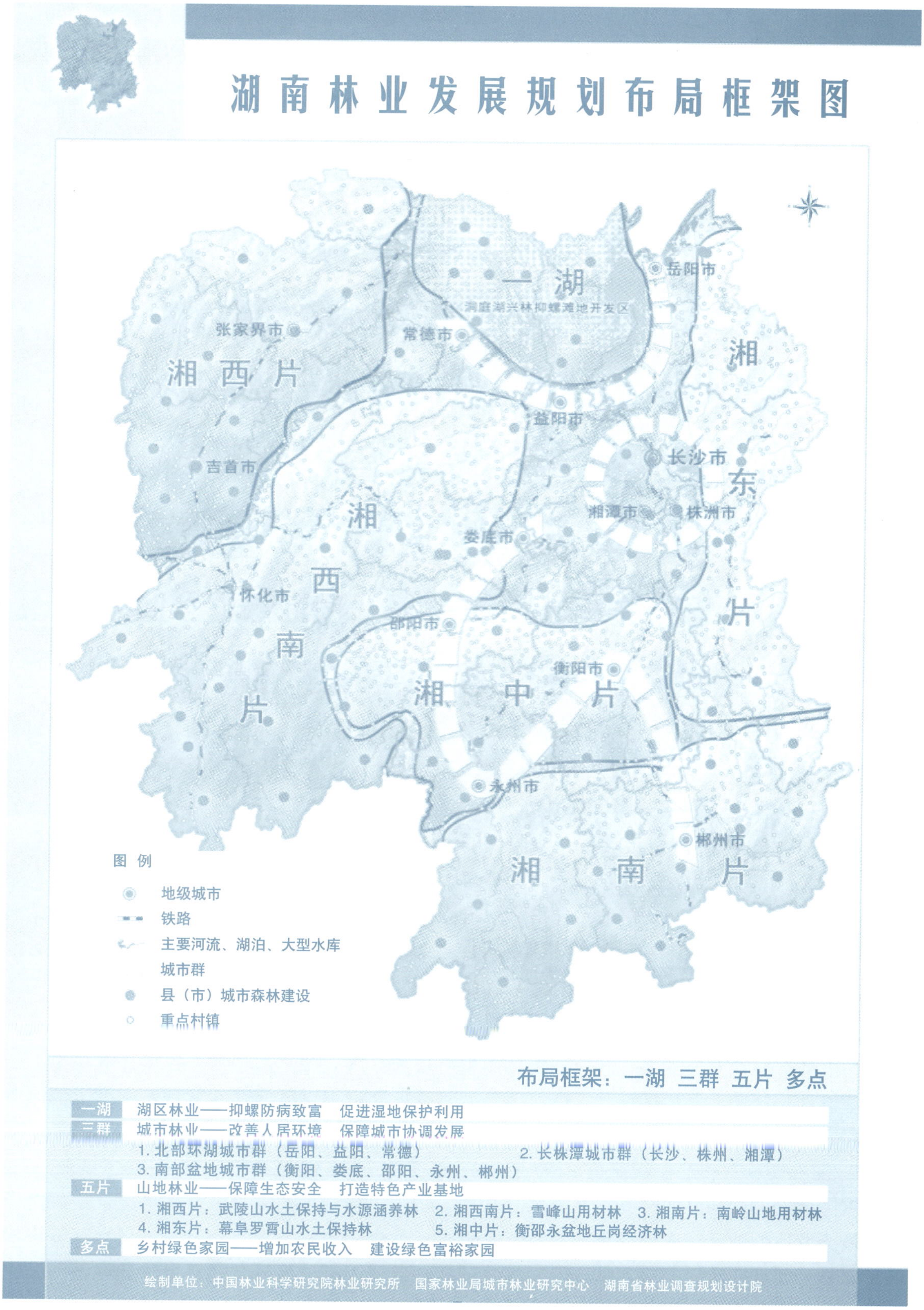

图18-3 湖南现代林业发展布局框架

2. 长株潭城市群

由以长沙、株州、湘潭为中心的沿湘江城市构成，是湖南省经济社会发展的中心，也是全国中部地区发展比较成熟的城市群之一。本地区林业发展要在长沙已建成国家森林城市的基础上，加速实现三个城市林业的生态一体化建设，着力建设好城市绿化隔离带，提高城市森林建设的质量和品位，丰富森林文化内涵，加强森林公园、风景名胜区、生态教育基地等森林文化载体建设；加强城乡林业一体化建设，发展花木产业；建设城市周边地区的生态风景林，促进森林旅游产业发展。

3. 南部盆地城市群

由以衡阳、娄底、邵阳、永州、郴州为中心的盆地城市构成。目前该城市群还处于融合发展阶段，但从潜力和趋势来看，对湖南省未来经济社会的整体腾飞和区域协调发展有着十分重要的意义。该城市群林业尚处于起步阶段，当务之急是要做一个高水平的城市群林业发展规划，合理布局城市森林。结合城市之间相对疏散的特点，加强城市之间的绿色通道建设；加强森林公园和城市周边地区的生态风景林建设，发展森林旅游产业。

（三）五片——山地林业

湖南山地森林资源丰富，是保障生态安全的关键，也是商品林培育的重要基地。山地林业的核心目标是保障生态安全，打造特色产业基地。

1. 湘西片——以武陵山为中心的水土保持与水源涵养林建设区

该区域包括了湘西自治州和张家界市的全部，以及常德市的石门县。该区域林业建设的重点是提高森林质量，恢复和强化森林的区域生态安全维护功能；利用该区域生物资源丰富的特点，积极发展生物资源开发、能源林培育等特色林业；同时结合少数民族的历史文化积淀，利用该地区丰富多样的森林与自然地理景观，发展森林生态旅游业。

2. 湘西南片——以雪峰山为中心的用材林培育区

本区包括怀化市大部分县(市)和新宁、城步、绥宁、桃江、安化以及鼎城、桃源、宁乡、新化、东安、资阳、祁东、洞口、隆回的一部分。林业发展应该以生态公益林为中心，突出自然保护区建设，发挥林业水源涵养、水土保持的功能；同时发展杉木、马尾松、火炬松、杨树、桉树、翅荚木、恺木、马褂木、拟赤杨、毛竹等速生丰产用材林，使之成为湖南省的用材林培育基地。利用其林业加工历史悠久的优势，加大林产工业建设进程。

3. 湘南片——以南岭山地为中心的用材林培育区

南岭山区包括郴州、永州和衡阳的部分县及攸县、茶陵。森林培育主要是在保护、建设好重点生态公益林的基础上，发展马尾松、杉木、邓恩桉、柳桉、翅荚木、恺木等速生丰产用材林培育和林产工业建设；同时依托现有的旅游资源，积极发展壮大森林、湿地生态旅游产业。

4. 湘东片——以幕阜罗霄山为中心的水土保持林建设区

本区地处湖南与江西交界，又是紧靠长沙、岳阳、株州、湘潭等城市化地区，是湖南省经济最为发达的地区，人口密集，毛竹资源丰富，是湖南省第二大毛竹产区，现有森林资源保护完整。其林业建设的重点是，保护好该地区的森林资源，提高森林质量，为城乡一体化发展服务。同时利用其城市化程度高的优势，开展以森林公园、风景林建设等为主的服务型林业建设，打造绿色产业。加大竹产业的培育力度，提高竹材的加工利用水平。

5. 湘中片——以衡邵永盆地丘岗为中心的经济林发展区

该区主要包括了衡阳盆地、邵阳盆地和永州盆地中的丘岗地区。林业建设应一是加强水土保持林建设，尽快重建区域的生态安全构件；二是在提高现有经济林产量的基础上，继续扩大以油茶为代表的经济林基地规模，提高区域生态经济效益；三是利用其地处湘南城市群发展的核心地带的区位优势，保护好城市周边地区的生态公益林，发展观光林业产业。

（四）多点——乡村绿色家园

乡村绿色家园建设是指结合社会主义新农村建设开展乡村绿化美化，改善人民居住环境，兼顾经济发展的乡村林业。建设重点是围绕提高农村、城镇居民生活质量，改善村民居住地的生态环境，协调人与自然的关系，调整土地利用，进行高标准的乡村绿化建设。主要发展内容是建设乡村风水林、公共游憩林、防护林、血防林、纪念林，以及发展庭院林业。

三、湖南现代林业建设重点工程

规划建设的重点是围绕保育山地森林资源、发展湖滩平原林业、培植特色产业基地、推进城市森林建设、打造乡村绿色家园5项内容，全面推进“十二项”林业工程，即生态林体系建设，重点实施四项工程，包括山丘森林保育工程、洞庭湖兴林抑螺与湿地保育工程、野生动植物保护及自然保护区建设工程、绿色通道工程；产业林体系建设重点实施五项工程，包括用材林培育工程、花卉苗木工程、森林食品工程（特种经济动植物培育）、林产工业工程（林药、竹木业工程）、生物质能源林培育工程；人文林体系建设重点实施三项工程，包括城市森林文化工程、乡村绿色家园建设工程、森林游憩工程。

第五节　北京市现代林业规划

北京是我国的首都，也是国际化大都市，其位于华北平原的北端，东南与天津市接壤，其余边界均与河北省相邻；北京以悠久的历史、灿烂的文化和光荣的革命传统著称于世。一直以来，北京市委、市政府高度重视林业工作，随着时代的发展，林业承担的任务更加繁重。面对率先基本实现现代化的目标，面对实现“新北京、新奥运”的任务，面对市民对生态环境质量更高的要求，北京林业今后的工作必须进一步增加森林资源总量，提升林业整体水平和森林生态体系整体功能，加强森林资源保护管理，创新林业管理体制和经营机制，拓展林业富民工程内容。为此，2004年3月开始，进行北京现代林业发展战略研究与规划项目研究，2006年完成规划编制工作，规划以2005年数据为主。

一、北京现代林业发展战略思路

以“建设绿色北京，构筑生态城市”为基本理念，坚持以人为本、服务首都，统一规划、突出重点，生态优先、效益兼顾，分类经营、协调发展，科教兴林、依法治林，政府主导、市场调节的原则，提出战略目标为：经过不懈努力，到2020年，建成功能完备的山区、平原、城市绿化隔离地区三道绿色生态屏障，形成城市青山环抱、市区森林环绕、郊区绿海田园的生态景观，实现强化森林系统功能，健全森林安全保障，提升林业产业效益，弘扬古都绿色文明的总体目标，为建设山川秀美、人与自然和谐、经济社会可持续发展的生态城市奠定基础。

二、北京现代林业发展战略布局

以中国森林生态网络体系点、线、面布局理念为指导，按照“林网化—水网化”的林水结合规划理念，以城区为核心，以建设生态公益林为重点，全面整合山地森林、平原防护林和经果林、城区绿地、城镇村庄绿化等多种模式，建立山地森林为主，平原防护林相辅，五河十路绿色廊道相连，城镇村庄绿化镶嵌，“一城、两带、三网、多点”为一体的森林生态网络体系，实现森林资源空间布局上的均衡、合理配置（图18-4）。

（一）一城

北京城近郊区的绿化，重点是两道隔离地区的绿化建设。

城近郊区是经济最为发达、人口最为密集的地带，是林业提供生态服务的核心。城市绿化建设既是改善城市生态环境，提高人居质量的重要途径，也是最能够体现都市林业特色，提高城市综合实力和国际竞争力的有效举措。城区的绿化建设既要与悠久的园林文化相结合，更要与时俱进，从过去比较注重视觉效果转移到既注重视觉效果又注重人的身心健康轨道上来，达到林荫气爽，鸟语花香，清水长流，鱼跃草茂的建设要求，实现城市人与自然的和谐。绿化建设主要是以现有建成区为核心，结合城市发展趋势，按照林网化—水网化的建设理念，加快以生态风景林为主的两道隔离地区绿化建设，发展花卉盆景、苗木等城市绿化产业，大力发展采摘、休闲为主的农林复合观光产业。

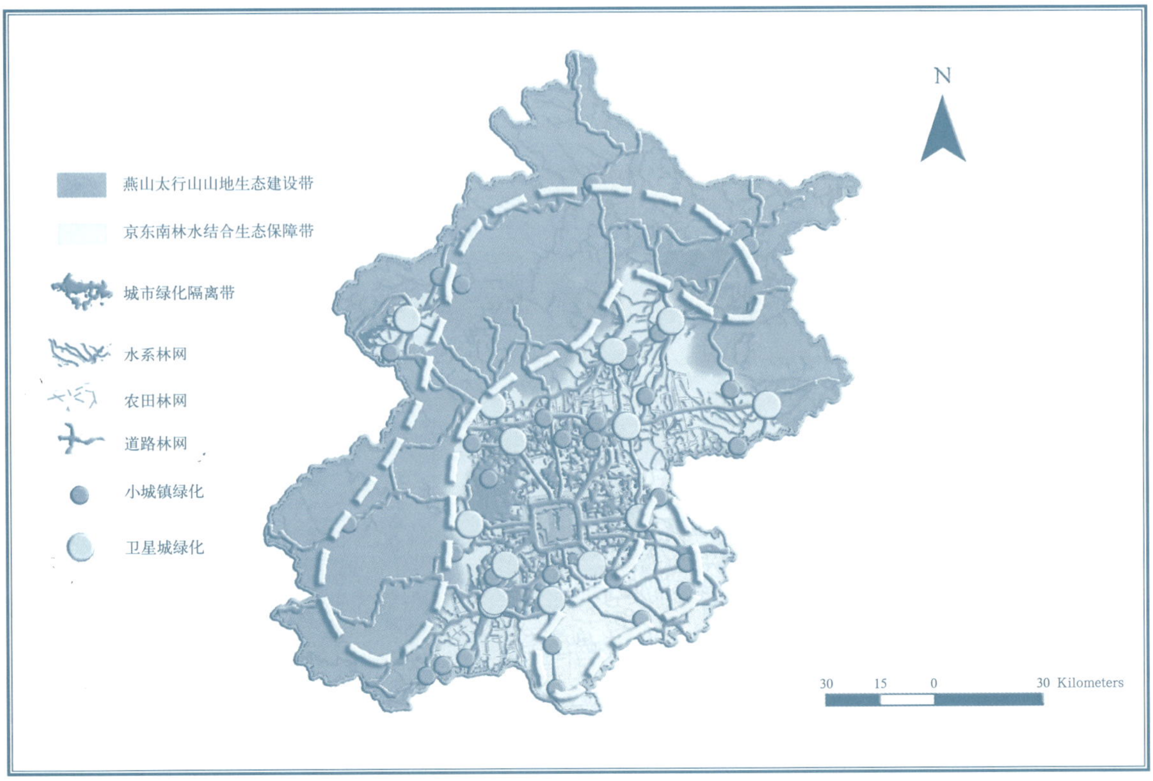

图18-4 北京林业规划—“一城、两带、三网、多点”示意图

（二）两带

燕山太行山山地森林生态建设带和京东南林水结合生态保障带。

1. 燕山太行山山地生态建设带

这一地区位于北京的西北部，与河北、山西、内蒙古地区的森林体系结合起来，共同构成北京生态安全的重要天然屏障，对防御风沙、涵养水源、保持水土发挥着重要作用，也是开展森林旅游的重点地区。根据地质地貌、土壤、植被等自然条件的差异，在北部燕山山区结合密云水库、官厅水库等水源保护建设水源涵养林，结合长城等旅游景区开发建设生态风景林，并在山前地区大力发展生态经济林；在太行山重点建设以水土保持为主的生态风景林和生态经济林。

2. 京东南林水结合生态保障带

它是指在北京城区东南部位于永定河、温榆河、潮白河之间的平原水网区林业建设。本地区地形平坦，水网密集，但水体、土壤、大气等环境污染问题尤为严重。从发展趋势来看，该地区是北京未来城市发展的潜在地区；从生态建设来看，该地区河流、湿地系统的生态功能亟待恢复。本地区的林业建设不仅有利于自身的环境改善，而且可以促进北京与河北、天津等周边地区生态环境的协调发展。通过林水结合重点规划建设多处森林公园、湿地公园，形成片、带、网的森林、湿地镶嵌发展格局，构建集生态改善、产业发展、旅游观光于一体，农、林、水相结合的生态保障带。

（三）三网

平原地区的水系林网、道路林网和农田林网建设。

水系林网即在河流、湖泊、水库等水体岸带建设防护林带。主要起到净化水质、保持水土、巩固堤岸、涵养水源等作用。重点建设永定河、潮白河、温榆河等水系防护林网。

道路林网是以道路系统为骨架，在道路两侧规划林带，形成道路林网系统。目的是保护路段，增强行车安全，防治污染、净化汽车尾气，防尘和减低噪声，美化景观，兼具廊道作用。

农田林网是农田基本建设的重要内容，也是增加北京森林资源总量的有效途径，能够利用较少的土地获得较高的生态经济效益，对于改善农业生态条件，防风固沙，保障农作物丰产稳收，提高农产品质量，增加农民收入，具有不可替代的重要作用。建立防护能力强、景观效果好和网格大小适宜的农田防护林，促进农业与林业的协调发展。

（四）多点

市域范围内的14个卫星城、33个中心镇为主的新城与村镇绿化建设。

城镇是人们工作、生活的主要场所。随着北京城镇化进程的加快，城区以外的卫星城、中心镇建设对于有效缓解北京城区人口、资源、环境压力，以及改善投资环境，促进城乡协调发展发挥着重要作用。通过加强这些地方的造林绿化建设，更好地发挥森林改善城镇生态环境的作用，满足人们休闲旅游、文化等多种需求，以利于实现区域协调发展和全面建设小康社会。

规划建设的核心是“三区三绿三网三林”，具体可以表述为：

市域分三区——市区、平原区、山区，区域协调发展；

市区建三绿——绿岛镶嵌、绿廊相连、绿带环绕，绿中人居和谐；

平原造三网——水系林网、道路林网、农田林网，网中果茂粮丰；

山区育三林——水源涵养林、生态风景林、经济果木林，林中生物多样。

三、北京现代林业建设重点工程

为贯彻《中共北京市委市政府关于加快北京市林业发展的决定》，以“绿色奥运”为核心，大力发展城市林业，巩固“十五”期间“绿化隔离地区建设”和其他林业建设工程成果，重点实施12大林业工程，其中，以绿色奥运为核心的工程有城市森林、京东南生态保障带建设、林果产业、森林旅游、花卉林木种苗5项工程；为配合绿色奥运的建设，围绕建立完善的林业生态体系、发达的林业产业体系、健全的森林安全体系的目标，还应加强平原防护林与风沙治理、山区森林保育、湿地恢复与自然保护区建设、新城与村镇绿化、森林资源综合利用、森林防火、森林生物灾害防控7项工程。

第六节　上海市现代林业规划

上海已成为我国最大的经济中心和最大的工商业港口，是国际化大都市，也是长三角的中心城市。发展城市森林有利于进一步改善城市生态环境，有利于树立国际化大都市形象，有利于提高城市综合竞争力。以上海为试点，开展现代城市森林发展研究，建设上海城市森林，对于加快上海的生态建设，保障上海的生态安全，实现上海的生态文明和可持续发展，均具有重要的理论意义和实际应用价值。同时也将为全国的城市森林建设提供试验范例，建立我国城市森林理论体系具有指导意义。上海现代城市森林发展研究于2002年开展研究，以2001年数据为主。

一、上海市现代林业发展战略思路

借鉴国内外发展经验，结合上海市的具体需求和环境背景，把发挥城市森林改善城市生态环境的主导作用放在首位，做到林水结合，实现城市范围内的林网化与水网化。坚持以生态效益为核心，以林网化建设为重点，遵循生态系统和植被生态学和景观生态学原理提出规划目标为：到2020年，初步建成与上海国际经济、金融、贸易规模相一致的，能够代表上海国际大都市形象，具有综合生态环境效益的城市森林，使城市贴近自然、融入自然，实现城乡一体化，构建各种衔接合理、结构完善的现代近自然的城市森林生态系统，达到城在林中，人在绿中的森林效果，使上海的空气更加新鲜，水源得到良好保护，环境污染得到明显缓解，生物多样性得以合理保护，形成“林荫气爽，鸟语花香；清水长流，鱼跃草茂”的美好的生态环境，从而为“绿色上海、生态城市”的建设奠定基础；实现“天更蓝、水更绿、居更佳”的目标。

二、上海市现代林业规划战略布局

参照城市森林布局依据和上海市生态环境现状，结合《上海市城市总体规划（2020）》，突出本土特色，因地制宜，合理确定近期和远期规划目标。根据上海市生态环境状况，围绕上海城市发展规模和目标，结合上海农业结构调整，以“林网化、水网化”为规划理念，以城市森林生态功能优化为原则，规划建设“三网、一区、多核”为一体的城市森林总体布局框架。

（一）三网

即水系林网、道路林网和农田林网。

1. 水系林网

它是在河流和湖泊岸带建设防护林带，主要起到涵养水源、净化水质，防止土壤流失，巩固堤岸，促进疏导，抵御台风、风暴潮等自然灾害等作用。

为提高水网林网结合的综合效果，提出水网整治建设工程："引江水入大海，变死水为活水"，在黄浦江、苏州河等骨干河道综合治理的基础上，加快水资源的综合调度、水系景观建设，带动中小河道整治和加快水体沿岸林网建设，实现清水、绿岸、佳境的目标。

建议疏通、拓宽油墩港、大治河、川杨河、横泾港等河道，形成贯通南北、东西"两纵四横"的水网化通道，从长江、太湖、淀山湖引水，综合调度水资源，加快水资源的流动性。在沿海，通过覆新土、压盐碱，开发利用滩涂，为沿海防护林建设提供基础。

2. 道路林网

它是以道路系统为骨架，在道路两侧规划林带，形成道路林网系统。目的是保护路段，增强行车安全，防治污染、净化汽车尾气，防尘和减低噪声，美化景观，兼具廊道作用。

3. 农田林网

它是在基本农田周围的路、沟、河、渠、宅边营建防护林网、散生树木等。对于保护农田、生物隔离、防治灾害、抵御台风侵蚀具有重要作用。它在不改变用地性质的条件下，占用较少的土地面积，使森林覆盖率有了较大提高。

（二）一区

即把环淀山湖、沿黄浦江上游两岸以及黄浦江上游支流水系两岸，包括佘山在内的地区划为重点生态建设区。具有保护水源，防止两岸水土流失，净化水质，促进疏导，生物多样性保护、休闲旅游等多种生态功能。

（三）多核

在林网、水网中构建结构稳定、达到一定规模的各种功能林，使其成为城市森林生态系统中的核心林地和城市森林网络中的结点。它主要分为大型生态休闲林和岛屿生态林、污染隔离林、中心城镇林和建成区的核心林。

1. 大型生态休闲林和岛屿生态林

既满足城市居民休闲、娱乐的需要，又具有改善城市生态环境的功能，同时兼有休闲、旅游度假以及部分教学与科研作用。满足现代都市人回归自然的生态渴求，发展良好的自然生态伦理道德观念。

规划在上海中心城的东南和北部建设大型生态休闲林，在崇明岛东平国家森林公园、前哨农场、横沙岛上规划面积30～60km^2的岛屿生态林。

2. 污染隔离林

在重工业产生的颗粒物、化学工业污染产生的区域特别在下风处营建大型污染防治隔离带，防止污染物扩散和对周边地区的污染，同时兼有吸收污染物的作用。

3. 中心城镇林

在《上海市城市发展总体规划》（1999～2020年）中的11城、22镇周围规划100～200m宽的防护林，使城在林中，为城市提供良好的生态背景。

4.建成区的核心林

在城区和郊区结合部，应营建以林木为主体的核心林地，起到新鲜空气的引进和导入作用，如在城市主风向的东南—西北方向的道路、河流两侧应增加高大、长寿落叶乔木树种的种植比例，提高街道透气性、透光性和增加空气对流，起到风道的作用，加快城区与外界空气的交换。

规划建设生物量高、生态效益大的高质量绿地，加快对现有公园、专用绿地、附属绿地等的改造。为尽快改善城区环境，前期可以应用一些生长迅速的速生落叶阔叶树种，同时栽种一些寿命长的珍稀树种，通过合理的搭配，形成稳定的长期高效的城市森林景观。

第七节 广州市现代林业规划

广州是珠三角中心城市，经济发展快速，历史文化内涵丰富，是我国南方最具代表的城市。为了科学实施广州城市林业建设工程，按照广州市政府的部署，2004年广州市林业局委托中国林业科学研究院编制《广州城市林业发展规划》，包括概念规划和专项规划。规划于2004～2007年开展研究，以2005年数据为主。

一、 广州现代林业发展战略思路

以“建设岭南绿色名城，打造南粤生态家园”为基本理念，坚持生态优先、以人为本，兼顾效益、形成产业，政府主导、公众参与，林水结合、城乡一体，科教兴林、依法治林的原则，提出广州现代林业发展战略目标为：针对“山、城、田、海”的生态景观格局，构建城区、山区、岗地、平原一体的森林生态网络体系；采用近自然林业经营管理技术模式，定向改造林分，提高森林质量；结合岭南文化加快森林旅游资源开发，发展特色林业产业；建立健全森林安全保障体系，维持持续高效的森林服务功能；建设人与自然和谐，生态环境优美，文化特色鲜明的森林城市，为实现生态城市的发展目标奠定基础。

二、广州现代林业发展规划布局

以中国森林生态网络体系点、线、面布局理念为指导，按照“林网化—水网化”的林水结合规划理念，以城区为核心，以建设生态公益林为重点，结合湿地系统的保护与恢复，全面整合山地、丘陵、岗地森林，道路、水系、沿海各类防护林、花卉果木基地、城区绿地、城镇村庄绿化等多种模式，建立山丘岗地森林为主，各类防护林相辅，生态廊道相连，城镇村庄绿化镶嵌，“一城三地五极七带多点”为一体的森林生态网络体系，实现森林资源空间布局上的均衡、合理配置（图18-5）。

（一）一城

指广州城区的绿化建设，包括天河、白云、罗岗、越秀、荔湾、海珠、黄埔七区。

广州城区是经济最为发达、人口最为密集的地带，是林业提供生态服务的核心。城市绿化建设既是改善城市生态环境，提高人居质量的重要途径，也是最能够体现都市林业特色，提高城市综合实力和国际竞争力的有效举措。

图18-5　广州城市林业发展规划示意图

1. 城市中心区

主要是指广州的传统中心城区。城区的绿化建设既要与悠久的园林文化相结合，更要与时俱进，从过去比较注重视觉效果转移到既注重视觉效果又注重人的身心健康轨道上来，实现城市人与自然的和谐。

2. 东部扩展区

主要是指广州城市东扩战略涉及的黄埔区、罗岗区和增城部分城镇。绿化建设主要是以现有丘岗林地为核心，大力发展生态风景林；同时结合城市发展趋势，加快以林为主的隔离地区绿化建设。

3. 南部发展区

主要是指广州城市珠江水道以南和番禺区之间的荔湾区芳村、海珠区等快速发展的城区。以芳村、海珠区现有的花卉基地、果园为基础，大力发展采摘、休闲为主的农林复合观光产业。重点加强海珠区现有林地建设，提高林地质量，逐步建设成广州的“南肺”；在荔湾区的芳村发展花卉盆景、苗木等城市绿化产业。

（二）三地

指中北部山丘地、中南部丘岗地和南部砂田地的林业建设。

1. 中北部山丘地

中北部山丘地森林保护区，包括从化、增城、花都、白云等区市以及天河、黄埔部分地区范围内的森林公园、自然保护区、水源涵养林等森林资源，是实现“森林围城”战略的关键地区，也是广州城市森林生态系统的主体，是确保广州城市生态安全的基石。

2. 中南部丘岗地

本地区处于海珠区和沙湾水道之间，城市发展速度快，是生态环境重点保护和建设地带。主要规划在城市功能区之间设置生态隔离带，道路和城市建设尽量维护区内众多岗地原有的自然地貌特征和植被特征，并以海珠区果树保护区、番禺北部农业生态保护区为主体，把这一地带建设成为广州的“南肺”。

3. 南部砂田地

本地区是指番禺区沙湾水道以南的部分以及南沙区，主要以砂田滩地为主。要结合本地区“水道众多，河网纵横”的自然地理特征，以河网水系及滨海绿化带、道路绿化带、公园、湿地自然保护区等为架构，把本地区建设成为广州观光生态农业、滨海湿地生态旅游业的地区，为广州南部的综合发展提供良好的生态环境。

（三）五极

指花都、从化、增城、番禺、南沙5个区（市）以城区和近郊区为主的绿化建设。

1. 花都

围绕花都发展定位，突出林业在生态屏障和产业发展两个方面的作用。一方面要提高城区绿地质量，加强城区周边地带的丘岗地森林恢复与改造，搞好城区和周边地区的绿化美化建设；另一方面要围绕新白云机场建设，完善主干道路林带建设；三是要结合花卉、绿化苗木生产、林果等发展相关产业。

2. 从化

本地处于广州重要水源供应地，有良好的森林大环境依托。城市林业建设要在提高城区绿地质量的基础上，重点加强城区周边地带的林业建设。一是要加强水源涵养林和水土保持林保护和建设，结合城市污水净化处理，营造青山秀水的优美环境，保障广州的清洁水源；二是要结合荔枝、龙眼等果园的提质增效，发展观光林果产业，拓展广州乃至珠江三角洲市场的市场空间。

3. 增城

由于地处山区河谷地带，周边有比较好的森林环境。林业发展要围绕城市发展定位，突出林业绿化建设在促进旅游经济当中的主导地位。一是要加强城市周边地区岗地森林恢复，建设生态风景林，为增城的环境改善服务；二是要加强森林、湿地景观资源开发，发展森林旅游产业。

4. 番禺

作为广州"南拓"的重点地区，城市发展既要实现与广州城区的有效连接，又要避免完全的建筑"融合"。林业绿化建设要在提高城区绿地质量的基础上，与城市发展规划和绿地系统规划相结合，重点保护好丘岗森林和构筑生态廊道。一是强化与广州城区之间复合型隔离廊道的建设，使大夫山森林公园、滴水岩森林公园、十八罗汉森林公园、野生动物园以及中间保留的基本农田构成广州城区与番禺城区的生态隔离带；二是加强主干道路、水系的林带建设，形成不同绿岛之间的连接带和不同功能区之间的隔离带。

5. 南沙

南沙是广州未来经济社会发展的重要地区，目前该地的城市建设发展迅猛。要结合城市发展作好林业建设规划，特别是与城市绿地系统规划和开发区建设规划相结合，避免走先建后拆、拆迁插绿的老路，重点加强南沙城区丘岗林地的保护和改造，加强湿地、沿水岸带防护林、农田防护林网建设，为城市发展预留足够的林业生态建设空间。

（四）七带

为维护广州市域的生态平衡，应基于区域与城市生态环境自然本底及其承载能力，选择适合于区域与城市的生态结构模式进行生态绿地布局。规划以"山城田海，水脉相连"的自然特征为基础，重点在生态敏感地带构筑7条主干"区域生态走廊"，建构多层次、多功能、立体化网络式的生态结构体系，构成市域景观生态安全格局。区域生态廊道的规划建设不能局限于单一的林或者水的单一概念，而是以林为主，包括林地、农田、果园、水体、园林绿地等多种要素在内的复合生态廊道。

1. 北部山前缓冲带

广州北部山区与城市之间的交错地带，生态环境比较敏感，森林资源质量不高，经济果木林发展面积大，同时许多山体受到采石开垦破坏，需要加大恢复力度。以恢复森林植被为目标，结合城镇绿化美化需求，重点建设生态风景林。

2. 流溪河生态保护带

流溪河是广州城区主要的水源供应渠道，对保证为广州市民提供清洁安全的饮用水至关重要。主要是指流溪河从化太平镇以下河段的沿岸绿化带建设。为保护流溪河水质，净化沿线面源污染，在沿岸建设一定宽度、自然模式为主的沿河生态防护林带。

3. 西部污染控制带

南起洪奇沥水道入海口，穿过滴水岩、大夫山、芳村花卉林果区，北接流溪河及北部山林保护区。结合佛山在广州边界规划建设的绿色廊道，利用水岸林建设连接现有块状绿地形成绿色廊道，既可以控制西部城区连片发展，也可以阻隔、净化广州——佛山之间的粉尘、大气污染传播。

4. 东部湿地恢复带

南起珠江口，经海鸥岛、经济技术开发区西侧生态隔离带至北部山林地区。结合东莞在东江沿岸规划建设绿化林带，形成沿江林水结合湿地恢复带。一方面净化水质，恢复湿地环境；另一方面形成的林水结合湿地与海珠区果园、番禺区东部林地共同构成广州东南部的巨型绿地，成为广州和东莞之间的"绿肺"，为广州、东莞市区输送清新湿润的空气，改善城市环境。

5. 中部城区隔离带

指钟村——莲花山生态廊道。位于中心城市和南部新城之间，西起大石、钟村镇西部的农业生态保护区，经以飞龙世界、香江动物园为基础的中部山林及基本农田保护区，向东经化龙农业大观、莲花山，延伸至珠江。廊道主要作用是在中心城市和新城之间形成一条东西向的生态隔离带。

6. 南部水体净化带

指沙湾——海鸥岛生态廊道。包括沿沙湾水道和珠三角环线及其以南大片农田。主要作用为保护市域的城市发展，控制城市的无限制蔓延，并加大南岸的绿化建设，增强净化功能，为南部农田提供安全屏障保护。

7. 沿海生态屏障带

指南部沿海滩地防护林建设地带。重点把湿地保护与沿海防护林建设结合起来，为发展水产养殖、观光旅游等生态产业提供可靠的环境保障。

（五）多点

市域范围内石滩、太平、沙湾、狮岭、江高、新塘、鳌头、石楼、炭步、太和、良口、中新、花东、钟落潭、大岗等已建和规划建设的15个中心镇的绿化建设。

随着广州城镇化进程的加快，城区以外的中心镇建设对于有效缓解广州城区人口、资源、环境压力，以及改善投资环境，促进城乡协调发展发挥着重要作用。从2003年开始，市政府对65个镇进行调整撤并，建立中心镇。通过加强这些地方的造林绿化建设，更好地发挥森林改善城镇生态环境的作用，满足人们休闲旅游、文化等多种需求，把广州农村地区建设成为广大市民向往的具有田园风光、环境优美的现代化新型城区，以利于实现整个市域协调发展和全面建设小康社会。

三、广州现代林业建设重点工程

（一）建设重点

广州市域按照空间景观特征来看，可以划分成四个区域，即北部低丘区、山前城市区、中部丘岗地区和南部砂田区，从林业规划建设的内容来看，其核心是“三林三园三网三绿”，具体可以表述为：

山区育三林——水源涵养林和水土保持林、风景游憩林、产业原料林，林保生态安全；

低丘造三园——郊野公园、绿海田园、生态果园，园供观光休闲；

平原织三网——河流林网、道路林网、海防林网，网护鱼米之乡；

城区建三绿——绿岛镶嵌、绿廊相连、绿楔分隔，绿促人居和谐；

在市域绿化上，重点是构建森林生态网络，保障地区之间协调发展和生态一体；

在山区绿化上，重点是提高现有森林质量，实现森林生态系统稳定和生物多样；

在低丘绿化上，重点是保护生态用地数量，提供城市发展生态空间和观光休闲；

在平原绿化上，重点是优化林网结构布局，建设林农林渔绿色产业和鱼米之乡；

在城区绿化上，重点是增加城市三维绿量，促进城市生态环境改善和人居和谐。

对于广州市域乃至整个珠江三角洲地区来说，城市可以形成多个组团，产业可以各有优势，但生态建设必须总体协调。通过上述林业发展总体规划的实施，有利于本地区的生态融合，促进实现区域生态一体化，从而为广州乃至整个珠江三角洲地区的可持续发展提供可靠的生态安全保障。

（二）工程规划

重点实施城区森林建设工程、山地森林保育工程、湿地及沿海防护林保护与建设工程、生态廊道建设工程、山前生态缓冲带建设工程、特殊地段植被恢复工程、森林公园与自然保护区建设工程、特色林业产业建设工程、森林灾害防控与森林资源保护能力建设工程、林业科技创新平台建设工程10项林业重点工程。

第八节　扬州市现代林业规划

扬州市地处我国东部森林相对缺少地区，是长江三角洲冲积平原上的一座城市，坐落在京杭大运河沿线，境内有平原、低丘、湿地等多样的生境类型，通过现代林业建设，建成和谐完美、城乡一起的森林生态系统网络，必将对我国经济发达的长江三角洲地区具有重要的示范作用。扬州现代林业发展规划于2003～2004年开展研究，以2003年数据为主。

一、扬州市现代林业发展战略思路

以“打造绿杨城郭，建设生态扬州”为基本理念，坚持统一规划、协调发展，以人为本、生态优先，林水结合、城乡一体，科教兴林、依法治林，分类经营、分区突破，政府主导、全民参与的原则，提出扬州市现代林业发展总体目标为：将初步建成生态林业优良、特色林业发达、人文林业先进的现代林业体系，达到森林资源总量实现跨越，林业产业发展稳步推进，森林生态网络基本健全，森林文化内涵更加丰富。基本满足经济和社会可持续发展的需要，充分发挥林业在“绿杨城郭、生态扬州”建设中的主体作用。

二、扬州市现代林业发展规划布局

（一）市域林业发展规划布局

根据扬州市域范围与林业发展主要相关要素的综合分析，提出了扬州市林业发展总体布局框架，即“两带、两片、三网”（图18-6）。

1. 两带

根据绿色江苏现代林业发展规划，扬州市地处江苏省两大城市群之一的沿江宁镇扬泰城市群中，是江苏经济发达、城市化水平高、人口密集的地区，也是落实江苏省加快沿江开发的战略部署、实现两个“率先”目标的先导地区。因此，扬州市现代林业建设要围绕上述总体目标并结合扬州城市发展趋势，重点加强东西走向的“沿江城市发展带”和南北走向的“沿运城镇发展带”的城市林业建设。林业建设目标是既要改善城市及周边生态环境，又要突出区域林业发展特色。重点是建设与悠久的园林文化和城市特色相结合的城市森林，以自然林为主的生态风景林；加强森林公园、自然保护区、沿江生态保护区、丘陵生态保护区和生态旅游区的保护和建设，促进区域旅游业的发展；并在城市间建立以防护、分割城市为主的永久生态隔离带。

（1）沿江城市发展带绿化建设：扬州市沿江地区经济发达，以扬州市区为核心，东西连接江都和仪征市区，形成“一体两翼”主城区沿江城市发展带。沿江城市发展带中，有扬州市政治、经济和文化中心，全国重要的旅游城市和历史文化名城扬州市区，以水乡园林特色的重要水陆交通枢纽城市江都市、以优越的滨江区位优势和港口条件而成为该区域的重要工业城市仪征市，应成为扬州城市森林建设的重点。利用长江丰富的自然资源和优美的自然风光，合理建设沿江湿地森林公园；积极引种抗污染乔木、灌木树种，大力发展成片林，营建城市功能区之间的隔离林带，充分发挥森林的减灾、治污、调节气候、净化空气、美化环境的生态功能。

（2）沿运河城镇发展带绿化建设：南北方向以京沪高速公路和京杭大运河为纽带连接宝应县、高邮市和江都市有关乡镇，形成沿运河城镇发展带，并与沿江城市发展带在江都交会。沿运城镇发展带林业建设中，除了加强城镇森林建设外，还必须加快特色明显的工业原料林和经济林果建设，同时大力发展经济林果及木材加工业。依托高邮湖、邵伯湖、宝应湖丰富的湿地资源，积极发展沿湖生态防护林和湿地自然保护区及具有水乡特色的森林公园。

2. 两片

在扬州行政区内，根据城市地貌特点和区域内森林分布特点，以京杭大运河和通扬运河为界，分为西南部的低丘岗地生态林和里下河地区的商品林建设。

（1）低丘岗地生态公益林：根据不同地域生境特点，低丘岗地片林主要分布在仪征市、邗江区、维扬区和高邮市。在低丘岗地加强以常绿落叶阔叶林为主的山地生态风景林建设，构建以保持水土、涵养水源为主，包括生物多样性保护、休闲旅游等多种功能的重点生态公益林建设区，加快森林植被恢复，同时发展一些具有地方特色的经济茶果林和苗木培育基地。

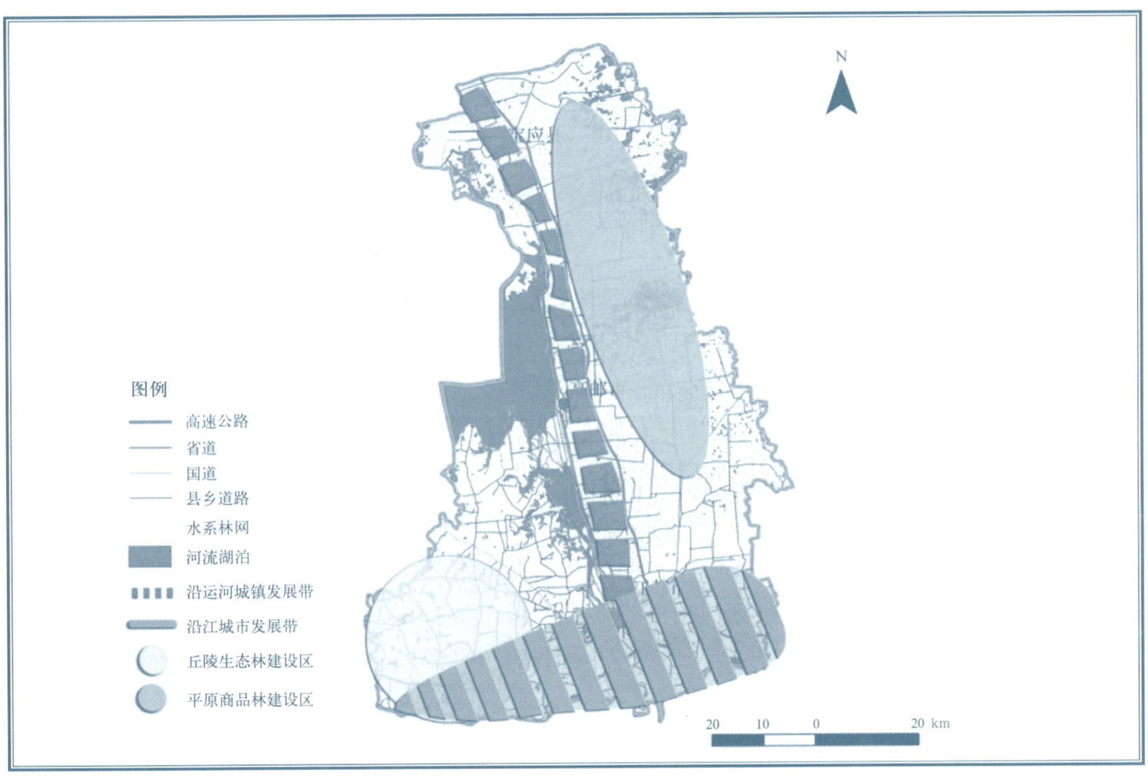

图18-6 扬州市现代林业总体规划布局图

（2）里下河地区商品林：里下河地区的生态系统的恢复与保护，结合农村产业结构调整，把滩地开发与林、农、渔、牧、副相结合，根据因地宝应、高邮和江都水资源丰富，灌溉条件便利，是扬州主要的商品粮和水产品生产基地。该区应围绕湿地制宜和生态效益与经济效益兼顾的原则，以该区域重点林业乡镇为核心，建设以杨树为主体的生态公益林和速生丰产林，从而形成杨树资源集聚效应，促进木材加工业的发展。同时发展一些具有地方特色的经济林果。

3. 三网

即水系林网、道路林网和农田林网。

（1）水系林网：以大江、大河、大湖沿线等生态环境脆弱区为主体，结合湿地保护，沿水体建设防护林带，形成网、带、片、点相结合的多功能、多层次、多效益的综合水网防护林体系。主要起到涵养水源、净化水质，保持水土，固堤护岸，促进疏导，抵御台风等作用。

（2）道路林网：在尚未绿化或绿化未达标的县级以上公路两侧营建防护林带，形成道路林网系统。起到保护道路、减轻污染、净化汽车尾气、防尘滞尘和减低噪声、美化景观、兼具廊道作用。

（3）农田林网：在沿江和里下河平原农区，利用沟、渠、圩、路，新建和完善农田防护林体系，使扬州的Ⅰ级农田林网（200亩一个网格）率达到80%。建设完备的农田防护体系，既为扬州农业优质高产稳产提供重要的生态屏障，又是增加农民收益的重要途径。

（二）市区城市森林规划布局

在对扬州市域范围的林业发展进行总体规划和分析扬州市区森林资源分布、结构、功能等特点的基础上，提出了市区范围城市森林总体布局框架，即“一环、四楔、两廊、多核”（图18-7）。

1. 一环

指由润扬大桥北接线、西北绕城公路、大运河（廖家沟）和长江围合成的扬州城区的外环。重点构建由城东廖家沟滨河生态防护林，城西润扬大桥北接线及西北绕城公路风景林带和南部长江沿岸及滨江大道绿化带，共同构成以自然林为主的大面积环形生态林带，以防护、分割、优化作用为目标，有效补充城内绿地不足，并在沿江城市间建立起生态隔离带，防止城市无限扩展。

2. 四楔

依托长江、京杭大运河、古运河和夹江、仪扬河等市区主要的水体，分别从市区西南、东南、东北、北部4个方向规划渗入城市内部的楔形绿地，直接补充市区绿量不足，将城市外围清新的空气引入城区内部，有效改善城市生态环境。具体布局分别为西南部润扬大桥滨江森林公园、东南部的夹江自然保护区、东北部的茱萸湾—太安凤凰岛风景区和北部的瘦西湖—蜀岗风景区。

3. 两廊

借助古运河和京杭大运河贯穿城区并直达长江的水环境优势，依水建林，构建林水结合的绿色廊道，成为连接城市内外森林斑块的重要纽带。古运河是扬州城市的“主脉”，将文化、政治、经济（经商）、旅游融为一体，是孕育扬州历史文化名城的母亲河，具有较高的人文景观价值。古运河生态环境林和绿色文化观光林建设，是强化历史名城的整体形象和环境价值的一条重要的观赏走廊。京杭大运河是南北贯穿扬州市域和市区，连通扬州市域湖泊

图18-7 扬州城市森林规划

群与长江航线的重要水上交通要道，在扬州城市发展中具有重要的地位。以城区丰富的水网为脉络，古运河和京杭大运河为主脉、城河水系为辅脉，依托水网建设城市森林网络，实现扬州市区林网化、水网化的城市森林网络系统，连接片状和带状城市森林，并将沿线及城市区域内历史文化景观串联起来，形成富有扬州自然景观和文化特色的城市森林生态体系。

4. 多核

在上述城市森林骨架基础上，通过古运河和主要河流等形成的水网，串联沿河分布的个园、何园、普哈丁墓等历史文化名园，并扩建荷花池公园、茱萸湾公园、竹西公园等主要公园。根据扬州城市总体规划，因地制宜地新建一些区级公园和森林生态园；补充建城区内部城市森林的不足，调整城市绿地分布的均匀性。

基于城市总体规划的要求和城市森林规划布局的提出，借助林网化水网化的生态连接作用，最终达到“绿带环绕、四楔穿插、两廊相连、多核镶嵌”的城市森林建设效果。并与扬州市域林业总体布局相衔接，西与仪征相连，东与江都相接，共同构成沿江一体化的城市森林建设布局，最终形成空间合理、功能完备的城市森林生态网络系统。

三、扬州现代林业建设重点工程

按照市域林业发展规划和市区城市森林发展规划的布局框架，紧紧围绕现代林业发展的总体目标，重点实施八大重点工程，具体包括城市森林建设、低丘岗地植被恢复、湿地保护和绿色通道4项生态建设工程；林业产业化建设、特色经果林建设、花木基地建设和森林旅游开发4项产业建设工程。

下　篇

现代林业

保障篇

第19章　现代林业体制改革与机制创新

2008年6月，中共中央、国务院颁布了《关于全面推进集体林权制度改革的意见》。以集体林权制度改革为契机，进一步完善现代林业体制改革，是农村联产承包责任制在林业管理体制的发展和延伸，是又一次农村生产力的大解放。大力推进以林业产权制度改革为重点的林业体制改革，促进林业机制创新是稳定和完善农村基本经营制度的重大创新和完善，是促进农民就业增收的战略举措，也是加快现代林业发展，建设生态文明的重要内容。我国是一个发展中国家，在现代林业建设过程中，一方面需要改进政府的管理职能，加强林业政策的调控引导作用；另一方面，要不断进行机制创新，通过建立科学决策机制、规范政策执行过程、完善政策监督评价机制等最大限度地利用各种生产要素，实现林业社会资源的合理配置，引导全社会力量，积极参与森林资源的培育、保护与利用。

全面推进集体林权制度改革以促进社会主义新农村建设，解放林业生产力和提高人民生活水平为出发点，在分类经营的基础上，进一步明晰产权，制定配套政策，完善配套措施。在推进国有林区和森工企业改革中，进一步借鉴国外国有林管理模式，不断探索适合我国国情、林情的管理体制，将森林资源培育按照分类经营的要求，重新区划施业区，重构公益林管理和商品林经营机构，加快政企分开、企社分离，转变政府职能，明确各级管理部门的任务与职责，共同创造国有林区和森工企业发展新局面。在实施国有林场分类改革、加快国有林场劳动人事制度改革、强化国有林场国有资源管理、提高国有林场经营管理水平的同时，加快非公有制林业的发展，把所有制结构调整与体制转换结合起来，通过完善发展政策、减轻税费负担、拓宽投资渠道、规范市场行为等措施，充分调动各类投资主体的创新创业潜力，为非公有制林业发展创造良好的外部环境。

第一节　现代林业体制改革

全面推进现代林业体制改革是解放和发展林业生产力，有效发挥林地资源潜力，促进农民增收致富的基础条件。当前，现代林业建设正处于关键时期，迫切需要全面推进集体林权制度改革、重点国有林区和森工企业改革、国有林场分类改革以及促进非公有制林业发展，进一步理顺生产关系，解放发展生产力，建立充满活力的现代林业新体制。

（一）集体林权制度改革

我国集体林权制度改革经历了半个多世纪的探索和实践历程，大体经历了土地改革时期的分林到户，农业合作化时期的山林入社，人民公社时期的山林集体所有、统一经营，20世纪80年代初期开始的林业“三定”改革，以及以2003年中共中央、国务院做出的《关于加快林业发展的决定》为标志，福建、江西、湖南等省率先开展的集体林权制度改革五个阶段。第五次改革触动了产权，是对以林地权益为核心的森林资产权益关系重大调整的改革，是从体制上、机制上和制度建设上进行的一次系统的改革，从明晰产权入手，确立了林农的经营主体地位，真正实现了“明晰所有权，放活经营权，落实处置权，保障收益权”。2008年中央一号文件《关于切实加强农业基础建设，进一步促进农业发展农民增收的若干意见》指出要全面推进集体林权制度改革，在坚持集体林地所有权不变的前提下，将林地使用权和林木所有权落实到户；在不改变林地用途前提下，承包人有权依法处置林地使用权和林木所有权，可依法自主经营商品林；积极推进林木采伐管理、公益林补偿、林权抵押、政策性森林保险等配套改革；切实加强对集体林权制度改革的组织领导，加大财政支持力度，确保集体

专栏19-1

中共中央、国务院《关于全面推进集体林权制度改革的意见》

2008年6月8日中共中央、国务院出台《关于全面推进集体林权制度改革的意见》以下简称《意见》（中发［2008］10号）。《意见》指出：集体林权制度改革是稳定和完善农村基本经营制度的必然要求，是促进农民就业增收的战略举措，是建设生态文明的重要内容，是推进现代林业发展的强大动力。

《意见》提出了集体林权制度改革的指导思想，即全面贯彻党的十七大精神，高举中国特色社会主义伟大旗帜，以邓小平理论和“三个代表”重要思想为指导，深入贯彻落实科学发展观，大力实施以生态建设为主的林业发展战略，不断创新集体林业经营的体制机制，依法明晰产权、放活经营、规范流转、减轻税费，进一步解放和发展林业生产力，促进传统林业向现代林业转变，为建设社会主义新农村和构建社会主义和谐社会作出贡献。《意见》要求坚持农村基本经营制度，确保农民平等享有集体林地承包经营权；坚持统筹兼顾各方利益，确保农民得实惠、生态受保护；坚持尊重农民意愿，确保农民的知情权、参与权、决策权；坚持依法办事，确保改革规范有序；坚持分类指导，确保改革符合实际。

《意见》明确了集体林权制度改革的主要任务。一是明晰产权。在坚持集体林地所有权不变的前提下，依法将林地承包经营权和林木所有权，通过家庭承包方式落实到本集体经济组织的农户，确立农民作为林地承包经营权人的主体地位等；二是勘界发证。依法进行实地勘界、登记，核发全国统一式样的林权证，做到林权登记内容齐全规范，数据准确无误，图、表、册一致，人、地、证相符；三是放活经营权。实行商品林、公益林分类经营管理。依法把立地条件好、采伐和经营利用不会对生态平衡和生物多样性造成危害区域的森林和林木，划定为商品林；把生态区位重要或生态脆弱区域的森林和林木，划定为公益林；四是落实处置权。在不改变林地用途的前提下，林地承包经营权人可依法对拥有的林地承包经营权和林木所有权进行转包、出租、转让、入股、抵押或作为出资、合作条件，对其承包的林地、林木可依法开发利用；五是保障收益权。农户承包经营林地的收益，归农户所有。征收集体所有的林地，要依法足额支付林地补偿费、安置补助费、地上附着物和林木的补偿费等费用，安排被征林地农民的社会保障费用等；六是落实责任。承包集体林地，要签订书面承包合同，合同中要明确规定并落实承包方、发包方的造林育林、保护管理、森林防火、病虫害防治等责任，促进森林资源可持续经营等。

《意见》指出了需要完善的改革配套政策措施。编制森林经营方案，完善林木采伐管理机制；规范林地、林木流转，在依法、自愿、有偿的前提下，林地承包经营权人可采取多种方式流转林地经营权和林木所有权；各级政府要建立和完善森林生态效益补偿基金制度，逐步提高中央和地方财政对森林生态效益的补偿标准，建立支持集体林业发展的公共财政制度；金融机构要开发适合林业特点的信贷产品，拓宽林业融资渠道，推进林业投融资改革；扶持发展林业专业合作组织和社会中介服务组织，加强林业社会化服务等。

林权制度改革顺利进行。2008年中共中央、国务院发布了《关于全面推进集体林权制度改革的意见》，对全面推进集体林权制度改革做出了明确安排部署（专栏19-1）。

1. 主要任务

（1）明晰产权。坚持集体林地所有权不变的前提下，将林地经营权和林木所有权落实到集体经济组织的农户，确立农民作为林地承包经营权人的主体地位，依法保护农民的承包权益。对不宜实行家庭承包、均山到户的林地，经集体经济组织成员同意，可以通过均股、均利等形式确权到户，采取其他经营方式。林地的承包期为70年。

（2）勘界发证。产权明晰后，依法依规进行林权实地勘界、登记，严格按照林权登记发证的程序和方法，核发全国统一式样的林权证，做到林权登记内容齐全规范，数据准确无误，图、表、册一致，人、地、证相符。

（3）放活经营权。实行商品林、公益林分类管理。对商品林，农民可依法自主决定经营方向和经营模式，并按照科学的经营方案，采用规范合理的经营措施，保证林木与林地质量不断提高，生产的木材自主销售。对公益林，在不破坏生态功能的前提下，可依法合理利用林地资源，开发林下种养业，利用森林景观开发森林旅游业等，提高森林综合效益。

（4）落实处置权。在不改变林地用途的前提下，林地承包经营权人可依法对拥有的林地经营权和林木所有权进行转包、出租、转让、入股或作为出资合作条件，对其承包的林地、林木可依法开发利用。

（5）保障收益权。农户承包经营林地的收益，除依法缴纳国家规定和合同约定的费用外，归农户所有。征占用农户承包林地，需依法足额支付林地补偿费、安置补助费、地上附着物和林木的补偿费等费用，安排被征占林地农民的社会保障费用。经政府划定为公益林的集体林，应落实森林生态效益补偿政策。农户经营自留山的收益，应归农户所有。

（6）落实责任。承发包方签订书面承包合同，要明确规定并落实双方的造林育林、保护管理、森林防火、病虫害防治等责任，促进森林资源可持续经营。

2. 主要做法

目前，福建、江西、辽宁、浙江四省确权到户的主体改革任务基本完成（专栏19-2），配套改革正在展开；河北、云南、安徽、湖北四省主体改革已经全面推开；湖南、四川、河南、贵州、山西五省深入总结试点经验，即将全面推开主体改革；其他省（自治区）也在积极开展改革试点工作。各地推进集体林权制度改革，普遍采取了以下一些做法：

（1）高位推动、加强指导。各地都是省、市、县、乡四级主要领导亲自抓，并成立了各有关部门参加的领导小组。云南省有16位省级领导、22个部门、24万人参与指导林改工作。

（2）尊重民意、依靠群众。把一切重大问题的决定权交给群众，让农民自己当家做主。

（3）以人为本、让利于民。把农民得实惠作为改革的基本出发点和落脚点。

（4）因地制宜、分类指导。从实际出发，不搞“一刀切”。

（5）统筹谋划、配套推进。在推进山林承包到户主体改革的同时，搞好减免税费、规范流转、强化服务等配套改革。

（6）严密组织、精心操作。确权勘界、登记发证、制图建档等工作，比以往都做得细、做得实。

3. 配套改革

全面推进集体林权制度改革，还需要大力推进配套改革，只有把配套改革搞好了，集体

专栏19-2

福建省集体林权制度改革凸显特色

福建省集体林权制度改革取得了明显成效，主要特点有：一是稳定林地承包政策。在深化集体林权制度改革中，福建省林权改革始终坚持林地家庭承包经营基本政策不动摇，严格按照《土地承包法》《森林法》等法律法规的规定，依法保护林木、林地承包经营权不受侵犯；认真贯彻落实《福建省森林资源流转条例》，规范商品林流转秩序，加快流转市场建设，推动林业生产要素合理流动和优化配置；规范林地使用费收取、使用和管理，各级有关部门引导村民委员会或集体经济组织按照"村提村用民受益"的原则收取林地使用费，使用和管理做到公开、公平、民主。二是突出三项改革。突出林业投融资体制改革，公益林业建设以政府投入为主，积极引导社会资金投入；林业生态工程、森林灾害防治工程等投入要纳入各级财政预算，予以重点保证；林业部门编制内的行政事业经费要纳入同级公共财政预算，及时足额拨给，确保正常运转；稳步推进林权抵押贷款，完善林权抵押贷款办法，支持农民发展生产。突出商品林采伐管理制度改革，科学安排伐区，合理分配采伐指标，推动森林经营走上积极保护、大力发展、科学经营、持续利用的路子。突出林业经营方式改革，积极引导农民在自愿的基础上，以资金、技术和亲情、友情为纽带，组建新型的林业合作经济组织和林业经营实体，提高林业经营的组织化程度。三是完善六个体系。完善林业保护体系，建立森林防火应急预案，健全森林病虫害防治服务网络，完善防止盗砍滥伐组织体系；完善林业服务体系，按照"县建中心，乡建协会，村建分会"的要求，形成县乡村体、互动互联的服务构架，同时，建立健全网络化的林业服务中心、社会化中介机构、专业化的林业行业协会，为农民经营林业提供方便、高效的服务；完善林业科技支撑体系，加强林业科技研究，持续开展林木种苗科技攻关，重视对资源培育、生物质能源与新材料、生物制药等研究开发，提升林业自主创新能力；完善林业管理体系，进一步整合机构，明确职能，理顺关系，改进林业管理方式，逐步构建以管理、执法、服务三大职能为主的林业管理新体制；完善林业生态建设体系，按照"落实主体、维护权益、强化保护、科学利用"的原则，完善生态公益林管护和补偿制度，创新沿海防护林体系建设和管护机制，加强自然保护区建设；完善林业产业发展体系，坚持以科学发展观为指导，正确处理好兴林与富民、保护与利用、生态与产业的关系，科学引导林业产业发展，通过改造提升第二产业，促进第一产业，带动第三产业发展。

林权制度改革才算彻底，才能从根本上消除制约林业发展的体制和机制障碍，充分发挥林业巨大的生态、经济和社会效益，最终达到资源增长、生态改善、农民增收、林业增效、林区和谐的目标。

（1）完善林木采伐管理机制。编制森林经营方案，改进商品林采伐限额管理，各级林业主管部门要满足森林经营者依据森林经营方案确定的采伐指标。实行采伐限额分配和林木采伐审批公示制，简化审批程序，提供便捷服务。严格控制公益林采伐，对公益林依法进行抚育和更新性质的采伐，但要合理控制采伐方式和强度。

（2）规范林地、林木流转。在依法、自愿、有偿的前提下，林地承包经营权人可依法采取多种方式流转林地经营权和林木所有权。流转期限不得超过承包期的剩余期限。集体统一经营管理的林地经营权和林木所有权需要流转的，要在集体经济组织内提前公示，依法经集体经济组织成员的村民会议2/3以上成员或者2/3以上村民代表同意。集体林地、林木流转的收益应用于集体经济组织内部成员分配和公益事业。

(3) 健全森林资源资产评估制度。加强森林资源资产评估管理工作，规范森林资源资产评估行为。集体统一经营的森林资源采取拍卖、招标、协议或者其他方式流转的，需要进行森林资源资产评估。

(4) 建立支持集体林业发展的公共财政制度。一是各级政府要建立和完善森林生态效益补偿基金制度，按照谁开发谁保护、谁受益谁补偿的原则，多渠道筹集公益林补偿基金，逐步提高中央和地方财政对森林生态效益的补偿标准。二是建立造林、抚育、保护、管理投入补贴制度，对森林防火、病虫害防治、沼气建设给予补贴，对林木良种、生物质能源林、珍贵树种及大径材培育给予扶持。三是要建立健全森林保险制度，在商业保险难以直接进行森林保险领域时，要建立健全财政补助性森林保险制度，特别是对于重大森林火灾、大面积病虫害以及大范围冰冻等森林灾害，应给予政策性保险补偿，同时，要保证森林资源保险资金按时足额到位，用于林业灾后重建。四是要改革育林基金管理办法，逐步降低育林基金征收比例，各级政府将林业部门行政事业经费纳入财政预算。五是要将森林防火、病虫害防治以及林业行政执法体系等基础设施建设要纳入各级政府基本建设规划，交通、供水、供电、通讯等基础设施建设要依法纳入相关行业的发展规划。六是集体林权制度改革工作经费，主要由地方财政承担，中央财政给予适当补助；对财政困难县乡，中央和省级财政要加大转移支付力度。

(5) 推进林业投融资改革。金融机构要开发适合林业特点的信贷产品，加大林业信贷投放。政策性银行对林业的贷款年限可放宽为10～20年，宽限期为5～10年。中央和地方财政对林业贷款实行贴息政策。有关金融机构应发展对林业的小额贷款。探索林业信贷担保方式，建立林权抵押贷款和森林保险制度，提高农户发展生产、抵御自然灾害的能力，吸引更多的生产要素投向林业建设。

(6) 加强林业社会化服务。加快发展林业专业合作组织，培育一批辐射面广、带动力强的龙头企业，促进林业规模化、标准化、集约化经营。发展林业专业协会，充分发挥政策咨询、信息服务、科技推广、行业自律、依法维权等作用。引导和规范森林资源资产评估、森林经营方案编制等中介服务机构发展。

（二）重点国有林区和森工企业改革

当前，我国已进入工业化、城镇化、市场化、国际化快速推进的发展阶段，经济体制深刻变革，社会结构深刻变动，利益格局深刻调整，思想观念深刻变化。在新的形势下，中国生态建设正处于关键阶段，国有林承担着改善生态和发展经济的双重压力，保护、发展森林资源和为国民经济提供木材及林副产品的任务异常繁重。加快重点国有林区和森工企业改革是实现中国现代林业发展战略目标的必然选择，是构建国有林区和谐社会的必由之路。

1. 背景与需求

国有林区发展和森工企业为我国国民经济建设做出了巨大贡献，50多年来，作为我国最重要的木材生产基地，累计生产木材10亿多立方米，占全国同期商品材产量的近1/2，累计上缴利税240多亿元，为新中国的原始积累和国民经济建设做出了重大的历史性贡献。由于多年的过量采伐、重采轻育和管理体制上的原因，进入20世纪80年代中期，东北内蒙古国有林区出现了资源危机，经济危困的状况；进入21世纪初，84个林业局中，已有60个成过熟林可采资源基本枯竭，“两危”形势严峻。

“十五”期间，实施由以木材生产为主向以生态建设为主的林业发展战略，在1998年启动试点基础上，2000年10月，天然林资源保护工程全面启动，东北内蒙古国有林区年木材产量由1997年的1853万m^3调减到1102万m^3，“十一五”期间木材产量还将进一步调减；2003年6月中共中央、国务院《关于加快林业发展的决定》明确提出：深化重点国有林区森工体制改革，建立权、责、利相统一，管资产和管人、管事相结合的森林资源管理体制；2003年10月东北内蒙古国有林区被列入东北老工业基地振兴的范围，2004年国务院工作要点明确了国有林区森林资源体制改革的任务。2006年启动了以东北国有林区为主的国有林经营管理制度改革，并将这项改革列为“十一五”期间的重点工作。

天然林资源保护工程缓解了企业“两危”的困境，但是体制性障碍并没有破除，国有林区和森工企业生存与发展前景依然堪忧。一方面，长期以来森工企业集森林资源管理行政职能、政府社会事业职能、企业经营职能“多角色”于一身，政企合一，企事合一，企社合一；另一方面，国有森林资源产权主体不明，中央与地方政府的职责不清，森工企业的职能定位不准；中央负责对森工企业的投资，地方人民政府负责人事管理，税费按照国家的统一规定缴纳，森工企业既是森林资源的保护主体又是森林资源的利用主体。由于现行国有森林资源管理体制和运行机制，产权主体缺位、政府职能错位、企业行为越位，实际是责权利相脱节、管人、管事、管资产不统一，使国有森林资源的质量逐步下降，林地面积在某些地区日趋缩减；森工企业社会负担沉重，现代企业制度难以建立；林区经济振兴，产业结构调整难以实现；职工生活贫困，林区社会不稳定因素日趋积聚。

总之，对于国有林区和森工企业发展整体而言，根源在体制，核心是产权，深化改革，明晰产权才是治本之策。只有深化改革才能巩固天然林资源保护工程取得的成果，彻底摆脱国有林区的“两危”境地，才能实现建设社会主义新林区的目标，最终实现森林资源的可持续经营和林区经济社会的可持续发展。

2. 国外管理模式比较借鉴

国外的国有林是指森林、林地和林地上生长的植物归国家或联邦政府所有，公有林主要是归地方政府所有，私有林是指归私人业主所有。国有林是林业的主要制度形式，在各国的林业经营与实践中，国有林发挥着十分重要的作用。企业仍然是国有林管理的主要组织制度形式，根据政府与企业的不同关系，可将国外国有林的管理分为两类：

(1) “政企合一”模式。即政府林业行政管理机构既是职能机构，又直接经营国有林。美国、日本、英国等皆属此模式。政企合一模式的特点是：政府林业行政管理机构直接管理国有林企业，自成体系；对人、财、物、产、供、销实行一元化领导；在经济管理方面有两种类型：一种是国有林经费靠国家预算，收入上缴国家，亏损由国家财政补贴，如美国；另一种是实行国有林特殊会计法，收入不上缴国家财政，全部收入作为育林费，亏损由国家财政补贴，如日本、英国等。各国国有林管理不尽相同，各有特色，而有些国家，随着国家经济的发展，国有林的管理体制也正在发生变化。

美国农业部林务局在国有林管理方面实行政企合一的管理体制，林务局是美国最高的林业行政机构，直接经营国有林。美国国有林自成体系，在人事、财政等方面具有独立性，实行四级管理，即联邦林务局、大林区、林管区和营林区。联邦林务局是国有林的最高管理机构，但大林区负责制定所辖林区的经营计划等。林管区是大林区的具体实施单位，独立进行经济核算。营林区是国有林系统的最基层单位，负责造林、更新、游憩和保护等工作。国有林企业原则上只进行立木销售，而不进行木材生产，营林与森工实行分治。美国国有林的经营管理实行一般的会计核算制度，经费靠国家预算，收入上缴国家财政，但国家预算大于上缴数额，从而保证了国有林的进一步发展。

日本林野厅虽然隶属农林水产省领导，但具有很大的独立性，自成体系。它既是职能机构，又直接经营国有林。林野厅对国有林系统的职工实行直接领导，定期进行交流和轮换，收到了良好的效果。日本国有林实行三级管理，即林野厅通过营林局(支局)和营林署，对营林和森林工业进行统一经营。日本国有林除《一般会计法》外，还实行《国有林特别会计法》，收入不上缴，全部收入留给林业部门作为育林经费，由林野厅统一管理和核算。若出现赤字，则由国家预算予以补贴；若收入有结余，可转入下一年度继续使用。

英国国有林业委员会是林业行政的最高机构。它既是职能机构，又直接经营国有林，实行政企合一的体制。英国国有林企业不受地方政府干预，自成系统，对国有林系统的人、财、物、产、供、销可直接调配。英国国有林资金来源主要靠国家林业基金，它不受年度预算支配。国有林收入不上缴，用于发展林业生产，不足部分由政府按预算拨款补足。林业基金由国家林业委员会统一管理。国有林会计按林业基金的特殊办法进行核算，由国家一般会计拨款。

(2) “政企分离”模式。即政府林业行政管理机构纯属职能机构，不直接经营国有林，而是由相应的企业性机构进行经营，接受职能机构的监督。瑞典、德国、法国、俄罗斯、奥地利、加拿大、新西兰、印度等国均属此模式。“政企分离”模式的特点是：职能机构只管林业方针政策，不直接经营国有林；企业具有法人资格，实行独立的经济核算，走企业化的道路；联邦制国家的国有林实行“上分下合”的管理体制，即联邦实行政企分离，而地方(邦、省等)实行政企合一；实行两种经济管理形式：一种按企业会计进行独立核算，收入不上缴，自收自用，亏损由国家补贴；另一种是实行一般会计核算，收入上缴国家财政，亏损由国家财政补贴。由于各国的林业体制不同，林业企业管理方式也不大相同，各有特色，没有一个完全统一的管理模式。当今，国有林实行企业化经营是一个明显的发展趋势。

瑞典国有林比例不高，只有5%。实行“政企分离”的管理体制，即农业部林业局是职能机构，制定林业方针政策，不直接经营国有林，只起监督作用。国有林管理局是企业性机构，负责自有林的经营、木材销售等事宜，由原来的公共事业性单位转变为实行经济独立核算的经济实体。瑞典国有林会计实行企业核算，财政收入自收自用，亏损由国家补贴或贷款。

德国国有林是一种“上分下合”的管理体制，在德国联邦政府实行分散决策的原则，联邦制赋予州政府很强的独立性，联邦政府林业行政管理机构的政企分离，而州林业行政管理机构是政企合一。粮食农林部林业、木材工业研究和开发司是全国最高的林业行政管理机构。它是职能性机构，负责制定林业方针政策，监督各州的林业工作和组织国际林业交流，不直接经营国有林。州林业管理局，负责制定长远发展规划、森林法和其他有关条例，协调与政府和其他经济部门之间的联系，还负责监管下属各机构的工作。州下设林管局，负责管辖内国有林的管理，对国有林实行营林、木材采运和加工统一经营。管理局下设林业局和施业区。德国国有林实行预算制，盈亏由国家包揽。

加拿大国有林管理体制和德国相似，即环境部林务局主要负责制定林业方针政策事宜，基本上不直接经营国有林；省有林实行省有省营。国有林占92%，绝大部分归省管辖，实行国有省营。国有林实行营林、森林工业分离经营，政府不允许营林部门采伐森林，木材采运多以招标方式由专业公司承担，并负责更新造林工作。国有林投资由政府拨款，收入全部上缴。

不论国有林以那种方式进行管理，除瑞典、加拿大、美国少数几个国家以外，国外普遍存在着经济困难。尽管各国产生经济困难的背景不尽相同，但原因基本相似，都是存在于国有经济本身的低效率，经营不善、管理费用高等问题。各国都在进行精简机构、调整政策等方面的改革。

3.改革方向探索

现行的国有林区和森工企业管理体制已经不适合现代林业发展的要求，因而必须加以改革，通过建立良好的体制和机制保障，巩固和发展天然林资源保护工程建设成果，再次振兴东北内蒙古重点国有林区森林和野生动植物资源，使其成为国家重要的生态屏障和战略资源储备基地，实现森林可持续经营。

（1）建立自上而下垂直管理的国有林管理机构。以原设置在国有森工企业中的森林资源与林政管理机构、森林资源调查规划机构、森林资源监督机构、森林经营管理、森林公安、护林防火和木材检验站为基础，建立森林资源中央或省级垂直管理体制。明确黑龙江、吉林和内蒙古3省（自治区）重点国有林区森林资源由国务院代表国家行使所有权，由国务院林业主管部门代表国务院实行垂直管理体制。在3省（自治区）设立国有森林资源管理局——管理分局——林务所，性质为具有行政管理职能的中央事业单位。国有森林资源管理机构财务实行收支两条线管理，所需事业经费（包括森林公安经费）、森林资源经营管护经费，列入中央公共财政预算，所有收入在依法纳税后全部上交中央财政。

（2）加快政企分开、企社分离。一是分离企业办中小学。二是分离企业办医院。将企业所办医院的资产、人员成建制移交当地政府统一管理。三是分离企业自办的后勤服务等职工福利型机构。企业自办的后勤等服务机构，要由福利型转为经营型，由无偿服务转为有偿服务，由单纯为企业服务转为面向社会服务，改制成为独立核算、自主经营、自负盈亏的经济实体。

（3）推动森林工业企业建立现代企业制度。国务院授权黑龙江、吉林和内蒙古自治区国有资产管理委员会监管中国龙江森林工业集团、大兴安岭森林工业集团、内蒙古大兴安岭森林工业集团和吉林森林工业集团的国有资产。各省国有资产管理委员会代表国家行使各森工集团的出资人职责，行使重大决策权、经营者选择权和资产受益权，维护所有者权益，督促企业实现国有资本保值增值，防止国有资产流失。要维护森工集团作为市场主体依法享有的各项权利，不干预集团的日常经营活动。要加快森工企业改制步伐，通过股份制改革，推动国有资本的流动重组，促进公司治理结构的建立和企业经营机制的转换，推动现代企业制度的建设，实现国有经济与其他所有制经济的更好结合。要采取改组、联合、兼并、租赁、承包经营和股份合作制、出售等多种形式，放开搞活森工集团所属的一些中小企业。鼓励非公有制企业参与国有森工企业股份制改造，发展混合所有制经济，加快发展具有较强经济实力、较高管理水平、较强控制力和竞争能力的国际现代化企业。

（4）促进林区经济结构调整，培育新的经济增长点。探索多种类型经营模式，建立国有森林资源有偿使用机制、委托经营、承包经营和市场化契约经营机制。森工企业按照等价交换的原则平等参与市场竞争，向国有森林资源管理机构购买采伐权，按照采伐技术规程要求完成采伐任务或相应的更新任务，直接出售木材及其加工产品；以招投标方式参与国有森林资源管理分局的营林作业，在取得劳务收入的同时，促进国有森林资源的可持续经营；通过优化林产工业布局，推动林产工业的技术改造，提高林产工业发展水平和林产品竞争能力；

通过积极发展非木林产品的加工，培育新的经济增长点，在增强自我发展能力的同时，为地方经济培植新的税源，为林区群众从事非木林产品的采集、种植和养殖提供稳定的市场。放宽企业准入限制，允许国有森工企业跨地区跨行业经营，在更广阔的领域参与市场竞争。进一步扩大森工企业外贸自主权，鼓励企业走出国门开发国外资源，服务国内外市场。森工集团对内部的各类资产进行优化重组，建立营林、林产工业、林副产品加工工业、森林旅游业等专业公司，推进集团内部的专业化协作和分工，提高资产运营效率和资源配置效益。

（5）继续加大天然林资源保护工程建设力度。2000年，国家启动天然林资源保护工程以来，为解决我国天然林的休养生息和恢复发展，特别是国有林区资源危机、经济危困等问题发挥了重要作用。工程建设期从2000～2010年，国家总投资约1100亿元，主要用于森林资源的培育、管护、下岗富余人员的安置，教育、公检法人员的费用补助，企业债务减免，地方财政减收补贴等方面，取得了明显效果。所以应该继续加大天然林资源保护工程建设力度，延长工程建设期，提高补助标准，为逐步形成国家林区稳定的生态系统，拓宽林区职工和林农就业渠道，优化林区经济结构，建设社会主义新林区做出更大贡献（专栏19-3；专栏19-4）。

（三）国有林场改革

我国国有林场大都建于20世纪五六十年代。从建场之初，国家就把以造林经营为主的国有林场定性为实行企业化管理的国营事业单位。国有林场是我国林业事业的重要组成部分和中坚力量，在大规模造林绿化和森林资源经营管理工作中，取得了显著成绩，发挥了骨干、示范和带动作用，为培育国家后备森林资源、改善生态环境和促进经济发展做出了突出贡献。随着我国社会主义市场经济的发展和国家林业政策的重大调整，国有林场的发展环境

专栏19-3

黑龙江省伊春市推进国有林区林权制度改革

2006年1月4日，国务院第119次常务会议做出了在黑龙江省伊春市开展国有林区林权制度改革试点的重大决策。温家宝总理特别强调：伊春国有林区林权制度改革试点是国有林区改革迈出的关键一步，对深化林业体制改革、促进林业可持续发展具有重大意义！根据国务院第119次常务会议精神和国家林业局批复的《黑龙江省伊春林权制度改革试点实施方案》，2006年6月16日，国有林区林权制度改革试点正式启动。

试点以伊春林区具有代表性的5个国有林业局中的15个林场（所）为对象，范围仅限于浅山区林农交错、相对分散、零星分布、易于分户经营的部分国有商品林，面积为8万hm^2。承包经营林地的对象是试点林业局的林业在册职工，伊春林业管理局机关干部及试点林业局管理人员和离退休职工暂不参加林地的承包经营。

试点按一沟一系一坡的自然界限，结合森林经营区划，按每户5～10hm^2的规模，实行林地承包经营。林地承包经营期限50年。试点的任务建立国有森林资源经营管理的新模式；建立国有森林资源承包经营的新机制；建立国有森林资源资产评估体系和管理办法；积极发展社会中介组织，完善社会化服务体系。

截至2006年底，已完成调查区划面积32万hm^2，完成评估面积8.26万hm^2，落实林地承包面积8万hm^2，签订林地承包和林木流转合同6623户，涉及职工人数9935人，8万hm^2林地承包任务已全部落实。

专栏19-4

吉林森工企业改革“四到位”

2005年，按照吉林省委、省政府关于推进产权制度改革为核心的国有企业改革的总体要求，吉林省在原有改革措施的基础上开展了国有森工企业改制重组。结合林业实际，改制重组森工企业，做到“四到位”。一是深化产权制度改革，加工业国有资本退出到位；二是实行精干主业战略，辅业全部转制为民营到位；三是解决企业办社会问题，社会职能移交到位；四是深化劳动用工制度改革，劳动关系转换到位。通过深化改革，实现营林与加工分离、主业与辅业分离，推进体制创新，建立现代企业制度。

截至2006年底，吉林省林业系统96户加工企业，涉及资产3.05亿元已全部完成产权出售，实现了加工企业国有资本全部退出；职工医院、资源综合开发单位、建筑安装公司、机修厂反供水、供暖、供气、网络传输、宾馆、商业、环卫等95个辅业单位，涉及资产3.4亿元，职工15 591人，全部转制民营，实行市场化运作。吉林森工集团所属65个辅业单位已全部完成改制任务；分离社会事业单位87个，收回资金7000多万元，企业减少支出4000余万元。60所中小学成建制移交所在地政府；13.8万职工全部转换劳动关系，其中3.7万人以资产量化和现金方式与集团解除劳动关系，安排到新厂就业，5.4万集体混岗职工协议解除劳动关系，0.48万人移交当地政府，改制后集团公司有员工3.8万人。

发生了根本变化，国有林场办场方向、管理体制和管理手段也需要改进和完善。在新的形势下，推动国有林场改革是促进现代林业发展的重要内容，具有重要的现实意义。

1. 背景与需求

目前，全国国有林场达4466个，分3个层次进行管理，有3361个由县（市）管理，约占林场总数的75%，省（区、市）和地（州）管理的林场分别占10%和15%。共有职工66万人，经营森林面积5666万hm^2，森林蓄积量约21亿m^3，占全国总量的1/6。国有林场从建设之初，就在造林绿化、保护和发展森林资源、发展林产业等方面发挥了极为重要的作用。但是，由于历史的原因和客观条件的影响，以及过去林业指导思想的局限，国有林场的发展还相对滞后，面临着资源危机、经济危困、改革滞后、发展乏力等问题，全国有一半以上的国有林场经济比较困难，改革与发展的任务十分艰巨。

现行体制导致国有林场在森林资源管理上出现诸多问题，主要表现在：一是没有建立起符合市场经济要求的森林产权制度。国有林场的森林资源为国家所有，各级林业行政主管部门代表国家行使国有森林资源的所有权，作为县(市)林业局下属单位的国有林场经营管理森林，这样名义上森林资源是国家所有，而实质上由于森林资源的所有权、经营权属同一个主体，使得林业局及国有林场既是国有森林资源的所有者，又是经营者，造成实际上的国有森林资源产权虚置，责、权、利不明晰，形不成有效的监督、约束机制；二是没有对森林资源实行资产化管理。长期以来，国有森林资源都是无偿使用，这是违背客观经济规律的，国有林场在组织木材生产时，对森林资源采多采少、采好采坏，计算的只是生产成本，而不计算林木的自身价值；三是后备资源建设缓慢。尽管国有林场从20世纪60年代就开始营造人工林，但是整个人工林面积占整个有林地面积的比例却很小；四是大面积天然次生林得不到解放。由于缺少资金和政策的扶持，密度过大的次生林和低价林得不到抚育和改造，致使林木生长缓慢；五是各级政府、林业主管部门乃至林场都认为自己有权处置国有林场的森林资源资产，由此，一些林场的林木、土地等资产不时地被地方政府、部门无偿平调、占用，甚至转让出卖，使国有森林资源蒙受损失。

2. 主要内容

（1）实施国有林场分类改革。将生态区位重要，以保护和培育国有森林资源为主要任务并发挥生态效益为主的林场界定为生态公益型林场，按公益事业单位管理，执行国家对事业单位的管理政策。根据事业发展的需要，按照精简、效能的原则，重新核定生态公益型林场事业编制，具体方案由县级以上林业主管部门提出，报同级机构编制部门和财政部门核定，按有关程序报批。重新核定编制后的国有林场人员经费和机构经费全额纳入同级人民政府财政预算。国有林场的各项事业收入纳入同级财政预算管理，实行收支两条线。建立与新的管理体制相适应的国有林场财务管理制度和会计核算办法。

将主要从事商品林和其他产业经营并以发挥经济效益为主的林场界定为商品经营型林场，全面推行企业化管理，按市场机制运作。鼓励通过资产重组组建跨地区、跨行业的林场联合体，实行规模经营，建立现代企业制度，在兼顾社会效益、生态效益的前提下，自主经营，自负盈亏，在市场竞争中求发展。

各地两类林场的划分，由国有林场的上级林业主管部门提出意见，经同级人民政府同意，并由省级林业主管部门审核后，报省级人民政府审定。具体办法由各省、自治区、直辖市结合本辖区内生态建设和林业产业发展的实际制定。

（2）改革国有林场劳动人事制度。生态公益型林场实行人员聘用制度和岗位管理制度。林场应根据核定的事业编制，结合所承担的主要任务，科学设置内部岗位，明确岗位职责和条件，按有关人事政策公开招聘人员，实行竞聘上岗、择优聘用、以岗定酬、合同管理。改革生态公益型林场场长单一的委任制，积极引入竞争机制，实行聘任制与委任制相结合的任用形式；对生态区位特别重要，经营管理森林资源面积较大的重点林场场长的任免，在按照干部管理权限任免前，应征求上一级林业主管部门的意见。商品经营型林场的劳动人事制度，按国家对企业的有关法律法规执行。

（3）强化国有林场国有资源管理。国有林场经营管理范围内的林地，是国家重要的生态建设和后备森林资源培育的基本用地，必须保持其范围和用途的长期稳定。国有林场的经营范围未经省级人民政府同意，不得随意变更。因工程建设等占用林地，必须依照《森林法》《森林法实施条例》和国务院林业主管部门的有关规定办理。要对国有林场的森林资源及其他可供利用的资源进行价值评估，并纳入国有资产核算。对国有林场范围内各类国有资源的开发利用，实行有偿使用制度。商品经营型林场在资产重组转制过程中，林地权属和用途不得改变。生态公益型林场承担经营范围内国有森林资源的管理任务，要逐步建立完善责、权、利相统一，管资产与管人、管事相结合的国有森林资源管理体制，确保国有林场认真履行职责，加强对国有资产的管理。

（4）提高国有林场经营管理水平。国有林场要根据不同森林资源的主导利用方向，进一步明确经营目标，重新修订和编制森林经营方案，经省级林业主管部门批准后，严格按照森林经营方案进行经营，并完善森林经营档案，促进规范管理。要充分发挥国有林场的示范带动作用，大力推广先进适用新技术，强化经营措施，加快中幼龄林抚育步伐，合理调整林种、树种结构，提高森林质量，不断增强森林生态系统的整体功能。大力发展珍贵用材树种，积极培育大径级林木，努力建设好国家的后备森林资源基地，全面提高国有林场的综合效益。

3. 配套措施

（1）加大对国有林场的投入力度。各级人民政府应将生态公益型林场各类基础设施以及营造林、森林防火、病虫害防治等建设投入，纳入国家和地方的固定资产投资计划。中央生态效益补偿资金要统筹安排好国有林场已经划定的重点公益林。把解决国有林场道路、通电、通讯、广播电视、沼气能源、安全饮水和职工危房改造等问题统一纳入地方各级社会主义新农村建设规划和相关专项规划，尽快改变国有林场生产、生活基础设施严重落后的状况。

（2）加强对国有林场改革的组织领导。加快国有林场改革涉及面广、政策性强，地方各级人民政府应该加强对国有林场改革工作的统一领导和协调，认真抓好相关政策的落实。对历史遗留问题较多、改革需要支付一次性成本较大的国有林场，中央和地方财政部门要安排一定的专项资金，切实帮助这些林场解决好改革中的重点难点问题。

（3）多渠道安置生态公益型林场分流人员。国有林场要充分利用现有经营性项目转制分流职工，依据有关政策，制定职工分流安置方案，并经职工代表大会或职工大会讨论通过。经营性项目剥离后成立的独立法人经营实体，要优先安置林场分流人员并依法签订劳动合同，这部分人员转制前的工作年限合并计算为转制后企业的工作年限。国有林场也可根据各地的实际情况，在与职工协商一致的基础上，采用以现金支付经济补偿金的方式，解除与分流人员的劳动关系；或经有资质的机构评估并经当地林业主管部门批准，可利用国有林场的商品林和经营性资产等进行作价，以产权流转的方式对分流人员进行一次性安置。

（4）维护职工的其他社会保障权益。生态公益型和商品经营型林场及其职工应按照规定参加当地医疗、失业、工伤、生育等社会保险，并按时足额缴纳社会保险费。国有林场在与分流人员解除劳动关系时，应做好各项社会保险关系的接续工作，按规定补缴欠交的各项社会保险费。各地要按照《城市居民最低生活保障条例》的规定，将符合低保条件的国有林场职工及其家庭成员纳入当地城市居民最低生活保障范围，切实做到应保尽保（专栏19-5）。

（四）促进非公有制林业发展

进入21世纪以来，我国的非公有制林业得到迅猛发展，据第六次全国森林资源清查结果显示，在现有的森林面积中，非公有林所占的比例为20.32%；现有的未成林造林地中，非公有林已占41.14%。迅猛发展的非公有制林业促进了我国林业所有制形式和投资结构的多元化，并在增加林农收入和吸收农村劳动力就业等方面发挥了重要的作用，非公有制林业已成为我国非公有制经济的重要组成部分和促进现代林业发展的重要力量。所以，在现代林业建

专栏19-5

重庆市国有林场改革见成效

2005年，重庆市政府出台了《关于深入推进国有林场改革与发展的意见》，实施一年多来，取得了很好的成效。全市国有林场全部划为生态公益型林场，通过整合，国有林场数量由改革前的98个合并为改革后的73个，全部按事业单位管理，所需经费纳入同级财政实行差额预算。基本解决了国有林场职工基本养老、基本医疗保险问题，并按照国家有关政策，妥善分流安置国有林场富余职工1731人。同时，重庆市筹集资金3990万元，对全市国有林场的293个护林站、6个林场场部，共计64 600m^{2}房屋进行了改造，购买了300辆汽车用于森林管护，改善了职工生产、生活条件，加强了森林资源管理。

设过程中，要把所有制结构调整与体制转换结合起来，充分调动各类投资主体的创新、创业潜力，为非公有制林业发展创造良好的外部环境。

1.政策背景

新中国成立以来，在对待非公有制经济的问题上，经历了从“对立论”到“限制发展”，从“有益补充”再到“重要组成部分”的历史过程。1997年党的十五大把非公有制经济的地位提升到我国社会主义市场经济的重要组成部分，确认了利用一切符合“三个有利于”的非公有制经济为实现现代化服务的原则。这是我国经济发展战略的重大调整，既为非公有制经济进一步健康发展创造了良好的氛围，也为思想观念和政策突破提供了前提。党的十六大明确指出必须毫不动摇地鼓励、支持和引导非公有制经济的发展。在全面建设小康社会的伟大进程中，要实现生产发展、生活富裕、生态良好的文明发展道路的宏伟目标，就必须要求非公有制林业要有一个大发展。

林业部门对所有制问题的讨论是从20世纪80年代的林业“三定”暨集体林区改革的深化后开始的，随着改革开放力度的加大，南方一些省（自治区）出现了一些合资经营林业的现象，这些形成了中国非公有制林业的雏形。2000年初，国家林业局提出要把放手发展非所有制林业作为实现新世纪中国林业跨越式发展要突出的六项工作之一。2001年初的全国林业厅局长会议，更是结合当前中国的国情、林情，对林业生态建设的总体思路、发展目标、实现方式与途径等重大宏观战略做了及时调整，并开始把非公有制林业从后台推到林业生态建设的大舞台，给予其应有的社会地位。从此，我国非公有制林业开始蓬勃发展。

2.国内外发展概况

非公有制林业在许多国家都已有相当长的发展历史，并在世界林业发展进程中发挥着十分重要的作用。目前，世界上林业比较发达的国家大多数也是非公有制林业发展比较迅速的国家，如美国、挪威、瑞典、芬兰、法国、日本等，私有林在这些国家的森林总面积中均占50%以上，有的甚至高达90%以上。这些国家的非公有制林业之所以比较发达，主要是因为他们都采取了一系列有效的举措：①大多数国家都通过立法的形式确认私有林经营者的合法权益，私有林主的林权较为明晰，并能够自由流转；②他们还通过法律法规来规范私有林经营者的生产经营行为，并设有专门的森林法实施机构，基本上实现了以法治林；③这些国家的政府部门一般不直接插手企业的经营活动，而是注重于宏观调控手段的运用，如通过制订一系列的优惠政策来促进非公有制林业的发展；④他们的林业社会化服务体系比较完善，能够为私有林经营者提供技术、信息、咨询等方面的服务；⑤有较为健全的林主协会组织，主要为私有林主们提供外引和内联服务。当然，由于各方面的差异，以上这些做法我国不能全盘照搬，通过学习和借鉴，有助于促进我国非公有制林业的发展。

我国其他行业非公有制经济的迅猛发展，也为非公有制林业展示了光明的前景。近年来，非公有制经济已经迅速发展成为推动我国经济社会发展的重要力量，成为我国社会主义市场经济的重要组成部分。我国非公有制林业的发展相对滞后，但这有利于吸收、借鉴其他行业发展非公有制经济的经验，从而发挥后发优势，努力实现跨越式发展，使非公有制林业在社会主义现代化建设中发挥应有的作用。同时，浙江、辽宁、广东、福建等林业发达省份在非公有制林业的发展上也已经进行了多年的探索和实践，并取得了初步成功，这也为其他省份非公有制林业的发展提供了有益的借鉴。

3. 保障措施

（1）完善发展政策。要制定鼓励非公有制林业发展的优惠政策，放宽林产品经营权、林木采伐权、林地使用权等方面的权限，保障非公有制投资者的合法权益，让投资者放心，让经营者受益，增加投资林业建设的吸引力。同时，要结合森林分类经营改革，不断完善管理政策，对营造的非公有制速生丰产林，应按市场需求，自主经营，尽量满足采伐限额，使其及时得到合理的回报。同时，通过限制皆伐面积，特别是通过强化伐后及时更新措施，来缓解因砍伐而可能对生态环境带来的不利影响。

（2）减轻税费负担。目前，世界各国大都对林业采取低税收的政策。欧洲各国的林业税费为每公顷每年52～732元，最高的瑞士其税率也不超过8%，而且大部分都不交税。我国经济林发展的实践也已经证明，10%～12%的低税费，能促进经济林资源的培育和加工利用，对财政的总贡献仍然很大。如果木材的各类税费率能够降低到经济林的水平上，民间投资进入用材林经营领域的经济障碍就将彻底消除。因此要将林业部门运转所需要的行政经费、森林资源保护经费足额纳入政府的财政预算，保证管理、管护工作正常运行。同时，要减轻林业税费负担，规范征收税费程序，保障非公有制林业经营者获得合理收益。

（3）拓宽投融资渠道。国家计划、财政等部门应将发展非公有制生态公益林所需资金列入财政预算，给予适当补助；国家及各省对重点项目的资金安排应适当向非公有制林业倾斜，我国退耕还林工程实行国家补助，地方配套，群众自筹相结合的投入方式，取得了较好的成效，已经实行以农民建设为主体的模式，其他林业工程可以借鉴其经验，活化管理机制，创造新的模式，调动广大农民群众投资非公有制林业的积极性和主动性；金融部门应制定适合非公有制林业发展的长周期、低利率的贷款政策和管理办法，建立为非公有制林业发展服务的信用担保和风险投资基金，建立长期稳定的投资渠道；商业银行在贷款程序上与公有制投资主体应当一视同仁，适当放宽贷款担保和抵押条件，允许非公有制林业业主以土地使用权做抵押取得林业贷款，并延长还款期，以盘活资产，促进生产要素流向非公有制林业。

（4）营造良好发展环境。一是采取多种形式，广泛宣传国家鼓励非公有制林业发展的方针政策，宣传民营企业、民间资本对经济社会及林业发展的积极贡献，在全社会形成一个关心支持非公有制林业发展的舆论氛围。二是各级林业主管要进一步转变工作作风，把主要精力切实转到制定规划、政策引导、维护市场秩序、提供公共服务上来，用市场经济的办法抓非公有制林业的发展，真正做到对非公有制林业少干预、多服务，少限制、多支持。三是进一步规范林业税费征收行为，彻底清理对非公有制林业主体的不合理收费，坚决杜绝各种形式的乱集资、乱摊派、乱罚款现象，切实维护他们的合法权益。四是加快建立和完善社会化服务体系，大力培育投资咨询、设计、招标代理、工程监理等中介机构，为民营企业提供政策、法律和市场等方面的咨询服务，引导非公有制林业健康发展。

（5）加大依法保护力度。要依法治林，保护非公有制林业投资者的利益，尤其要加大对无证企业的查处、整顿力度，全面清理和打击非法侵占林地，非法运输、加工木材等经营活动；同时，要清理整顿资源浪费严重、设备和技术落后、产品低劣的小企业，以达到保护森林资源、规范流通秩序的目的。另外，要帮助非公有制林业投资者认真学习好有关法律法规，防止出现林权纠纷，对于已经产生的林权纠纷要积极帮助解决。

第二节　现代林业机制创新

创新是社会发展进步的不竭动力和源泉。当今时代，机制创新越来越成为社会生产力解放和发展的重要标志。我国是一个发展中国家，在现代林业建设过程中，一方面，体现政府主导的强制性制度变迁和充分发挥林业政策的调控引导职能，依然需要发挥基础性的作用，这由我国所处的发展阶段所决定。另一方面，也可能出现政府制定的林业政策因为不当或滞后于形势的发展而出现“政府失灵”现象，从而在某种程度上使森林资源遭受损失的情况。所以，走中国现代林业可持续发展之路，关键是要进行机制创新，探索建立一套有效促进现代林业政策制定、管理、监督、评价、反馈和完善的政策运行机制，以便能够最大限度地组织中国各阶层的劳动、知识、技术、资金、管理等生产要素，实现林业社会资源的合理配置，引导全社会力量，积极参与森林资源的培育、保护与利用，最大限度地发挥森林综合效益，实现环境、经济与社会的协调发展。

（一）建立集体科学决策机制

林业政策系统运行是林业政策的主体、客体和环境相互作用的过程，表现为政策经过决策、制定、执行、评估、监控和终结等环节的活动，然后进入新一轮的运行过程，在这个过程中，信息、咨询、决策、执行和监控等子系统不断参与作用，为政策有效运行提供支持，以确保林业政策发挥应有的作用，实现林业政策目标。在这种情况下，如果政府继续运用传统意义上的林业政策决策机制，将多元的林业利益主体排除在林业政策决策过程之外，必将激化现代林业发展中的利益冲突现象，从而无法有效调动全社会资源发展林业。所以，建立现代林业可持续发展的政策机制，首先需要在以促进森林资源可持续发展为总体目标，以一定的规则框架为前提的基础上，建立包括政府、私人、社区第三部门和国际组织等多元化的政策主体共同参与、平等合作的林业政策决策机制。

1. 实行林业政策决策主体多元化

就单主体林业政策决策过程来说，政策决策过程的主体基本是惟一的，不是多元的，这一元化的林业政策主体即是政府林业部门。其他主体如公民个人、社区、第三部门和国际组织等，虽然成为我国林业政策决策过程的重要参与者，但并未真正参与到林业政策决策过程中来，其偏好和利益要求没有有效输入到林业政策决策过程中去，因此并未成为真正意义上的林业政策决策过程主体。但对于多主体林业政策决策过程来说，林业政策决策过程的主体是多元的，不仅仅政府林业部门是林业政策决策过程的主体，其他社会主体如公民个人、社区、第三部门、国际组织等也同样是林业政策决策过程的主体，他们的声音、意愿和偏好不仅能够平等地进入林业政策决策过程，而且能够进入林业政策目标的制定、林业政策的制定和执行、林业政策的监督、评估和反馈等过程，而不仅仅是国家林业政策的被动执行者。政策主体的多元化，其本质思想是参与和表达。具体来讲，在林业政策决策过程中，一方面要有林业社会主体参与政策过程的渠道，另一方面林业政策的制定要体现林业社会主体的意愿和要求。这是多主体林业政策决策过程的实质，也是建立现代林业可持续发展政策制定主体集体科学决策机制的核心。

2. 完善基于规则的政策支撑框架

多主体林业政策决策过程的构建，在根本意义上讲，它需要一系列坚实的制度规则来支撑。具体来讲，支持多主体林业政策决策过程的制度规则可以分为两个层次：上层的制度规则和下层的制度规则。上层的制度规则主要指保障林业社会主体参与林业政策决策过程的种种制度安排，比如林业社会主体在政策过程中的法律地位、其参与政策过程的途径、参与的方式等。下层的制度规则是更为基础性的制度安排，其目的是作为多主体林业政策决策过程的根基。这些基础性的制度安排包括林业法律体系、林业产权体系、林业保障体系等。在此基础上，各政策主体之间的地位是平等的，关系是合作与互惠的，这有助于形成政府林业部门和各社会林业主体之间的信任和密切合作关系，有助于科学决策，最大限度地调动社会资源参与现代林业建设过程。

3. 推进“参与式”政策制定方式

全面了解林业情况，准确地把握林业问题，是制定切实可行的林业政策，提高政策效果的前提。决策者尤其是县(市)级决策者在制定政策时应注重运用“自下而上”的参与式方式，即从林业实践中发现政策问题，充分尊重森林经营者的意见和建议，从经营者角度出发制定政策，同时，广开渠道，形成林业政策决策过程中政府主体与社会主体之间的伙伴关系，吸引社会各界参与政策制定过程，达到立法机关、行政机关、司法机关、利益集团、公民等共同参与，科学研究、集体决策的目的。这不仅可以大大弥补了政府林业部门资源不足的现状，节约政策制定成本，而且可以充分吸纳各方意见，使制定的林业政策更加符合实际情况，提高政策绩效。

（二）规范政策执行过程

中国的改革正从经济领域扩展到社会生活的各个方面，如何改革政策制定执行系统，提高政策制定的科学化、民主化程度，规范政策执行过程，已成为政府管理体制改革的重要内容。经常可以看到一个政策推行不久后，就会陆续发布一些实施细则、补充通知和解释，虽然这一方面反映了政策制定的逐步深化，但另一方面也说明了最初政策制定欠科学以及在执行过程中所暴露出的问题。在我国当前的林业政策执行系统中，存在着两个困扰已久的问题：一是林业政策制定过程中，利益相关各方参与程度严重失衡，依靠少数精英团体决策与制定政策的现象普遍存在；另一个是在政策执行中普遍出现“上有政策、下有对策”的现象，导致许多初衷很好的政策在执行中“走调、变样’。造成“上有政策、下有对策”的可能原因很多，政策执行过程不规范，是其中一个重要根源。

1. 强化法律手段

林业政策执行是一个复杂的过程，应灵活运用执行手段，提高执行效果。强化法律手段体现在执法必严，违法必究，各级林业部门林政、森林公安等部门要密切配合，深入开展各种专项打击行动，加大林业行政案件的查处力度，对一些重大案件，加大督察督办力度，确保违法行为得到查处，林业政策落到实处，建立确保林业政策执行的长效法律机制，切实保护森林资源，保障森林经营者的合法权益，严厉打击违法违规行为。

2. 强化行政手段

林业生产周期长，调节余地小，政策滞后性显著，行政手段是一种有效的政策执行手段。林业政策的执行需要全社会的共同参与，需要政策执行者理解政策意图和具体措施，需要政策对象知晓和理解政策内容并接受和服从政策。在林业政策执行前，应运用行政手段和各种媒介进行宣传来达到政策深入人心的目的；在政策执行过程中，一定要做好行政督导工作，防止在政策执行过程中因行政工作出现偏差而导致政策负效果扩大化。长期以来，因少数行政干部工作方式不当，引起林农在政策执行过程中出现抵触情绪，而使一些政策难以落实。因此，在运用行政手段确保政策执行力度时，要讲究行政工作方式方法，确保上级政策向下级传递过程的顺畅，促进政策有效实施，减少政策时滞。

3. 强化经济手段

在林业政策执行过程中，要强化经济手段的运用，加强对弱势群体的经济扶持，出台鼓励多方筹资政策，保障生态公益林建设和补偿资金落实，切实把生态公益林规划好，管理好；同时，要注重完善服务政策，轻税费，扶持林业产业发展，包括引导农民和林业企业进行名特优新干鲜果生产、加工，森林旅游资源开发，绿化苗木生产，非木质林产品产加销一体化等发展。

在任何一个林业政策贯彻执行中，都应根据具体情况灵活结合运用各种手段，以便提高政策执行效果，促进政策目标实现。

（三）完善政策监督评价机制

现代林业政策监督评价是指对林业政策及其各种替代选择的政策影响进行系统的、综合的监督评价过程。进行政策监督评价的目的是要把对林业政策监督评价纳入到政策的制度中去，通过分析各种政策选择的林业影响提高决策的质量，从而建立一种环境、经济和社会综合协调的决策机制。

1. 加强政策监督评价

加强林业政策监督评价，要求对较重要的林业政策均应坚持生产力标准、效益标准和公正标准进行政策监督评价，并将评价的重点放在政策执行结果和政策失败的原因上，以利于借鉴经验、吸取教训，以实现决策科学化，减少政策失误。同时，要提高公众素质和尊重社会舆论对政策运行系统的监督评价，充分发扬民主，多创造机会让森林经营者参与政策监督评价，若发现由于外界条件的变化或政策本身的原因导致政策无法运行或无必要继续运行，则应提出终结建议，并促成政策终结，提出政策更新建议。

2. 建立政策反馈应用机制

重视对林业政策监督评价结果的反馈应用是衡量林业政策执行效果的重要因素，它是一个表达和扩散林业政策监督评价成果的动态过程，即通过林业政策反馈应用信息的表述和扩散使其不断地返回到执行和新制定的林业政策中去。对林业政策执行情况及时反馈，要满足不同决策层对林业政策执行效果了解的要求，信息反馈应该是及时的、易接受的、简明扼要的、有针对性的、系统的、形式多样的和便于操作的，这就要求建立政策反馈应用机制。反馈应用机制的建立要以制度的形式确立，要用正式和非正式的手段对林业政策监督评价获得的经验教训，在新的林业政策的制定和实施过程中得到重视和应用。林业政策反馈应用机制应主要与林业政策制定、林业政策执行过程、林业政策监督评价以及行政人员培训等建立紧密联系。

（四）转变政府职能，确保林业政策顺畅运行

我国随着市场经济的深入发展，政府外界环境发生了巨大变化，这一切最终也将反映在政府、市场、企业、社会的关系调整上，形势的变化要求通过重新处理政府、市场、企业、社会的关系来调整政府职能，要求把许多政府“不该管”、“管不好”、“管不了”的事让位给企业、市场和社会来处理，在积极转变政府工作职责的过程中重塑政府的职能。林业政府部门的职能要从主管木材生产的经济主管部门转变向调节森林资源生产总量、规范林产品市场环境、发展生态公益林、提供生态环境公共服务、维护林业建设公共秩序上来，确保各

项林业政策措施落实到位，吸引更多的生产要素投向现代林业建设。

1. 转变政府职能

我国政府和国有企业的传统关系是政企高度合一，政企严重不分，政府直接控制国有企业的经营活动，国企成为国家行政机构的附属物，政企不分不仅导致国有企业缺乏效率和活力，也导致政府规模的扩大。

在现代林业建设过程中，林业政府部门和林业企业都是平等的市场主体，林业政府部门对国有资产的管理，就要改变过去行政管理方式，建立符合市场化取向的政企分开、政资分开的新型国有资产运作管理体制，把林业政府部门在传统体制下承担的社会经济管理职能、国有资产所有者职能和经营职能分开，不介入林业企业的生产经营活动，让林业企业真正成为自主经营的市场主体。

2. 明确工作职责

市场不是万能的，存在着“市场失灵”的可能。由于市场不健全，信息不充分，不完全竞争和交易费用存在等，政府在促进经济发展可以发挥重要作用，但并不是说国家和政府可以随意取代市场作用，“政府失灵”和“市场失灵”同样存在。因此，在全球化的今天，政府与市场必须找到新的平衡点，应该各处于一个适合的位置，通过国家和政府经济政策的宏观调控，使市场机制与政府职能彼此协调，实现“看得见的手”和“看不见的手”的相互合作，共同促进经济发展和公共利益的实现。

不可否认的是，同社会主义市场经济体制要求相比，林业政府部门的行政管理体制仍存在许多亟待解决的问题：政府管制仍然较多，市场机制作用没有得到充分发挥；政府对经济领域的干预仍然较多，政府职能越位、错位、缺位现象仍然存在；政府内部决策职能与执行职能不明确，致使一些部门忙于具体事务、疏于决策，重审批、轻监管，缺乏有效的制约机制；地方或部门利益观念强，公共意识和公共责任感不强等。在市场经济条件下林业政府部门的一般职能包括以下两个层面：一是提供林业政策、制度和规则以保护市场，维护市场有效运转，包括通过林业立法维护基本的林业经济发展秩序、界定林地、林木权属、保护林业经济契约的效力等；二是弥补林业市场的不足，进行纠正性的干预，这方面的职能包括提供生态公共物品、外部性内部化进行生态效益补偿、制约无效力的林业行业垄断等。要充分发挥市场在资源配置中的基础性作用，把市场能够做的事交给市场，政府的责任重点放在市场不能做和效能差的地方。

3. 提高管理效率

治理意味着政府的职能是掌舵，是决策，是把握方向，大量的事实表明，政府在市场经济中的中心地位，不是作为经济增长和公共服务的直接提供者，而是合作者、催化剂和促进者。因此，政府要发挥掌舵的作用，就必须把政府原有的执行性、服务性和一部分监督性的工作尽量分离出去，交给社会组织承担，并加强与其合作。

我国改革开放以后，随着经济体制和政治体制的渐进改革，逐渐形成了相对独立的公民社会，在林业行业中主要表现在：林业社会组织的数量迅速增加，林业社会组织的种类大大增多，林业社会组织的独立性明显增强，林业社会组织的合法性日益增大。如一些林业产业协会、林业企业管理协会、林业个体劳动者协会、林学会、林业基金会、林业社区组织等已开始在林业建设中发挥作用。林业社会组织的大量产生既是组织分化的一种结果，同时又是很重要的一种契约性的社会整合。林业社会组织属于“第三部门”，它既不同于作为林业政府的公营部门，也不同于林业私营的营利性企业，它们的主要功能是向社会提供众多的服务，承担大量林业政府不该做或做不好的事情，在林业政府与社会、林业政府与市场之间进行沟通协调，发挥承上启下的作用，为各类社会主体提供服务。因此，林业政府应创造一个较为宽松、公平的外部环境，从微观管理中解脱出来，逐步向林业社会组织放权，把大量的服务性职能如调节、培训、监督、保护等功能交给林业社会组织，在林业政府与社会之间按照市场经济的要求构筑林业政府——林业社会组织——林业行业的管理模式，充分发挥公民和林业社会公益性组织的作用。在林业行业中，培育成熟的林业社会组织，如同培育完善的市场经济，本身就是转变林业政府职能的过程。

4. 创新行政执法机制

强化林业行政执法、社会管理和社会服务职能是促进现代林业可持续发展的重要基础。要将现代林业纳入国民经济发展的总体要求，大力推进政务公开，加强电子政务建设，增加林业行政工作透明度，提高林业公信力。继续深化林业行政审批制度改革，规范林业行政许可行为，建立防范和惩戒并重的行政许可工作责任追究制度，建立切实可行的行政许可项目监督、检查机制，提高林业行政许可工作效率和质量。

现代林业建设，要坚持“依法治林”，需要建立健全权责明确、行为规范、监督有效、保障有力的林业行政执法体制。按照“政策制定职能与行政处罚职能、行政处罚职能与监督检查职能两个相对分开”、“权责一致”和“精简、统一、效能”的原则，以相对集中林业行政处罚权为主要内容，调整执法职能，整合执法机构，理顺执法体制，完善执法制度，规范执法行为。全面总结林业综合行政执法试点经验，逐步实现林业由多头分散执法向综合集中执法的转变，稳步推进林业综合行政执法改革。

第20章　现代林业的投入体系

林业是国民经济和社会发展中的一项重要的社会公益事业和基础产业。中国现代林业面临的主要矛盾，依然是不断增长的自然生态环境和林产品的需求与森林资源供给不足之间的矛盾。这种供需矛盾集中表现在生态环境总体恶化与林草植被极度短缺、木材及林产品供给不足这两个方面。林业在生态与经济上同时表现出的极度短缺与国民经济的快速增长和可持续发展的要求显得很不适应。这就迫切要求政府对林业的干预，继续加大对林业，特别是林业生态建设的投入和扶持力度，建立长期稳定的国家支持林业和生态建设的资源配置体系。

当前，我国财政改革的主要目标是逐步建立健全公共财政体系，这必将对林业的可持续发展和建设现代林业产生重大和深远的影响。构建适合我国国情、林情的林业公共财政体系的基本框架，以促进林业资源的最优配置和充分利用。随着林业战略结构的重大调整,国家鼓励全社会办林业的优惠政策相继出台,必将极大地激发社会资金对林业的投资热情,使现代林业的发展进入良性循环和持续发展的轨道。

第一节　我国林业投资的发展概况

一、我国林业投资的发展历程

总体来讲，我国林业投资走过了从重取轻予到国家积极扶持的发展过程，林业投资总量大幅度增加，林业投资渠道逐渐拓宽。国家财政和地方财政对林业的扶持性投资政策是林业发展的重要保障。我国林业投资的发展变化大致分为3个时期：

第一阶段从1952年开始，采伐天然林，提取育林基金，建立以荒山造林为主的国营林场。此后“以林养林”就基本上成了计划经济时期林业投资的指导方针。这一阶段国家对林业全额拨款，建设单位无偿使用资金。林业投资方式还是服务于一个投资主体——政府，投资只是一种扩大生产的手段。

第二阶段是在改革开放后，随着“三北”防护林工程的实施，我国开始尝试以工程建设投资推动林业发展。1985年，全国营林和森工基本建设投资全部实行“拨改贷”，其中对生态效益、社会效益显著和林业基础设施等基本建设投资项目实行豁免政策。1995年开始，进行林业分类经营改革，明确了分类投资的林业投资政策。国家逐渐减少使用财政力量直接干预商品经济发展，加快了市场体系建设。这阶段的林业投资主体和受益主体出现了多元化趋势。银行贷款、自筹资金、利用外资等非国家投资比例上升，呈现出超越国家投资的发展趋势。林业固定资产投资中的国家投资比例从1979年的65.74%下降到1997年的最低点26.81%。

第三阶段是从1998年以后，国债资金和中央财政专项补助资金大量注入林业投资领域，林业固定资产投资中国家投资比例又开始逐年上升。2001年中央整合林业六大重点工程，使有限的资金可以发挥出更大的作用，林业固定资产投资中国家投资比例恢复到了73.42%。2003年6月党中央、国务院颁发《关于加快林业发展的决定》，建立起“政府对生态型林业进行直接投资，而对产业型林业进行引导”的投资政策框架。随着林业投入的快速增长，林业重点工程和林业事业的建设得到了保障，林业在生态建设中的主体作用逐渐发挥，为全国生态建设做出了重要贡献。2002年来，每年营造林面积都突破1亿亩，2005年计划营造林面积继续保持在1.1亿亩，森林覆盖率有了显著提高。全国26.2亿亩森林资源中，有13.4亿亩的管护费用纳入中央补助范围，明确了管护责任，改变了长期以来重造林轻管护的局面。与此同时，林业投入的快速增长，使林业在带动国民经济发展、拉动社会需求、增加社会就业、促进社会稳定、调整和优化农村产业结构等方面也发挥了重要作用，使人们看到了林业在促进社会经济发展中的独特潜力，产生了良好的社会效益和经济效益。

二、我国林业投资的资金来源

当前，我国林业资金来源有国家投入和社会投入两个主要渠道，其中能形成固定资产的资金称为建设资金，很多资金投入是不形成固定资产的。2006年，林业系统实际到位各类建设资金631.03亿元，资金到位率92.73%。

（一）中央林业资金

2006年中央林业资金投入449.09亿元，占全部林业建设资金总量的71.17%，是2001年的2.59倍。近年来，中央林业资金在林业建设资金中占有的份额一直保持在2/3以上，中央林业投入依然是林业建设资金的主要来源(图20-1)。

中央林业资金包括中央本级的财政支出和由中央统筹安排的地方财政支出，主要项目为国家预算内基本建设资金、国债资金、中央财政专项资金和其他国家预算内资金。2001～2006年中央林业资金投入如图20-2所示。

从近6年中央林业资金投入来看，中央财政专项资金是中央林业资金的主要渠道，投资比重逐年增加，从2001年的43.2%上升至2006年的66.9%，表明林业正日益受到中央的重视，其公共效益也正得到人们的认可，中央从国家财政中加大对林业的投资也符合广大人民

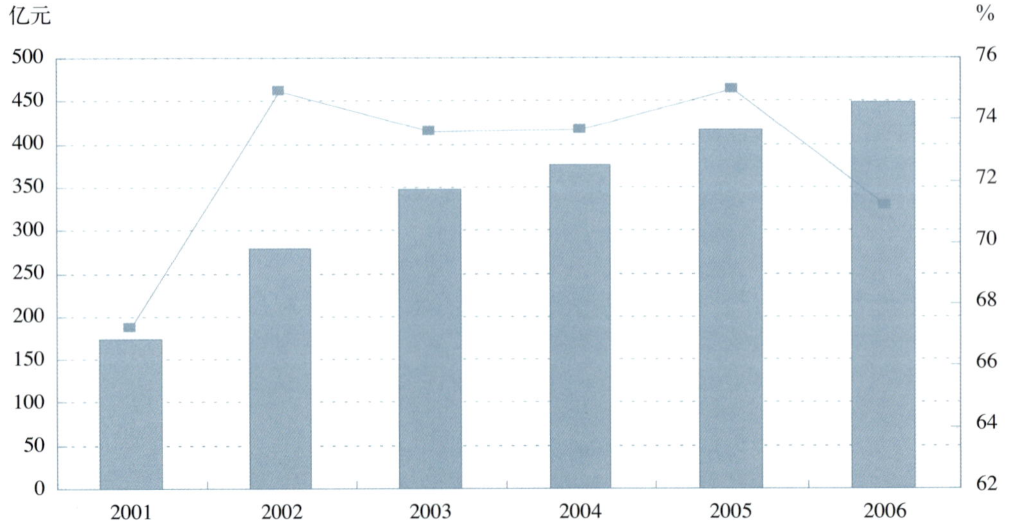

图20-1 2001～2006年中央林业资金投入及占全部资金的比重

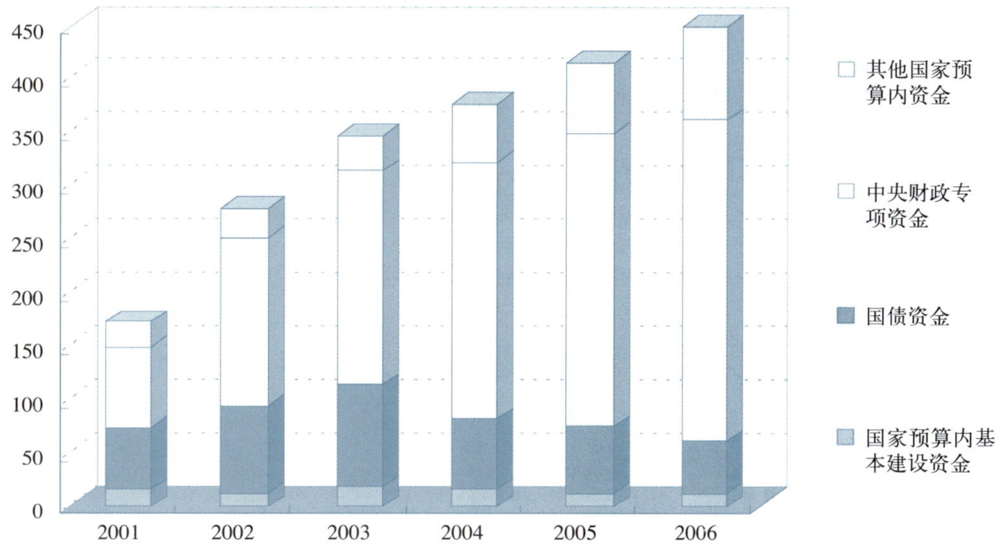

图20-2 2001～2006年中央林业资金投入情况（亿元）

的需要。

（二）林业贴息贷款

我国林业信贷扶持政策始建于20世纪80年代，1986年、1987年、1992年和1996年先后设立了林业、森工企业多种经营、治沙和山区综合开发政策性专项贴息贷款。贷款由中国人民银行每年安排专门计划并匹配部分信贷资金，有关经办行执行基准利率或同期同档次贷款利率，不得上浮，贷款期限为中长期贷款期限，财政贴息期限造林项目为10年以内，其他贷款项目为5年以内。林业政策性专项贷款政策的建立与执行，对恢复与增加我国森林资源、改善生态环境、帮助山区和沙区群众脱贫致富以及森工企业转产分流、加强林业产业建设起到了十分重要的作用，取得了显著成效。“十五”期间，根据国家金融体制改革精神，国家取消了原林业、治沙、山区综合开发和森工企业多种经营四项政策性专项贷款。中国农业银行设立林业治沙商业贷款，原林业四项专项贷款对象均可申请使用，并采取项目库管理方式，国家财政仍然给予部分贴息。

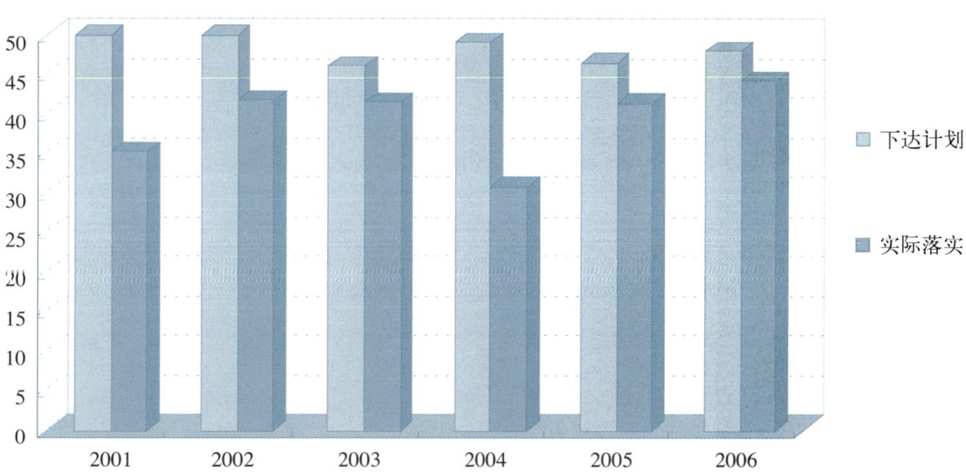

图20-3 2001～2006年林业贴息贷款计划与落实情况（亿元）

从图20-3可以看出，2001～2006年间，国家林业局下达的林业贴息贷款计划约在50亿元左右，实际落实70%～90%。2004年，林业贴息贷款落实率有所下降，主要是受国家宏观经济和金融部门信贷结构调整影响，林业贴息贷款落实难度加大。

（三）林业利用外资

在国际政治经济环境复杂多变、世界经济增长明显减速的情况下，我国坚定不移地实行扩大内需的方针，坚持对外开放，不断改善投资环境，使林业利用外资规模继续保持增长势头（图20-4）。

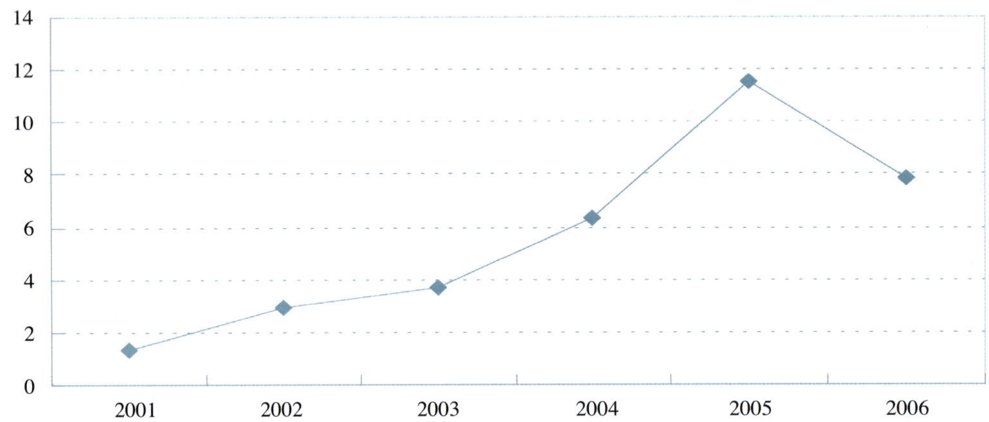

图20-4 2001～2006年林业利用外资变化情况

从2006年我国利用外资的构成情况及林业已利用外资的种类看（图20-5），可参与林业发展的外资主要为：①国外借款，主要为外国政府贷款、国际金融组织贷款。②外商直接投资。截至2006年底，外商直接投资林业系统总额约36亿美元。③无偿援助。截至2006年底，国家林业局与德国、日本、加拿大、澳大利亚、芬兰、荷兰等国和10多个国际组织先后签定无偿援助项目700多个，资金约7.5亿美元。

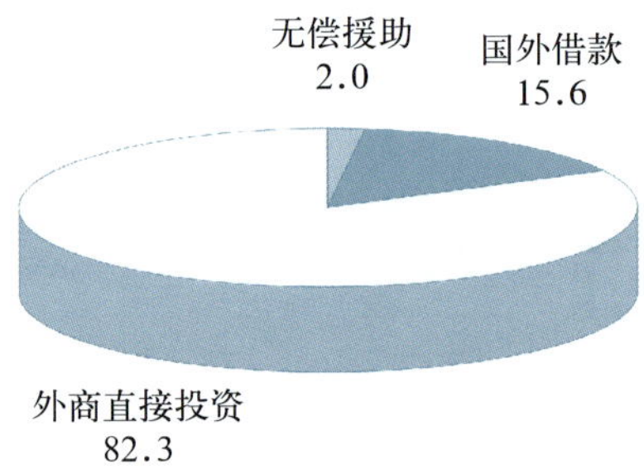

图20-5 2006年林业利用外资的构成情况（%）

（四）其他资金

在各类林业建设资金来源中，其他资金是仅次于中央林业投入的一类资金。2006年林业其他资金全年到位118.65亿元，占全年林业各类建设资金总额的18.8%；其中自筹资金65.45亿元，比上年增长24.83%。在自筹资金中，育林基金53.14亿元，占自筹资金的81.2%。

三、资金使用方向

（一）中央林业资金投向

中央林业资金以工程资金形式注入林业，天然林资源保护工程、退耕还林工程、三北及

表20-1 2001～2006年中央林业资金注入五大林业重点生态工程情况 （亿元）

	2001	2002	2003	2004	2005	2006
五项工程总投入	110.56	195.71	249	287.9	304.26	310.64
占全部中央林业投资	63.83%	70.27%	71.8%	76.61%	73.26%	69.17%
天然林资源保护工程	53.80	74.55	50.15	63.71	60.39	60.39
退耕还林工程	16.77	62.98	128.63	198.60	215.68	220.68
三北及长江流域等重点防护林体系建设工程				6.10	4.88	5.18
京津风沙源治理工程				18.51	22.19	21.77
野生动植物保护及自然保护区工程				0.98	1.12	2.62

表20-2 2001～2006年林业国债资金注入林业五大重点生态工程情况 （亿元）

	2001	2002	2003	2004	2005	2006
五项林业重点工程投资	47.05	73.30	87.34	60.22	55.76	43.58
占全部国债资金	81.39%	89.54%	91.36%	91.22%	88.95%	88.52%
天然林资源保护工程	18.03	16.07	15.97	12.14	11.14	9.05
退耕还林工程	17.79	37.59	51.03	33.63	31.25	20.88
京津风沙源治理工程		7.74	9.92	7.37	7.37	6.09
三北及长江流域等重点防护林体系建设	10.08	9.95	8.43	6.10	4.88	5.18
野生动植物保护及自然保护区建设	1.15	1.95	1.99	0.98	1.12	2.38

长江流域等重点防护林体系建设工程、京津风沙源治理工程、野生动植物保护及自然保护区建设林业五大重点生态工程为主要投入对象。中央林业资金注入林业五大重点生态工程情况如表20-1所示。

中央林业资金中的国债资金主要投向林业重点生态工程。林业国债资金2001～2006年注入林业五大重点生态工程情况如表20-2所示。

中央林业资金中的中央财政专项资金主要用于退耕还林、天然林资源保护和京津风沙源治理工程3项工程。2006年，退耕还林工程、天然林资源保护工程和京津风沙源治理工程，3项工程共计使用266.82亿元，占全部中央财政专项资金完成总额的88.88%。中央财政专项资金还用于林业系统农业综合开发和扶贫等方面，两项资金总额为2.99亿元，占全部财政专项的1%。虽然总量少、份额小，但投资示范带动效应巨大。

（二）林业贴息贷款

林业信贷资金主要用于我国林业产业建设，即速生丰产林基地建设、经济林基地建设以及森工多种经营活动。林业贴息贷款作为我国林业产业建设资金的重要来源，在增加我国速生丰产用材林资源、改善生态环境、发展名特优新经济林、加快林业产业发展和促进农民增收等方面发挥了重要作用。2006年，利用林业贴息贷款，共营造工业原料林林26.8万hm^2，抚育19.1万hm^2，整地5.3万hm^2；新造经济林6.4万hm^2，改造经济林2.7万hm^2，种植经济植物1.5万hm^2，建设多种经营项目223个，项目总投资54.6亿元，创产值71.8亿元，创利税10.3亿元，安置就业人员6.4万人。2006年，林业贴息贷款重点对与农民建立利益联结机制的林业龙头企业贷款项目进行支持，建设项目300多个，落实新增贷款近30亿，贴息约5700万元，通过发挥林业龙头企业的辐射带动作用，实现林农增收，积极推进社会主义新农村建设；重点对林业重点工程后续产业发展项目进行扶持，积极帮助森工企业职工和生态工程区域内农民转产分流，减轻生态工程建设压力，切实巩固林业生态建设成果；重点对林业企业和林农个人林权证抵押贷款项目给予扶持，进一步盘活林木资产，积极推进林权制度改革。

（三）林业利用外资投向

国外资金对林业的投入因其来源不同而在投向上有不同的侧重。外商直接投资主要投向工业原料林基地和林产工业建设项目。世界银行贷款主要用于支持贫困地区林业项目，在我国中西部地区的河北、山西、辽宁、安徽、江西、河南、湖北、湖南、广西、四川、贵州、云南12省(自治区、直辖市)的180多个经济欠发达的县，发展森林资源，减轻贫困和改善环境；经济技术合作资金主要用于支持生态造林、技术开发和推广等项目；无偿援助资金主要资助自然保护区管理及林业科学技术研究等项目。

近几年来，林业外资在项目、布局上的特点：一是外商直接投资主要集中在营造速生丰产林、木竹材加工、花卉种苗等竞争性的行业，产业集中度高。2005年营造林和木竹材加工项目利用外资金额达到9.74亿美元，占林业利用外资总金额的84.23%；从项目数量上看，共370个项目是营造林和木竹材加工项目，占全部项目个数的75.66%。二是行业单个项目平均投资规模增加，利用外资的质量有所提高。2005年行业单个项目平均投资规模为236万美元，比2003年林业单个项目77万美元的平均投资规模增加159万美元。三是林业外资布局趋于集中。2006年利用外资规模超过2000万美元的省(自治区)有8个，分别是福建、浙江、湖北、广西、江西、江苏，内蒙古和广东，8省利用外资总金额占全国林业利用外资总水平的91.68%。

专栏20-1

“十五”与“九五”林业投入对比

“八五”之前，我国对林业投入的增幅基本上低于同期国民经济的发展速度，长期在低水平徘徊。“八五”以后，中央对林业的投入总量显著增加，增长幅度开始超过同期国民经济发展速度，并且逐步成为国家投资重点倾斜的行业之一。进入“九五”后期，我国实行积极的财政政策，通过发行国债和实施以建立公共财政为方向的财政体制改革，大幅度增加林业投入，使林业投入有了快速发展。特别是进入新世纪以来，按照党中央、国务院关于可持

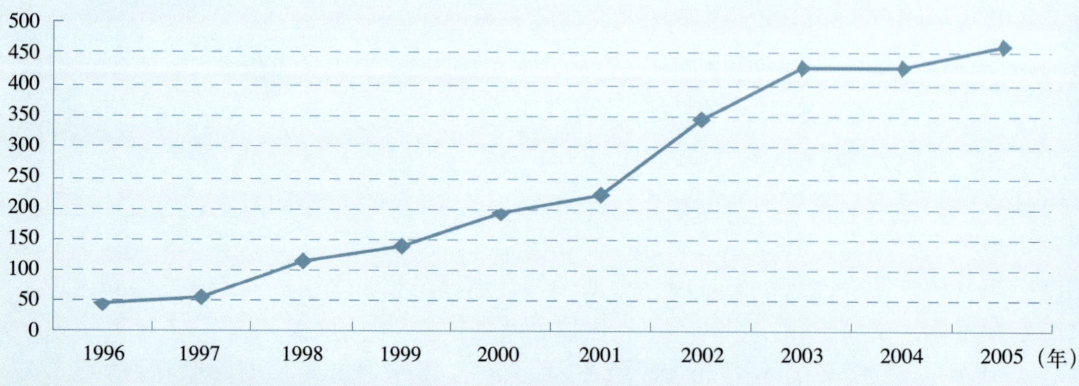

图1 “十五”与“九五”中央各渠道林业投入情况图（亿元）

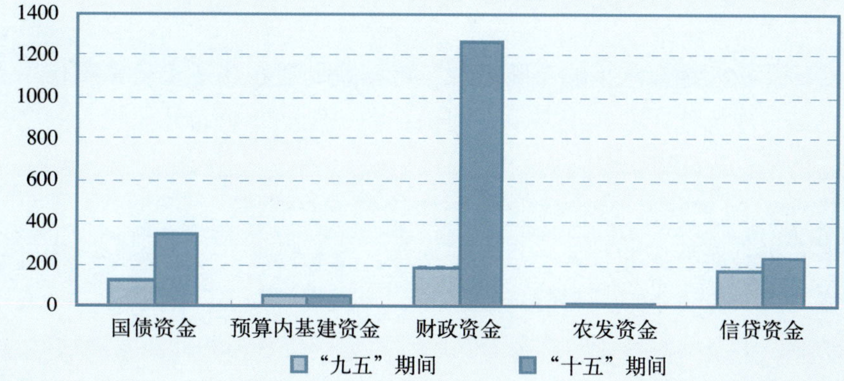

图2 "十五"与"九五"中央各渠道林业投入情况图（亿元）

续发展的战略部署，国家林业局党组提出了抓好六大工程，推进五大转变，实现林业跨越式发展的林业工作新思路。随着林业六大重点工程的全面启动，国家对林业投入快速增长，使长期困惑林业发展的投入问题有了根本性好转。

据统计，2001～2005年，中央对林业的各项投入达到1890亿元，比"九五"时期增加1351亿元，增幅达250.7%；其中国债和预算内基本建设投入389亿元，财政资金投入1261.7亿元，农发资金投入7.4亿元，落实政策性贴息贷款231.8亿元。"十五"与"九五"中央各渠道林业投入情况及"十五"时期中央各渠道林业投入比重情况如图2、图3所示。

"十五"期间中央对林业投入，呈现了以下新的特点：一是贯彻以大工程带动大发展的林业发展思路，林业重点工程投入比重加大，且呈逐年提高的态势。"十五"期间，中央对六大林业重点工程总投入1452.5亿元，占中央财政总投入1658.1亿元（不含政策性贴息贷款）的87.6%（图4），其中2005年达到88.6%。

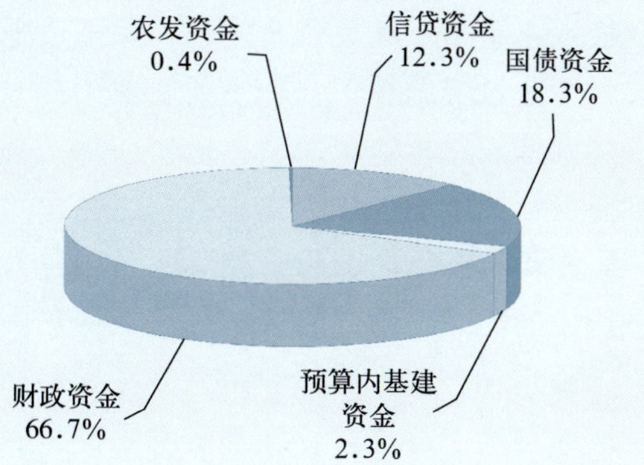

图3 "十五"时期中央各渠道林业投入比重图

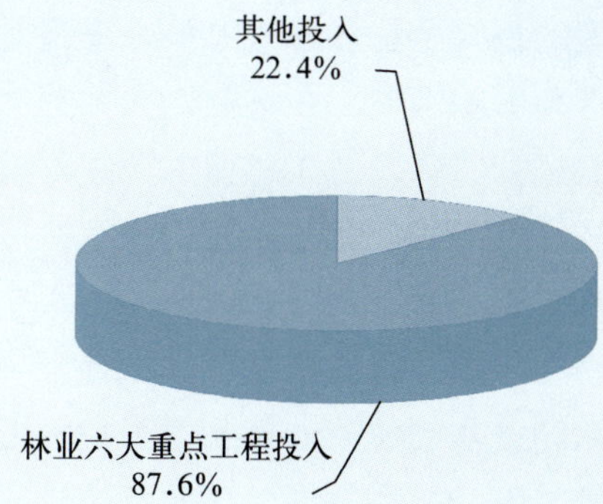

图4 六大林业重点工程占中央财政总投入比重

二是财政补助对象由林业部门补助为主向对林农补助转移，体现了林业在解决"三农"问题和建设社会主义新农村中的重要地位。退耕还林工程实施财政直补政策，"十五"期间使林农直接增收1063亿元。三是以建立森林生态效益补偿制度为代表，林业投入开始构建长期、稳定的投资渠道。2005年，中央级森林生态效益补偿基金投入规模达20亿元，并随重点公益林管护的需要和国家财力的增长而进一步增长的趋势。上述特点充分表明林业作为一项社会公益事业，为国家的生态建设、国土的生态安全、人类的生态文明服务，国家作为林业建设投资主体的地位进一步明确。

四、林业投资中存在的突出问题

近年来中央对林业投入绝对水平的不断增加，对林业发展起到了重要保障作用。但总体来看，林业投入总量与现代林业的客观需求之间仍存在一定的差距。林业投入的增长受到投入机制、融资渠道和林业政策等诸多因素的制约。

（一）投入总量难以满足繁重的林业生态建设任务的需要

“八五”以后，中央对林业的投入总量显著增加，增长幅度开始超越同期国民经济发展速度，并且逐步成为国家投资重点倾斜的行业之一。特别是“九五”后期和“十五”期间，在五大工程的带动下，中央投入林业的资金一年比一年多，使我国的林业发展后劲十足。

虽然近几年林业投入绝对水平不断增加，但投入总量与实际需求之间还存在着显著差距，与国家实施可持续发展战略和加快生态建设赋予林业重大历史使命的要求，与林业建设的客观要求相比，仍存在很大差距，还没有从根本上彻底解决林业的投入问题。具体表现在：一是对于林业基础设施建设、林业科技教育等保障体系方面的实际投入均不及需要量的20%，除国家重点生态工程以外，其他专项资金量极小，如病虫害防治、森林防火等专项资金严重不足，国家经济扶持力度与实际需要相去甚远；二是随着国家可持续发展战略和西部大开发战略的实施，林业生态建设的任务量进一步加大，紧迫性越来越强，建设难度的不断增加，成本不断加大，建设任务与可供资金的矛盾将会更加突出；三是生物多样性保护、野生动植物资源保护和森林公园建设的资金渠道和资金满足程度存在相当大的差距。根据林业“十五”规划，全国野生动植物保护体系建设，森林防火、公安、病虫害防治和林业基础设施建设需要国家投资分别为58亿元和243亿元，年均11.6亿元和46.6亿元。2001年这两项投资的实际情况为2.1亿元和6.6亿元，资金满足程度只有18.1%和14.2%。

（二）结构不合理与投入渠道不畅的双重制约

合理的投入结构和稳定的投入渠道是在一定投入水平下，满足资金需求，保证资金使用效益的重要影响因素。在林业六大工程实施之前，林业投资结构不合理主要表现为：一是重森工，而轻营造林。随着林业六大工程的实施，特别是天然林资源保护、退耕还林、三北及长江流域等重点防护林体系建设、京津风沙源治理等林业生态工程的实施，营造林投入有了空前的增长，达到了83.56%。众所周知，林业生态体系和产业体系二者间客观存在着相互促进的内在规律，这就带来在大力提倡林业生态建设的同时，如何将森工投入保持在一定的水平的问题，从而使营造林、森工投入的结构趋于稳定和合理，使林业两大体系能够相互促进、相得益彰、协调发展。二是营造林投入在营造林与幼中林抚育、森林资源管护、病虫害防治、林业基础建设项目之间的不平衡，客观上形成了建设与巩固、造林与保护不协调，影响了林业建设整体推进和预期效益的真正实现。三是林业投入在工程间到位和保证程度不尽一致，由于天然林资源保护、退耕还林和京津风沙源治理工程其资金基本上可以全部到位，但同样是林业重点工程的三北及长江流域等重点防护林体系建设、野生动植物保护及自然保护区建设和重点地区速生丰产用材林基地建设工程的资金到位落实程度却难以按照规划的需要予以保证，如三北及长江流域等重点防护林体系建设工程2001～2010年规划的中央预算内基本建设投资354亿元，年均35.4亿元，而2001年到位落实的国债资金只有10.08亿元，只及相关规划投资的28.5%；又如重点地区速生丰产用材林基地建设工程规划中年均35.2亿元的政策性贷款，在2001年仅落实了11.5亿元，落实率只有33%。这就影响了林业六大工程的整体协调和有序推进。四是林业投入多元化的机制还没有完全建立，林业建设资金过分依赖于中央投资，地方政府的事权、财权责任还不十分明确，地方资金落实困难。

同时林业投入存在着很大的不稳定性。一是林业基本建设投入不稳定。根据我国目前林业基本建设投资渠道分析，我国林业基本建设投入中生态建设投资大幅度增加主要源于国债资金的大量投入。由于生态建设是一项长久的建设工程，其建设资金必须有长期稳定的投资渠道作保障，而从长远发展来看，国债资金由其资金性质决定难以承担此项长期重任。二是林业投入缺乏法定依据。除《森林法》中规定有森林生态效益补偿金以外，其他的尚缺乏法定依据；由于林业建设长期性的特点，随着我国法制建设的逐步健全，要合理解决稳定的林业投入问题，需要有法定依据，需要有长期的保障。

（三）林业信贷扶持政策与林业长周期的特点不相适应

根据财政部“十五”期间林业治沙贷款财政贴息政策规定，中央财政对“九五”期间林业4项专项贷款余额不予以进行贴息，这将导致“九五”后期贷款项目得不到财政足额贴息，尤其是2000年贷款项目多数只得到3个月的财政贴息，这势必增加上述贷款项目，尤其是造林和种植业贷款项目的资金成本，加重了贷款单位经济负担，挫伤贷款单位和广大群众植树造林改善生态环境的积极性。同时，贴息年限由过去的10年、5年一律调减为3年，与林业生产实际需要相差太远，难以起到扶持并吸引社会资金投入林业建设和改善生态环境的作用。另外，“十五”期间，中央财政对林下资源开发利用等林业多种经营贷款项目也不再进行贴息，不利于今后森工企业转产分流工作的开展，势必给生态工程建设带来相应的压力。

林业4项政策性专项贷款取消后，考虑到贷款项目的风险性，农业银行对造林项目普遍采取1～3年贷款期限，由于造林生产周期长、投入回报的时间长，尤其是北方造林项目，至少需要15年，因此，短期造林贷款期限根本无法满足商品林基地建设实际需要。林业4项政策性专项贷款取消后，根据商业贷款有关规定，经办行可以在规定范围内上浮林业治沙建设项目贷款利率。由于林业建设项目属于需要国家扶持的弱势产业领域，需要国家制定优惠政策吸引各种建设资金投入；利率上浮，一味地追求与商业银行一致，势必忽略政策性扶持的目的，加大林业建设的资金成本，降低竞争能力，影响林业项目建设单位贷款积极性，导致林业建设资金外流，延缓林业发展的进程。

由于林业治沙贴息贷款对象大多地处经济落后地区，有关基层经办行资金存量有限，向上级行筹措信贷资金成本高，加之林业贷款项目具有生产周期长、资金周转慢、比较效益低，投资风险大等特点，多数是微利项目，因此，难以调动基层经办行自行筹措资金落实林业治沙等商业性贷款项目的积极性，特别是林业4项政策性专项贷款取消后，中国人民银行每年不再专门安排贷款计划，不再匹配信贷资金，致使林业治沙等贷款项目很难落实。据统计，2000年林业政策性专项贷款的落实率只占同期计划的3/4，2001年林业4项政策性专项贷款合并而成林业治沙贴息贷款的落实率只占同期计划的70%。

（四）林业生态建设中的地方配套资金难以落实

在林业生态建设方面，究竟中央和地方政府各自应该承担那些责任，需要按照社会主义市场经济体制下事权、财权划分的原则加以明确。目前，不少地方并没有在思想上真正把搞好当地林业生态建设看成是自己的份内职责，过分依赖中央政府，过分依靠中央的投入，地方配套资金得不到充分落实，造成社会统筹、林业公检法、森林管护等工作不能按预期目标顺利完成，影响了林业生态建设的整体进程。当然，不能将地方配套资金没有得到充分落实的责任完全归咎在地方政府的主观方面，也要正视林业生态工程建设区涉及的省（区市）多为经济不发达地区的现实。客观地讲，地方财力薄弱，经济困难，有些地方的财政需要靠国家补贴，如西藏、贵州等，这也是造成地方政府难以履行责任，无法足额出资的重要原因。

（五）林业投资体制改革步伐跟不上林业发展的需要

（1）林业投资外部关系不顺。由于条块分割的行政管理体制没有改变，政令不统一，投资的宏观管理多头化，许多林业的投资无法落实。如林业贴息贷款，就因为地方财政不愿承担贴息，或因银行将专项贷款混同于一般商业贷款挤占挪用，使贷款和各级财政贴息政策落空。

（2）投资的风险约束机制没有建立起来。从投资决策到建设实施的全过程，严格有效的责任约束和法律约束机制没有建立起来，不分项目性质、不分投资责任、不按投资政策和事业发展要求进行投资的“大锅饭”现象依然存在，造成盲目投资、重复投资以及无效或低效投资项目无责任主体。

（3）投资决策多按照行政性分权，单纯地采取行政性项目审批制度，符合市场经济要求的招投标制没有得到严格的执行。与此同时，在林业投资计划管理上，还不同程度地存在着“基数法”，与市场经济所要求林业投资宏观管理大相径庭，而且与公共财政体制所要求的部门预算也格格不入。

（4）由于生态林业提供的生态效益，不能进入市场交换，这类投资不能形成象一般商业性投资的资金循环，国家也没有建立起科学的补偿机制，影响了各级地方政府、企业、个人投资林业特别是投资于生态林业的积极性，使多元化的生态建设投入机制的建立困难重重，林业生态建设的可持续能力受到很大的影响。目前，生态林业的效益补助制度虽已初步建立，但很不完善，仅仅是对生态效益的“部分补助”，因此，必须尽快过渡为稳定的“补偿”制度。

（5）现行的林业税收政策、育林基金政策、采伐限额政策等客观上存在着不利于吸引社会资金（包括外资）投入林业建设问题。近年来，多渠道筹集林业建设资金的增长速度在下降，甚至出现了负增长的情况，其中林业利用外资总规模2006年较2005年减少32.41%，出现了较大的回落。这些情况的出现与林业投资体制改革滞后和林业政策未能按照新的发展形势进行及时调整有一定的内在联系。

第二节　现代林业的公共财政投入

林业是一项重要的社会公益事业，同时也是一个重要的物质生产部门，兼具生态、经济和社会功能，是一个具有典型外部经济性的行业，需要国家对林业的资金、物资等投入和经济调控，需要建立长期稳定的国家支持林业和生态建设的资源配置体系。当前，我国财政改革的主要目标是逐步建立健全公共财政体系，这必将对林业的可持续发展和建设中国现代林业产生重大和深远的影响。现代林业的投入体系中应扭转林业在国民经济定位中的偏差，理顺与财政的相互关系，构建适合我国国情、林情的林业与公共财政关系的基本框架，以促进林业资源的最优配置和充分利用。

一、公共财政加大林业投入的潜力分析

目前，中国综合国力已经达到一个新的台阶，2000～2006年，中国人均国民生产总值已由7858元上升到16 084元，按可比价格计算，2006年人均国民生产总值已相当于2000年的1.69倍。从总体上说，中国已经进入“以工补农、以城带乡”的发展阶段。中国财政收入已连续10年保持快速增长，2006年，全国财政收入达到3.93万亿元（其中，中央财政收入2.12万亿元），财政“两个比重”发生了转折性变化。特别是十七大报告提出，在“十一五”时期要在优化结构、提高效益和降低消耗的基础上，实现2020年人均国民生产总值比2000年翻两番，这将给我国财政收入带来更大规模的增长。

随着社会主义市场经济的深化和政府职能的转变，国家财政投资已从生产经营性领域逐步退出，积极地向社会公益事业、向国家基础建设设施、向非盈利的社会发展长远项目上转移；随着国家经济体制改革和财政体制改革步伐的加快，社会主义市场经济公共财政体制框架的初步形成，国家对生态、对环境、对资源建设的投入将会全部纳入公共财政体制。这样，保护、发展森林资源的资金将会有更加规范、稳定的渠道，保证森林资源稳步、快速增长的资金难题将会得以彻底解决。从当前的实际情况看，我国财政对林业的投入呈逐步增长的势头，逐步成为国家投资重点倾斜的行业之一（表20-3）。

根据1996～2006年国内生产总值和中央财政收入、林业投入的对比分析，按2007～2010年国内生产总值年均增长7.5%、中央财政收入占GDP的比重稳定在12%、林业投入占中央财政收入的比重稳定在2.5%（2001～2006年平均值）测算，“十一五”期间国家累计可用于林业的投入有望达3600亿元以上。其中，2010年，国家用于林业的投入有望达840亿元。这种增长能否如期实现，除稳定的国际、国内政治环境外，重点取决于以下两个方面的因素：一是六大林业重点工程、森林生态效益补偿和重点国有林区改革能否稳定、顺利推进；二是在深化以建立公共财政为目标的国家财政体制中，以及按照市场经济体制的要求深化行政管理

表20-3 1996～2004年GDP、中央财政收入和林业投入情况表　　（亿元）

年	GDP（亿元）	中央财政收入		林业投入	
		计	占GDP比	计	占中央财政收入比重
1996	71 176.6	3661.07	5.14	17.27	0.47
1997	78 973.0	4226.92	5.35	20.27	0.48
1998	84 402.3	4892.00	5.80	71.10	1.45
1999	89 677.1	5849.21	6.52	99.03	1.69
2000	99 214.6	6989.17	7.04	152.70	2.18
2001	109 655.2	8582.74	7.83	173.21	2.02
2002	120 332.7	10 388.64	8.63	278.52	2.68
2003	135 822.8	11 865.27	8.74	346.82	2.92
2004	159 878.3	14 503.10	9.07	375.81	2.59
2005	183 084.8	16 548.53	9.04	415.30	2.51
2006	209 407.0	21 243.89	10.14	449.09	2.11

体制改革中，能否建立向生态建设倾斜的财政投入机制。而这两个方面，都需要进行长期不懈的艰苦努力。

二、加大公共财政对林业投入的主要措施

（一）完善国家公共财政为主的投入机制

政府公共财政确保林业事业经费全额拨款。要以建立社会主义市场经济体制为前提，通过改革我国的投资体制，严格按照事权利分原则，明晰中央和地方政府的林业投资义务，真正做到政府扶持资金的足额到位，逐步建立起公益林以政府投入为主，商品林以社会投入为主的投资机制，保证林业建设的投资需要。

国家预算内基本建设资金、财政资金、农业综合开发资金、扶贫资金、以工代赈以及国外资金等的使用，都要把加强江河湖建设、绿色植被建设、治理水土流失、防治荒漠化、草原建设和生态农业建设作为重要内容，优先安排，并逐步增加各项资金投入比重。在“十一五”期间，一是国家投资用于林业的比例应该大幅增加；二是要将森林资源管护、野生动植物资源保护、森林病虫害及火灾的防治、中龄林抚育等方面的经费列为财政经常性预算项目；三是加大力度增加各种专项贴息贷款规模，延长使用年限。

（二）加大以工代赈、以粮换林、以粮换牧(草)的力度

国家要实事求是、因地制宜按照退耕还林等重点生态工程的实际需要，设置优惠政策的支持年限。鉴于目前全国工业品、粮食库存积压较多和富余劳动力多的特点，再加上生态恶化地区多是贫困地区，今后，要特别加大集团化、集约化、规模化、科学化、产业化治理的力度，可以组建生态建设兵团(也可以利用军队减员，还可以将现有国营农场转为生产建设兵团等多种形式)，建立国家投入、以工代赈、以粮换林、以粮换牧(草)投入相结合的形式。有关部门要制定切实可行的计划和规划；要坚持“谁造谁有，合造共有”的政策，充分调动广大群众植树造林的积极性；要改变以往无偿使用农民劳动积累工、义务工过多的做法，实行有偿使用和机械化规模治理并重的做法，以解决过度剥夺农民投劳的偏差，也可以加大群众参与治理生态环境建设的积极性。

（三）建立和完善森林生态效益补偿制度

加大国家森林生态效益补偿资金投入力度，是推进林业大发展的重要前提。要按照分类经营的要求，根据森林多种功能和主导利用的不同，将森林划分为公益林和商品林两大类，对公益林实行生态补偿，并在此基础上分别对公益林和商品林的建设和管理，建立不同的体制和政策。公益林补偿要足额到位，把公益林落实到地块和每个经营主体。作为公共产品供给者的政府，应从中央和各级地方财政中拿出专项基金，设立森林生态补偿基金，并分别纳入中央和地方财政预算，并逐步增加资金规模，根据物价水平及公益林经营管理成本的变动情况，每年进行适当调整。要适应国际“碳交换”机制建立的大趋势，提前研究制定“以林补碳”的操作性手段，统一纳入生态补偿范畴。要研究开征统一的生态环境补偿税，消除部门交叉、重叠收费现象。

（四）设立国家林业生态保护工程建设基金

林业和生态环境周期长，需资巨大，具有后发效应的特性。经测算，2001～2030年，需建设资金1.6万亿元。按照今后国家财政和社会财力预测，公共财政经常性账户大约可负担

1/3，扩张性财政即合理的债务结构负担1/3，信贷资金负担1/3。按照阶段划分，前10年的资金已经有了初步的规划，后20年的资金就很难有一个稳定的保障。建议在国家公共财政经常性账户纳入预算和已有稳定来源的资金支持之外，需制定新的特殊政策，允许从全社会范围合理并适度地筹措资金，设立“国家林业和生态保护工程建设基金”，纳入国家预算，并给以立法保障，以便稳定有序地用于林业和生态保护建设。基金主要来源：①扩张性财政即合理的债务结构；②与债务结构相配套的合理的信贷结构；③民资；④社会捐助和赠送；⑤国外资金；⑥生态补偿基金。“国家林业生态保护工程建设基金”的使用范围，主要投入到重点工程和重点地区。

（五）对林业实行轻税薄赋政策

国家应实行税收鼓励政策，按照统一税法、公平税赋的原则，确立合理的税目、税基和税率。进一步整顿税制，把减轻林农和林业企业负担作为政府税费改革的主要内容。今后可考虑在以下方面研究减轻税费问题：一是考虑对国内外企业以税前利润投资造林，国家免征所得税；二是对国有林业企业、事业单位从事种植业、养殖业和农林产品初加工利润，以及边境贫困林业局、林场、苗圃可以免征所得税，对林区“三剩物”和次小薪材为原料生产的加工产品，可继续实行增值税即征即退政策；三是对林业初加工产品可按初加工农产品对待，实行同步抵扣；四是对转产、调整结构、利用多种资源及以安置下岗人员为主要目的生产的产品，可实行增值税即征即退或暂缓征收政策；五是对林业生产、生活用水可考虑免征水资源费；六是对进口种子、种畜、鱼种和非盈利性野生动植物可考虑免征进口环节增值税；七是由农民投资营造的公益林，国家除给予必要的管护补贴外，通过卫生伐和更新伐所取得的收入应归投资者所有，并考虑免征一切税收；八是改革育林基金征收使用办法，可考虑由生产者自提自用，但国家对现在育林基金负担的公共支出，要予以保证；九是加大对经济贫困地区中央财政转移支付的力度。

（六）加强对林业资金使用的监管

一要严格资金规范管理，建立责任追究制度，强化和规范对资金违规违纪问题的整改和查处。加强资金稽查，成立专门的资金监督检查机构，建立林业资金巡回稽查和专项稽查制度，整章建制，加强林业资金源头管理，促进稽查工作日常化、规范化。

二要建立健全林业资金财务管理制度和会计核算制度，抓紧制定相应的财务管理制度和会计核算办法，补充完善相关的内容和标准。

三要加强对资金的全过程管理，通过严格计划管理、预算管理，事中审核、事后检查等措施，确保资金使用合规、合法和真实、完整。要尽快制定林业资金的报账制管理办法，特别是林业重点工程资金的报账制管理。

四要加强社会舆论监督，建立林业资金使用违规违纪举报制度，对重大案件予以曝光。

第三节　现代林业的社会资金投入

社会资金，是指除国家财政拨款及其他社会无偿援助以外以盈利为目的的资金。近年来，随着林业战略结构的重大调整，国家鼓励全社会办林业的优惠政策相继出台，大大激发了社会资金拥有者对林业的投资热情，社会资金对林业的投资迅速增加。

一、社会资金加大林业投入的潜力分析

资本的逐利性决定，充盈的民间资本将为未来商品林业的发展提供最主要的资金来源。经过20多年的改革开放，我国城乡居民收入大幅度提高。国家统计局数据显示，2006年我国居民储蓄余额已达16万亿元（图20-6）。由于商品林业广阔的市场需求，这部分资金，将构成林业投入的潜在资金来源。

自20世纪80年代以来，民营林的比例一直呈上升趋势，尤其是2003年中共中央、国务院《关于加快林业发展的决定》发布之后，各种社会资本加速向林业流动，民营林成为中国林业跨越式发展中的一支重要力量。第六次森林资源清查结果显示，到2004年底，中国非公有制森林面积达到3510万hm^2，占森林总面积的20.32%。在未成林造林地中，非公有制比例则高达41.14%。近4年以来，中国营造林面积连续突破1亿亩，其中2002年中国非公有制林业造林面积占全国造林总面积的70.2%，2003年后这一比例更是高达80%以上。

近5年来，中国林产工业总投入的87%来自民间资本。17万家非公有制企业成为中国林业产业发展的生力军。作为中国林业的一个重要组成部分，民营林的发展已经得到中国政府的高度重视。国家林业局制订了一系列旨在鼓励非公有制经济主体造林的优惠政策和措施，进一步明确了“谁造谁有”、“谁投资、谁受益”的方针。政府通过相关法律法规的制定，明确保障了林业经营者的合法权益。与此同时，林业主管部门积极履行职责，依照森林法及其实施条例以及《农村土地承包法》的规定，按时发放林权证，并做好技术、法律法规政策等相关的咨询服务工作。随着林业产权制度改革和林业部门的政府职能转变，可以预计，社会资金投入林业建设的潜力将是十分巨大的。

当前参与我国林业建设的外资主要有外国政府贷款、国际金融组织贷款（如世界银行贷款、亚洲开发银行贷款等）、外商直接投资、无偿援助等形式。当前，我国积极利用外资参与林业发展，正面临着十分良好的历史机遇。一是利用外资发展林业的国际形势有利。出于生态和环境的需求，国际社会和一些发达国家都热心于以无偿援助或优惠贷款的形式，支持发展中国家发展林业，这将使我国能够在国际上融得大量的林业建设资金。二是利用外资发展林业的政策环境良好。根据国民经济发展需要，我国制定了积极的利用外资政策，其中加强生态建设、提高自然资源利用效率等内容，体现了国家利用外资对林业的倾斜。目前由于很多行业的外商及国内投资已呈饱和态势，预计外商投资林业的强度将进一步加大，领域会

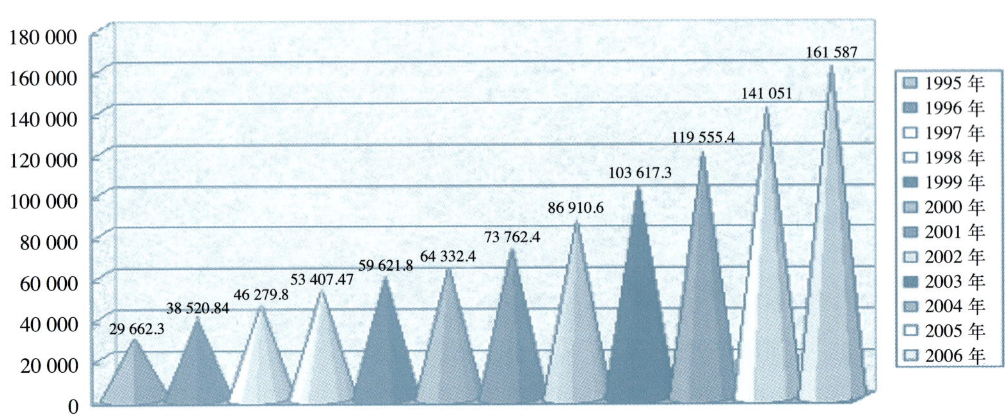

图20-6 城乡居民储蓄存款余额（亿元）

更加宽广。三是中国加入世界贸易组织将进一步扩大林业利用外资规模。《建立世界贸易组织》协议的前言，明确把可持续发展确定为新的多边贸易体制的基本原则和宗旨，世界贸易组织正在探讨如何扩大援助、支持生态环保事业。四是随着国际碳交易机制的建立和发展，有可能为我国林业建设开辟新的外资渠道。

二、鼓励社会资金对林业投入的措施

当今世界各国，凡林业发展卓有成效者，莫不与政府对林业高度重视和采取积极有效的经济扶持密切相关。创造了“人工林奇迹”的巴西、从木材进口国一跃成为木材出口国的新西兰是如此，森林资源富饶的美国、加拿大也是如此。新西兰发展人工林的主要经验是政府制定了一整套鼓励社会及私人投资的政策，主要内容包括对人工林培育提供低于普通利息45%的低息贷款。巴西政府于1965年实施了造林税收激励法案，规定向人工林的经营者提供低息贷款、降低林产品的出口关税等。扶持国有林的发展是世界上许多林业发达国家林业扶持政策体系中的一项重要内容。美国等国家对国有林采取了统收统支的财务制度；日本对国有林实行特别会计制度，国有林的全部收入均由林业部门自用，所出现赤字由国家预算补贴，收入盈余则按特别会计的规定转入下年度使用。对私有林的扶持方式虽各国不尽相同，但归纳起来大致可分为3类：一是对某些林业活动给予补贴；二是给予贷款优惠支持；三是给予税收优惠。除上述扶持措施外，国家还通过制定一些相关政策为林业发展创造良好的环境，如干预或鼓励林产品进出口，稳定国内木材价格等。根据我国的国情和林情，鼓励社会资金投入林业可以从以下几个方面进行提供支持。

（一）建立中长期信贷投入机制

世界银行主要业务涉及对发展中成员国提供长期贷款。该行主要是面向政府即由政府担保的项目贷款，资助它们兴建某些建设周期长，利润率偏低但又为该国经济和社会发展必需的建设项目。世界银行的贷款期限，短的数年，长的可达20～30年，甚至到50年。贷款按主要用途有：农业和农村发展、教育、能源、人口保健与营养、公共部门管理、小型企业、技术援助、电讯、运输、城市发展、供水和排水等。林业可以借鉴这种方式，建立中长期信贷投入机制。

国家在信贷政策方面应进一步突出林业的特殊性，明确林业信贷扶持政策。一是严格区分政策性贷款与商业贷款的性质，对林业实行政策性优惠贷款，并采取相应的运作机制；二是在政策性贷款中对林业贷款实行计划份额制，保证政策性贷款可以用于林业的总量；三是建立新增项目的专项贷款，拓宽政策性贷款的渠道；四是适当延长贷款期限，加大贴息幅度；五是建立各级银行对林业贷款风险共担制度，促进林业贷款政策的落实，使国家给予林业的扶持优惠信贷足额和及时到位。

（二）强化国家政策性银行对林业的扶持

政策性银行应在业务范围内，积极提供符合林业特点的金融服务，适当延长林业贷款期限，对林业项目给予积极支持。国家开发银行对速生丰产用材林和工业原料林基地建设项目，根据南北方林木生长周期不同，贷款年限为12～20年；珍贵树种培育根据实际情况而定；经济林和其他种植业、养殖业和加工业项目，贷款年限为10～15年。中国农业发展银行对林业产业化龙头企业贷款期限一般为1～5年，最长为8年；对速生丰产用材林、工业原料林、经济林和其他种植业、养殖业和加工项目贷款一般为5年，最长为10年，具体贷款期限也可根据项目实际情况与企业协商确定。考虑到林木生产周期长，贷款宽限期可适当延长，具体由银行和企业根据实际情况确定。商业银行林业贷款具体贷款期限根据项目实际情况与企业协商确定。

研究建立面向林农和林业职工个人的小额贷款和林业小企业贷款扶持机制。适当放宽贷款条件，简化贷款手续，积极开展包括林权抵押贷款在内的符合林业产业特点的多种信贷模式融资业务。加大贴息扶持力度。中央财政对林业龙头企业的种植业、养殖业以及林产品加工业贷款项目，各类经济实体营造的工业原料林贷款项目，山区综合开发贷款项目，林场（苗圃）和森工企业多种经营贷款项目，林农和林业职工林业资源开发贷款项目按照有关规定给予贴息。基本建设贷款中央财政贴息资金对总投资5000万元以上的速生丰产用材林基地建设和总投资3000万元以上的天然林资源保护工程转产项目给予适当支持。地方应根据实际情况，给予适当支持。积极发挥信用担保机构作用，探索建立多种形式的林业信贷担保机制，各级政府应因地制宜支持开展林业担保工作。尽快建立并完善与我国林权制度改革相配套的政策性林业保险保障体系。森林保险制度应该是公益性、政策性补助的一项保险制度。只有通过建立政策性森林保险机制，才能有效降低林业生产风险，减轻林农损失，增强林业产业项目抗风险能力。

（三）发放国家林业专项债券

调整国家债务结构，设立林业中长期债券。国家在发行债券中，应考虑国家对林业长期历史欠账的实际，进一步突出林业的特殊性，加大对林业的支持：一是在国家债券中对林业实行计划份额制，确保国家债券用于林业的总量；二是设立新增项目林业专项债券，用于公益林和林业基础设施建设；三是对林业以中长期债券为主，辅之以短期优惠债券，并采取相应的运作机制；四是建立风险共担机制，促进林业债券的落实，使国家给予林业的扶持政策足额和及时到位。

（四）增加多渠道资本市场融资机制

林业投融资的趋势，要逐步减少间接投资，增加直接融资。林业企业按照社会主义市场经济体制的要求，深化内部改革，加快产业重组，建立现代企业制度，完善法人治理结构，增强在国际、国内两个市场的竞争力和生存能力。在有条件的企业，要争取更多的企业在国内、国外资本市场上市，以获得更多的直接投资。一些中小企业也要按照资本市场准入规则，争取在即将上市的“二板”市场上市，以获取更多的资金支持。采取单位、集体、个人一起上，义务植树、有偿服务、投工投劳、捐资赞助多形式，公益林、商品林多领域，庭院绿化、社区林业建设等多方式，广泛吸引民间资金投入林业。同时建立全方位的国外投融资机制，一是外国政府贷款，如日本、德国、奥地利、法国、荷兰、意大利、芬兰等提供的多种贷款；二是国际金融组织贷款，如世界银行贷款、亚洲开发银行贷款等；三是外商直接投资；四是各种无偿援助，如德国、日本、芬兰、韩国等国政府及联合国开发计划署、联合国粮农组织、全球环境基金、欧盟等提供的双边和多边援助。

第21章　现代林业的技术装备保障

林业技术装备的现代化程度是衡量林业现代化水平的重要标志之一。大力发展先进林业技术装备是加快林业生态建设实现可持续发展的有效手段，是林业产业建设及资源高效利用的重要保障。全面分析我国林业技术装备的发展现状、存在问题及发展趋势，明确重点发展领域和关键技术，对于加快改变我国林业装备整体技术水平相对落后的被动局面具有十分重要的意义。

新中国成立以来，特别是改革开放以来，我国林业技术装备经过引进、消化吸收和自主创新，取得了长足的进步，获得了一批具有较高水平的技术成果，产生了一批市场占有率较高的品牌设备，呈现出良好的发展态势。但与林业发达国家相比，尚存在着自主创新能力不足，应用基础研究薄弱，各类装备发展不平衡，整体制造水平不高等诸多问题。实现我国林业技术装备由制造大国向强国的转变，必须继续坚持走学习—创新—赶超的发展道路，把立足点放在自主创新上，努力掌握拥有自主知识产权的核心技术。为此，要充分利用电子信息等技术提升我国林业技术装备的整体水平，加速开发良种培育、育苗、营造林、节水灌溉、园林绿化等方面的实用新机具，着重研究制材、家具制造、人造板生产、竹材工业化利用、木材资源化学转化等方面的精密、高效低能耗新设备，力争在森林资源监测、荒漠化监测、湿地监测、森林火灾防控与扑救、森林病虫害防治等技术装备领域取得新突破，切实有效地为我国现代林业建设提供装备支撑。

第一节　我国林业技术装备发展现状及存在的问题

新中国建立后，国家陆续投资建立的一批国营林业机械制造企业，以及相继成立的林业技术装备科研单位和大专院校，通过引进、改造和革新，研制了多种可长期批量生产的林业机械基本产品，保障了我国林业生态和产业发展的基本需求。实行社会主义市场经济后，部分国营林业机械制造企业经过改制和调整后迅速壮大，目前仍是我国林业技术装备制造业的骨干企业。如江苏林海动力机械集团公司、常林股份有限公司、苏州苏福马机械有限公司、上海人造板机器厂有限公司、信阳木工机械有限责任公司等，它们的产品在装备我国林业生产企业，推动我国林业现代化中发挥了重要的作用。

进入20世纪90年代后，我国城市绿化规模的迅速扩大和草坪业的快速崛起，园林绿化机械开始进入快速发展期。除了林业机械厂生产园林绿化机械外，一些实力较强的通用机械厂、机床厂也开始生产不同品种的园林绿化机械；与此同时，一大批民营林业技术装备制造企业迅速崛起，进一步增强了了我国林业装备制造业的发展活力，有利地推动了我国林业技术装备制造业的发展。

一、我国林业技术装备的发展现状

我国造林绿化及木材生产取得的举世瞩目成就，与国产营林及采伐运输设备的较快发展密切相关。目前，我国营林及采伐运输设备的品种数量已达500余种，近千个规格，可为种子生产、苗木繁育、迹地更新、植树造林、幼林扶育、森林保护、城市绿化、森林采伐与运输提供基本的装备保障，苗圃生产约44.6%实现了机械化。

我国林产工业的迅速崛起，主要依赖于国产木材加工利用机械设备。目前，我国木工机械品种数量已达69大类1100余种，人造板生产设备品种数量也达到39类800多种，产品执行标准基本与国际先进标准等同或等效。使用国产设备的胶合板、刨花板、中/高密度纤维板生产线分别占全国相应总产能的93%、82%和65%。国产木材加工利用机械设备已经成为我国林产工业发展中的主体装备。

目前，全国约有林业机械制造企业1200家，其中具有一定规模的约200家，工业总产值超过200亿元。在满足国内林业建设需要的同时，我国林业技术装备制造业已经开始向外向型经济发展，出口额每年以超过30%的速度递增，产品销往150多个国家和地区。2005年，进出口总额为27.375亿美元，进出口贸易基本平衡。我国林业技术装备总产值和出口总额现居世界第三位，已成为林业技术装备制造大国，但还不是强国。

进入21世纪以来，国家通过“863”高技术研究、“十五”农业装备攻关、948国际先进农业科学技术引进等重大项目的实施，获得了一批具有较高水平的林业装备技术成果，初步形成了比较完整的以科研、生产、推广服务为一体的林业装备高技术研究体系，培养聚集了一批具有攻坚精神的研究人才，完善了高技术研究的手段和条件，为我国林业现代装备技术水平的提高奠定了较为坚实的基础，有效地促进了林业技术装备制造业的发展。新装备成果在我国林业生产中正发挥着重要作用，大大提高了林业作业质量和劳动生产率，为加快林业建设步伐做出了较为突出的贡献。尽管如此，我国林业技术装备整体水平还很低，达到国际先进水平的产品不多，约70%的装备仍相当于发达国家20世纪80年代的水平；从国内林业技术装备市场的现状来看，产品主要还是集中在木材加工利用机械设备方面，其中木工机械、人造板设备的技术水平相对较高，其他装备的技术水平较低，许多林业装备高技术产品仍依赖于进口。

二、我国林业技术装备发展中存在的问题

我国林业装备制造业经过最近20多年的迅速发展，取得了长足进步，成绩巨大。但与国际先进水平相比，差距明显，林业生产和建设中装备的普及率还很低，特别是种子生产、苗木繁育、植树造林、幼林扶育、森林保护、森林采伐与运输的机械化程度亟待提高。林业技术装备制造行业整体处于“大而不强”的局面，其不足主要表现在以下几个方面：

1. 自主创新能力不足，应用基础研究薄弱

通过对国外具有代表性和先进装备机型的不断引进、消化、吸收，以及试验改进和完善，我国林业技术装备已形成了比较完备的品种类型。但是，行业自主创新能力不强，发展后劲不足，主机设备的关键技术缺乏创新，长期处于跟踪和模仿国外同类技术的状态，使得产品质量、自动化程度和节能环保水平与国际先进产品相比差距较大。此外，由于许多林业

技术装备（特别是便携简易营造林及采伐运输设备）的开发既要考虑便于在复杂地域、气候、立地等野外条件下使用，又要兼顾使用者的购买力和操作能力，增加了林业机械新产品开发的技术难度。加之此类产品品种繁多、需求量有限、市场分散、产品生命周期短等的特点，势必增加研制产品成本，企业参与开发的积极性不高。

尤其是在林业技术装备的应用基础研究方面，由于需要大量的资金投入，风险很大，加之国家财力有限，国内林业技术装备产业规模小、实力弱，使得我国林业技术装备的应用基础研究缺乏长期稳定支持，设计理论和应用机理的研究严重不足，设计手段比较落后，试验方法和设施也不健全，试验数据极度匮乏，既符合国情又系统全面的林业技术装备应用基础理论尚未完全建立。由于大多企业无力投入创新研究，极少从事应用基础性研究，导致新产品开发缺乏基础技术支持，只能采用仿制或改进的方式进行，这使得多数机械产品缺乏具有自主知识产权的技术，不能向市场提供智能型高度自动化的先进技术装备，严重影响了国内产品技术水平的提高和参与国际竞争的能力。

要实现林业技术装备由制造大国向强国的转变，必须把立足点从过多依靠国外技术逐步转移到主要依靠自主创新上来，必须清醒认识到核心技术是买不到的，市场换技术是不可能实现的。因此要坚持走学习—创新—赶超的发展道路，努力掌握拥有自主知识产权的核心技术和关键技术，不断推进林业技术装备制造业的技术创新，使我国的林业技术装备生产走上现代化制造的道路。

2. 各类装备发展不平衡，一些装备空白亟待填补

我国已是世界上名副其实的营林大国，但是由于营林机械发展起步较晚，造成设备的开发及生产能力薄弱，发展很不平衡。例如苗圃生产机械化程度平均仅为44.6%，营林生产基本上仍采用手工作业的原始劳动方式，机械化造林仅为10%，且设备故障率高，功能单一，配套性差，利用率不高。营林生产面积大、产出少、用工多、效率低、劳动强度大，粗放经营的传统尚未得到根本改变。大面积造林所需的采种、种子加工、育苗以及幼林抚育，因为缺少相应机械装备的保障，只能依赖大量劳动力的投入。因此，普及营林作业装备，是提高生产效率，改善劳动条件，提高作业质量，建设优质高效高产林业，促进林业生产现代化的一项重要措施。

我国园林机械品种较少，配套的园林机具仅有十几种，且技术含量普遍较低。大力发展园林机械新产品，加速老产品的更新换代是当务之急。随着“城市森林”概念引入我国，城市林业的建设工作迅速开展，城市绿化规模迅速扩大，草坪产业快速崛起，园林绿化机械将进入快速发展期。

虽然目前国产木工机械的总体技术水平已接近国外20世纪90年代的水平，明显高于其他林业技术装备。但是与发达国家相比，其在品种数量、产品功能、数控普及率、加工精度和环保指标等方面还有一定差距。发达国家的木工机械90%采用了CNC技术（数字控制技术），而我国却不足5%，尚不能生产高性能、高产量、高速度、重切削、复合加工的数控镂铣机；国外已将FMS（柔性制造技术）、机器人技术和声光电检测技术，广泛应用在木材加工中，而我国这些技术在该领域的应用尚处于空白。

尽管国产人造板生产线设备的总体技术水平处于行业领先地位，但关键设备制造的核心技术尚未掌握，生产规模普遍偏小，生产效率不高。人造板生产线设备自动化水平参差不

齐，皆未实现生产线自动在线检测和监控。由于人造板设备使用成本相对较高，能耗较大，而不少国产设备的可靠性却较低，不能保证长期稳定运行，从而增加了人造板的生产成本，也影响了人造板产品的质量，并导致生产线难以达到设计产量。

另外，经济林、竹藤花卉、林业浆果及其他林副产品加工机械装备目前基本空白，有待于尽快组织研究开发。要全面实现林业建设现代化，必须着手解决各类装备发展的不平衡，填补关键装备空白的问题。

3. 产品结构不合理，制造水平不高，生产管理不完善

在产品结构方面：传统产品过剩，高技术产品缺乏，适应林业产业结构调整的新产品开发滞后。技术含量低、量大面广的产品，如割灌机、油锯、风力灭火机、通用木工机床、低档人造板及其二次加工设备重复建设严重，生产能力过剩，造成市场过度竞争，企业效益下滑；而技术含量高，林业结构调整急需的产品，如高效育种育苗装备、现代营造林装备、林产品深加工机械、高度自动化的家具机械、大产能的人造板自动化生产线等还要从国外进口。

在产品制造方面：许多装备制造企业的工作母机陈旧，制造工艺水平低。有的企业甚至仍在使用20世纪五六十年代的旧机床设备，沿用应被淘汰的落后制造工艺，致使生产的林业装备产品难以达到精度要求，从而造成其工作可靠性差、使用寿命短。

在生产管理方面：国内林业技术装备制造企业普遍存在规模较小、设备老化、管理不善、产品档次低的突出问题。在林产工业发展过程中，一方面技术装备制造企业与日益飞速发展的家具、地板、人造板等企业互相推动、相辅相成、共赢共进；另一方面技术装备产品普遍质量差、档次低，已经严重制约林产工业产品的进一步发展，从而造成了我国林业装备制造业和林产工业在世界上处于大而不强的尴尬地位。世界著名的林业技术装备制造先进企业都具有一些共同特点：一是具有较强的技术创新能力，能够根据市场和用户需要，不断开发和研究高技术含量的产品；二是工艺装备先进，现代化生产程度高；三是生产的社会化程度高，采用专用设备保证产品的质量，社会化专业生产，体现规模效益；四是员工的继续教育普遍得到重视。而中国许多装备制造企业在上述诸方面存在明显差距，而且观念落后、管理粗放；对于未来发展，特别是长远发展缺乏规划和明确定位；对如何有效组织开展产品的市场调查、研究开发直至培育和开拓市场，缺乏统一的策划和部署。

此外，我国林业技术装备制造低水平重复现象比较严重，行业的近期和中长期发展规划尚需进一步完善。

以上这些状况如果得不到彻底改变，在很大程度将阻碍我国林业现代化建设的步伐，不利于我国林业的可持续发展。

第二节　国内外林业技术装备的发展趋势

我国在发展林业技术装备过程中，既要借鉴林业装备发达国家的经验，跟踪和吸收国外先进技术，又要结合我国现代林业发展的需要，立足国内装备制造业基础条件和人才队伍现状，尽快建立产学研紧密结合的林业装备创新体系，走自主研究开发之路，为实现林业又好又快发展提供先进实用的林业技术装备。

一、国外林业技术装备的发展趋势

国外林业发达国家目前的林业生产已全面实现了机械化。林业灾害防御技术已实现了遥感、卫星监测、计算机智能控制；营造林技术已完成了由单工序机械化作业向多工序联合机械化作业方向的转变；木材采运装备实现了高度安全化和操作舒适化；木材加工设备更是实现了高精度、高效率和全面自动化；依靠先进装备，林副产品加工生产已经实现了工厂化、标准化和商品化。

国外林业技术装备发展的总体趋势是：吸收和应用电子信息科学技术的成果，向智能、高效、多功能和大型化方向发展；重视资源节约、生态保护和降低林产品生产作业成本的应用技术的研究；林业技术装备中将更多地融合液压技术、微电子技术和信息技术；许多智能化的林业技术装备研究成果已开始应用，使得林业生产作业正在向高效率、高质量、低成本和提高操作者的舒适性、安全性的方向发展。其主要发展方向是：

1. 实现生产过程的最优化

以制材设备为例，在制材生产过程中，应用金属探测器检查原木中的金属物，使用X射线透视原木内部缺陷；用计算机编制程序选定锯剖方案和最佳下锯图，发出原木或锯机移动的指令，监测锯切偏差；采用校准扫描器和定位器，确定锯条和刀具的锐利程度，监测锯材钝棱、边弯，识别节子、斜纹、开裂和变色等缺陷；锯材堆垛、材积计算、原料和产品数量实现计算机自动统计。

2. 应用柔性制造系统和机器人

借助数控技术、计算机技术和柔性搬运技术形成的柔性自动化制造系统，控制着整个生产线，指令输出、保留、调整、状态监测、检验等全部过程自动进行。操作者通过中央控制室的控制系统，在视屏上了解各工序的生产情况。例如实木家具柔性造系统、指接集成材柔性造系统。在家具涂饰车间采用机器人作业，用机器人搬运、上料和堆垛，既提高了劳动生产率，又减少了作业环境对工人的直接危害。

3. 采用全计算机集中控制系统

所有操作需要的信息和操作的动作，均可由操作人员在中心控制室的计算机上利用鼠标或键盘来进行。因为只有在中心控制室才能看到所有的相关生产工艺和设备运行信息，所以几乎所有操作都能在中心控制室内进行。高度自动化的中密度纤维板生产线是典型的全计算机集中控制系统的应用实例，从削片、热磨、干燥、铺装到连续压机等工序全面实现了自动化。

发达国家在林业现代装备的研发中，非常注重将机械设计与制造技术、电子技术、信息技术等学科的先进科技成果进行集成组装，应用效果显著，发展趋势突出，概括起来有如下五个基本特点和作用：一是提高生产作业机械的技术性能，实现生产全过程的监视、控制、诊断、通信，装备的技术性能得到进一步拓展和提升。二是实现节本增效和环境友好作业，节约化肥、农药、水资源和燃料消耗，降低作业成本，保护生态环境，减少土壤、水体、动植物遭受污染。三是提升生产环节中操作的精确率，及时获取过程信息，使林业装备的操作能精确执行生产过程的各项控制指令，如精量播种、精确施肥、精确施药等。四是改善劳动者的工作条件，良好的人机接口，使得劳动者的操作更加方便、更加安全、也更加舒适，大大减轻了其劳动强度。五是发展高效智能监控装备，基于卫星定位系统的导航、智能监测、控制装备，能够及时有效地实现林场管理信息系统与移动作业装备之间的无线通信与机群调度，强力支持林业的科学管理和决策。

二、我国林业技术装备的发展趋势

我国林业装备制造业当前面临着新的挑战和机遇，一是要提高营造林的机械化水平和质量，扩大面积，提高效率；二是要通过提高装备技术水平，实现林业资源的高效和可持续利用，提高我国林产品的质量和国际竞争力，满足社会需求，同时努力增加农民收入；三是要积极研发林业生物质材料和生物质能源的生产设备，解决林木资源利用新领域缺乏专用装备支持的瓶颈问题。总之，新时期林业生态和产业建设要求迅速推进林业技术装备的发展，以利于节约资源、降低成本、保护环境。我国林业装备的发展将呈现如下总体趋势：

1. 应用电子信息等技术提升林业装备技术水平

吸收和应用电子信息技术、遥感技术以及卫星定位系统，提高森林火灾的预警与扑救、森林病虫害的防治、荒漠化监测、湿地监测以及森林资源监测装备的技术水平，逐步使装备向智能型、快速反应型、规模化方向发展。各种机电一体化技术新产品，将不断地被应用到林业生产上，通过过程监视、控制、故障诊断，提高林业生产作业的精确性和可靠性，实现作业的高效率、高质量、低成本。技术装备开发中将更加注重节约能源、提高资源利用率，与此同时要充分应用人机工程学原理，改善装备对操作者的舒适性与安全性。

2. 营造林及采伐运输设备将向实用化方向发展

大面积机械化营造林方式必将逐步取代传统的人工营造林方式，适应我国复杂立地环境的营造林及采伐运输装备将得到进一步发展。重量轻、便携带、一机多用的作业机具值得重点关注；高陡边坡、石质山地、废弃矿山、城市屋顶等绿化装备市场需求旺盛；现有国产营造林及采伐运输装备将重点加快技术更新换代步伐及系统配套，急需开发更具人性化、自动化且便于与相关设备相衔接的新产品；我国大面积的速生丰产用材林已逐步进入成熟期，为高效率的联合采伐作业机械开发提供了机遇。用最少的机具品种和最佳机械组配，最大限度地发挥装备的效率是营造林及采伐运输装备的发展趋势。

3. 木材加工利用机械设备将实现精密化和高效化

木材加工利用机械设备将被广泛地应用在木材精深加工和综合利用领域，且产品的技术水平和档次会很快得到提升。计算机控制的全自动现代化大产量制材生产线成套设备必须着手开发；高精度木工机械普及速度将不断加快；大产量、大幅面人造板生产线成套设备将具有极大地发展空间；城市废弃木材再利用加工专用设备具有很大的发展潜力；林业生物质材料和林业生物质能源生产装备发展前景非常广阔；实用、高效的竹藤及林副产品加工利用设备急待开发；高强度耐磨工刀具的研究开发势在必行。通过装备的精密化和高效化来提高木竹材的综合利用率，是木材加工利用机械设备发展的必然趋势。

4. 林业资源监测管理装备将向集成高效方向发展

森林资源监测的装备（手段）在充分利用高新技术的基础上，向多尺度、定量化、综合监测方向发展。高效集成的专业装备（手段），其精度和效率越来越高，易用性越来越好，综合监测和综合数据采集更加便利；创建在合适指标体系支持下的以GIS为核心、遥感与GIS相结合的综合评价模型，将成为荒漠化灾害监测、预警、评估中的技术发展方向；完善3S一体化信息技术系统，加强3S技术在湿地监测方面的理论、方法、技术框架到实施步骤的研究和应用，形成具有多维信息获取与实时处理特点的新的综合技术领域，在湿地调查和定点监测的基础上，确定和完善全国湿地监测技术体系，逐步建立湿地监测分类专家系统，包括数据库、动态模型的建立，以及GIS和多媒体技术的现代化湿地信息管理系统。

第三节　我国林业技术装备的重点发展领域及关键技术

现代林业装备是先进林业科学技术的具体体现，是现代化林业发展的必要保障。提高我国林业装备技术水平，为林业重点工程建设和林业产业发展提供必需的装备及技术支持，实现我国林业可持续发展，必须抓住需要重点研究的领域及关键技术，加快发展林业装备制造业。

一、营造林及采伐运输设备

1. 林木良种培育装备技术

随着我国林业六大工程的全面实施，造林苗木需求量急剧增加与林木良种供应量不足的矛盾日益突显。目前我国用于造林育苗的种子大部分来自于天然林和人工林，从民间收购的种子占据了相当的比例；由于缺少种子采集和加工机械设备，导致采种作业效率低下，种子生产成本不断提高，种源质量难以控制，出苗率难以保证。而且采种作业时经常发生毁坏母树林的现象，采种作业人员死亡事故也时有发生。

种子的好坏事关育苗的质量和林业的后续发展。优质的种子要依赖于种子园，更需要高水平的采种及其加工机械给予保障。我国在种子园建设方面起步较晚，应加快建设步伐，与此相适应，在林木良种培育装备方面，要重点开发研制智能化的采种、种子调制、质量识别及存储技术装备，以提高种子的品质及种植后的成活率，从而提高林业苗木品质，扩大林业的贡献率。

2. 现代林业育苗装备技术

长期以来，我国育苗生产多采用人工撒种方式进行播种作业，不仅效率低，而且播种质量无法保证，浪费良种现象也很严重。而精量播种技术不仅能提高生产率，节约良种，抢农时还能降低作业成本，提高苗木质量；工厂化育苗因受季节、气候变化影响小且育苗效率高，所以根据生物工程所需的培育模式，将林业育苗生产转化为工厂化集约经营，可实现育苗生产的流水线作业，也为在林业上推广运用生物、电子、自动控制高新技术开辟了广阔途径，有利于实现林业现代化。

当前我国林业建设工程越来越重视造林效果，特别是在高寒、高山、远山、石质山、干旱瘠薄、水土流失等自然条件恶劣地区的造林，对苗木质量提出了更高的要求；同时，要求降低育苗成本以适于大规模应用，这必然加大了对精量播种技术和工厂化育苗的需求。因此，在林业育苗装备方面，要重点研究开发与此相关的苗圃通用底盘、苗圃精量播种设备、集约化苗木移植设备、高效节能联合作业机械等装备，加强工厂化育苗技术及相关设备的研究，开发温室林业苗木及花卉生长的营养液配制、环境因子智能控制等技术装备。

3. 营造林机械装备技术

要实现我国用材林及薪炭林等造林规划目标，仅靠人工造林是不可能实现的，必须发展机械化造林，以提高造林速度，保证造林质量和造林后的成活率。无论是在采伐迹地造林，还是在荒山荒地造林，一般都要经过林地清理（清除伐根、灌木和藤条等）、整地、苗木选择、苗木栽植、整枝抚育等几个环节；其中，苗木栽植环节尤为重要，必须做到栽植深浅适度、不窝根、根系和土壤密接，这也是对植树机械的基本要求。我国传统植树机存在着开沟能耗大、破坏植被的问题，且不能完全实现机械栽植苗木，需要人工辅助植苗，从而导致工人劳动强度大、苗木栽植质量稳定性差；在造林后的抚育方面，因我国目前尚无技术成熟的整枝机械设备，造成抚育整枝作业粗放；营造林机械装备的产品种类也不够齐全，难以实现系统配套。

因此，要重点研究适应新造林工艺的现代智能化装备，加快新型自动植树机、整枝抚育机等新设备的开发，加速系统配套产品的研究，研发新型专用动力机具；特别是要重点研制速生原料林生产专用装备，实现从植树、抚育到采运的生产全程机械化。

4. 生态林建设装备技术

我国是荒漠化比较严重的国家之一，干旱沙地、沙漠和土壤层薄的石质山地的立地条件困难，造林成活率低。连续开沟式和间断开沟式植树机会严重破坏地表原有植被，只适用于平原地区，不适用于本来地表植被很少的荒漠化地区。在这些地区，世界各国还没有特别有效的造林成功方法。20世纪90年代，由比利时政府援助、联合国粮食与农业组织执行，在我国科尔沁沙地开展的技术合作项目中委托北京林业大学工学院研制了两种用于干旱沙地深栽造林的设备，造林成活率达到90%以上，但造林效率较低，单台设备还不能满足大面积、短时间（造林季节）造林的要求。

因此，要重点解决工程及生物防风固沙配套技术装备，着重研究流动沙丘、半固定沙丘、沙地等沙障设置、沙生植物栽植及速生树种深栽造林智能化、可实现管理信息系统与移动作业机械间的无线通信与机群调度装备。

5. 林业节水装备技术

任何植物的生长都离不开其生长所需要的水分，大面积造林后的灌溉是解决自然降水不足，保证造林、植被恢复成功的关键。为尽可能降低灌溉的能耗和节约水资源，世界各国都在研究节水灌溉。以色列是世界上公认的节水灌溉技术先进的国家之一，其微喷灌、滴灌和渗灌等节水灌溉技术已相当成熟；在灌溉的控制方面也有较成熟的技术，可以根据土壤、空气湿度确定是否执行灌溉。在我国这些技术可应用于农田、温室、林业苗圃灌溉并实现自动和智能控制。但在在较偏远的林业造林地，尤其是干旱、荒漠化较严重的造林地，由于没有电力供给，这些节水灌溉技术难以实施。研究、开发利用水位差自流，并根据被灌溉林地土壤含水率状况、不需要额外电能用于控制的智能控制节水灌溉系统对解决干旱、荒漠化较严重的造林地灌溉具有实际应用价值。

为加快改变我国林业育苗灌溉的传统方式，需要加速研究定量给水施养、智能化灌溉和其他微滴灌节水新技术，重点开发新型节水装备、树木的径流检测、养料及水分利用检测等关键技术。

6. 园林绿化机械装备技术

一方面，我国目前小动力园林机械产品的数量仅有10几种，远远不能满足快速发展的多样化园林绿化的需要。大力发展园林机械新产品，加速老产品的更新换代，使产品向人性化和自动化方向发展已是当务之急。急需开发适用于家庭、小型企事业单位、住宅小区和经营规模较小的绿地用户使用的一机多用轻便园林机械，以及能同时或按一定程序进行联合作业，完成大型园林绿化工程或专业化机械施工的联合作业式园林机械。开发时需要重点关注设备的节能环保性、安全可靠性、操作舒适性以及抗静电干扰性。

另一方面，我国存在大量的自然退化荒芜高陡土石山坡和因公路、铁路、水电站、采矿等工程建设、工业生产造成的裸露坡面，这些区域大多由于表层土壤条件差、地形地貌复杂，依靠自然力或传统绿化造林方法难以实现植被的快速恢复，造成生态环境恶化和水土流失严重。因此，研究困难地形地貌的人工植被恢复的技术与装备，对防止水土流失、迅速恢复生态环境、维护生态平衡具有重要意义。要重点研究困难绿化坡面人工植被恢复技术装备，着重开发干法和湿法远程绿化喷播机，为高速公路护坡、荒芜陡坡、废弃矿山、城市楼顶的绿化提供高效绿化装备。

二、木材加工利用机械设备

1. 制材生产装备技术

由于林木资源结构的变化，大径级原木越来越少，而小径级人工林木材越来越多，制材原木的平均直径已由20世纪80年代的24cm降到现在的18cm。因此，发展小径原木制材技术与装备已成为当务之急。

欧美发达国家的小径原木制材装备已采用轴向移动控制的多锯片锯机，应用原木三维扫描图像再现、数字化控制原木最优化锯切、板材纵向智能优选剖分和板材横向智能优选截断等技术，制材生产线实现了计算机中央控制的全自动化生产，制材进给速度、原木出材率和制材效率很高，但其设备价格昂贵，一般国内企业无力购置。我国小径原木加工技术及装备落后，基本采用传统的带锯加工，制材精度、生产效率及自动化水平低。

因此，将图像采集、分析与再现、智能优化、计算机数字控制等当代先进技术应用到小径原木加工设备上，研究与开发小径原木高效智能制材设备，实现优化利用木材、提高木材出材率、综合利用效率和生产效率，是我国小径原木制材的必然选择。首先要重点开发铣锯联合机、双轴多锯片圆锯机和四联带锯机等小径原木制材主机设备，实现主机设备关键技术的突破；其次，要着重研究原木分选、锯切优化以及板材分选中的关键三维扫描技术，为实现小径原木制材智能化生产奠定坚实的基础。

2. 家具机械装备技术

木制家具是时代性、装饰性和工艺性都很强的木材制品，随着人们生活质量的提高，消费者审美情趣的多样化，采用通用木工机床加工和传统手工作业已经无法满足现代化家具生产的需要。而采用木工数控加工中心，就可以方便快捷、精确高效地加工出符合要求的高质量木制品零件。木工数控加工中心（CNC）是通过计算机数字控制技术，将锯、铣、磨、开槽、铣榫、钻孔与封边等多道加工工序融为一体的多功能、智能型、柔性化的技术装备，可广泛用于复杂形状的家具部件、门窗等木制品的加工，市场前景十分广阔。

我国木工数控加工中心的技术近几年虽然取得了长足的进步，但是还远不及欧洲等发达国家，存在的主要问题是：目前生产的产品仅限于三轴三联动以下产品，且功能比较单一；可换刀的高速电主轴、锯切单元、铣削单元、钻削单元等主要依赖于国外产品；缺少适应于木工数控加工中心的专业编程软件。因此，要重点开发具有四轴四联动（甚至是五轴五联动）的多功能智能型木工数控加工中心，满足国内中高档家具等生产企业的需要；要着重研究可换刀的木工高速电主轴、可旋转任意角度的锯切单元和铣削单元、集成钻削单元等基础部件，开发专用编程软件，奠定提升国产木工数控加工中心水平的基础。

3. 人造板机械装备技术

人造板工业是资源高度依赖型产业，提高人造板机械技术水平必须把节能降耗作为最重要的课题。影响人造板生产节能降耗的因素很多，木材消耗、胶黏剂消耗、热能消耗、电能消耗等在人造板生产成本中都占有较大比例，是节能降耗的重要环节。目前我国人造板单线产能普遍较低，致使生产企业难以实现规模效益，生产成本难以降低；设备制造企业难以实施先进的控制技术和节能降耗的技术措施，因此提高单线产能，是实现我国人造板工业腾飞的重要措施之一。

为此，要重点研究开发高效率、大产能、高度自动化的木质和非木质人造板生产关键设备。特别是要着重研制板坯加热均匀、压制成品板厚度偏差小、运行稳定的双钢带大型连续热压机；能源消耗低、纤维得率高的大磨盘热磨机；多通道、高节能、干燥均匀的大型连续干燥机；带有高度雾化装置的转子式拌胶机；刨花（纤维）计量精确、配施胶准确的调供胶系统，以及高度自动化的人造板在线检测与远程控制技术。

4. 竹材工业化生产装备技术

竹产业已成为缓解我国木材短缺压力的朝阳产业，目前全国利用竹材加工的产品有20多个大类2000多个品种，加工产品利用领域已扩展到建筑、运输、装饰、家具、轻工、造纸、医药、食品等行业。改革开放以来，各种以木工机械为基础的改进型竹工机械得到了长足发展，有力地促进了我国竹材加工业的迅速发展。采用竹工机械生产的竹制品主要有：竹筷、竹签、竹凉席、竹胶合板、竹碎料板、竹地板、竹木复合材、竹碳等产品。

尽管如此，与国内竹产业迅猛发展相比，高技术含量的竹材工业化生产专用加工设备相对滞后，竹工机械没有相应的规程规范和国家标准，品种类型少，设备不配套、生产工艺流程不畅，加工误差大，致使竹材综合利用率低，只有25%～35%，难以满足竹产品生产小批量、多品种、高质量、高效率、低成本的竞争要求；竹材人造板（如竹材定向刨花板）及竹复合材料工业化生产设备技术基础薄弱，影响竹材人造板及竹复合材料工业的发展。

因此，需要研究开发适合竹材材质特性和生产工艺的专用装备，增加竹工机械的品类和加工精度，以提高竹制品生产中的竹材利用率，满足竹材人造板和竹复合材料生产的需要。要重点研究开发竹材定向刨花板削片技术装备，竹木复合材料生产新设备，以及轻便、省力、实用的竹藤采割机具等竹产品原材料收集机具。

5. 木材资源化学转化生产装备技术

木材资源是一种可再生资源，将木材资源化学转化为清洁能源、高附加值化学品，有利于促进国民经济发展和保护环镜。在木材资源化学转化过程中，反应器是技术含量最高的关键设备，它将决定整个工艺是否安全、环保、高效、节能；蒸发工段是木材资源化学转化工艺段的瓶颈，迫切需要研究、开发一种低能耗、结垢易清理、土建成本低、蒸发效率高的蒸发浓缩装置；热解炭化是木材资源转化利用的重要方法之一，通过热解能把低能量密度、低品位的木材资源转化为能量密度高、易利用的炭、液体油和燃气等。

因此，要重点开发（或引入）新型化学反应器（静态混合反应器），取代传统的搅拌反应技术及反应器，解决常用釜、罐式反应器自动化和连续化程度不高、能耗高、资源利用率低、环境污染较严重的问题；要着重研究全新的高效节能浓缩蒸发干燥装置（多效板式蒸发器），使得蒸发过程直接在薄板间完成，提高单位蒸发强度，并达到节能、易清理维护和降低安装车间高度的目标；要开发能量自给型热解精炼装备（连续化热解炭化装备），保持成型棒状物、边角料块状物、枝桠材等物料热解炭化过程的连续性，与此同时要采用先进的热交换技术，回收热能用于干燥原料和产品，燃气用于居民供气、锅炉供热和发电，达到系统能源的有效合理利用，降低能耗，提高木炭等产品的产量和质量。

三、林业资源监测管理装备

1. 森林资源监测装备技术

我国现有森林资源监测体系仍然沿用解放初期的技术思路，缺乏统一、全面、协调和高效的森林资源综合监测技术体系，大部分的监测工作主要使用传统的监测设备和手段，导致先进的监测装备（手段）缺乏有力的推广应用，许多新技术和新方法难以发挥应有的作用，影响我国森林资源监测工作的质量和水平。

在森林资源监测中，使用先进的技术装备和手段，可以大大提高森林资源监测的效率，节省大量的人力、物力，提高和保证监测数据的准确性和连续性，使森林资源监测从单一监测向综合监测、定性监测向定量监测、单尺度监测向多尺度监测方向发展，单纯的资源监测向生态系统健康监测发展。重点是要充分利用各种先进的高技术仪器装备，提高和保证监测数据的准确性和连续性，进行资源的综合监测、定量监测、多尺度监测，逐渐实现由单纯的资源监测向生态系统健康监测的转变。

2. 荒漠化监测装备技术

建立荒漠化监测、预警与评估技术体系是荒漠化防治的一项基础工作。通过对荒漠化的适时监测、预警和评估，可以及时、准确地掌握风沙灾害发生的现状、动态变化规律，并对风沙灾害的发生提前发出预警，可为风沙灾害防治宏观决策、制定防沙治沙规划和采取合理的防灾减灾措施提供科学依据。然而到目前为止，国内外尚没有建立起科学、实用、完善的风沙灾害监测、预警与评估的技术体系，严重制约风沙灾害防治的效率和实际进程。目前，国内外研究的重点主要集中于荒漠化或沙漠化监测与评价的技术上。

随着计算机技术和遥感技术的发展，荒漠化或沙漠化遥感直接评价技术的研究与应用也变得普遍。在印度和阿根廷，利用地球资源卫星数据或气象卫星的NOAA AVHRR数据与其他数据的结合，进行土地退化评价取得了很好的效果。遥感技术也已成为我国荒漠化和土地沙化监测与评价的必要手段，但还存在一些根本问题没有解决，如不同荒漠化程度地表的光谱响应特征等，限制了遥感技术在荒漠化和土地沙化监测与评价中应用的深度和广度。

重点要解决土地沙化和风沙灾害监测、预警和评估技术研究中存在的不足，创建在自适指标体系支持下的以GIS为核心、遥感与GIS相结合的综合评价模型。

3. 湿地检测装备技术

我国是湿地大国，湿地面积居世界第四，亚洲之首，湿地类型十分丰富。但是，我国对湿地生态系统的监测起步较晚，目前处于初级阶段，还没有形成完整的湿地监测体系，在监测内容、监测指标、监测评价参数等方面还没有统一的标准。此外，我国缺少长期的湿地生态系统定位观测，虽然部分地区已经开始采用3S技术进行湿地生态系统的监测，但就全国范围来看，还缺乏完整的湿地生态系统遥感监测体系。

湿地类型多样、结构复杂、功能众多、分布广泛的特点，使得湿地的监测应根据湿地的类型、湿地的分布以及湿地的重要程度有目的、多层次的进行监测，建立完善的湿地监测网络。针对湿地的特点，要积极开发和发展操作简便、测定快速、价格低廉、便于携带、能满足一定灵敏度和准确度要求，并适合野外作业的监测方法和仪器，特别是具备监测数据远距离传输功能的监测仪器。

湿地生态环境监测应以采用遥感技术为主，同时进行大量实地调查，将面上宏观监测与定点网络监测定性分析和定量分析有机结合起来，使两种方法相辅相成，对湿地生态环境进行全面准确的监测。在湿地调查和定点监测的基础上，确定和完善全国湿地监测技术体系，逐步建立湿地监测分类专家系统，以及GIS和多媒体技术的现代化湿地信息管理系统。

重点是要建立完善的湿地监测网络，实现多层次的监测；建立一套完整的湿地监测指标体系，促进湿地监测的科学化和现代化；开发具有远距离传输功能的湿地野外自动化监测仪器；加强卫星遥感在湿地监测中的应用，对湿地生态环境进行全面准确的监测。

4. 森林火灾防控指挥与扑救装备技术

森林火灾具有发生面广、突发性强、扑救困难等特点。森林火灾一旦发生将给森林和生态环境带来严重危害，并造成巨大的经济损失。控制森林火灾应以预防为主，尽量避免火灾的发生，但是一旦发生火灾，应充分利用消防设备积极迅速扑灭火灾，将损失降到最低。

为此，要重点发展基于红外线、遥感、视频、特种传感器的监测系统，集GIS、GPS、无线通信、自动控制、计算机网络、图形图象传输处理等先进技术于一身的信息传输系统和接警指挥系统，实现林火的实时监测、智能决策、动态指挥、有效扑救；要提高我国现有灭火车和灭火飞机的技术水平，改进喷（洒）水设备的结构，提高灭火效率和水的利用率，要提高设备的机动性，使之更适合林区的地理环境；森林消防车作为森林消防的重要设备之一，应重点研究采用抗高温抗辐射材料，提高其在恶劣条件下的适应能力和对消防人员的保护能力。另外，针对扑救森林火灾的特点，要着重开展森林消防车的多功能化研究，使其具备灭火、运载、开挖防火带和救援等多项功能，以提高森林消防车的全方位作战能力，实现“一车多用”。

总之，要重点研制森林火灾害的预警及控制技术装备，综合利用卫星遥感技术、地理信息系统、全球定位系统等现代技术，对森林重大灾害进行监测、预警、预报，有效控制和减少森林火灾的危害与损失。

5. 森林病虫害防治装备技术

利用各种化学药剂来消灭病虫和其他有害生物，是森林病虫害防止的主要方法。目前，在我国广泛使用的施药方式主要是航空施药和地面施药。其中，航空施药主要是用运五飞机、轻型固定翼飞机或轻型直升飞机携带液压式或电动式施药设备，进行常量、低量和超低容量喷雾或喷粉作业，其存在的主要问题是无作业飞行时间长，漏喷和药剂浪费严重；地面施药主要是用喷洒机、静电喷雾机、烟雾机等进行喷雾和喷粉作业，其存在的主要问题是喷洒机喷洒高度不够和雾化效果差，漏喷和药剂浪费严重，目的物受药量小，作业效率低；静电喷雾机虽提高了目的物的受药量，但药剂需要油剂作为载体，从而增加了防治成本，并容易对环境造成污染；烟雾机虽被已广泛应用，但是喷管温度高，不适宜生物药剂和高温易分解的化学农药，药管高温和回火易造成火灾隐患，机器噪声大，启动困难，烟雾化的药剂在林间停留时间短，目标物受药量低，药剂对空气污染严重。

因此，要重点解决各类现有地面施药装备中存在的问题，研制开发适合林区使用的超低量、高射程、低污染的新型喷洒药械；要综合应用地理信息系统（GIS）、全球定位系统（GPS）、决策支持系统等现代高新技术，确定施药时机，并对施药作业进行导航（航空喷药）、导向（地面施药）和定位，实时监测试药效果，指挥调整作业方案，以提高药液雾滴的中靶率，避免重喷、漏喷、误喷，以便用最少的药量达到最佳的施药效果。

第22章 现代林业的科技支撑

现代林业的本质是科学发展的林业。建设现代林业，构建完备的林业生态体系、发达的林业产业体系和繁荣的生态文化体系，必须全面实施科教兴林、人才强林战略，努力提高林业自主创新能力，加快林业科学技术进步，充分发挥科学技术的支撑、引领、突破和带动作用。

提高林业自主创新能力，为现代林业建设提供强有力的科技支撑，关键在于建立健全林业科技创新体系，努力打造林业科技创新平台。建立林业科学技术研究开发体系，通过加强科技能力建设，加强原始创新、集成创新和引进消化吸收再创新，加强实用技术与新型产品开发，加强知识产权保护等，为现代林业建设提供技术储备；建立健全林业科技成果转化体系，通过搭建专业孵化平台、加强技术扩散与转移、建设技术推广与服务平台等措施，促进科技与生产紧密结合；建立健全林业质量安全监督体系，通过加强林业标准化工作、强化林业质量检验检测机构建设、加强林业认证认可等措施，全面提升现代林业发展的质量。

建设生态文明，要求必须发挥科学技术在树立人与自然和谐相处价值观中的基础作用。党的十七大明确提出了建设生态文明的目标。建设生态文明，基本形成节约能源资源和保护生态环境的产业结构、增长方式和消费模式，最关键的是要普及生态知识，宣传生态典型，增强生态意识，繁荣生态文化，树立生态道德，崇尚生态伦理，在全社会牢固树立人与自然和谐相处的道德观和价值观。林业作为生态建设的主体，在生态文明建设中，居于基础地位，处在前沿阵地，扮演关键角色，发挥先导作用，肩负着其他行业不可以替代的历史使命。因此，在不断增强林业自主创新能力，努力提高林业发展质量的同时，充分发挥林业科学技术普及工作的作用，更加深入地面向社会公众传播生态文化、弘扬生态道德、提高公众生态意识，对于促进生态文明建设具有十分重要的意义，这也正是建设生态文明赋予林业科技工作的光荣使命和重大任务之一。

建设现代林业，要求必须充分发挥科学技术的支撑、引领、突破、带动作用。建设现代林业，其主要目标和根本任务就是要构建完备的林业生态体系、发达的林业产业体系和繁荣的生态文化体系，充分发挥林业的多重效益和多种功能，不断满足经济社会发展对林业的多样化需求。但是，目前我国林业发展的总体水平还比较低，木材供给问题和生态安全问题还一直没有得到很好地解决。现代林业建设的任务仍然十分艰巨。建设现代林业，实现林业又好又快发展，最根本的是靠两条：一是改革，解决体制、机制问题，挖掘人的潜力，提供发展的动力和活力；第二就是科技，运用科技充分挖掘自然资源的潜力，努力提高发展的质量和效益。特别是在当前生态建设的难度进一步加大、产业发展面临新一轮产业革命的新形势下，林业发展对科学技术的要求更加迫切。必须充分发挥科学技术在林业发展新兴领域、重要方向上的引领作用，在发展全过程、全方位中的支撑作用，在关键问题、重点难题上的突破作用，在产业结构调整、新兴产业培育中的带动作用，促进林业又好又快发展。

多年来，我国林业科学技术虽然取得了显著成就，并呈现出了良好的发展势头，初步形成了具有一定功能和规模的林业科学技术研究开发体系、成果转化与技术推广体系、技术标准与质量监督体系和林业科技管理体系，林业科技进步对林业发展的贡献率达到了35.4%。但是，无论与国外林业科技发展的进程相比，还是与我国经济社会发展对林业的总体要求相比，我国林业科技的整体水平都还存在较大差距。根据现代林业建设对科学技术的迫切需求和“强化创新、重点突破、优化配置、支撑发展”的林业科技发展方针，林业科技工作应紧紧围绕提高林业自主创新能力这个核心，通过建设国家林业科技创新体系，全面提升林业科学技术整体水平，以深度挖掘林业自身潜力，解放和发展林业生产力，努力提高林业集约化、机械化和信息化水平，提高林地产出率、资源利用率和劳动生产率，提高林业发展的质量、速度和效益，以林业的多功能开发满足社会对林业的多样化需求。

专栏22-1

中共中央、国务院《关于实施科技规划纲要 增强自主创新能力的决定》摘要

中央确定，全面实施《规划纲要》，经过15年努力，到2020年使我国进入创新型国家行列。建设创新型国家，核心就是把增强自主创新能力作为发展科学技术的战略基点，走出中国特色自主创新道路，推动科学技术的跨越式发展；就是把增强自主创新能力作为调整产业结构、转变增长方式的中心环节，建设资源节约型、环境友好型社会，推动国民经济又快又好发展；就是把增强自主创新能力作为国家战略，贯穿到现代化建设各个方面，激发全民族创新精神，培养高水平创新人才，形成有利于自主创新的体制机制，大力推进理论创新、制度创新、科技创新，不断巩固和发展中国特色社会主义伟大事业。

新时期我国科学技术发展的指导方针是：自主创新、重点跨越、支撑发展、引领未来。这一方针，是我国半个多世纪科技事业发展实践经验的概括总结，是面向未来、实现中华民族伟大复兴的重要抉择，必须贯穿于我国科技事业发展的全过程。

从现在起到2020年，我国科学和技术发展要以提升国家竞争力为核心，实现以下重要目标：一是掌握一批事关国家竞争力的装备制造业和信息产业核心技术，使制造业和信息产业技术水平进入世界先进行列。二是农业科技整体实力进入世界前列，促进农业综合生产能力的提高，有效保障国家食物安全。三是能源开发、节能技术和清洁能源技术取得突破，促进能源结构优化，主要工业产品单位能耗指标达到或接近世界先进水平。四是在重点行业和重点城市建立循环经济的技术发展模式，节约资源、保护环境，为建设资源节约型、环境友好型社会提供科技支持。五是重大疾病防治水平显著提高，新药创制和关键医疗器械研制取得突破，全面提升产业发展的技术能力。六是国防科技基本满足现代武器装备自主研制和信息化建设的需要，为维护国家安全提供保障。七是涌现出一批具有世界水平的科学家和研究团队，在科学发展的主流方向上取得一批具有重大影响的创新成果，信息、生物、材料和航天等领域的前沿技术达到世界先进水平。八是建成若干世界一流的科研院所和大学以及具有国际竞争力的企业研究开发机构，形成比较完善的中国特色国家创新体系。

第一节　建立科学技术研究开发体系，为现代林业提供技术储备

科学技术的研究与开发一般包括基础研究、应用研究和开发研究三个过程，这是一个科学原理从发现到应用日臻成熟的过程。自20世纪中叶以来，经济社会发展对科学技术的依存度越来越高，“科技立国”、“建设创新型国家”已成为世界上很多国家的发展方略，世界各国综合国力的竞争也越来越演化为科学技术的竞争。比如由计算机技术突破而形成的IT产业，引发了世界范围内的第三次产业革命，极大地改变了人们的生产方式和生活方式。近几年来，科学界和经济界又一致认为，生物产业将取代IT产业成为第四次产业革命的引擎，其市场容量将是IT产业的10倍。因此，知识在经济社会发展中的作用日益突出，国民财富的增长和人类生活的改善越来越有赖于知识的积累和创新。当前，以基因工程技术为代表的林业生物技术，以卫星遥感技术、全球定位系统和地理信息系统为代表的林业信息技术，已经对林木育种、森林培育、灾害控制和资源利用的方式、方法和成效产生了巨大影响。实现林业科技的现代化，发展现代林业，首要任务是加强林业科技创新，构建覆盖基础研究、应用研究和开发研究的科学技术研究与开发体系，大幅度提高科技成果供给能力，为现代林业建设提供源源不断的技术储备。

一、优化资源配置，提高林业自主创新的条件能力

科技基础条件平台是开展科学技术研究开发的物质载体。当前，科技基础条件平台主要由研究实验基地、大型科学设施和仪器装备、科学数据与信息、自然科技资源等组成，信息化、网络化是平台的主要特征，资源的有效配置和高效共享是平台的生命。国家林业科技创新条件平台建设，应该以国家目标为先导，以行业需求为动力，按照科学布局、优化配置、完善机制、提升能力的指导思想，实现有限林业科技资源的布局合理、功能完备、运行高效和支撑有力。

（一）建立国家林业科学中心

国家林业科学中心以知识创新和原始创新为目标，重点开展林业基础和应用基础研究、重大共性及关键技术研究、林业高技术研究，着重解决事关林业全局的战略性、前沿性重大科技问题。可以在进一步深化科技体制改革的基础上，以现有国家级科研机构为主体，联合高等院校，以优势学科和重点领域为龙头，整合资源，逐步形成林木基因组与生物信息、数字林业、木材与生物基材料、生物质能源、森林防火、荒漠化防治等若干个国家林业科学中心，集聚一批高层次的国家级林业科技创新团队，带动林业科技整体发展水平的快速提升。

（二）建立区域林业科技中心

区域林业科技中心以区域技术研究开发和技术创新为目标，重点开展区域内共性生态建设技术、产业发展技术的研究开发、集成与试验示范，直接服务于三大体系建设的主战场，为生态建设、产业发展、文化繁荣以及新农村建设提供强有力的科技支撑。可以在继续加强现有省级林业科研院所建设、充分发挥其作用的基础上，调动各方积极性，以区域内现有的中央和地方林业科研院所、林业高等院校为依托，根据全国生态建设和产业发展布局，按照

优势互补、强强联合的原则，以项目为组带，以树种、产品或生态区域为对象，通过创新管理机制、集聚科技资源、加强科技协作，逐步形成一批布局科学、结构合理的区域林业科技中心和创新团队，提高区域林业科技的整体实力和发展水平。

（三）建立林业科学试验基地

林业科学试验基地主要开展林业科学实验研究、野外试验研究、野外科学观测研究及相关科研基础性工作，为知识创新和技术创新提供研究平台和基础服务。可以根据林业科学实验、野外试验和观测研究的需要，在科技发展重点领域和典型区域重点建设国家、省部级重点实验室、陆地生态系统野外科学观测研究台站；在现有基础上，建设完善若干个工程技术（研究）中心和工程实验室；以种质资源库、科学数据库、科技信息网络等为主体，建立林业科技资源共享平台。

（四）建立林业企业技术研发中心

依托具有较强研究开发和技术辐射能力、具有良好技术基础的优势企业（集团），建立林业企业技术研发中心，以项目为依托，以产品为龙头，以政府投入为引导，以企业投入为主体，主要开展林业资源开发利用领域的新技术、新工艺、新设备等高新技术和相关产品的研究开发，充分挖掘科研院所、高等院校的研究力量和成果储备，促进产、学、研相结合，提高林业企业的技术开发能力，增强林业企业的核心竞争力。

（五）建立科技资源共享平台

充分运用信息、网络等现代技术，对科技基础条件资源进行战略重组和系统优化，以促进全社会科技资源高效配置和综合利用，提高科技创新能力。以重点实验室、生态定位站等研究实验资源和种质资源库等自然科技资源为重点，加快资源信息化建设，建立区域性大型科学仪器协作共用网，逐步推进大型科学仪器设备的远程应用。以国家科技计划项目积累的科学数据为重点，建立科学数据共享服务网络和分级分类共享服务体系。扩充、集成科技文献资源，加强数字图书馆建设，构建种类齐全、结构合理的国家科技文献资源保障和服务体系。

专栏22-2

国家农业科技创新体系建设方案

国家农业科技创新体系由国家基地、区域性农业科研中心、试验站和企业农业技术研发中心等组成。重点加强基础设施建设、创新团队建设和制度文化建设。

国家基地主要开展重大共性及关键技术研究，战略高技术研究，农业基础和应用基础研究，以及事关全局的科技基础性工作。针对国家战略需求，加强学科建设，在种植业、畜牧兽医、渔业、水利和林业等领域，在深化改革的基础上，对具备条件的涉农科研机构、涉农高等院校、重点实验室和改良中心等进行优化整合，建设一批具有国际水平的科学研究中心。

区域性农业科研中心主要开展区域性产业发展关键技术和共性技术研究，有优势和特色的应用基础和高新技术研究，以及重大技术集成与转移等活动。针对优势农产品产业带建设需要，以产品为主线，按照农业综合区划和优势农产品区域布局规划，整合区域内相关科研机构，地方涉农院校、部门或重点实验室、改良中心和区域技术创新中心等优势科技创新资源，在优势开发区、重点开发区和适度开发区内建设若干区域农业科研中心。

试验站主要开展科技成果的集成创新、试验示范和技术传播扩散活动。针对各地农业农村经济发展的实际需求，以成果扩散为主线，按照我国农业生态区域类型，参照全国农业综合二级区划和优势农产品区域布局规划，在整合各级科研机构和教学单位中的科技资源的基础上，在典型农业区域建设试验站。

企业农业技术研发中心采取自主研发或产学研结合的方式，开展农业投入品、主要农林加工品等产品研发和工艺研制。以市场需求为导向，依据现有创新能力、市场开拓能力、技术和经济基础、自然资源和优势农产品区域布局及市场需求，依托国家产业化重点龙头企业，加强产学研结合，通过政府引导建设企业农业技术研发中心。

二、加强林业自主创新，为现代林业发展提供持续动力

创新包括原始创新、集成创新和引进消化吸收再创新。原始创新是指基础性或关键性技术发明及其应用，开展林业原始创新，可以解决制约林业发展的重大技术瓶颈问题，获得更多的林业专利技术，培育出更多的植物新品种。集成创新是指围绕经济发展和社会进步的需求，通过对单一分散技术进行融合、聚合、组合，形成新技术。作为一种最普遍、最广泛、最重要的科技发展形式，林业科技发展要积极走集成创新之路，选择重大林业生态工程建设以及具有较强技术关联性和产业带动性的重大战略产品，进行多学科的交叉、多门类技术的有机融合、综合集成，形成市场竞争力强的产品和产业。引进创新是指在引进国外先进技术或产品基础上消化吸收后再创新，我国林业科技发展水平与国外林业发展国家相比，还有很大差距，应该充分利用国际科技资源，加强高层次科研人才、先进技术和关键设备的引进，重点加强消化吸收利用和再创新，形成自主知识产权。

（一）加强基础理论和前沿技术研究，着力提高林业原始创新能力

基础研究是自主创新的源动力。没有法拉弟、麦克斯韦等人的电磁理论，就不可能有直流电机、交流电机、有线电报、电话、无线电通讯等技术发明成果。林业科学基础研究应重点瞄准森林生态系统及其功能对气候变化的响应机制、森林固碳的减排增汇机制、林木抗逆生理生态机理、优质能源化丰产林培育及生物质能源化学基础等基础研究领域，为林业应用技术研究提供基础理论支持。

前沿技术是国家科技创新能力的集中体现，是新产业革命和新军事变革的重要技术基础，也是世界各国经济和科技竞争的制高点。林业高技术研究应重点瞄准林木分子育种及体细胞胚胎技术、林业生物质高性能新材料、林业生物质能源高能效转化等领域，重点研究解决影响林业长远发展的重大基础理论问题和高技术前沿问题，提高我国林业科技的国际竞争力，形成比较优势，为引领林业产业发展提供先进技术储备。

（二）强化应用技术研究，全面提高林业集成创新能力

随着全社会对林业重要地位和作用的认识不断提高，林业作为经济社会发展中的一个重要子系统的定位将逐渐加强，为经济社会发展提供足量优质的森林产品及服务的基本任务将更加繁重。因此，除了开展一些以自由探索为旨趣的基础研究之外，林业科技还应重点加强应用技术研究，紧紧围绕林业生态建设和产业发展以及生态文化建设来组织开展林业科学技术的研究与开发。现代科技发展的经验表明，相关技术的集成创新以及由此形成的竞争优势，往往远远超过单项技术突破的意义。所以，应充分发挥重大林业科技工程的载体作用和集成作用，加强多学科、跨地域的科技协作与攻关，着力突破影响林业发展的关键技术、共

性技术，全面推进林业科技创新，为现代林业建设提供源源不断的技术储备。

生态建设与生态安全科技工程。重点开展防沙治沙、林业重大生物灾害控制、重大森林火灾预警与防控技术、陆地生态系统服务功能、自然保护区生物多样性保育等关键技术的研究与示范，建立不同区域、不同类型生态系统的保护、恢复策略和森林生态网络构建技术体系，满足现代林业建设对生态建设科学理论与技术的需求，缓解林业科技成果结构性储备不足，为我国生态治理重点区域提供科技支撑。

林业生物技术与良种培育科技工程。将生物技术与常规技术结合，重点开展转基因林业生物新品种培育、重要树种功能基因组学研究、高产优质高抗林果花草新品种选育、林业良种区域化试验、种子园、采穗圃等良种基地营建与管理技术研究、用材林、竹藤、经济林与花卉良种产业化技术开发、植物新品种测试与林业生物安全管理，培育优质、高产、多抗的优良林木新品种，丰富林业生态建设和产业发展的种质材料。

森林生物种质资源保护与利用工程。重点开展林业生物种质资源保存库建设、林业生物种质资源的收集、保存与科学利用技术研究、林业生物种质资源数据库及信息管理系统建设、野生动植物资源人工繁育与利用技术研究与示范，建立种质资源保护、管理、监测与预警系统，科学有序地开发具有重大价值的生物基因资源，加强森林生物资源保护和合理利用技术的研究开发，有效防止林业生物遗传资源流失，规范转基因生物安全的管理，防范外来林业有害生物的入侵，保障林业生物安全和国家生态安全。

林业生物产业发展科技工程。重点开展林业生物质能源、生物质材料、生物制剂、生物制药以及生物质化学品等关键技术、速生丰产用材林基地建设工程关键技术、竹藤工业化利用品种选育及加工利用关键技术、商品林定向培育及木材高效利用关键技术、林业特产资源高效开发利用技术的研究与开发，研制出多样化的功能性系列产品，依托关联企业，建立产业化试验示范基地，培植一批科技含量高、市场竞争力强的拳头产业和名牌产品，全面提升林业产业的综合实力，最大限度地满足经济社会发展对林产品的需求。

数字林业科技工程。重点开展高分辨率对地观测系统在林业上的应用研究、森林资源与生态环境综合监测技术体系研究、基于地理信息系统与卫星导航定位技术的信息采集一体化技术研究、森林资源遥感变化检测与数据更新技术研究、互操作可视化数字林业平台建设与林业重点工程应用系统开发、数字林业标准体系建设、基于网格平台的数字林业新技术体系研究，建立林业信息管理与服务平台，提高管理效率和决策的科学化水平。

林业创新能力建设科技工程。重点是依托国家科技基础平台建设计划及相关科技计划，进一步加强重点实验室、陆地生态系统野外观测台站、工程中心、科技示范基地、技术推广体系等科技能力建设，完善和强化林业标准化及质量监督体系、科技文献信息服务体系，为林业自主创新提供全方位的、坚实高效的条件平台。

（三）继续加大引进国外先进技术力度，大力提高引进消化吸收再创新能力

根据林业科技的特点，在坚持以自我为主，选择事关国家生态安全和战略性的重大科技问题进行自主创新的同时，高度重视对国外先进技术的引进。依托国家引进国际先进林业技术计划（林业948计划）和智力引进计划的组织实施，紧密跟踪世界各国林业科技发展，积极引进我国林业建设急需的种质资源和先进技术，丰富林业技术储备；同时，加强对引进技术的消化、吸收，实现再创新，把国外先进技术转化为自主知识产权和技术标准，抢占技术制高点，为现代林业建设赢得更大发展空间。

三、加强实用技术与新型产品开发，满足现代林业发展的现实技术需求

近代科技在发展以追求真理和人类利益为主要目标的“学院科学”的同时，越来越强调科技与经济、政治的紧密结合，发展以追求生产力发展和物质财富增长为主要目标的“民生科技”。实用技术与新型产品开发就是要坚持走民生科技路线，把工具性置于优先位置，坚持“有所为，有所不为”的原则，采用“短平快”的方式，重点解决人民最关心、最直接、最紧迫、最现实的利益问题，既反映国家意志，更紧贴林业生态建设和产业发展实际，紧贴广大林农的生产生活，使林业科技的发展为了人民、依靠人民，发展的成果由人民共享。

（一）加强林木良种培育技术研究

针对我国林木良种培育滞后、林业生产良种使用率较低等问题，重点开展主要造林树种、竹藤、花卉等植物的功能基因组学，木材形成、抗逆、抗病虫等性状的基因解析，木本植物速生、优质、高抗的分子育种，林木种质资源的收集、保存与科学利用，林木抗逆能力的定量测评及早期预测筛选技术，生物技术与常规育种技术的结合与创新，重要造林树种的良种选育，体细胞胚胎扩繁技术，名特优新经济林和花卉良种繁育技术研究，为现代林业建设提供能满足不同生态区域和重点工程需要的优良品种和转基因新品种。

（二）加强森林灾害防治技术研究

针对森林灾害防治过程中的突出问题，重点开展森林灾害的生态、生物学管理技术，森林重大生物灾害发生机理，多重胁迫对森林健康的综合影响，森林健康维持与恢复技术，重大森林灾害的可持续控制技术，森林灾害的信息管理技术，森林火灾监测预警技术，森林火灾防控与安全扑救技术研究，提高对森林灾害的综合防治能力，为现代林业发展保驾护航。

（三）加强退化生态系统修复技术研究

针对林业生态工程建设中的关键技术难题，重点开展森林生态网络体系构建技术，水土保持林、水源涵养林、农田防护林、沿海防护林、抑螺防病林、景观生态林体系构建与经营技术，典型困难立地植被恢复技术，石漠化综合治理技术，低效生态林改造技术，退化天然林恢复与重建技术，湿地生态系统保护与恢复技术研究，构建现代林业生态安全技术保障体系。

（四）加强森林定向培育与可持续经营技术研究

针对我国森林可持续经营水平低，林地生产力低、森林生态功能差等现状，重点开展工业用材林、高效能源林、经济林优质高产定向培育技术，森林生产力形成与调控技术，主要森林生态系统类型的经营技术体系，森林生长动态模拟及预测技术，森林可持续经营的理论、技术与认证体系研究，提高森林可持续经营水平。

（五）加强林业资源高效利用技术研究

针对我国森林生物资源破坏和流失严重的问题，重点开展生物质材料与资源的早期评价与应用预测技术，木材（竹藤）增值加工与应用技术，生物质基复合材料和可降解高分子材料设计与制备技术，低污染生物制浆造纸技术，生物质材料的化学资源化利用技术，超临界、等离子体、纳米科技在生物质材料领域的应用技术，废弃木质材料循环利用技术，森林食品与森林保健功能开发，野生动植物人工繁育与开发利用技术，林源天然药用物质提取、纯化与系列产品开发技术研究，生物质能源高效转化技术研究，全面提升森林资源的保护和开发利用水平。

（六）加强数字林业技术研究

针对林业数字化管理薄弱的问题，重点开展林业生物—环境信息获取传感器网络、波谱探测与分析、视频监测技术，森林生长过程数字模型与系统仿真技术，基于生长模型和3S技术耦合的森林资源预测预警、森林生态环境质量定量化评价技术，虚拟林业与重大林业工程数字化设计技术，林业数字化管理与信息服务技术研究，建成数字化、网络化、智能化和可视化的国家数字林业应用体系和林业科技信息网络系统，为宏观决策和科学管理、林业资源利用、生态环境规划及建设、灾害监测、全球变化、生态系统以及水文循环系统研究等方面实时提供可靠的基础数据。

（七）加强现代林业装备技术研究

针对林业技术装备落后等特点，重点开展森林资源培育装备技术，森林病虫鼠害防治环保药械，森林火灾防控指挥与扑救装备，木材高效智能加工关键技术装备，竹材工业化生产技术装备，非木质森林资源深加工机械装备，林业生物质能源转化利用关键技术装备，林业特产资源高效增值加工装备技术，林产品加工过程数字化监测控制技术研究，增强森林资源的保护、开发和利用能力，为提高资源综合利用率，实现林业现代化提供先进、实用、可靠的装备技术支撑。

四、加强知识产权保护，保障林业自主创新成果

知识产权是一种无形产权，它是指智力创造性劳动取得的成果，并且是由智力劳动者对其成果依法享有的一种权利，主要包括专利权、商标权、著作权（版权）、植物新品种权等形式。随着科学技术的迅猛发展和经济全球化进程的加快，知识产权已经成为影响国际间竞争次序的重要因素。知识产权以及由此而形成的贸易技术壁垒逐渐成为新的市场规则下抢占国际竞争高端的主要手段。在建设创新型国家的过程中，有效保护知识产权，对于鼓励自主创新、促进科技成果产业化、提高市场占有率，具有十分重要的意义。

林业知识产权保护，在推动林木种植、森林培育、木材加工、林产化工等方面的发展中发挥了重要作用。但是，多年来，林业知识产权保护管理薄弱，林业科技工作者知识产权观念淡薄，保护意识不强，保护措施不力。据不完全统计，自1985年以来，我国共形成林业科技成果4000多项，其中仅有不足1/10受到了知识产权保护，诸如地板锁扣技术、“洛阳牡丹”被国外抢注的事例屡见不鲜，既创伤了科技工作者的创新热情，又扰乱了经济秩序。

植物新品种权是知识产权的重要组成部分，自1997年开展此项工作以来，已取得了较大成效，据最新统计，目前我国已受理植物新品种权申请仅504件，授权199件。这与国外相比，还存在较大差距，我国拥有的植物新品种权数量仅为日本的8.8%，美国、荷兰的12%。同时，在国家林业局受理的植物新品种权申请中，83%为木本观赏植物，结构极不合理；申请人有50%来自研究机构，11%来自高中等学校，14%来自外国企业。因此，必须进一步提升以植物新品种权为核心的林业知识产权保护体系。

（一）加强林业知识产权管理

以林业知识产权战略研究为基础，有序开展林业植物新品种、专利、名牌产品、遗传资源等的管理工作。建立健全预警机制，规避知识产权侵权风险，防范技术贸易壁垒。建立有利于林业知识产权形成与保护的激励机制，建立对侵犯林业知识产权行为的举报与处罚协调机制。

（二）建立发达的林业植物新品种保护代理网络

品种权代理人是申请人和审批机关之间联系的桥梁，是委托人的参谋和顾问，是申请人和品种权人利益的维护者，也是《植物新品种保护条例》的执行者和捍卫者。品种权代理机构是经营或者开展品种权代理业务的服务机构，在实施《植物新品种保护条例》、实行植物新品种保护制度中起着十分重要的作用。通过开展代理人培训、考核，培养一批合格的植物新品种权代理人，审核批准一批品种权代理机构，逐步建立起发达的全国林业植物新品种代理网络。

（三）建立专业的林业植物新品种保护测试机构

植物新品种测试是实施植物新品种保护的关键一环，是判定一个品种是否为新品种的主要手段。目前我国已有1个测试中心、5个测试分中心、2个分子测定实验室、5个专业测试站，并培训了一大批植物新品种测试技术人员。需要进一步建立健全植物新品种测试机构，完善植物新品种测试标准体系，逐步形成完备的全国植物新品种测试体系。

（四）建立便捷的林业植物新品种保护信息渠道

应重点建设好供植物新品种测试者使用的已知品种数据库和对照品种数据库系统，建立健全植物新品种数据库系统及网上申请系统，为植物新品种培育者提供知识产权保护的便捷途径。同时，加强宣传，提高植物新品种培育者的知识产权保护意识。

第二节 建立健全成果转化体系，促进科技与生产紧密结合

一粒良种带来一片绿色、一个专利挽救一个企业、一项技术致富一方百姓的例子充分验证了科学技术的巨大威力。随着世界科技革命的突飞猛进，国民财富的增长和人类生活的改善越来越有赖于科学技术的发展，信息科技将进一步成为推动经济增长和知识传播应用进程的重要引擎，生命科学和生物技术将进一步对改善和提高人类生活质量发挥关键作用，能源科技将进一步为化解世界性能源和环境问题开辟途径，纳米科技将进一步带来深刻的技术变革，空间科技将进一步促进人类对太空资源的开发和利用，基础研究的重大突破将进一步为人类认知客观规律、推动技术和经济发展展现新的前景。毫无疑问，科技成果只有转化为现实生产力才能彰显出科技的巨大威力，只有迅速转化为现实生产力才能够在激烈的竞争中赢得先机。经过多年的积淀，人类科技发展已逐步进入了厚积薄发的时代，科技成果的有效转化和应用扩散已成为各个行业急待解决的关键问题。只有建立有效的林业科技成果转化体系，紧扣生态建设和林业产业发展需要，培育和发展一批成果孵化中介，推广扩散一批先进实用技术成果，培训一批林业科技推广人才队伍，将专项推广与常规推广相结合、典型示范带动和科学技术推广普及相结合，才能实现林业科学技术迅速转化为现实生产力，有力支撑现代林业的发展。

一、搭建专业孵化平台，促进科技成果产业化

（一）建立工程技术中心

依托行业内科技实力雄厚的科研机构、科技型企业或高等院校，与相关企业紧密联系，

整合工程技术综合配套试验条件，汇聚本领域一流的工程技术研究开发、设计和试验的专业人才队伍，建立一批工程技术中心，加强科技成果向生产力转化的中间环节，缩短成果转化的周期，促进科技产业化。工程技术中心主要根据国民经济、社会发展和市场需要，针对行业、领域发展中的重大关键、基础性和共性技术问题，持续不断地将具有重要应用前景的科研成果进行系统化、配套化和工程化研究开发。同时，面向企业规模生产的实际需要，为企业规模生产提供成熟配套的技术工艺和技术装备，不断提高现有科技成果的成熟性、配套性和工程化水平，推动集成、配套的工程化成果向相关行业辐射、转移与扩散，促进新兴产业的崛起和传统产业的升级改造，并不断地推出具有高增值效益的系列新产品，推动相关行业、领域的科技进步和新兴产业的发展，形成我国林业科研开发、技术创新和产业化基地。

目前，我国林业系统虽然在林业机械、林产化工、木材加工、竹藤、经济林种苗5个领域建立了5个国家级工程技术（研究）中心，但与国内其他行业相比，差距非常巨大，这也是影响我国林业科技成果转化、制约林业产业快速发展的重要因素。应结合我国林业生态建设和产业布局，在科学规划的基础上，整合资源，重点在生物质能源、生物质材料、花卉、沙产业、工厂化育苗、特种资源开发利用等领域建设一批国家级工程技术（研究）中心，为加速科技成果转化、促进林业产业发展奠定基础。

（二）建立林业科技园区

本着服务于科技创业、发展高新技术产业和改造传统产业的基本原则，重点在经济基础雄厚、科技资源集中、资本市场成熟和综合信息密集的地区，选择技术较为成熟、产业化条件具备、有广阔市场前景、具有物化有形载体且易于进行知识产权保护的领域，如以转基因技术为核心的动植物新品种培育、以精确林业为核心的林业信息技术、生物制剂技术、现代林业装备和设施、林产品精深加工和储运等，建立林业科技园区，主要目的是强化林业科技成果组装集成、转化示范和孵化带动，将科技资源迅速、高效地转化为现实生产力，培育中小科技企业，加速区域产业结构调整，推动高新技术产业发展和传统产业改造升级。重点是通过与相关专业领域的国内外科研院所、高校、大学园区的有效联合和互利合作，把先进适用的科技资源不断地引进来，经集成熟化后使之扩散出去。同时，紧紧依托具有较强竞争

专栏22-3

国家科技企业孵化器“十一五”发展规划纲要

目前，全国已拥有各类孵化器500余家，其中经科技部认定的国家级创业中心137家、软件园24家；经科技部、教育部、人事部、国家外专局共同认定的留学人员创业园21家；经科技部、教育部共同认定的大学科技园50家。“十五”期间，孵化器使一大批科技型中小企业从无到有，从小到大，实现了超常规发展，极大地提高了我国中小企业的整体素质和质量，已经成为区域科技创新的重要力量、科技成果产业化的重要基地、吸引和集聚科技人才的重要载体和培育中小科技企业的主要力量。2005年根据对上报的534家孵化器的统计，各类孵化器孵化场地总面积达1969.9万m^2，正在孵化着39 491家企业，占全国科技型中小企业数量的1/3左右；在孵企业申请专利17 225项，其中发明专利6028项，获批准专利10 926项，其中发明专利3949项；在孵企业年技工贸总收入实现1625.4亿元，创造直接就业机会71万多个；已累计毕业企业15 815家，已培养出境内外上市公司50余家。

“十一五”期间孵化器建设和发展的指导思想：以科学发展观为指导，以培育科技型中小企业和创新型企业为目标，以制度创新、组织创新为突破，坚持“支持创新、鼓励创业、优化环境、拓展功能”的总要求，进一步从整体规模上推动我国孵化器的发展，突出特色化与专业化，强化技术与资金服务能力，推进“创业导师＋专业孵化”的孵育模式，打造以提高企业技术创新能力为核心的孵化服务能力，提高孵化质量与水平，推动建立投资主体多元化、运行机制多样化、组织体系网络化、创业服务专业化、服务平台标准化、服务内容国际化，形成孵化器可持续发展机制，打造国际一流的孵化器群体，促进我国高新技术企业的健康发展，为建设创新型国家做出新贡献。

“十一五”期间，孵化器建设和发展的原则：一是坚持政府主导原则，同时充分发挥市场配置社会资源的基础性作用，把孵化器建设作为区域创新体系建设的重点；二是坚持分类指导原则，鼓励多元投资、多种形式和体制运营以及多区域层次发展；三是坚持质、量并重原则，在数量不断增加的同时，努力提高孵化能力和服务水平、拓展服务领域、实现服务质量的跨越；四是坚持自主创新原则，要紧密与大学和科研院所合作，促进产学研结合，培养自主知识产权的科技企业和科技企业家；五是坚持广泛发动原则，进一步拓展孵化器的社会基础，根据创业者和市场的需求，扩大创业服务的受益群体范围；六是坚持行业推进原则，充分发挥行业组织的作用，规范服务，搭建共享平台，培养核心竞争力。

“十一五”期间，孵化器建设和发展的总体目标是通过扩大总体规模，增加孵化器数量，以扩大创业服务的受益群体范围；通过拓展和强化服务，把服务延伸到从企业初创到毕业全过程，以提高创业服务的质量；通过建设专业技术孵化器，以及国际企业孵化器、留学人员创业园、海外科技园、大学生创业基地等，突出对特色产业集群和创新集群的基础性孵育作用，并建成一批具有国际水平、在国际上具有较高知名度的孵化器，把我国的创业服务事业提高到新水平。具体目标是：到 2010 年，全国各类孵化器数量要达到 1000 家，其中国家级 300 家，孵化场地总面积 2500 万 m^2 以上，绝大多数孵化器具备完善的技术基础设施和信息网络平台，孵化资金总额 30 亿元以上，形成职业化孵化服务队伍；当年在孵企业 5 万家以上，毕业企业累计 1.5 万家以上，创造就业机会达到 100 万个，每年培养出 800 家以上绩效优异的快速成长型科技企业，并聚集一批高水平的创业企业家，转化一批高水平自主创新成果，孵化一批具有高成长潜力的高新技术企业，形成比较完善的科技创新孵育体系，迈入世界企业孵化器强国行列。

力、带动力的龙头企业、种养大户、致富能手，充分发挥孵化器对科技创业企业的集聚功能，为其提供方便快捷的各类科技产品服务，引领相关企业和要素向园区积聚，形成区域支柱产业和经济增长点。

（三）加强高技术产业化示范

结合现有研究开发基础和高技术储备水平，选择林业生物技术、林木(竹藤、花卉)新品种培育、木竹新材料、林化产品精深加工、森林生物质能源、森林生物制药与森林食品、林业信息技术和林业高技术装备等林业高技术重点发展领域，以森林生物资源及其衍生资源为主要对象，根据其分布的区域性和异质性、区位比较优势、林业高技术产业基础及市场发育状况，以生物技术、新材料技术、新能源技术、信息技术等高技术为手段，形成一批以林木新品种和种苗培育为先导、集约经营的产业带和以精深加工为重点的产业集群。重点是加大企业高技术产业化力度，鼓励和推动企业投身高技术计划，并成为高技术应用和产业化的主体，造就一批知名品牌，加快传统技术改造，推动林业高技术产业化，促进产业结构的战略调整和产业升级，形成有特色的林业高技术产业链。

（四）培育新兴产业

森林资源及其衍生资源具有生物多样性丰富、可再生性强、生产力高和生物量大等优势，为发展以用材林、经济林、种苗花卉、森林食品、森林药材、野生动植物繁育为主的种养业，以森林食品、药材加工、人造板、木地板、家具、林业机械、木浆造纸、林产化工为主的加工业，以生态旅游、林产品流通、森林资产评估、技术推广咨询为主的服务业，以生物能源、生物材料、生物制药为主的高新技术产业展示了巨大前景。通过科技创新，深化对各种生物资源的认知和多种功能的开发，以自主知识产权的取得带动新兴产业的崛起，以关

专栏22-4

一、"十一五"高技术产业发展目标：（摘自《高技术产业发展"十一五"规划》）

（1）自主发展能力。高技术产业自主发展能力不断增强，掌握一批事关国家竞争力和国家安全的核心技术，国内高技术企业发明专利数量翻一番，自主发展的高技术制造业增加值力争达到50%以上，高技术产品出口中拥有自主知识产权和自主品牌的比重（出口额）争取提高到15%左右，建成一批国家工程中心、国家工程实验室和企业技术中心，关键技术装备研制能力明显增强。

（2）产业结构。高技术产业结构进一步优化，电子信息产业、生物产业、航空航天产业等重点领域的技术层次和产品档次大幅提升，培育一批年销售收入过百亿元的大型高技术企业，在优势区域、主要中心城市形成若干创新能力较强、产业链较完整的产业集群。

（3）国际化水平。高技术产业国际化取得新进展，预计2010年高技术产品进出口总额将达到8000亿美元，出口占外贸出口的比重超过30%，培育一批高技术产品出口骨干企业，国际市场占有率进一步提高，利用外资的水平不断提升，大型高技术企业的跨国经营能力有所增强。

（4）产业规模。高技术产业规模继续扩大，预计2010年高技术产业增加值占GDP的比重提高到10%左右，高技术制造业销售收入达到9万亿元，高技术服务业销售收入达到2.2万亿元。

二、"十一五"生物产业发展目标：（摘自《生物产业发展"十一五"规划》）

（1）初步形成有利于生物产业发展的政策法规体系、技术创新体系、技术标准体系、生物安全保障体系、产业组织体系和行业服务体系。

（2）自主创新能力显著增强。研究开发投入占产业增加值的比重明显提高，形成一批具有自主知识产权、年销售额超过10亿元的生物技术产品。

（3）产业结构优化升级。培育一大批创新型中小生物企业，形成10个左右销售收入超100亿元的大型生物企业。重点推进京津冀、长江三角洲、珠江三角洲地区的综合性生物产业基地及若干专业性生物产业基地建设，形成8个产值过500亿元的生物产业基地。

（4）产业规模快速增长。到2010年，生物产业增加值达到5000亿元以上，约占当年GDP的2%。生物产业出口额显著增加。

在此基础上，再经过10年的努力，力争使我国生物产业主要经济指标进入世界前列；在关系经济社会发展全局和国家安全的关键生物技术领域掌握自主知识产权，生物产业国际竞争力大幅度提高。到2020年，全国生物产业增加值突破2万亿元，占GDP比重达到4%以上，成为高技术领域的支柱产业和国民经济的主导产业。

键技术的突破点燃企业振兴的希望，通过示范点的辐射与带动，推进科学技术的产业化，形成规模效益，致富一方百姓。尤其是通过加强基础研究和应用基础研究以及前沿高技术研究，不断探索新的发展方向，实现在一些新兴领域的技术突破，开发新的产品，创造新的市场需求，培育新兴产业，催生新的经济增长点。

二、加强技术扩散与转移，支撑现代林业全过程、全方位发展

（一）加强实用技术推广应用

以国家、省、地、县各级各类林业科技推广计划为依托，大力推广种苗繁育、森林资源培育、困难立地生态系统修复、木质和非木质资源综合加工和高效利用、林业生物质能源培育与开发利用、森林健康和森林保护等生产上急需、适用性强、市场潜力大的林木新品种和新技术，促进科技成果尽快转化为现实生产力，进一步提高林业生产的科技含量，确保建设质量和效益。

（二）开展专项技术咨询服务

组建林业科技专家库，充分发挥专家智力资源，在深入开展调研、广泛收集技术需求信息的基础上，以网络咨询、电话咨询和现场咨询相结合的方式，开展针对公众多样化需求的专项技术咨询活动。尤其是针对林业生产实践中带有普遍性的“热点”问题或者突发性的、影响比较大的生产难题与疫情灾害，开展现场知识答疑和应急防控技术咨询与培训活动，提高广大林农科学经营能力和灾害防御能力。积极推进林业科技社会化服务体系建设，充分发挥科技中介机构、科技社团、林业合作组织、技术协会、信息网络、科普基地、培训基地等社会资源优势，深入开展专项技术咨询服务，为林农提供产前、产中、产后技术咨询服务。

（三）开展新技术试点示范

根据林业行业的特点和林业区域发展战略布局，选择有代表性的重点地区，以生态类型为主导、与经济发展相结合，在全国不同生态－经济类型区，选择有区域性特点、辐射带动作用强的地方，分别建立和完善一批林业科技示范区、示范县、示范点，形成星罗棋布的示范网点。促进科研、教学单位与地方林业生产部门紧密结合，整合科技资源，把林业新技术、新成果迅速转化并推广辐射到林业生产建设第一线，组装配套各类技术，建立形式多样的示范林、示范户、示范企业，为广大基层生产单位和林农提供看得见、学得会的示范样板，形成覆盖全国的林业科技示范网络，充分发挥其示范样板和辐射带动作用。

大力实施林业标准战略和林业品牌战略，树立一批按标准设计、按标准施工、按标准验收的工程建设典范，选择一批具有一定区域产业优势和较高知名度的林业拳头产品，打造全国驰名乃至享誉世界的知名品牌，建立一批依靠科技进步绿山富民的示范样板，带动区域内生态建设和产业发展。

三、建设技术推广平台，提高科技转移能力

（一）加强推广体系建设

进一步强化林业技术推广机构的公益性职能，合理布局林业技术推广机构。加强国家级林业科技推广机构建设，补充和完善省、市、县、乡四级林业科技推广机构，强化乡镇林

业工作站的科技推广职能，发挥科研院所、高等院校、企业、学会、协会在科技推广中的作用，逐步构建起以国家级林业技术推广机构为主导，农村林业经济技术组织为基础，社会各方面力量广泛参与，分工协作、服务到位、充满活力的多元化基层林业技术推广体系。

建立健全有利于基层推广体系充分发挥作用的管理体制，并充分发挥林业技术经营组织的作用。为技术推广机构在开展关键技术、优良品种、新型机械设备的引进、试验、示范，病虫灾害监测、预报、防治和处置，林产品生产过程中的质量安全检测、监测和强制性检验，森林资源管护、林政执法等公益性职能提供必要的资金和政策保障。

稳定和完善林业科技推广队伍，加强推广机构基础设施建设，整合地方技术推广资源，提高各级科技推广机构的技术推广条件和能力。

（二）加强科学技术培训

根据林业重点工程建设的需要，组织实施林业技术培训专项，逐步建立以各级林业科技推广站、林业工作站和农林职业技术学校为依托的培训体系，形成以国家林业局直属培训基地为龙头，以省、地、县林业培训基地为基础，以高等林业院校为依托的行业培训格局，培养和造就一批懂政策、会经营、有技术的林业科技管理干部、技术骨干和新型林农。

把新型农民、农村基层管理及技术人员、中小企业主等作为主要培训对象，提高他们的科学意识和传播现代科学技术的能力，为现代林业发展和社会主义新农村建设提供坚实的人力支撑。重点抓好对天然林保护、防护林建设、野生动植物保护、湿地保护、防沙治沙、退耕还林、速生丰产林建设以及种苗生产、森林经营、森林防火、病虫害防治等专业技术骨干及乡镇林业技术推广人员培训。以经济有效的方式，面向乡村集体（个体）林场场长、技术员，乡村护林员、林木种苗专业户、林区集体企业厂长（经理）和林农大力开展林业实用技术培训，进行林业生态保护意识教育，普及林业科学知识，传授植树造林（种草）技术和林农实用致富技术。

加大对干部培训基地的基本建设投入，改善培训条件，增强服务功能。积极发展林业远程教育，建设覆盖各省级培训基地的林业远程教育网络。加强对培训管理者和培训师资的培训。制定和颁布干部培训基地质量评估体系和评估标准，加强对培训工作的评估和质量监督。加强培训教材建设。

（三）开展科学技术普及

组织广大科普工作者、乡镇林业站人员、离退休林业专业人员和其他社会力量，以植树节、湿地日、山地日、防治荒漠化日、环境保护日、地球日、爱鸟周、森防宣传月、保护野生动物宣传月等纪念性节日为契机，大力开展科普报告、科普展览、科普咨询、科普图书发放、科普文艺演出、科普夏令营等形式多样的科学技术普及活动，在全社会弘扬林业科技创新精神，传播林业科技知识和方法，全面提高广大林农学科技、懂科技、用科技的林业科技意识，养成科学文明的生产、生活习惯。

切实加强林业科普基地建设，组织、引导各级自然保护区、森林公园、植物园、野生动物园、科研院所、现代化苗圃等社会资源，充分挖掘自身文化价值和科普价值，加强科普设施建设，积极创建主题鲜明、内涵丰富的林业科普基地，逐步形成面向公众普及林业生态文化、林业科技知识的全国林业科普基地网络体系，为公众理解科学知识、体会科学方法、感受科学精神提供方便的知识信息平台，增强社会公众生态意识和责任意识，树立健康的生态伦理和生态道德观念，形成爱护森林资源、保护生态环境、崇尚生态文明的良好风尚。

（四）开展送科技下乡

组织林业科研、教学、推广等各个领域的林业专家和技术人员，采取实用技术培训、印发技术资料、选派科技特派员和博士服务团、开通电话服务热线和科技信息网络、组建专业合作社等不同服务方式，把科技成果和实用技术送到乡镇村寨、山头地块，为林业生产尤其是基层广大林农提供技术服务和信息支持，大幅度提高科技成果的应用水平。紧密结合不同林业发展阶段各地实际情况和个性化需求，不断丰富送科技下乡活动内容，创新活动方式，鼓励广大林业科技人员深入生产一线，带技术、带项目，进林区、入企业、下基层，推进科技下乡活动制度化、规范化、长效化，把科技下乡活动真正办成一个大品牌，吸引各种技术力量涌向林业、涌向基层。

（五）开展专家网上“坐堂应诊”

林业建设的舞台在山头地块，涉及面广，覆盖面大。针对林业生产建设中存在的技术问题，组织专家编写相应的技术资料，只能解决一些共性问题；动员广大科技人员深入生产一线开展面对面、手把手的技术服务，也只能解决一部分林农或者基层林业生产单位遇到的具体问题。对于一些个性问题，或者专家无法及时赶到现场解决的突发性问题，则可以充分利用现代发达的互联网技术，组织专家以“坐堂”的方式定时到网上解答林农和基层林业技术人员在生产中遇到的问题，为他们提供及时、具体的解决方法和操作技巧。

第三节　建立健全质量安全监督体系，提升现代林业发展质量

现代林业必然是又好又快发展的林业，而“好”又是“快”的前提。因此，发展的质量是建设现代林业的关键。林业标准作为一种技术上的硬约束，对于提高林业建设质量、提升林产品市场竞争力、转变林业生产发展模式、改造传统产业结构等都具有十分重要的作用。只有实现我国林业的标准化，才能实现现代林业发展的规范化、科学化、优质化，才能全面提高现代林业建设质量和效益。同时，标准已成为一种技术性贸易措施，成为各国竞争的主要手段之一。实施技术标准战略，建立既符合WTO规则，又能有效、合理保护我国产业发展、市场需求及国家安全的技术性贸易措施体系，已成为当务之急，这也已经成为新时期标准化工作的一个核心任务和主攻方向。标准战略已成为与人才战略、知识产权战略并列的三大国家战略之一。

林产品的质量安全是整个产品质量安全的重要组成部分。林产品与大众生活紧密相关，林产品质量安全，尤其是可食林产品的质量安全，直接关系到广大消费者的切身利益和身体健康。建设发达的林业产业体系，既需要林产品有数量的快速增长，更需要有产品质量的大幅度提升。这样，才能满足广大消费者对林产品的数量需求和食品安全要求，才能确保林业产业的持续健康发展。

一、加强林业标准化建设，推动林业发展规范化、科学化、优质化

（一）加强林业标准制修订

积极推进标准战略，紧紧围绕林业重点工程建设和林业产业发展以及生态文化繁荣的需

要，加快林业生态建设和林产品标准制修订步伐，建立健全以国家标准、行业标准为核心，地方标准和企业标准相互配套，强制性标准与推荐性标准互有侧重，覆盖林业各个专业领域的、结构科学的林业标准体系，推进林业“种苗－造林－管护－监测－采伐－加工”全过程的标准化生产。实行分类指导，引导企业、科研院所和高等院校充分发挥各自的积极性，共同开展林业重要技术标准的研究与制订工作，不断提高科技成果的标准转化率。充分发挥科研机构、高等院校、企业等各方面参与生态建设和产业发展标准制修订工作的积极性，逐步完善标准研制与科研开发紧密结合的机制，使技术标准研制体系和科技研究开发体系形成有机整体，不断提高科技成果的标准转化率。尤其是充分调动企业的积极性，促使它们从自身生存与发展的需要出发，加大对标准工作的投入和参与。加强对国际标准的研究和制定能力，结合我国实际，提高采用国际标准的比例，并逐步提高实质性参与国际标准化工作的能力。

（二）建设林业标准化示范区

大力开展林业标准化示范区（县）建设，将现有的林业国家标准、行业标准和地方标准有机地应用到林业生产实践中并进行组装配套，建立一批国家和省(自治区、直辖市)林业标准化示范区，充分发挥其示范样板和辐射带动作用，也是强化林业标准实施的重要途径和有效手段。要在现有示范区的基础上，根据林业生态建设和产业发展的总体布局，结合各地经济发展水平和科技基础，进一步加大林业标准化示范区建设，全面促进林业生产真正做到按标准设计、按标准实施、按标准验收。要不断加强林业标准宣传，普及标准化知识，提高全社会的标准化意识。

（三）加强林业标准化技术委员会建设

稳步推进林业专业标准化技术委员会建设，使专业技术委员会尽快覆盖林业各主要专业领域。完善相关机制，积极引导、广泛吸收来自生产、使用、经销等方面的企业和科研机构、检测机构、教育机构、政府部门、行业协会（学会）、消费者代表、认证机构等相关方面的技术专家进入专业技术委员会，参与标准的制修订、审查以及开展咨询等技术服务工作，促使标委会的组成更具广泛性、代表性和权威性。

二、加强林业质量检验检测，保障林业建设质量及产品安全

随着经济全球化进程的加快，林产品质量安全已经变得没有国界，无论是发达国家还是发展中国家都加强了林产品质量安全工作。林产品质量安全问题已经成为一个国家林产品生产、加工、流通和对外贸易中最主要的控制领域，成为目前国际市场四大技术贸易壁垒的最重要部分之一。建立与国际接轨的林业检验检测体系，加强从生产环境、生产过程到最终产品的全过程监测管理，有利于生产单位提高产品质量，同时把国外的有害或劣质林产品控制在国门外。

（一）加强林产品质量检验机构建设

根据林业产业发展总体布局和重点领域，紧密结合各地实际，依托科研机构、高等院校和重点企业，建设一批国家和行业林产品质量检验检测中心，形成布局合理、规范有序的林产品质量检验检测体系。在区域布局上，达到各主要林产品及主产区都有相应的局级质检中心；在检测范围上，能够满足对我国木质林产品、经济林产品、森林食品、林木种苗、花卉竹藤，以及林业生态环境等质量安全监测和质量性能检测的需要，实现林产品生产过程到市

场准入的全程质量安全检验检测；在检测能力上，能够满足按国家标准、行业标准和地方标准对林产品质量、安全、工艺、性能等参数进行检测的需要；在技术水平上，局级质检中心应达到国际同类检验检测机构水平，并逐步实现检验检测结果的国际互认。

（二）加强林产品质量安全监测

实施林产品质量安全监测制度，加大对林产品、林木种苗、花卉、竹藤产品、森林食品和森林消防装备，特别是涉及人的身体健康和生命安全的林产品质量监督检查力度。强化外来有害生物检验检疫，推行质量标志管理，确保生态安全和林产品质量安全。加强林业生态工程质量监督工作，对林业重点工程建设，要按标准设计、按标准实施、按标准验收。逐步建立符合我国国情的林业工程建设质量管理和监理体系。

（三）组织开展名牌林产品认定

组织开展名牌林产品评选和认定，对于全面提高我国林产品知名度和市场竞争力，促进地方经济发展和农民增收等都具有重要意义。参照国家开展名牌产品评选认定工作的办法，通过严格评选标准、规范评选程序，真正发挥名牌林产品评选认定工作的导向作用；建立淘汰制度，实行滚动管理，确保评选认定的名牌林产品真正具有较强的市场竞争力和较大的市场占有率。

三、加强林业认证认可，推动林业可持续发展

现代林业必然是可持续发展的林业，森林可持续经营是林业可持续发展的重要前提。森林认证作为推动森林可持续经营的一种手段，它于20世纪90年代由少数林业发达国家发起，目前已被越来越多的国家所接受，并在全球快速发展，以欧洲和北美地区最为突出。据统计，全球已经获得森林认证的森林面积约占生产性森林面积的20%，约占森林总面积的7%，并呈逐年扩大的趋势。森林认证把森林经营及林产品加工水平与以可持续发展为导向的绿色消费需求相联系，已成为当今国际林业发展进程的重要内容，成为国际贸易中绿色壁垒的重要形式。

当前，由于森林问题日益国际化、政治化，森林的自然和社会属性决定了森林认证很难建立起世界统一的技术标准和认证制度，多种森林认证体系必将长期并存。目前全球比较有影响的森林认证体系包括森林管理委员会（FSC）、国际标准化组织（ISO）14000系列、泛欧森林认证体系（PEFC）、美国森林可持续倡议（SFI）、加拿大标准协会（CSA）、美国树木与农场体系（ATFS）和马来西亚木材认证委员会(MTCC)等。构建中国森林认证体系，必须立足国情、林情，兼顾国际惯例。在战略上，将森林认证作为推动我国森林可持续经营、树立良好国际形象的重要途径。在战术上，遵循国际普遍原则，制订中国森林可持续经营与森林认证标准，建立有中国特色的森林认证体系，并实现与国际主流体系的互认。

（一）建立健全有中国特色的森林认证认可体系

按照国际惯例，立足中国实际，成立涉及森林各利益方代表的指导机构——中国森林认证委员会，决定中国森林认证过程中的重大事项，协调森林认证各方利益，推进中国森林认证国际互认。建立健全我国森林认证认可制度，建立多利益方参与的森林认证管理监督机构、认证机构、认证咨询机构和认证培训机构及相互协作机制。编制森林认证认可与注册指南，制定管理办法，指导、规范我国森林认证市场，丰富森林认证培训形式，全面提高从业

人员的素质和广大公众意识，稳步推进中国森林认证发展。

（二）完善中国森林认证标准

成立中国森林可持续经营和森林认证标准化技术委员会，制订全国森林可持续经营与森林认证标准。按照森林分类经营的思想，从国家、区域和经营单位三个层次建立中国森林可持续经营和森林认证标准体系，指导森林认证、花卉认证及非木质林产品认证等工作。包括：《中国森林可持续经营标准与指标》《中国森林认证 森林经营》《中国森林认证 产销监管链》《非木质林产品认证标准》《人工林认证标准》和《森林认证技术规程》等。

（三）开展森林认证研究、培训和试点示范

根据森林可持续发展的总体布局和分类经营的原则，充分考虑不同地区森林的价值和功能，分别选择不同地区、不同类型的森林和不同的森林经营单位，采用不同的认证标准进行森林经营认证示范试点，选择不同的林产品加工企业开展产销监管链审核示范，选择不同的非木质林产品生产加工基地开展认证示范。在示范中加强森林认证研究，把森林认证从理论推向实践，并在不断测试中国森林可持续经营和森林认证标准体系的科学性和适用性的同时，扩大我国森林认证面积，培养壮大森林认证人才队伍，完善森林认证制度。

（四）积极开展森林认证的国际合作交流

加强“森林认证认可计划”(PEFC)、荷兰“观赏植物环保生产认证体系”(MPS)等主流森林认证认可体系的研究，积极开展国际合作交流，开展体系互认比较研究项目，制定共同的森林认证进程、相互认可的森林认证体系、统一框架下的森林认证标准等，拓展区域性森林认证合作，促进中国森林可持续经营和森林认证体系与国际体系互认。密切跟踪国际森林可持续经营与森林认证发展趋势与动态，积极参与森林认证国际互认事务，维护国家利益和主权。

第23章 现代林业的人力资源保障

党的十七大报告强调指出“建设人力资源强国”，充分显示了人力资源已经成为一个国家经济和社会发展中的重要战略资源。推进现代林业建设，必须贯彻实施人才强国战略，把人才强林工作放在突出位置。长期以来，我国林业人力资源发展存在人才缺乏、结构不合理、开发利用工作滞后等问题。在新形势下，要以科学人才观为指导，坚持以人为本的理念，加强林业人力资源的合理配置和结构优化调整,更好地开发利用林业人力资源,为我国林业生态建设提供可靠的人力资源保障和智力支撑。

第一节 加强林业公务员队伍建设

要按照《公务员法》的要求，以能力和作风建设为核心，以基层林业公务员为重点，精心选拔，大力培养，加强保障，努力打造一支政治坚定、业务精通、清正廉洁、作风优良的林业公务员队伍，不断提高林业系统的行政管理和服务效能。

一、重视林业公务员的选拔和培养

1.高度重视公务员的选拔录用

录用担任主任科员以下及其他相当职务层次的非领导职务公务员，要采取公开考试、严格考察、平等竞争、择优录取的办法。选拔领导干部时， 把那些德才兼备、实绩突出、群众公认，善于带班子、带队伍的开拓型人才选拔到重要领导岗位上来；大力培养选拔优秀年轻干部、少数民族干部、民主党派干部和女干部。把政治素质好、作风过硬、组织协调能力强、富有激情和创新精神的人才充实进领导班子，形成朝气蓬勃、奋发有为的领导集体。

2.大力加强在职培训

按照《公务员法》的要求，围绕党和政府工作主题、林业中心任务和公务员能力建设标准，开展岗位培训、专门业务培训、任职培训及其他培训，确保林业公务员参加脱产教育培训的时间每年累计不少于12天。建立有效的培训激励约束机制，例如建立和实施林业公务员培训学分制度，规定每人每年应达到的学分标准；建立健全公务员培训学分登记档案和相关制度，把培训学分与公务员年度考核结合起来，把公务员培训学分完成情况列为考核的内容之一，凡没有完成学分指标的，考核结果不能定为优秀等次。

3.切实加强实践锻炼

坚持学习与实践相结合，培养与使用相结合，进一步加大轮岗、交流和到基层锻炼、异地挂职的力度，把综合素质好、工作能力强、有发展潜力的干部，放到林业基层和重要岗位上进行培养锻炼，提高其应对各种复杂局面和突发事件的能力，积累做好群众工作的经验。

选派年轻干部到西部地区挂职锻炼，支持西部地区的林业建设；同时，为西部地区林业干部到管理部门和经济相对发达地区的林业单位挂职锻炼创造条件，着力提高他们的综合业务能力、组织领导能力、改革创新意识。

4. 支持鼓励在职学习

以学习型机关和学习型单位建设为依托，通过规范管理，提供经费支持，强化学用结合，引导林业公务员结合本职工作，积极参加函授学习、自学考试、攻读学位、申请同等学力等多种形式的在职业余学习，更新知识，提高素质。

二、完善基层林业公务员的基本保障政策

艰苦地区林业公务员生活、工作条件差，社会地位不高，林业机构不健全问题等造成基层林业公务员队伍极不稳定，必须制定和完善林业基层公务员的基本保障措施和必要优惠政策，切实稳定现有队伍。

1. 加强基层林业机构建设

目前，有些地方的基层林业机构不健全、没有编制，无法稳定和吸纳林业专业人才，严重地影响了林业建设事业的发展。因此，稳定和健全基层各级林业工作机构，稳定林业队伍是当务之急。国家林业局和地方林业管理部门应会同有关部门对林业机构设立、人员编制制定有关政策，并下发指令性文件，保证基层林业机构的稳定和健全，落实人员配置，确保人员稳定并积极吸纳专业人才。

2. 创造条件建立林务官制度

稳定林政执法队伍，加强林政管理，是推进现代林业建设的重要保障。当前，我国林政人员大多数工作生活在偏远地区，工作、生活条件艰苦，社会认可度不高，由此造成林政人员不断流失，林政执法能力受到削弱。为进一步提高林政人员的社会地位，加强基层林政队伍建设，树立林政管理的权威，建议借鉴发达国家，例如德国的经验，创造条件逐步实行林务官制度，增强各级林业部门的管理权力，使各级林政管理人员，尤其是各级林业工作站人员成为能够享受国家公务员待遇的林务官。

3. 制定和完善面向基层林业公务员的优惠政策

对在林区工作的林业公务员，除执行同级别公务员的薪资标准外，应发放偏远地区津贴和艰苦行业津贴。提供更多的经济性的福利服务项目，如增加医疗保险、带薪疗养和休假的机会等。逐步改善基层林业公务员的工作、生活条件，进一步落实子女入学就业、配偶安置和退休管理服务等工作，在购房上应给予适当的照顾，切实解决他们的后顾之忧。对林区公务员的职务晋升给予适当的照顾，与其他行业的工作人员相比，在同等条件下应优先予以晋升。

第二节 加强林业专业技术人才队伍建设

以增强创新能力为核心，以高层次人才为重点，加大培养力度，推进机制创新，优化资源配置，努力造就以领军型人才为龙头的数量充足、素质较高、结构优良、布局合理、充满活力的林业专业技术人才队伍。

一、加强创新型领军人才的培养

将林业科技创新与林业专家培养紧密结合起来，完善首席科学家、首席专家和特聘专家制度，重点加强优秀学术和技术带头人的培养；依托新世纪百千万人才工程等国家重大人才培养计划，结合林业重大科技项目、重点学科和科研基地建设，培养造就林业科技帅才和将才，特别是能够站在世界林业科学前沿、在国际学术组织发挥重要作用的创新型领军人物和战略型科学家。

二、推进机制创新，营造良好的用人环境

1. 创新选人用人机制

遵循公开、平等、竞争、择优的原则，引入人才竞争机制，强化人才的竞争意识和市场观念，逐步建立以竞聘上岗为主导的，有利于各类优秀人才脱颖而出、充分施展才能的选人用人机制。

2. 改革收入分配制度

完善与社会主义市场经济体制相适应、充分反映工作业绩、鼓励人才创新创业的分配制度，逐步建立起符合各类事业单位特点、体现岗位绩效和分级分类管理的薪酬制度，积极探索科技人才按贡献大小、成果多少参与分配的实现形式和办法，使分配向优秀人才、关键岗位和边远艰苦地区倾斜。

3. 建立人才激励机制

坚持以精神奖励为主，精神奖励与物质奖励相结合的原则，建立政府奖励为导向，用人单位和社会力量奖励为主体的人才奖励体系，对为林业事业做出突出贡献的人才，特别是长期在基层和生产一线工作并做出突出成绩的人才进行表彰奖励，对做出重大贡献的林业杰出人才实行重奖。

4. 完善评价与使用机制

建立以能力和业绩为导向，科学化、客观公正的人才评价机制，积极研究制定符合林业实际和各类林业人才特点的评价与使用制度。进一步深化职称改革，积极探索考试、考核和同行评议相结合的林业专业技术人才和技能人才评价方法，研究建立林业专业人才评价指标体系。建立健全林业职业资格证书制度，在林业立法或法律法规的修订中重点增加建立职业资格制度的相关要求，加快林业专业技术人员职业资格制度建设步伐，进一步强化林业从业人员准入控制和关键岗位持证上岗。

三、优化人才资源配置，促进人才合理流动

通过完善使用管理、分配激励、智力引进和人才流动等政策，进一步强化政府部门在林业人才资源配置中的宏观调控作用，缓解各类林业专业技术人才的结构性短缺矛盾。充分发挥市场在人才资源配置中的积极作用，扩大企事业单位用人自主权，确立用人单位和人才的市场主体地位。

1. 加快引进紧缺人才、拔尖人才和高层次人才

鼓励和支持各级林业机构引进生态建设、工程管理、产业发展、经济管理和国际合作等

方面的紧缺人才。支持各类国家、省级林业机构引进基础扎实、知识全面、综合素质好的高层次青年人才，为培养将才帅才储备好后备力量。对引进人员提供优惠的薪酬、工作条件，为他们提供一个可以施展抱负、发挥才干的良好环境。

2. 广泛动员国内外人才以多种形式为我国林业建设服务

采用兼职、讲学、咨询、科研和技术合作、技术入股、合作经营等多种方式进行“柔性”人才引进，引导社会人才以不同形式为林业事业发展做贡献；加强林业人才工作的国际交流与合作，积极引进国外高层次人才和优秀留学人才；通过建立高级专家库或组建专家咨询组织等方式，聘请国内外高级专家参与林业发展重大问题的调查研究、科技攻关和进行重大问题的决策咨询，为林业决策提供强有力的智力支撑，提升各级林业部门的科学决策水平和执政能力。

3. 建立政府主导与市场调节相结合的人才流动机制，实现人才合理配置

合理的人才流动机制是实现人力资源有效配置的保障。在社会主义市场经济条件下，林业人才市场在林业资源开发和配置中应发挥基础性的作用。但是，为了保证林业人才的合理流动，政府的宏观调控也是必需的。只有建立政府主导与市场调节相结合的人才流动机制，才能最大限度地发挥林业人才对林业建设的总效用。

应根据林业发展的需要，对人力资源的需求进行预测，并结合各地的具体情况，制定林业人力资源的整体配置与地区分布的规划，有效地实现政府对人力资源的宏观管理。同时政府还应运用信息服务和政策引导，引导和控制人力资源的合理流动。要遵循市场规律，充分给予企事业单位用人自主权。要努力建设好林业人才开发交流服务体系机构，积极推进人事代理服务。利用互联网等信息网络技术，建立林业人才信息库，组建起面向市场、灵敏高效的智力信息网络；完善服务手段，提高服务质量，推进和发展人事代理、人才派遣、人才测评等服务工作；推行通用服务标准，规范服务流程，提高林业人才市场的社会化服务水平。

4. 制定鼓励专业技术人员到基层工作的政策

通过短期借用、挂职工作和晋升工资、津贴补助、拨给专项科研经费等方式鼓励林业专业技术人员到林业重大工程一线和林区基层企事业单位工作；对于长期到林区基层工作的科技人员要在工资待遇、职务职称晋升、住房、配偶工作安排、子女升学就业和医疗、养老保险等方面给予特殊优惠政策。增强林业基层单位吸纳大中专毕业生的能力，采取定向资助等优惠政策，鼓励和引导林业院校毕业生到基层和林区创业；积极探索大中专毕业生到林区、山区和沙区志愿服务机制。针对中西部地区和林业生产一线人才不足、科技支撑薄弱的现状，大力加强林业科技成果和实用技术的推广运用。组织实施科技下乡、科技普及、科技示范行动，派遣林业科技特派员，鼓励林业科技人员深入林业生产第一线，通过加强智力服务，实现引智入门与送智下乡，缓解西部地区、林业基层单位和边远艰苦地区人才短缺的矛盾。

第三节　加强林业实用人才队伍建设

农村是林业建设的主战场，林业对改善农村环境、促进农村经济发展、增加农民家庭收入具有重要作用。我国广大山区、林区、沙区，经济社会发展严重滞后，劳动者整体素质相对较低，林业的巨大潜力和优势远未发挥出来。建设现代林业，必须大力加强农村林业人力

资源开发，全面提高基层林业劳动者整体素质。开发农村林业人力资源，抓好实用人才是关键。林业实用人才是具有一定知识和技能的农村林业劳动者，是广大林农的优秀代表，是农村林业建设的生力军。要高度重视林业实用人才队伍建设，加强组织领导，加大培养力度，营造良好氛围，着力提高他们的科技素质、职业技能和经营能力，充分发挥其聪明才智和带头示范作用，为农村林业建设提供强大的人才智力支持。

一、加强林业实用人才的培养

1.建立健全林农教育培训体系

面对数量庞大、分布零散、科技文化素质相对较低的基层林业劳动者，应充分利用现有条件，有效整合各类资源，逐步建立和完善以部门属和省属林业培训中心为龙头，高、中等林业（职业）院校、科研院所、林业技术推广机构和科技社团为骨干，县推广中心和乡林业站为基础，企业与民间科技服务组织为补充的林农教育培训体系，重点开展不离土、不离乡、不离岗，适应农时农事，边学边用、学用结合的林业政策与科技培训，同时选择专业性强、技术复杂、涉及面广的岗位，按职业资格认证制度或证书制度规范要求开展林业职业教育。随着现代信息网络的不断普及，逐步建立和完善以国家林业教育培训网和省级林业广播电视学校为基础的远程林农教育培训网络，扩大林农培训覆盖面。

2.广泛开展教育培训活动

紧紧围绕农村林业建设的需要，争取实施林业实用人才培训工程，重点面向乡村护林员、林木种苗专业户、退耕还林户、林业个体承包户、乡镇林场场长、乡镇林业技术员等实用人才开展培训。此外，要积极利用国家或各部委实施的绿色证书工程、新型农民科技培训工程、百万中专生计划、星火科技培训专项行动、农村实用技术培训计划、创业者和企业家培训计划、科普惠农兴村计划等项目，大力开展林业政策、知识和技术培训。

3.注重在林业生产中加强培养

结合林业重点工程实施和经济林、花卉、森林旅游等林业产业项目，组织专家技术人员，采用课堂培训、林间培训、技术咨询、现场指导、参观考察等多种方式，对基层林业实用人才进行培训，努力提高他们的生产技术水平和经营能力。大力加强林业科技示范园区和林木种苗、速生林竹、花卉园艺、高效经济林等优质林产品示范基地建设，通过科技示范和成果展示，引导林业实用人才自觉学习运用先进适用技术。制订和落实科技兴林实施方案，积极组织林业科技人员深入农村，开展科技下乡、科技讲座、科技咨询、现场指导等科技培训活动，手把手帮助林农提高生产技能。

4.着力培养林业实用人才带头人

应加大对致富带头人、科技带头人、经营带头人等优秀农村林业实用人才培养力度，特别要加强对林业专业大户、林业专业技术协会和产业化龙头企业负责人的培养，通过学习培训、参观考察、经验交流等方式，提高他们的科技意识、市场意识和经营能力，支持他们成为林业企业家和林业技术专家。

二、营造实用人才脱颖而出的良好环境

1. 为林业实用人才搭建创业平台

制定林业实用人才参与非公有制林业发展的各项优惠政策。在林地流转、技术支持、项目立项、资金投入等方面实行倾斜，支持林业实用人才创业兴业。鼓励林业实用人才参与政府支持的农业开发项目招投标。对符合产业政策、有科技创新意识、科技含量高、有利于扩大就业的林农合作经济组织给予税收优惠。积极探索林业实用人才信贷担保的新途径，提高国家融资政策的支持力度，规范和推进民间借贷，解决林业实用人才创业资金问题。鼓励和支持林业实用人才建立专业合作组织和专业技术协会，创办科技示范基地、优质林产品示范园，创办林产品加工、生产、销售等各类经济实体，开办技术培训班、林业技术研究开发和技术中介服务机构。依法保护林业实用人才的知识产权和合法权益。

2. 建立健全实用人才市场和信息服务体系

应以地(市)、县人才市场为主干和依托，以乡镇人才服务站与村人才服务信息点为补充，建立健全实用人才市场网络和信息服务体系，同时注重实效，充分发挥配置、交流、培训、开发等多种功能，及时提供各种人才、技术和信息服务。依托经营网络建设，建立林产品信息服务平台，为林业实用人才提供林产品供需信息。鼓励和支持林业专业合作组织，推广龙头带基地、公司连农户、产销一条龙的模式，完善企业与农户利益联结机制。指导和帮助林业实用人才及其合作组织应用新技术扩大生产规模和提高生产效益，增强产品竞争力。

3. 建立健全林业实用人才认定制度和职业资格证书制度

制定以知识、技能、业绩、贡献为主要内容的林业实用人才制定标准，结合实际建立不同层级的林业实用人才信息库。对高层次林业实用人才实施重点管理和服务，对重点联系的林业实用人才给予创业支持。推广面向林业实用人才的职业资格评价和职业技能鉴定工作，鼓励林业实用人才参加国家专业技术职称评定。对于取得职称或职业资格证书的林业实用人才，在人员招聘、项目承包、林地承包、农贷贴息、进城务工、跨区合作、信息服务等方面，给予优先考虑。对于在科技开发、技术推广中创造良好社会、经济效益的拔尖实用人才和科技致富带头人，给予优先评级和晋级。

4. 完善林业实用人才激励机制

建立健全政府表彰和社会激励相结合的林业实用人才表彰奖励体系，鼓励各地立足实际设立面向林业实用人才的表彰奖励项目。对做出突出贡献和带头致富的林业实用人才给予物质和精神激励，优秀的管理人才，可根据国家有关规定，按法定程序聘为乡(镇)、村干部。有条件的地方可以对优秀的林业实用人才给予适当补贴。

三、加强实用人才队伍建设的组织领导

1. 健全完善工作体系

林业部门应把林业实用人才队伍建设作为一项重大而紧迫的战略任务，在党委政府的领导下，积极与计划、财政、组织、人事、劳动与社会保障、教育等部门联系，争取各方面的支持，努力推进林业实用人才工作。行业主管部门应组织林业实用人才工作调研，制定和完善林业实用人才队伍建设的有关政策规定，编制全国性林业实用人才队伍建设规划，加强宏

观指导。地方林业主管部门应结合地方林业发展，制定本地区的林业实用人才队伍建设规划或计划，并认真予以落实。

2. 加大经费投入力度

按照统筹城乡经济社会发展的要求，争取公共财政的支持，逐步建立起林业实用人才工作投入以政府为主，社会和个人共同负担的机制。林业部门应根据林业实用人才队伍建设的实际需要，把所需经费纳入各级政府财政和基本建设投资预算，建立起稳定的人才工作经费投入渠道；林业重点建设工程和产业项目经费中，要划出一定份额用于林业实用人才培养。

3. 积极营造良好社会氛围

强化各级领导思想认识，进一步明确广大林农在农村林业建设中的主体作用，高度重视林业实用人才在现代林业建设中的重要作用。通过报刊、广播、电视、网络等各种媒体，抓好实用人才的宣传工作，大张旗鼓地宣传优秀实用人才的事迹，让社会了解林业实用人才，营造人才兴林的氛围，为林业实用人才健康成长、发挥才干提供良好的环境。

第四节　加强林业后备人才队伍建设

教育是发展科学技术和培养人才的基础，是后备林业人力资源开发的关键，在现代林业建设中具有先导性和全局性作用，必须摆在优先发展的战略地位。要根据现代林业建设的需要，协调发展高等林业教育，大力发展林业职业教育，为林业发展输送大批管理、技术和技能人才。同时，应重视开展对社会公众的林业科普教育和法制教育，提高公众的生态环境意识。

一、协调发展高等林业教育

要强化“共建”机制，继续办好林科教育。教育主管部门和林业部门要加强沟通和联系，建立起相互协调的、共同建设和发展林科教育的有效运行机制。政府教育主管部门要根据林业发展规划和林业建设需要制定林科人才培养规划和年度招生计划；要鼓励以多种形式开办林业院校和林科专业，并对林科学位点审批、重点学科和重点实验室建设实行倾斜政策；要继续对边远林区、林业行业实行定向招生，并通过补贴经费、提供贷款和减免学杂费等方式解决林业院校或林科专业家庭贫困学生上学难问题。实施享受此类待遇的学生，毕业后必须到基层林区工作3～5年的制度。

林业主管部门和林业企事业单位要及时向教育主管部门和林业院校提供人才需求信息，广开就业渠道，主动接纳林业院校或林科专业毕业生到林业行业工作；要建立科研基金和奖学金制度，以及提供教学、实习场所，积极支持林业院校和林科专业的教学、科研工作，鼓励林业院校和林科专业优秀学生努力学习，完成学业后为林业建设贡献力量。

林业高等院校和林业科研院所要建立“林业人才高地”，为现代林业建设培养高层次创新人才和拔尖人才；加强林业学科建设和加快林科专业调整，在保持和发挥林业学科特色的基础上，注重当前急需、新兴、实用和交叉学科与专业的建设；要更新教学内容，改革教学方法，采用新的培养模式和现代化教育手段努力培养学生的学习能力、创新能力和竞争能力；要进一步完善林业高校教学、科研、生产相结合的机制，直接参与林业重大工程和林业生态建设的科技攻关，切实解决林业工程建设中的关键性技术问题，以林业科技的创新促进林业发展。

二、大力发展林业职业教育

要积极发展林业职业技术教育。国家应高度重视林业职业技术教育的改革和发展，正确处理好中等职业技术教育与高等职业技术教育的区别与衔接，注重应用型技术人才的培养；同时，加强高等林业职业教育与高等林业教育的衔接，构建各类教育相互对接的立交桥，形成立体交叉的人才培养机制。国家林业局应加强对林业职业教育的指导和支持，组织林业职业教育重点专业建设活动，配合教育部加强对学校的检查评估，推动全国林业职业教育体系建设。省级林业部门应加大对地方林业职业学校的投入，建立省级示范性林业职业学校；大力支持林业职业学校建设实践场所和实训基地，充分利用现有的林业工程示范基地、科技推广基地、林业龙头企业等，为林业职业学校开展实践性教学提供方便；制定政策，为林业职业学校毕业生就业、创业提供优惠条件。林业职业技术学院应转变办学思想，坚持“以服务为宗旨、以就业为导向”的办学方针，促进教学与生产实践、技术推广、社会服务紧密结合；深化教育教学改革，更新教学内容，改进教学方法，优化教学手段，注重培养学生的职业道德、职业能力和创业能力；实行多样、灵活、开放的办学模式，方便学生以工学交替、半工半读、城乡分段和职前职后分段等方式完成学业。

三、重视对社会公众的林业科普教育和法制教育

林业是一项重要的社会公益事业，同时又是重要的基础产业。林业需要全社会的广泛关注和参与，各级林业主管和有关部门要通过多种方式对社会公众进行林业科普教育，增强他们爱护森林、爱护环境的意识。应重视和加强对少年儿童的生态意识教育，应将生态意识培养的内容纳入小学教材，全民绿色环保、爱我家园的意识应从儿童抓起。组织专家编写林业科普书籍。利用多种新闻媒体，加大对林业科普知识的宣传力度。建立林业博物馆。开展社区林业教育。坚持全民义务植树活动。同时应加强对全社会保护森林、保护环境的法制宣传和教育。

第五节　强化对林业人力资源开发工作的支撑保障

支撑保障薄弱是制约当前林业人力资源开发工作开展的重要因素之一。为此，应切实加强组织领导，加强人力资源开发研究，加大人力资源开发投入，确保林业人力资源开发工作抓紧、抓实、抓好。

一、切实加强对林业人力资源开发工作的组织领导

牢固树立人才资源是第一资源的观念，把林业人力资源开发工作作为一项重大而紧迫的

战略任务，切实抓紧抓好。紧密围绕林业发展实际，制定本行业、本地区、本单位人力资源开发规划，将其纳入林业发展规划，并落实到年度计划；要把人力资源开发工作纳入各级林业部门和单位党政领导班子工作责任目标体系，定期进行考核。加强调查研究和宏观指导，及时研究解决人力资源开发工作中的突出问题，确保林业人力资源开发工作取得实效。

中央、省（自治区、直辖市）、地区、县各级林业主管部门之间要加强人力资源开发工作交流和协调，建立上下贯通、良性互动的人力资源开发工作机制；各级林业部门应切实加强与计划、财政、组织、人事、劳动与社会保障、教育等部门的联系，积极争取各方面的支持，优化林业人力资源开发工作的外部环境，形成推动林业人力资源开发工作的强大合力；各级林业部门还要加强与人大和政协的联系，为研究制定林业人力资源开发工作的部门规章创造条件，同时加强与社会团体的合作，使其在林业人力资源开发工作方面发挥应有的作用。

二、加强人力资源开发研究

必须加强对国内外人力资源开发研究工作，不断、深入、系统地研究国外，尤其是发达国家的人力资源开发的方法和经验。例如，政府重视教育的发展，积极开发国内人力资源，到1999年美国政府的教育投资已占美国GDP的7%；国外人力资源开发的目标和内容是突出实用价值，美国专业设置和课程设置完全是根据实际需要确定的；国外人力资源的开发的手段是充分利用高科技，德国于1974年就建立了远距离大学；进行就业培训，作为解决就业的主渠道，因此各国都把培训与就业紧密地结合起来，英国早在1973年就颁布了《就业与培训法》，推行了一系列培训计划；大型企业自办高等教育或与学校合作培养人才，美国许多大企业都有自己的高等学校；重视老年人力资源的开发；采用各种手段从国外引进高素质人才；建立完善的人才奖励制度；重视人力资源开发的立法工作，使人力资源的开发成为一项法定的活动；设立人力资源开发机构和加强人力资源开发研究等。国内对人力资源开发的研究起源于20世纪80年代中期，但是发展迅速，许多地区和行业、部门进行了积极的探索，尤其是WTO的加入，更掀起了人力资源研究的热潮，取得了较丰硕的成果。相对而言，我国林业人力资源开发的研究较少，国内外的许多经验和做法值得我们研究和借鉴。

应围绕以生态建设为主的林业发展战略，系统研究林业人力资源开发工作中带有全局性、战略性的重大问题，抓住重点、攻克难点；从林业人力资源开发工作和人才队伍建设现状，人力资源开发与林业发展的关系，人才使用与管理体制、机制创新等开展重点研究，为制定林业人力资源开发工作方针、政策，建立人力资源开发工作机制和制度提供理论依据。

此外，应加强与国内外其他行业的交流与合作。各级林业管理部门和企事业单位要积极组织参观考察国内外先进的人力资源开发机构，通过国内外专家讲学和组织研讨会或国际会议等形式，加强与国内外其他行业在人力资源开发方面的交流，相互借鉴有益经验。应鼓励与国内外的大学、企业和其他人力资源开发机构以多种形式合作开发人力资源，提高我国林业人力资源的开发水平。

三、加大人力资源开发的经费投入

人力资源开发就是通过教育和训练将人力资源转化为人力资本，人力资本与物质资本都是经济发展不可缺少的生产性投资，而教育投资则是人力资本投资的核心。相对于物质投资而言，人力资本投资时间长、见效慢，是一项长效投资，但教育投资的收效率远高于物质投资的收效率。据联合国教科文组织对134个国家的统计和研究表明，国民经济增长总额中41%归因于教育投资的增长。据估计，教育投资对经济增长的作用率，在知识经济时代将达到80%左右。当前，教育投入不足仍然是制约林业人力资源开发的“瓶颈”。各级林业主管部门和企事业单位要牢固树立人力资源开发投入是效益最大投入的观念，强化人力资源开发投入优先的意识，保证此项投入不断增长。

根据中央《关于进一步加强人才工作的决定》精神和国家有关教育培训工作经费投入的规定，结合林业实际，林业人力资源开发工作的投入渠道应以公共财政为主，逐步建立健全政府、社会、用人单位和个人多元化投入的长效机制。各级林业主管部门应根据林业人才工作的实际需要，把人才开发经费和人才培训体系建设资金纳入各级政府财政和基本建设投资预算，建立起稳定的人力资源开发工作经费投入渠道；林业重点建设工程、科研项目和重大技术改造项目经费中，要有3%～5%的份额用于人才开发，重点培训骨干人员，人员培训工作与工程（项目）同步规划、同步实施、同步验收。各级林业部门、各单位要积极建立人力资源开发工作专项资金，重点用于林业高层次人才的培养、紧缺急需人才的引进、重点建设工程人员的培训、人才工作机制和体制的创新和优秀人才的奖励。

积极拓宽林业人力资源开发投入渠道，发挥社会、用人单位和个人多元人力资源开发投入的积极性，机关和企事业单位要根据国家有关规定，保障按不低于工资总额的1.5%～2.5%的比例提取职工教育经费，并专项用于本部门本单位的职工培训。要根据林业的公益事业属性特点，积极争取国际和国内社会组织、企业和个人以多种形式对林业人力资源开发工作的投入，多渠道、多形式筹集人力资源开发工作资金，促进林业队伍建设。

林业人力资源开发是建设现代林业的重要保障。这是一项长期、艰巨和复杂的系统工程。我们必须适应现代林业建设的需要，借鉴发达国家和国内其他行业在人力资源开发方面先进理论、方法以及成功经验，针对自身存在的问题，不断研究探索符合实际的林业人力资源开发政策，形成科学有效的林业人力资源开发新机制，创建有中国特色的林业人力资源开发模式。

第24章　现代林业的法制建设

依法行政是社会主义民主与法制建设的内在要求，是依法治林的本质属性，也是现代林业建设的基础和保障。党中央明确提出到2010年形成中国特色社会主义法律体系的任务，这就要求必须切实加强林业法制建设，提高依法行政能力，实现林业部门职能转变，全面推进依法治林进程。

我国林业立法工作从1963年国务院颁布《森林保护条例》开始，以1979年颁布《森林法（试行）》为标志，经过几十年的发展建设，初步形成了具有中国特色林业法律体系，逐步确立了林业基本法律制度。进入21世纪以来，随着依法治国方略的深入实施，紧紧围绕以生态建设为主的林业发展战略，我国加快了林业立法步伐，全面提升了林业立法质量，为现代林业法制建设提供了保障。在有法可依的基础上，不断加强林业行政执法队伍建设，加大执法力度，强化执法监督，创新执法体制，推行执法责任制，整体上推进林业行政执法工作。通过普法宣传，使公民知法懂法，构建现代林业建设的法制基础。全面推进依法行政，努力实现立法由注重强化行政权力向注重维护经营者权益拓展、执法由多头分散向综合集中拓展、监督由注重事后追究向注重事前防范拓展、普法由内向型向外向型拓展，把林业的各项工作纳入法制化、制度化、规范化轨道。到2010年，基本建成比较完备的林业法律法规体系、规范的林业行政执法体系、高效的林业行政执法监督体系和健全的林业普法体系，进一步解放和发展林业生产力，为全面推进现代林业建设提供强有力的法律保障。

第一节　我国林业法制建设的发展历程与成就

林业法制一般是指我国林业法律制度的总和，它包括林业立法、执法、司法、守法、法律监督的合法性原则、制度、程序和过程。林业法制建设的目标与任务是：建立科学合理的立法体系、高效廉洁的执法队伍、全社会自觉遵守的法律意识以及专门监督与社会监督有机结合的监督机制，使林业法制的建设达到“有法可依、有法必依、执法必严、违法必究”的基本要求。自新中国成立以来，随着社会经济的不断发展，林业法制工作取得了长足的进步和巨大的成就，基本形成了我国林业法律法规体系，确立了林业基本法律制度。

一、我国林业法制工作的发展历程

在我国资源保护领域，林业立法起步较早。1963年国务院颁布《森林保护条例》是我国第一部相对完整的森林资源保护法规。但是，由于受到当时历史背景和经济环境的影响，林业立法体系尚不完善。从1978年改革开放到20世纪末，随着我国民主与法制建设步伐的不断加快，林业立法工作稳步推进。1979年2月，《中华人民共和国森林法（试行）》作为改革开放以后我国制定的第一部环境资源法律颁布出台，这标志着我国林业建设逐步进入了依法管理的轨道。1984年《中华人民共和国森林法》施行，1998年通过森林法修正案，从此之后，我国林业立法步伐明显加快，林业立法质量明显提高。到20世纪末，我国已初步形成以森林法和野生动物保护法为主体，相关法律、法规、规章、规范性文件为配套的林业法律法规体系，为保护和管理森林、野生动植物资源发挥了极为重要的作用。但是由于我国正处在社会经济转轨型的历史发展时期，林业立法工作仍然局限在以资源保护和利用为主的指导思想框架内。进入21世纪，随着依法治国方略的深入实施，紧紧围绕以生态建设为主的林业发展战略，我国加快了林业立法步伐，全面提升了林业立法质量。野生动物保护法、防沙治沙法、刑法修正案、农村土地承包法和退耕还林条例的公布实施，《森林法》修订步伐的不断迈进，充分体现了时代特征，开创了我国林业立法工作的新局面。

二、我国林业法制工作的主要成就

改革开放以来，我国林业法制工作取得了明显的进步，以森林法为核心和基础的林业法规体系基本框架已经形成，林业主管部门和行政执法人员依法行政、严格执法的水平不断提高，林业执法监督机制逐步完善，法律宣传和普及稳步推进，全社会保护森林资源、发展林业的意识不断增强，为依法治林打下了坚实的基础。

（一）构建了林业法律制度框架，基本形成了具有中国特色林业法律体系

立法是为解决社会问题、规范社会行为的客观需要，创制规则、制定行为规范。林业立法就是针对林业发展中存在的各种社会关系，规范人与人之间以及人与森林资源、野生动植物保护管理的各种行为。改革开放以来，我国已经基本建立了覆盖林业各项工作的法律规则，为实现林业各项工作有序进行，促进人与自然和谐发展，奠定了良好的法制基础。

森林法、野生动物保护法、防沙治沙法、退耕还林条例等法律法规的相继公布，已经基本构建起比较完备、适应国情和林情的各项法律制度。森林采伐许可、野生动物猎捕、义务植树以及防沙治沙等一系列法律制度已经成为保护、发展森林资源和野生动植物资源的重要法律保障，在推动以生态建设为主的林业发展战略中具有重要指导意义。到目前为止，现行林业法律有8件、行政法规20件、部门规章30多件以及地方性法规和地方政府规章400多件，以森林法、野生动物保护法、防沙治沙法和其他法律为主体，法规、规章和规范性文件互为配套、互为补充的林业法律法规体系，已经基本形成，覆盖了林业建设的各个方面和领域，林业工作基本上做到了有法可依，有章可循，为在林业系统全面实施依法行政，依法促进林业持续快速协调健康发展，促进人与自然的和谐，发挥了重要作用。

（二）林业执法监督机制逐步完善

新中国成立到改革开放前，林业行政管理主要采取行政手段而不是法律手段，林业行政执法比较薄弱。随着林业法律体系的不断完善，林业执法监督逐步发展壮大，成为我国行政执法的重要组成部分。目前，林业行政执法机构逐步健全，执法队伍日益壮大，执法人员素质和水平不断提高。已经建立了包括林政管理、林业公检法、野生动植物保护、森林防火、植物检疫、森林病虫害防治等在内的较为完整的林业执法队伍，有力保障了各项林业法规的全面贯彻实施。

专栏24-1

现行林业主要法律、行政法规

全国人大及常委会制定的《中华人民共和国森林法》《中华人民共和国野生动物保护法》《中华人民共和国种子法》《中华人民共和国防沙治沙法》《中华人民共和国农业法》《中华人民共和国农业技术推广法》《中华人民共和国农村土地承包法》《中华人民共和国农民专业合作社法》等法律；

国务院制定的《中华人民共和国森林法实施条例》《中华人民共和国陆生野生动物保护实施条例》《森林病虫害防治条例》《植物检疫条例》《森林防火条例》《中华人民共和国植物新品种保护条例》《中华人民共和国自然保护区条例》《退耕还林条例》《中华人民共和国濒危野生动植物进出口管理条例》等行政法规

专栏24-2

我国林业的基本法律制度

（一）森林资源保护管理方面的法律制度

1. 森林、林木、林地权属登记发证制度
2. 森林种类划分制度
3. 征用或者占用林地审核制度
4. 森林、林木和林地使用权转让制度
5. 义务植树法律制度
6. 造林绿化部门和单位负责制度
7. 森林植物检疫制度
8. 森林病虫害防治制度
9. 森林防火制度
10. 森林采伐限额制度
11. 林木采伐许可证制度
12. 林区木材经营（加工）制度
13. 木材凭证运输制度
14. 珍贵树木出口管理制度
15. 违反森林保护管理的法律责任制度

（二）野生动植物资源保护管理方面的法律制度

1. 野生动物猎捕管理制度
2. 野生动物驯养繁殖管理制度
3. 野生动物经营利用管理制度
4. 国家重点保护野生动物运输管理制度
5. 野生动物进出口管理制度
6. 野生动物资源保护管理费的规定
7. 对外国人在中国考察、狩猎野生动物的管理规定

（三）林木种子保护管理方面的法律制度

1. 林木种子资源保护制度
2. 主要林木良种推广审定制度
3. 主要林木的商品种子生产许可证制度

4. 种子经营许可证制度
5. 林木种子标签制度
6. 种子质量监督与检验制度
7. 违反种子管理法规的法律责任制度

（四）防沙治沙方面的法律制度

1. 防沙治沙工作主管部门职责分工的法律制度
2. 防沙治沙规划制度
3. 防沙治沙工作的责任制度
4. 预防土地沙化的法律制度
5. 沙化土地的治理制度
6. 防沙治沙的保障制度
7. 违反防沙治沙法规的法律责任制度

（五）退耕还林方面法律制度

（六）植物新品种审查方面的制度

（七）其他相关的法律制度

（三）林业普法稳步推进

林业普法是林业法制建设的重要组成部分。自1985年开展全民普法以来，林业法制宣传教育逐步广泛深入地向前推进，“一五”“二五”“三五”“四五”普法的开展，增强了广大干部群众依法从事森林资源保护和林业生产经营的意识，保障了林业改革建设的顺利进行。

第二节　现代林业立法的发展方向

林业在生态建设中居于首要地位。为适应这一客观要求，现代林业立法要以科学发展观为指导，并将其切实贯彻于立法的全过程。要紧紧围绕以生态建设为主的林业发展战略，按照突出重点、统筹兼顾的原则，以制度创新、机制创新、体制创新、方法创新为动力，加强对生态建设、生态安全和生态文明的立法，结合现代林业建设中急需解决的难点问题，把基本的、急需的、条件成熟的作为林业立法的重点，即形成“一个目标，一个重点”的立法工作思路，“一个目标”是在2010年基本建成比较完备的林业法律法规体系，一个重点则是提高立法质量、加快立法进程。

一、林业立法面临的主要挑战

虽然我国林业立法工作经过几十年的建设取得了很大的成就，但是与全面建设小康社会赋予林业的作用、任务、林业发展向以生态建设为主的转型以及全面推进现代林业建设的要求相比，林业立法在观念上、机制上不能适应新形势的需要，这些都制约了林业立法质量的进一步提高。

（一）林业立法观念不适应形势发展的需要

过去的林业立法，在规范森林和野生动植物保护管理的社会事务方面，往往从强化行政主管部门行使职权的角度出发，强调行政权的强制力，认为存在的种种社会问题必须通过加强行政权的行使力度来加以解决，忽视了行政相对人与行政机关在行政关系中的互动关系，不但不能充分发挥行政管理效能，有时还会遭到行政相对人的抵触，影响林业法律法规规章的权威性。随着依法治国方略的实施、依法行政的全面推进，制约行政权和保护公民权的立法价值观念开始彰显。政府部门开始由全能转为有限、由管制转为服务、由封闭转为阳光、由权力转为责任。行使和运用行政权力应当维护最广大人民群众的根本利益，应当保护和扩展公民的权利，调动公民参与经济社会建设的积极性，充分发挥市场的自我调节、社会组织的自我管理的功能。这种法制理念迫切要求林业立法应当对过去立法主导思想进行调整，引导林业立法由注重强化行政权力向注重维护经营者权益的方向拓展。

（二）林业立法机制不够民主、科学

没有完善的林业立法机制，就不能保证林业立法质量，林业的持续快速协调健康发展就存有隐患。在林业立法实践中，有的林业立法项目未完全遵守法定的权限和程序，有的林业法律法规规章的制定和修改过程，未充分发扬民主，社会参与程度过低，听取意见的范围不够广泛，有的林业立法不注意立法技术的应用，规范性内容的安排不符合逻辑顺序，法律法规之间缺乏协调与配套等，使制定的林业法律规范确定的制度不能充分反映客观实际的需要，提供的法律方法不利于彻底解决问题，不利于执法过程中法律的合理运用，更难以在制度框架下建立和完善林业经济和林业行政管理体制。现行机制下制定的林业法律法规规章与严紧周密、切实可行的要求尚有较大差距，林业立法机制急待调整完善。

（三）林业立法滞后性明显

制度是对成熟实践经验的总结，制度源于实践。制度的特点在于“定”，一旦作出规定，就要保持相对稳定；随着实践的发展，有的制度出现明显的滞后性，脱离了客观实际的需要，必须作出进一步调整，以适应新的实践需要。盛世兴林，林业的快速发展，凸显了林业立法的滞后性。林业不仅要满足社会对木材等林产品的多样化需求、更要满足改善生态状况、保障国土安全的需要，生态需求已经成为社会对林业的第一需求，林业工作的性质发生了转变，林业部门的职能由专业经济管理转变为公共服务和执法监管。这就迫切需要把反映林业发展新规律、符合以生态建设为主的林业发展战略需要、适应全面推进现代林业建设要求的政策和措施，以立法的形式固定下来，为推进依法治林打下良好的制度基础。同时，随着参与林业发展的主体多元化，林业生产经营体制的转型，林业法律关系的变化，导致原有的体制和规则都应当相应的发生改变，也应该在林业立法中得到敏锐、准确的反映。而我国林业法律法规规章的制定和修改程序呆板、繁琐，修改的速度跟不上发展的进度，使林业的健康发展增加了不可预测性，不能及时给林业发展提供可靠的法制保障。

二、现代林业立法的主要原则

进入21世纪，可持续发展理论已经为世界各国普遍接受，在国家立法和政策制定中，作为一条重要的原则普遍遵循。可持续发展的宗旨是满足人类的需求，而需求的满足并不是没有限制的，主要限制因素是自然资源和环境。发展要以环境的承载力为极限，一旦破坏了人类生存的物质基础，发展本身也就衰退了。可持续发展的核心原则是人类的经济和社会不能超越资源与环境的承载能力。

林业立法应当以可持续发展为导向，尊重和体现生态规律，充分地考虑实现人类社会、经济发展所必需的生态环境与森林资源条件，以及考虑地球环境与森林资源满足世代间人类发展可提供的能力和基础，并以此作为指导立法以及确立法律规范的理论基础。

《中国21世纪初可持续发展行动纲要》提出，我国将在经济发展、社会发展、社会保护、生态保护、环境保护和能力建设6个领域推进可持续发展。为了落实上述任务，《纲要》提出了保障措施，其中一条就是运用法律手段，提高全社会实施可持续发展战略的法制化水平。这为现代林业立法工作指明了发展方向。

（一）道德的原则

由于林业的特性，在现代林业立法中，除了可持续发展原则外，还应遵循以下原则：

1. 坚持与时俱进

把中共中央、国务院《关于加快林业发展的决定》等林业政策文件确定的、经过实践检验是行之有效和成熟的政策措施，以法律形式固定下来，增加相应的法律制度和措施。

2. 保持法律制度的连续性和稳定性

对经实践证明行之有效的法律制度，应当继续保留；对不适应林业发展需要，确需修改完善的，应当予以修改完善；对通过修订配套法规可以解决的，要抓紧修订。

3. 坚持以人为本

尊重公民权利，反映林农呼声，科学合理地规定森林经营者的权利和义务；规范行政权力，强化监督机制，科学合理地规定国家机关的权力和责任。

4. 坚持实事求是

遵循林业发展规律，遵从法律制度建设的内在要求，着重解决林业实践中迫切需要用法律解决的问题。坚持区别对待，突出生态利益与经济利益协调平衡，对需要由立法解决的问题，制定相应的法律规范来解决；对法律实施中存在的问题，应当通过严格执法来解决。

（二）解决的问题

现代林业立法，必须要立足当前，面向未来，突出立法质量。要使林业法律成为能够反映客观规律，具有科学性、合理性，并且具有可操作性，成为能够解决实际问题的良法。必须在提高林业立法质量上努力工作，解决好以下问题：

1. 正确处理速度与质量的关系

坚持速度服从质量。加强对其他相关法律法规的研究，起草林业法律法规草案应当与其他相关法律法规相互衔接，相互协调。正确处理稳定性与变动性、前瞻性与适时性的关系，把修改工作与制定工作放在同等重要的位置，及时提出与林业发展不相适应的法律法规修改草案。

2. 建立健全公众参与机制

在加快林业立法过程中，按照依法决策、科学决策、民主决策的原则，充分利用社会智力资源，建立健全公众参与、专家论证和林业行政主管部门决定相结合的林业行政决策机制，完善林业行政决策程序。凡涉及全国或者地区林业发展的重大决策事项以及专业性强的决策事项，林业行政主管部门应当事先组织专家进行必要性和可行性论证；社会涉及面广、与人民群众利益密切相关的决策事项，应当向社会公布，广泛听取各方面的意见和建议。要打开全社会参与林业、参与林业立法的渠道，不断提高林业立法质量，便于法律法规公布后执行。

3. 遵守立法程序

严格按照《立法法》和有关规定，进一步完善林业立法的工作程序。理清林业立法思路，确定立法步骤，制定科学合理的林业立法长远规划和年度计划，并组织实施。加强立法项目的前期研究、论证，强化法制工作机构的综合协调和审核职能，民主立法、科学立法，建立健全林业立法的公众参与机制，通过组织立法听证会、论证会、座谈会的形式广泛听取社会各方面的意见。重视林业法律法规的解释，积极做好立法和司法解释工作，及时解答林业执法实践中出现的法律法规适用问题。

4. 探索建立林业立法效果评价制度

改进林业立法技术和方法，积极探索林业立法项目的成本效益分析，准确评估立法项目的成本效益和实施后的执法成本、社会成本。根据评估情况及时对规章、规范性文件进行修改，建立林业规章和规范性文件实施情况的定期评估制度，从而为法律规则的立、改、废提供实践依据。

三、现代林业立法的政策取向

加强法治建设是现代林业发展的重要保障。随着《物权法》的颁布实施，《森林法》修订工作迫在眉睫，一系列原有的权利义务关系需要进行相应调整。现代林业立法中，特别要突出对生态建设、生态安全和生态文明的立法，强调对资源的保护和对自然的尊重。抓紧制定天然林保护、退耕还林、湿地保护、重点公益林管理、国有森林资源经营管理、森林林木和林地使用权流转、林业建设资金使用管理、林业工程质量监管、林业重点工程建设等方面的专项法规，加快修订现行不适应市场经济要求的法律、法规，尽快建立现有法律的配套法规体系，确保林业各方面的工作都有法可依。

从世界林业发达国家的经验来看，依靠法律促进林业发展取得了成功，这对我国加强林业法制建设具有借鉴意义。借鉴国外林业法制建设的成功经验，但又要切合中国实际，不能拘泥于国外的一些具体法律规定。这就要认真研究这些国家的林业法律制度，认识和了解这些国家当时制定这些法律制度的社会、经济和文化背景，以及这些法律制度在实施以后的经验和教训，总结出能够适应我国林业特点的法律制度。对于适合我国国情、林情并且能够保障我国林业又好又快发展的法律制度可以“移植”过来，对于经过“改造”能够适应我国国情、林情的法律制度，有选择地进行“移植”和借鉴，这样能够缩短我国的立法进程，加快

专栏24-3

近期我国林业立法的重点

在法律层面上，结合中共中央、国务院《关于加快林业发展的决定》和《关于全面推进集体林权制度改革的意见》文件出台的一系列政策，修改完善《森林法》《野生动物保护法》。

在法规层面上，抓紧研究制定《湿地保护条例》《沿海防护林保护条例》；修订完善《森林防火条例》《森林病虫害防治条例》《森林采伐更新管理办法》等。

在规章层面上，根据贯彻实施行政许可法的需要，抓紧审查规范林业行政许可行为的部门规章；积极参与重大涉林法律法规的制定和协调工作。

林业法制建设的步伐，从而为实现林业又好又快发展提供法律保障和依据。

（一）进一步完善森林资源保护管理方面的立法

（1）为保护天然林资源，保障天然林资源保护工程的实施，针对当前已经实施的天然林资源保护工程中存在的问题，总结经验，探索符合天然林资源保护管理的有利措施，完善天然林保护的法律制度，以法律形式保障天然林资源保护工程的顺利实施。

（2）为鼓励社会各界积极投资林业，制定和完善森林采伐更新管理方面的法规。市场经济体制下，要建立既符合生态效益、社会效益和经济效益的原则，又能保证森林采伐单位或个人合法权益的森林采伐更新法律制度。按照消耗量低于生长量和合理利用的原则编制森林经营方案，确定采伐限额。

（3）针对森林、林木和林地流转中管理混乱、农民合法权益受到损害等问题，制定森林、林木和林地使用权流转方面的法规，规范森林、林木和林地使用权流转，调动社会资金投资林业生产和生态环境建设，盘活森林资源，促进森林资源的可持续经营。

（4）为解决退耕还林（还草）后一些地方和群众面临的实际问题，保护退耕还林（还草）单位或者个人的合法权益，研究制定退耕还林管理的办法。在2007年国务院颁布的《关于完善退耕还林政策的通知》的基础上，研究建立长效补偿机制，稳定生态脆弱地区的生态环境，巩固退耕还林成果。

（5）制定公益林补偿的专门法律或者法规，按照《森林法》的规定，国家建立了生态效益补偿基金制度，对重点公益林进行补偿。但是，目前的补偿标准和补偿范围远不能满足生态建设的需要，需要国家制定专门的法律法规，保障生态建设投入额度，对森林和林木所有者或者经营者给予合理的补偿。

（6）制定森林资源资产评估办法。市场经济条件下，为规范森林资源流转，需要建立完善的森林资源资产评估管理机制，加强森林资源资产评估管理工作，规范森林资源资产评估行为，维护社会公共利益和资产评估各方当事人的合法权益。

（二）进一步完善野生动植物资源保护管理方面的立法

（1）为维护生态平衡，保护生物多样性，针对市场经济条件下野生动植物保护中存在的问题，抓紧修改《野生动物保护法》和《野生植物保护条例》。

（2）针对野生动植物栖息地和湿地被严重破坏等问题，研究制定自然保护区法。自1985年《森林和野生动物类型自然保护区管理办法》和1997年《自然保护区条例》颁布实施以来，我国的自然保护区建设得到了较快的发展，对保护野生动植物栖息地起到了重要作用。但是，自然保护区方面的法制建设尚有不完善之处，需要在总结实际经验和教训的基础上，研究起草自然保护区法，将现行行政法规的规定上升为法律规定。

（3）湿地是生态系统的重要组成部分，其重要功能日益被社会所接受。目前我国还没有针对湿地进行保护管理的专门法律，已经不能适应湿地保护管理的客观需要。因此，应当根据我国湿地的实际情况，结合我国已经加入的《湿地公约》的规定，研究制定湿地保护条例，将湿地保护管理纳入法制轨道。

（4）针对珍贵树木和古树名木被严重破坏的实际情况，研究制定珍贵树木和古树名木保护管理方面的法律。我国珍贵树木种类繁多，但是珍贵树木被非法破坏情况非常严重，需要研究制定珍贵树木保护管理办法，用法律保护珍贵树木资源。古树名木是我国重要的文化遗产，应当受到保护。但是，由于目前没有古树名木保护方面的专门法规，一些毁坏古树名木的行为得不到依法处理，需要研究制定保护古树名木的法律制度。

（三）制定保障和促进森林和野生动植物产业发展的法律法规

在市场经济条件下，在充分发挥森林和野生动植物的社会和生态效益的前提下，合理、合法地发挥森林和野生动植物的经济效益，依法保障森林和野生动植物产业有序地发展。要研究制定以下法律、法规或者规章：

（1）修改完善森林防火条例，切实保护森林资源。森林防火事关森林资源和生态安全，事关人民群众生命财产安全，为此，国家将森林火灾突发事件纳入国家危机事件管理的重大突发事件中。然而，随着经济社会的不断发展，现行的一些规定已不适应当前形势下的森林防火工作的要求。为了应对日趋严峻的森林防火形势，将森林防火的各项措施落到实处，不断提高对森林火灾的预防和扑救能力，要修改完善森林防火条例。

（2）修改完善森林病虫害防治条例。近年来，外来有害生物大量入侵，森林病虫害有扩大和蔓延的趋势，森林病虫害突发事件的预防和防治压力日益增大。为加强森林病虫害防治工作，切实保护森林资源，急需修改和完善森林病虫害防治条例。

（3）为适应森林旅游事业的发展，保护生态环境，维护森林公园经营者的合法权益，完善森林公园管理的法律制度。建立和发展森林公园既是保护森林、野生动植物资源和森林景观的重要手段，也是为人们提供休憩、旅游的重要场所，在总结森林公园建设和发展的经验基础上，修改森林公园管理办法，对保护和促进森林旅游事业的发展是非常必要的。

（4）为鼓励培育林木新品种，保护林木育种者的知识产权，研究制定植物新品种保护法。我国已经加入《植物新品种保护国际公约》和世界贸易组织，结合实施《植物新品种保护条例》的经验和林木新品种的特点，研究起草植物新品种保护法，依法保护林木新品种培育者的知识产权。

（四）研究制定与生态环境建设有关的立法

为维护生态环境和国家生态安全，贯彻实施《防沙治沙法》和联合国荒漠化公约，制定有关配套的行政法规，依法发挥林业在生态环境建设中的主体地位和作用，维护国家生态安全，要积极参加到与生态环境建设有关法律的立法和修订过程中，研究林业在这些法律法规中的相关规定。

（五）适应林产品市场的发展，制定木材和林产品市场规范办法

为规范林产品市场秩序，促进林产品市场发展，保护和合理利用森林资源，结合木材和林产品的实际情况，要研究制定木材和林产品市场管理办法，主要内容包括参与市场交易的木材和林产品的范围、木材和林产品市场的建立条件、批准程序、市场秩序的监督与管理措施、市场参与者的权利与义务、市场参与者的合法权益保护、木材和林产品检疫、木材和林产品运输监督管理以及相关的法律责任等。

（六）制定规范林业行政管理方面的法律、法规和规章

林业依法行政、规范林业行政管理行为是实现依法治林的重要措施，也是依法治国在林业工作中的具体体现，因此，要研究制定林业行政审批项目监督检查办法、国家行政机关工作人员违反森林和野生动植物资源保护法规的行政处理办法、天然林和退耕还林等重点林业工程管理质量责任事故行政处分办法等。

（七）抓紧清理现行行政法规、部门规章和规范性文件

对妨碍林业又好又快发展的行政法规、部门规章和规范性文件，及时做好清理工作。在

专栏24-4

《森林法》应当修订的主要内容

(1) 完善立法宗旨。进一步明确林业在构建社会主义和谐社会、实现人与自然和谐发展、国民经济和社会发展、生态建设和生态文明等方面的法律地位。
(2) 修改完善有关林业分类经营的规定。
(3) 修改完善林业规划法律制度。
(4) 增加天然林保护的规定。
(5) 增加规范林业重点工程建设的规定。
(6) 修改自然保护区林木采伐管理的规定。
(7) 取消“林区”作为法律规定的适用条件。
(8) 增加关于林业工作站的法律规定。
(9) 增加关于森林公园的法律规定。
(10) 增加非公有制林业的法律地位、保护非公有制林业经营主体合法权益的规定。
(11) 修改完善有关森林、林木和林地所有权或者使用权流转及森林资源资产评估资质的规定。
(12) 根据《物权法》的规定，完善林权权利人财产权益的具体规定。
(13) 修改完善义务植树的法律规定。
(14) 增加林业行政执法人员资格管理制度。

加强林业立法的同时，要依据现行法律、行政法规的规定，结合现代林业建设和建设资源节约、环境友好型社会的客观要求，认真清理现行行政法规、部门规章、规范性文件和技术规范或者标准，对违反法律、行政法规或者虽有法律、行政法规依据但不合理又妨碍林业跨越式发展需要的，该修改的要及时修改，该废止的要及时废止，绝不能让不符合实际情况、不合理的行政法规、部门规划和规范性文件成为林业又好又快发展的障碍。

第三节　林业行政执法监督体系建设

林业行政执法监督是林业工作的重要组成部分。在全面建设社会主义小康社会的历史阶段，依法治国的核心内容是确保行政权力的法制化，即依法行政。对林业建设事业而言，依法行政的集中体现就是依法治林。中共中央、国务院《关于加快林业发展的决定》明确提出：加强林业执法监管体系，充实执法监督力量，改善执法监督条件，提高执法监督队伍素质。因此，坚持依法治林，必须有统一、高效的林业执法监督体系作为保障。搞好林业执法，是管好森林资源的重要保障，也是现代林业建设的坚固后盾。但随着我国改革政策的逐步进行，林业执法也存在很多问题，不能适应改革的需要。应当以依法行政为统揽，围绕现代林业建设的法制需求，切实加强林业行政执法监督，为林业又好又快发展提供有利的执法保障。

一、林业行政执法监督中存在的问题

法律制定后只有通过正确实施才能达到立法的目的。随着林业立法工作步骤的加快和林

业法律体系的建立与完善，林业执法与执法监督工作显得尤为重要。近几年来，林业执法与监督工作取得了显著成绩，但随着经济社会的发展，也面临着很多问题，主要表现在：

（一）执法部门和执法人员存在着执法不严的问题

执法不严是我国法律界的通病之一，在林业部门也普遍存在。林业法律、法规、规章的执行要求其执行者必须同时具备法律和森林资源管理方面的相关知识，应该同时是法律和林学方面的专家，但我国目前绝大多数的林业法律、法规的执法人员还远远达不到这个水平，加上有些执法者的职业道德水平较低，因种种原因有意地放松执法力度，使有法不依和执法不严的问题同时存在。由于存在着有法不依和执法不严的问题，使我国本来就十分不完备的林业法律、法规的实施效果又大打折扣，从而更不利于森林资源资产化管理改革的进一步开展。

（二）缺乏对执法部门和执法人员执法情况的必要监督

对执法部门和执法人员的执法情况进行必要的监督是保证执法效果的必要手段，也是防范执法不严和执法犯法等严重问题产生的有效措施。然而，我国现行的林业法律、法规对执法监督问题的规定一般都十分笼统，可操作性很差。同时，有关部门在这方面也还没有一个统一的规范，致使执法监督不力问题长期未能得以有效地解决。

（三）执法职能交叉，存在多头执法现象

一是各部门各管一块，职责不明、职能交叉，执法力量分散，难以形成合理，二是受利益驱动，以罚代刑，一案多罚，且执法难以到位，影响到执法的公证性和权威性，三是有些执法者执法水平不高，素质偏低，影响了林业执法的整体形象，四是对容易执行的案件争着办，造成多头执法，对棘手的案件相互推诿、扯皮，影响了执法效率，削弱了执法力度。

二、林业行政执法监督的对策措施

随着依法治国方略的实施，“执法必严，违法必究”成为社会对执法监督的基本要求。在社会主义市场经济体制下，健全林业执法体系，加强林业执法机构建设，稳定林业执法队伍，建立完善执法程序和制度，强化资源林政、木材检查、林业公安、森林防火队伍建设等，就成为执法监督部门继续加强和完善的内容。

（一）加强林业行政执法队伍建设

全面推进依法治林和现代林业建设，必须造就一支权威、高效、规范、廉洁的林业行政执法队伍。牢固树立执法为民观念，弘扬爱岗敬业精神，加强林业行政执法人员的政治思想、职业道德和业务素质教育。对新录用的林业行政执法人员，必须坚持公开、公平、竞争的原则，公开招考，择优录用。建立林业行政执法人员激励机制，实行竞争上岗、绩效考核、定期培训、末位调整制度，实现林业行政执法队伍动态管理。强化对林业行政执法人员的管理和监督，严肃纪律，坚决纠正在执法中以权谋私、贪赃枉法、滥用职权等违法行为，树立林业行政执法队伍的良好形象。

（二）严格林业行政执法主体资格管理

依法确定林业行政执法主体资格，并向社会公布，不具备行政执法主体资格的单位和个人不得行使行政执法权。各级林业行政执法机关应当在法定职权范围内执法，不得滥用职权或者超越职权。依法委托行使林业行政处罚权，必须按照规定向上级林业行政主管部门备案。实行林业行政执法人员持证上岗制度，林业行政执法人员必须持全国统一的《林业行政

执法证》执法，没有取得《林业行政执法证》的不得从事林业行政执法活动。省级以上林业行政主管部门的法制工作人员应当持《林业行政执法监督证》从事执法监督活动。

（三）推进林业综合行政执法

传统林业行政执法体制中，行政许可与行政处罚职能不分，容易导致权力“寻租”。许多执掌行政许可事项的机构（如林木采伐审批、征占用林地、木材运输、野生动植物、种苗管理等），同时又是行政处罚机构；行政审批人员同时又是实施行政处罚的执法人员。既是运动员，又是裁判员，客观上导致权力和利益的挂钩，为权利的“寻租”和腐败提供了土壤和条件。

实行林业综合行政执法就是按照社会主义市场经济规律，逐步转变政府职能，按照权力和利益脱钩，权利和责任挂钩的原则，明确划分林业部门各管理机构之间的职能，将林业行政处罚权相对集中到一个机构行使。这不但有利于推行行政执法责任制和评议考核制，强化对行政执法人员的政治教育和法律培训，提高依法行政水平；而且有利于健全林业执法检查监督机制，教育和督促林业执法机构和执法人员自觉接受监督，在机制上保证执法的公正性。

应遵循“政策制定职能与行政处罚职能、行政处罚职能与监督检查职能相对分开”、“权责一致”和“精简、统一、效能”的原则，通过整合执法队伍，理顺执法体制，完善执法制度，规范执法行为，创新林业行政执法机制，不断提高林业行政执法的整体水平和执法质量。可以通过三种模式整合林业综合行政执法机构：以资源林政执法队伍为主的林业综合行政执法机构模式、以森林公安队伍为林业综合行政执法机构模式和重新整合林业综合行政执法机构模式。虽然三种模式各有优缺点，各地实际情况千差万别，但是，通过整合，可以大大提高办事效率和执法水平，为建立权威、高效、规范、廉洁的林业行政执法体制进行有益的探索和尝试。

（四）建立和完善林业行政执法责任制

推行林业行政执法责任制是全面推进林业依法行政的重要环节。将从制度上保障“权责明确、行为规范、监督有效、保障有力”的行政执法体制和“结构合理、配置科学、程序严密、奖惩分明、制约有效”的权力运行机制的建立和完善，有利于进一步提高林业行政执法水平和质量、保障公民、法人和其他组织的合法权益。

林业行政执法责任制就是要在梳理执法依据、分解执法职权、确定林业行政执法责任的基础上，强化林业行政执法责任，明确林业执法的程序和标准，进一步规范和监督行政执法活动；实行林业行政执法评议考核制度，按照公开、公平、公正的原则，采取组织考评、个人自我考评、互查互评相结合的方法，对林业行政执法部门及其人员行使林业行政执法职权和履行法定义务的情况进行评议考核；同时，建立健全林业行政执法责任错案追究制度、林业行政执法案卷评查制度，推进林业行政执法责任制的建立。

（五）加强林业行政执法内部和外部检查监督

不受监督和制约的行政权力必然导致腐败。明确执法责任，健全监督机制，是确保全面、严肃、公正执法的重要手段。行政复议是政府进行层级监督和自我纠错的法律制度，是行政救济的主要手段。要尽快建立起内部监督、层级监督和外部监督“三位一体”，及时、高效、公正、诚信的林业行政执法监督体系。将行政执法权力与行政主体利益彻底脱钩，建立林业行政执法评议考核、错案追究、侵权赔偿和案件评价督查等制度。要认真履行行政复议职能，制定林业行政复议管理办法，明确职责分工，完善林业行政复议程序，切实提高复议质量，充分发挥行政复议在化解行政争议、促进法制政府建设、构建和谐社会中的重要作用。

在加强林业行政执法内部监督的同时，还必须加强外部检查监督机制。自觉接受人大、政协及其常委会的监督，虚心听取并采纳对林业工作的意见和建议。

（六）对林业规范性文件实行前置性审查

林业规范性文件一般是指：以各级林业行政主管部门名义发布实施的，能够反复适用，对规范公民、法人或者其他组织行为具有普遍约束力的文件。这些文件都应当纳入前置审查和备案的范围。开展规范性文件审查和备案，是依法行政的必然要求，也是建设法制社会的根本要求。2004年国家林业局发布了《关于进一步加强林业规范性文件前置审查与备案管理工作的通知》，对规范性文件审查做出了指导性规定，对于避免“政出多门”情况提供了依据。对报送备案的规章和规范性文件，法制机构应当依法严格审查，做到有件必备、有备必审、有错必纠。既要使发布的规范性文件内容符合有关法律法规和规章的规定，又要能够解决实际问题，满足各项林业工作的现实需要，预防和制止法律依据不足、甚至与法律法规或上级规范性文件相抵触的不规范的文件出台。

第四节　林业法制宣传教育

林业法制宣传教育是政府推进依法治理、维护社会稳定的重要手段，是林业法制建设的基础性工作。党的十七大提出，深入开展法制宣传教育，弘扬法治精神，形成自觉学法守法用法的社会氛围，为法制宣传教育工作指明了方向，提出了新的任务和更高的要求。从“一五”普法到“五五”普法，经过20多年的深入发展，公民的法律意识和法律素质逐步增强，为全面推进现代林业法制建设奠定了良好的基础。

一、普法中存在的问题

毋庸讳言，过去20多年的普法工作特别是林业普法工作，虽然取得了丰硕的成果和骄人的成绩，但与经济社会发展的要求和期望以及时代的需要，还有相当大的差距。

（一）对普法的思想认识还有差距

一些地方领导干部对普法工作的重要性认识不足，没有把普法工作摆上议事日程，普法工作机构不健全，普法经费不落实，没有认真执行考核验收制度，致使这些地方的普法工作水平整体较低。另外，只注重规划和计划的制定，对普法工作缺乏严格的监督、考核和验收机制，客观上也造成了“名义上人人都管都抓，实际上人人都不管、都不真抓”的局面。

（二）全民学法、知法、用法的积极性仍然不高

特别是在一些边远的林区，由于经济、文化发展水平有限，信息传播手段落后，普法培训工作难以开展。个人治和法治、地方保护主义和法治统一、民主和专制的对立斗争相当激烈；一些约定俗成的封建观念仍然根深蒂固，一些背离法治原则和精神的做法仍然畅行无阻。一些群众还不敢、不愿、不会、不善于运用法律来维护自己合法权益。

（三）普法中对林业重视不够

一些地方由于客观条件限制，森林资源稀少，对林业的地位和作用认识不深，林业主管部门机构不健全，在普法中对林业法律、法规的宣传、执行不到位。

（四）普法工作效果不理想

目前的普法工作，方法较为单一、形式呆板、缺乏吸引力，往往只注重轰轰烈烈，而不注重实际效果，做时一阵风，过后一片空。

二、林业普法的基本思路

（一）林业普法的主要目标

根据我国林业建设事业发展和推进依法治林工作的需要，应不断增强林农法律意识，提高林农法律素质；不断增强林业干部职工的社会主义法治理念，提高依法行政的能力和水平；不断增强各级林业主管部门依法治林观念，提高依法管理和服务社会的水平；努力实现由内向型普法向外向型普法的拓展，逐步建立起内外结合、上下互动、运作有序的林业法制宣传教育体系。

（二）林业普法的工作原则

（1）坚持围绕中心，服务大局的原则。紧紧围绕林业发展的总体目标，本着林业法制宣传教育要服务于生态建设的发展，服务于林业改革的不断深化，服务于林业又好又快的发展精神，全面落实林业法制宣传教育的各项任务。

（2）坚持以人为本，服务林农的原则。始终坚持全心全意为人民服务，从广大林农需要出发开展林业法制宣传教育，从着力解决广大林农关心的热点难点问题入手，大力普及法律知识。

（3）坚持与时俱进，广泛宣传的原则。针对林业发展的新形势、新任务，把握林业广大干部职工对林业法制宣传教育的基本需求，研究工作的内在规律。通过组织多种形式的林业法制宣传教育活动，创新工作方式，探索工作的新途径。

（4）坚持从实际出发，突出重点的原则。要根据各地实际情况，针对不同地域、不同对象、不同单位的特点，研究确定林业法制宣传教育的内容和方法，突出工作重点，采取切实措施，提高林业法制宣传教育的实效。

（三）林业普法的主要任务

（1）林业普法宣传教育应当与建设资源节约型、环境友好型社会有机结合起来，与大力发展循环经济、切实保护自然生态环境结合起来。

（2）林业立法是依法治林的基础，执法是法律实施的手段，监督是公正执法的保障，普法是营造良好法治环境的关键。充分调动和发挥各方面的优势和积极性，把普法工作深入到基层、深入到群众，深入到行政执法最需要的第一线。

（3）要形成持续稳定、运作有序、全方位多层次的林业普法机制和体系。划清事权、明确普法的重点对象和层次对象。

（4）林业法制宣传教育的重点对象是各级林业主管部门领导干部，林业干部职工，森林公安、林业检察、林业法院(庭)干警，林业行政执法人员，林区青少年和林农。

（5）加强林业干部职工法制宣传教育，着力增强法制意识。通过普法，使林业干部职工了解《宪法》和国家基本法律知识，结合工作、生产和生活实际，做到学法、知法、守法、用法、护法，维护法律权威。

（6）加强林业行政执法人员和森林公安、林业检察、林业法院(庭)干警的法制宣传教育，着力提高依法行政和公正司法的能力。培养执法人员依法做到执法有保障、有权必有责、用权受监督、违法受追究、侵权需赔偿。

（7）加强林区青少年法制宣传教育，着力培养法制观念。努力培养青少年的守法意识、权利义务意识。根据不同年龄阶段学生的生理、心理特点和接受能力，有针对性地开展法制教育。注重林区中小学生的法律启蒙、法律常识、预防违法犯罪教育，培养自护意识，提高分辨是非能力，养成守法习惯；加强林业大中专院校学生法律基础理论的学习，牢固树立崇尚法律、遵守法律的意识，增强法制观念。建立和完善学校、社会、家庭相结合的法制教育网络，充分利用各种林业法制宣传教育阵地，增强青少年法制教育的引导性、互动性和趣味性。

（8）加强林农法制宣传教育，着力提高法律素质。加大林农法制宣传教育的力度，不断拓展广大林农了解和掌握解决矛盾纠纷、维护合法权益的法律途径，为其建设社会主义新农村增加法律知识。加强法制宣传教育与法律服务的结合，创新林区基层法制宣传教育的途径和形式。积极开展林区基层法制教育骨干人员的轮训活动，培养林区基层兼职法制骨干。

在林业普法中，要通过先进事迹、典型案例，寓事于法、寓案于法、以案说法，提高普法教育的震撼效果。同时要把林业是生态建设的主体思想和普及林业法律知识结合起来，把培养生态道德、生态意识、生态文明、生态文化和树立法律意识、法律思维结合起来，使全社会关心林业、爱护森林、依法护林，为林业依法行政营造一个良好的环境，形成保护自然生态和珍爱环境、发展循环经济、健康文明、节约资源的生活模式和消费模式，为建设资源节约型、环境友好型社会奠定坚实的思想基础。

（四）林业普法的环境建设

强化林业普法，使公民知法懂法。林业普法是一项长期、艰巨的工作。各级领导要高度重视普法工作，指定专人负责，建立专门的队伍，制定切实可行的普法规划和计划，明确普法工作的主要任务、目标、实施步骤和考核验收办法，提供落实必需的经费，为完成普法工作创造良好条件。

（1）建立健全普法工作制度，加大普法对象的深度和广度。要建立健全普法工作目标管理责任制，明确年度普法工作目标，并组织进行严格的考核，考核结果作为评价普法工作机构业绩及对普法工作人员进行奖惩的主要依据。要建立健全公务员法律知识学习培训和考核制度。同时，加强林业行业外整体普法学习，要从领导到一般干部，从干部到普通群众，既要坚持学法用法，又要坚持知法懂法。要加强其他企事业单位干部职工的普法宣传，扩大宣传的广度，增加普法宣传的层面，从而取得普法宣传依法治理的实际效果。

（2）组织编写有关普法教材。要编写全国林业系统法制宣传教育教材，用于林业系统干部职工、行政执法人员、林农等林业普法培训。根据当地实际情况和民族风俗习惯，编制具有地方特色的普法教材和通俗易懂的法律知识宣传小册子，作为本地区、本单位普法培训教材和宣传材料。

（3）将普法考核结果作为干部、职工晋升、晋级的重要依据，把普法工作与每一个普法对象的切身利益紧密相连，提高对普法工作重要性的认识，增强普法工作实效，从整体上不断推进普法工作。

（4）健全普法队伍，落实普法工作经费。严格执行国家关于普法工作所需经费应列入各级政府的财政预算的规定，确保普法工作的有效运转。

（5）多样化普法，开展林业法制宣传教育主题活动。采取丰富多彩的宣传形式，以不同的渠道和宣传工具进行宣传。以开展主题活动促进学习内容的深化，以学习内容来规范和推动宣传教育活动的开展。大力推进法制宣传教育进林区、进学校、进企业、进单位，在各地、各单位掀起学法用法的热潮。开展“法律进林区”、“法律进校园”、“法律进企业”、“法律进单位”等活动，提高依法行政水平。利用法制宣传日，广泛开展群众喜闻乐见的主题宣传教育活动，营造学法用法的氛围，努力拓展法制宣传教育与群众关注的热点问题相结合的深度和广度。积极探索林业法制教育与生态道德教育有机结合的新途径，不断提高法制宣传日的实效。

（6）积极开展林业法制理论研究。要通过林业院校、综合院校法律专业开展林业立法、执法、执法监督和普法等林业法制理论研究。借鉴国外林业法制理论研究成果，充实完善林业法律制度，指导林业行政执法实践。重视林业法制人才的培养和使用，以人才带动林业法律制度创新、执法机制创新和依法治林工作的理论创新。

第25章　现代林业的国际合作

当今世界，经济全球化深入发展，贸易自由化趋势不可逆转，新科技革命加速推进，全球和区域合作方兴未艾。我国现代林业发展离不开世界，需要共同分享发展机遇，共同应对各种挑战。加强国际合作，充分利用国内外两种资源、两个市场，积极引进国外林业先进技术和管理经验，通过实施“请进来、走出去”战略，大力培养高素质林业人才，利用国际环境全面提高我国林产品国际竞争力，为实现现代林业又好又快发展提供良好的国际环境和保障。

中国作为发展中国家，在积极承担大国责任和履行国际义务的同时，以我国为主，加强国际条约法律研究，积极参与国际规则制定，增加国际话语权，维护国家利益。科技和人才在推动我国现代林业发展中具有十分重要的作用。通过组织或参与重大国际林业科技合作，建设一批高水平的林业科技国际合作研发基地，引进国外林业先进技术，全面提升我国林业科技创新能力，促进我国林业科技进步，为我国现代林业发展提供强有力的科技支撑。积极借鉴国外经验加强林业人力资源开发，探索加强林业人才国际合作机制，加大林业骨干国外进修培训力度，通过外聘专家培养国内人才，全面提高我国林业人才综合素质，为现代林业发展提供有力的人才资源保障。推进现代林业的产业发展，需要充分利用国际环境引进国外资金，利用国际资源弥补国内木材短缺，适应国际经济运行规律，调整林业产业结构，大力发展外向型企业，积极开拓国际市场，全面提高我国现代林业产业国际竞争力。

第一节　制定国际规则与履行国际义务相结合

为了顺应国际潮流，应对国际挑战，增加国际话语权，就要加强林业相关国际规则的研究，参加国际重大活动，参与各种国际规则制定，以此促进我国现代林业的可持续发展。

一、参与制定国际规则

（一）完善世贸规则研究以应对国际市场挑战

林业国际化要求公开国内政策，增加透明度，便于外商投资开发森林和发展林产品贸易。中国林业进入国际市场，需要进一步了解世贸等国际规则，急需完善相关政策法规体系，应对各种挑战。第一是加快林业企业改制步伐，第二是完善林业企业社会保障体系，第三是完善包括银行和资本市场在内的金融体系，第四是加快行政部门转变职能，第五是加强林业法制建设。我国林业市场化程度较低，WTO规则复杂，需要从关税、资本市场、投资环境、法律规范等方面深化研究，以市场准入规则为指导，加强与WTO原则的衔接，形成可操作的林业行业政策法规体系。

要重视国外木材流通市场管理和服务体系的研究，尤其要加强对国外的木材信息网络、销售网络、竞争战略、营销决策、收购政策、兼并政策以及全球化木材流通机制的研究，建立现代化木材经营机制和管理办法。要研究林业如何适应世贸规则，保护林业，发展林业。WTO规则是一项复杂的贸易规范体系，充分利用可以大大提高我国贸易的主动地位，特别是在条款的利用方面，如林产品进出口贸易、技术设备的引进、新兴工业的保护、国际贸易争端的处理等。

（二）参与制定相关国际规则

林业可持续发展需要与环境保护有机结合，《21世纪议程》要求各国制定国家林业行动计划。为帮助各国有效制定国家林业行动计划，政府间森林问题工作组提出了一个基本原则：保障国家主权和国家领导，与国家政策和国际承诺相一致，与国家可持续发展战略相结合，促进合作关系和公众参与，兼顾整体利益和部门利益。

2002年，联合国粮食与农业组织成立了国家林业计划基金，旨在用5年时间促进60余个成员的国家林业计划进程的制定和实施，加强林业知识的全球共享。在政府间森林问题工作组通过的、联合国森林论坛批准的基本原则指导下，许多国家已修订和制定了各自的国家林业计划。同时，各国都积极研究制定了森林可持续经营的标准和指标，并作为评价国家森林状况及变化趋势的工具，以促进森林可持续经营。

我国需要积极参与国际多边合作，参加国际森林问题多边磋商以及亚太经合组织林产品贸易自由化谈判，坚持立场，参与全球林业游戏规则制定，积极推进有关国际公约的制定、谈判与实施，及时做到中国与国际林业的接轨。要充分利用“绿箱”政策，有效利用结构调整支持、环境计划支持、地区援助等手段，加强林业能力建设，提高我国林业国际竞争力，维护国家的根本权益。

（三）完善与国际接轨的林业标准指标体系

要重视林产品国际技术标准的制定、完善和实施，扩大出口创汇能力。当今国际贸易关税壁垒大大减少，但非关税壁垒却呈上升趋势，有的国家采取各种办法限制外来商品进入，产品容易受到进口国的种种限制，给扩大出口造成障碍。近年来，我国家具等林产品的出口就受到各种阻扰而产生贸易摩擦。为了应对市场经济要求和激烈的国际竞争，我国必须加快实施林业标准战略，完善林产品贸易相关政策，推动具有自主知识产权的林业产品和技术进入国际市场，不断扩大我国林业的国际影响。要紧紧围绕林业生态、产业和文化三大体系建设的工作重点，参照国际惯例，结合我国特点，研究和制定既符合WTO规则、又能保护我国国家利益，并有利于促进林业发展的林业标准和技术规程，建立和完善以国家标准和行业标准为主，地方标准和企业标准为辅的林业标准体系；积极参与国际标准的研究制定，逐步提高我国采用国际标准的比例，不断提高我国森林可持续经营水平。

二、积极履行国际义务

不论是由林业牵头执行的《联合国防治荒漠化公约》《濒危野生动植物种国际贸易公约》《关于特别是作为水禽栖息地的国际重要湿地公约》（简称“湿地公约”）等，还是参与执行的《保护臭氧层维也纳公约》《联合国气候变化框架公约》及其《京都议定书》《生物多样性公约》，以及有关国际文件、双边协定等，我国都把其要点引入相关法律和政策之中，并认真履行义务，树立良好的国际形象。

（一）认清履约的新形势和必要性

10多年来，国际社会在联合国环境与发展大会通过的《里约宣言》《21世纪议程》和《关于森林问题的原则声明》的基础上，先后成立了政府间森林问题工作组、政府间森林问题论坛和联合国森林论坛，开展世界范围内的官方磋商，力争在国际森林问题上有所突破，以实现全球性的森林可持续发展。与此同时，全球众多国家参加的森林可持续经营标准与指标的国际进程和森林认证工作也在蓬勃发展，都在不同程度地直接或间接地涉及各个国家的林业部门。近年来全球范围内开展的林业政策、计划和管理机构的调整，不仅体现出外部的政治经济倾向，也反映了林业部门内部的变革。我国入世面临着“国内市场国际化，国际竞争国内化”的严峻局面。20世纪末，一些亚太经合组织的发达成员为了更多地占领国际市场，就提出要超前于WTO实施贸易投资自由化，林产品是优先讨论的9种商品之一。我国积极参与亚太经合组织贸易投资自由化谈判，并于2001年12月11日正式成为WTO成员国，表明了我国积极参与区域和世界经济合作的立场。按照WTO协议，我国林产品在2020年前将完全进入全球市场。

随着我国改革开放的不断深入，国家和社会对林业空前重视，经济发展和社会进步对林业可持续的要求越来越高，林业已成为我国生态、产业和文化建设的重要组成部分。我国林业正经历着前所未有的深刻变化，传统林业正在淡化，现代林业已经显现。入世的我国将由局部性的对外开放，转变为全方位的对外开放；由以政策主导下的试点性开放，转变为法律框架下的可预见开放；由单方面为主的自我开放，转变为与WTO成员之间的相互开放。这不仅给林业的对外开放工作带来了机遇，同时也带来了挑战。国内外的新形势要求我国林业必须转变思路，解放生产力，更广泛地参与国际分工与合作，更大限度地开放国内市场，满足新时期人类对林业的多种需求，促进现代林业又好又快发展。

（二）履行WTO规则和林业相关协定

WTO强调可持续发展与环境保护，并允许为保护环境、人和动植物安全采取规则以外的措施。在WTO认可的20个国际协定中，有《濒危野生动植物种国际贸易公约》《京都议定书》《森林可持续经营标准和指标》和《林产品加工技术、工艺、质量与环保标准》4个与林业直接相关。对这些协定和措施的执行，有助于我国林业发展和生态建设重点工程在符合WTO规则的基础上顺利实施。同时，WTO强调公平竞争，必将引入更多的民营机制，以降低成本和提高效率。

（三）通过履行国际公约树立良好国际形象

我国是一个少林国家，而且森林资源分布不均、质量不高，还面临着水土流失、土地荒漠化、水资源短缺、物种减少等突出的生态问题和频繁的水涝、干旱等自然灾害，经济发展与生态建设的任务都非常繁重。但是，我国政府一向高度重视环境与发展的协调问题，重视林业建设，把植树造林、绿化祖国、改善环境作为一件大事，从政策上、经济上、法律上采取了一系列重大措施。迄今，我国参与缔结或加入了40多项重要的国际环境条约，除了把这些公约中规定的权利、义务落到实处外，还根据国内情况通过一定法律程序将国际环境法规转化为适用的国内法加以实施。目前，我国已全部通过批准涉及森林问题的国际公约有《生物多样性公约》《联合国气候变化框架公约》《京都议定书》《联合国防治荒漠化公约》《濒

表25-1 批准相关国际公约的国家统计

地 区	国家或地区数	生物多样性公约	联合国气候变化框架公约	京都议定书	防治荒漠化公约	濒危野生动植物种国际贸易公约	湿地公约	世界遗产公约
非 洲	53	52	52	45	53	52	47	50
亚 洲	47	45	45	41	46	36	30	44
欧 洲	42	41	41	37	40	40	40	41
中北美洲	26	24	23	21	23	22	19	22
大洋洲	21	16	16	14	16	7	7	13
南美洲	12	12	12	12	12	12	11	12
合 计	201	190	189	170	190	169	154	182

危野生动植物种国际贸易公约》《湿地公约》和《世界遗产公约》等，还加入了《国际热带木材协定》，同时积极回应《21世纪议程》和《关于森林问题的原则声明》等，承担起了一个大国的责任和义务。应该指出的是，美国还没有批准《生物多样性公约》和《京都议定书》，澳大利亚也还没有批准《京都议定书》。截至2007年1月1日，批准相关国际公约的国家统计情况如表25-1所示。

在1992年联合国环境与发展大会上，我国政府做出履行《21世纪议程》等公约的庄严承诺。1994年，成立了《中国21世纪议程》领导小组及其办公室，负责组织和指导《中国21世纪议程》和相应的优先项目计划的编制和实施工作。为了推动林业可持续发展，原林业部组织40多名专家编制了《中国21世纪议程林业行动计划》，并于1995年3月21日经国务院审议通过，成为制定我国林业中长期发展计划的指导性文件。

1.《濒危野生动植物种国际贸易公约》

中国于1980年12月加入《濒危野生动植物种国际贸易公约》，2000年和2004年连续当选公约国常委会副主席和亚洲地区代表。我国实行了集中统一的履约管理体制，成立了中华人民共和国濒危物种进出口管理办公室、中华人民共和国濒危物种科学委员会，并在北京等22个中心城市设立了国家濒危物种进出口管理办事机构，形成了具有中国特色的履约管理体系，健全了野生动植物进出口管理制度，建立了部门及国际间的联合执法网络，严厉惩处野生动植物走私案件。

2.《湿地公约》

我国于1992年1月3日加入《湿地公约》，目前为公约常委会成员国和公约财务小组成员国。我国政府积极参与公约各项事务，并将湿地保护与合理利用作为在可持续发展总目标下的优先行动，认真履行公约的各项义务和对国际社会的承诺。我国政府先后成立了国际湿地公约履约办公室和我国履行湿地公约国家委员会。

3.《联合国气候变化框架公约》及其《京都议定书》

我国于1992年6月11日加入《联合国气候变化框架公约》。根据京都议定书规定，作为发展中国家，我国目前不承担减排义务，但我国政府以高度负责的精神，主动实行节能减排，积极与发达国家合作开展清洁发展机制下造林再造林碳汇项目，开展气候变化下森林生态系统脆弱性、适应性评估和分析，与发达国家就森林碳汇计量和监测等开展合作和技术交流。

4.《生物多样性公约》

我国于1992年11月7日加入《生物多样性公约》，建立了森林和野生动植物资源管理基本制度，实行了野生生物资源有偿使用和限额使用制度，制定了《中国生物多样性保护林业行动计划》《中国21世纪议程林业行动计划》《执行〈关于森林问题的原则声明〉的实施方案》《大熊猫及其栖息地保护工程规划》，编制了《全国林业自然保护区发展规划》等。

5.《联合国防治荒漠化公约》

我国于1997年5月9日加入《联合国防治荒漠化公约》，积极参与公约各项事务，担任第一届科技委员会主席和第六届缔约方大会副主席。制定并实施了国家履约行动方案，成立了中国防治荒漠化协调小组，将荒漠化防治纳入国家发展规划和战略，建立了荒漠化监测、政策保障、生态建设国家财政投入体系，积极参与全球干旱地区土地退化评估，承担公约亚洲区域第一专题网络，推动区域荒漠化监测和评估工作。为了加强国际合作，在北京设立了荒漠化公约国际培训中心，开展发展中国家防治荒漠化培训，并与韩国、日本、蒙古建立了东北亚森林网络机制，共同应对区域荒漠化和沙尘暴问题。

6.《国际植物新品种保护公约》

我国于1999年4月23日加入《国际植物新品种保护公约》，颁布实施了《植物新品种保护条例》，先后成立了植物新品种保护领导小组及植物新品种保护办公室、植物新品种复审委员会等机构，初步形成了植物新品种保护机构体系框架。

7.《国际热带木材协定》

我国于1986年7月加入《国际热带木材协定》。该协定是为了保护和可持续经营热带森林，使其得到合理利用。我国热带森林资源不多，但却是热带木材的进口、加工和出口大国，积极履行协定义务，体现了我国作为负责任的发展中大国形象。早在1994年，位于热带地区的海南省就通过人大立法，停止了所有天然林的采伐。

（四）积极参与相关国际进程

1.森林可持续经营标准与指标进程

联合国环境与发展大会后，世界各国都在自发地参与森林可持续经营国际进程的同时，积极对本国森林经营状况进行监测和评价。有关国际组织召开了一系列国际会议对森林保护与可持续经营问题进行了讨论，提出了一系列的标准与指标体系框架。到目前为止，全球共有9大进程同时运作，150多个国家正式参与。

我国政府十分重视森林保护与可持续经营问题，并积极参与国际上与我国森林状况有关的活动。我国主要是蒙特利尔进程和国际热带木材组织进程的成员国，也参与了干旱亚洲进程的相关活动。目前，我国充分吸纳了国际上有关标准与指标体系的合理成分，并与国际标准和指标体系接轨，于2001年颁布了我国森林保护和可持续经营标准和指标体系框架，并继续研究在区域水平和经营单位水平上的标准与指标体系。

2.亚太区域森林可持续经营示范网络进程

加拿大发起并资助成立的国际示范林网络，旨在通过建立示范林来支持世界范围内的森林资源以可持续方式经营，同时从当地需求和全球关注两个方面来反映环境问题和社会经济问题，我国是在亚太地区最早建立示范林的国家。亚太区域示范林网络是联合国粮食及农业组织于2000年发起并资助的一个亚太区域示范林项目，最初参加的国家有中国、泰国、缅甸和非律宾4个国家，目前印度、印度尼西亚也加入了这个网络。

3. 森林执法与管理进程

我国政府积极开展双边、多边国际交流与合作，相继参加了亚洲和欧洲及东北亚森林执法与管理等相关国际进程和会议，协助木材生产国控制非法采伐。2000年，中俄两国总理签署了合作开发和可持续经营俄罗斯远东地区森林资源的政府间协定；2001年，国家林业局参与了亚洲加强森林执法管理非正式部长级会议，共同发表了“采取紧急措施——制止林业违法和林业犯罪，特别是非法采伐，以及与之相关的非法贸易、腐败和对法律规定的消极影响”的声明；2002年和2008年，国家林业局分别与印度尼西亚和美国相关政府部门签署了关于非法采伐的谅解备忘录，承诺制止非法采伐和相关贸易；2005年，中欧在北京达成《中欧峰会联合宣言》，双方同意“共同合作打击亚洲地区的非法采伐问题”；2005年，中俄领导人在北京会晤中一致同意进一步加强森林资源开发利用，加大对非法采伐木材和贸易的打击力度；2007年9月19～20日，我国与欧盟等联合在北京召开了森林执法和管理国际会议。对于木材非法采伐和相关贸易，我国政府反对态度坚决、打击立场强硬、遏制措施严厉，通过制定法律及完善进口管理法规，成立机构加强执法，完善木材监督管理体系，从而在木材供给、产品加工和居民消费链上建立起一整套有效的综合措施，来预防和制止这类事情的发生。同时，还与周边国家建立了一些联动机制，共同打击木材非法走私行为。所有这些政府间合作及行动，充分体现了我国政府坚决打击木材非法采伐和相关贸易、维护国际木材贸易秩序的国际形象。

第二节　通过国际科技合作促进国内科技创新

加强国际科技合作是充分利用全球科技资源，促进我国科技跨越式发展，增强我国科技自主创新能力的重要途径之一。目前，我国已与152个国家和地区建立了科技合作关系，并与其中96个国家签订了政府间科技合作协定。

对于林业而言，经过多年来的不懈努力，我国林业科技国际合作与交流工作也取得了十分可喜的成绩，提升了我国林业科技的国际影响力。我国不仅引进了先进的管理经验，提高了林业管理水平，为加快林业改革步伐起到了积极的推动作用，而且通过多种合作渠道和方式，引进了一大批国外的先进技术，解决了我国林业发展过程中遇到的一些技术难题。例如，从“九五”开始，在财政部的支持下，农业部、国家林业局和水利部共同组织实施了引进国际先进农业科学技术计划（简称“948”计划），打破了以往相对封闭的科技环境，提高了研究水平，缩短了与国外先进国家的技术差距；技术引进经过消化、吸收、创新、示范和推广，达到了“建立平台、打造基地、培养人才、促进交流、缩短差距”的目的，促进了林业科技进步，提高了林业科技贡献率，对我国林业科技产生了重大影响，将我国林业科技推向了一个新的发展阶段。在引进国外智力方面，林业部于1991年正式成立了引进国外智力领导小组，围绕林业工作重点组织派遣各级林业管理部门、生产和科研单位以及林业生产企业的技术骨干出国培训，不仅开阔了视野、拓宽了思路、提高了业务素质和技术管理水平，也与国外同行增进了了解、加深了友谊，开辟了国际交流合作渠道，促进了林业对外开放新格局的建立。同时，通过邀请国外知名专家来华短期访问、讲学、交流，有力地促进了林业科研水平的提高，推动着林业科技创新的进程。

目前，世界形势和我国的林业发展都处于一个新的历史发展阶段，对林业科技国际合作也提出了更高的要求。从国际上看，在经济全球化、科技国际化的大背景下，科学研究在科学前沿全方位拓展以及向纵向学科分化与深入的同时，客观上需要不同国家、不同文化背景、不同思维方式在研究资源、研究手段上进行多渠道、多形式、全方位的合作与交流。开展国际科技合作，不仅有利于提高本国基础研究的水平，有利于吸收国际先进的创新思想，而且有利于培养高水平的创新人才，推动科学研究的创新。从我国林业发展来看，林业问题与经济发展、气候变化和环境保护的联系越来越紧密。林业不仅是生产物质产品的部门，同时也是生产生态产品和文化产品的部门，而且是生产生态产品的惟一部门。特别是在入世以后的新形势下，要求我国林业应在更大范围、更广领域、更高层次上参与国际经济技术合作和竞争，拓展发展空间，全面提升对外开放水平，促进生态体系、产业体系和文化体系的跨越式发展。毫无疑问，在我国综合国力增强、国际地位不断提高的大背景下，今后我国现代林业建设将面临一个更加开放的国际大环境，全球领域的资源配置和分工为林业科技国际合作带来了更大的发展空间。面对历史性的机遇和挑战，我国林业只有走出去、引进来，大规模、高层次地进行林业科技国际合作，形成全方位、多层次、宽领域的对外开放新格局，融入经济全球化和科技全球化的进程，才能跟上甚至赶超世界林业发展的步伐。可以说，林业科技国际合作将在我国现代林业发展中扮演越来越重要的角色。在这一新形势下，我国现代林业的国际科技合作应聚焦在以下几个方面。

一、鼓励并支持我国科研机构积极参与或牵头组织国际和区域性“大科学”计划

目前，人类面临的全球性问题日益突出，科学研究日益复杂化，科研活动投资规模不断上升，科研资源分布的多极化趋势和科研能力分布的全球性趋势，要求各种科技创新主体必须加强国际合作并采用全球性研发战略来有效地利用全球资源。在这一背景下，“大科学”的新概念应运而生，它包括需要巨额投资建造、运行和维护大型研究设施的科研工程项目（如国际空间站计划），或需要跨学科合作的大规模、大尺度的前沿性科学研究项目（如人类基因图谱研究、全球气候变化研究）等。

“大科学”计划的研究特点是目标宏大、投资强度高、多学科交叉、需要昂贵复杂的实验设备等。“大科学”计划需要双边和多边合作，以克服重大科学问题在研究范围、规模、成本和复杂性等方面带来许多困难。随着人类对各类共性问题认识的深化，以及科技全球化进程的加快，这类研究项目将成为国际科技合作的主流。对于林业来说，森林问题、环境问题、生态安全已超越了主权国家的范围，成为跨国界的全球性问题。任何一个国家都无法单独面对这些严峻的挑战，而需要各国政府间的友好合作与共同努力。我国现代林业的国际合作应针对这些问题，积极整合资源，集中人力、物力和财力，在高层次上参与或探索牵头组织国际和区域性的“大科学”计划，并将其作为整合多方林业研究资源，依托国际科技合作进入国际林业科技前沿，提高我国林业研究实力和水平，共享全球性林业科技成果。

在具体实施过程中，应重点强调几点：一是开展高层次、实质性的林业科技国际合作研

究，参与国际“大科学”计划的目的是提高我国林业基础研究的水平，吸收世界范围的创新思想，推动林业科学研究的创新，而不是仅限于信息的交流与互访；二是鼓励科研人员开展以我为主、我需为主的区域性大型林业科技国际合作，发挥我方主导作用以最大限度实现我方利益。因此，不仅要考虑如何参与由其他国家发起的林业国际合作计划，更要从我方需要出发，对如何发起、组织、管理高层次、大规模的林业国际合作进行深入研究，变我国的合作配角地位为合作主角地位。

二、建设一批高水平的林业科技国际合作研发基地

当今世界，国与国之间的联系日益密切，尤其是随着经济全球化进程的加剧，各国都无法仅仅依靠自身力量谋求发展，世界市场已经把各国紧紧联系在一起，在利益上互相掣肘。可以说，在科技全球化浪潮中，科学研究全球化趋势日益加强，而跨国合办研究开发机构是国际科技合作深化的表现。目前，已有美国、日本、德国、澳大利亚、俄罗斯、韩国等多个国家的公司、科研机构和大学与我国的科研机构和高校合办了研究开发机构。对于林业来说，应顺应当今科技合作潮流，与国家重大林业科研计划、重点实验室、工程中心等相结合，积极鼓励并依托具有优势的科研院所与国外相关机构合作，建立高水平的林业国际合作研究中心和研发基地。在合作研究机构的研究方向上，应强调前沿领域研究，例如生物技术和信息技术等，做好前瞻性研究，促进现代林业的可持续发展。

三、建立国际化研究组织和研究网络以打造林业国际合作平台

随着我国综合国力的提高和林业科技国际地位的上升，林业科技国际合作的国际化运作也应提升层次，其中建立国际化研究组织就是重要的内容。1997年在北京成立的国际竹藤组织就是一个成功的范例。为了配合相关研究工作，我国政府还成立了国际竹藤网络研究中心。通过国际竹藤组织这一国际科技合作与交流的平台，我国竹藤科研和开发水平日益提高，国际影响力日益增强。目前，我国已经成为了国际竹藤研究开发和信息的集散地，众多国际机构都提出了合作研究的建议。

另外，现代林业的国际合作也应充分利用有利的国际形势和机遇，积极建立区域性林业研究网络，提升我国在林业国际合作中的地位和作用。2007年9月8日，国家主席胡锦涛向国际社会发出了建立亚太森林恢复与可持续管理网络的倡议。这是我国就应对气候变化提出的具体、务实的合作建议，为我国林业进一步参与国际林业科技合作创造了新的机遇，提供了新的平台。目前，我国政府认真履行承诺，与有关国家开展合作，正在积极筹建亚太森林恢复和可持续管理网络。随着经济全球化与国际社会对气候变化问题的关注，建立区域性林业研究网络也将是我国林业进一步融入世界舞台，参与国际规则的制定，向世界展示一个负责任大国风范的重要途径。

四、保护知识产权以强化科技创新

随着世界步入知识经济时代，知识资产已经成为国家财富的源泉。在国际科技合作中，知识产权制度的完善与否已经成为影响合作发展的重要因素。可以说，知识产权制度已经成

为全球科技竞争与合作的一种基本规则。因此，我国应建立诸如植物新品种保护等方面合理的林业知识产权制度，并提高知识产权的管理能力，这也是促进林业科技创新的必要条件。

创新始终是科技工作的首要任务，林业行业也是如此。林业科技的创新离不开学习和借鉴、引进和吸收，通过采取走出去、引进来的方式，加强与林业发达国家的科技交流和合作，学习借鉴林业发达国家的先进经验，以最快的速度引进国外先进技术并加以吸收运用。把学习借鉴的经验和吸收的先进技术与我国特色相结合，并转化为发展的动力，推动我国现代林业建设赶超世界林业发达国家的发展水平，迈入国际林业先进国家行列。创新是现代林业的基本特征之一，也应是现代林业国际合作的重要特征，没有创新的林业必将是没有发展前途的林业。需要强调的是，现代林业的国际科技合作目的是充分利用国际科技资源与成果，在消化吸收的基础上，进行自主创新和集成创新，形成拥有自主知识产权的林业科技技术。

五、拓宽林业科技国际合作对象以实现林业科技国际合作的多样化

我国大部分林业科技国际合作项目都是与国际组织、国外官方机构、科研或教育机构之间进行的。在科技与经济的关系越来越密切的今天，现代林业的国际科技合作也应拓宽合作方，积极与国外企业的研发机构开展多元化的合作，同时加强与国外非官方机构的民间交流与合作。

六、关注技术贸易

20世纪后期，国际技术贸易迅速增加。我国技术贸易的规模以年均37.9%的速度递增，虽然目前技术进口多于技术出口，但技术出口增幅更大。在现代林业的国际科技合作中，也应积极发展与有关国家的技术贸易，把我国林业新产品、新技术打入国际市场，增强国际竞争力，提高我国林业在国际市场中的地位和作用。

七、完善林业科技国际合作的支撑条件

今后，林业科技国际合作将更多地建立在平等投入、互惠互利的基础上，尤其是那些需要多国共同投资、共同研究、共享成果的重大科技项目。如果没有充足的专项经费投入，就无法参加重要的国际性研究计划，也就不能共享研究的资料和成果，从而导致错过许多发展良机。因此，应进一步加大对林业科技国际合作的投入力度，适时建立林业科技国际合作基金，支持重大项目的前期研究工作。

另外，要建立健全我国林业科技国际合作的法律法规和管理体系，加强宏观调控和政策引导，加强各部门和各行业之间的联合和协作，提高林业国际合作项目的管理水平，这也是保障林业科技国际合作可持续发展的重要条件。

第三节　通过加强国际合作提升人才素质

实施科技兴林战略，关键是人才。我国现代林业的可持续发展有赖于高素质的人才队

伍，必须全面贯彻“人才资源是第一资源”的战略思想，尊重知识，尊重人才，切实加强人才培养和智力引进工作，促进人才领域的国际交流与合作，提高林业人才素质。

一、借鉴国外经验加强人力资源开发

深入系统地研究国外尤其是发达国家人力资源开发的方法和经验，充分挖掘和利用林业人力资源潜力，是全面提高我国林业人才素质的有效途径之一。一是政府重视教育，积极开发人力资源，如美国政府的教育投资已占GDP的7%；二是人力资源开发目标和内容突出实用价值，如美国专业和课程设置完全根据实际需要确定；三是人力资源开发手段充分利用高科技，如德国于1974年就建立了“远距离大学”进行就业培训，作为解决就业的主渠道；四是把培训与就业紧密结合起来，如英国早在1973年就颁布了《就业与培训法》，推行一系列培训计划；大型企业自办高等教育或与学校合作培养人才，如美国许多大企业都有自己的学校；五是重视老年人力资源开发；六是采用各种手段从国外引进高素质人才；七是建立和完善人才奖励制度；八是重视人力资源开发立法工作，使人力资源的开发成为一项法定活动；九是设立人力资源开发机构和加强人力资源开发研究等。

我国对人力资源开发研究起源于20世纪80年代中期，但是发展迅速，许多地区和行业、部门都在进行积极探索，尤其是加入WTO后，更是掀起了人力资源研究热潮，取得丰硕成果。但相对而言，我国林业人力资源开发研究还较少，国内其他行业和国外同行的许多经验和做法值得我们深入研究和借鉴。

二、加强国际交往和行业交往

各级林业管理部门和企事业单位要积极组织参观考察国内外先进的人力资源开发机构，学习吸取他们的有益经验，同时应邀请国内外专家，通过讲学和组织研讨会等形式，加强与国内外同行和其他行业在人力资源开发方面的交流。应鼓励与国内外大学、企业和其他人力资源开发机构以多种形式合作开发人力资源，尤其是开发林业高级技术和管理人员，提高我国林业人力资源的开发水平。要创造条件，多派遣一些技术和管理骨干到国外留学、进修、培训；同时采取一定的政策，鼓励留学生回国工作，即使不回来，也可以以其他形式为祖国林业建设服务。要研究建立专项基金或奖学金，按照重大工程关键技术岗位要求，培养一批高水平的林业国际型人才。

三、加大林业骨干国外进修培训力度

加入世贸组织后，我国经济正逐步同世界经济接轨，社会主义市场经济也在日益完善。培养和造就一支有理想、能力强、懂规则、团结实干、勇于开拓进取的高素质林业人才队伍，适应新形势下对外开放工作的需要，是做好一切林业工作的关键。因此，要有计划、有目的、分层次地加强林业队伍培训和能力建设，培养一批科技领头人、科技尖子、科技骨干队伍和林业管理人才队伍。选拔优秀中青年科技人员去国外深造，通过学习掌握现代科技和高新技术，培养一批具有现代科技知识和经营管理才干，能在林业生产中开拓进取，进行技术创新、新产品创新并能参与国内外市场竞争的优秀人才。要培养从事世贸规则和有关公约相关条款的研究人员，同时培养一批懂经贸、法律、外语等方面的复合型人才，使他们在思想道德、科学理论、实践技能、作风修养等方面有大的提高，真正肩负起实现新世纪我国现代林业又好又快发展的历史重任。

四、通过外聘专家培养国内人才

近30年来，我国林业科研教学机构通过各种渠道（如与林业发达国家间开展技术合作项目），积极开展人才引进工作，共聘请了来自50个国家和地区的专家数千人次。通过聘请国外专家讲学、学术交流、合作研究、合作开发、合作培养研究生、指导工作、担任客座教授和顾问等形式，加强了我国林业重点学科和重点领域建设，拓宽了国际交流范围和渠道，增进了技术与科研的国际合作，从而促进了林业教育事业的发展和科研水平的提高。在聘请的国外专家中，90%以上具有高级技术职称或博士学位，有的是国际上著名的专家和学者，有的在国际学术组织里担任重要职务。在华期间，他们毫无保留地向我国林业工作者传授国外先进理念、理论、技术和方法，提出合理化建议，为我国林业人才培养工作做出了积极贡献。

五、派出留学进修以实现人才国际接轨

目前，我国林业系统约有职工150万人，科技人员比重很低，且整体素质不高，与发达国家相比有很大差距，特别是缺乏了解世界林业科技前沿情况、学术造诣深、懂经营、善管理的高层次科研人才和复合型人才。加强人才领域的国际交流与合作，是提高林业技术、管理和经营水平，实现与国际接轨的重要途径。

改革开放以来，我国通过多种渠道向美国、加拿大、德国、日本、泰国、瑞典、芬兰、意大利、英国、法国、奥地利、荷兰、新西兰、韩国、澳大利亚等国家派出林业留学和进修人员数千人次，涉及领域包括林业经济、森林资源监测、林木育种、森林保护、水土保持、森林生态、森林采伐、林区道路设计、木材加工、林产化工、林业机械、人体工程和计算机应用等。绝大多数留学人员在国外留学、研究期间，勤奋刻苦，学有所成，掌握了大量世界林业科技信息，学到了世界先进的林业科学技术。学成回国后，他们勤奋工作，开拓了新的学科和研究领域，使一些科研项目赶上或达到了世界水平，涌现出了一大批优秀人才。他们中间，有的已经成为国家政府部门的领导干部，有的成为我国科学院或工程院院士，很多人成为学科带头人和学术或技术骨干，为推动林业科学技术进步，促进林业改革和建设事业的发展发挥了重要作用。

六、加强智力引进以促进现代林业发展

要鼓励和支持各级林业机构引进生态建设、工程管理、产业发展、经济管理和国际合作等方面的紧缺人才。国家应通过制定经济优惠政策和有利于人才发展的灵活政策，为他们提供一个可以施展抱负，发挥才干的良好工作环境，使他们的劳动成果能真正得到社会的肯定和尊重。给引进人员提供优厚的薪酬、住房、安家费和科研经费以及必要的工作条件，切实解决他们子女教育及就业和配偶安置等后勤保障问题。按照充分信任、放手使用的原则，破除论资排辈观念，在职称评定和提拔管理干部方面要大胆重用引进人才。

要充分利用外部各类林业人才的智力因素，采用兼职、讲学、咨询、科研和技术合作、技术入股、合作经营等多种方式“柔性”人才引进，实现社会人才以不同形式为林业事业发展做出贡献。加强林业人才的国际交流与合作，积极引进国外高层次人才和优秀的留学人才。通过建立高级专家库或组建专家咨询组织等方式，聘请国内外高级专家参与林业发展重大问题的调查研究、科技攻关和进行重大问题的决策咨询，为林业决策提供强有力的智力支撑，提升各级林业部门的科学决策水平和执政能力。

开展人才领域的国际交流与合作，是加强林业自身建设，提高林业教育与科研水平，加快与国际接轨的有效途径。要抓住机遇，广开门路，拓宽领域，根据新时期林业发展和生态建设的特点，加大人才培养和引进力度，不断为林业注入新的活力，为实现现代林业可持续发展提供强有力的人才保障。

第四节　充分利用国际环境以提高国际竞争力

为适应国际经济运行规律，我国现代林业必须调整林业产业结构，引进资金、引进技术、引进人才，充分利用国内国外两种资源，积极开拓国内国外两个市场，大力发展外向型企业，积极参与国际竞争。一方面，入世后中国林产工业企业将在发展外向型经济、利用国际资源和市场、发展对外贸易方面获得更加有利的条件和更为优惠的待遇。随着出口产品增多、外汇收入增加，可为企业大规模引进国外先进技术和设备，提高产品质量，降低产品成本，促进企业发展提供物质基础。另一方面，将促进我国林业企业大幅度提高技术水平和管理水平，进一步变革企业经营机制和产业部门管理体制。利用好两种资源、两个市场，加大海外开发森林、输出劳务和技术的力度，发展灵活多样的合作方式。要有重点地将对俄罗斯森林资源开发作为突破口，积极探讨与非洲、东南亚、南美洲等地区合作开发森林资源的有效途经和具体方式，通过境外投资获得长期资源，缓解国内木材供需矛盾。要与境外投资相结合，实行有选择的资源开发性劳务输出政策，将林业开发项目与适量的劳务输出结合起来。

一、利用国际资源弥补国内木材供需缺口

我国利用国外森林资源的途径主要有三个：一是直接购买国外森林资源，在当地兴建大型木材综合加工企业；二是与有关国家和地区开展多种形式合作，以技术、设备、材料和劳务等作为投资，出口日用工业品和粮食，换回林产品供给国内市场，互利互惠；三是在国外设立公司或企业，投资购买林地资源，自主经营。利用国际资源的优势主要有：

（1）利用海外森林资源，解决国内木材短缺。通过海外森林资源开发兴办企业，产品返销国内，既解决国内木材需求，又赚取投资利润。

（2）利用国外资金。到海外合作投资办企业，实际上是利用国外资金，与国内引进外资具有同等效果。实践证明，在海外利用外资比引进外资有更大优势，项目进展相对稳定和迅速。

（3）为国内企业提供服务。通过海外森林资源合作开发，能以优惠价格和高质量原料为国内企业提供服务，解决国内一些森工企业原料短缺问题，同时丰富国内林产品市场，满足

人民生活需要。

（4）带动国产设备、材料出口。发展海外林业经济合作，可以增加林业机械出口能力。

（5）促进对外承包工程和劳务合作发展。通过海外林业合作，推动对外承包工程和劳务合作，开拓林区富余人员再就业门路。

为此，政府应制定海外林业经济合作的近期和长远发展目标，确立海外森林资源开发投资的战略思想，要巩固和发展现有国外投资项目，积极开拓新领域、新项目，坚定不移地稳妥发展林业经济国际合作。

二、抓住有利时机积极开拓国际市场

加入世界贸易组织后，与各成员国进行贸易交往时，能享受最惠国待遇，为我国林产品走出国门创造了条件，有利于提高我国林产品在国际市场中的地位。我国企业要实现全方位对外开放，真正进入国际经济、技术、贸易的大舞台，要充分利用日益改善的国际贸易环境，进一步扩大林产品出口，一些具有比较优势的传统出口产品（如家具和胶合板等）还可利用关税差进口原木，加工出成品后再出口。我国国内市场巨大，加上劳动力成本和地价相对较低，正在吸引更多的外商来华投资，投资领域也在从单纯的产品加工型扩大到资源培育型。

从长远看，过去不具备出口条件的商品，如非单板型人造板和纸浆，亦具有巨大的出口潜力。外资企业一般规模大，技术先进，管理经验丰富，这对缺乏资金、技术和先进管理经验的我国林产工业企业尽快实现现代化是大有帮助的。此外，外资的进入不仅可带动出口的增长，还有利于扩大就业，有助于产业结构的调整和经济体制改革的深化。20世纪90年代以来，随着全球经济的增长，人们对家具的需求量迅速增加，美国、日本、德国和意大利等国家家具生产和消费增加了1～3倍，这也是我国家具出口逐年大幅度增加的主要原因之一。

我国木制品、经济林产品（包括花卉）的价格和数量将会大幅度增加。一些有特色、成本低、质量好、有一定规模的林产品正走出国门，木制工艺品、竹材制品深受海外市场的欢迎。

三、改善外资利用方式加速林业发展

国外贷款、外商投资和无偿援助等支持我国生态建设的力度不断加大。到2006年，投入我国林业的各类外资达64.66亿美元，其中无偿援助资金近8亿美元、实施项目640余个。这些项目辐射全国近30个省区市，内容涉及从苗木培育到森林可持续经营、林业法规等各个领域。为促进全球森林资源恢复和可持续发展，我国政府积极鼓励企业规范参与全球森林资源培育和可持续经营，2007年颁布了《我国企业境外森林可持续培育指南》。

要不断调整改善我国林业投资环境，提高开放质量和效益，充分利用各地开放优势，通过联合与协作，采取更优惠政策，吸引外资企业到山区开发国家鼓励投资的林业化学产品、林区“次、小、薪”材和竹材的综合利用，以及花卉、经济林果等新技术、新产品。通过减免税费或提高返还比例，或通过财政贴息办法吸引外资投资山区资源型、造血型项目。

要准确把握当前外向发展战略形势，转变引资理念。20世纪80年代，广东省抓住了西方发达国家和亚洲新兴工业化国家和地区将劳动密集型、低技术成熟产业大量转移出来的机会，实施了沿海经济发展战略，使广东经济得以高速发展。亚洲金融风暴以后，“三资”企业受到了较大影响，拉动经济增长的动力减弱，加上全球性的通货紧缩和经济过剩，其他国家和地区更加开放，政策更加优惠，沿海逐步失去吸引外资的优势，发展战略受到限制。好在当地政府及时调整战略和政策，较为顺利地渡过了难关，外资企业重新焕发了生机和活力。

国家为了鼓励外商投资企业引进先进技术、设备，加快技术开发和创新，促进产业结构调整和技术进步，并鼓励外商向中西部地区投资，海关总署发布了《关于进一步鼓励外商投资有关税收政策的通知》，在许多方面给予外商以税收上的优惠。以前我国林业利用外资主要采取贷款和开办“三资”企业方式，对象主要在亚太地区，在稳定亚太经济区引资基础上，要积极吸引欧美资金，开拓欧美市场。

发展我国现代林业，实施林业重点工程和生态环境建设，涉及面广，工作量大，需要大量资金投入。在充分利用林业自有资金、国家拨款和贷款的同时，还需要多渠道、多方式、多层次地广辟财源，积极争取国外援助、优惠贷款和外商投资，弥补国内林业建设资金不足，加速我国现代林业生态、产业和文化体系建设和发展。

利用国外无偿援助促进林业发展是我国林业国际交流与合作的工作重点之一。我国林业开拓了众多政府间双边、多边和民间经济合作等无偿援助渠道，世界银行等国际组织和发达国家政府提供的低息优惠贷款和外商投资项目也得到了长足的发展。1999～2006年，我国林业利用外资项目总数达2197个，合同利用外资额8.37亿美元，实际利用外资规模32.36亿美元。

外资项目对弥补国内林业资金不足，推动我国林业改革，加速我国林业可持续发展进程，起到了催化剂作用。通过项目实施，促进了我国林业在森林经营管理、育种育苗、造林、森林监测、荒漠化监测、保护区管理、病虫害防治、濒危动植物保护、森林防火、迹地更新、热带林保护、社区林业发展、木材综合加工利用、水土保持和水源林管理、培训教育、森林可持续经营标准指标研究、荒漠化治理和控制技术、湿地生物多样性保护和可持续利用等多方面与国际先进水平逐步接轨。通过项目引进，使我国林业无论在吸取国外先进管理技术、管理方法和管理经验方面，还是在人才培养、观念转变、机构建设等诸多方面均受益不浅，其意义远远大于所投资金本身。

新形势下，必须把利用引进外资同调整经济结构、促进产业优化升级、提高企业经济效益结合起来，同建立和完善社会主义市场经济体制，增强林业行业国际竞争力结合起来，同扩大出口、发展外向型经济结合起来。在当前发达国家和大多数国际组织无偿援助总体减少的情况下，要抓住国际社会和发达国家关注环境和森林的有利时机，结合西部大开发战略中林业生态建设工程，继续积极争取无偿援助。同时，要进一步探索利用有关国际组织和发达国家政府提供的低息优惠贷款新路子，根据我国商品林基地建设和林业产业发展的实际需要，积极发挥政府外事部门的优势及桥梁作用，为企业利用外国政府贷款、招商引资搭台，形成政府搭台、企业唱戏的局面，推动合资合作。

世界银行贷款造林项目、联合国系统组织援助项目、外国政府援助项目以及海外民间捐赠项目的实施，为林业建设注入了新的活力。要切实加强对这些项目的实施、管理，树立良好的国际形象，为争取新的项目创造条件。

四、大力发展外向型经济提高国际竞争力

充分利用国际市场，实施木材资源进口替代和木材加工产品出口导向相结合的战略，尤

其是沿海地区，应借助地利，发挥优势，发展林产工业。充分利用国际资源，弥补国内需求缺口，发挥比较优势，以形成多层次的对外开放格局。

大力发展外向型经济，增强林业的国际竞争力。发挥国内林业资源优势，努力扶持外向型林业企业发展，在强化传统主导出口产品的同时，积极开发新兴产品、高附加值产品，把我国林业新产品、新技术打入国际市场，增加国际竞争力。

要充分运用WTO的原则和条款，适当采取保护主义措施。对我国短缺的物质要降低关税，以补充需求；而对我国出口的松香、林副特产品等则用最惠国待遇、国民待遇、关税减让和非关税壁垒减除的原则，大量出口；对我国的一些幼稚产业和新兴产业，要利用WTO的贸易保护主义措施，保护本国、本民族的利益。

参考文献

1. 中国可持续发展林业战略研究项目组. 2002. 中国可持续发展林业战略研究（总论卷）[M]. 北京：中国林业出版社
2. 中国可持续发展林业战略研究项目组. 2003. 中国可持续发展林业战略研究（战略卷）[M]. 中国林业出版社
3. 中国可持续发展林业战略研究项目组. 2003. 中国可持续发展林业战略研究（保障卷）[M]. 北京：中国林业出版社
4. 中国可持续发展林业战略研究项目组. 2003. 中国可持续发展林业战略研究（森林问题卷）[M]. 北京：中国林业出版社
5. 江泽慧 等著. 2000. 中国现代林业[M]. 北京：中国林业出版社
6. 雍文涛. 1992. 林业分工论[M]. 北京：中国林业出版社
7. 张建国，吴静和. 1996. 现代林业论[M]. 北京：中国林业出版社
8. 贾治邦. 2007. 坚持科学发展. 建设现代林业，为构建社会主义和谐社会做贡献[J]. 林业经济，(1)
9. 周生贤. 2001. 充满希望的十年：新时期中国林业跨越式发展规划[M]. 北京：中国林业出版社
10. 李育才主编. 2006. 实现新时期又快又好的蓝图——全国林业发展“十一五”和中长期规划汇编[M]. 北京：中国林业出版社
11. 彭镇华 等. 2006. 浙江林业现代化发展战略研究与规划[M]. 中国农业出版社
12. 国家发展和改革委员会. 2007. 高技术产业发展“十一五”规划
13. 国家发展和改革委员会. 2007. 生物产业发展“十一五”规划
14. 国家林业局. 2000～2007. 中国林业发展报告. 北京：中国林业出版社
15. 国家林业局. 1998～2006. 中国林业统计年鉴. 北京：中国林业出版社
16. 国家统计局. 2000～2006. 中国统计年鉴. 北京：中国统计出版社
17. 贾治邦. 2006. 加快发展现代林业，推进社会主义新农村建设[J]. 求是，(4)
18. 贾治邦. 2006. 在全国林业科学技术大会上的讲话
19. 江泽慧. 2002. 中国可持续发展林业战略研究调研报告(上)[M]. 北京：中国林业出版社
20. 贾治邦. 2007. 深化认识，统一思想，大力推进生态文化体系建设[J]. 生态文化，(5)
21. 贾治邦. 2007. 拓展三大功能，构建三大体系——论推进现代林业建设[J]. 林业经济，(8)
22. 江泽慧. 2002. 实践“三个代表”重要思想，推进新时期林业建设[J]. 求是，(6)：31～34
23. 江泽慧. 2006. 走中国特色林业自主创新之路，为林业又快又好发展提供强有力科技支撑
24. 彭镇华. 2007. 北京林业发展战略[M]. 北京：中国林业出版社
25. 彭镇华. 2003. 中国城市森林[M]. 北京：中国林业出版社
26. 彭镇华. 2003. 上海现代城市森林发展 [M]. 北京：中国林业出版社

27. 彭镇华. 2003. 中国森林生态网络体系建设[M]. 北京：中国林业出版社
28. 彭镇华 等. 2007. 绿色江苏现代林业发展[M]. 北京：中国林业出版社
29. 彭镇华. 2007. 中国森林生态网络体系建设安徽实践[M]. 北京：中国林业出版社
30. 张守攻，朱春全，肖文发. 2001. 森林可持续经营导论[M]. 北京：中国林业出版社
31. 蒋有绪 等. 1998. 中国森林群落分类及群落学特征[M]. 北京：中国林业出版社
32. 雷加富. 2005. 中国森林资源状况[M]. 北京：中国林业出版社
33. 雷加富. 2006. 关于推进重点国有林区实现又快又好发展的几点思考[J]. 中国林业产业
34. 国家林业局. 2006. 国家林业科技创新体系建设规划纲要（2006～2020年）
35. 国家林业局. 全国林业废弃物资源和能源林资源状况概要报告[C]. 全国生物质能开发利用工作会议—生物质能开发利用背景资料：26～43
36. 国家林业局森林资源管理司. 2005. 中国森林资源报告[M]. 北京：中国林业出版社
37. 张小全，武曙红. 2006. 中国CDM造林再造林项目指南[M]. 北京：中国林业出版社
38. 张忠法，金旻，陈幸良 等. 2004. 建立健全完备的林业法制体系[J]. 经济研究参考，57：36～41
39. 中国森林资源核算及纳入绿色GDP研究项目组. 2007. 绿色国民经济框架下的中国森林核算研究. 研究报告，（11）
40. 雷加富. 2003. 解放思想与时俱进，推进非公有制林业健康发展[J]. 林业经济，(2)：
41. 姚昌恬. 2002. WTO与中国林业[M]. 北京：中国林业出版社
42. 熊大桐. 1989. 中国近代林业史[M]. 北京：中国林业出版社
43. 蔡登谷. 2002. 森林文化初论[J]. 世界林业研究，15(1)
44. 李智勇 等编著. 2000. 世界私有林概览[M]. 北京：中国林业出版社
45. 许勤，赵萱，赵铁珍. 2007. 现代林业：理论综述与实践进程[J]. 林业经济，(8)
46. 徐国祯. 1998. 对森林和林业的再认识、再定位——谈现代林业发展的理论基础. 林业资管理(特刊)
47. 石峰，李智勇 等编著. 1998. 市场经济国家的国有林发展模式与发展道路[M]. 北京：中国林业出版社
48. 欧盟统计局编写，吴水荣 等译. 2004. 欧洲森林环境与经济核算框架（IEEAF-2002）. 国家统计局
49. 刘世荣 等著. 1996. 中国森林生态系统水文生态功能规律[M]. 北京：中国林业出版社
50. 刘金龙 等. 2007. 村级森林管理规划[M]. 北京：中国林业出版社
51. 联合国 等. 2004. 综合环境经济核算SEEA-2003. 国家统计局
52. 联合国粮食与农业组织. 2004. 森林环境与经济核算指南（简称FAO指南）. FAO
53. 李智勇，林凤鸣，陈勇 等. 2006. 中国“十一五”木材供需预测研究. 国家林业局报告[J]，(3)：4～11
54. 蒋志刚，马克平，韩兴国. 1997. 保护生物学[M]. 杭州：浙江科学技术出版社
55. 侯元兆 等. 2004. 森林资源核算[M]. 北京：中国科学技术出版社
56. 樊宝敏，李智勇. 2008. 中国森林生态史引论[M]. 北京：科学出版社
57. 陈冠益，高文学 等. 2006. 生物质制氢技术的研究现状与展望[J]. 太阳能学报，27(12)：1276～1284

58. 陈灵芝. 1993. 中国的生物多样性—现状及其保护对策[M]. 北京：科学出版社
59. 陈劭 等. 2007. 现代技术在森林消防中的应用与发展[J]. 林业机械与木工设备，35(2)：6～8
60. 辞海编辑委员会. 1979. 辞海（缩印本）. 上海辞书出版社，1533
61. 董光荣，高尚玉，金炯. 1988. 毛乌素沙漠的形成、演变和成因问题[J]. 中国科学(B辑)，(6)：633～642
62. 樊宝敏，李智勇. 2006. 森林文化建设问题初探. 北京林业大学学报（社会科学版），5(2)：4～9
63. 费本华，张伟. 2006. 木质新材料对木工机械发展的影响[J]. 世界林业研究，19(6)：33～36
64. 顾正平，沈瑞珍. 2004. 国内外园林绿化机械现状与发展趋势[J]. 林业机械与木工设备，32(2)：4～6
65. 何长松. 2005. 现代林业法理论形成的法哲学分析[J]. 当代经济，7：82～83
66. 蒋剑春. 2006. 林业生物质热化学转化利用研究现状[J]. 生物质化学工程，40(S)：24～31
67. 课题组. 2007. 开发人力资源，再造秀美山川—西部地区林业人力资源整体开发研究[M]. 北京：中国林业出版社
68. 孔凡斌. 2003. 可持续发展条件下林业法制建设若干问题的思考[J]. 东北林业大学学报，31(2)：41～45
69. 雷静品，肖文发 等. 2004. 森林可持续经营标准与指标体系研究的最新进展[J]. 世界林业研究，17(6)：1～5
70. 李霆. 1985. 当代中国的林业[M]. 北京：中国社会科学出版社
71. 李志仁，徐扬. 2006. 加速竹材加工机械开发，充分利用我国竹材资源[J]. 中国人造板，(3)：23～24
72. 刘金龙，张大华，张敏新. 2006. 社区参与森林管理[M]. 中国林业出版社
73. 刘金龙. 1994. 林农复合系统生产力及其养分循环的初步研究. 中国农林复合经营研究与实践[M]. 南京：江苏科学技术出版社
74. 刘晋浩，王丹. 2006. 谈国内外人工林扶育机械的现状及发展趋势[J]. 森林工程，22(3)：12～14
75. 刘世荣. 2007. 发展现代林业需要解决多方面问题. 中国绿色时报，1月29日 第1版
76. 卢琦，慈龙骏. 1996. 农用林业研究的回顾与展望[J]. 世界林业研究，9(2)：39～49
77. 卢琦，吴波. 2002. 中国荒漠化灾害评估及其经济价值核算[J]. 中国人口·资源与环境，12(2)：29～33
78. 卢琦，杨有林，王森 等. 2004. 中国治沙启示录[M]. 北京：科学出版社
79. 卢琦. 2002. 荒漠化对全球气候变化的响应[J]. 中国人口·资源与环境，12(1)
80. 陆元昌. 2006. 近自然森林经营的理论与实践[M]. 北京：科学出版社
81. 马爱国. 2003. 论多主体林业政策过程的构建. 林业经济[J]，(4)：30～32
82. 孟平，樊巍，宋兆民 等. 1999. 农林复合系统水热资源利用率的研究. 林业科学研究，12(3)：256～261
83. 孟平，宋兆民，张劲松 等. 1997. 农林复合系统光能利用率的研究. 林业科学，33(Sp)：14～19
84. 庞兴成，吴诚. 2007. GPS技术在林业工作中的应用[J]. 现代农业，(10)：62

85. 彭镇华，王成. 2006. 我国城市林业发展总体规划的研究. 中国城市森林建设理论与实践[M]. 北京：中国林业出版社，510～514
86. 气候变化国家评估报告编写委员会. 2007. 气候变化国家评估报告[M]. 北京：科学出版社
87. 联合国粮食与农业组织. 2000～2005. 世界粮农组织林产品年鉴[M]
88. 宋兆民. 1990. 黄淮海平原综合防护林体系生态经济效益的研究[M]. 北京：中国农业大学出版社
89. 苏祖荣，苏孝同. 2004. 森林文化学简论[M]. 上海：学林出版社，16～17
90. 汪绚，罗斌 等. 2004. 内蒙古森工企业解困待有时. 中国林业产业[J]，(11)：2～4
91. 王成，蔡春菊，陶康华. 2006. 城市森林的概念范围及其研究. 中国城市森林建设理论与实践[M]. 北京：中国林业出版社，
92. 王秋菊，王立群. 2006. 森林认证对我国林业产业发展的影响[J]. 中国林业经济，77
93. 魏远竹，林宇. 2002. 森林资源资产化管理与林业法制建设[J]. 林业经济问题，22 (6)
94. 吴正. 1991. 浅议我国北方地区的荒漠化问题[J]. 地理学报，46 (9)
95. 吴波，苏志珠，陈仲新. 2007. 中国荒漠化潜在发生范围的修订[J]. 中国沙漠，27 (6)
96. 肖笃宁. 1991. 景观生态学——理论、方法及应用[M]. 北京：中国林业出版社
97. 俞国胜，肖江 等. 2006. 发展中国林木生物质成型燃料[J]. 生物质化学工程，40 (S)：45～50
98. 俞国胜. 2004. 营造林机械现状及发展趋势. 当代林木机械博览[M]. 北京：中国林业出版社，10～13
99. 袁东，王晓军. 2007. 浅议我国木工机械制造业现状及其发展趋向[J]. 木工机床，(4)
100. 袁嘉祖，范晓明. 1997. 中国森林碳汇功能的成本效益分析[J]. 河北林果研究，12(1)
101. 曾庆波 等著. 1997. 热带森林生态系统研究与管理[M]. 北京：中国林业出版社
102. 张岱年，方克立. 1994. 中国文化概论. 北京：北京师范大学出版社
103. 张国庆. 2006. 文化、生态文化与中国森林文化体系建设[J]. 前沿学刊，4(11)
104. 张钧成. 1995. 中国古代林业史·先秦篇[M]. 台湾：中华发展基金管理委员会出版
105. 张琦，常杰 等. 2006. 生物质裂解油的性质及精制研究进展[J]. 石油化工，35(5)
106. 张秀丽，李晓鸿，聂运川 等. 1999. 可持续发展、法学理论及林业立法初探[J]. 内蒙古林业调查设计，增刊
107. 张颖. 2004. 绿色GDP核算的理论与方法[M]. 北京：中国林业出版社
108. 张志强，齐亚东. 2006. 美国城市林业现状、成就、问题与发展趋势. 见：中国城市森林建设理论与实践[M]. 北京：中国林业出版社
109. 赵士洞. 1997. 生物多样性科学的内涵及基本问题—介绍“DIVERSITAS”的实施计划[J]. 生物多样性，5(1)
110. 郑宝华，张兰英. 2004. 中国农村反贫困词汇释义[M]. 中国发展出版社
111. 郑怀文，俞国胜，刘静. 2006. 节水灌溉技术研究现状[J]. 林业机械与木工设备，34(10)
112. 中国应对气候变化国家方案. 2007. 国家发展和改革委员会编制
113. 朱瑞华. 2007. 人造板机械设备节能技术探讨[J]. 中国人造板，(3)
114. A. V. Bridgwater. 2001. *Progress in Thermochemical Biomass Conversion*,Blackwell Science Ltd
115. Andy White, Xiufang Sun, Kerstin Candy, Jintao Xu, Christopher Barr, Eugenia Katsigris,

Gary Bull, Christian Cossalter and Sten Nillson. 2006. *China and the Global Market for Forest Products; Transforming Trade to Benefit Forests and Livelihoods*. Forest Trends

116. Ann Bartuska. 2006. *Why biomass is important—The role of the USDA Forest service in managing and using biomass for energy and other uses*. USDA Forest Service

117. Asplan Viak AS, etc. 2000. *Wood pellets in Europe*[R], *Industrial Network on Wood Pellets*, Jan.

118. Besseau, P. , Dansou, K. & Johnson, F. 2002. 国际示范林网络(IMFN): 成功要素, For. Chron. 78(5): 648～654

119. Biomass technical advisory committee. October 2002. *Vision for bioenergy and biobased products in the future of the United States*. http://www. bioproducts-bioenergy. gov/pdfs/BioVision_03_Web. pdf

120. Ciais P, Cramer W, Jarvis P, Kheshgi H, et al. 2000. *Summary for policymakers: Land use,land use change and forestry*. In: Watson R T, Noble I R, Bolin B, Ravindranath N H, Verardo D J, Dokken D J (Eds). *Land use, land use change, and forestry, A special report of the IPCC*. Cambridge University Press, pp. 23～51

121. *Determining the Cost of Producing Ethanol from Corn Starch and Lignocellulosic Feedstocks*. 2000. U. S. Department of Agriculture and U. S. Department of Energy

122. Hanski I, Pakkala T, Kuussaari M and Lei G. 1995. *Metapopulation persistence of an endangered butterfly in a fragmented landscape*[J]. Oikos, 72: 21-28

123. IPCC. 2007. Climate Change 2007: *The Physical Science Basis. Contribution of Working Group I to the Fourth Assessment Report of the Intergovernmental Panel on Climate Change*. Cambridge University Press

124. Jingyun Fang, Anping Chen, Changhui Peng, et al. , 2001. *Changes in forest biomass carbon storage in China between 1949 and 1998*. *Science*, 292: 2320～2322

125. MacArthur R H and Wilson E O. 1967. *The theory of island Biogeography*[M]. Princeton University Press, Princeton, New Jersey

126. Michel L and Isabelle O. 1999. DIVERSITAS: *an international programme of biodiversity science*[J]. *TREE*, 14 (1): 2～3

127. Millennium Ecosystem Assessment. 2005. *Ecosystems and Human Well-being: Synthesis*. Island Press, Washington DC. USA

128. NRCS (Natural Resources Conservation Service). 2000. *Natural resources inventory summary report*. Washington, D. C. , U.S. Department of Agriculture, NRCS

129. *Simplified baseline and monitoring methodologies for selected A/R small-scale CDM project activity categories*, CDM AR WG, Fifth Meeting Report Annex 1 Page 1

130. USDA Forest Service. 2002a. *Development of coarse-scale spatial data for wildland fire and fuel management*. Gen. Tech. Rep. RMRS-87. U.S. Department of Agriculture, Forest Service, Rocky Mountain Research Station, Fort Collins, Colo.

后 记

2007年1月，我们组织中国林业科学研究院相关学科领域的专家成立《中国现代林业（第二版）》研究课题组，确定25个研究专题开展了多学科领域的协作研究。经过一年多的共同努力，顺利完成了研究任务。

在本研究项目取得阶段性研究成果之后，于2008年1月21日召开了第一次专家评审会。国家林业局科学技术司司长张永利，国家林业局政策法规司司长汪绚，国家林业局经济研究中心主任张蕾，国家林业局办公室副主任李世东，中国林业科学研究院院长张守攻，副院长储富祥等同志，作为评审专家对书稿的修改提供了宝贵意见和建议。项目组在此基础上对全书的架构和内容进行了调整、充实和修改。随后，于2008年4月10日，召开了第二次专家评审会。国家林业局专家咨询委员会委员、国务院研究室原副主任杨雍哲，国务院西部地区开发领导小组办公室副主任、全国政协经济委员会副主任、中国扶贫基金会会长段应碧，全国人大农业委员会原副主任、中国林学会副理事长舒惠国，中国工程院院士、中国生态学会理事长李文华，中国林业科学研究院首席科学家、中国工程院院士王涛，北京林业大学校长、中国工程院院士尹伟伦，国家林业局计划与资金管理司司长姚昌恬，国家林业局科学技术委员会副主任刘效章，国际竹藤网络中心常务副主任、教授岳永德，中国林业科学研究院首席科学家、国际木材科学院院士鲍甫成，INBAR原副总干事、国际木材科学院院士陈绪和等同志作为评审专家对书稿提出了许多宝贵的修改意见和建议。根据专家学者的意见和建议，项目秘书处又一次组织各专题负责人、执笔人对全书做了进一步修改。在此特向各位评审专家表示衷心感谢。

参加本书各章节研究的主要专家学者为：导论：江泽慧、蔡登谷、尹发权、李智勇、尹刚强；第1章：陆元昌、樊宝敏；第2章：刘世荣、张远东；第3章：江泽慧、蔡登谷、王登举；第4章：陈幸良、林群；第5章：贾宝全、王成、李伟；第6章：张守攻、王浩杰、杨校生；第7章：江泽慧、吴水荣；第8章：张守攻、肖文发、陆文明、雷静品；第9章：朱建华、张小全、侯振宏；第10章：彭镇华、孙启祥、王义飞；第11章：卢琦、王学全、吴波；第12章：彭镇华、王成、郄光发；第13章：刘金龙、赵丽霞；第14章：江泽慧、傅峰、张宜生；第15章：储富祥、蒋剑春、刘军利；第16章：储富祥、陈勇、徐斌；第17章：蔡登谷、樊宝敏；第18章：彭镇华、王成、邱尔发；第19章：江泽慧、李智勇、刘勇；第20章：李智勇、陈勇、武红；第21章：费本华、王晓军、丁炳寅；第22章：胡章翠、尹刚强、吴红军、谢春华；第23章：尹发权、陈立桥、校建民；第24章：陈幸良、颜国强、侯翎；第25章：陆文明、李剑泉、胡延杰。

中国现代林业建设是一项新的伟大事业。中国现代林业的理论与实践研究又是一项探索性很强的工作，需要进一步解放思想，与时俱进，不断创新。由于我们水平有限，加之时间仓促，书中难免存在疏漏和不足之处，欢迎读者批评指正。